新政策下财会操作实务丛书

企业融资管理
操作实务大全

QIYE RONGZI GUANLI
CAOZUO SHIWU DAQUAN

贺志东 著

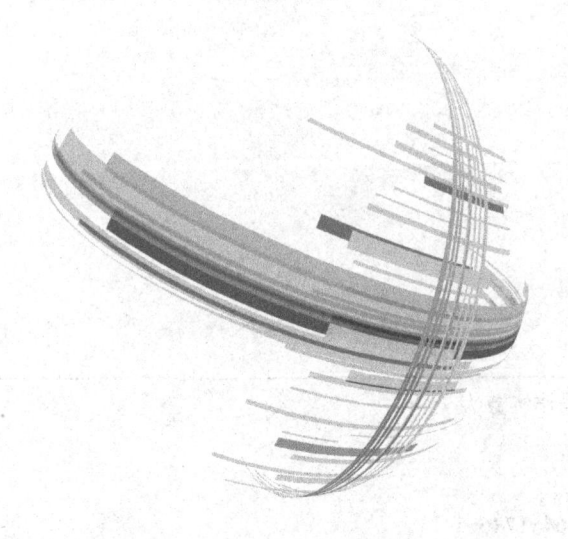

企业管理出版社
ENTERPRISE MANAGEMENT PUBLISHING HOUSE

图书在版编目（CIP）数据

企业融资管理操作实务大全 / 贺志东著 . —北京：企业管理出版社，2018.7（2022.12 重印）

（新政策下财会操作实务丛书）

ISBN 978-7-5164-1746-1

Ⅰ.①企… Ⅱ.①贺… Ⅲ.①企业融资－研究 Ⅳ.①F275.1

中国版本图书馆 CIP 数据核字（2018）第 138803 号

书　　名：	企业融资管理操作实务大全
作　　者：	贺志东
责任编辑：	陈　静
书　　号：	ISBN 978-7-5164-1746-1
出版发行：	企业管理出版社
地　　址：	北京市海淀区紫竹院南路 17 号　　邮编：100048
网　　址：	http://www.emph.cn
电　　话：	编辑部（010）68701661　发行部（010）68701816
电子信箱：	78982468@qq.com
印　　刷：	北京虎彩文化传播有限公司
经　　销：	新华书店
规　　格：	185 毫米 ×260 毫米　16 开本　31 印张　827 千字
版　　次：	2018 年 7 月第 1 版　2022 年 12 月第 3 次印刷
定　　价：	108.00 元

版权所有　翻印必究　·　印装有误　负责调换

前言

资金是企业筹办和从事生产经营活动的物质基础,是企业财务活动的起点。

融资是企业通过增量或存量的方式筹措能够满足企业经营、发展所需的"活性"资金的经营行为。它不仅包括利用传统筹资方式筹措股权资本和债务资金等,还包括盘活企业存量资产等融资方式。

加强资金筹集管理,合理选择融资方式,对企业规范管理、防范风险、优化资本结构、降低资金成本具有重大意义。

本书系统、深入地传授企业融资方面的实际操作知识和技巧。本书由全国著名财会、审计、税务专家贺志东亲自编写。本书共十六章,内容涉及融资综合知识,融资预测、预算,借款融资,商业信用融资,发行债券融资,融资租赁,采取发行股份方式筹集实收资本,发行可转换债券融资,风险企业和风险资本融资,项目融资,并购融资,企业集团融资,融资结构,融资成本,融资风险,融资方面内部控制。读者细读本书,可以从中获益,"少走弯路",深入了解融资问题,大幅提升融资管理技能和竞争力。

本书适合全国广大企业的融资工作人员、企业负责人和其他经营管理人员、财会人员、内部审计人员、企业管理、税务、国家审计、银行业监管部门相关人员,以及会计师事务所等专业化的企业服务机构从业人士、会计理论和教育工作者等阅读。

本书具有以下特色:

(1) 系统、深入,注重细节,力戒原理性空洞说教;

(2) 具有极强的操作性、实用性;

(3) 依据最新有效的企业会计准则、企业财务通则、审计准则、内控规范、税法等编写;

（4）通俗易懂，逐一介绍各知识点；

（5）条理清晰，查检便捷；

（6）案例丰富；

（7）具有专业性、权威性、创造性。

在本书的编写过程中，作者参考和借鉴了国内外一些相关文献资料，在此向相关作者表示感谢。本书的出版得到了企业管理出版社及智董集团旗下中华第一财税网（又名"智董网"，www.tax.org.cn）的大力支持和帮助，在此深表谢意！

囿于学识、科研经费，且编写时间有限，书中难免有不足之处，敬请读者批评指正，以便今后再版时进行修订（E-mail:jianyi@tax.org.cn）。

有兴趣的读者可以扫描二维码加入中华第一财税网官方公众号，获取每日财税资讯汇总快递或赠阅资料、课程优惠券等。

| 微信服务号 | 微信订阅号 | 新浪微博号 |

目录

第一章	融资综合知识	1
第一节	**融资综述**	1
	一、融资的动机	1
	二、融资的内容和任务	2
	三、融资的原则	2
	四、融资的分类	3
	五、融资的环境	6
	六、融资的渠道	14
	七、融资的方式	16
	八、融资的程序	22
	九、融资方案的拟订	23
	十、融资的要求	24
第二节	**权益融资**	24
	一、权益资本的特点	24
	二、权益资本的形成方式	25
	三、出资的有关规定	25
	四、吸收直接投资	26
	五、留存收益融资	28
第三节	**债务融资**	29
	一、债务融资的特点	29
	二、债务资金的种类	29
	三、债务资金的财务管理原则	30
	四、信贷必备知识	30
	五、短期负债融资	42
	六、长期负债融资	46
	七、债务融资风险	47

八、负债融资管理机制的构建 …………………………………… 48

| 第二章 | **融资预测、预算** …………………………………………… 60

　第一节　**资金需要量预测** ……………………………………………… 60
　　一、资金需要量预测的内容 ……………………………………… 60
　　二、资金需要量预测的方法 ……………………………………… 61
　　三、融资预测的步骤 ……………………………………………… 75
　　四、资金需要量预测的要求 ……………………………………… 75
　第二节　**借款需求分析** ………………………………………………… 76
　　一、借款需求分析的影响因素 …………………………………… 76
　　二、借款需求分析的内容 ………………………………………… 76
　　三、借款需求与负债结构 ………………………………………… 85
　第三节　**融资预算** ……………………………………………………… 88
　　一、融资预算概述 ………………………………………………… 88
　　二、融资预算的目的 ……………………………………………… 88
　　三、融资活动预算编制 …………………………………………… 88
　　四、融资预算分析 ………………………………………………… 91

| 第三章 | **借款融资** ………………………………………………………… 92

　第一节　**借款融资综述** ………………………………………………… 92
　　一、借款合同法律知识 …………………………………………… 92
　　二、借款会计 ……………………………………………………… 93
　第二节　**借款融资细述** ………………………………………………… 98
　　一、银行贷款流程 ………………………………………………… 98
　　二、通过短期借款融资 …………………………………………… 117
　　三、通过长期借款融资 …………………………………………… 118
　　四、企业间资金拆借 ……………………………………………… 121

| 第四章 | **商业信用融资** ………………………………………………… 123

　第一节　**商业信用融资综述** …………………………………………… 123
　　一、商业信用融资的优点 ………………………………………… 123
　　二、商业信用融资的方式 ………………………………………… 124
　第二节　**商业信用融资细述** …………………………………………… 124
　　一、延期支付 ……………………………………………………… 124
　　二、分期付款 ……………………………………………………… 125

三、应收账款融资 ······ 126
　　四、国内结算融资 ······ 128

第五章 发行债券融资 ······ 132

第一节 发行债券融资综述 ······ 132
　　一、债券知识 ······ 132
　　二、债券融资的特点 ······ 134
　　三、债券的发行条件 ······ 135
　　四、债券融资成本的计算、还本付息 ······ 135
　　五、债券的发行方式 ······ 136
　　六、债券的发行程序 ······ 137

第二节 发行债券融资细述 ······ 138
　　一、企业债券 ······ 138
　　二、企业短期融资券的发行与承销 ······ 146
　　三、中期票据的发行与承销 ······ 148
　　四、长期债券融资 ······ 148
　　五、中小企业集合债券 ······ 150
　　六、中小企业集合票据 ······ 152
　　七、高收益债券 ······ 154
　　八、我国金融债券的发行与承销 ······ 155
　　九、资产支持证券的发行与承销 ······ 159

第六章 融资租赁 ······ 164

第一节 融资租赁综述 ······ 164
　　一、租赁存在的原因 ······ 164
　　二、租赁的特征 ······ 165
　　三、租赁的分类 ······ 165
　　四、租赁创新 ······ 166
　　五、租金 ······ 167
　　六、租赁业务操作程序 ······ 170

第二节 融资租赁细述 ······ 171
　　一、融资租赁的特征 ······ 171
　　二、融资租赁融资的优缺点 ······ 172
　　三、融资租赁的类别 ······ 172
　　四、融资租赁租金的计算 ······ 174
　　五、融资租赁的程序 ······ 175

六、融资租赁的分析 ········· 175
　　七、融资租赁合同 ········· 183

第七章 采取发行股份方式筹集实收资本 ········· 185

第一节 基础知识 ········· 185
　　一、股票的性质 ········· 185
　　二、股票的特征 ········· 186
　　三、股票的类型 ········· 187
　　四、股票的价值与价格 ········· 192

第二节 首次公开发行股票 ········· 198
　　一、基础知识 ········· 198
　　二、首次公开发行股票的程序 ········· 206
　　三、相关文件 ········· 221
　　四、信息披露 ········· 229
　　五、中小板特殊事项 ········· 250
　　六、创业板特殊事项 ········· 251

第三节 上市公司再融资（发行新股并上市）——增发、配股 ········· 255
　　一、条件 ········· 255
　　二、方式 ········· 258
　　三、程序 ········· 258
　　四、信息披露 ········· 264
　　五、申请文件 ········· 266

第四节 外资股的发行 ········· 269
　　一、B股（境内上市外资股） ········· 269
　　二、H股 ········· 272
　　三、内地企业在香港创业板的发行与上市 ········· 274
　　四、境内上市公司有控制权的所属企业境外上市 ········· 277
　　五、国际推介与分销 ········· 278

第八章 发行可转换债券融资 ········· 280

第一节 发行可转换公司债券综述 ········· 281
　　一、可转换债券的特征 ········· 281
　　二、可转换债券的要素 ········· 282
　　三、可转换债券的性质 ········· 283
　　四、可转换债券融资的特点 ········· 283
　　五、可转换债券融资的缺点 ········· 284

第二节 发行可转换公司债券细述 ... 285
一、发行可转换公司债券的条件 ... 285
二、可转换公司债券的定价 ... 286
三、可转换公司债券的发行 ... 288
四、可转换公司债券的上市 ... 288
五、可转换公司债券发行的申报与核准 ... 290
六、可转换公司债券的信息披露 ... 292

第九章 风险企业和风险资本融资 ... 294

第一节 风险融资/投资综述 ... 294
一、风险投资的特点 ... 294
二、风险投资的功能与作用 ... 296
三、风险投资的基本要素 ... 296
四、风险投资的环境分析 ... 297
五、风险投资的资金来源与配置 ... 297

第二节 融资/投资细述 ... 298
一、风险投资的运行过程 ... 298
二、企业获取风险投资的注意事项 ... 302

第十章 项目融资 ... 304

第一节 项目融资综述 ... 304
一、项目融资的特征 ... 304
二、项目融资的类型 ... 306
三、项目融资的原则 ... 308
四、项目融资的参与者 ... 308
五、项目融资风险管理 ... 311

第二节 项目融资细述 ... 314
一、项目融资的申请条件 ... 314
二、项目融资的融资来源 ... 314
三、项目融资的主要结构 ... 318
四、项目融资业务的操作流程 ... 323
五、项目可行性研究与工程规划 ... 325
六、项目投融资决策评价指标 ... 329
七、资产证券化项目融资模式 ... 333
八、BOT及其衍生融资方式 ... 338

第十一章 并购融资 ... 349

第一节 并购融资综述 ... 349
一、并购标的的选择 ... 349
二、并购资金需要量 ... 350
三、并购支付方式 ... 350

第二节 并购融资细述 ... 353
一、并购融资渠道 ... 353
二、并购融资方式 ... 355

第三节 上市公司收购 ... 357
一、上市公司收购概述 ... 357
二、要约收购 ... 358
四、协议收购 ... 361
五、豁免申请 ... 361
六、财务顾问 ... 362
七、上市公司收购后事项的处理 ... 364
八、上市公司收购的权益披露 ... 365

第十二章 企业集团融资 ... 367

第一节 企业集团融资概述 ... 367
一、企业集团融资特点和任务 ... 367
二、我国企业集团融资现状 ... 370
三、影响我国企业集团融资的主要因素 ... 371
四、我国企业集团融资方式比较及选择 ... 372
五、企业集团融资执行主体与融资使用主体的确定 ... 374

第二节 企业集团融资管理 ... 375
一、企业集团融资管理的目标 ... 375
二、企业集团融资管理的内容 ... 375
三、企业集团融资管理的指导原则 ... 376
四、企业集团融资规划，合理确定资金需要量 ... 376
五、企业集团融资管理体制 ... 377
六、企业集团总部与成员企业融资决策权力的明确划分 ... 382
七、企业集团融资风险控制 ... 383
八、企业集团融资结构 ... 383
九、企业集团融资成本 ... 385
十、企业集团融资监控 ... 385
十一、企业集团融资质量标准 ... 385

十二、企业集团融资绩效 ... 385
十三、企业集团融资帮助 ... 389

第三节 企业集团财务公司 ... 390
一、财务公司的设立与变更 ... 390
二、财务公司的分类和业务范围 ... 391
三、财务公司融资的风险管理与控制 ... 391
四、财务公司的功能取向 ... 391
五、财务公司的局限性 ... 393

|第十三章| **融资结构** ... 394

第一节 融资结构综述 ... 394
一、融资结构理论 ... 394
二、融资结构治理效应的作用机制 ... 399
三、影响融资结构因素的定性分析 ... 401

第二节 融资结构优化 ... 402
一、优化融资结构的融资原则 ... 402
二、最优融资结构的确定 ... 404

|第十四章| **融资成本** ... 408

第一节 融资成本综述 ... 408
一、融资成本的构成 ... 408
二、融资成本的性质 ... 409
三、融资成本对融资决策的影响 ... 409

第二节 个别融资成本 ... 409
一、负债融资的成本 ... 409
二、权益融资的成本 ... 413

第三节 综合融资成本 ... 415

第四节 边际融资成本 ... 416

|第十五章| **融资风险** ... 419

第一节 风险与风险管理概述 ... 419
一、风险概述 ... 419
二、风险管理概述 ... 421

第二节 金融风险与金融危机 ... 423

一、金融风险及其管理 ································· 423
　　　二、金融危机及其管理 ································· 430
第 三 节　**融资风险管理综述** ································· 433
　　　一、融资风险的成因 ··································· 433
　　　二、融资风险的分类 ··································· 434
　　　三、融资风险管理的原则 ······························· 437
　　　四、融资风险的识别 ··································· 437
　　　五、融资风险的防范 ··································· 437
　　　六、融资风险的衡量与分析 ····························· 439
　　　八、融资风险的控制 ··································· 439
第 四 节　**债务融资风险** ····································· 440
　　　一、债务融资风险综述 ································· 440
　　　二、贷款风险管理专题 ································· 452
第 五 节　**股权融资风险防范** ································· 463
　　　一、股权融资风险识别 ································· 463
　　　二、股权融资风险控制 ································· 464

|第十六章|　**融资方面内部控制** ································· 469

第 一 节　**融资内控综述** ····································· 469
　　　一、融资管理的控制目标 ······························· 469
　　　二、融资管理的主要风险点 ····························· 470
　　　三、融资管理的关键控制点 ····························· 471
第 二 节　**融资内控细述** ····································· 472
　　　一、岗位分工控制 ····································· 472
　　　二、授权批准控制 ····································· 472
　　　三、融资决策控制 ····································· 473
　　　四、融资执行控制 ····································· 474
　　　五、融资偿付控制 ····································· 475
　　　七、具体融资业务操作控制 ····························· 477
　　　八、融资内控的监督检查 ······························· 478

第一章

融资综合知识

第一节 融资综述

资金是企业筹办和从事生产经营活动的物质基础,是企业财务活动的起点。

到目前为止,融资还没有一个被普遍接受的定义。一般认为,融资与筹资相比,有着更为广泛的内涵。融资是企业通过增量或存量的方式筹措能够满足企业经营、发展所需的"活性"资金的经营行为。它不仅包括利用传统筹资方式筹措股权资本和债务资金等,还包括诸如盘活企业存量资产等融资方式。但有的学者、地方所说的广义的筹资或资金筹集其实相当于此处的融资概念,有的学者、地方所说的狭义的融资概念其实相当于此处的筹资概念,请读者自行辨别;本书作为实务著作,不考虑两者概念上的区别。

加强资金筹集管理,合理选择融资方式,对企业规范管理、防范风险、优化资本结构、降低资金成本具有重大意义。

一、融资的动机

企业融资的基本目的是维持自身的经营与发展。企业具体的融资活动通常受特定动机的驱使。企业融资的具体动机是多种多样的,如为了重置设备、引进新技术、进行技术和产品开发,为了对外投资、兼并其他企业,为了资金周转和临时需要而融资,为了偿付债务和调整资本结构而融资等。在实践中,这些融资动机有时是单一的,有时是结合的,但归纳起来主要有三类，即扩张融资动机、偿债融资动机和混合融资动机。融资动机对融资行为和结果产生有直接的影响。

1. 扩张融资动机

扩张融资动机是企业因扩大生产经营规模或追加对外投资的需要而产生的融资动机。具有良好发展前景、处于成长时期的企业通常会产生这种融资动机。例如，企业生产经营的产品供不应求，需要增加市场供应；开发生产适销对路的新产品；追加有利的对外投资规模；开拓有发展前途的对外投资领域等。以上情况往往都需要融资。

成长和扩张中的企业，其生产经营规模是不断扩大的，随着生产经营规模的扩大，对资金的需求也不断增多，为此，需要不断筹集大量资金。在此种情况下，应根据企业扩张的具体情况，认真研究投资的方向和规模，以便合理筹集所需资金。企业对原有项目进行改扩建，或者投资建设新的项目，都必须进行认真的可行性研究，分析有关投资项目的经济效益。筹资是为了投资，如果投资效益不好，则筹资效益也不好。

2. 偿债融资动机

偿债融资动机是企业为了偿还某项债务而形成的借款动机，即借新债还旧债。

一般而言，企业总是利用一定的负债进行生产经营，负债都有一定的到期日，到期必须归还。如果债务到期而资金不足，则必须预先安排融资，以满足偿债对资金的需求。偿债性筹资可分为两种情况：一是调整性偿债筹资，即企业虽有能力支付到期旧债，但为了调整资金结构，仍然融资，以便使资金结构更加合理，这是主动的筹资策略；二是恶化性偿债筹资，即企业现有支付能力已不足以偿还到期旧债，被迫筹资还债，这种情况说明财务状况已有恶化。

3. 混合融资动机

企业因同时需要长期资金和现金而形成的融资动机，即为混合融资动机。通过混合融资，企业既能扩大资产规模，又能偿还部分旧债，即在这种融资中混合了扩张融资和偿债融资两种动机。

二、融资的内容和任务

1. 融资的内容

企业融资决策的主要内容如下。

（1）企业融资规模决策。

（2）企业融资的具体融资方式和融资渠道决策。

（3）企业融资的资本结构和融资方案决策。

2. 融资的任务

企业融资的主要任务如下。

（1）通过资金的合理流动与运用，充分发挥资金的效益，扩大企业的经营效果，从而促进经济的发展。

（2）企业在资金短缺时，如何以最小的代价筹到适当期限、适当额度的资金。

加强资金筹集管理的核心内容是成本与风险，财务人员要树立起企业资金成本与财务风险理念，建立健全以控制财务风险、控制资金成本、选择合理的资本结构等为主要内容的内部资金控制制度和决策制度，通过控制负债规模、合理调整资产与负债比例、实施债务重组等手段，防范和化解财务风险；通过科学、合理的筹资决策，争取做到资金成本最低、资本结构最优、企业价值最大。

三、融资的原则

1. 筹措及时原则——研究资金的时间价值，适时取得所需资金

企业财务人员应全面掌握资金需求的具体情况并熟知资金时间价值的原理，合理安排资金的筹集时间，适时获取所需资金。

同等数量的资金，在不同时间点上具有不同的价值，企业财务人员在融资时必须熟知资金时间价值的原理和计算方法，以便根据资金需求的具体情况，合理安排资金的筹集时间，适时获取所需资金。这样，既能避免过早融资形成资金投放前的闲置，又能防止取得资金来源的滞后，错过资金投放的最佳时间。

2. 规模适当原则——分析科研、生产、经营状况，合理确定资金需要量

企业的融资规模应与资金需求量相一致，既要避免因资金筹集不足，影响生产经营的正常进行，又要防止资金筹集过多，造成资金闲置。

企业的资金需要量往往是不断波动的，企业财务人员要认真分析科研、生产、经营状况，采用一定的方法，预测资金的需要数量。这样，既能避免因资金筹集不定，影响生产经营的正常进行，又可防止资金筹集过多，造成资金闲置。

3. 来源合理原则——了解融资渠道和资金市场，认真选择资金来源

不同来源的资金，对企业的收益和成本有不同影响。因此，企业应认真研究资金来源渠道和资金市场，合理选择资金来源。

资金的来源渠道和资金市场为企业提供了资金的源泉和融资场所，它反映资金的分布状况和供求关系，决定着融资的难易程度。不同来源的资金，对企业的收益和成本有不同影响，因此，企业应认真研究资金渠道和资金市场，合理选择资金来源。

4. 方式经济原则——研究各种融资方式，确定最佳资金结构

企业融资必然要付出一定的代价并承担相应的风险，不同融资方式下的资金成本和财务风险有高有低。为此，需要对各种融资方式进行分析、对比，选择经济可行的融资方式。

在确定融资数量、融资时间、资金来源的基础上，企业在融资时还必须认真研究各种融资方式。企业融资必然要付出一定的代价，不同融资方式条件下的资金成本有高有低。为此，就需要对各种融资方式进行分析、对比，选择经济、可行的融资方式。与融资方式相联系的问题是资金结构问题，企业应确定合理的资金结构，以便降低成本，减少风险。

四、融资的分类

企业的资金筹集活动，可按不同标准进行分类。按照所融资金的性质，可分为权益融资和债务融资；按照所融资金的用途，可分为流动资产融资、固定资产融资、无形资产融资、对外投资融资等；按照所融资金的来源，可分为内源融资和外源融资；按照是否通过金融机构，可分为直接融资和间接融资。

企业筹集的资金主要分类如下。

（一）内源融资与外源融资

这种分类主要是按照资金是否来自企业内部进行划分的。

1. 内源融资

内源融资是指企业依靠其内部积累进行的融资，具体包括3种形式：资本金、折旧基金转化为重置投资和留存收益转化为新增投资。内源融资对企业资本的形成具有原始性、自主性、低成本性和抗风险性的特点，是企业生存与发展不可或缺的重要组成部分。内源融资的数量主要取决于企业创造利润的数额和企业的利润分配政策。内源融资作为一种股权融资方式，有以下优点：①内源融资来自企业内部，不必额外支出利息；②将利润再投资可以使股东免除个人所得税；③操作简便，企业要通过留存收益进行融资，只需要在股东大会上做出一个分红决议即可，几乎不发生融资费用；④对于控股股东来说，留存收益可以在不改变股权结构和比例的情况下达到融资目的，因而是一个对自己的控股权完全没有威胁的股权融资方式。

由于以上好处，留存收益成为企业首选的融资来源。企业内源融资能力的大小主要取决于企业的经营规模及盈利能力，同时投资者本身的资金需求也是一个重要的因素。如果投资者需要通过获取红利支付本身的债务，那就在客观上限制了内源融资能力。

一般来说，只有当内源融资无法满足企业的资金需求时，企业才会转向外源融资。不过，股东大会在审批分红决议的时候，必须权衡"分红"与"留存收益"及其比例的抉择。公司必须说服股东——利润留在公司可以产生比一般的投资更高的回报。因此，企业需要提交一份令人信服的投资计划。

2. 外源融资

外源融资是指企业通过一定方式从外部融入资金用于投资。外源融资是企业吸收其他经济主体的储蓄，使之转化为自己的投资的过程。它对企业的资本形成具有高效性、灵活性、大量性和集中性的特点。一般来说，企业外源融资是通过金融媒介机制的作用，以直接融资和间接融资的形式实现的。外源融资的种类和规模主要取决于金融市场的发育程度和资金供给的数量。

（二）自有资金与借入资金

企业的全部资金来源，可以按资金权益性质的不同区分为自有资金和借入资金。合理安排自有资金与借入资金的比例关系，是融资管理的一个核心问题。

1. 自有资金

自有资金，亦称自有资本或权益资本，是企业依法筹集并长期拥有、自主调配运用的资金来源。根据我国财务制度，企业自有资金包括资本金、资本公积金、盈余公积金和未分配利润。按照国际惯例，自有资金一般包括实收资本（或股本）和留存收益两部分。

自有资金的特点如下。

（1）自有资金的所有权归属企业的所有者，所有者凭其所有权参与企业经营管理和利润分配，并对企业的经营状况承担有限责任。

（2）企业对自有资金依法享有经营权，在企业存续期内，投资者除依法转让外，不得以任何方式抽回其投入的资本，因而自有资金被视为永久性资本。

（3）企业自有资金是通过国家财政资金、其他企业资金、民间资金、外商资金等渠道，采用吸收直接投资、发行股票、留用利润等方式筹措形成的。

2. 借入资金

企业的借入资金，亦称借入资本或债务资本，是企业依法筹措并依约使用、按期偿还的资金来源。借入资金包括各种借款、应付债券、应付票据等。借入资金的特点如下。

（1）借入资金体现企业与债权人的债权债务关系，它属于企业的债务，是债权人的债权。

（2）企业的债权人有权按期索取本息，但无权参与企业的经营管理，对企业的经营状况不承担责任。

（3）企业对借入资金在约定的期限内享有使用权，承担按期付息还本的义务。

（4）企业的借入资金是通过银行、非银行金融机构、民间等渠道，采用银行借款、发行债券、发行融资券、商业信用、财务租赁等方式筹措取得的。

借入资金有的可按规定转化为自有资金，如可转换为股票的公司债券。

小知识

权益性融资和负债性融资

1. 权益性融资

权益性融资或称为自有资金融资，是指企业通过发行股票、吸收直接投资、内部积累等方式融资。企业采用吸收自有资金的方式融资，一般不用还本，财务风险小，但付出的资金成本相对较高。

2. 负债性融资

负债性融资或称借入资金融资，是指企业通过发行债券、向银行借款、融资租赁等方式筹集的资金。企业采用借入资金的方式融资，到期要归还本金和支付利息，一般承担较大风险，但相对而言，付出的资金成本较低。

> **小知识**
>
> **股权融资和债权融资**
>
> 这种分类主要是按照企业融入资金后是否需要归还来进行划分的。
>
> **1. 股权融资**
>
> 股权融资是指企业所融入的资金可供企业长期拥有、自主调配使用，无须归还，如企业发行股票所筹集的资金。
>
> **2. 债权融资**
>
> 债权融资是指企业所融入的资金是企业按约定代价和用途取得的，必须按期偿还，如企业通过银行贷款所取得的资金。

（三）直接融资与间接融资

企业的融资活动按其是否以金融机构为媒介，可分为直接融资和间接融资，两者各有特点。

1. 直接融资

直接融资是指企业不经过银行等金融机构，直接与资金供应者协商借贷或发行股票、债券等办法融资。它是不断发展的融资形式。在直接融资过程中，资金供求双方借助于融资手段直接实现资金的转移，而无须银行等金融机构作为媒介。

2. 间接融资

间接融资是指企业借助银行等金融机构而进行的融资活动。它是传统的融资形式。在间接融资形式下，银行等金融机构发挥中介作用，它预先聚集资金，然后提供给融资企业。间接融资的基本方式是银行借款，此外还有非银行金融机构借款、融资租赁等某些具体形式。

> **小知识**
>
> **直接融资与间接融资的差别**
>
> 直接融资与间接融资相比，两者有明显的差别。
>
> （1）融资的范围不同。直接融资具有广阔的领域，可利用的融资渠道和方式较多，而间接融资的范围比较窄，融资渠道和方式比较单一。
>
> （2）融资的效率和费用不同。直接融资的手续较为繁杂，所需文件较多，准备时间较长，故融资效率较低，融资费用较高；而间接融资手续比较简便，过程比较简单。例如，银行借款只需通过签订贷款合同和办理借据即可，故融资效率较高，融资费低。
>
> （3）融资的意义不同。直接融资能使企业最大限度地利用社会资金，提高企业的知名度与资信度，改善企业的资本结构；间接融资则主要是满足企业资金周转的需要。

（四）吸引普通投资与吸引风险投资

一般意义上的吸引普通投资都是企业为了一些项目吸引各种权益资本。而一些中小企业特别是中小型高科技企业，可以吸引风险投资，其投资的目的是增值，风险投资属于权益投资，但与普通的权益投资有着很多不同的特点和投资过程。

企业融资除了上述这几种基本分类外，还可按照融资活动的范围是否跨越国界分为国内融资与海外融资；按融资的用途可分为固定资产的融资和流动资产的融资；按融资的对象可分为向个人、政府、银行、其他企事业单位、保险公司及其他金融机构融资等。

（五）一般传统融资与项目融资

一般传统融资都是"为项目而融资"，而项目融资是"以项目来融资"，二者最大的不同是融资的信用基础不同。前者是以整个企业的信用来融资，将来的投资回报和偿还也是以整个企业的收益作为来源，对企业有完全追索权；后者主要是以项目自身未来的收益作为主要的还款和回报来源，以项目自身的资产作为融资基础和保障，对企业只有有限追索权或者无追索权。因此，项目融资往往需要构建一个多方参与的、复杂的担保体系，以确保投资人和贷款人的利益。项目融资是自20世纪发展起来的，现在常用于大型的资源开采项目、基础设施项目及大型制造业项目的融资。

（六）短期融资与长期融资

这种分类主要是按照资金的使用及归还年限进行划分的。

1. 短期融资

短期融资，一般是指融入资金的使用或归还期限在一年以内，主要用于满足企业对流动资金的需求的融资。短期融资包括商业信用、银行短期贷款、票据贴现、应收账款融资、经营租赁等。

2. 长期融资

长期融资，一般是指融入资金的使用或归还期限在1年以上，主要满足企业购建固定资产、开展长期投资等活动对资金的需求的融资。长期融资方式主要有发行股票、发行债券、银行长期贷款、融资租赁等。

五、融资的环境

企业的融资活动受许多因素的影响。在这些因素中，一部分属于企业的内部因素，是受企业控制的，它们构成了企业融资活动的可控环境；另一部分属于企业的外部因素，是企业本身无法控制的，它们构成了企业融资活动的不可控环境。

按照环境因素的不同属性，企业融资环境可以划分为硬环境和软环境两大类。硬环境是指企业融资的物质环境，是由多种物质条件构成的系统。例如，金融机构设施、位置等均属于硬环境。软环境是指企业融资的社会经济政治环境，是由多种政策、法规、措施、规定及社会的观念、心理、文化等因素构成的非物质形态系统。例如，金融机构的政策、工作效率等属于软环境。

（一）金融市场

按照交易的产品类别划分，市场分为两大类：一类是产品市场，进行商品和服务的交易；另一类是要素市场，进行劳动力和资本的交易。金融市场属于要素市场，专门提供资本。在这个市场上进行资金融通，实现金融资源的配置，最终帮助实现实物资源的配置。

金融市场是指以金融资产为交易对象而形成的供求关系及其机制与金融交易场所的总和。

1. 金融市场的构成要素

金融市场包括交易主体、交易客体、交易价格和交易媒介4个要素。

（1）交易主体是指金融市场的交易者，即作为资金供给者与资金需求者参与金融市场交易，包括任何参与交易的个人、企业、各级政府和各种金融机构、社会团体等。资金供给者即投资者，通过购买金融工具，将自身暂时不用的闲置资金提供给资金短缺的融资者。

随着资金的流动和经济活动的不断进行，投资者和融资者之间随时可能发生角色互换。而金融机构作为金融市场的主要参与者，在金融市场的形成和发展中起决定作用。它的存在，加速了资金的流动，降低了融资成本，分散了融资风险，使资金分布更为合理、有效，提高了资金的使用效率。

（2）交易客体是指金融交易借以实现的载体，即金融市场的交易对象，也就是通常所说的金融工具。衡量一种金融资产质量高低的标准，就是衡量一种金融工具质量高低的标准，通常从流动性、收益性和风险性3个方面考虑。流动性是指一种金融资产变现的时间长短、成本高低和便利程度。收益性是指因持有某种金融资产所能够获得的货币收益。风险性是指某些不确定因素导致的金融资产价值损失的可能性。金融资产的流动性和收益性之间是负相关的，如活期存款，容易变现但利率很低，风险性和收益性是正相关的，如果投资者承担的风险越大，他们要求的收益率就越高。

（3）交易价格是指各种金融产品的价格，有时也可以通过利率来反映。每一种金融工具的流动性、收益性和风险性特点决定了自身的内在价值，从而奠定了这种金融资产的价格基础。此外，金融产品的价格还受供给、需求、其他金融资产价格及交易者心理预期等众多外在因素的影响。交易价格在金融市场上发挥着极为关键的作用，是金融市场高效运行的基础。在一个有效的金融市场上，金融资产的价格能及时、准确、全面地体现该资产的价值，反映各种公开信息，引导资金自动流向高效率的部门，从而优化整个经济体系中的资源配置。

（4）交易媒介是指金融市场上联系资金供给者与资金需求者、实现资金由供给者向需求者转移的中介。其作用在于促进金融市场上的资金融通，满足不同投资人和融资人的需要。这些媒介包括商业银行、投资银行、证券公司、财务公司、保险公司、信用合作社、信托投资公司和其他非银行金融机构。虽然交易媒介和交易主体都参与金融交易，但其目的不同，交易媒介作为中介赚取佣金，并非像交易主体是最终意义上的资金供给者或需求者。

金融市场四要素之间关系密切、相辅相成。其中，交易主体与交易客体是构成金融市场的最基本要素，是金融市场形成的基础。交易媒介和交易价格是伴随金融交易产生的，也是金融市场不可缺少的要素，对促进金融市场的繁荣和发展具有重要意义。

一个有效的金融市场必须具备相当的广度、深度和弹性。在有广度的市场上，参与者数量众多、类型各异，其入市目标、对风险和金融工具期限的偏好各不相同，市场交易不会出现"一边倒"的局面，被少数人或某些利益集团操纵的可能性也较小。深度是指在当前交易价位上很容易寻找到买者和卖者，市场交易在较稳定的价格上持续不断地进行，并且当市场价格受到突发事件或大额交易影响而大幅波动时，市场能迅速自我调整，不至于长期过冷或过热。

2. 金融市场的分类

金融市场是由许多功能不同的具体市场构成的。对金融市场可以从多角度按不同标准进行分类。

（1）货币市场与资本市场。按融资期限的不同，可以把金融市场分为货币市场与资本市场。货币市场也称为短期资本市场，一般融资期限在1年以内，其功能是提供短期货币资金，主要解决短期资金融通问题，包括贴现市场、存款单市场、同业拆借市场和企业间借贷市场等。这类金融资产偿还期限短、流动性较高、风险较小，通常在流通领域起到货币的作用。资本市场也称为长期资本市场，一般融资期限在1年以上，长的可以达数十年，其功能是提供长期货币资金，主要解决长期资金融通问题，包括股票市场、债券市场和投资基金市场。这类金融资产的偿还期限长、流动性较低，因而风险较大，但可以给持有者长期带来收入。

1）货币市场。货币市场的需求者主要有3类：第一类是企业。企业在生产经营中会经常出现临时性和季节性的资金需要，通过到货币市场上发行商业票据、公司债券等来筹措所需资金。第二类是商业银行。商业银行发生流动性困难时，通过到货币市场上寻觅资金。第三类是政府。政府财政收入有先支后收和季节性因素，有时会出现资金不足，于是就向货币市场发行国库券等筹措短期资金。此外，当政府的一部分长期债务在财政收入的低谷到期时，为了偿还这种债务，政府也会发行短期债券。

货币市场上的资金供给者主要有5类：第一类是商业银行。它们是市场上最活跃的成分，所占的交易量最大，采用的金融工具最多，对资金供求与利率波动的影响也最大。第二类是其他金融机构，如银行以外的信用社、金融公司、财务公司、保险公司和信托公司等。第三类是企业。由于销售收入的集中性会形成企业资金的暂时限制，它们通过购入证券向市场注入资金。第四类是个人。有些国家对货币市场交易有最小规模的限制，个人资金以各种"基金会""协会"的名义出面，集中资金参加市场交易。第五类是中央银行。中央银行通常采用在公开市场买进有价证券、贴现、再贷款等形式为市场融通资金。

货币市场的主要业务是短期信用工具的交易。短期信用工具主要是指商业票据、银行承兑汇票、政府发行的短期国库券等，期限最短的为1天，一般为6～8个月，最长不超过1年。这些信用工具可以随时变现，流动性很强，近似于货币。

货币市场主要有以下几类。

①贴现市场。这是以票据贴现业务为主的短期资金市场。在市场上从事贴现业务和供应资金的是贴现商行、商业银行和作为"最后贷款者"的中央银行，市场买卖的对象是商业承兑汇票、银行承兑汇票、其他商业票据及国库券和短期公债。

②存款单市场。这是以经营可转让存款单为主的市场。发行可转让存款单是商业银行和金融公司吸收大额定期存款的一种方法。其特点是面额大、期限固定、可以自由转让。投资于存款单既可获得定期存款利息，又可随时将其转让，与活期存款一样机动灵活。经营存款单的主要有商业银行和市场经纪商。

③同业拆借市场。这是指银行与银行之间相互进行资金拆借的市场，参加者是各类金融机构，包括各种银行和有剩余资金的非银行贷款者。这是一种短期贷款形式，最长不超过7天，其拆借种类有"半日拆借""隔夜拆借""定期拆借""无条件拆借"等。同业拆借并不是真正的现金往来，而是通过中央银行的支票存款户头进行转账。

④企业间借贷市场。这是指由企业间财务部门直接商谈或通过经纪人进行借贷的市场。企业间借贷市场的利率比金融市场的利率要高一些，风险也较大。

2）资本市场。资本市场是指中长期资金融通或中长期金融证券买卖的市场。资本市场的基本功能是促进资本的形成，有效地动员民众的储蓄，将其合理地分配到经济部门。资本市场的完善程度通过影响一国的投资水平、资源的合理分配和使用，从而影响国民经济的协调发展。

在资本市场上交易的金融工具主要有债券、股票、衍生证券和衍生产品等。其中，债券和股票属于基础性证券，它们是以实质资产为基础而发行的对资产拥有收益追索权或收益分享权的凭证。各种可转换债券、基金证券、认股权证等衍生证券是在债券和股票的基础上派生的证券。金融期货和金融期权等金融衍生产品，则是在债、股票和衍生证券的交易中产生的。

（2）资金市场、外汇市场、黄金市场与保险市场。按交易对象不同，金融市场分为资金市场、外汇市场、黄金市场和保险市场。资金市场以货币和资本为交易对象；外汇市场以各种外汇信用工具为交易对象；黄金市场是集中进行黄金买卖和金币兑换的交易市场；保险市场则从事因意外灾害事故所造成的财产和人身损失的补偿，它以保险单和年金单的发行和转让为交易对象，是一种特殊形式的金融市场。

（3）现货市场与期货市场。按交割时间不同，金融市场可以分为现货市场和期货市场。现货市场是指买卖双方成交后，当场或几天之内买方付款、卖方交出交易标的的交易市场；期货市场是指买卖双方成交后，在双方约定的未来某一特定的时日才交割的交易市场。

（4）发行市场与流通市场。按功能不同，金融市场分为发行市场与流通市场。发行市场又称为一级市场，主要处理信用工具的发行与最初购买者之间的交易。证券发行是证券买卖、流通的前提。证券发行者与证券投资者的数量多少，是决定一级市场规模的关键因素。流通市场又称为二级市场，主要处理现有信用工具所有权转移和变现的交易。二级市场上买卖双方的交易活动，使金融资产的流动性大大增强，促进了经济的繁荣。

（5）地方性金融市场、全国性金融市场与国际性金融市场。按地理范围不同，金融市场可以分为地方性金融市场、全国性金融市场和国际性金融市场。

（6）直接金融市场与间接金融市场。按金融交易中有无交易媒介，金融市场分为直接金融市场和间接金融市场。直接金融市场是指资金供给者直接向资金需求者进行融资的市场，如企业发行债券和股票进行融资；间接金融市场是指以银行等金融机构为媒介进行资金融通的市场，如存贷款市场。

（7）有形市场与无形市场。从市场活动的特点来看，金融市场分为有形市场与无形市场。有形市场是指有固定交易场所和固定组织机构的市场，一般是指证券交易所、期货交易所等固定的交易场地。无形市场则是指在证券交易所外进行金融资产交易的，本身没有固定交易场所和固定组织机构的市场。无形市场上的交易一般通过现代通信工具在各金融机构、证券商和投资者之间进行，它是一个无形的网络，金融资产可以在其中迅速转移。

3. 金融市场的发展趋势

（1）资产证券化（asset backed securitization，ABS）。资产证券化是指把流动性较差的资产，如金融机构的一些长期固定利率贷款或企业的应收账款等，通过商业银行或投资银行予以集中及重新组合，以这些资产作抵押来发行证券，实现相关债权的流动化。它的特点是将原来不具有流动性的融资变成流动性的市场性融资。

（2）金融自由化。20世纪70年代以来，西方国家特别是发达国家出现了金融自由化的趋势，即金融主管部门逐渐放松甚至取消对金融活动的一些管制措施，主要表现在放宽对金融机构业务活动范围的限制、放宽或取消对银行的利率管制等。金融自由化导致金融竞争更加激烈，这在一定程度上促进了金融业运营效率的提高。在金融自由化过程中所产生的许多新型交易工具在大大便利了市场参与者的投融资活动，降低了交易成本的同时，也加剧了金融风险，增加了政府监管的难度。

（3）金融国际化。首先是金融市场交易国际化，包括国际货币市场的全球化、国际资本市场交易的全球化和外汇市场的全球化三个方面。包括银行和企业在内的各类经济主体进行投融资的范围不再仅仅局限在一国内部，而是可以进入国际金融市场。其次是金融市场参与者国际化。在国际金融活动中，传统的以大银行和主权国政府为代表的行为主体正被越来越多样化的国际参与者所代替。大企业、投资银行、保险公司、投资基金甚至私人投资者纷纷步入国际金融市场，参与投融资组合。

（4）金融工程化。金融工程是指将工程思维引入金融领域，综合采用各种工程技术方法设计、开发新型的金融产品，创造性地解决金融问题。

2004年1月，国务院出台的《国务院关于推进资本市场改革开放和稳定发展的若干意见》是中国对发展金融衍生品的一个明确信号。同年2月，原中国银行业监督管理委员会（以下简称原银监会，现为中国银行保险监督管理委员会）出台的《金融机构衍生产品交易业务管理暂行办法》给金融机构从事衍生品交易的风险管理做了一个制度上的准备，同时给金融机构进行金融衍生品创新留出了空间。

企业与金融市场之间的关系并不只限于以企业为主体的金融活动本身，还涉及金融市场的各个领域，如关于金融市场对企业金融决策、资本结构、资本运行等各方面的影响等。各国市场经济发达程度不同，金融市场存在发达与否、规范与否、开放与否等问题。金融市场效率的高低等在不同程度上影响着企业金融活动的发达程度，直接关系着企业融资规模的大小、投资活动的成功与否。因此，研究、探讨企业融资问题，离不开对金融市场的分析与研究。

（二）金融机构及金融体系

1. 金融机构及金融体系概述

金融机构是指所有专门从事各种金融活动的中介组织。金融体系是一个国家资金集中、流动、分配和再分配的系统。

商品经济是以信用为基础的借贷经济。金融机构是在克服各经济主体融资困难的基础上产生的。在生产经营过程中，因为资金供求双方在供求时间和数量上的不一致，或者贷方不了解借方的信用能力和经济状况等因素，各经济主体之间难以形成借贷关系。银行作为信用中介人，解决了货币资金在供求时间、数量上的矛盾和双方互不信任的困难。首先，银行通过自身的信用行为将分散的、小额的货币资金汇集成一个巨大的资金量，以此满足各种不同的资金需求；其次，银行将不同期限的存款供给加以组合，可以满足不同期限的借款需求。在这里，一方面，银行代表资金贷方的利益，另一方面，银行又代表借方的利益，既表现为借者，又表现为贷者，成为真正的金融中介。

金融中介机构的产生还可以降低融资成本和提高资金运用的安全性。从融资成本看，金融机构是一个高度社会化的服务机构，拥有广泛的信息来源和遍布各地的分支机构，具有金融业务种类齐全、经营规模大等特点，使银行的单位融资成本比其他企业和部门低。从安全角度讲，金融机构具有稳定性强、信誉良好、资金雄厚、分散投资等优势，可以降低或控制风险，满足人们追求流动性的要求。因此，对于借贷双方来说，自己做不到或者需要付出较高的代价才能做到的事，通过金融机构却能很容易完成。

2. 金融机构的种类

金融机构的种类很多，根据资金来源的方式，目前世界各国通常把它们分成两大类：银行性金融机构和非银行性金融机构。它们在社会资金分配和再分配中协同作用。其中，银行是整个金融机构体系中最基础的环节。

（1）银行性金融机构。当今各国形成了规模庞大、分工明确的金融机构体系。金融机构体系大致由4类不同的机构组成，即中央银行、商业银行、专业银行和政策性银行。

1）中央银行。中央银行是一国金融体系的核心，具有特殊的地位与功能。其特殊性主要来自其所担负的职能。中国人民银行是我国的中央银行。《中华人民共和国中国人民银行法》规定了中国人民银行的组织机构、业务、法律责任等内容。中国人民银行具有世界各国中央银行的一般特征：是通货发行的银行、银行的银行、政府的银行、监管的银行。中国人民银行具有国家行政管理机关和银行的双重性质。其主要任务如下：一是制定和实施货币政策，调控宏观金融；二是实施金融监管，维护银行业的稳健运行。

2）商业银行。商业银行也称为存款货币银行，即它的经营活动主要以吸收社会公众存款与发放贷款为主要内容，这也是商业银行区别于其他金融机构的主要标志。《中华人民共和国商业银行法》（以下简称《商业银行法》）规定了我国商业银行的设立和组织机构、对存款人的保护、贷款和其他业务的基本规则、财务会计、监督管理、接管和终止、法律责任等内容。

我国的商业银行包含国有控股商业银行、股份制商业银行、合作金融组织。其中有 4 家国有控股商业银行（中国工商银行、中国农业银行、中国银行和中国建设银行）的资产负债规模较大。它们都是直属于国务院的经济实体，在业务上接受中国人民银行的领导和管理，也称为"大型银行"。国有控股商业银行是经营存款货币业务的金融中介，业务活动大体类似于世界各国的商业银行或存款货币银行。股份制商业银行是在我国的改革开放中重新组建和诞生的银行，主要包括交通银行、中信实业银行、光大银行、招商银行、民生银行、华夏银行、兴业银行等。合作金融组织主要是指农村信用合作社。农村信用合作社是我国农村集体所有制的合作金融组织。在部分地区，为适应地区经济发展，农村信用合作社逐步转变为农村合作银行和农村商业银行。

3）专业银行。专业银行是指具有专门经营范围和提供专门性金融服务的银行。这类银行一般有特定的客户，如融资性专业银行、投资性专业银行、政策性专业银行、清算银行等。这类银行的存在是社会分工发展在金融领域中的表现。随着社会分工的不断发展，要求银行必须具有某一方面的专门知识和专门职能，从而促进各种各样的专业银行不断出现。专业银行种类甚多，名称各异。

① 储蓄银行。储蓄银行是办理居民储蓄并以吸收储蓄存款为主要资金来源的银行。储蓄银行的类型有互助储蓄银行、信托储蓄银行、邮政储蓄银行等。储蓄银行所汇集起来的储蓄存款较为稳定，因此主要用于长期投资。

② 抵押银行。抵押银行是不动产抵押银行的简称，是以土地、房屋等不动产作抵押办理放款业务的专业银行。这种放贷一般期限较长，属于长期信贷。

③ 投资银行。早期的投资银行是专门针对工商企业办理投资和长期信贷业务的银行。投资银行的资金主要依靠发行自己的股票和债券来筹集。从投资银行所从事的主要业务看，由于投资银行发挥金融中介和组织作用，使资本市场的各方面参与者，无论是政府、企业、机构和个人，还是金融产品的发行人和各种投资人，都有机地联系在一起。投资银行是资本市场的关键要素和最主要的组织者，它是使整个资本市场得以高效、有序运转的核心力量，市场机制对社会经济资源配置的基础性作用在此得到最充分的体现。

4）政策性银行。政策性银行是指由政府创立和担保，以贯彻国家产业政策和区域发展政策为目的，具有特殊的融资原则，不以营利为目的的金融机构。

在经济发展的过程中，常常存在一些商业银行从营利的角度考虑不愿意投资的领域，或者其资金实力难以承受的领域，这些领域通常包括对国民经济发展、社会稳定具有重要意义，投资规模大、周期长、见效慢、资金回收时间长的项目，如农业开发项目、重要基础设施项目等。为了扶持这些国家重大建设项目，政府往往实行各种鼓励措施，通常采用的办法是设立政策性银行，专门对这些项目融资。

政策性银行主要有开发银行、农业政策性银行、进出口政策性银行。1994 年，我国组建了 3 家政策性银行，即国家开发银行、中国进出口银行、中国农业发展银行，均直属国务院领导。国家开发银行在 2008 年年底推行商业化改革，即按照建立现代金融企业制度的要求，全面推行商业化运作，自主经营、自担风险、自负盈亏，主要从事中长期业务，也开始从事一些短期业务。

（2）非银行性金融机构。一般来说，人们把银行以外的金融机构列入非银行性金融机构，也就是说，它们属于金融机构，但又不是银行。非银行性金融机构与商业银行及专业银行并无本质区别，都是以信用方式集聚资金，并投放出去，以达到营利的目的。但非银行性金融机构的业务面较为狭窄和专门化，它是为满足社会多元化金融服务的需求而不断产生和发展的。

1）保险公司。保险公司是金融机构的一个组成部分，是依法成立的在保险市场上提供各种保险商品，分散和转移他人风险并承担经济损失补偿和保险给付义务的法人组织。各国按照保险种类分别建立了形式多样的保险公司，如财产保险公司、人寿保险公司、再保险公司、存款保险公司等。

2）证券公司。证券公司是依法批准成立的专门从事各种有价证券经营及相关业务的金融企业。证券公司分为综合类证券公司和经纪类证券公司。证券公司既是证券交易所的重要组成成员，又是有价证券转让柜台交易的组织者、参与者。证券公司的主要业务包括有价证券自营买卖业务、委托买卖业务、认购业务和销售业务等。

证券公司在金融市场上起重要的作用。在一级证券市场上，通过取购、代销、助销、包销有价证券，促进发行市场顺畅运行，使发行者能筹集到所需要的资金，促使投资人将所持资金投向新发行的有价证券。在二级证券市场上，证券公司通过代理或自营买卖有价证券，使投资双方利用有价证券达到各自的融资目的。

3）财务公司。财务公司也称财务有限公司。由于各国的金融体制不同，财务公司承办的业务范围也有所差别。其中，有的专门经营抵押放款业务，有的依靠吸收大额定期存款作为贷款或投资的资金来源；有的专门经营耐用品的租购或分期付款销货业务。在我国，企业集团财务公司（除中外合资的财务公司外）是依托大型企业集团而成立的，主要为企业集团成员单位的技术改造、新产品开发和产品销售提供金融服务。

4）信托投资公司。信托投资公司是一种以受托人身份代人理财的非银行金融机构，具有财产管理和运用、融通资金、提供信息及咨询、社会投资等功能。一般来说，信托投资公司主要经营资金和财产委托、代理资产保管金融租赁、经济咨询、证券发行及投资等业务。

5）租赁公司。租赁公司主要分为经营性租赁公司和融资性租赁公司，融资性租赁公司又称为金融租赁公司。金融租赁是以商品交易为基础的融资与融物相结合的特殊类型的筹集资本、设备的方式。它既有别于传统租赁，也不同于贷款，是所有权和经营权相分离的一种新的经济活动方式，具有融资、投资、促销和管理的功能。我国租赁公司在借鉴国外先进经验的基础上不断规范、不断发展。2000年6月，中国人民银行发布了《金融租赁公司管理办法》，界定融资租赁行为，规范租赁当事人的权利、义务并规定对租赁公司的风险进行控制。

6）金融公司。金融公司也是一类重要的金融机构。其资金来源主要是在货币市场上发行商业票据，在资本市场上发行股票、债券，以及从银行借款（比重不大）。其资金主要贷放给购买耐用消费品的消费者或小企业。

7）基金管理公司。个人投资者的资金有限，不便直接在证券市场上买卖证券，且直接投资的风险和成本都很大，于是证券市场上出现了专门从事证券买卖的机构投资者。其中，重要的机构投资者是证券投资基金和养老基金。从事证券投资基金和养老基金管理的基金管理公司是证券化市场中越来越重要的一种金融中介机构。证券投资基金又称共同基金、投资信托等，它是将个人的资金集中起来，在证券市场上进行分散投资和组合投资的一种集合投资方式。

8）典当行。典当是指典当人将其动产、财产权利或者房地产作为当物抵押给典当行，交付一定比例的费用，取得资金，并在约定期限内支付当金利息、偿还当金、赎回当物的行为。这种经济行为由典当人和典当行双方参与形成。

此外，随着现代市场经济的发展和信息经济的到来，金融中介机构种类越来越多，作用越来越凸显，如评估类、咨询类、鉴证类等金融服务中介机构发展迅猛。当然这些中介机构在发展过程中也存在一些问题。但是，随着市场经济的发展与完善，中国会很快形成一个比较规范的、与本国实际相适应的金融中介机构体制模式和运行机制，并形成一个行之有效的金融中介组织形式、服务业务体系和管理体制。

3. 金融监管机构

1993年，国务院决定对银行、证券、保险实行分业经营、分业管理。2003年建立起相应的原银监会、中国证券监督管理委员会（以下简称证监会）和原中国保险监督管理委员会（以下简称原保监会，现为中国银行保险监督管理委员会）分业监管体制。三者之间建立监管联席会议制度，研究银行、证券和保险监管中的有关重大问题，协调银行、证券、保险对外开放及监管政策，交流监管信息等。这是健全和完善金融宏观调控、监管决策与管理体制的重要措施，有助于减少摩擦、提高监管效率，促进金融业的健康发展。

（1）原银监会。整个银行体系在支付、组织和分配储蓄方面发挥着重要作用。但是由于信息不对称和制度的缺陷，许多国家银行体系的脆弱性已经威胁到各国乃至世界的金融稳定，国际机构和各国政府越来越强化中央银行对各商业银行及其金融机构的经营管理和业务活动及金融市场准入条件的监督管理。党的十届人大一次会议决定，为健全金融监管体系，加强金融监管，确保金融机构安全、稳健、高效运行，提高防范和化解金融风险的能力，把中国人民银行的监管职能分离出来，设立了原银监会作为国务院直属机构并和中央金融工作委员会的相关职能进行整合。原银监会根据授权，统一监督管理银行、资产管理公司、信托投资公司及其他存款类金融机构。

原银监会的主要职责是，拟定相关银行业监管的政策法规，负责市场准入、运行和退出监督，依法查处违法违规行为等。其目的如下：通过审慎有效的监管，保护广大存款人和金融消费者的利益；通过审慎有效的监管，增强市场信心；通过宣传教育工作和相关信息披露，增进公众对现代金融的了解；努力减少金融犯罪，维护金融稳定。

（2）证监会。1992年10月，成立了国务院证券委员会（如下简称证券委）和证监会。证券委是国家对证券市场进行统一管理的主管机构。证监会是国务院证券委的监管执行机构，依照法律法规对证券市场进行监管。

证监会的基本职能包括以下几方面。

1）建立统一的证券期货监管体系，按规定对证券期货监管机构实行垂直管理。

2）加强对证券期货业的监管，强化对证券期货交易所、上市公司、证券期货经营机构、证券投资基金管理公司、证券期货投资咨询机构和从事证券期货中介业务的其他机构的监管，提高信息披露质量。

3）加强对证券期货市场金融风险的防范和化解工作。

4）负责组织拟定有关证券市场的法律、法规草案，研究制定有关证券市场的方针、政策和规章；制订证券市场发展规划和年度计划；指导、协调、监督和检查各地区、各部门与证券市场有关的事项，对各期货市场试点工作进行指导、规划和协调。

5）统一监管证券业。

（3）原保监会。原保监会于1998年11月18日成立，是全国商业保险的主管部门，根据国务院授权履行行政管理职能，依照法律、法规统一监督管理全国保险市场。就监管体系来讲，国家对保险机构的监管是最高层次的刚性监督形式。

原保监会的基本职能：一是规范保险市场的经营行为；二是调控保险业的健康发展，具体分为4个方面。

1）拟定有关商业保险的政策法规和行业发展规划。

2）依法对保险企业的经营活动进行监督管理和业务指导，维护保险市场秩序，依法查处保险企业违法违规行为，保护被保险人利益。

3）培育和发展保险市场，推进保险业改革，完善保险市场体系，促进保险企业公平竞争。

4）建立保险业风险的评价与预警系统，防范和化解保险业风险，促进保险企业稳健经营与健康发展。

根据上述职能，我国内地保险监管的主要目标是，加快培育和发展保险市场，努力建设一个市场主体多元化、市场要素完善、具有开放性的保险市场体系。其目的是维护市场秩序，保证公平竞争，监督保险企业规范经营、具有充足偿付能力，保护被保险人的合法利益，最终促进保险业的健康发展，为国家的改革和发展做出更大的贡献。

（三）企业融资的法律环境

1. 信贷融资法律环境

与我国商业银行贷款业务相关的法律规范主要包括《商业银行法》《贷款通则》《中华人民共和国利率管理暂行规定》《信贷资金管理暂行办法》等，《中华人民共和国民法通则》（以下简称《民法通则》）《中华人民共和国合同法》（以下简称《合同法》）《中华人民共和国担保法》（以下简称《担保法》）中也有部分相关规定。

《贷款通则》是中国人民银行依法发布的有关贷款业务的专门性金融规章，是中资金融机构开展贷款业务的基本依据。《贷款通则》共12章80条，对贷款的原则、种类、期限、利率、借款人、贷款人的资格及条件，贷款程序，贷款责任管理，贷款偿还及不良贷款管理等进行了较为详细、具体的规定。

2. 股票融资法律环境

我国现行股票融资立法及政策主要包括以下方面。

（1）规范公司行为和证券市场行为的基本法律，主要有《中华人民共和国公司法》（以下简称《公司法》）《中华人民共和国公司证券法》（以下简称《公司证券法》）。

（2）规范证券交易机构、证券经营机构及其他证券中介服务机构行为的配套法规，主要有《客户交易结算资金管理办法》《证券交易所管理办法》《证券公司客户资产管理业务管理办法》《证券公司短期融资券管理办法》《证券公司股票质押贷款管理办法》等。

（3）规范股票市场具体行为的监管法规，主要有《股票发行与交易管理暂行条例》《国务院关于股份有限公司境内上市外资股的规定》《中国证监会股票发行核准程序》《首次公开发行股票辅导工作办法》《证券发行上市保荐制度暂行办法》等。

3. 信托融资

目前，我国信托业的现行法律框架由《中华人民共和国信托法》《信托公司管理办法》《信托公司集合资金信托计划管理办法》《信托投资公司清产核资资产评估和损失冲销的规定》及一些散见于其他法律法规之中的相关条款共同构成。目前我国没有专门的"信托业法"，仅有两个部门规章，即《信托投资公司管理办法》和《信托公司集合资金信托计划管理暂行办法》。

4. 企业债券融资

目前，我国规范企业债券的法律、法规主要有国务院颁布实施的《企业债券管理条例》和《公司法》。它们对我国企业债券融资管理进行了必要规定，形成企业债券融资的基本框架。

六、融资的渠道

企业融资渠道也称资金来源，是指筹措资金来源的方向与通道，体现资金的来源与流量。目前，我国企业融资的渠道主要有以下几种。

（一）银行信贷资金

银行对企业的各种贷款是我国目前各类企业最为重要的资金来源。

目前，我国主要有两类银行提供贷款：一类是商业银行，包括中国工商银行、中国农业银行、中国建设银行、中国银行等国有控股银行，以及为数众多的全国性及地方性的商业银行，如交通银行、华夏银行、民生银行等，它们根据一定的原则为各类企业提供短期和长期贷款；另一类是政策性银行，如中国农业发展银行、中国进出口银行，它们为特定企业提供政策性贷款。

（二）非银行金融机构资金

非银行金融机构包括信托投资公司、租赁公司、保险公司、证券公司、企业集团的财务公司等，它们有的承销证券，有的融资、融物，有的为了特定目的而积聚资金。这些机构通过一定的途径或方式为一些企业直接提供部分资金或为企业融资提供服务。这种融资渠道的财力比银行小，但资金供应比较灵活方便，发展前景十分广阔。

（三）资本市场资金

目前，我国可以为企业提供资金的资本市场主要有股票市场和债券市场。

（四）其他企业资金

企业在生产经营过程中，往往会形成部分暂时闲置的资金，可在企业之间相互调剂使用。其他企业投入资金的方式包括联营、入股、债券及各种商业信用，既有长期稳定的联合经营，又有短期临时的资金融通。

（五）居民闲置资金

过去，居民的闲置资金大都通过银行再流入资本需求者手中。现在，由于社会公众承担风险的能力有所提高，加上存款利率不断下调，社会公众也开始选择投资方式，股票、债券、基金这些直接融资方式逐步为社会公众所接受。把社会上的闲置消费资金集中起来，用于企业的生产经营，也是一个越来越重要的企业融资渠道。

（六）国家财政资金

国家财政资金是指国家以财政拨款的方式投入企业的资金。

改革开放以前吸收国家投资一直是我国国有企业获得自有资本的主要来源。目前，除了原有企业的国家拨款和流动基金以外，还有用投产后利润偿还基建借款所形成的固定基金，以及国家财政和企业主管部门拨给企业的专用拨款。随着我国市场经济的进一步发展，尽管国家财政资金在企业自有资金中的比例越来越小，但对于基础性产业、公益性产业等而言，国家财政资金仍然是企业融资的一个十分重要的渠道。

（七）国外及境外资金

国外及境外资金可以划分为3类：一是银行信贷资金；二是政府贷款资金；三是企业及民间资金。

改革开放以来，外商资本流入国内的频率增大和流量增加。利用外资是许多资金短缺国家尤其是发展中国家弥补资本不足、促进本国企业资本积聚和集中、推动经济腾飞的重要手段之一。从资金来源上，境外资金可分为外国政府贷款、国际金融组织贷款及境外民间资金。目前，我国已批准中外合资经营企业、中外合作经营企业和外商独资企业几十万家，每年利用外商直接投资金额达上千亿美元。另外可通过补偿贸易、出口信贷、国际资本信贷、项目融资等方式引进境外民间资金。

同一渠道的资金来源可以利用不同的融资方式来获得，同一融资方式又可适用于不同的融资渠道。例如，居民储蓄是资金来源，但可以通过发行股票、发行债券等不同融资方式取得；发行债券融资方式则可以通过个人储蓄、企业储蓄资金及外资等渠道实现。

（八）企业自留资金

企业自留资金又称企业内部积累、企业内部留存，主要是指企业利用留用利润转化为经营资本，主要包括提取公积金和未分配利润。另外，企业计提折旧费形成的折旧基金、经常性延期支付款项，也是企业的一项资本来源。企业在生产经营过程中，由于资本运动的规律性和市场情况的变化，往往会有部分暂时闲置甚至长期闲置的资本，如固定资产重置前已提折旧基金、未动用的企业留存利润等都可以在企业之间进行有偿调剂。调剂形式多种多样，如入股、发行债券、拆借及各种商业信用。市场经济越发达，这种融资渠道也越畅通，生命力越强大。

七、融资的方式

融资方式，是指企业融资所采用的具体形式。

> **小知识**

融资渠道与融资方式的对应关系

资金筹集的渠道和方式既有联系，又相互区别。企业进行融资，必须实现两者的合理选择和有机的结合。

融资渠道解决的是资金来源问题，融资方式则解决通过何种方式取得资金的问题，它们之间存在一定的对应关系。一定的融资方式可能只适用于某一特定的融资渠道，但是，同一渠道的资金往往可采用不同的方式取得，同一融资方式又往往适用于不同的融资渠道。因此，企业在融资时，应实现两者的合理配合。

融资方式与融资渠道的配合情况如表 1-1 所示。

表 1-1　融资方式与融资渠道的配合表

渠道 方式	国家 财政资金	银行 信贷资金	非银行金 融机构资金	其他企业 资金	民间资金	企业 自有资金	国外及 境外资金
吸收直接投资	✓		✓	✓	✓	✓	✓
发行股票	✓		✓	✓	✓		✓
发行债券			✓	✓	✓		✓
银行借款	✓	✓					✓
商业信用							
租赁融资			✓	✓		✓	
内部积累						✓	
出口信贷							
国际债券							✓
政府贷款							✓

内源融资比较简单，操作也很简单；外源融资则比较复杂。外源融资包括债务融资与股权融资两大类，而每一大类又可具体区分为很多种方式。外源融资由于要求助于外部投资者，从操作上来说也要烦琐一些。

（一）债务融资

债务融资包括银行贷款、民间借贷、债券融资、信托融资、项目融资、商业信用融资与租赁融资等。以下分别简要介绍这几种主要的融资方式。

1. 银行贷款

银行贷款是指由银行以贷款形式向企业提供的融资，它具有以下特点。

（1）基本上不需要发行费用。通常银行根据企业的财务报表、审计报表、银行往来情况、担保或抵押情况及用款计划审批有关贷款申请。

（2）银行贷款的使用期限不稳定。通常在贷款合同里都规定债权人有权在任何时候收回贷款—只要它认为有必要。银行从来都是晴天给伞、雨天收伞。企业经营情况好的时候，银行追着提供贷款，一旦企业出现危机，银行争相收回贷款，即使有些贷款期限尚未到。

（3）银行提供贷款的时候通常有担保、资产抵押等附带条件，企业所拥有的银行信用有一定的限度。此外，国内银行还受原银监会和人民银行的一系列规定限制，如企业不能利用银行贷款进行股权投资或者股权收购等。因此，银行贷款通常无法解决企业所有的资金需要。

2. 民间借贷

随着我国经济的发展和民间金融资产的逐步扩张，民间借贷逐渐活跃。企业进行民间借贷通常以私下协议方式与私人或非金融机构拟定融资金额、利率、期限等条件。由于这类融资安排往往回避了正常的金融监管，因此，常需要承担政策风险甚至法律风险，稍有不慎就会碰到"高压线"。同时，由于类似的原因，债权人具有较大风险，作为补偿，债务人需要支付较高的利息，所以民间借贷常常与高利贷同名。

3. 债券融资

企业债券是指按照法定程序发行的、约定在一定期限内还本付息的债务凭证，它代表债券持有人与企业的一种债权债务关系。

债券持有人不能参加企业利润分配，只能按照规定利率收取利息，因此，企业发行债券不影响股东对企业的控制权，它属于一种债务融资。

从企业的利益来说，发行企业债券是一种很理想的融资形式。

（1）债券融资的利息成本要比银行贷款低。

（2）债券融资一般是长期的，可以根据投资项目的回收期来确定，而且具有相当的稳定性。债券持有人不能要求提早偿还。由于投资人可以通过债券市场套现，因此也不需要由债务人提前退回投资。

在发达国家，债券融资是比银行贷款还重要的企业融资方式。但是，中国目前的企业债券市场还非常不成熟，在企业债券发行实行审批制的情况下，只有个别国有大型企业才能够发行企业债券，民营企业基本上不能采用这种融资形式。不过有迹象表明，中国将逐步放开企业债券的发行和交易，有一定规模的民营企业发行企业债券将不再遥远。此外，上市公司可以发行公司债券。

> **小知识**
>
> **发行债券**
>
> 发行债券是公司融资的一种重要方式。
>
> （1）债券融资的优点。
>
> 1）资金成本较低。债券发行费用比股票低，而且债券的利息费用可在税前支付，起到了抵减税款的作用，使得债券实际融资成本较低。
>
> 2）保障股东控制权。债券持有人并非公司股东，无权参与公司经营管理，只能从公司获取固定利息。因而，发行债券不会影响股东对公司的控制权。
>
> 3）可利用财务杠杆作用。债券的利息是固定的，且在所得税前支付。公司如能保证债券所筹集的资金是投资收益率高于债券利息率，可以使更多的收益用于分配给股东，或留归公司以扩大经营。
>
> （2）债券融资的缺点。
>
> 1）融资风险高。债券融资除了要支付固定的利息，还要在到期日偿还全部本金。债券的还本付息增加了公司的财务压力。如果公司经营状况不佳，特别是投资收益率低于债券利息率时，公司就会背上沉重的负担，此种状况持续一段时间后，公司就会出现无力偿还债务的局面，最终可能导致破产。
>
> 2）限制条件多。债券融资的限制条件比长期借款、租赁融资的限制条件要多，这种限

制可能影响公司的投资收益及以后的融资能力。

3）融资额有限。利用债券融资有一定的限度，当公司的负债比率超过一定程度后，债券融资的成本会迅速上升，风险增大，会导致债券难以发行。

4. 信托融资

信托是指委托人出于对受托人的信任将其财产权委托给受托人，由受托人按委托人的要求以委托人为受益人，进行管理或者处分的行为。信托投资公司作为合法从事信托投资业务的机构，可以根据投资市场情况及其管理能力，安排信托计划，向其他投资人募集一定规模的信托资金，然后作为受托人向特定对象进行投资。

需要指出的是，信托投资可以是股权信托投资，也可以是债券信托投资。如果是前者，那么信托投资公司作为受托人进入投资对象行使股东权利。如果是后者，信托投资公司则是以债权人代表的身份向投资对象提供贷款，并行使按约定条件收取本息的权力。信托投资是一种很灵活的融资工具，通过一定的安排，信托投资公司的股权信托投资在一定条件下也可以转化为债券信托投资。例如，信托投资公司与股权投资对象约定，在一定时间内，其所投入的股权可按照一定条件转让给对方。这样，信托公司的股权投资便可转化为债券投资，为其投资提供一个便利的退出通道。

信托融资有以下优点。

（1）信托融资的利率通常较银行利率低，但是由于通过信托投资公司运作，增加了发行费用。考虑这一因素后，信托融资的成本一般高于银行贷款。

（2）相对于银行贷款来说，信贷融资的融资期限较长、较稳定，有利于企业的持续发展，可以舒缓短期资金压力。

（3）信托融资较银行贷款要求低，在一些情况下银行贷款不能够解决的问题可由信托融资解决。而且，信托融资对于民营企业来说也是开放的。

（4）由于信托融资的灵活性，企业可以先以财产信托取得资金，同时以一定时间后的回购协议"购回"股权，这样，企业可以在不提高资产负债率的情况下实现融资，优化企业的资产负债结构。这体现了信托融资的"表外"债务融资功能。

5. 项目融资

项目融资是对需要大规模资金的项目进行的融资活动。借款人原则上将项目本身拥有的资金及其收益作为还款资金来源，而且将项目资产作为抵押条件。项目主体的一般性信用能力通常不被作为重要因素考虑。这是因为要么项目主体是不具有其他资产的企业，要么是对项目主体的所有者不能直接追究责任。项目融资方式一般应用于现金流量稳定的发电、道路、铁路、机场、桥梁等大规模的基本建设项目，且应用领域在逐渐扩大。

项目融资有两种方式：无追索权的项目融资和有限追索权的项目融资。

无追索权的项目融资也称为纯粹的项目融资。在这种融资方式下，贷款的还本付息完全依靠项目的经营效益。同时，贷款银行为保障自身的利益必会要求以该项目拥有的资产作为担保。如果该项目由于种种原因未能建成或经营失败，其资产或受益不足以清偿全部的贷款，贷款银行无权向项目主体追索。

有限追索权的项目融资是指除了以项目的经营收益作为还款来源和取得物权担保外，贷款银行还要求有项目实体以外的第三方提供担保。贷款银行有权向第三方担保人追索，但担保人承担债务的责任，以他们各自提供的担保金额为限。

6. 商业信用融资

商业信用是指企业以赊销方式销售商品时所提供的信用。商业信用是企业短期融资的主要方式。由于它的形成直接与商品生产及流通相关，手续简便，因此很容易成为企业短期资金来源。商业信用融资通常表现为"应收账款"融资和票据融资，此外还有"其他应收账款"融资、"预收账款"融资等。

应收账款融资有两种方式：应收账款抵押贷款和应收账款转售。

应收账款抵押贷款是以应收账款作为贷款担保品，贷款人不仅拥有应收账款的受偿权，还可对借款人行使追索权。因此，采用应收账款抵押贷款的形式来获得贷款时，借款人依旧要承担应收账款的违约风险。进行应收账款抵押贷款时，借款人必须与办理贷款的金融机构签订具有法律约束力的合同，合同上列明借贷双方的法律义务和借贷程序。此后，借款人会定期地将其自客户处所获得的购货发票送到上述金融机构，然后由此金融机构审查发票的品质，并对借款人的客户进行信用评估。

应收账款转售则是指借款人将其所拥有的应收账款卖给贷款人，并且当借款人的客户不能支付应收账款时，贷款人不能对借款人使追索权，只能自行负担损失。在应收账款转售的情况下，借款人一般还需将"应收账款的所有权已被转移给贷款人"一事通知购货的公司或个人，并请它们直接付款给金融机构（即贷款人）。

票据融资是以票据充当融资工具，促使资金在盈余单位与短缺单位之间流动，实现融通资金的商业信用融资。票据是无条件支付一定金额的有价证券，它是在商品交换和信用活动中产生和发展起来的一种信用工具。票据主要有汇票、本票、支票等。票据融资的主要优点如下。

（1）有利于提升商业信用，促进商品交易，达到企业之间融通资金的目的。同时，票据还可以进一步引进银行信用，将银行信用与商业信用有机地结合起来，从而提高票据信用，增加企业信用融资的机会。如企业使用汇票赊购赊销，买方无须即时支付全额现款，可签发一定时期后支付的银行承兑商业汇票，获得资金融通便利；卖方赊销后，如果遇到资金短缺，可以持票向银行申请贴现，及时补充流动资金，也可以将其背书转让，实现资金融通。

（2）票据融资简便灵活，不受企业规模的限制。银行的信用评级标准主要是按国有大中型企业的标准设定的，资产规模小的中小企业可能达不到信贷标准，而采用银行承兑商业汇票贴现融资则基本不受企业规模的限制。例如，销售公司拿到汇票后，若急需资金，可马上到银行办理贴现，可以提前利用这笔资金组织生产、创造效益。

（3）票据融资可以激励企业强化信用意识，规范企业行为。在市场经济中，具备优良信用等级、经营业绩突出、管理规范的企业易从商业银行获取承兑汇票，而且其签发的商业票据也能得到其他企业和商业银行的广泛认同，流通性较强，使这些企业在票据融资渠道上能轻松地获取资金支持，而那些信用缺失、管理不善的企业，则往往受到票据市场的惩戒和驱逐，失去在票据市场上的融资机会，这就要求广大中小企业自觉强化信用意识、规范企业行为。

（4）票据融资可以降低企业的融资成本。目前国内银行贷款情况是，信用贷款较少，抵押贷款居多，而办理抵押贷款一般经过资产评估、登记，手续烦琐、费用较高且效率低下，若规模未达到银行要求，贷款利率还要上浮一定的幅度，这将增加企业的融资成本。而采用银行承兑商业汇票贴现融资，则一般不需抵押，且贴现利息低于贷款利息。

（5）票据融资可促进银企关系，实现银企双赢。采用票据融资，一方面可以方便企业的资金融通；另一方面商业银行不仅可通过办理票据业务收取手续费，还可以将贴现票据在同业银行之间转贴现或向中央银行申请再贴现，既可分散风险，又可从中获取较大的利差收益。由于票据放款比信用放款风险小、收益稳定，因此，票据业务必将成为商业银行新的利润增长点。

一般来说，当企业融资渠道不多、经济处于紧缩期、市场上资金供应不足时，商业信用融资的规模会大一些，商业信用融资在短期融资中的比重会高一些。当然商业信用融资也有一定的局限性，主要表现为商业信用融资规模受到商品流通及交易规模的限制，另外，企业通过商业信用来筹措资金也有一定的成本，这种成本主要与债权人所提供的信用政策有关。在规范的商业信用中，债权人为了控制应收账款的期限和额度，往往要向债务人提出信用政策，包括信用期限、给买方的购货折扣和折扣期，这便是商业信用的成本。要顺利开展商业信用融资，企业需要有强烈的信用意识，减少企业间相互债务的长期拖欠，否则，企业开出的商业票据不被对方接受，要通过商业信用来筹措资金就相对困难了。

> **小知识**
>
> ### 商业信用
>
> 商业信用是指商品交易中以延期付款或预收货款进行购销活动而形成的借贷关系，它是公司间直接的信用行为。商业信用产生于商品交换之中，其具体形式主要是应付账款、应付票据、预收账款等。有关资料统计显示，这种短期融资在许多公司中占短期负债的40%左右，已成为公司重要的短期资金来源。
>
> （1）商业信用融资优点。
>
> 1）融资便利。取得商业信用非常方便，可随着商品购销而享受信用、归还款项。
>
> 2）融资成本低。如果没有现金折扣或公司不放弃现金折扣，则利用商业信用不发生融资成本。
>
> 3）限制条件少。商业信用比其他融资方式条件宽松，无须担保或抵押，选择余地大。
>
> （2）商业信用融资缺点。商业信用融资的期限较短，如果取得现金折扣则时间更短；如果放弃现金折扣，则须负担很高的融资成本。

7. 租赁融资

租赁融资是出租人根据与承租人签订的租赁契约，以收取一定的租金为条件，将租赁物的使用权在规定的时期内交给承租人，其所有权仍属于出租人的一种经济行为。租赁融资将借钱和借物融合在一起，既借钱又借物，还的是钱而不是物。

当企业急需购买某种设备，而购买设备的资金不足时，可以考虑租赁融资的方式。租赁融资在需要使用昂贵设备的企业（如航空公司）中使用得非常普遍。租赁融资的主要优点之一是，企业可以减少固定资产开支，降低固定资产在总资产中的比例，改善资产结构。

> **小知识**
>
> ### 融资租赁的优缺点
>
> （1）融资租赁的优点。
>
> 1）可迅速获得所需设备。公司购买设备一般是先融资而后购买，而融资租赁是将融资与购物并行，公司可迅速获得所需设备投入运营，并很快形成生产能力。
>
> 2）增加融资灵活性。与发行债券、长期借款相比融资租赁可避免许多限制性条款，从而为公司经营活动提供了更大的弹性空间。
>
> 3）减轻财务负担。由于租金可在整个租赁期内分期支付，所以能够降低公司财务负担、稳定收益水平；另外，租金作为经营费用可抵减公司税负。
>
> 4）免遭设备陈旧过时的风险。因为设备的租赁期通常短于设备的法定使用年限，这实际上等于加速了折旧，承租公司能享受税收优惠。
>
> 5）租赁为公司提供了新的资金来源。如果公司负债比率过高，那么，融资租赁比借款更容易获得。采用融资租赁可使公司在资金不足而又急需设备时，不付出大量资金就能及

时得到所需设备。

（2）融资租赁的缺点。

1）租金高。出租人通过租金获得的报酬率一般要高于债券利息率。

2）丧失资产的残值。租赁期满后，租赁的资产一般归出租方。如果租用资产的残值仍较大，这对承租方而言无疑将是一个损失。但若承租方届满后留购，则可享有残值。

3）难于改良资产。未经出租人同意，承租人不得擅自对租赁资产加以改良，势必影响资产发挥更大的功能。

（二）股权融资

股票是企业为筹措资金而发行的一种有价证券，它代表持有者对企业资产享有相应的所有权。按股东承担风险的程度和享有权利的不同，股票可分为普通股与优先股。股权融资通过扩大股权规模从而获得更多的公司投资经营资金。

从总体上看，通过发行股票融入的资金是企业的资本金，企业与投资者之间体现的是所有权关系，而不是债务债权关系，所以股票融资能改善企业的财务结构状况，降低企业负债率，使企业财务状况好转，为企业今后负债融资提供更好的基础。但当企业采取股本扩张的方式来扩大资金规模时，会因股权融资增加企业的股份，而新老股东对企业有同样的决策参与权、收益分配权及净资产所有权等，因此在做出此决策前老股东会慎重考虑这样做对其长远发展是否有利，特别是企业股本扩张后的经营规模、利润能否同步增长。若企业股本扩张后不能带来利润的同步增长，则新股份将摊薄今后的利润及其他权益，老股东就可能反对这样做，此时增资扩股方式就会无法顺利进行。

股权融资通常有私募（私下募集）和公募（公开募集）两种办法。

（1）私募股权融资。私募股权融资是相对于公募股权融资而言的，是指通过非公共市场的手段向特定对象引入具有战略价值的股权投资。

一般来说，民营企业在募集资金的时候，都是在保持控股地位的前提下，吸收其他投资者的资金，让他们持有少部分的股权。一般的投资者不容易对某一企业的业务及经营情况有足够的了解和认识，在没有掌握控制权的情况下，投资者也不愿意轻易将资金交给他人管理。因此，一般参与此类企业私募融资的投资者有控股股东的亲戚朋友、有上下业务往来的客户，以及具有专业投资分析团队的风险投资公司。

（2）公募股权融资。公募股权融资，即公开募集股权融资，主要是指公开上市融资。股份有限公司经证监会的股票发行审核委员会（以下简称发审委）批准就可以公开发行股票，融资并使其股权在市场上交易。目前公开募股融资可以选择在国内市场进行，也可以选择在海外的市场如新加坡、美国等地进行。

> **小知识**
>
> **利用留存收益**
>
> 留存收益是指企业按规定从税后利润中提取的盈余公积金、根据投资人意愿和企业具体情况留存的应分配给投资者的未分配利润。利用留存收益融资是指企业将留存收益转化为投资的过程，它是企业筹集权益性资本的一种重要方式。

> **小知识**
>
> **吸收直接投资**
>
> 吸收直接投资，即企业按照"共同投资、共同经营、共担风险、共享利润"的原则直

接吸收国家、法人、个人投入资金的一种融资方式。

全民所有制企业、有限责任公司、采取发起方式设立的股份有限公司等，可以接受投资者以货币或者非货币资产向企业出资或者增资。

八、融资的程序

通常情况下，融资的业务流程如图 1-1 所示。

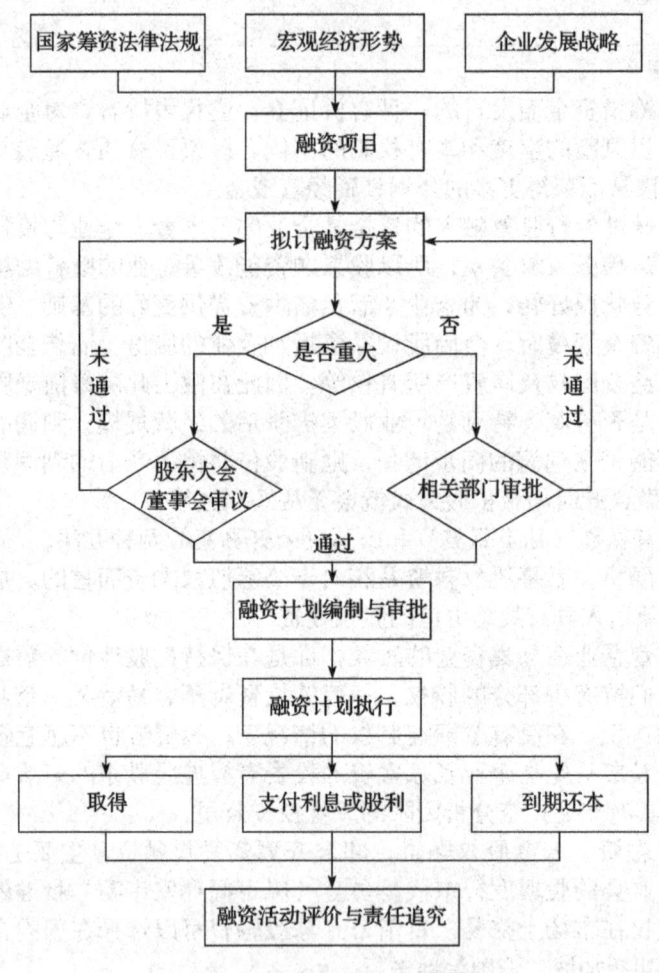

图 1-1 融资业务整体流程图

小知识

融资决策审批程序

企业筹集权益资金，应当履行内部决策程序和必要的报批手续。

1. 内部决策

从内部决策程序来讲，融资是企业财务活动的起点，融资方案必须由财务部门审核。一般情况下，企业融资方案是由财务部门和规划部门共同拟订的。经过财务审核之后，融资方案应当上报投资者批准。其中，公司制企业应上报董事会，由董事会决定后报请股东大会表决；国有企业要上报经理办公会，由经理办公会审定。对于这类重大决策，投资者应当明确决策与执行的责任，并落实责任追究制度。

2. 外部报批

（1）国有企业筹集权益资金属于投资者的重大决策，需报政府或者有关国有资产监管部门或机构审批。

（2）融资用于固定资产投资项目的，要按照国家关于试行资本金制度的要求，报政府有关主管部门审批。

（3）融资用于设立企业的，所融资金经依法设立的验资机构验资后，有限责任公司由全体股东指定的代表或者共同委托的代理人、股份有限公司由董事会、全民所有制企业等其他非公司制企业由组建负责人，向工商行政管理机构申请设立登记，其中涉及国有资本的，应当先行办理国有资产产权登记。

（4）融资后需变更企业注册资本和实收资本的，按规定向工商行政管理机构申请变更登记，其中涉及国有资本的，应当先行办理国有资产产权变更登记。

（5）股份有限公司公开发行股票及上市公司非公开发行新股的，应当报经国务院证券监督管理机构核准。

（6）国有企业筹集权益资金属于投资者的重大决策，需报政府或者有关国有资产监管部门或机构审批。

九、融资方案的拟订

拟订融资方案一般需要明确以下内容。

1. 融资目的

拟订融资方案时应当明确筹集的资金是将用于扩大业务规模、新产品研究开发、固定资产项目投资，还是用于合资或合作、向其他金融企业增资、收购其他金融企业股份、收购资产等用途。

2. 融资规模

确定合理的融资规模，一般要综合考虑以下因素。

（1）国家规定的最低资金限额和资金到位期限。

（2）国家关于固定资产投资中自有资金比例的有关规定。

（3）融资预算或者项目概算预测的金融企业所需权益资金额度。

（4）融资对象的资金实力。

（5）资本充足率及支付能力的要求，等等。

3. 融资渠道、方式和成本

在融资规模确定的前提下，企业通过比较各种融资渠道和方式的资金成本，并研究分析其可行性，合理选择融资渠道和方式，控制融资成本。

4. 融资对金融企业资本结构及现有投资者的影响

企业在拟订融资方案时既要分析本次筹集权益资金后，对金融企业负债情况及资金成本的影响，也要分析对现有投资者持有股权比例、控制力、今后可分配的利润等方面的影响。

5. 融资风险分析和控制

由于宏观经济环境、资金供需市场的变化或者融资来源、期限结构等因素而给金融企业财务成果带来的不确定性，权益资金的筹集必然存在风险。融资方案应对风险因素进行全面分析，并就如何控制融资风险提出应对措施。

融资一般是为了投资，而投资也存在风险。因各种风险因素导致投资收益率达不到预期目标，将间接导致融资方案的失败。因此，企业在拟订融资方案时也应当对投资风险进行充分的分析，制订相应的应对策略，以增强融资对象的风险意识和信心。

6. 保障措施

企业在拟订融资方案时应制订以下保障措施：确定权益资金投入和使用的时间进度表，以保证资金按时到位、按规定用途使用；资金到位后，要按照规定办理相关手续，给投资者出具出资证明；监督所融资金专款专用；项目进展过程中编制资金使用情况表，项目结束后编制项目竣工决算，并进行专项审计；等等。

上市公司公开募集股份的，拟定融资方案即招股说明书，应遵循《公司法》《证券法》、证监会印发的《公开发行证券的公司信息披露内容与格式准则第1号——招股说明书（2015年修订）》及《公开发行证券的公司信息披露编报规则第5号——证券公司招股说明书内容与格式特别规定》。

十、融资的要求

企业融资的要求如下。

1. 认真选择投资方向

企业融资的目的是满足日常生产经营的需要及对外投资的需要。为了提高融资的经济效果，企业必须认真研究和选择投资方向，即对投资项目在技术上的先进性和适用性、经济上的效益性和合理性、建设条件上的可靠性和可行性，进行反复调查、研究和论证，在此基础上确定最佳投资方案。只有明确了有利的投资方向，企业融资才有实际意义。

2. 合理确定资金数额和投放时间

企业资金不足，必然影响生产经营活动；企业资金过多，又会降低其利用效果。因此，企业要根据实际需要，结合经济核算的要求合理确定资金数额。在企业的实际经济活动中，无论是对内投资还是对外投资，资金的投放都不是一次进行的。企业应结合实际情况科学合理安排资金的投放时间，以提高资金利用效果。

3. 认真选择融资渠道和融资方式，降低企业的资金成本

企业的资金可以从多种渠道、采用不同方式筹集。但是，按不同渠道、不同方式筹集资金，企业需要付出的代价互不相同，这种代价称为资金成本。企业在融资时，应该考虑各种来源的资金成本。一般来说，负债的资金成本低于所有者权益资金，因此，企业喜欢选择负债资金；但是，负债的增加又会增加企业的财务风险。因此，企业要协调收益与风险之间的关系，选择恰当的资金来源和融资方式。

第二节 权益融资

权益资本是指企业通过吸收直接投资、发行股票、内部积累、留存收益等方式筹集的资金。

一、权益资本的特点

权益资本具有以下特点。

1. 主动性

权益资本是投资者为实现特定目标而主动、自愿投入企业的资本，不同于债务资本。

2. 永久性

除了企业清算、转让股权等特殊情形，投资者不得随意从企业收回权益资本。换言之，企业可以无限期地占用投资者的出资，投资者只能以利润分配、转让股权等法定形式取得投资回报。

3. 法定性

为了确认法人资格，企业设立、变更和注销都须进行工商注册登记，其中，权益资本的投入和增减是主要登记事项。一经登记，注册资本和实收资本就不得随意变更。投资者以其出资额享有的权益和承担的责任，经由工商行政管理机关登记注册后，才正式得到法律的承认。

二、权益资本的形成方式

权益资本的形成方式主要有以下几种。

（1）投资者以货币或者非货币资产出资或者增资。

（2）企业通过利润分配从净利润中提取公积金。

（3）暂不或暂少向投资者分配利润，从而得到生产经营资金。

从根本上讲，真正能够给企业资本总量、资本结构带来立竿见影的影响的，是投资者的出资或者增资。

三、出资的有关规定

（一）对出资形式的要求

按照《公司法》《中华人民共和国中外合资经营企业法实施条例》等法律、行政法规的规定，投资者可以采取货币资产和非货币资产两种形式出资。

1. 以货币资产出资

货币资产即现金，一般以人民币计量和表示，但允许外国投资者以外币形式向外商投资企业出资。根据《国家外汇管理局关于完善外商直接投资外汇管理工作有关问题的通知》（汇发〔2003〕30号），外国投资者可以用可自由兑换的外币出资，经国家外汇管理局审批也可以用其从中国境内举办的其他外商投资企业获得的人民币利润、外商投资企业外方已登记外债本金及当期利息出资，还可以用从其已投资的外商投资企业中因先行回收投资、清算、股权转让、减资等所得的财产在境内再投资。中外合资经营企业的外国合营者出资的外币，需按缴款当日中国人民银行公布的基准汇率折算成人民币或者套算成约定的外币。

2. 以非货币资产出资

按照《公司法》规定，用以出资的非货币资产必须具备两个条件，即能够以货币估价和能够依法转让。据此，实物、知识产权、土地使用权、股权、特定债权等可以作价出资，劳务、信用、自然人姓名、商誉、特许经营权或者设定担保的财产等则不具备出资条件。在实物资产中，以机器设备、其他物料作价出资的，应当是企业生产所必需的；以工业产权、专有技术等知识产权作价出资的，该知识产权应当为投资者所有。中外合资经营企业外国投资者出资的工业产权或者专有技术，必须能显著改进现有产品的性能、质量，提高生产效率，或者能显著节约原材料、燃料、动力。

（二）以特定债权出资的情形

特定债权是指企业依法发行的可转换债券，以及按照国家有关规定可以转作股权的债权。在实践中，企业可以将特定债权转为股权的情形主要有以下几种。

（1）上市公司依法发行的可转换债券，在满足约定条件的情况下，债券持有人可将债权转换为股权。按照《国务院关于固定资产投资项目试行资本金制度的通知》（国发〔1996〕35号），对某些投资回报率稳定、收益可靠的基础设施、基础产业投资项目，以及经济效益好的竞争性投资项目，经国务院批准，可以试行通过发行可转换债券筹措资本金。

（2）金融资产管理公司持有的国有及国有控股企业债权，经国家有关部门批准后，可以转换为股权。原企业相应的债务转为金融资产管理公司的股权，企业相应增加实收资本或资本公积。

（3）企业实行公司制改建、资产重组时，经银行以外的其他债权人协商同意，可以按照有关协议和企业章程的规定，将其债权转为股权，企业相应增加实收资本或资本公积。

（4）根据《利用外资改组国有企业暂行规定》，国有企业境内债权人将持有的债权转给外国投资者，企业通过债转股改组为外商投资企业。

（5）按照《企业公司制改建有关国有资本管理与财务处理的暂行规定》（财企〔2002〕313号），"改建企业账面原有应付工资余额中，属于应发未发职工的工资部分，应予以清偿；在符合国家政策、职工自愿的条件下，依法扣除个人所得税后，可转为个人投资。未退还职工的集资款也可转为个人投资"。

（6）法律、法规规定的其他情形。

（三）投资者非货币出资的评估作价

《财政部关于<公司法>施行后有关企业财务处理问题的通知》（财企〔2006〕67号）规定，"企业以实物、知识产权、土地使用权等非货币资产出资设立公司的，应当评估作价，核实资产。国有及国有控股企业以非货币资产出资或者接受其他企业的非货币资产出资，应当遵守国家有关资产评估的规定，委托有资格的资产评估机构和执业人员进行；其他的非货币资产出资的评估行为，可以参照执行"。

1. 国有资产评估

根据《国有资产评估管理办法》（1991年国务院令第91号）《国有资产评估管理若干问题的规定》（2001年财政部令第14号）等行政法规和规章，国有及国有控股企业以非货币资产出资或者接受其他企业的非货币资产出资，需要委托有资格的资产评估机构进行资产评估，并以评估确认的资产价值作为投资作价的基础。经国务院、省政府批准实施的重大经济事项涉及的资产评估项目，分别由本级政府国有资产监管部门或者财政部门负责核准，其余资产评估项目一律实施备案制度。这可以有效避免虚假出资或通过出资转移财产，导致国有资产流失。

此外，中外合资、合作经营企业中，外国投资者用以出资的机器设备应由商检机构进行检验认证，作价不得高于同类机器设备的国际市场正常价格。外国投资者以工业产权或者专有技术出资的，应向审批部门提交该工业产权或者专有技术的有关资料，包括专利证书或者商标注册证书的复制件、有效状况及其技术特性、实用价值、作价的计算根据。

2. 其他企业的评估

根据《公司法》的规定，公司"对作为出资的非货币财产应当评估作价，核实财产，不得高估或者低估作价"。严格来说，这并不要求必须聘请专业资产评估资产机构评估，相关当事人或者聘请第三方评估后认可的价格也可成为作价依据。不过，聘请专业资产评估机构评估相关非货币资产，至少有两个好处：一是其专业性和独立性较强，能够更好地保证评估作价的真实性和准确性；二是根据《公司法》的规定，承担资产评估的机构因出具的评估结果不实，给公司债权人造成损失的，除能够证明自己没有过错的外，在其评估不实的金额范围内承担赔偿责任。因此，聘请专业资产评估机构评估相关非货币资产，可以有效地保护公司及其债权人的利益。

四、吸收直接投资

（一）吸收直接投资的优缺点

1. 吸收直接投资的优点

（1）有利于增强企业信誉。吸收直接投资所筹集的资金属于权益资本，能增强企业的信誉和借款能力,对扩大企业经营规模、壮大企业实力具有重要作用。

(2) 有利于尽快形成生产能力。吸收直接投资可以直接获取投资者的先进设备和先进技术,有利于尽快形成生产能力,尽快开拓市场。

(3) 有利于降低财务风险。吸收直接投资可以根据企业的经营状况向投资者支付报酬,企业经营状况好,可向投资者多支付一些报酬,企业经营状况不好,则可不向投资者支付报酬或少支付报酬,报酬支付较为灵活,所以,财务风险较小。

2. 吸收直接投资的缺点

(1) 资金成本较高。一般而言,采用吸收直接投资方式融资所需负担的资金成本较高,特别是企业经营状况较好和盈利较多时。因为向投资者支付的报酬是根据其出资的数额和企业实现利润的比率来计算的。

(2) 企业控制权容易分散。采用吸收直接投资方式融资,投资者一般要求获得与投资数量相适应的经营管理权,这是企业接受外来投资的代价之一。如果外部投资者的投资较多,则投资者会有相当大的管理权,甚至会对企业实行完全控制,这是吸收直接投资的不利因素。

(二) 吸收直接投资中的出资方式

企业在采用吸收直接投资方式融资时,投资者可以用现金、厂房、机器设备、材料物资、无形资产等作价出资。出资方式主要有以现金出资、以实物出资、以工业产权出资和以土地使用权出资。

1. 以现金出资

以现金出资是吸收直接投资中一种主要的出资方式。有了现金,便可获取其他物质资源。因此,企业应尽量动员投资者采用现金方式出资。吸收直接投资中所需投入现金的数额,取决于投入的实物、工业产权之外尚需多少资金来满足建厂的开支和日常周转需要。

2. 以实物出资

以实物出资就是投资者以厂房、建筑物、设备等固定资产和原材料、商品等流动资产所进行的投资。一般来说,企业吸收的实物应符合以下条件。

(1) 确为企业科研、生产、经营所需。

(2) 技术性能比较好。

(3) 作价公平合理。

实物出资所涉及的实物作价方法应按国家的有关规定执行。

3. 以工业产权出资

以工业产权出资是指投资者以专有技术、商标权、专利权等无形资产所进行的投资。一般来说,企业吸收的工业产权应符合以下条件。

(1) 能帮助研究和开发出新的高科技产品。

(2) 能帮助生产出适销对路的高科技产品。

(3) 能帮助改进产品质量,提高生产效率。

(4) 能帮助大幅度降低各种消耗。

(5) 作价比较合理。

企业在吸收工业产权投资时应特别谨慎,认真进行技术时效性分析和财务可行性研究。因为以工业产权投资实际上是把有关技术资本化,把技术的价值固定化。而技术具有时效性,因其不断老化而导致价值不断减少甚至完全丧失,风险较大。

4. 以土地使用权出资

土地使用权是按有关法规和合同的规定使用土地的权利。企业吸收土地使用权投资应符合以下条件。

（1）是企业科研、生产、销售活动所需要的。
（2）交通、地理条件比较适宜。
（3）作价公平合理。

（三）吸收直接投资的成本

吸收直接投资成本，是企业因吸收直接投资而支付给直接投资者的代价。吸收直接投资成本除不需考虑融资费用外，其计算方法与普通股融资基本相同。

五、留存收益融资

（一）留存收益融资的优缺点

1. 留存收益融资的优点

（1）资金成本较普通股低。用留存收益融资，不用考虑融资费用，资金成本较普通股低。

（2）保持普通股股东的控制权。用留存收益融资，不用对外发行股票，由此增加的权益资本不会改变企业的股权结构，不会稀释原有股东的控制权。

（3）增强公司的信誉。留存收益融资能够使企业保持较大的可支配的现金流，既可解决企业经营发展的资金需要，又能提高企业举债的能力。

2. 留存收益融资的缺点

（1）融资数额有限制。留存收益融资最大可能的数额是企业当期的税后利润和上年未分配利润之和。如果企业经营亏损，则不存在这一渠道的资金来源。此外，留存收益的比例常常受到某些股东的限制。他们可能从消费需求、风险偏好等因素出发，要求股利支付比率要维持在一定水平。留存收益过多，股利支付过少，可能会影响到今后的外部融资。

（2）资金使用受制约。留存收益中某些项目的使用，如法定盈余公积金等，受国家有关规定的制约。

（二）留存收益融资的渠道

留存收益来源渠道有两个方面：盈余公积和未分配利润。

1. 盈余公积

盈余公积是指有指定用途的留存净利润。它是公司按照《公司法》规定从净利润中提取的积累资金，包括法定盈余公积金和任意盈余公积金。

2. 未分配利润

未分配利润是指未限定用途的留存净利润。这里有两层含义：一是这部分净利润没有分给公司的股东；二是这部分净利润未指定用途。

（三）留存收益融资的成本

留存收益是由公司税后利润形成的，属于权益资本。一般企业不会把全部收益以股利形式分给股东，留存收益是企业资金的一种重要来源。企业留存收益等于股东对企业进行追加投资，股东对这部分投资与以前交给企业的股本一样，要求获得同普通股等价的报酬，所以留存收益也要计算成本。留存收益融资成本的计算与普通股基本相同，但不用考虑融资费用。

（1）在普通股股利固定的情况下，留存收益融资成本的计算公式为

$$留存收益融资成本 = \frac{每年固定股利}{普通股筹资金额} \times 100\%$$

（2）在普通股股利逐年固定增长的情况下，留存收益融资成本的计算公式为

$$留存收益融资成本 = \frac{第一年预期股利}{普通股筹资金额} \times 100\% + 股利年增长率$$

【例1-1】智董公司普通股目前的股价为10元/股，融资费率为8%，刚刚支付的每股股利为2元，股利固定增长率3%，则该企业留存收益融资的成本为：

留存收益融资成本 = 2×（1+3%）/10×100% + 3% = 23.6%

第三节 债务融资

一、债务融资的特点

债务融资的特点如下。

1. 债务融资的相关法律法规明确

法律法规以及债权人，对企业债务融资一般都有较为明确的规定，以控制融资风险，保护债权人利益。例如，发行债券，《证券法》限定公司累计公开发行债券余额不得超过公司净资产的40%，《企业债券管理条例》（1993年国务院令第121号）规定，企业发行企业债券的总面额不得大于该企业的自有资产净值，利率不得高于银行相同期限居民储蓄定期存款利率的40%。又如，银行借款，银行对企业实行授信额度管理，综合考虑企业资产负债比例、信用情况等因素，设定企业能够取得银行贷款的最大额度。

2. 债务融资会产生财务杠杆效应

财务杠杆是资本结构中，长期负债的运用对股东收益的影响。财务杠杆水平通常以财务杠杆系数表示，它反映企业息税前盈余增长所引起的每股收益增长幅度，计算公式为

$$财务杠杆系数 = \frac{每股收益变动额}{原每股收益} \div \frac{息税前盈余变动额}{原息税前盈余} = \frac{息税前盈余}{息税前盈余 - 债务利息}$$

因此，财务杠杆系数越大，每股收益对企业息税前盈余变化越敏感。在资产总额、息税前盈余不变的情况下，资产负债率越高，财务杠杆系数越大，预期每股收益（即投资者回报率）越大，但相应地，融资风险也越大。

3. 债务融资的风险相对权益融资大

如果企业不能按时履行偿债义务，不但会损害其信誉，还会引发财务危机，使企业面临诉讼乃至破产的威胁。

4. 债务融资的程序复杂

企业以借款和融资租赁等方式筹集债务资金，一般要签订书面合同，所融资金的核算相对其他融资方式复杂，而且要诚信履行合同，切实维护企业信誉。

5. 债务融资的决策者有投资者和经营者两类

并不是所有筹集债务资金的行为都要拟订方案，并经投资者决议。例如，短期借款、商业信用、融资租赁，往往属于经营者决策范畴，只需要遵循一定的内部授权制度和决策程序即可。

二、债务资金的种类

1. 借款

借款是指企业向银行等机构或者个人借入的、需要还本付息的债务资金。按照借入期

限的不同，借款分为短期借款、中期借款和长期借款；按照金融机构发放贷款形式的不同，借款分为信用借款、担保借款、抵押借款和贴现借款；按照提供借款人不同，借款分为政策性银行借款、商业银行借款、非银行金融机构借款和个人借款；按照还款方式不同，借款分为一次性偿还借款和分期偿还借款等。

2. 商业信用

商业信用即在商业交易中，企业之间由于延期付款或者预收货款形成的借贷行为。其具体形式包括应付账款、应付票据、预收账款等。

3. 融资租赁

按照业务特点的不同，融资租赁可分为以下4种形式。

（1）直接租赁：出租人出资向制造商或供货商购买承租人所需的设备，再租给承租人使用的租赁形式。它是融资租赁的一种典型形式，我国目前采用最多的租赁方式。

（2）转租租赁：又称再租赁，是指出租人从其他租赁公司或设备制造商租入设备，再转租给承租人使用的租赁形式。

（3）杠杆租赁：出租人只支付购买资产所需资金的一部分（一般为20%～40%），其余部分以欲购买的设备作抵押向金融机构借款支付来购买承租人所需的设备，再出租给承租人使用的租赁形式。

（4）售后租赁：租人将拥有的设备出售给出租人，再从出租人租回的租赁形式。

4. 债券

债务是指企业以发行债券的方式筹集的债务资金。债券是依照法定程序发行的、约定在一定时期内还本付息的有价证券。按有无担保，债券分为抵押债券和信用债券；按发行方式不同，债券分为记名债券和不记名债券；按偿还方式不同，债券分为定期偿还债券和不定期偿还债券；按有无利息，债券分为有息债券和无息债券；按计息标准不同，债券分为固定利率债券和浮动利率债券；按可否转换为股权，债券分为可转换债券和不可转换债券。

三、债务资金的财务管理原则

企业债务资金的财务管理，一般要遵循以下原则。

1. 经济效益原则

筹集债务资金应当具有效益良好的用途，确保产生的现金流入能够还本付息。企业财务部门对筹集的债务资金要跟踪问效。例如，对债务资金用于项目建设的，企业要监督项目进展情况，适时跟踪反馈。

2. 安全使用原则

企业要合理安排和使用长短期债务资金，防止出现债务风险；要严格管理和控制资金流向，防止挪用、串用；要特别防止上市公司大股东挤占、挪用上市公司贷款，形成新的大股东占用。

3. 诚实守信原则

企业应严格履行借款合同，根据不同还款方式的要求融资以保证及时偿还借款本息，切实维护借款的信用条件和信誉。

4. 规范核算原则

企业要按照会计制度等规定规范核算，不得将筹集的债务资金用于账外循环，需要资本化的利息要计入固定资产成本，不能够资本化的利息要计入财务费用。

四、信贷必备知识

（一）公司信贷相关概念

公司信贷的相关概念包括信贷、银行信贷、公司信贷、贷款、承兑、担保、信用证、减免交易保证金、信贷承诺等。

1. 信贷

信贷是指一切以实现承诺为条件的价值运动形式，包括存款、贷款、担保、承兑、赊欠等活动。

2. 银行信贷

广义的银行信贷是银行筹集债务资金、借出资金或提供信用支持的经济活动。狭义的银行信贷是银行借出资金或提供信用支持的经济活动，主要包括贷款、担保、承兑、信用证、减免交易保证金、信贷承诺等。

3. 公司信贷

公司信贷是指以银行为提供主体，以法人和其他经济组织等非自然人为接受主体的资金借贷或信用支持活动。

4. 贷款

贷款是指商业银行或其他信用机构以一定的利率和按期归还为条件，将货币资金使用权转让给其他资金需求者的信用活动。

5. 承兑

承兑是银行在商业汇票上签章承诺按出票人指示到期付款的行为。

6. 担保

担保是银行根据申请人要求，向受益人承诺债务人不履行债务或符合约定条件时，银行按照约定以支付一定货币的方式履行债务或者承担责任的行为。

7. 信用证

信用证是一种由开证银行根据信用证相关法律规范应申请人要求并按其指示向受益人开立的载有一定金额的、在一定期限内凭符合规定的单据付款的书面文件。信用证包括国际信用证和国内信用证。

8. 减免交易保证金

减免交易保证金也是银行信贷的一种，它是指通过银行承担交易中的信用风险而为客户做出的减免安排，因而是信用支持的一种形式。

9. 信贷承诺

信贷承诺是指银行向客户做出的在未来一定时期内按约定条件为客户提供贷款或信用支持的承诺。

（二）公司信贷资金的运动过程及其特征

1. 信贷资金的运动过程

信贷资金的运动是信贷资金的筹集、运用、分配和增值过程的总称。信贷资金的运动过程可以归纳为二重支付、二重归流。信贷资金运动就是以银行为出发点，进入社会产品生产过程中执行它的职能，又流回银行的全过程，即是二重支付和二重归流的价值的特殊运动。

信贷资金首先由银行支付给使用者，这是第一重支付；由使用者转化为经营资金，用于购买原料和支付生产费用，投入再生产，这是第二重支付。经过社会再生产过程，信贷资金在完成生产和流通职能以后，又流回使用者手中，这是第一重归流；使用者将贷款本金和利息归还给银行，这是第二重归流。信贷资金的这种运动是区别于财政资金、企业自有资金和其他资金的重要标志之一。财政资金、企业自有资金和其他资金是一收一支的一次性资金运动。

2. 信贷资金的运动特征

信贷资金运动不同于财政资金、企业资金、个人资金的运动，但又离不开财政资金、企业资金、个人资金的运动。因此，信贷资金运动和社会其他资金运动构成整个社会再生产资金的运动。信贷资金的运动特征是通过社会再生产资金运动形式表现出来的。

（1）以偿还为前提的支出，有条件的让渡。信贷资金是以偿还为条件，以收取利息为要求的价值运动。银行出借货币只是暂时出让货币的使用权，仍然保留对借出货币的所有权。同时，当借出的货币流回银行时，还必须带回利息。因为，信贷资金来源于存款，而存款是要还本付息的，这就决定贷款必须偿还和收息，这是贷款区别于拨款的基本特征。

（2）与社会物质产品的生产和流通相结合。信贷资金总规模必须与社会产品再生产的发展相适应，信贷资金只有现实地转化为企业经营的资金时，才会被社会产品生产过程吸收利用，发挥作用，并获得按期归还的条件。信贷资金运动的基础是社会产品的再生产，信贷资金不断从生产领域流入流通领域，又从流通领域流入生产领域。所以，信贷资金是一种不断循环和周转的价值流。

（3）产生经济效益才能良性循环。支持经济效益较好的项目，限制经济效益较差的项目，同时，在支持生产和商品流通的过程中，加速信贷资金的周转，节约信贷资金的支出，都可以创造较好的信贷效益。但在衡量信贷资金的经济效益时，不仅要认真地考核使用信贷资金的企业能否实现预期的经济效益，按期归还贷款，还要从整个国民经济着眼，考核是否做到以最少的社会消耗，取得最大的社会效益。信贷资金只有取得较好的社会效益和经济效益，才能在整体上实现良性循环。

（4）信贷资金运动以银行为轴心。信贷资金运动的一般规律性，在市场经济基础上，又产生了新的特点：银行成为信贷中心，贷款的发放与收回都是以银行为轴心进行的，银行成为信贷资金调节的中介机构。信贷资金运动以银行为轴心，是市场经济的客观要求，也是信贷资金发挥作用的基础条件。

（三）公司信贷的种类

公司信贷是银行的主要资产业务，它可以按照一定的分类方法和分类标准划分为不同的种类，以反映信贷品种的特点和信贷资产结构，从而便于贷款管理。由于贷款是公司信贷的主要品种，因而这里主要介绍贷款的种类。

1. 按照贷款用途分类

（1）按照贷款对象的部门不同，公司信贷可以分为工业贷款、农业贷款、商业贷款、科技贷款和消费贷款。

（2）按照实际贷款用途分类，公司信贷可以分为流动资金贷款和固定资金贷款。

1）流动资金贷款是指由于借款人生产经营过程中的周转资金需要而发放的贷款。根据期限不同，它主要分为短期流动资金贷款和中期流动资金贷款。

2）固定资金贷款是指由于借款人在建筑、安装、维修等固定资产更新改造中的资金需要而需要银行发放的贷款。它包括基本建设贷款和技术改造贷款。

① 基本建设贷款是指独立核算并具有偿付能力的企业和国家批准的建设单位在当地经营性的建筑、安装和扩建工程中，由于自融资金不足而需要银行发放的贷款。它主要适用于在新建、改建和扩建工程中发生的建筑安装工程费用，以及设备、工程器具购置费和其他所有费用。

② 技术改造贷款是指对符合贷款条件的企事业单位进行技术改造、设备更新和与之相关的少量土地建筑工程所需要资金不足而发放的贷款。

2. 按照贷款期限分类

按照期限不同，贷款可以分为活期贷款、定期贷款和透支 3 类。

（1）活期贷款。活期贷款是指偿还期不确定、可以由银行随时发出通知收回的贷款。它的特点是，对银行而言灵活性较强。

（2）定期贷款。定期贷款是指具有固定偿还期限的贷款。按照偿还期限的长短又可以分为短期贷款、中期贷款和长期贷款。

1) 短期贷款是指贷款期限在1年以内（含1年）的各种贷款。

2) 中期贷款是指贷款期限在1年以上（不含1年）5年以下（含5年）的各项贷款。

3) 长期贷款是指贷款期限在5年（不含5年）以上的各项贷款。

（3）透支。透支是指在银行授予的限额内，存款人或信用卡持卡人因为急需资金而支出的、超过存款一定数量货币的活动。它的特点在于，没有具体的提款时间和还款时间，但通常有一个最长还款期限。透支分为存款账户透支和信用卡透支两类。

3. 按照贷款保障条件分类

按照贷款保障条件，银行贷款可以分为担保贷款、信用贷款和票据贴现。

（1）担保贷款。担保贷款是指具有一定财产或信用作为还款保证的贷款。按照担保方式不同，担保贷款又可以分为抵押贷款、质押贷款和保证贷款。担保贷款的特点在于，银行承担的风险相对较小，但担保贷款手续比较复杂，评估费用和保管费用等导致客户承担的贷款成本较高。

1) 抵押贷款是指以借款人或第三人的财产作为抵押物而发放的贷款。如果借款人不能按期还本付息，银行将行使抵押权，处理抵押物以收回贷款。

2) 质押贷款是指以借款人或第三人的动产或权利作为质押物而发放的贷款。如果不能按期还本付息，银行将行使质押权，处理质押物以收回贷款。

3) 保证贷款是指以第三人承诺在借款人不能偿还贷款时，按照约定承担一般保证责任或连带保证责任而发放的贷款。在发放担保贷款时，银行一般要求保证人提供连带责任保证。

（2）信用贷款。信用贷款是指银行完全凭借客户的信誉而无须提供抵押物、质押物或第三方保证而发放的贷款。它的特点在于，不需要保证和抵押，仅凭借款人的信用就可以取得贷款。因此，在理论上，银行发放信用的贷款风险较大，要收取较高的利息，要从严审查。一般仅向实力雄厚、信誉卓著的借款人发放，并且期限相对较短。

（3）票据贴现。票据贴现是指银行应客户要求以现金或活期存款买进客户持有的、未到期的商业票据的方式而发放的贷款。票据贴现实际上是一种以票据为担保而对持票人发放的一种特殊贷款。票据贴现的期限一般比较短，因而是一种短期贷款。票据贴现实行预扣利息，票据到期后银行可向票据载明的付款人收取款项。由于票据管理严格，承兑人信誉良好，因而这种贷款的安全性和流动性都比较好。

4. 按照贷款自主程度分类

（1）自营贷款。自营贷款是指银行通过合法融资而自主发放的贷款。它的特点在于，银行负责收回本息，风险全部由银行承担。

（2）委托贷款。委托贷款是指由政府部门、企事业单位及个人等委托人提供资金，根据委托人确定的贷款对象、用途、金额、期限、利率等，由银行（即受托人）代为发放、监督使用并协助收回的贷款。委托贷款的特点在于，资金由委托人提供，银行不垫款，也不承担风险，银行只按照一定比例收取相应的手续费。

（3）特定贷款。特定贷款是指根据国家政策需要、由国务院批准、并由财政对贷款可能造成的损失进行补偿、由国家责成银行发放的贷款。

（4）银团贷款。银团贷款又称为辛迪加贷款，它是指由2家或2家以上的银行、按照同样的贷款条件、共同使用一份贷款协议、按照约定的时间和比例向借款人发放的、由其中1家银行代为管理的贷款。银团贷款的特点在于金额大、期限长，有多家银行参与贷款，因而资金供给充裕，项目较易获得成功。

5. 按照贷款偿还方式分类

（1）一次性偿还贷款。一次性偿还贷款是指借款人在贷款到期日一次性还清贷款本金的贷款。其利息可以分期偿还，也可以在归还本金时一次性付清。一般来说，短期的临时性、周转性贷款采用一次性偿还的方式。

（2）分期偿还贷款。分期偿还贷款是指借款人按规定的期限分次偿还本金和支付利息的贷款。中长期贷款多采用分期偿还方式，如中长期房屋按揭贷款需要按季或按月偿还贷款。

6. 按照币种分类

（1）人民币贷款是指以我国的法定货币（即人民币）为借贷货币的贷款。

（2）外汇贷款是指以外汇作为借贷货币的贷款。我国现有的外汇贷款币种有美元、港元、日元、英镑和欧元。

7. 按照贷款质量分类

（1）正常贷款是指借款人能够履行合同、有充分把握按时足额还本付息的贷款。

（2）关注贷款是指贷款本息偿还仍然正常，但出现了一些可能影响贷款偿还的不利因素。如果这些因素继续存在下去，就可能影响贷款的偿还，因而需要对它进行关注或监控。

（3）次级贷款是指借款人依靠其正常的经营无法偿还贷款本息，而不得不通过重新融资或拆东墙补西墙的办法来归还贷款，这表明借款人的还款能力出现了明显问题。

（4）可疑贷款是指借款人无法足额偿还贷款本息，即使执行抵、质押担保也肯定会造成部分损失。这类贷款具有次级贷款的所有特征，但程度更加严重。

（5）损失贷款是指在采取了所有可能的措施和一切必要的法律程序之后，本息仍然无法收回或者只能收回极少本息的贷款。

（四）公司信贷的基本要素

公司信贷的基本要素主要包括交易对象、信贷产品、信贷金额、信贷期限、贷款利率和费率、清偿计划、担保方式和约束条件。

1. 交易对象

公司信贷业务的交易对象包括银行和银行的交易对手。银行的交易对手主要是经工商行政管理机关（或主管机关）核准登记，拥有工商行政管理部门颁发的营业执照的企（事）业法人和其他经济组织等。

2. 信贷产品

信贷产品是指特定产品要素组合下的信贷服务方式，主要包括贷款、担保、承兑、保函、信用证和承诺等。

3. 信贷金额

信贷金额是指银行承诺向借款人提供的以货币计量的信贷产品数额。

4. 信贷期限

（1）信贷期限的概念。信贷期限有广义的和狭义的概念。广义的信贷期限是指银行承诺向借款人提供以货币计量的信贷产品的整个期间，即从签订合同到合同结束的整个期间。狭义的信贷期限是指从具体信贷产品发放到约定的最后还款或清偿的期限。在广义的定义下，贷款期限通常分为提款期、宽限期和还款期。

1）提款期是指从借款合同生效之日开始，至合同规定贷款金额全部提款完毕之日或最后一次提款之日为止，期间借款人可按照合同约定分次提款。

2）宽限期是指从贷款提款完毕之日或最后一次提款之日开始，至第一个还本付息之日为止，介于提款期和还款期之间。有时也包括提款期，即从借款合同生效日起至合同规定的第一笔还款日为止的期间。在宽限期内银行只收取利息，借款人不用还本，或本息都不用偿还，但是银行仍应按规定计算利息，至还款期才向借款企业收取。

3）还款期是指从借款合同规定的第一次还款日起至全部本息清偿日为止的期间。

(2)《贷款通则》有关期限的相关规定。

1）贷款期限根据借款人的生产经营周期、还款能力和银行的资金供给能力由借贷双方共同商议后确定，并在借款合同中载明。

2）自营贷款期限最长一般不得超过 10 年，超过 10 年的应当报中国人民银行备案。

3）票据贴现的贴现期限最长不得超过 6 个月，贴现期限为从贴现之日起到票据到期日为止。

4）不能按期归还贷款的，借款人应当在贷款到期日之前，向银行申请贷款展期。是否展期由银行决定。

5）短期贷款展期期限累计不得超过原贷款期限；中期贷款展期期限累计不得超过原贷款期限的一半；长期贷款展期期限累计不得超过 3 年。

(3) 电子票据的期限。电子票据较传统纸质票据，实现了以数据电文形式代替原有纸质实物票据、以电子签名取代实体签章、以网络传输取代人工传递、以计算机录入代替手工书写等变化。其期限延长至 1 年，使企业融资期限安排更加灵活。

（五）贷款利率和费率

1. 贷款利率

贷款利率即借款人使用贷款时支付的价格。

(1) 贷款利率的种类。

1）根据贷款币种的不同，利率可分为本币贷款利率和外币贷款利率。

2）根据借贷关系持续期内利率水平是否变动，利率可分为固定利率与浮动利率。

① 固定利率是指在贷款合同签订时即设定好固定的利率。在贷款合同期内，借款人都按照固定的利率支付利息，不需要"随行就市"。

② 浮动利率是指借贷期限内利率随物价、市场利率或其他因素变化相应调整的利率。浮动利率的特点是可以灵敏地反映金融市场上资金的供求状况，借贷双方所承担的利率变动风险较小。

3）根据利率制定者的不同，利率可分为法定利率、行业公定利率和市场利率。

① 法定利率是指由政府金融管理部门或中国人民银行确定的利率，它是国家实现宏观调控的一种政策工具。

② 行业公定利率是指由非政府部门的民间金融组织，如银行协会等确定的利率，该利率对会员银行具有约束力。

③ 市场利率是指随市场供求关系的变化而自由变动的利率。

(2) 我国贷款利率管理相关情况。

1）管理制度。

① 基准利率。基准利率是被用作定价基础的标准利率，被用作基准利率的利率包括市场利率、法定利率和行业公定利率。通常具体贷款中执行的浮动利率采用基准利率加点或确定浮动比例方式。我国中国人民银行公布的贷款基准利率是法定利率。

②《人民币利率管理规定》有关利率的相关规定。

短期贷款利率（期限在 1 年以下，含 1 年），按贷款合同签订日的相应档次的法定贷款利率计息。贷款合同期内，遇利率调整不分段计息。

中长期贷款（期限在 1 年以上）利率 1 年一定。贷款（包括贷款合同生效日起应分笔拨付资金）根据贷款合同确定的期限，按贷款合同生效日相应档次的法定贷款利率计息，满 1 年后，再按当时相应档次的法定贷款利率确定下一年度利率。

贷款展期，期限累计计算，累计期限达到新的利率档次时，自展期之日起，按展期日挂牌的同档次利率计息；达不到新的期限档次时，按展期日的原档次利率计息。

逾期贷款或挤占挪用贷款，从逾期或挤占挪用之日起，按罚息利率计收罚息，直到清偿本息为止，遇罚息利率调整则分段计息。

借款人在借款合同到期日之前归还借款时，银行有权按原贷款合同向借款人收取利息。

③ 利率市场化。利率市场化是指金融机构在货币市场经营融资的利率水平。党的十六届三中全会通过的《中共中央关于完善社会主义市场经济体制若干问题的决定》中进一步明确指出，稳步推进利率市场化，建立健全由市场供求决定的利率形成机制，中国人民银行通过运用货币政策工具引导市场利率。

根据党的十六届三中全会精神，结合我国经济金融发展和加入世界贸易组织（以下简称世贸组织）后开放金融市场的需要，中国人民银行将按照先外币、后本币，先贷款、后存款，存款先大额长期、后小额短期的基本步骤，逐步建立由市场供求决定金融机构存、贷款利率水平的利率形成机制。中国人民银行调控和引导市场利率，使市场机制在金融资源配置中发挥主导作用。

2）利率结构。差别利率是对不同种类、不同期限、不同用途的存、贷款所规定的不同水平的利率。差别利率的总和构成利率结构。

中国人民银行目前主要按期限和用途的不同设置差别利率。

① 人民币贷款利率档次。我国人民币贷款利率按贷款期限划分可分为短期贷款利率、中长期贷款利率及票据贴现利率。

短期贷款利率可分为6个月以下（含6个月）和6个月至1年（含1年）2个档次。

中长期贷款利率可分为1至3年（含3年）、3至5年（含5年）及5年以上3个档次。

② 外汇贷款利率档次。中国人民银行目前已不再公布外汇贷款利率，外汇贷款利率在我国已经实现市场化。国内商业银行通常以国际主要金融市场的利率（如伦敦同业拆借利率）为基础确定外汇贷款利率。

3）利率表达方式。利率一般有年利率、月利率、日利率3种形式。年利率也称年息率，以年为计息期，一般用本金的百分比表示；月利率也称月息率，以月为计息期，一般按本金的千分比表示；日利率也称日息率，以日为计息期，一般按本金的万分比表示。我国计算利息传统标准是分、厘、毫，每10毫为1厘，每10厘为1分。年息几分表示百分之几，月息几厘表示千分之几，日息几毫表示万分之几。

4）计息方式。按计算利息的周期不同，计息方式通常可分为按日计息、按月计息、按季计息、按年计息。

按是否计算复利，计息方式可分为单利计息和复利计息。单利计息是指在计息周期内对已计算未支付的利息不计收利息；复利计息是指在计息周期内对已计算未支付的利息计收利息。

2. 费率

费率是指利率以外的银行提供信贷服务的价格，一般以信贷产品金额为基数按一定比率计算。费率的类型较多，主要包括担保费、承诺费、承兑费、银团安排费、开证费等。

（六）清偿计划

清偿计划一般分为一次性还款和分次还款，分次还款又分为定额还款和不定额还款。定额还款包括等额还款和约定还款，其中等额还款中通常包括等额本金还款和等额本息还款等方式。

贷款合同应该明确清偿计划，借款人必须按照贷款合同约定的清偿计划还款。贷款合同中通常规定如借款人不按清偿计划还款，则视为借款人违约，银行可按合同约定收取相应的违约金或采取其他措施。清偿计划的任何变更须经双方达成书面协议。

（七）担保方式

担保是指借款人无力或未按照约定按时还本付息或支付有关费用时贷款的第二还款来

源，是审查贷款项目主要因素之一。按照我国《担保法》的有关规定，担保方式包括保证、抵押、质押、定金和留置 5 种方式。在信贷业务中经常运用的主要是前 3 种方式中的 1 种或几种。

（八）约束条件

（1）提款条件主要包括合法授权、政府批准、资本金要求、监管条件落实、其他提款条件。

（2）监管条件主要包括财务维持、股权维持、信息交流、其他监管条件。

（九）信贷管理流程

科学合理的信贷业务管理过程实质上是规避风险、获取效益，以确保信贷资金的安全性、流动性、盈利性的过程。每一笔信贷业务都会面临诸多风险，基本操作流程就是要通过既定的操作程序，通过每个环节的层层控制达到防范风险、实现效益的目的。一般来说，一笔贷款的管理流程有以下 9 个环节。

1. 贷款申请

借款人需用贷款资金时，应按照贷款人要求的方式和内容提出贷款申请，并恪守诚实守信原则，承诺所提供材料的真实、完整、有效。申请基本内容通常包括借款人名称、企业性质、经营范围、申请贷款的种类、期限、金额、方式、用途、用款计划、还本付息计划等，并根据贷款人要求提供其他相关资料。

2. 受理与调查

银行业金融机构在接到借款人的借款申请后，应由分管客户关系管理的信贷员采用有效方式收集借款人的信息，对其资质、信用状况、财务状况、经营情况等进行调查分析，评定资信等级，评估项目效益和还本付息能力。同时，也应对担保人的资信、财务状况进行分析，如果涉及抵（质）押物的必须分析其权属状况、市场价值、变现能力等，并就具体信贷条件进行初步洽谈。信贷员根据调查内容撰写书面报告，提出调查结论和信贷意见。

3. 风险评价

银行业金融机构信贷人员将调查结论和初步贷款意见提交审批部门，由审批部门对贷前调查报告及贷款资料进行全面的风险评价，设置定量或定性的指标和标准，对借款人情况、还款来源、担保情况等进行审查，全面评价风险因素。风险评价隶属于贷款决策过程，是贷款全流程管理中的关键环节之一。

4. 贷款审批

银行业金融机构要按照"审贷分离、分级审批"的原则对信贷资金的投向、金额、期限、利率等贷款内容和条件进行最终决策，逐级签署审批意见。

5. 合同签订

合同签订强调协议承诺原则。借款申请经审查批准后，银行业金融机构与借款人应共同签订书面借款合同，作为明确借贷双方权利和义务的法律文件。其基本内容应包括金额、期限、利率、借款种类、用途、支付方式、还款保障及风险处置等要素和有关细节。对于保证担保贷款，银行业金融机构还需与担保人签订书面担保合同；对于抵（质）押担保贷款，银行业金融机构还需签订抵（质）押担保合同，并办理登记等相关法律手续。

6. 贷款发放

贷款人应设立独立的责任部门或岗位，负责贷款发放审核。贷款人在发放贷款前应确认借款人满足合同约定的提款条件，并按照合同约定的方式对贷款资金的支付实施管理与控制，监督贷款资金按约定用途使用。

7. 贷款支付

贷款人应设立独立的责任部门或岗位，负责贷款支付审核和支付操作。采用贷款人受托支付的，贷款人应审核交易资料是否符合合同约定条件。在审核通过后，将贷款资金通过借款人账户支付给借款人交易对象。采用借款人支付方式的，贷款人应要求借款人定期汇总报告贷款资金支付情况，并通过账户分析、凭证查验、现场调查等方式核查贷款支付是否符合约定用途。

8. 贷后管理

贷后管理是银行业金融机构在贷款发放后对合同执行情况及借款人经营管理情况进行检查或监控的信贷管理行为。其主要内容包括监督借款人的贷款使用情况、跟踪掌握企业财务状况及其清偿能力、检查贷款抵（质）押品和担保权益的完整性3个方面。其主要目的是督促借款人按合同约定用途合理使用贷款，及时发现并采取有效措施纠正、处理有问题贷款，并对贷款调查、审查与审批工作进行信息反馈，及时调整与借款人合作的策略与内容。

9. 贷款回收与处置

贷款回收与处置直接关系到银行业金融机构预期收益的实现和信贷资金的安全，贷款到期按合同约定足额归还本息，是借款人履行借款合同、维护信用关系和当事人各方权益的基本要求。银行业金融机构应提前提示借款人到期还本付息；对贷款需要展期的，贷款人应审慎评估展期的合理性和可行性，科学地确定展期期限，加强展期后管理；对于确因借款人暂时经营困难不能按期还款的，贷款人可与借款人协商进行贷款重组；对于不良贷款，贷款人要按照有关规定和方式，予以核销或保全处置。此外，一般还要进行信贷档案管理。贷款结清后，该笔信贷业务即已完成，贷款人应及时将贷款的全部资料归档保管，并移交专职保管员。

（十）授信业务法律规定

授信业务是指商业银行向客户直接提供资金支持，或者对客户在有关经济活动中可能产生的赔偿、支付责任做出保证。它包括贷款、贷款承诺、承兑、贴现、贸易融资、保理、信用证、保函、透支、担保等表内外业务。

1. 授信原则

授信原则有合法性原则、诚实信用原则、统一授信原则和统一授权原则。

2. 授信审核

贷款人在受理借款人的借款申请后，评定借款人的信用等级。在评级后，贷款人的调查人员应当对借款人的信用等级，以及借款的合法性、安全性、盈利性等情况进行调查；核实抵（质）押物、保证人的情况，测定贷款的风险。贷款人应当建立"审贷分离、分级审批"的贷款管理制度。审查人员应对调查人员提供的资料进行核定、评定，复测贷款风险，提出意见，按规定权限报批。贷款调查评估人员负责贷款调查评估，承担调查失误和评估失准的责任；贷款审查人员负责贷款风险的审查，承担审查失误的责任；贷款发放人员负责贷款的检查和清收，承担检查失误、清收不力的责任。贷款人应当根据业务量、管理水平和贷款风险度确定各级分支机构的审批权限。超过审批权限的贷款，应当报上级审批。

3. 贷款法律制度

贷款是指法律机构依法把货币资金按约定的利率贷放给客户，并约定期限由客户返还本金并支付利息的一种信用活动。

（1）贷款法律关系主体。狭义的贷款法律关系是指贷款合同（或称借款合同，下同）法律关系，即基于贷款合同而产生的债权债务关系；广义的贷款法律关系除包括贷款合同法律关系外，尚包括委托贷款合同法律关系及附属于贷款合同法律关系的担保合同法律关系。与此相适应，贷款法律关系的主体（以下简称贷款主体），从狭义而言即指贷款合同主体，包括借款人和贷款人。而从广义来看，贷款法律关系的主体还应包括贷款委托人、担保人。

1) 借款人的义务：如实提供贷款人要求的资料（法律规定不能提供者除外），如实提供所有开户行、账号及存贷款余额情况，配合贷款人的调查、审查和检查；接受贷款人对其使用信贷资金情况和有关生产经营、财务活动的监督；按借款合同约定用途使用贷款；按借款合同约定及时清偿贷款本息；将债务全部或部分转让给第三人的，应取得贷款人的同意；有危及贷款人债权安全的情况时，应及时通知贷款人，同时采取保全措施。

2) 借款人的权利：可以自主向主办银行或者其他银行的经办机构申请贷款并依条件取得贷款；有权按合同约定提取和使用全部贷款；有权拒绝借款合同以外的附加条件；有权向贷款人的上级和中国人民银行及银行业监督管理机构反映、举报有关情况；在征得贷款人同意后，有权向第三人转让债务。

3) 对借款人的限制：不得在1个贷款人同一辖区内的2个或2个以上同级分支机构取得贷款；不得向贷款人提供虚假的或者隐瞒重要事实的资产负债表、利润表等；不得用贷款从事股本权益性投资，国家另有规定的除外；不得用贷款在有价证券、期货等方面从事投机经营；除依法取得经营房地产资格的借款人以外，不得用贷款经营房地产业务，依法取得经营房地产资格的借款人，不得用贷款从事房地产投机；不得套取贷款用于借贷，牟取非法收入；不得违反国家外汇管理规定使用外币贷款；不得采取欺诈手段骗取贷款。

4) 贷款人的义务：公布所经营的贷款的种类、期限和利率，并向借款人提供咨询；公开贷款审查的资信内容和发放贷款的条件；审议借款人的借款申请，并及时答复贷与不贷，其中，短期贷款答复时间不得超过1个月，中长期贷款答复时间不得超过6个月，国家另有规定者除外；应当对借款人的债务、财务、生产、经营情况保密，但对依法查询者除外。

5) 贷款人的权利：有权要求借款人提供与借款有关的资料；有权根据借款人的条件，决定贷与不贷，以及贷款金额、期限和利率等；根据贷款条件和贷款程序自主审查和决定贷款，除国务院批准的特定贷款外，有权拒绝任何单位和个人强令其发放贷款或者提供担保；有权了解借款人的生产经营活动和财务活动；有权依合同约定从借款人账户上划收贷款本金和利息；借款人未能履行借款合同规定义务的，贷款人有权依合同约定要求借款人提前归还贷款或停止支付借款人尚未使用的贷款；在贷款将受或已受损失时，可依合同规定，采取使贷款免受损失的措施。

6) 对贷款人的限制：贷款的发放必须严格执行《商业银行法》第39条关于资产负债比例管理的规定，以及第40条关于不得向关系人发放信用贷款；向关系人发放担保贷款的条件不得优于其他借款人同类贷款的条件的规定。

借款人有下列情形之一者，不得对其发放贷款：不具备《贷款通则》第4章第17条所规定的资格和条件的；生产、经营或投资国家明文禁止的产品、项目的；违反国家外汇管理规定的；建设项目按国家规定应当报有关部门批准而未取得批准文件的；生产经营或投资项目未按规定取得环境保护部门许可的；在实行承包、租赁、联营、合并（兼并）合作、分立、产权有偿转让、股份制改造等体制变更过程中，未清偿、落实原有贷款债务或提供相应担保的；有其他严重违法经营行为的。

未经中国人民银行批准，不得对自然人发放外币币种的贷款。

自营贷款和特定贷款，除按规定计收利息之外，不得收取其他任何费用；委托贷款，除按规定计收手续费之外，不得收取其他任何费用。

不得给委托人垫付资金，国家另有规定的除外。

严格控制信用贷款，积极推广担保贷款。

（2）贷款合同。贷款合同是借款人向贷款人借款，到期返还借款并支付利息的合同。除了亲戚、朋友、同事相互之间的借款合同之外，大部分借款合同的贷款人（出借人）是银行或信用合作社。

贷款合同具有以下特点：贷款合同为诺成合同，即只要双方当事人就借款合同的主要条款达成合意，借款合同即告成立。贷款合同为双务有偿合同。合同的双方当事人互享权利、互负义务。贷款人负有按合同约定拨付款项给借款人的义务，借款人负有按期还本付息的义务。

1) 贷款合同的内容。一般情况下，贷款合同应该包括以下主要内容。

① 贷款的用途。

② 贷款币种、金额。

③ 贷款的种类。按贷款人的不同，贷款可以分为自营贷款、委托贷款和特定贷款。

④ 贷款期限。

⑤ 贷款利息。

⑥ 担保条款。对于担保贷款，贷款合同可以设置担保条款，也可以另行签订担保合同。

⑦ 提款。贷款合同应规定借款人提款时应具备的先决条件。

⑧ 还款。贷款合同对借款人偿还贷款的期限和方式一般有具体的规定。借款人应当按照贷款合同规定按时足额归还贷款本息。

⑨ 违约。贷款合同中的违约可分为两类：一类是违反贷款合同本身的约定，如到期不还本付息、不履行约定的义务或对事实的陈述与保证不正确等；另一类是预期违约，即从某种征兆来看，借款人已经丧失履行贷款合同项下的义务的能力。

⑩ 协议管辖。双方协商一致，可以按照《合同法》的规定，对于因本合同提起的诉讼约定管辖法院。

⑪ 合同的生效条件。在贷款合同中，可以约定该合同的生效条件。例如，担保文件的取得、担保合同的签订、抵押登记的办理、质押物的交付、公证书的出具等。

2) 贷款合同的抗辩。贷款人享有的先履行抗辩权，或称不安抗辩权，是指负有先履行债务的贷款人在贷款合同签订之后，有确切证据证明借款人有下列情形之一，可以中止（暂时停止）交付约定款项，并要求借款人提供适当担保：经营状况严重恶化；转移财产、抽逃资金，以逃避债务；丧失商业信誉；有丧失或者可能丧失履行债务能力的其他情形，难以按期归还贷款。

借款人在合理期限内未恢复履行能力并且未提供适当担保的，贷款人可以解除合同。但贷款人对此负有通知义务和举证责任，贷款人没有确切证据中止履行的，应当承担违约责任。

3) 贷款合同的保全。

① 代位权是指因债务人怠于行使其到期债权，对债权人造成损害的，债权人可以向人民法院请求以自己的名义代位行使债务人的债权。代位权的行使范围以债权人的债权为限，同时，中国人民银行行使代位权的必要费用由债务人负担。

② 撤销权是指因债务人放弃其到期债权或者无偿转让财产，对债权人造成损害的；或者债务人以明显不合理的低价转让财产，对债权人造成损害，并且受让人知道该情形的，债权人可以请求人民法院撤销债务人的行为。

该撤销权的行使有下列时效限制：撤销权自权人知道或者应当知道撤销事由之日起1年内行使。自债务人的行为发生之日起5年内没有行使撤销权的，该撤销权消灭。

4) 贷款合同的担保。贷款合同的担保是指贷款合同当事人根据法律规定或者当事人约定，经双方协商采取的促使一方履行合同义务，保证他方权利得以实现的法律手段。它是保证贷款合同履行、避免或贷款风险、维护债权人利益的一种法律制度。

担保法律关系的主体包括接受担保的一方和提供担保的一方。

担保法律关系的客体是指担保合同双方当事人权利义务所指向的对象。在保证担保中，客体是行为；在抵押担保中，客体是抵押财产，包括动产和不动产，以及不动产上的权利，如土地使用权；在质押担保中，客体既可以是法律允许流通的动产，也可以是无形的财产权利，如依法可以转让的债权、股权，商标专用权、专利权、著作权中的财产权。

担保法律关系的内容，是指担保合同双方当事人之间的权利义务关系。因担保方式不同，权利义务的内容也不尽相同。我国《担保法》对此有明确的规定。

保证合同的生效。贷款合同纠纷中的保证，主要有3种情况：一是第三人与贷款人签订保证合同。保证合同一经签订即告生效。二是第三人和贷款人、借款人共同签订担保贷款合同。担保贷款合同中有保证条款，或虽无保证条款，但第三人在"保证人"栏目内签名或者盖章，保证合同也即告成立并生效。三是担保人单独出具保证书，这是一种比较常见的情况。最为典型的是，第三人在贷款人出具的格式化的"不可撤销保证书"上签名或盖章并交回贷款人。除此以外，第三人出具的具有保证性质的书面文件包括信函、传真等，也属于保证书的范围。在这种情况下，只要贷款人没有明确表示拒绝，都应认定保证合同成立并生效。可见，保证是诺成性法律行为，保证合同一经订立即告生效。

抵押的生效。贷款合同纠纷中的抵押是指借款人或第三人不转移《担保法》第34条所列财产的占有，将该财产作为借款人归还借款的担保。当借款人不按期归还借款时，贷款人有权以该财产折价或者以拍卖、变卖该财产的价款优先受偿。其中，贷款人称为抵押权人，以财产设立抵押的借款人或第三人称为抵押人。抵押权人和抵押人签订抵押合同的方式主要有两种：一是签订单独的抵押合同；二是在贷款合同中订立抵押条款。但抵押合同签订后，抵押权并不当然生效。以《担保法》第34条所列财产抵押的必须向法定的登记部门办理抵押物登记，登记之日即为抵押合同生效之日。未办理抵押物登记，或者登记机关不是法定机关的，抵押合同不生效。依照《担保法》第43条规定："抵押人以其他财产抵押的，可以自愿办理抵押物登记，抵押合同自签订之日起生效。"因此，抵押合同签订后，因抵押物的不同性质，分为签订当即生效和签订并经抵押物登记才生效两种情况。但《担保法》第43条第2款又规定："当事人未办理抵押物登记的，不得对抗第三人。"因而，为了保证信贷资金安全，《贷款通则》规定，抵押贷款应当由抵押人与贷款人签订抵押合同，并办理登记。

质押的生效。根据《担保法》第四章第一节和第二节的规定，质押分为动产质押和权利质押两种。质押合同和抵押合同一样，必须采取书面形式，签订方式也主要有单独签订质押合同和在贷款合同中设立质押条款两种方式。但两者不仅在客体即担保上不同，在合同生效要件上也不同。有的抵押合同的生效要件是办理抵押物登记，而质押合同的生效要件是转移质押物的占有，或者是办理质押权利的登记。

保证人的责任。在一般保证的贷款合同纠纷中，保证人承担的法律责任是代为履行偿还贷款本息及其他费用的义务。根据《担保法》第17条第2款的规定："一般保证的保证人在主合同纠纷未经审判或者仲裁，并就债务人财产依法强制执行仍不能履行债务前，对债权人可以拒绝承担保证责任。"一般保证的保证人在诉讼中的地位一般是第二被告，并且，只有当主债务人在法律文书生效后，法院依法强制执行其财产仍不能清偿全部款项时，一般保证的保证人才能产生代为偿还的义务。这就是一般保证人的"检索抗辩权"或称"先诉抗辩权"。但是《担保法》第17条第3款又规定了3种例外情况："债务人住所变更，致使债权人要求其履行义务发生重大困难的；人民法院受理债务人破产案件，中止执行程序的；保证人以书面形式放弃前款规定的权利的。"只要具备其中一种情况，一般保证的保证人就不得行使检索抗辩权。在连带保证中，贷款人不偿还贷款本息的，人民法院即可以强制执行作为第一被告的借款人的财产，也可以强制执行作为第二被告的保证财产。《担保法》第18条第2款规定："连带责任保证的债务人在主合同规定的债务履行期届满没有履行债务的，债权人可以要求债务人履行债务，也可以要求保证人在其保证范围内承担保证责任。"依据这一规定，从理论上讲，贷款人既可以将借款人作为第一被告，保证人作为第二被告，也可以将借款人、保证人单独作为被告向法院提起诉讼。但从审判实践上看，除非出现借款人破产、撤销、注销、下落不明等情况，贷款人不宜仅起诉保证人，仍应将借款人作为第一被告、保证人作为第二被告提起诉讼。这是因为，法院在审理担保贷款合同纠纷时，要查清某些案件事实，如贷款人是否按时汇付贷款，借款人是否已归还借款本金和利息，主合同是否合法有效，主合同双方当事人是否存在相互串通，骗取保证人提供保证等，都应有借款人参加。否则，不利于查清事实，正确裁判案件。因此，当贷款人将保证人单独作为被告提起诉讼时，如不存在上述情况，法院应追加借款人作为被告参加诉讼。

抵押人的责任。在抵押担保合同纠纷中，借款人不按生效法律文书确定的日期履行还款义务时，贷款人有权将该抵押物折价或者拍卖、变卖该抵押物的价款优先受偿。抵押人丧失对抵押物的所有权或处分权。

出质人的责任。在质押贷款合同纠纷中，借款人不按生效法律文书确定的日期履行还款义务时，贷款人有权将质押动产折价或拍卖、变卖，或者将质押权利兑现、转让，所得价款优先受偿。出质人丧失质押物的所有权或处分权，或丧失债权、股东权、知识产权中的财产权。

5）贷款合同纠纷的解决。当事人发生贷款合同纠纷后，可以通过第三人调解、当事人协商和解、仲裁或诉讼等方式加以解决。

五、短期负债融资

短期负债融资亦称短期融资，即每次融资的使用期限不超过 1 年的融资，主要包括商业信用融资和短期借款融资两种基本形式。

（一）短期负债融资的特点

短期负债融资所融资金的可使用时间较短，一般不超过 1 年。短期负债融资具有以下特点。

（1）融资速度快，容易取得。长期负债的债权人为了保护自身利益，往往要对债务人进行全面的财务调查，因而融资所需时间一般较长且不易取得。短期负债在较短时间内即可归还，故债权人顾虑较少，容易取得。

（2）融资富有弹性。举借长期负债，债权人或有关方面经常会向债务人提出很多限定性条件或管理规定；而短期负债的限制相对宽松，使融资企业的资金使用较为灵活、富有弹性。

（3）融资成本较低。一般来讲，短期负债的利率低于长期负债，短期负债融资的成本也就较低。

（4）融资风险高。短期负债需在短期内偿还，因而要求融资企业在短期内拿出足够的资金偿还债务，若企业届时资金安排不当，就会陷入财务危机。此外，短期负债利率的波动比较大，一时高于长期负债的水平也是可能的。

（二）短期负债融资的主要形式

短期负债融资最主要的形式是短期借款和商业信用。

1. 短期借款

短期借款是指企业向银行和其他非银行金融机构借入的期限在 1 年以内的借款。

（1）短期借款的种类。我国目前的短期借款按照目的和用途分为若干种，主要有生产周转借款、临时借款、结算借款等。按照国际通行做法，短期借款还可依偿还方式的不同，分为一次性偿还借款和分期偿还借款；依利息支付方法的不同，分为收款法借款、贴现法借款和加息法借款；依有无担保，分为抵押借款和信用借款；等等。

企业在申请借款时，应根据各种借款的条件和需要加以选择。

(2) 借款的取得。企业举借短期借款，首先必须提出申请，经审查同意后借贷双方签订借款合同，注明借款的用途、金额、利率、期限、还款方式、违约责任等；然后企业根据借款合同办理借款手续；借款手续办理完毕，企业便可取得借款。

(3) 借款的信用条件。按照国际通行做法，银行发放短期借款往往带有一些信用条件。

1) 信贷限额。信贷限额是银行对借款人规定的无担保贷款的最高额。信贷限额的有效期限通常为1年，但根据情况也可延期1年。一般来讲，企业在批准的信贷限额内，可随时使用银行借款。但是，银行并不承担必须提供全部信贷限额的义务。如果企业信誉恶化，即使银行曾同意过按信贷限额提供贷款，企业也可能得不到借款。这时，银行不需承担法律责任。

2) 周转信贷协定。周转信贷协定是银行具有法律义务地承诺提供不超过某一最高限额的贷款协定。在协定的有效期内，只要企业的借款总额未超过最高限额，银行必须满足企业任何时候提出的借款要求。企业享用周转信贷协定，通常要就贷款限额的未使用部分付给银行一笔承诺费。

例如，某周转信贷额为1000万元，承诺费率为0.5%，借款企业年度内使用了600万元，余额为400万元，借款企业该年度就要向银行支付承诺费2（400×0.5%）万元。这是银行向企业提供此项贷款的一种附加条件。

周转信贷协定的有效期通常超过1年，但实际上贷款每几个月发放一次，所以这种信贷具有短期和长期借款的双重特点。

3) 补偿性余额。补偿性余额是银行要求借款企业在银行中保持按贷款限额或实际借用额一定百分比（一般为10%～20%）的最低存款余额。从银行的角度讲，补偿性余额可降低贷款风险，补偿遭受的贷款损失。对于借款企业来讲，补偿性余额则提高了借款的实际利率。

例如，智董公司按年利率8%向银行借款10万元，银行要求维持贷款限额15%的补偿性余额，那么企业实际可用的借款只有8.5万元，该项借款的实际利率则为

$$\frac{10 \times 8\%}{8.5} \times 100\% = 9.4\%$$

4) 借款抵押。银行向财务风险较大的企业或对其信誉不甚有把握的企业发放贷款，有时需要有抵押品担保，以减少自己蒙受损失的风险。短期借款的抵押品经常是借款企业的应收账款、存货、股票、债券等。银行接受抵押品后，将根据抵押品的面值决定贷款金额，一般为抵押品面值的30%～90%。这一比例的高低，取决于抵押品的变现能力和银行的风险偏好。抵押借款的成本通常高于非抵押借款，这是因为银行主要向信誉好的客户提供非抵押贷款，而将抵押贷款看成一种风险投资，故而收取较高的利率；同时银行管理抵押贷款要比管理非抵押贷款困难，为此往往另外收取手续费。

企业向贷款人提供抵押品，会限制其财产的使用和将来的借款能力。

5) 偿还条件。贷款的偿还有到期一次偿还和在贷款期内定期（每月、季）等额偿还两种方式。一般来讲，企业不希望采用后一种偿还方式，因为这会提高借款的实际利率；而银行不希望采用前一种偿还方式，因为这会加重企业的财务负担，增加企业的拒付风险，同时会降低实际贷款利率。

6) 其他承诺。银行有时还要求企业为取得贷款而做出其他承诺，如及时提供财务报表、保持适当的财务水平（如特定的流动比率）等。如企业违背承诺，银行可要求企业立即偿还全部贷款。

(4) 短期借款利率及其支付方法。短期借款的利率多种多样，利息支付方法也不一样，

银行将根据借款企业的情况选用。

1) 借款利率分为以下 3 种。

① 优惠利率是银行向财力雄厚、经营状况好的企业贷款时收取的名义利率, 为贷款利率的最低限。

② 浮动优惠利率是一种随其他短期利率的变动而浮动的优惠利率, 即随市场条件的变化而随时调整变化的优惠利率。

③ 非优惠利率是指银行贷款给一般企业时收取的高于优惠利率的利率。这种利率经常在优惠利率的基础上加一定的百分比。例如, 银行按高于优惠利率 1% 的利率向某企业贷款, 若当时的最优利率为 8%, 向该企业贷款收取的利率即为 9%; 若当时的最优利率为 7.5%, 向该企业贷款收取的利率即为 8.5%。非优惠利率与优惠利率之间差距的大小, 由借款企业的信誉、与银行的往来关系及当时的信贷状况决定。

2) 借款利息的支付方法。一般来讲, 借款企业可以用 3 种方法支付银行贷款利息。

① 收款法。收款法是在借款到期时向银行支付利息的方法。银行向工商企业发放的贷款大多数采用这种方法收息。

② 贴现法。贴现法是银行向企业发放贷款时, 先从本金中扣除利息部分, 而到期时借款企业则要偿还贷款全部本金的一种计息方法。采用这种方法, 企业可利用的贷款额只有本金减去利息部分后的差额, 因此贷款的实际利率高于名义利率。

【例 1-2】智董公司从银行取得借款 10000 元, 期限为 1 年, 年利率（即名义利率）为 8%, 利息额为 800 元（10000 × 8%）; 按照贴现法付息, 企业实际可利用的贷款为 9200 元（10000 - 800）, 该项贷款的实际利率为

$$\frac{800}{10000-800} \times 100\% \approx 8.7\%$$

③ 加息法。加息法是银行发放分期等额偿还贷款时采用的利息收取方法。在分期等额偿还贷款的情况下, 银行要将根据名义利率计算的利息加到贷款本金上, 计算出贷款的本息和, 要求企业在贷款期内分期偿还本息之和的金额。由于贷款分期均衡偿还, 借款企业实际上只平均使用了贷款本金的半数, 却支付全额利息。这样, 企业所负担的实际利率便高于名义利率大约 1 倍。

例如, 智董公司借入（名义）年利率为 12% 的贷款 20000 元, 分 12 个月等额偿还本息。该项借款的实际利率为

$$\frac{20000 \times 12\%}{20000 \div 2} \times 100\% = 24\%$$

(5) 企业对银行的选择。随着金融信贷业的发展, 可向企业提供贷款的银行和非银行金融机构增多, 企业有可能在各贷款机构之间做出选择, 以图对己最为有利。

企业在选择银行时, 重要的是要选用适宜的借款种类、借款成本和借款条件, 此外还应考虑下列有关因素。

1) 银行对贷款风险的政策。通常银行对其贷款风险有不同的政策, 有的倾向于保守, 只愿承担较小的贷款风险; 有的富于开拓精神, 敢于承担较大的贷款风险。

2) 银行对企业的态度。不同银行对企业的态度各不一样。有的银行肯于积极地为企业提供建议, 帮助分析企业潜在的财务问题, 有着良好的服务, 乐于为具有发展潜力的企业发放大量贷款, 在企业遇到困难时帮助其渡过难关; 也有的银行很少提供咨询服务, 在企业遇到困难时一味地为清偿贷款而施加压力。

3) 贷款的专业化程度。一些大银行设有不同的专业部门, 分别处理不同类型、行业的贷款。企业与这些拥有丰富专业化贷款经验的银行合作, 会更多地受益。

4) 银行的稳定性。稳定的银行可以保证企业的借款不致中途发生变故。银行的稳定性

取决于它的资本规模、存款水平波动程度和存款结构。一般来讲,资本雄厚、存款水平波动小、定期存款比重大的银行稳定性好;反之则稳定性差。

(6) 短期借款融资的特点。在短期负债融资中,短期借款的重要性仅次于商业信用。短期借款可以随企业的需要安排,便于灵活使用,且取得较简便。但其突出的缺点是短期内要归还,特别是在带有诸多附加条件的情况下更使风险增大。

2. 商业信用

商业信用是指在商品交易中由于延期付款或预收货款所形成的企业间的借贷关系。商业信用产生于商品交换,是自发性融资。它运用广泛,在短期负债融资中占有相当大的比重。商业信用的具体形式有应付账款、应付票据、预收账款等。

(1) 应付账款。应付账款是企业购买货物暂未付款而欠对方的账项,即卖方允许买方在购货后一定时期内支付货款的一种形式。卖方利用这种方式促销,而对买方来说延期付款则等于向卖方借用资金购进商品,可以满足短期的资金需要。

与应收账款相对应,应付账款也有付款期、折扣等信用条件。应付账款可以分为以下几种:免费信用,即买方企业在规定的折扣期内享受折扣而获得的信用;有代价信用,即买方企业放弃折扣付出代价而获得的信用;展期信用,即买方企业超过规定的信用期推迟付款而强制获得的信用。

1) 应付账款的成本。倘若买方企业购买货物后在卖方规定的折扣期内付款,便可以享受免费信用,这种情况下企业没有因为享受信用而付出代价。

【例1-3】智董公司按 2/10、n/30 的条件购入 10 万元的货物。如果该企业在 10 天内付款,便享受了 10 天的免费信用期,并获得折扣 0.2 万元(10×2%),免费信用额为 9.8(10-0.2)万元。

倘若买方企业放弃折扣,在 10 天后(不超过 30 天)付款,该企业便要承受因放弃折扣而造成的隐含利息成本。一般而言,放弃现金折扣的成本为

$$放弃现金折扣成本 = \frac{折扣百分比}{1-折扣百分比} \times \frac{360}{信用期-折扣期} \tag{1-1}$$

则该企业放弃折扣所负担的成本为。

$$\frac{2\%}{1-2\%} \times \frac{360}{30-10} \approx 36.7\%$$

式(1-1)表明,放弃现金折扣的成本与折扣百分比的大小、折扣期的长短同方向变化,与信用期的长短反方向变化。可见,如果买方企业放弃折扣而获得信用,其代价是较高的。然而,企业在放弃折扣的情况下,推迟付款的时间越长,其成本便会越小。例如,如果企业延至 50 天付款,其成本则为

$$\frac{2\%}{1-2\%} \times \frac{360}{50-10} \approx 18.4\%$$

2) 利用现金折扣的决策。在附有信用条件的情况下,因为获得不同信用要负担不同的代价,买方企业便要在利用哪种信用之间做出决策。

如果能以低于放弃折扣的隐含利息成本(实质是一种机会成本)的利率借入资金,便应在现金折扣期内用借入的资金支付货款,享受现金折扣。例如,与例 1-3 同期的银行短期借款年利率为 12%,则买方企业应利用更便宜的银行借款在折扣期内偿还应付账款;反之,企业应放弃折扣。

如果在折扣期内将应付账款用于短期投资,所得的投资收益率高于放弃折扣的隐含利息成本,则应放弃折扣而去追求更高的收益。当然,假使企业放弃折扣优惠,也应将付款日推迟至信用期内的最后一天,以降低放弃折扣的成本。

如果买方企业因缺乏资金而欲展延付款期,则需在降低了的放弃折扣成本与展延付款

带来的损失之间做出选择。展延付款带来的损失主要是指因企业信誉恶化而丧失供应商乃至其他贷款人的信用,或日后招致苛刻的信用条件。

如果面对两家以上提供不同信用条件的卖方,买方企业应通过衡量放弃折扣成本的大小,选择信用成本最小(或所获利益最大)的一家。例如,例 1-3 中另有一家供应商提出 1/20、n/30 的信用条件,其放弃折扣的成本为

$$\frac{1\%}{1-1\%} \times \frac{360}{30-20} \approx 36.4\%$$

与例 1-3 中 2/10、n/30 信用条件的情况相比,后者的成本较低。

(2)应付票据。应付票据是企业进行延期付款商品交易时开具的反映债权债务关系的票据。根据承兑人的不同,应付票据分为商业承兑汇票和银行承兑汇票两种,支付期最长不超过 6 个月。应付票据可以带息,也可以不带息。应付票据的利率一般比银行借款的利率低,且不用保持相应的补偿余额和支付协议费,所以应付票据的融资成本低于银行借款成本。但是应付票据到期必须归还,如若延期便要交付罚金,因而风险较大。

(3)预收账款。预收账款是卖方企业在交付货物之前向买方企业预先收取部分或全部货款的信用形式。对于卖方企业来讲,预收账款相当于向买方企业借用资金后用货物抵偿。预收账款一般用于生产周期长、资金需要量大的货物销售。

此外,企业往往还存在一些在非商品交易中产生、但亦为自发性融资的应付费用,如应付职工薪酬、应交税费、其他应付款等。应付费用使企业受益在前、费用支付在后,相当于享用了收款方的借款,一定程度上缓解了企业的资金需要。应付费用的期限具有强制性,不能由企业自由斟酌使用,但通常不需付出代价。

(4)商业信用融资的特点。商业信用融资最大的优点在于容易取得。

1)对于多数企业来说,商业信用是一种持续性的信贷形式,且无须正式办理融资手续。

2)如果没有现金折扣或使用不带息票据,商业信用融资不负担成本。其缺陷在于期限较短,在放弃现金折扣时所付出的成本较高。

六、长期负债融资

长期负债是指期限超过 1 年的负债。

(一)长期负债融资的特点

负债是企业一项重要的资金来源,几乎没有一家企业是只靠自有资本,而不运用负债就能满足资金需要的。负债融资是与普通股融资性质不同的融资方式。与后者相比,负债融资的特点:筹集的资金具有使用上的时间性,需到期偿还;不论企业经营好坏,需固定支付债务利息,从而形成企业固定的负担;其资本成本一般比普通股融资成本低,且不会分散投资者对企业的控制权。

(二)长期负债融资的成本与风险

目前在我国,长期负债融资主要有长期借款和长期债券两种方式。

1. 长期借款的成本与风险

长期借款的成本大小主要是由长期借款的利率决定的,一般情况下,长期借款的利率要高于短期借款的同期利率。长期借款的利率主要有固定利率、变动利率和浮动利率。

(1)固定利率。固定利率是借贷双方商定的借款期间统一利率,此利率一经确定,不能随意改变。

(2)变动利率。变动利率是指在借款期限内可以定期调整的利率,一般可根据金融市场的行情每半年或 1 年调整 1 次。调整后的贷款余额按新利率计算利息。

(3)浮动利率。浮动利率是指借贷双方协商同意,按照金融市场变动情况随时调整的利率。调整后的贷款余额按新利率计算利息。

长期借款融资形成企业固定的利息负担和固定的偿付期限。一旦公司经营不佳，可能会产生不能偿付的风险，如果公司严重亏损，还会面临破产风险。

2. 长期债券的成本与风险

长期债券的成本大小是由票面利率、发行费用和发行价格决定的。发行价格越高，实际负担的利息费用就越低。

长期债券的财务风险较高。债券融资除了要支付固定的利息，还要在到期时偿还全部本金。与股票融资相比较，债券的还本付息给发行公司设置了无法摆脱的财务压力。如果公司的投资收益率低于债券利息率，公司就会背上沉重的利息负担。此种情况持续一段时间后，发行公司就会出现无力偿还债务的局面。

七、债务融资风险

（一）债务融资风险的分析

债务融资风险是指由于筹集债务资金而引起的到期不能偿还债务的可能性。

按风险产生的原因，可分为现金性融资风险和收支性融资风险。

1. 现金性融资风险

现金性融资风险是指企业在特定时点上，现金流出量超出现金流入量而产生的到期不能偿付债务本息的风险。它是由现金短缺、债务的期限结构与现金流入的期限结构不配套引起的，是一种支付风险。

2. 收支性融资风险

收支性融资风险是指企业在收不抵支情况下出现的不能偿还到期债务本息的风险。企业发生亏损，将减少作为偿债保障的资产总量，在负债不变情况下，亏损越多，企业资产偿还债务的能力也就越低。终极的收支性融资风险表现为企业破产清算后的剩余财产不足以支付债务。

债务融资风险与以下因素有密切关系：举债经营效益的不确定性；现金收支调度失控；资本结构不合理；金融市场客观环境变化。

（二）债务融资风险的控制

1. 合理确定资产负债率，严格控制负债规模

收支性融资风险在很大程度上是由于资本结构，即资产负债比例安排不当形成的，如在资产收益率较低时安排较高的资产负债率。合理确定资产负债率、严格控制负债规模是规避收支性融资风险的重要方法之一。

2. 注重资产与负债的适配性，合理确定长短期负债结构

按资产运用期限的长短来安排和筹集相应期限的债务，是规避现金性融资风险的有效方法之一。例如，购置机器设备等固定资产需要长期占用资金，则应选择长期融资方式，如长期借款；而季节性、临时性等原因引起的短期资金需求，应用短期负债来解决。由于资产运用时间与负债偿还的期限基本一致，既可以降低、回避企业债务风险，又可以提高资本收益率。相反，如果将短期负债用于长期资产的需求，企业需要举新债还旧债，将加重企业偿债的压力，面临较大的现金性融资风险；如果用长期负债满足短期资金的需求，则会造成资金浪费，提高资金成本。

3. 加强经营管理，提高企业盈利能力

加强经营管理，提高企业盈利能力是降低收支性融资风险的根本方法。如果企业盈利水平较高，净资产增长较快，就可以从根本上消除收支性融资风险。

4. 合理预期利率，适时选用借款的种类

利率呈现上升趋势，应采用长期负债融资，避免未来利率上升增加利息支付；利率呈现下降趋势，应采用短期负债融资，减小未来的付息压力。

5. 实施债务重组

当企业出现严重亏损、无力偿还债务时，可通过与债权人协商，采取减免债务、降低债息及债权转股本等方式，实施债务重组，从而降低企业收支性融资风险。

八、负债融资管理机制的构建

负债的经营管理包括负债资金的环节管理、成本管理、期限管理、结构管理、风险管理。负债包括筹集、运用、偿还3个环节，与运用和偿还环节相比，企业也许更关心债务资金的筹集，有时可能为了筹集债务资金而忽略融资成本、结构和风险。为了降低债务资金的使用成本、提高负债资金的利用效率，我们必须要在负债融资的各个环节，对负债融资的成本、期限、结构及风险等方面进行精细化的有效研究，即建立债务融资管理机制，将债务融资与企业发展和经营战略相融合，对其进行科学管理，在保证资金需求的前提下，避免财务风险，发挥"杠杆效应"，最大限度地提高经济效益。

（一）负债融资的环节管理

1. 负债资金筹集的管理

债务融资问题是筹集资金时应考虑的有关问题，如债务筹集政策的选择、债务时机、规模、比例结构、还款期限分布等。对这些问题若有高瞻远瞩的谋略，企业就可提前避免财务风险的侵袭，避免公司债务资金管理混乱，消除债务融资中无效和浪费行为。

（1）债务筹集政策的选择。按照周转时间的长短可将企业的资产分为流动资产和非流动资产。周转时间在1年以下的为流动资产，包括货币资金、交易性金融资产、应收项目、存货等。周转时间在1年以上的为非流动资产，如生产用或管理用的固定资产、无形资产、持有至到期投资、长期股权投资等。公司负债按照偿还时间的长短可分为流动负债和非流动负债。流动负债包括短期借款、应付账款、应付票据、应付职工薪酬、应交税费等；非流动负债包括长期借款、应付债券、长期应付款、递延所得税负债等。流动负债的特点是，成本低，风险大，使用灵活、限制条件少，取得容易、速度快。长期负债由于偿还期长，短期财务压力小，因而风险小，但约束性强、灵活性差。由于长短期负债具有不同特点，不同类型的债务融资可以满足不同类型资金需求，因此，必须在均衡考虑成本、风险的基础上，科学合理地确定债务结构，这种制度安排就是债务融资政策。

公司债务融资的目的可能是补足正常经营活动所需的现金流短缺，也可能是解决重大战略投资项目的资金短缺。据不同的需求在长短期负债之间可采取不同比例结构，一般有三种：保守型债务结构、稳健型债务结构和激进型债务结构。

1）保守型债务结构，即用短期债务解决部分临时性流动资产的资金需要，长期债务解决另一部分临时性流动资产和永久性流动资产、固定资产的资金需要。这种结构短期债务比例较低，而长期债务比重较高，是一种风险与收益均较低的债务结构。

2）稳健型债务结构，即短期债务解决临时性流动资产的资金需要，长期债务解决永久性流动资产和固定资产的资金需要，这样安排的债务结构风险和成本适度。

3）激进型债务结构，即短期债务不仅解决临时性流动资产的资金需要，还解决永久性资产的资金需要。这种结构的短期资金债务比例较高，而长期债务比重较低，是一种风险与收益均较高的债务结构。

公司债务融资的选择还依赖于对风险、收益的权衡及对举债能力的判断。债务资金的风险与成本之间存在反比例关系，即风险大的成本低，风险小的成本高。短期负债融资和长期负债融资之间的风险和成本是两者权衡的结果，短期负债融资成本低于长期负债融资成本，但短期负债融资的风险比长期负债融资高；而债务资金投资风险和收益两者之间存在正向关系，流动资产与长期资产相比易于变现、风险小，但是其预期报酬率也小。如果短期债务融资与短期资产配比，其属性是融资风险高，投资风险小，预期报酬低，融资成本低；如果长期债务融资与长期投资配比，其特点是融资风险低，投资风险高，预期报酬高，融资成本高。筹集债务资金的最关键的因素是举债能力，举债能力与盈利能力正相关，即盈利好的公司举债能力强，然而由于市场的不确定性因素太多，在某些情况下，货币供给量有限，举债能力与盈利能力可能会存在一定程度的背离。例如，通货紧缩货币政策下，相同盈利能力的公司举债能力就不如货币政策宽松时，因此公司债务融资政策应该是考虑各种因素后的多元化组合。

（2）债务融资的时机及融资预算。企业债务要把握适当的时机，一般来说，在企业处于生长期、刚刚开始走上正轨时，如果资金不足而举债，此时举债的资金使用效率比较高，一般会大于债务的利息率，因此企业既能取得财务杠杆效益，又能提高企业的生产能力，从而提高企业的竞争力。但如果企业经营不景气，利润率也许会小于债务的利息率，生产经营活动处于衰退之中，并且短期内无转机希望，此时则不宜多负债，举债越多负担越重，最后有可能资不抵债而导致企业破产。一系列因素构成的企业融资环境和时机就是企业的融资机会，选择融资机会，就是寻求与企业内部条件相适应的外部环境，如果债务融资时机选择不当，就会增大债务融资的机会成本，对企业经营产生消极影响。

债务融资的预算是建立在现金预算的基础上的，融资前必须要对公司的战略性投资计划和正常现金流进行预算，作为负债融资额度的依据。现金预算分为长期现金预算、中期现金预算和短期现金预算。长期现金预算是 3 年以上的现金预算，中期现金预算是 1 年至 3 年的现金预算，短期现金预算通常是 1 年或一个营业周期之内的现金预算。一般来说，正常经营现金流以短期现金预算为主，而战略性投资计划由于会涉及若干个会计期间，所以公司不仅需要编制短期现金预算，还需要编制中、长期现金预算。有些企业债务融资之前并没进行可行性研究，资金缺乏预算和计划，管理粗放、盲目立项、盲目投资，结果投资失败而造成了损失。有的企业，固定资产投资虽然投向正确，但因资金没及时到位，只好挤占流动资金，造成流动资金更加紧张。

（3）确定合理的债务规模和利率。对于一个企业来讲，即使企业经营状况很好，举借债务也并不是越多越好。举债的目的是弥补自有资金不足及发挥财务杠杆的作用，它不应该成为企业的负担。负债应当以一定的自有资金为保证，以一定的盈利能力和偿债能力为前提，以保证生产要素充分有效结合为限度，再结合企业的经营战略、承担风险的能力、最佳资本结构状况来确定合理的债务规模，综合考虑、量力而行。同时各企业所处行业、竞争地位及经营战略不同，承担风险的能力也有差别，所以企业之间也不可能存在统一的债务规模标准。由于经济发展具有周期性，企业还应根据经营状况的变化相应地调整债务规模。总之，负债规模应适度，最少应以满足生产经营活动最低限度的需要为限，最多则以不造成债务资金闲置为标准。同时企业在负债融资时，还要考虑长期、中期、短期三种资金之间的均衡安排，特别要注意短期债务的比重，因为它需要以当期流动资金偿还，如果三者之间比例合理，则可避免集中还款和还款高峰的重叠。

判断公司是否可以借款，负债利率是一个不能不重视的因素，它是债务资金使用的成本。公司或项目的预期报酬率高于债务资金的利率，这是公司负债的前提。在评价债务融资可行性时，债务利率必须与资金使用性质相联系：负债资金若用于企业的生产经营，则将其利率与公司的预期报酬相比较；若用于项目投资，则将利率与项目的预期报酬相比较。当然除了利率，利息支付的方式和时间也不应忽视，负债融资的货币时间价值和风险价值的存在，利息是先支付还是后支付、是到期一次支付还是分期支付，这些因素可能会升高或降低利息的支出，使实际利率高于或低于名义利率。

2. 负债资金运营的管理

债务资金运营的管理是债务资金的投资管理。在债务精细化管理思想指导下，债务运营管理应明确、准确、精确。明确是指要建立债务运营管理规则;准确是指债务运营管理规则应有的放矢,解释详尽,不产生歧义;精确是指债务运营规则精确,尽可能数据化、标准化。

(1) 债务资金运营的目标。债务资金运营的目标包括两个方面:一是债务资金投资方向应明确;二是实施债务成本管理。债务资金主要有两个运用方向,即生产经营和发展需求。是否运用债务资金关键在于判断投资报酬率。举债是要付出代价的,无论是潜在的还是现实的利息都是企业的财务负担。利息虽然能发挥财务杠杆的作用,但它是以债务经营必须有利可得,即投资报酬率必须高于负债的利率为前提的。另外,在债务资金运营的过程中,债务成本管理是非常重要的事项。债务成本既是债务投资判断的依据,又是债务风险管理的重要因素。准确计量债务成本是债务管理的主要组成部分。

(2) 债务资金运营的决策。公司借入资金的投资结构不同,产生效益的时间和水平也不同,所以应决策债务资金的投资方向。在判断投资方向时,债务投入水平与债务的融资安排具有一定的相关性。例如,正常经营短缺而筹集的债务主要用于弥补公司流动资金的不足,而专门项目投资而借入的资金则用途明确、专业性强,一般单独核算。所以不同的债务资金投向,判断选取的依据是不同的。常用的投资决策方法有投资净现值法、内含报酬率法、现值指数法等,可以通过这些方法来分析研究项目的可行性。投资净现值法是指在给定折现率下,投资方案在寿命期内各年净现金流量之和。投资净现值如果大于0,说明方案可行,净现值小于0,则说明方案不可行;内含报酬率是能够使投资项目的净现值等于0的折现率,内含报酬率高于资金成本,方案可行,否则方案应舍弃;现值指数是投资方案的未来报酬的总现值与投资额的现值之比,现值指数大于1,说明未来报酬大于投资额,方案可以接受,如果指数小于1,说明方案不可取。

(3) 债务资金运营的效率。公司要提高负债资金运营的效率,就必须树立以资金的快速流动和最大增值为目标的资金运营观。资金运营的效率应体现在资金的安全性、周转性和增值性上,这三者之间是相互联系、相互依存和相互促进的。资金的安全性是基础,没有安全性就谈不上周转性和增值性,而加速资金周转则能促进资金回收的安全,提高资金的使用效率,使其增值;资金的增值反过来能使更多的资金参加周转,形成良性循环。同时,对负债资金进行跟踪管理也是提高资金运营效率的重要方面。资金的跟踪管理是指对企业各阶段、各环节的资金运作进行全过程的跟踪问效,使其始终处于受控状态,以实现资金的最快流动和最佳增值,建立自控为主、互控为辅和专控把关的资金监控机制。

3. 负债资金偿还的管理

无效市场中,债务人违约能实现债务价值的最大化,因为市场不会对债务人进行惩罚。但在有效市场中,债务人违约将使债务价值最小化,因为债务人不但要承受法律制裁,还要承担违约成本、信用损失和高额的再融资成本。举债的目的是获利,还债的目的是维护公司信用。如果公司讲信用,能按期偿债,那么在公司再需资金时就会得到各方的支持和帮助。公司为了能够按期偿债,必须要对债务偿还作有计划的安排。

在制订债务的偿还计划时,需考虑以下几个因素。

(1) 债务方应该以合约约定的偿还期限为依据,以不影响公司正常生产经营活动的开展为原则,明确偿债的基本要求。按期足额还本付息是债务管理的基本要求,所以企业应提前明确债务本金和利息的金额、确认债务的到期日,以便为筹措偿债资金留有准备的时间。

(2) 确定适当的债务偿还策略。不同行业、不同规模、不同融资方式的企业,其偿债策略各不相同。例如,短期债务比例高的公司,应着重保持资产的流动性;中长期债务比例高的公司,为防止大量债务同时到期而资金不足,应提前准备偿债基金。

(3) 对于到期确实无力偿还的债务本息，负债人应积极主动地与债权人磋商，通过债务延期、停息挂账或采取双方认可的方式进行债务重组。

（二）负债融资的来源管理

根据债务的形成来源我们可以将企业债务分为以下几种类型：商业信用、银行信贷、企业债券、租赁等，不同类型的债务融资，由于债权人所处的相对位置强弱不同，其在约束债权代理成本以及对企业控制权转移方面的影响程度也各不相同，多元化的债务类型结构有助于债务之间的相互配合并实现债务代理成本的降低。

1. 负债融资的来源及特点分析

（1）银行信贷。银行信贷无疑是企业目前最重要的债务资金来源，它的特点是金额较大、期限长、债权人是专业性的借贷机构。在大多数情况下，银行是债权人参与公司治理的主要代表，有能力对企业进行干涉和对债权资产进行保护。但银行信贷在控制代理成本方面同样存在着流动性低的缺陷，一旦投入企业容易被"套牢"，而且信贷资产由于缺乏由充分竞争产生的市场价格，不能及时对企业实际价值的变动做出反应，因而面临较大的道德风险，尤其是必须经常面对借款人发生将银行借款挪作他用或改变投资方向，以及其他转移、隐匿企业资产的行为。这是因为在银行信贷融资方式下，作为委托人一方的股东和管理者，极易发生侵害债权人利益的行为，如改变信贷资金的用途，从事具有高风险的投资项目等。因为从有限责任的特点来看，从事高风险项目的投资，一旦成功，则股东可获得大部分收益，而项目失败，则债权人承担了大部分成本。债务人的道德风险由于银行不能对其债权资产及时准确地做出价值评估而难以得到有效的控制。

（2）融资租赁。融资租赁尽管在理论研究和实务运用中范围不大，经常被人们所忽略，但作为一种债务融资方式，它也有自己的特点和优势，应该在企业债务融资中占有一席之地。

融资租赁最大的特点是不会产生资产替代问题，因为租赁品的选择必须事先要经过债权人（租赁公司）审查，并且由债权人实施具体的购买行为，再交付到租赁企业手中，而且在债务清偿之前，债权人始终拥有租赁物在法律上的所有权，对企业可能的资产转移或隐匿行为能产生较强的约束。从这个角度来看，融资租赁的代理成本较其他方式的债权融资要低得多。融资租赁的优势主要体现在对承租人企业的了解更深刻，项目决策主要注重项目的长期现金流量是否可靠、足够，能够与企业风险共担、利益共享，介入经营的程度比银行深。而且由于租赁物的所有权在租赁期限内不发生转移，本身具有担保的作用，因此对项目的担保要求不是很高，有许多项目不需要担保，在项目资金的运作和财务安排上具有很大的灵活性，并可结合需要采用不同的租赁方法。因此，融资租赁和其他方式债权融资相比，逆向选择和道德风险的成本较低，在降低不对称信息成本上更具有优势。

（3）债券融资。债券融资是指符合债券发行条件的公司在资本市场通过发债来融资的行为。债券融资不但能拓宽企业融资渠道、增强企业融资主动性、分散金融体系的风险，且在约束债务代理成本方面能发挥银行借款所没有的重要作用，债券融资与银行信贷有较强的互补性。

因为债券有公开交易的市场，投资者随时可以出售转让，其流动性降低了债权人投资的专用性，即降低了被"套牢"效应，债权人的自我保护方式不再是必须通过积极地参与治理或监督，分散的债权人有足够的动力监控融资企业的生产经营行为，"用脚投票"。显然，在这种情况下，债权人与股东之间的冲突被分散化了，债权的代理成本相应降低。另外，债券市场是一个相对公开、透明的市场，融资企业的各种生产经营活动，会通过债券市场的价格表现出来，债券市场的价格充当了融资企业财务状况"显示器"的作用，由于交易市场价格能对债券价值的变化做出及时的反映，而债券的价格变动能反映出企业整体债权价值和企业价值的变化。债权人通过这个"显示器"能及时发现债权价值的变动，在发现有不利情况发生时能迅速采取行动来降低损失，因此债券的这种作用有利于控制债权人与股东之间的冲突。尽管银行对贷款的质量评估也可以起到类似作用，但由市场来对企业债务定价，不仅成本要低得多，而且准确性和及时性要高得多。债券的这种信号显示作用是其他债权融资方式所没有的。当然，与银行信贷相比，债券融资的不足之处主要表现为债权人比较分散，力量有限，集体行动的成本较高，并且债券投资者大众化，不一定是专业机构。

（4）商业信用。商业信用通常是期限较短的一类负债，而且一般与特定的交易行为相联系，风险在事前基本上就能确定，所以它的代理成本较低。但是，由于商业信用比较分散，单笔交易的额度一般较小，债权人对企业的影响很弱，大多处于消极被动的地位，即使企业出现滥用商业信用资金的行为，如挪用商业信用资金用于投资活动、向股东分红等，债权人也很难干涉。这些特点导致商业信用对公司治理的软约束。

在企业正常经营期间，商业信用的授予人通常能与企业保持较好的合作关系，商业信用的授信额度与企业正常的业务规模之间应保持一个合理的比例关系，一旦企业发生偿债困难，这种基于业务交易的商业信用行为就会中断，必要时债权人会通过"第三方"（人民法院）强制执行。但由于债权人的融资行为与融物行为是同时发生的，债权人提供的资金已经融入债务企业的生产经营过程，在实务上，很难将债权人提供的资金所形成的资产与其他资产有效分离。因此，商业信用的债权人虽然在某种程度上控制着企业，但这种债权的回收是非常困难的。

2. 负债来源结构选择的影响因素

通过对负债融资的来源及特点的分析，我们了解了负债融资的四种来源方式，每一种方式在企业融资中的作用及其对现代企业治理机制产生的影响，那么负债的形成取决于哪些因素，在不同的环境下，应该选择哪种债务融资方式比较合理？虽然商业信用的代理成本最小，但商业信用的形成依赖于特定的对方企业和特定的交易，因此不具有代表性，实务中不能将其作为"常态现象"分析。

对于另外三种负债，如果单纯从融资成本率［资金使用费/（融资总额－融资费用）］的比较来看，在税率相同的情况下，融资租赁的融资成本是最高的，银行贷款和债券融资成本相对低一些；银行贷款和债券融资的成本取决于融资规模，融资规模越大，债券的规模成本效应越强，与银行贷款成本比较起来，其规模成本优势更明显。因此，如果融资规模比较大的话，从融资成本率来看，债务融资的优先次序是债券融资、银行贷款、融资租赁；如果融资规模比较小的话，债务融资的优先次序是银行贷款、债券融资、融资租赁。

如果从信息不对称的角度来看，融资租赁和其他债权融资相比，逆向选择和道德风险的成本较低，在降低不对称信息成本上更具有优势。所以在信息不对称程度高时，通过金融中介机构融资的银行信贷、融资租赁要比通过资本市场的债券融资有优势，并且融资租赁比银行贷款在降低不对称信息成本上更具有优势。就是说，债务融资的优先次序应该是融资租赁、银行贷款、债券融资。如果信息不对称程度低，可以优先选择债券融资。

从上面的分析可以发现，各种债权融资方式在克服代理成本方面均具有各自的优势与不足。因此，在债权融资中，企业应该将各种具体的债权资金搭配使用，以实现各种融资方式之间的取长补短、相互配合，最大限度地降低代理成本。而在所有可能的债权融资方式中，由于我国租赁市场不发达，融资租赁业务形式单一、落后，租赁公司资金缺乏，租赁成本较高等，融资租赁业务在负债中的比例非常低，所以在分析影响负债来源的因素时，重点应关注银行贷款和债券融资，它们具有相当程度的互补性。银行作为债权人在参与公司治理与监督方面具有显著优势，而债券则可以及时发出信号，为债权人的行动提供依据。银行贷款代表的中介融资和债券融资代表的市场融资不仅不应相互排斥，而且应相互共存、相互补充,以满足经济中多样化融资方式的需求。

企业债务融资方式的选择受多种因素的影响,不同国家、不同行业、不同规模、处于不同发展阶段的企业,其债务融资方式的需求都存在差异。不同来源的负债,由于其自身特点的不同,对代理成本及对公司的约束力也不尽相同,因此,安排好不同类型的负债比例,对于公司业绩的提升将大有裨益。

(三)负债融资的期限管理

1. 流动负债和长期负债的特点

负债融资的期限结构是指企业负债总额中流动负债和长期负债的比例关系,当负债总额一定时,两者是此消彼长的关系,流动负债和长期负债有着不同的特点。

(1)从资金使用成本来看。流动负债与长期负债的结构直接影响着企业的成本水平。毫无疑问,长期负债的利息率要高于流动负债的利息率,所以长期负债的成本比流动负债的成本高,而且长期负债缺少弹性,一旦借入,在债务期内即使资金暂时不用,也不好提前归还,只能继续支付利息,增加成本。但如果是流动负债,当企业资金需要减少时,企业可以逐渐偿还债务本金,从而减少利息支出。

(2)从财务风险来看。一般而言,企业的财务风险体现在流动负债上,流动负债到期日近,容易出现不能按时偿债的情况,一旦企业在流动负债到期后不能支付本金或者本期流动负债偿还后不能取得下一次的债务,导致债务链的断裂就很容易引发财务风险。所以,流动负债的财务风险比长期负债的财务风险高。流动负债一旦失控会直接影响企业的资产质量、影响企业的竞争力,甚至会导致企业的破产。

(3)从获得借款的难易程度来看。总体而言,流动负债的取得比较容易、迅速,而长期负债的取得比较困难,且花费的时间也比较多。这是因为,债权人在提供长期资金时,往往承担较大的财务风险,一般要对负债企业进行详细的信用评估,有时还要求以一定的资产做抵押。因此,长期负债的多少是企业信用能力的标志。

2. 负债期限结构的影响因素

流动负债和长期负债的特点各不相同,两者之间保持什么样的比例关系才能使企业在满足资金需求的前提下使利息和财务风险均最小?这需要对负债期限结构进行规划。负债期限的合理规划既可以确定合理的利息负担,降低财务风险,又可使企业避免债务到期过分集中或在缺乏资金时却要偿还债务的困境。债务总额中长期负债和流动负债的最恰当比例到底是多少则没有定论,债务比例会随着经营状况的变动和经营环境的变化而呈动态变化,无论是长期债务还是短期债务,偿还期限都应分散化,不能过度集中在某一时段。负债企业应根据下列影响因素,灵活机动地调整负债期限结构。

(1)现金流量状况。企业的流动负债最终会由企业经营中产生的现金流量来偿还。从实践上来看,企业所偿还的均是短期债务,因为长期债务在转化为短期债务后才面临偿还问题。所以,以现金流量为基础来确定企业的流动负债水平应该是合理的。在确定企业负债结构时,只要使企业在一个年度内需要归还的负债小于或等于该期间企业的经营活动净现金流量,这样即使在该年度内企业发生融资困难,也能保证用经营活动产生的现金流量来归还到期债务,能够保证企业有足够的偿债能力。

(2)运用资金时间长短情况。一般而言,资金的短期需求就举借短期债务,资金的长期需求就举借长期债务。前者是为了企业避免徒然无谓的利息负担,后者是为了避免企业在需要时筹不到资金,同时避免债务到期时无偿还能力。

(3)产品销售状况。如果企业产品销售额稳定增长就能提供稳定的现金流用于偿债。反之,如果企业销售处于萎缩状态或者波动的幅度比较大,则大量借入短期债务就要承担较大风险。因此,销售额稳定增长的企业可以较多地利用流动负债,而销售大幅度波动的企业，应少利用流动负债。

（4）企业资产结构和经营规模情况。一般而言，长期资产比重较大的企业应多利用长期负债融资；反之，流动资产比重较大的企业，则要更多地利用流动负债来融资。经营规模对企业负债结构也有着重要的影响，在金融市场较发达的国家，大企业的流动负债较少，小企业的流动负债较多。大企业因其规模大、信誉好，可以采用发行债券的方式，在金融市场上以较低的成本筹集长期资金，因而流动负债较少，小企业一般只能筹集到短期债务，只有大型企业才有能力举借长期债务。

（5）行业特点及利率状况。各行业的经营特点不同，企业负债结构会存在较大差异。利用流动负债筹集的资金主要用于存货和应收账款，这两项流动资产的占用水平主要取决于企业所处的行业，如美国矿产行业流动负债占总资金的比重为15.5%，而批发行业为47.10%。从利率方面看，当长期负债的利率和流动负债的利率相差不大时，企业可较多地利用长期负债；反之，当长期负债的利率远远高于流动负债利率时，则较多地利用流动负债可以降低资金成本。如果预计未来利率将下降，则可多借短期债务，否则，多借长期债务。

（四）负债融资的成本管理

债务成本是公司对银行贷款、发行债券、商业信用等方式融资并在其运营、偿还过程中发生的各种支出。债务成本不仅可以衡量风险和财务杠杆效用，而且可以作为评价债务价值和债务决策的重要依据。债务成本研究的目的是如何以既定的成本实现收益最大化或在既定的收益下使成本最低化。

债务成本管理贯穿于债务筹集、债务运营、债务偿还等资金运动的全过程，债务成本管理是一个系统工程，并不是抓好某一个环节或几个环节就能控制债务成本的，而是战略性的全局管理，其中重点是债务成本控制。凡举债都会面临债务的成本控制问题，要控制债务成本首先应该了解负债成本的计算方法，其次还应该了解债务成本的影响因素，这样才能有目标地控制成本。

1. 债务成本的影响因素

利息＝本金×利率，所以本金（即负债规模）和借款利率是债务成本最主要的构成要素。在考虑货币时间价值的前提下，债务成本还与还本付息的方式有关：是一次还本分次付息还是到期一次还本付息。除此而外，影响债务成本的因素可能还有以下几个方面。

（1）公司信用。在融资环节，公司信用对债务成本有直接影响。例如，良好的信用不但能降低公司的融资审查费、谈判费等成本，直接降低负债签约成本，而且能使公司获得优惠利率。

（2）市场利率。发行债券时，发行成本不仅取决于债券的名义利率，也取决于市场利率（即实际利率）。名义利率与市场利率的差距会形成债券的溢价和折价，溢价和折价实际上是债务利息的调整，负债人按名义利率支付利息，将溢价和折价摊销后，实际是按市场利率承担利息的。可以说债务成本取决于市场利率，债务成本与市场利率呈正相关关系，利率高则债务成本必然高。影响市场利率的宏观因素主要有通货市场、货币政策和财政政策。例如，通货膨胀或通货紧缩对利率的冲击很大，加息或降息就是提升或降低即期市场利率，改变远期利率的预期，从而影响债务利率水平、投资效果和不同期限结构债务资金的供给及需求。

（3）所得税税率。当企业盈利时，债务成本具有抵税效应，一定程度上可以降低债务成本，这从债务成本的计算公式中可以看出。从抵税效应来看，所得税税率高意味着抵税额高，是有利的一面；但所得税税率高也意味着应纳的所得税多，这是不利的一面。所以假如所得税税率有筹划的空间，那么应该从以上两个方面进行利弊权衡。

（4）外汇汇率。对于涉外债务而言，汇率变动也是影响债务成本的一个重要方面。汇率是不同货币之间兑换的比率或比价,也是一种货币表示的另一种货币的价格,汇率可以通过国际货币价格的波动影响本国的货币价格,从而使实际偿还的债务折算人民币的数额大于或小于当初的负债额。

2. 债务成本的计算公式

债务成本有些是账面上看得出来的,称为显性成本,而有些支出不一定在账面上得到显示,称为隐性成本。我国对公司债务成本内涵的研究目前还处于探索阶段,尤其对隐性成本的研究还不成熟,所以债务成本计算公式主要是对显性成本进行考量。对债务成本的计算,国际上并没有形成完全统一的认识,国内在这方面的研究也没有形成系统的理论体系,但国内外对于负债成本的计算差别不大,主要是计算时考虑的因素多少问题。

国外研究中没有刻意区分长期借款成本和债券成本,而是统称债务成本。债务成本可分为税前债务成本(设为 k)和税后债务成本(设为 k*),$k^* = k(1-T)$(T 为所得税税率)。

(1)计算资本成本时,有两种情况:当公司本期有利润时,债务成本=k*;当公司本期亏损时,债务成本=k。

税前债务成本 k 的确认。

1)不考虑融资费(发行成本)时,k=税前债务利息率(设为 R)。

2)考虑融资费时,则 k 的确认有两种方法。

方法一:$V(1-f) = \sum_{S=1}^{N} \frac{I}{(1+k)^S} + \frac{A}{(1+k)^N}$

式中,V 为实际融资额;f 为融资费率;N 为付息次数;I 为每次付息额;A 为到期值(通常是面值,即本金)。

方法二:$k = \frac{R}{1-f}$

(2)国内的研究考虑的因素要多一些,伍刚、刘泽仁(2007)在国外研究的基础上,在考虑债务还本付息方式、融资费率、所得税税率等因素的情况下,将债务成本的计算公式总结如下。

长期借贷成本 k_1,有两种计算方法。

方法一:$V(1-f) = \sum_{S=1}^{N} \frac{I}{(1+k)^S} + \frac{A}{(1+k)^N}$, $k_1 = k(1-T)$

方法二:$k_1 = \frac{R(1-T)}{1-f}$

债券成本 k_2 也有两种计算方法。

方法一:$V(1-f) = \sum_{S=1}^{N} \frac{I}{(1+k)^S} + \frac{A}{(1+k)^N}$, $k_2 = k(1-T)$

方法二:$k_2 = \frac{AR(1-T)}{V(1-f)}$,当 V = A 时,$k_2 = \frac{R(1-T)}{1-f}$

(3)以下是债务成本的具体计算公式。

1)到期一次还本,分次付息方式。

每年付息一次,到期一次还本的方式:

$$V(1-f) = \sum_{S=1}^{N} \frac{I}{(1+k)^S} + \frac{A}{(1+k)^N} = \sum_{S=1}^{N} \frac{A \times a}{(1+k)^S} + \frac{A}{(1+k)^N}$$

式中,a 为票面年利率。

每年付息 n 次,到期一次还本的方式:

$$V(1-f) = \sum_{S=1}^{nt} \frac{A \times a \div n}{(1+k \div n)^S} + \frac{A}{(1+k \div n)^{nt}}$$

式中，t 为债务偿还年限；n 为每年付息次数；a 为票面年利率。

2）到期一次还本付息方式。

单利计算时：

$$V(1-f) = A\frac{1+at}{1+kt}; \quad V = A\text{ 时}, \quad 1-f = \frac{1+at}{1+kt}$$

复利计算时：

$$V(1-f) = A\frac{(1+at)^t}{(1+k)^t}; \quad V = A\text{ 时}, \quad 1-f = \frac{(1+a)^t}{(1+k)^t}$$

3）每年年末分次还本付息方式。

$$V(1-f) = \theta P_{年}(k,t) + a\theta \sum_{S=1}^{t}[(t+1-S)P_{复}(k,S)]$$

$$= \theta P_{年}(k,t) + a\theta \sum_{S=1}^{t} P_{年}(k,S)$$

式中，$P_{复}$ 为复利现值系数；a 为每年末归还本金数。

当 V = A 时，有

$$t(1-f) = P_{复}(k,t) + a\sum_{S=1}^{t} P_{复}(k,S) = \frac{A}{t}$$

以上计算均有 $k^* = k(1-T)$。

3. 负债融资各环节的成本构成

（1）债务融资成本。在负债融资之前，企业应该对资金的需求总量和结构进行预测和分析，制订尽可能详细的资金需求计划，根据资金需求计划，确定资金缺口量。要降低债务融资的成本，离不开科学合理的融资制度安排。

1）债务融资的显性成本如下。

①融资谈判费。企业如果要取得一项贷款资金或要求银行帮其承销债券，以及企业之间通过商业信用形式融通资金，双方需要反复磋商、协调甚至博弈，其间不可避免地要发生谈判费用、公关费用、业务招待费等支出。

②融资管理费。企业借款时发生的资产评估费、审计费、律师费；发行债券时的手续费、债券的印刷费用，还有发行成本包括投资银行费用（即承销费）、法律文件起草费、会计费用及信托人费用等。

2）债务融资的隐性成本：企业为债务融资发生的时间成本、信息成本、财务灵活性损失成本和债务结构调整成本虽然在账面上无法实名体现，但同样不可忽视。企业向银行等金融机构贷款时，复杂的程序需要耗费大量时间。首先要提出申请，再提交投资项目建议书、可行性报告、审计报告等。如果发行债券，必须由董事会提交股东大会决议并经国务院证券管理部门审批。此外，需要提交公司章程、公司债券募集办法、资产评估报告和验资报告，还要提供担保、质押等，所以耗费的时间成本很大。

（2）债务运营成本。债务融资以后，如果债务运营安排不当会对债务成本造成一定的影响，如运营中未正常使用债务资金而导致的损失，如用债务资金购置的固定资产闲置或未合理使用，那么公司不但要承担折旧和因资产闲置而损失的投资其他项目的机会收益，还会产生因债务资金闲置，经理人的逆向选择和道德风险行为。所以在债务运营的过程中要根据潜在的不确定因素及时修正投资方案，提高投资效率。

债务运营的显性成本：债务利息是债务运营的显性成本，利息是因使用债务资本所必须支付的最低价格，在不考虑融资费时它是投资者提供资金所要求的最低收益率。与投资者要求的投资报酬率一样,债务成本通常由无风险报酬率和风险报酬率两部分组成。对于无风险报酬率,我国可比照国库券利率,风险报酬率是当企业存在经营风险和财务风险时,资金提供者所要求的超过无风险报酬率的那一部分收益率。

债务运营的隐性成本:如果企业债务资金运用不合理,效益低下,企业缺乏还贷和投资的增值意识,企业就会承担较大的机会成本,或者资金分配不合理,周转速度缓慢,投资报酬率不足以抵销债务成本等,这些均属于因债务资金使用效率低而承担的隐性成本。除此以外,债务运营中的代理成本和道德风险也会加重债务运营的隐性成本。例如,代理问题会产生负债企业与债权人之间利益的不对等,当企业违背债权人意愿使用债务资金,就会发生相关的代理成本和道德风险成本,主要表现是要承担债权人的监督费用、公司的保证支出和余值损失。

债权人的监督费用是为衡量、观察和控制负债公司所发生的支出,先由债权人承担,然后通过市场机制转嫁到债务公司。公司的保证支出是负债公司因保证债权人利益而建立并遵循的机制成本,是债权人监督费用的补偿。即使有债权人的监督费用和公司的保证支出,负债企业的行为有时还会违背债权人的期望,如过量的股利分派、资产置换、投资不足、财富转移等。如果市场是强势的,则市场会对负债企业不良行动做出完全的反应,债权人可以通过提高利率或抽走资金的方式进行价格保护,或者通过对负债企业不良行为进行"清算"和经理人市场的约束等方式进行控制。如果市场是弱势的,完全的价格保护和清算措施难以实现,就会产生余值损失。在弱势市场中,余值损失由债权人和负债企业共同承担。

(3)债务偿还成本。当债务到期,如果负债公司能够及时还本付息,那么就不存在额外的偿还成本。但如果负债公司无力偿还到期债务,那么违约风险和破产风险就会带来额外的支出,公司的信用成本会增加,债务投资者和权益投资者都不愿意承担风险从而限制融资量,还有不得不放弃有利可图的投资项目的潜在损失,再融资风险加大,增加破产的概率,最终有可能导致破产清算等。

破产的根本原因是负债公司资不抵债,无力偿还到期债务。破产概率是指负债公司的现金流量不足以偿付其债务支出的可能性。影响破产概率的主要因素是经营活动现金流量的规模和波动幅度。

1)经营活动现金流量的规模。在其他条件不变的情况下,相对于债务支出所要求的现金流量的规模越大,破产的概率越小。当然对于负债规模逐渐增大的公司,无论它的经营现金流量的规模多大,它的破产概率也会随着负债的增多而相应地增大。

2)经营活动现金流量的波动幅度。如果负债规模相同,经营活动现金流量越稳定,公司的破产概率就越小;而相同规模的经营活动现金流量,波动幅度越大,公司的破产概率就越大。破产概率的存在使公司的债权人为防止负债公司破产而提出更为严格的要求,这些要求必然会提高公司的运营成本。

(五)负债融资的风险管理

债务风险是公司丧失偿还债务本金及利息的可能性。只要举债,就存在债务风险,债务风险源于公司的偿债能力。偿债能力体现在以下方面:支付能力,即公司收现和变现的能力,与公司盈利能力和收款政策相关;支付金额,即到期偿还的本金和利息金额,债务风险的管理与偿债能力息息相关。

1.负债融资风险的成因

(1)内因分析。

1)现金流入量和资产的流动性。现金流入量反映的是现实的偿债能力,资产的流动性反映的是潜在的偿债能力。负债的本息一般要求以现金偿还,因此,即使企业的盈利状况良好，但能否按合同规定按期偿还本息，还要看企业预期的现金流入量是否足额、及时和资产流动性的强弱。如果企业投资决策失误，或信用政策过宽，不能足额或及时地实现预期的现金流入量来支付到期的借款本息，就会面临财务危机。此时企业为了防止破产可以变现其资产，各种资产的变现能力是不一样的，很多企业破产不是没有资产，而是因为其资产不能在较短时间内变现。

2）企业经营活动的成败。负债经营的企业，还本付息的资金最终来源于企业的收益，如果企业经营管理不善、长期亏损，则企业就不能按期支付债务本息，不能按期偿还债务使企业信誉受损，使再融资更加困难，从而导致企业陷入财务危机。

3）负责融资方式选择不当。企业负债的融资方式（银行贷款、债券融资、融资租赁和商业信用）有着各自的特点和适用对象，融资企业应按照自己的性质及当时市场经济形势选择合适的融资方式，减少资金的使用成本和公司的代理成本。

4）负债结构不合理。负债结构不合理包括：首先，借入资金和自有资金比例不合理；其次，负债的来源、期限、规模等结构不合理。其中，负债规模是指企业负债总额的大小或负债在资金总额中所占的比重。企业负债规模大，利息费用支出增加，由于收益降低而导致丧失偿付能力或破产的可能性也增大，所以企业在通过负债方式借入资金时要控制好负债总额在总资产中的比重。

5）负债期限结构不当。负债的期限结构是指企业所使用的长短期借款的比重。如果负债期限结构安排不合理，会增加企业的融资风险。短期借款在企业日常生产经营中起重要作用，但不能长期采用，否则造成资金周转困难。长期借款是企业长期拥有的、在生产中能长期发挥作用，但利率高、资金成本大。若长短期债务比例不合理，还款期限过于集中，就会使企业在债务到期日还债压力过大而造成资金周转失灵。所以企业在安排负债期限结构时，要根据实际情况，综合考虑自身、市场利率和市场环境等因素，选择不同的期限，达到合理配置。

(2) 外因分析。

1）金融市场状况。企业负债经营的风险也要受金融市场的影响，如负债利率的高低就取决于取得借款时金融市场的资金供求情况。近年来，随着我国社会主义市场经济体制的逐步完善，我国汇率、利率制度改革的逐步推进，金融市场的波动幅度不断增大，负债经营的企业会由于这些波动而带来一定的风险。

2）利率和汇率的变动。利率是债务人使用资金的成本，在相同负债规模下，利率越高，企业所负担的利息就越多，企业破产的可能性也就越大。企业融资时，应慎重考虑利率高低的影响，不可因急需资金而选择过高的负债利息率，否则，企业破产的风险就会增大，只有当企业投资利润率高于借入资金利息率时，借入的资金才有财务杠杆效应。如果借入的是外币债务，一方面，汇率变动使偿付的外币折算本币数额发生变化而产生损益，另一方面，汇率的变化会对企业产品的销量、价格、成本等指标产生影响，使企业的利润增加或减少，引起企业价值变化而产生风险。

3）国家货币政策。根据经济形势，当国家采取宽松的货币政策时，货币供给量增加，贷款利率降低，此时负债企业的资金使用成本较低，负债的风险较小。当国家实行紧缩的货币政策时，货币供给量萎缩，贷款利率提高，企业资金使用成本增加，要承担较大的融资风险。

2. 负债风险的防范

(1) 树立正确的风险意识，建立有效的风险防范机制。风险和收益并存，企业在日常财务活动中必须居安思危，树立正确的风险观念，以科学的方法衡量风险程度。同时，企业应建立健全规范有效的风险防范机制，准确地识别和评估风险，并采取恰当的方法实行预防和控制，通过合理的负债结构分散风险，对已发生的财务风险进行适当的处理，把风险损失降低到最低限度。

（2）提高企业盈利能力，保持和提高资产流动性。企业盈利能力与债务到期支付密切相关，不盈利的公司肯定没有充足的偿债现金流，因为公司盈利是偿债现金流的源泉。除此以外，资产的流动性和债务总额也决定了公司的偿债能力，公司应该根据自身的经营需要和生产特点来决定流动资产规模，或者采取相应的措施提高资产的流动性。在合理安排流动资产结构的过程中，公司不仅要确定合理的现金流量，还要提高资产质量。

（3）优化负债结构，保持合理的负债比率。企业负债要适度，适度是指企业的负债比率是否与企业的具体情况相适应，以实现风险与报酬的最优组合，这要根据不同行业、不同企业的实际情况具体分析，并无固定的比例。例如，生产经营好、产品适销对路、资金周转快的企业，负债比率可以适当提高；反之则应适当降低。要根据企业实际情况制订偿债计划。

（4）合理安排负债期限组合。应注重资金运用与负债期限的合理搭配，使企业的负债期限与周期能够与生产经营周期相匹配，按资金运用期限的长短来安排和筹集相应期限的负债资金。公司应建立合理的现金偿债匹配制度。在债务偿还期，准备好匹配的偿债现金流，保障到期债务及时支付。

（5）必要的债务重组。企业重组既包括企业自身的内部重组，也包括企业与外部法人之间的相关重组，其特点是显著改变企业组织形式、经营范围或经营方式，目的是改善企业经营管理效率。债务重组是企业重组的一个重要方面，是指在债务人发生财务困难的情况下，债权人按照其与债务人达成的协议或法院的裁定做出让步的事项。债务重组的主要方式有以下几种：以资产清偿债务；将债务转为资本；修改其他债务条件；以上几种方式的组合。在我国，债务重组已成为公司化解债务风险的重要手段。债务重组中债权人肯定有损失，但如果债务人破产则债权人的损失会更大，债务重组对债权债务双方都有益。

第二章

融资预测、预算

第一节 资金需要量预测

资金需要量预测,是企业合理融资必需的一个基本环节,它是指经济组织对未来某一时期内的资金需要量所进行的科学预计和判断。本节仅介绍企业的资金需要量预测。

一、资金需要量预测的内容

资金需要量预测的内容主要包括销售额预测、估计所需总资产、估计留存收益、估计外部融资需要量和投资额预测。

1. 销售额预测

为了预测资金需要量,应该首先明确影响资金需要量的主要因素。在一般情况下,影响资金需要量程度最大的是企业的销售额。所以,明确企业的销售情况是资金需要量预测的主要依据。

2. 估计所需总资产

根据销售量预测及价格预测可以估计计划期的销售收入。通常,大部分资产是销售收入的函数,根据历史数据可以分析出该函数关系,在此基础上结合计划期的销售收入,可以预测所需总资产。预测的总资产的货币表现是计划期总的资金需要量。

3. 估计留存收益

留存收益包括盈余公积和未分配利润。盈余公积来源于净收益。计划期净收益的大小取决于计划期的销售收入和费用，根据对计划期的净收益估计及股利分配预计就可以预测留存收益所能提供的资金数额。

4. 估计外部融资需要量

计划期总的资金需要量从来源上看有内部来源（包括留存收益和折旧）及外部来源。外部来源包括流动负债、非流动负债及普通股等。通常大部分的流动负债也是销售收入的函数，即在购买材料过程中形成应付账款、应付票据等（亦称负债的自然增长，如应付账款会因存货增加而自动增加）。因此，可以根据计划期的销售收入预测负债的自然增长，总的资金需求扣除留存收益和负债的自然增长就可以估计外部融资需要。

5. 投资额预测

投资额预测主要是指新建扩建项目需要的总的投资额的测算。进行投资额预测有利于正确地评价投资方案的经济效果。评价投资方案经济效果的方法有很多，但不管采取哪一种方法，都必须正确估算投资项目的初始投资额，因为各种投资报酬率、投资报酬额，都是以初始投资额为基础进行测算的。同时，只有合理地预测企业的投资额，才能合理地融资。

二、资金需要量预测的方法

资金需要量预测的方法包括定量预测方法和定性预测方法。

（一）定量预测方法

当企业拥有据以分析的历史资料时，可以考虑采用定量预测的方法。资金需要量预测的定量预测方法主要有销售百分比法、平均财务比率法、时间序列预测法、统计散布图法、高低点法、现金预算法、因素分析法、分项预测法和回归分析法。

1. 销售百分比法

（1）销售百分比法的基本原理。销售百分比法假设资产负债表中的一些项目（如现金、应收账款、存货、应付账款等）与销售收入保持稳定的比例关系（这些项目称为敏感项目，长期负债和实收资本通常不属于敏感项目；留存收益也不宜列为敏感项目，因为它受企业利润分配政策的影响）。根据预计的销售收入和相应的百分比来预计资产、负债和所有者权益，然后根据会计等式：资产＝负债+所有者权益，便可确定融资需求。利用销售百分比法来确定融资需求有两种具体表示方法，分别是采取预计的资产负债表方法和利用公式的方法。

采取预计的资产负债表方法的具体步骤如下。

第一步：确定敏感项目及各项目的销售百分比。

通过分析历年的会计报表，确定资产、负债中哪些属于敏感项目，并分析确定相应的销售百分比。如表 2-1 所示（假设该企业当年的销售收入为 150000 万元），该企业资产中的现金、应收账款、存货和负债项目中的应付账款、预收账款是敏感项目。结果显示：如果销售收入每增加 100 元，资产则将增加 33.9 元，这种每实现 100 元销售所需的资金，可由自然增长的负债解决 18.3 元。

第二步：预测计划年度销售收入预计数。

根据对企业产品结构、销售数量、销售价格等历史数据，结合对计划年度的宏观经济形势估计及本企业的内部条件分析，对计划年度的销售收入做出估计。

第三步：编制预计资产负债表。

利用敏感项目及各项目的销售百分比，以及计划年度销售收入预计数，编制计划年度的资产负债表（即预计资产负债表）。

表 2-1 资产负债表

项目	金额/万元	占销售收入的百分比/%	项目	金额/万元	占销售收入的百分比/%
资产：			应付账款	26400	17.6
现金	750	0.5	预收账款	1050	0.7
应收账款	24000	16.0	长期借款	550	
其他应收款	100		负债合计	33000	18.3
存货	26100	17.4	实收资本	12500	
固定资产净值	2850		留存收益	8300	
资产总额	53800	33.9	所有者权益合计	20800	
负债及所有者权益：			资产及所有者权益总计	53800	
应付票据	5000				

（2）销售百分比法的应用举例。

【例 2-1】智董公司 2017 年实际销售收入为 15000 万元，资产负债表及其敏感项目与销售收入的比率如表 2-2 所示。假设 2017 年利润总额为 432 万元，所得税税率为 25%，股利支付率为 50%，2018 年预计销售收入为 18000 万元。试编制 2018 年预计资产负债表并预测外部融资额。

表 2-2 2017 年实际资产负债表及其敏感项目与销售收入的比率

项目	金额/万元	占销售收入的百分比/%	项目	金额/万元	占销售收入的百分比/%
资产：			应付账款	2640	17.6
现金	75	0.5	预收账款	105	0.7
应收账款	2400	16.0	长期借款	55	
其他应收款	10		负债合计	3300	18.3
存货	2610	17.4	实收资本	1250	
固定资产净值	285		留存收益	830	
资产总额	5380	33.9	所有者权益合计	2080	
负债及所有者权益：			资产及所有者权益总计	5380	
应付票据	500				

根据上列资料，编制该企业 2018 年预计资产负债表，计算结果如表 2-3 所示。

该企业 2018 年预计资产负债表中第 4 栏数据计算如下。

第一步：用 2018 年预计销售收入 18000 万元乘以表 2-3 第 3 栏所列的百分比，求得第 4 栏所列示的敏感项目金额。第 4 栏的非敏感项目按第 2 栏数额填列。

由此，确定第 4 栏中除留存收益和外部融资额以外的各个项目的数额。

第二步：留存收益 992 元的计算。

2018 年累计留存收益等于 2017 年累计留存收益加上 2018 年留存收益增加额。留存收益是公司内部的融资来源。只要公司有盈利并且不是全部支付股利，留存收益会使股东权益增长，可以满足或部分满足企业的融资需求。留存收益增加额可根据利润总额、所得税税率和股利支付率来确定。则 2018 年留存收益的增加额为 432×（1−25%）×50% = 162（万元）。

2018 年累计留存收益为 830 + 162 = 992（万元）。

表 2-3 2018 年预计资产负债表

单位：万元

项目	2017 年实际数 / 万元	2017 年占销售收入的百分比 /%	2018 年预计数 / 万元
资产：			
现金	75	0.5	90
应收账款	2400	16.0	2880
其他应收款	10		10
存货	2610	17.4	3132
固定资产净值	285		285
资产总额	5380	33.9	6397
负债及所有者权益：			
应付票据	500		500
应付账款	2640	17.6	3168
预收账款	105	0.7	126
长期借款	55		55
负债合计	3300	18.3	3849
实收资本	1250		1250
留存收益	830		992
所有者权益合计	2080		2242
外部融资额			306

第三步：外部融资额 306 元的计算。

从表 2-3 中的 2018 年的资产总额为 6397 万元，说明 2018 年要达到 18000 万元的销售收入目标，总的资金需要量为 6397 万元。根据"资产 = 负债 + 所有者权益"这一原理，就可以倒推出外部融资额。本例中，从资金来源看，负债总额为 3849 万元，追加外部融资前的所有者权益只有 2242 万元，所以需要追加外部融资：6397 - 3849 - 2242 = 306 万元。

追加的外部融资额，可以通过增加借款、发行公司债券、向不特定对象公开募集股份（以下简称增发）等来筹集，这涉及如何安排资本结构问题。

利用公式的方法即按预测公式预测外部融资额。

外部融资需求 = 资产增加 - 负债自然增加 - 内部来源资金增加

【例 2-2】智董公司 2017 年实际销售收入 15000 万元，资产负债表及其敏感项目与销售收入的比率如表 2-4 所示。假设 2017 年利润总额为 432 万元，所得税税率为 25%，股利支付率为 50%，2018 年预计销售收入为 18000 万元。试预测外部融资额。

表 2-4 2017 年实际资产负债表及其敏感项目与销售收入的比率

项目	金额 / 万元	占销售收入的百分比 /%	项目	金额 / 万元	占销售收入的百分比 /%
资产：			应付账款	2640	17.6
现金	75	0.5	预收账款	105	0.7
应收账款	2400	16.0	长期借款	55	
其他应收款	10		负债合计	3300	18.3
存货	2610	17.4	实收资本	1250	
固定资产净值	285		留存收益	830	
资产总额	5380	33.9			
负债及所有者权益：			所有者权益合计	2080	
应付票据	500		资产及所有者权益总计	5380	

2018年需要追加的外部融资额为

33.9%×(18000-15000)-18.3%×(18000-15000)-432×(1-25%)×50%=306(万元)

销售百分比法的主要优点是能为财务管理提供短期预计的财务报表，以适应外部融资的需要，且易于使用。但这种方法也有缺点，倘若有关销售百分比与实际不符，据以进行预测就会形成错误的结果。因此，在有关因素发生变动的情况下，必须相应地调整原有的销售百分比。

【例2-3】智董公司在基期（2017年度）的实际销售收入总额为500000元，获得税后净利20000元，并发放普通股股利10000元，假定2017年厂房设备利用率已经达到饱和状态，2017年年末的简略资产负债表如表2-5所列。

表2-5 2017年年末资产负债表（简表） 单位：元

资产	金额	权益	金额
现金	10000	应付账款	50000
应收账款	85000	应付税款	25000
存货	100000	长期负债	115000
厂房设备（净值）	150000	普通股股本	200000
无形资产	55000	留存收益	10000
资产总计	400000	权益总计	400000

若该公司在计划期间（2018年度）销售收入总额将增至800000元，并仍按基期股利支付率发放股利，折旧准备提取数为20000元，其中70%用于改造现有的厂房设备，又假定计划期间零星资金需要量为16000元。要求预测2018年需要追加外部资金的数量。

先根据2017年年末资产负债表各项目的性质，分析研究它们与当年销售收入总额的依存关系，如表2-6所示。

表2-6 2017年年末资产负债表各项目的性质

项目	资产/销售收入	项目	权益/销售收入
现金	2%	应付账款	10%
应收账款	17%	应付税款	5%
存货	20%	长期负债	不适用
厂房设备（净值）	30%	普通股股本	不适用
无形资产	不适用	留存收益	不适用
	69%	总计	15%

表2-6中，资产与销售收入的比例为69%，权益与销售收入的比例为15%，差额为54%，表明公司增加100元销售收入，扣除自然增长外还需要增加资金54元。

2018年预计追加的资金数=（69%-15%）×（800000-500000）
-（20000-14000）-（800000×20000/500000）
×（1-10000/20000）+16000=156000（元）

【例2-4】智董公司2017年的资产负债表如表2-7所示。该公司2017年销售收入为600000元，2018年还有剩余的生产能力，即增加收入不需要进行固定资产方面的投资。假定税后的销售利润率为10%，如果2018年销售提高到720000元，请回答以下问题：

（1）股利支付率为0，需要从外部筹集的资金是多少？

(2) 股利支付率为 90%，需要从外部筹集的资金是多少？
(3) 如果该公司 2018 年的销售额为 660000 元，需要从外部筹集的资金是多少？

表 2-7　2017 年资产负债表　　　　　　　　　　　　　　单位：元

资产	金额	负债及股东权益	金额
现金		短期借款	13000
应收账款净值	19500	应付票据	7500
存货	29000	应付账款	26000
预付账款	34500	应付债券（长期）	60000
长期投资	6000	应付债券——折价	(5250)
固定资产（净值）	50000	股本	195000
无形资产	208000	资本公积	12000
长期待摊费用	28500	盈余公积	2000
资产合计	10500	未分配利润	75750
	386000	负债及股东权益合计	386000

先将资产负债表中预计随销售变动而变动的项目分离出来。在该公司的资产负债表中资产项目随销售的增加而增加的有现金、应收账款、存货、预付账款；负债和股东权益项目随销售的增加而增加的有应付票据、应付账款。公司的盈余如果不全部分配给股东，那么留存收益也会增加。各变动项目的销售百分率如表 2-8 所示。

表 2-8　各变动项目的销售百分率

资产	销售百分率	负债及股东权益	销售百分率
现金		短期借款	不变
应收账款	3.25%	应付票据	1.25%
存货	4.83%	应付账款	4.33%
预付账款	5.75%	应付债券（长期）	不变
长期投资	1%	应付债券——折价	不变
固定资产（净值）	不变	股本	不变
无形资产	不变	资本公积	不变
长期待摊费用	不变	盈余公积	不变（暂时假定不变）
合计	不变	未分配利润	不变
	14.83%	合计	5.58%

从表 2-8 可以看出，销售收入每增加 100 元，就需要多占用资金 14.83 元，同时可相应增加 5.58 元的自然的资金来源。因此，从 14.83% 的资金需要量中减去 5.58% 自动产生的资金来源，还剩下 9.25% 的资金需求。该公司销售从 600000 增加到 720000 元，增加了 120000 元，因此需要增加资金 120000×9.25% = 11100 元（扣除自然增长部分）。

增加资金（扣除自然增长部分）可以用企业的保留盈余及通过外部筹集来解决。因此，预测外部融资需要量需要考虑股利支付率。

(1) 股利支付率为 0。

　　需要筹集外部资金 = 120000×9.25% = 11100（元）

（2）股利支付率为90%。

如果企业的股利支付率为90%，而2018年的税后利润为72000元，则有10%的盈余即7200元被保留下来，从11100减去7200，还有3900元的资金需要从外部筹集。

需要追加的外部融资额也可以用公式计算。

需要筹集外部资金 = 14.83% × (720000 − 600000) − 5.58% × (720000 − 600000) − 720000 × 10% × (1 − 90%) = 3900（元）

（3）如果该公司2018年的销售额为660000元，需要筹集外部资金为

需要筹集外部资金 = 14.83% × (660000 − 600000) − 5.58% × (660000 − 600000) − 660000 × 10% (1 − 90%) = −1050（元）

计算结果表明：如果该公司的销售额为660000元，仅仅增加了10%，公司不仅不需要向外界融资，还会有1050元的剩余资金。在这种情况下，公司的任务就不是规划如何融资，而是应计划去增加股利，偿还债务或寻找比较有利的投资机会。本例也说明了正确预测资金需要量对于公司合理安排资金的重要作用。

这种方法很清楚地显示出销售百分比法的实质：即利用销售额与各财务报表项目之间的联系，考虑随着销售的变动，资产占用和负债将自然增长及内部来源提供资金的增加，从而预测来年的资金缺口，计算需要增加的资金数额以进行外部融资。

2. 平均财务比率法

平均财务比率法主要用于对营运资金需要量预测，营运资金是指流动资产减流动负债后的余额。利用平均财务比率法进行营运资金的需要量预测主要是通过采用计划期的财务比率结合计划期的销售收入预计来预测。有效的营运资金管理是否有效完全取决于企业能否谨慎地估测其资金的需要量。财务管理人员必须了解这些资金的数量、时机和所需时间，才能以最佳的途径筹措所需的资金，也才能较为有效地避免在平时拥有过量的现金。营运资金需要多少才算合适，必须依企业的情况而定，具体步骤如下。

第一步：预测平均财务比率。

预测平均财务比率即对计划期的财务比率进行估计，通常在计划期内外部经济条件变化不大的情况下，可以用企业过去年度或同行业的平均财务比率作为计划期的财务比率。与营运资金的需要量预测有关的财务比率主要有

股东权益周转率 = （销售收入 / 股东权益） × 100%

流动负债与权益比率 = （流动负债 / 股东权益） × 100%

产权比率 = （负债总额 / 股东权益） × 100%

流动比率 = 流动资产 / 流动负债

销售毛利率 = [（销售收入 − 销售成本）/ 销售收入] × 100%

存货周转率 = 销售成本 / 存货成本

应收账款周转率 = 销售收入 / 应收账款

固定资产比率 = （固定资产 / 股东权益） × 100%

第二步：预测计划期的销售收入。

通过对计划期的宏观经济运行情况及企业自身的发展情况进行充分的评估后，对企业的销售量及价格进行预测，计算预计的销售额。

第三步：预测营运资金需求。

根据计划期的财务比率及预测计划期的销售收入即可计算营运资金需求。

【例2-5】智董公司2018年预计财务情况如表2-9所示，该公司2017年的财务指标如表2-10所列，2017年的资产负债表如表2-11所示。试预测2018年的运营资金需求量。

根据表2-10，假设该公司2018年仍维持这种比率关系，根据表2-11，假设流动资产仍

然只有货币资金、应收账款和存货,则其所需的营运资金如下。

表 2-9　2018 年预计账务情况　　　　　　　　　　　　单位:元

项目	本月数	项目	本月数
销售收入	624512.20	利润总额	255069.90
减:销售成本	265442.30	减:所得税	84173.07
毛利	359069.90		
减:期间费用	104000.00	税后净收益	170896.83

表 2-10　2017 年的财务指标

项目	预测数	项目	预测数
一、短期偿债能力比率		流动负债与权益比率	17%
流动比率	5.21	三、资产运用比率	
速动比率	4.27	固定资产比率	85%
存货周转率	0.98	股东权益周转率	37%
应收账款周转率	1.36	四、营业成果分析	
流动资产周转率	0.41		
二、长期偿债能力		销售净利润率	27%
产权比率	56%	销售毛利率	57.50%

表 2-11　2017 年的资产负债表　　　　　　　　　　　　单位:元

资产	期末数	负债及所有者权益	期末数
流动资产:		流动负债	290000.00
货币资金	780896.83		
应收账款	460000.00	长期负债	650000.00
存货	270000.00		
固定资产:			
固定资产原值	1425000.00	所有者权益:	
减:累计折旧	325000.00	普通股本	1500000.00
固定资产净值	1100000.00	留存收益	170896.83
资产总计	2610896.83	负债及所有者权益总计	2610896.83

(1) 所有者权益 = 销售收入 / 股东权益周转率
　　　　　　　 = 624512.20/37% ≈ 1687870.81(元)
(2) 负债总额 = 所有者权益 × 产权比率 = 1687870.81 × 56% ≈ 945207.65(元)
(3) 流动负债 = 所有者权益 × 流动负债与权益比率
　　　　　　 = 1687870.81 × 17% ≈ 286938.04(元)
(4) 长期负债 = 负债总额 − 流动负债
　　　　　　 = 945207.65 − 286983.04 = 658269.61(元)
(5) 资产总额 = 负债总额 + 所有者权益
　　　　　　 = 945207.65 + 1687870.81 = 2633078.46(元)
(6) 流动资产 = 流动负债 × 流动比率

$$= 286938.04 \times 5.21 \approx 1494947.19 （元）$$

(7) 存货 = 销售收入 × （1 - 毛利率）/ 存货周转率
$$= 624512.2 \times （1 - 57.5\%）/0.98 \approx 270834.37 （元）$$

(8) 应收账款 = 销售收入 / 应收账款周转率 = 624512.2/1.36 ≈ 459200.15（元）

(9) 货币资金 = 流动资产 - （应收账款 + 存货）
$$= 1494947.19 - （459200.15 + 270834.37）= 764912.67 （元）$$

(10) 固定资产 = 所有者权益 × 固定资产比率
$$= 1687870.81 \times 85\% \approx 1434690.19 （元）$$

(11) 自筹营运资金 = 流动资金 - 流动负债
$$= 1494947.19 - 286938.04 = 1208009.15 （元）$$

由以上计算，2018年资金需要量预计表的结果如表2-12所列。

表2-12　2018年资金需要量预计表　　　　　　　单位：元

项目	金额	项目	金额
流动资产	1494947.19	存货	270834.37
货币资产	764912.67	流动负债	286938.04
应收账款	459200.15	营运资金的需要量	1208009.15

3. 时间序列预测法

时间序列预测法是依靠被预测变量的历史信息来进行的预测的。这种方法的特点如下。

（1）时间序列预测法假定目前的变化情况都会持续到将来。例如，最近几年销售的平均增长速度是10%，那么，下一年的增长速度也是10%。

（2）时间序列预测法假定被预测的变量只是随时间的变化而变化，与其他财务变量的变化无关。例如，智董公司2015—2017年平均每年资金需要量增长10%，2017年占有资金为50万元，如果采用时间序列预测法，则2018年资金需要量为55万元。这就是时间序列预测法的基本预测思路。

4. 统计散布图法

根据历史统计资料，将各期销售额与资金平均占用额之间的关系描绘在坐标图上，从图中点的分布趋势上对资金需要量进行预测的方法，称为统计散布图法。这种方法主要运用于资金增长趋势的预测，其预测步骤如下。

第一步：按历史各期销售额与资金占用量之间的对应关系在坐标图上描点。

第二步：根据这些点的分布趋势，找一条能反映其规律的直线或曲线。

第三步：用作图的方法确定这种直线或曲线的方程 $y = f(x)$，其中，x 表示销售额；y 表示资金量。

第四步：运用方程进行预测。

5. 高低点法

高低点法是根据各资金占用项目（如现金、存货、应收账款、固定资产）同产销量之间的关系，把各个项目的资金都分成变动和固定两部分，则各项目资金可以用直线方程 $y = a + bx$ 表示，根据高低点法求出各项目资金变动的系数 a 和 b，然后汇总在一起，求出固定资金总额和变动资金随销售额变动的总系数，再根据预计的销售额来预测资金需求量。

【例2-6】 智董公司历史上现金占用与销售收入之间的关系如表2-13所示。预计2018

年销售收入为 3500000 元，用高低点法预测 2018 年现金需要量。

表 2-13　历史上现金占用与销售收入关系表　　　　　　　　　单位：元

年度	销售收入 x	资金占用 y	年度	销售收入 x	资金占用 y
2013	2000000	110000	2016	2800000	150000
2014	2400000	130000	2017	3000000	160000
2015	2600000	140000			

用高低点法求 a、b 的值。

　　b =（最高资金占用量－最低资金占用量）/（最高销售收入－最低销售收入）
　　　=（160000－110000）/（3000000－2000000）= 0.05

由 y = a + bx，得 a = y － bx，代入 2017 年数据，得

$$a = 160000 - 0.05 \times 3000000 = 10000（元）$$

同样，根据历史资料，把存货、应收账款、流动负债、固定资产也做这样的划分，然后汇总列于表 2-14 中。

表 2-14　固定资金与变动资金划分表

项目	年度固定资金（a）	每 1 元销售收入所需变动资金（b）
流动资产：		
现金	10000	0.05
应收账款	60000	0.14
存货	100000	0.22
小计	170000	0.41
减：流动负债		
应付账款及其应付费用	80000	0.11
净资金占用	90000	0.30
固定资产：		
厂房、设备	510000	
所需资金合计	600000	0.30

根据表 2-14 的资料得出预测模型为

$$y = 600000 + 0.3x$$

如果 2018 年的预计销售收入为 3500000，那么：

第 2018 年的资金需要量 = 600000 + 0.3 × 3500000 = 1650000（元）

6. 现金预算法

现金预算法即通过编制现金预算来预测现金需要量，是在预测现金流入量与流出量的基础上来确定现金余额的一种预测方法。现金是指广义上的现金，即包括银行存款在内的各种货币资金。现金预算是对未来现金流入与流出所进行的详尽描述，它不仅是计划的工具，也是预测的工具。预测的步骤如下。

第一步：预测现金流入量。

企业的现金流入量主要是营业收入。因此，首先，重点预测好在预测期内各期的营业收入中的现金流入量。其次，正确估计预测期内可能发生的固定资产变价收入等非营业收入的现金流入量。

第二步：预测现金流出量。

要正确估计为实现销售而购进材料等存货、购进固定资产的付款时间和现金支付数额；

正确预计工资、税收及支出所需的货币现金，正确判断出预测期内各期现金的流出量。

第三步：计算现金不足或多余。

根据预测的现金流量的情况确定预测期内各期现金不足或多余，以便及时融资或对多余的现金进行短期投资，归还借款等。

【例2-7】资料一：智董服装公司主要生产衬衫，该公司2017年12月31日结束的会计年度的资产负债所有者权益的情况如表2-15所示。

表2-15　2017年年末智董公司资产负债表　　　　　　　单位：元

资产	期末数	负债及所有者权益	金额
流动资产：		流动负债：	
银行存款	27000	应付账款	93000
存货（成本）	80000	应付费用	17000
应收账款	107000	应付股利	10000
流动资产合计	214000	流动负债合计	120000
固定资产：		营运资金	94000
设备（成本）	72000	长期负债：	
减：累计折旧	24000	利率为10%的债券	60000
运输车辆	56000	所有者权益：	
减：累计折旧	28000	股本（每股面值1元）	10000
固定资产合计	76000	资本公积	60000
		留存利润	40000
		所有者权益合计	110000

资料二：到2018年6月30日为止的6个月的预测信息如下。

① 销售和购货情况（2018年上半年）如表2-16所示。

表2-16　销售和购货情况（2018年上半年）　　　　　　　单位：元

月份	销货	购货	月份	销货	购货
1月	130000	102000	4月	110000	88000
2月	140000	118000	5月	90000	67000
3月	150000	115000	6月	105000	110000

② 毛利率为40%。

③ 销货和购货均有1个月的信用期。

④ 每月工资费用为30000元。此外，半年度奖金为12000元，将于5月支付。所有工资均在费用发生当月支付。

⑤ 销售和管理费预计每月为20000元，并在费用发生的下月支付。上述费用中包括每月3000元的折旧费。除上述费用外，公司还有与某大型广告活动有关的支出。该活动将于2018年7月开始，但广告费必须于2018年6月支付给报社，金额为60000元。

⑥ 公司仅有的财务费用为债券利息，将于本年年末支付。

⑦ 应付股利将于2018年3月支付。

公司已与银行达成协议，在未来的12个月中其透支授信限额为100000元。公司和银行双方均不希望超过此限度。不考虑各种纳税。

试编制2018年上半年的预计利润表（不分月份）和2018年上半年的每月现金流量预测表，并根据预计表进行分析。

根据上述资料计算求得以下结果。

①2018年上半年的预计利润表如表2-17所示。

表 2-17 2018 年上半年的预计利润表 单位：元

项目	金额	项目	金额
销售收入	725000	奖金（半年）	12000
减：销售成本	435000	销售管理费用	120000
毛利（40%）	290000	债券利息（半年）	3000
工资	180000	净损失	25000

② 2018 年上半年的现金流量预测表如表 2-18 所示。

表 2-18 2018 年上半年的现金流量预测表 单位：元

项目	1月	2月	3月	4月	5月	6月
现金流入：						
销售	107000	130000	140000	150000	110000	90000
现金流出：						
购货	93000	102000	18000	115000	88000	67000
工资	30000	30000	30000	30000	30000	30000
奖金					12000	
销售管理费	17000	17000	17000	17000	17000	17000
广告						60000
股利			110000			
流出合计	140000	149000	175000	162000	147000	174000
现金净流量	(33000)	(19000)	(35000)	(12000)	(37000)	(84000)
期初余额	27000	(6000)	(25000)	(60000)	(72000)	(109000)
期末余额	(6000)	(25000)	(60000)	(72000)	(109000)	(193000)

现金流量预测表显示，如果预测准确，公司将超过透支限额。在 2018 年 6 月，公司的透支超过允许限额（100000 元）93000 元，该月的透支很大程度上是由于支付了 60000 元的广告费。公司可以考虑对债务人紧缩信用政策。债务人付款期在一个月内，公司也可能决定取消或推迟广告活动。但是，这个政策也许会对企业的销售和利润有相反的影响。另一种考虑是减少存货。在未来 6 个月中，预计存货购入 600000 元，而销售成本仅有 435000 元，这暗示公司存在存货囤积的问题。考虑到未来几个月的预计流动性问题，似乎有必要重新考虑存货的水平。

这种方法是灵活性较强的一种预测方法，适用于现金流转不稳定的企业，用此法编制的预算能直接与实际的现金收支情况进行比较，以便控制和分析现金预算执行情况，但其缺点在于不能与按权责发生制编制的利润表衔接。

7. 因素分析法

（1）因素分析法的基本原理。因素分析法是以有关资本项目上年度的实际平均需要量为基础，根据预测年度的生产经营任务和加速资本周转的要求进行分析调整，来预测资本需要量的一种方法。这种方法计算比较简单，容易掌握，但预测结果不太精确，因此，它通常用于品种繁多、规格复杂、用量较小、价格较低的资本占用项目的预测，也可以用于估算企业全部资本的需要量。采用这种方法时，首先应在上年度资本平均占用额的基础上，剔除其中呆滞积压不合理部分，然后根据预测期的生产经营任务和加速资本周转的要求进行测算。因素分析法的基本模型为

资金需要量 =（上年资金实际平均占用量 − 不合理平均占用额）×（1± 预测年度销售增减率）
×（1± 预测年度资金周转速度变动率）

(2) 因素分析法的应用。根据因素分析法的基本模型，收集有关资料，就可以对融资数量进行预测。

【例 2-8】 智董公司 2017 年资金实际平均占用量为 2000 万元，其中不合理部分为 200 万元，预计 2018 年度销售增长 5%，资金周转速度加快 2%。试预测 2018 年资金需要量。

2018 年度资金需要量为

$$(2000 - 200) \times (1 + 5\%) \times (1 - 2\%) = 1852.2（万元）$$

8. 分项预测法

分项预测法主要用于流动资金预测。流动资金在生产经营过程中要经过供应、生产和销售三个阶段。在供应阶段，资金执行购买职能，将货币资金转化为储备资金；在生产阶段，资金执行生产职能，将储备资金转化为生产资金；在成品完成以后，生产资金又转化为成品资金；在销售阶段，商品价值得到实现，成品资金又转化为货币资金。在这些资金中，储备资金、生产资金和成品资金占了全部流动资金需要量的大部分，而且可根据不同用途进行核定，一般情况下不会出现大的变动，故称为定额流动资金，而结算资金和货币资金，则占全部流动资金需要的小部分，又因这部分资金占用的变化量较大，较难核定一个相对稳定的基本需求量，故称为非定额流动资金。在项目评估中，主要是对定额流动资金进行估算。分项预测法即根据生产经营所需各项定额流动资金的主要项目分别进行估算，其基本方法是根据各项资金的每天占用量和所需占用天数加以计算。

(1) 储备流动资金的预测。储备流动资金是指对为保证正常的生产经营而必须储备的原材料、燃料、备品备件等各项投入物的品种类别逐项加以计算，其公式为

某种主要投入物的流动资金金额 = 平均每日该投入物的耗用金额 × 储存定额天数

平均每日该投入物的耗用额 = 年度该种投入物耗用总额 /360

年度该种投入物耗用总额 = 该投入物单价 × 单位产品中该投入物消耗定额 × 年产量储存

定额天数 = 在途天数 + （平均供应间隔天数 × 供应间隔系数）+

验收天数 + 整理储备天数 + 保险天数

将各种主要投入物的储备资金定额相加，再除以该相加数占全部的储备资金的百分比，即为项目的储备流动资金需要量。

(2) 生产流动资金的预测。生产流动资金指投入物从投入生产开始到产品入库为止的整个生产进程中所占用的流动资金基本需要量。估算时应先将在产品按不同的种类分别进行计算，最后加总。

估算公式如下：

在产品流动资金定额 = 在产品每日平均生产费用 × 生产周期天数 × 在产品成本系数

在产品每日平均生产费用 = （单位产品工厂成本 × 年产量）/360

在产品成本系数 = [单位产品中的原材料费用 × （单位产品中的其他费用 /2)] / 单位产品成本

至于自制半成品，有的可将其视为在产品，归入在产品一并计算；有的可以依据生产过程的特点估计一个平均占有量，参照产品的测算方法测算。

(3) 成品流动资金的预测。成品流动资金是指从产品入库到销售发出商品、收回货款为止所占用的流动资金基本需要量。成品流动资金应按产品的种类分别计算，最后汇总为成品流动资金定额。

成品流动资金定额 = 产品平均日销量 × 单位产品经营成本 × 成品资金定额天数

产品平均日销量 = 计划产量 / 计划期天数

式中，计划产量、单位产品经营成本分别从生产计划与成本计划资料中取得。成品资金定额天数包括储存天数、发运天数和结算天数。

以上各项流动资金加总，即为该项目的定额流动资金基本需求量。

(4) 其他流动资金的预测。其他流动资金包括结算资金和货币资金等非定额流动资金，在必要的时候也要对它们进行估算。由于非定额流动资金较难事先确定其占用量。一般可参照类似企业的平均占用天数估算。上述定额流动资金和非定额流动资金之和，即为项目全部流动资金。

9. 回归分析法

利用回归分析技术进行资金需要量预测，是利用一系列的历史资料求得各资产负债项目与销售额的函数关系，据此预测计划销售额与资产、负债数量，然后预测融资需求。回归分析法有线性回归分析法和非线性回归分析法，利用回归分析技术预测资金需求，通常有以下假设。

（1）资产负债表各项目（主要是资产与负债）与销售额存在线性关系。例如，假设应收账款与销售额之间存在线性关系。

（2）资产负债表各项目资金（如应收账款、存货、应付账款等）按成本习性分为两部分，固定资金和变动资金。固定资金是指在一定的产销量范围内，不受销量变动的影响保持固定不变的那部分资金。变动资金是指随销量的变动而成同比例变动的那部分资金。

（3）资产负债表各项目与销售额的关系的直线方程假设为 y = a + bx，其中，y 为资产负债表各项目，x 为销售额。例如，y 代表应收账款，则应收账款与销售额的直线方程可以解释为应收账款 = a + b × 销售额。

该方法的具体步骤如下。

第一步：根据历史资料和回归分析的最小二乘法可以求出直线方程的系数 a 和 b，然后，根据预计销售额和直线方程就可以得出预计金额。a 和 b 的计算公式分别为

$$a = \frac{\sum y - b \sum x}{n}$$

$$b = \frac{n \sum xy - \sum x \sum y}{n \sum x^2 - (\sum x)^2}$$

【例 2-9】 智董公司销售额和存货资金变化情况如表 2-19 所示。预计 2018 年销售额为 150 万元，要求预测 2018 年存货资金需要量。

表 2-19　智董公司销售额和存货资金变化情况　　　　单位：万元

年度	销售额 x	存货资金占用 y	年度	销售额 x	存货资金占用 y
2012	120	100	2015	120	100
2013	110	95	2016	130	105
2014	100	90	2017	140	110

设销售额为 x，存货资金占用为因变量 y，它们之间的关系公式为

$$y = a + bx$$

式中，a 为固定资金；b 为单位产品所需要的变动资金。可见，只要求出 a、b，并知道预测期销售额，就可用公式 y = a + bx 测算资金需求情况。

a、b 可用回归直线方程求出。具体步骤是，首先根据表 2-19 整理出表 2-20。

表 2-20　回归直线方程计算表

年度	销售额 x/万元	存货资金占用 y/万元	xy	x²
2012	120	100	12000	14400
2013	110	95	10450	12100
2014	100	90	9000	10000

续表

年度	销售额 x/万元	存货资金占用 y/万元	xy	x^2
2015	120	100	12000	14400
2016	130	105	13650	16900
2017	140	110	15400	19600
合计 n = 6	720	600	72500	87400

其次，根据表 2-20 的资料，计算 a、b 的联立方程：

$$a = \frac{\sum y - b \sum x}{n}$$

$$b = \frac{n \sum xy - \sum x \sum y}{n \sum x^2 - (\sum x)^2}$$

解得：a = 40，b = 0.5，y = 40 + 0.5x。

最后，把 2018 年预计销售额 150 万元代入上式，得 2018 年存货资金需要量为 y = 40 + 0.5 × 150 = 115（万元）。

第二步：预测资金需求。

完成资产、负债项目的预计后，再根据"资产 = 负债 + 所有者权益"这一等式倒算出融资需求（这过程与销售百分比法的计算过程相同）。

上面介绍的是一元线性回归预测法，这种方法仅考虑了销售额和资产负债表项目关系的变化。实际上还可以考虑多因素变动对资产负债表各项目的影响，但这种方法比较复杂，也会增加预测成本，因此，必须能够带来更多的效益才值得采用。

以上提及资金需要量预测方法中，企业一般运用较多的是现金预算法、回归分析法、平均财务比率法、销售百分比法，各种方法各有其特点。

由于回归分析预测法对资金的预测采用了数学的方法，即运用了因果回归法。在预测时，先根据历史实际的财务报表数据，将多期的销售收入、资金总量的数据进行线性回归等数学处理，计算出有关系数，计算分解资金；再根据预测期的销售收入计算出预测期资金需要量，因此比较准确。

平均财务比率法是假设企业过去年度或行业的平均财务比率不变，以此来预测未来营运资金的需要量。因此，从比率本身来讲，就存在一定的差异性，而且在预测营运资金需要量时，要假定该种比例在短期内，至少是近两期内不变，同时流动资产项目要同去年一样。这样，从公式本身及前提条件来看，这种方法计算出来的资金需要量预测结果就会和实际数值存在一定的差异。所以，用这种方法计算的资金需要量预测数与实际数的差额就最大。销售百分比法在各种资金需要量预测法中也是属于较简单、容易掌握的。它在销售预测的基础上，进一步分析销售额与资金总额之间的依存关系，其计算结果也有一定的正确性，所以也是较为可靠的资金需要量预测的方法。

（二）定性预测方法

定性预测法主要是利用直观的材料，依靠个人经验的主观判断和分析能力，对未来的资金状况和需要数量做出预测。这种方法一般在企业缺乏完备、准确的历史资料的情况下采用。其预测过程：首先，由熟悉财务情况和生产经营情况的专家，根据过去所积累的经验进行分析判断，提出预测的初步意见；然后，通过召开座谈会或发出各种表格等形式，对上述预测的初步意见进行修正补充。这样经过一次或几次以后，得出预测的最终结果。

总之，对于各种资金需要量预测的方法，企业可以通过多次运用，将预测值与实际值不断进行比较、分析，选择最适合本企业实际情况的方法。

三、融资预测的步骤

融资预测的基本步骤：销售预测，估计所需要的资产，估计收入、费用和保留盈余和估计所需外部融资额。

1. 销售预测

财务预测的起点是销售预测。销售预测不是财务管理的职能，但它是财务预测的基础。由此可见在整个全面预测体系中，销售预测是其基础。不仅一些生产经营预算、资本预算以销售预测为基础，而且融资预测也以销售预测为基础。因此，销售预测的质量对企业财务预测乃至融资预测有很大的影响。如果实际销售情况超出预测很多，企业根据先前的销售预测制订的融资预测所筹集的资金量就不能满足企业生产经营和投资的需要，不仅会失去盈利机会和市场份额，而且很可能失去良好的投资机会。相反，销售预测过高，企业据此筹集了过多的资金，会造成企业资产积压和资金闲置，带来很高的机会成本，资产周转率下降，导致权益收益率下降，股价下跌。

2. 估计所需要的资产

资产是销售量的函数，根据历史数据可以得出该函数关系。然后根据销售预测结果的预计销售量就可以预测所需资产总量。同时某些流动负债是销售量的函数，也就可以预测销售增长所带来的负债的自然增长，负债的这种自然增长可以减少外部融资的数额。

3. 估计收入、费用和保留盈余

假设收入和费用是销售的函数，根据销售预测可以估计收入和费用，并确定净收益。净收益和企业股利支付率共同决定企业保留盈余所能提供的内部融资额。

4. 估计所需外部融资额

根据预计资产总量减去已有的资金来源、负债自然增长和内部提供的资金来源，便可得出外部融资额的需求量，即

$$融资需求 = 资产增加 - 负债自然增长 - 留存收益增加$$

四、资金需要量预测的要求

在进行资金需要量预测时，应该明确以下基本要求。

1. 把握资金需要量的变动规律

企业在生产经营过程中所需资金的运动具有连续并存性的特点，即企业资金作为整体，同时在空间上并列地处在其不同的阶段上，以不同的占用形态表现出来，并且这些规律会在未来一段时期内继续存在。在进行资金需要量预测时，要把握这些特点，明确资金需要量变动的规律。资金需要量预测的规律越明显，惯性就越大，从过去、现在的相关数据去预测未来资金需要量就越准确。

具体来说，资金需要量变动的规律如下：一是时间方面的延续性，是指资金需要量自身在较长时间内所呈现的数量变化特征保持相对稳定；二是结构方面的延续性，是指资金需要量与其相关的经济现象之间所呈现的关系是相对稳定的。

2. 综合考虑影响资金需要量变动的因素

企业作为营利组织，追求资金的增值是其长远目标。销售的增加，通常要扩大生产经营规模，意味着要增加资金投入，增加的资金从来源上看有内部来源和外部来源。资金需要量预测关键是对未来各种来源的资金进行估计，为融资计划提供依据。因此，进行资金需要量预测需要对影响各种来源资金的因素进行综合分析，如计划期的销售量、价格、各项费用及股利支付率等。

3. 全面分析资产各项目的变动

资金的占用形态表现为资产，每一占用形态又都不断地依次由上一阶段过渡到下一阶段，由一种形态转化为另一种形态。因此，资金需要量的数额变化不是孤立的，其发展变

化总是与企业的发展变化相关，总是与资本、负债、所有者权益、企业销售额的变化相关。所以，在进行资金需要量预测时，要根据与资金需要量有关的各个项目的变动情况，来对企业的资金需要量进行预测。

4. 坚持反馈原则

资金需要量的预测值与实际值之间有一定的误差，误差越小，预测的准确度就越高。在进行资金需要量预测时，强调坚持反馈原则，即要求将预测的误差进行经常、及时的反馈，并根据反馈的误差的大小，对预测模型、预测过程进行修正，使得到的资金需要量预测值更符合实际，从而降低预测误差。

第二节　借款需求分析

借款需求是指公司由于各种原因造成了资金的短缺，即公司对现金的需求超过了公司的现金储备，从而需要借款。

一、借款需求分析的影响因素

无论是现金流量表、资产负债表还是利润表，都可以用来作为公司借款需求分析的基础，通过对这些财务报表的分析银行可以了解公司借款的原因。现金流量表是在资产负债表和利润表基础上构建的，现金流量表将现金的使用和需求分为资产的增加、债务的减少和与现金使用相关联的因素三类。其中，与现金使用相关联的因素又包括营业支出、投资支出和融资支出。

同时，在进行借款需求分析时还应结合资产负债表和利润表。当现金需求量上升且超过了企业当时所持有的现金量，则可以看作企业的潜在借款需求。现金的使用表明了公司的现金消耗，解释了公司缺少足够现金而产生融资需求的原因。总体来看，借款需求的主要影响因素包括季节性销售增长、长期销售增长、资产效率下降、固定资产重置及扩张、长期投资、商业信用的减少及改变、债务重构、利润率下降、股息发放、一次性或非期望性支出等。

从资产负债表来看，季节性销售增长、长期销售增长、资产使用效率下降可能导致流动资产增加；商业信用的减少及改变、债务重构可能导致流动负债的减少。固定资产重置及扩张、长期投资可能导致长期资产的增加；股息发放可能导致资本净值的减少。从利润表来看，一次性或非预期的支出、利润率的下降都可能对企业的收入支出产生影响，进而影响到企业的借款需求。

二、借款需求分析的内容

借款需求分析的主要内容为销售变化引起的需求、负债和股息变化引起的需求、资产变化引起的需求和其他变化引起的需求。

（一）销售变化引起的需求

1. 长期销售增长

在没有资产的增加，特别是没有应收账款、存货及固定资产增长的情况下，销售收入很难实现长期稳定的增长。如果资产没有增加，那么只有资产效率持续上升，销售收入才有可能持续、稳定增长。但是通常来讲，资产效率很难实现长期持续的增长，因此，资产的增加对于销售收入的增长就显得非常重要。

(1) 资产增长的模式。核心流动资产是指在资产负债表上始终存在的那一部分流动资产。这部分资产应当由长期融资来实现。当一个公司的季节性销售收入和长期性销售收入同时增长时，流动资产的增长体现为核心流动资产和季节性流动资产的共同增长（如图2-1所示）。

源自长期销售增长的核心流动资产增长必须由长期融资来实现，具体包括核心流动负债的增长或营运资本投资的增加。公司可以通过多种渠道获得资金满足运营资本投资需求，其中留存收益是支撑销售长期增长的重要资金来源。即使长期销售增长保持稳定不变，企业固定资产增长也应该遵循"阶梯式发展模式"。这部分用于支持长期销售增长的资本性支出（主要包括内部留存收益和外部长期融资），其融资也必须通过长期融资实现。即使是利润率很高的公司，仅靠内部融资也很难满足持续、快速的销售收入增长需求。这时公司往往就会向银行申请贷款。银行判断公司长期销售收入增长是否产生借款需求的方法一般有以下几种。

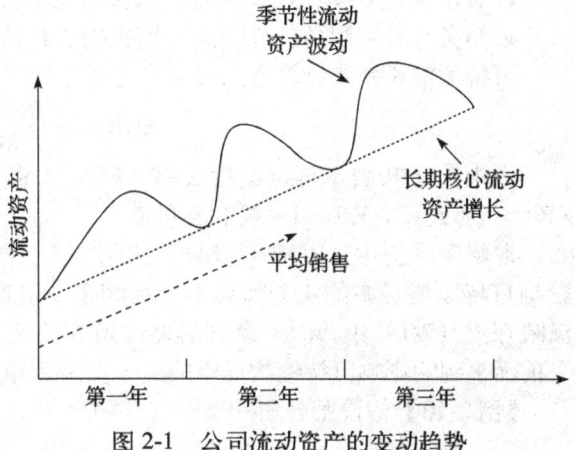

图 2-1 公司流动资产的变动趋势

1) 快速简单的方法是判断持续的销售增长率是否足够高，如年增长率超过10%。然而在很多情况下，这种粗略的估计方法并不能准确地判断实际情况。

2) 更为准确的方法是确定是否存在以下三种情况：销售收入保持稳定、快速的增长；经营现金流不足以满足营运资本投资和资本支出的增长；资产效率相对稳定，表明资产增长是由销售收入增加而不是效率的下降引起的。

3) 确定若干年的可持续增长率并将其同实际销售增长率相比较，如果实际销售增长率明显高于可持续增长率的话，长期销售收入增长将产生借款需求。

(2) 可持续增长率的计算。可持续增长率是公司在没有增加财务杠杆情况下可以实现的长期销售增长率，也就是说主要依靠内部融资即可实现的增长率。

可持续增长率的假设条件如下。
1) 公司的资产使用效率将维持当前水平。
2) 公司的销售净利率将维持当前水平，并且可以涵盖负债的利息。
3) 公司保持持续不变的股息发放政策。
4) 公司的财务杠杆不变。
5) 公司未增发股票，增加负债是其唯一的外部融资来源。

以上这些变量变动越小，即保持得越稳定，可持续增长率的指导意义就越大，但现实中这些变量不可能一成不变，因此，可持续增长率的使用价值受到了限制。然而，只要变量的变化不是非常剧烈，还是可以通过可持续增长率来判断公司的大致发展趋势的，可持续增长率仍然可以作为判断公司是否需要银行借款的依据。

内部融资的资金来源是净资本、留存收益和增发股票。一般情况下，企业不能任意发行股票，因此，在估计可持续增长率时通常假设内部融资的资金来源主要是留存收益。

如果一个公司能够通过内部融资维持高速的销售增长，这意味着公司的利润水平要足够高,并且留存收益足以满足销售增长的资金需要。一个公司的可持续增长率取决于以下4个变量。

- 利润率:利率越高,销售增长越快。
- 留存利润:用于分红的利润越少,销售增长越快。
- 资产使用效率:效率越高,销售增长越快。
- 财务杠杆:财务杠杆越高,销售增长越快。

可持续增长率的计算方法很多,这里给出一种简单的表达形式:

$$SGR = \frac{ROE \times RR}{1 - ROE \times RR} \quad (2-1)$$

式中,SGR 表示可持续增长率;ROE 为资本回报率,即净利润与所有者权益的比率;RR 为留存比率,RR = 1 − 股利支付率。

在财务分析中,ROE 可以分解为利润率、资产效率和财务杠杆。因此,在前面提到的影响可持续增长率的4个因素中,利润率、资产效率、财务杠杆3个因素通过资本回报率反映在式(2-1)中,而剩余利润通过留存比率反映在式(2-1)中。可见,式(2-1)包含了前面提到的影响可持续增长率的4个主要因素。

【例 2-10】假设某公司的财务信息如表 2-21 所示。

表 2-21 某公司财务信息   单位:万元

项目	金额	项目	金额
总资产	10839	销售收入	14981
总负债	5973	净利润	786
所有者权益	4866	股息分红	304

根据以上信息可得

ROE = 净利润 / 所有者权益 = 786/4866 ≈ 0.16

股利支付率 = 股息分红 / 净利润 = 304/786 ≈ 0.39

RR = 1 − 股利支付率 = 1 − 0.39 = 0.61

$$SGR = \frac{ROE \times RR}{1 - ROE \times RR} = \frac{0.16 \times 0.61}{1 - 0.16 \times 0.61} \approx 0.11$$

由此可知,该公司在不增加财务杠杆的情况下,可以达到11%的年销售增长率,即这个公司通过内部资金的再投资可以实现11%的年销售增长率。因此,在利润率、资产使用效率和股利支付率不变的情况下,如果公司的销售增长率在11%以下,销售增长不能作为合理的借款原因;如果公司的销售增长率超过11%,这时较高的销售增长率需要外部融资来实现,可以作为合理的借款原因。

(3)可持续增长率的作用。通过对可持续增长率的分析,可以获得以下与可持续增长率的4个影响因素有关的重要信息。

1)在不增加财务杠杆的情况下,利润率、资产使用效率、股利支付率均保持不变,公司的销售增长速度如何?

2)在股利支付率、资产使用效率和财务杠杆保持不变,利润率可变的情况下,公司的销售增长情况如何?

3)如果公司的资产使用效率改变,要保持公司目前的财务杠杆、利润率和股利支付率,销售增长情况将如何变化?

4)在资产使用效率和利润率不变的情况下,公司通过外部融资增加财务杠杆,销售增长情况将如何?

5）如果公司提高了股利支付率，这将对公司的内部融资能力产生什么样的影响？

如果公司的运营情况基本稳定，以上问题可以通过替代可持续增长率的 4 个影响因素或引入新的假设来衡量。为了分解并解释每个变量的变化影响，式（2-1）中 ROE 可以分解为如下 3 个组成因子。

- 利润率，即净利润与销售收入的比率。
- 资产使用效率，即销售收入与总资产的比率。
- 财务杠杆，即总资产与所有者权益的比率或 1 + 负债 / 所有者权益。

由此，可以得到如下表达式：

$$ROE = 利润率 \times 资产使用效率 \times 财务杠杆$$

$$ROE = 利润率 \times 资产使用效率 \times 财务杠杆 = \frac{净利润}{销售收入} \times \frac{销售收入}{总资产} \times \frac{总资产}{所有者权益} \quad (2-2)$$

$$SGR = \frac{\frac{净利润}{销售收入} \times \frac{销售收入}{总资产} \times \frac{总资产}{所有者权益} \times RR}{1 - \frac{净利润}{销售收入} \times \frac{销售收入}{总资产} \times \frac{总资产}{所有者权益} \times RR} \quad (2-3)$$

【例 2-11】接例 2-10

$$SGR = \frac{\frac{768}{14981} \times \frac{14981}{10839} \times \frac{10839}{4866} \times 0.61}{1 - \frac{786}{14981} \times \frac{14981}{10839} \times \frac{10839}{4866} \times 0.61} \approx 0.11$$

$$利润率 = \frac{786}{14981} \approx 0.05$$

$$资产使用效率 = \frac{14981}{10839} \approx 1.38$$

$$财务杠杆 = \frac{10839}{4866} \approx 2.23$$

$$留存比率 = \frac{482}{786} \approx 0.61$$

式（2-3）可以用来回答上面提到的问题。例如，"在资产使用效率和利润率不变的情况下，公司通过外部融资增加财务杠杆，销售增长情况将如何？"

【例 2-12】接例 2-10

假如公司通过向银行借款增加了 2000 万元的外部融资，所有者权益和股息分配政策保持不变。那么，该公司的新增债务融资对公司维持销售增长的能力有何影响？

如果新增的 2000 万元债务融资用于总资产投资，那么公司的总资产为 10839 + 2000 = 12839（万元）。

资产效率（销售收入 / 总资产）保持不变，仍然为 1.38，因此，由于总资产的增加，销售收入从 14981 万元增加到 12839 × 1.38 ≈ 17718（万元）；利润率（净利润 / 销售收入）仍然为 0.05，因此，净利润从 786 万元增加到 17718 × 0.05 ≈ 886（万元）；留存比率保持不变，为 0.61。将以上数据代入式（2-3），可得

$$SGR = \frac{\frac{886}{17718} \times \frac{17718}{12839} \times \frac{12839}{4866} \times 0.61}{1 - \frac{886}{17718} \times \frac{17718}{12839} \times \frac{12839}{4866} \times 0.61} \approx 0.12$$

类似地，可以计算 ROE 的变化影响，即用新的净利润（886 万元）取代原来的净利润（786 万元），然后可以计算新的 ROE 和 SGR。因此，所有因素都可以通过式（2-3）来计算其影响效应。

从例 2-12 中可以看到，增加负债（财务杠杆加大）对公司的可持续增长率影响并不显

著，只是从 11% 增加到 12%，原因在于：

1）无论公司处于什么行业，现有的销售净利率都是可以接受的，但并不是足够大，因此销售的增长未能引起可观的利润增长。

2）公司的大部分利润用于发放股息，用于再投资的比例过小，因此利润的增长并没有促进资产增长。

3）资产使用效率比较低，因而资产增长未能带来销售的显著增长。

银行接到一笔新的贷款业务时，可持续增长率是需要重点关注的。当资产净值无法维持公司的高速增长时，公司必然会加大财务杠杆。在这种情况下，公司要想归还贷款，要么通过举债归还（即以新还旧），要么等到高速增长期结束之后再归还。因此，银行希望这样的公司尽快归还贷款还是不现实的。

银行通过对实际增长率和可持续增长率的趋势比较，做出合理的贷款决策。

- 如果实际增长率显著超过可持续增长率，那么，这时公司确实需要贷款。
- 如果实际增长率低于可持续增长率，那么，公司目前未能充分利用内部资源，银行不予受理贷款申请。

2. 季节性销售增长

许多企业经营具有季节性特点，销售会在特定时期出现季节性增长。例如，假期销售旺季来临之前，玩具制造商和出口企业将达到销售高峰；建筑供应商会在春季、夏季达到销售高峰，此时建筑公司通常会为下一阶段的建筑工程购买存货。

具有季节性销售特点的公司将经历存货和应收账款等资产的季节性增长，存货增长通常会出现在销售旺季期间或之前，而应收账款增加则主要是由销售增长引起的。在季节性增长之后，这些资产会随着销售旺季的结束而减少，同时销售量也逐渐降低，公司经营将进入低谷时期。

因为商业信用的存在，购买存货可以延迟付款，在资产负债表上表现为应付账款，公司日常经营活动将产生应计费用，金额相对不是很大。一般而言，销售收入和资产的季节性波动会导致应付账款与应计费用两类负债的季节性波动。

存货和应收账款等资产的季节性增加需要现金去满足其增长的需要（如图 2-2 所示）。以下是季节性资产增加的 3 个主要融资渠道。

- 季节性负债增加：应付账款和应计费用。
- 内部融资，来自公司内部的现金和有价证券。
- 银行贷款。

通常情况下，季节性负债增加并不能满足季节性资产增长所产生的资金需求。在销售高峰期，应收账款和存货增长的速度往往要高于应付账款和应计费用增长的速度。当季节性资产数量超过季节性负债时，超出的部分需要通过公司内部融资或者银行贷款来补充，这部分融资称为营运资本投资。公司一般会尽可能用内部资金来满足营运资本投资需求，如果内部融资无法满足全部融资需求，公司就会向银行申请短期贷款。银行贷款的还款来源主要是季节性资产减少所释放出的现金。

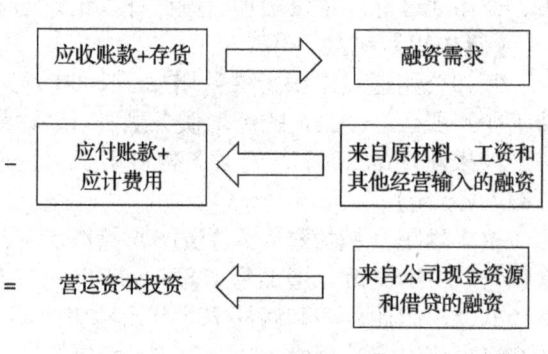

图 2-2 公司现金需求与融资的关系

总之，通过对现金流的预测及月度或季度的营运资本投资、销售和现金水平等的分析，银行可以获得以下信息。

（1）决定季节性销售模式是否创造季节性借款需求，即公司是否具有季节性销售模式，如果有，季节性销售模式是否足以使公司产生季节性借款需求。

（2）评估营运资本投资需求的时间和金额。

（3）决定合适的季节性借款结构及偿还时间表。

（二）负债和股息变化引起的需求

1. 债务重构

基于期限的考虑，公司经常会用一种债务替代另一种债务，典型的例子就是向银行举债以替代商业信用。这种情况通常会发生在销售急剧增长时，债权人要求还款。这种情况发生的标志是还款时间的延长期限超出了市场的正常水平。为了了解还款期限延长的真正原因，银行通常需要与公司管理层进行相关讨论。公司资金短缺可能是由于其他客户尚未付款，或者存货尚未售出。

银行需要分析公司的财务匹配状况。如果销售收入增长足够快，且核心流动资产的增长主要是通过短期融资而不是长期融资实现的，那么，这时就需要将短期债务重构为长期债务。替代债务的期限取决于付款期缩短和财务不匹配的原因，以及公司产生现金流的能力。

在某些情况下，公司可能仅仅想用一个债权人取代另一个债权人，原因可能有以下几种。

（1）对现在的银行不满意。

（2）想要降低目前的融资利率。

（3）想与更多的银行建立合作关系，增加公司的融资渠道。

（4）为了规避债务协议的种种限制，想要归还现有的借款。

在这种情况下，银行要通过与公司管理层的详细交谈，了解债务重构的原因是否真实，并进一步判断是否适合发放贷款。

2. 商业信用的减少和改变

应付账款被认为是公司的无息融资来源，因为公司在应付账款到期之前可以充分利用这部分资金购买商品和服务等。因此，当公司出现现金短缺时，通常会向供应商请求延期支付应付账款。但如果公司经常无法按时支付货款，商业信用就会大幅减少，供货商就会要求公司交货付款。实际上，如果应付账款还款期限缩短了，那么公司的管理者将不得不利用后到期的应付账款偿还已经到期的应付账款，从而减少在其他方面的支出，这就可能造成公司的现金短缺，从而形成借款需求。

3. 股息的变化

股息和利息均为公司的融资成本。大多数公司必须支付股息来保证其在证券市场的位置，因为股息的发放会影响投资者的态度，例如，投资者不喜欢削减股息，他们将削减股息与公司的财务困难联系在一起。另外，公司在制订股息发放政策时，必须确定并达到所有者的期望目标。否则，投资者可能出售其股份，使股价下跌。

公司的利润收入在股息发放与其他方面使用（如资本支出、营运资本增长）之间存在着矛盾。对公开上市的公司来说，其将大量现金用于其他目的后，由于缺少足够的现金，可能会通过借款来发放股息。

银行可以通过以下方面来衡量公司发放股息是否为合理的借款需求。

（1）公司为了维持在资本市场的地位或者满足股东的最低期望，通常会定期发放股息。在公司申请借款时，银行要判断股息发放的必要性，如果公司的股息发放压力并不是很大，那么发放股息就不能成为合理的借款需求原因。

（2）通过营运现金流量分析来判断公司的营运现金流是否仍为正的，并且能够满足偿还债务、资本支出和预期股息发放的需要。如果能够满足，则不能作为合理的借款需求原因。

（3）对于定期发放股息的公司来说，银行要判断其股息支付率和发展趋势。如果公司未来的发展速度已经无法满足现在的股息支付水平，那么股息发放就不能成为合理的借款需求原因。

判断公司借款需求是否合理，除了根据公司的单一借款原因外，还要结合现金流分析来判断公司是否还有其他的借款原因，并确定借款公司现金短缺的具体原因。

（三）资产变化引起的需求

1. 固定资产的重置和扩张

（1）固定资产的重置。固定资产重置的原因主要是设备自然老化和技术更新。银行与公司管理层进行必要的沟通，有助于了解固定资产重置的需求和计划。

借款公司在向银行申请贷款时，通常会提出明确的融资需求，同时银行也能通过评估以下几方面来达到预测需求的目的。

1）公司的经营周期、资本投资周期、设备的使用年限和目前状况。

2）影响固定资产重置的技术变化率。

如果一个公司在运营中需要大量的固定资产，并且固定资产已基本完全折旧，这就可能需要重置一些固定资产，可以使用固定资产使用率指标来评估重置固定资产的潜在需求：

$$固定资产使用率 = \frac{累计折旧}{总折旧固定资产} \times 100\%$$

式中，在总折旧固定资产中要排除不需要折旧的固定资产。例如，在会计上，土地是不折旧的，因此，土地也无须重置。

固定资产使用率粗略地反映了固定资产的折旧程度，但也需要考虑以下因素。

- 该比率中的固定资产价值代表了一个公司的整个固定资产基础。而固定资产基础可能相对较新，但有一些个人资产可能仍需要重置。
- 折旧并不意味着消耗完，因为折旧仅仅是一种会计学上的概念，它使随时间消耗的资产成本与预期生产的产品和服务相匹配。就公司而言，使用完全折旧但未报废的机械设备是很正常的。
- 为了提高生产力，公司可能在设备完全折旧之前就重置资产。
- 固定资产使用价值会因折旧会计政策的变化和经营租赁的使用而被错误理解。

尽管存在上述不足之处，这个比率对理解公司资本支出的管理计划还是非常有意义的。如果一个公司的固定资产使用率大于60%或70%，这就意味着投资和借款需求很快将会上升，具体由行业技术变化比率决定。

结合固定资产使用率，银行可以对剩余的固定资产寿命做出一个粗略的估计，进一步推测未来固定资产的重置时机。固定资产剩余寿命可以用来衡量公司全部固定资产的平均剩余寿命：

$$固定资产剩余寿命 = \frac{净折旧固定资产}{折旧支出}$$

（2）固定资产扩张。销售收入增长最终必须得到固定资产增长的支持。与销售收入线性增长模式不同，固定资产增长模式通常呈阶梯形发展，每隔几年才需要一次较大的资本支出。因此，影响固定资产使用率和固定资产剩余寿命的因素，同样会对固定资产扩张产生影响。

与固定资产扩张相关的借款需求，其关键信息主要来源于公司管理层。管理层可以推迟固定资产扩张的时间，直到固定资产生产能力受限，或者利好机会出现及融资成本降低时再进行投资。银行必须与公司管理层进行详细的讨论，了解公司的资本投资计划，进而评估固定资产扩张是否可以成为合理的借款原因。

通过分析销售和净固定资产的发展趋势，银行可以初步了解公司的未来发展计划和设备扩张需求之间的关系，这时销售收入/净固定资产比率是一个相当有用的指标。通常来讲，如果该比率较高或不断增长，则说明固定资产使用率较高。然而，超过一定比率以后，生产能力增强和销售收入增长就变得相当困难，此时销售增长所要求的固定资产扩张便可以成为企业借款的合理原因。如果银行能够获得公司的行业信息，然后将公司销售收入与净固定资产比率同相关行业数据进行比较，也能获得很多有价值的信息。

除了研究销售收入与净固定资产比率的趋势之外，银行还可以通过评价公司的可持续增长率获得有用信息。如果公司管理层能够提供固定资产使用率的有用信息，这将有助于银行了解公司的固定资产扩张需求和对外融资需求。

2. 股权投资

最常见的长期投资资金需求是由收购子公司的股份或者对其他公司进行相似投资产生的。长期投资属于一种战略投资，其风险较大，因此，最适当的融资方式是股权融资。在发达国家，银行会有选择性地为公司并购或股权收购等提供债务融资，其选择的主要标准是收购的股权能够提供控制权收益，从而形成借款公司部分主营业务。

并购融资在20世纪80年代非常普遍，而且大多是与杠杆收购相关的高杠杆交易，但最后由于种种原因，这些贷款大多出现了问题，甚至违约。如果相关法律制度不健全，放贷后银行对交易控制权较小，自身利益保护不足，则要谨慎发放用于股权收购和公司并购的贷款。因为一旦借款公司借款后没有将资金投资在事先约定的项目上，而是用于购买其他公司的股权，对银行来说将产生很大的风险。所以，银行在受理公司的贷款申请后，应当调查公司是否有这样的投资计划或战略安排。如果银行向一个处于并购过程中的公司提供可展期的短期贷款，就一定要特别关注借款公司是否会将银行借款用于并购活动。针对这一情况，比较好的判断方法就是银行通过与公司管理层的沟通来判断并购是否才是公司的真正借款原因。此外，银行还可以从行业内部、金融部门和政府部门等渠道获得相关信息。

3. 资产效率的下降

如果公司的现金需求超过了现金供给，那么资产效率下降和商业信用减少可能成为公司贷款的原因。公司经营周期的变化（包括暂时的和永久的）必然会要求企业增加额外的现金。通常，应收账款、存货的增加，以及应付账款的减少将形成企业的借款需求。

通过现金流分析方法，银行可以判断公司在上述方面的变化是否会引起现金需求。

【例2-13】 下面通过一个实例来解释如何将现金流分析方法运用到公司的借款需求分析中（表2-22）。

表2-22 现金流分析在借款需求分析中的应用

项目	第一年	第二年	第三年
销售收入/万元	1800	2000	2150
商品销售成本/万元	1050	1250	1400
应收账款/万元	150	185	255
存货/万元	260	415	345
应付账款/万元	105	155	160
应收账款周转天数/天	30.4	33.8	43.3
存货周转天数/天	90.4	121.2	89.9
应付账款周转天数/天	36.5	45.3	41.7
经营周期/天	121	155	133
资金周转周期/天	84	110	92

注：为了减小进一步计算中的舍入误差，周转天数精确到了小数点后一位。

应收账款周转天数延长对现金回收期会产生很大影响。从表 2-22 中可以看到，第三年应收账款的周转天数比第二年延长了近 10 天，这就意味着在这 10 天中这部分现金仍然由公司的客户持有，而不是由公司持有，因此，公司就必须从其他渠道获得现金以满足运营中对这部分现金的需求。

为了估计应收账款周转天数延长后的现金需求量，应当将周转天数的改变量与其他财务信息结合起来考虑。

第三年应收账款周转天数：$\frac{255}{2150} \times 365 \approx 43.3$（天）。

第二年到第三年应收账款周转天数的增加 = 43.3 − 33.8 = 9.5（天）。

利用应收账款周转天数的改变量（9.5 天）把应收账款看作变量，即求解 $\frac{X}{2150} \times 365 = 9.5$，解得 $X \approx 56$（万元）。

可见，应收账款周转天数的下降，使应收账款额大约增加了 56 万元，增加的部分就需要通过其他融资渠道来补充才能保证企业在第三年的正常运转。而且，从第二年到第三年应收账款的实际增长量是 70 万元，56 万元只是应收账款在原来基础上的增长量，另外还有 14 万元是由销售收入增长引起的。具体可通过如下步骤获得：从第二年到第三年，销售收入从 2000 万元增加到了 2150 万元，增长了 7.5%；这一时期，期初的应收账款额为 185 万元；因此，由于销售收入增加导致的应收账款增加额为 185 × 7.5% ≈ 13.9（万元）。可见，单独由销售收入增加引起的应收账款增加额为 13.9 万元。

综上所述，单独由销售收入增加引起的应收账款增加额（13.9 万元）加上应收账款本身增加的 56 万元，应收账款总共增加了 69.9 万元。

通过以上分析可以发现，应收账款实际增加额（69.9 万元）的 80% 是由于应收账款周转天数延长引起的，这是非常关键的。如果公司借款 69.9 万元来弥补这部分现金需求，并且应收账款周转天数延长属于长期性变化，那么在公司只有短期贷款的情况下很有可能出现还款困难的情况。

类似地，可以分析存货周转天数和应付账款周转天数变化对现金需求的影响。

此外，表 2-22 中最后两行给出了经营周期和资金周转周期的长度，对于这两个方面，特别是资金周转周期的延长引起的借款需求与应收账款周转天数、存货周转天数和应付账款周转天数有关。第二年资金周转周期的延长表明借款需求可能与其中的一个或几个因素有关。

（四）其他变化引起的需求

1. 非预期性支出

公司可能会遇到意外的非预期性支出，如保险之外的损失、设备安装、与公司重组和员工解雇相关的费用、法律诉讼费等，一旦这些费用超过了公司的现金储备，就会导致公司的借款需求。为此，公司在申请贷款的过程中，其管理层需要向银行说明公司出现了意外的非预期性支出，并解释其具体情况。

在这种情况下，银行要结合其他借款需求的分析方法来判断公司的借款需求状况，要了解清楚公司为什么会没有足够的现金应付目前的问题，如果决定受理该笔借款，还要根据公司未来的现金收入来确定还款计划。

2. 利润率下降

公司如果连续几年利润较低或几乎没有利润，就会损失大量现金，因而，公司就需要依靠银行借款来应付各种支出。因为低利润经营的公司很难获得现金收入，也就不可能积累足够的资金用于季节性支出和非预期性支出，所以，低利润就有可能引起借款需求。

银行可以通过分析公司的利润表和经营现金流量表来评估公司盈利能力下降所产生的影响。经营现金流量表可以把商品成本和经营成本对现金流的影响量转化为销售百分比的形式。

【例 2-14】接例 2-13

表 2-23 可以说明利润表在借款需求分析中的应用。共同比利润表将收益和支出量化为销售百分比的形式，使得相互之间的关系更清晰。

表 2-23　利润表在借款需求分析中的应用

利润表	第一年/万元	第二年/万元	增长率/%	第二年同比第一年的数值	备注
销售收入	120	150	25.0	150	
销售成本	65	85	30.8	81	≈150×54.2%
毛利润	55	65	18.2	69	
经营费用	40	60	50.0	50	≈150×33.3%
经营利润	15	5	−66.7	19	
共同比利润表	第一年/%	第二年/%	增长率/%	第二年同比第一年的数值/%	
销售收入	100.0	100.0		100.0	
销售成本	54.2	56.7	2.5	54.2	
毛利润	45.8	43.3	−2.5	45.8	
经营费用	33.3	40.0	6.7	33.3	
经营利润	12.5	3.3	−9.2	12.5	

从表 2-23 可以看到，在第二年，销售收入增加了 25.0%，而销售成本和经营费用分别增加了 30.8% 和 50.0%，可见，销售成本和经营费用增长速度都要快于销售收入的支出。从共同比利润表也可以看出，从第一年到第二年，销售成本从 54.2% 增加到 56.7%，经营费用从 33.3% 增加到了 40.0%。

经营成本的上升对现金流的影响如下。

（1）如果第二年的销售成本比率保持第一年销售成本比率的 54.2%，那么销售成本应当是 150×0.542 ≈ 81（万元），但增加的销售成本比率使实际销售成本达到了 85 万元。因此，销售成本比率增加消耗掉 4 万元的现金。

（2）如果第二年的经营费用比率保持第一年经营费用比率的 33.3%，那么经营费用应当为 150×0.333 ≈ 50（万元），但增加的经营费用比率使实际经营费用达到了 60 万元。因此，经营费用比率增加消耗掉 10 万元的现金。两种比率的增加使现金流减少 14 万元。

第二年实际的经营利润为 5 万元，但如果第二年的费用支出比率与第一年相比保持不变，则第二年的经营利润应该是 5 + 14 = 19（万元）。

在实际借款需求分析中，公司的盈利趋势也是非常重要的，因为经济具有波动性，单独一年的经营利润不能全面衡量盈利变化对现金流状况和借款需求的长期影响。此外，在分析公司的借款需求中，行业风险和业务风险分析等也是非常重要的。

三、借款需求与负债结构

短期资金需求要通过短期融资来实现，长期资金需求要通过长期融资来实现。但实际中，短期融资需求并不意味着就与流动资产和营运资金有关，一些与流动资产和营运资金有关的融资需求也可能与长期融资需求相关。

（一）销售收入增长旺盛时期

没有流动资产和固定资产的支持，稳定、长期的销售增长是不可能实现的。公司大量的核心流动资产和固定资产投资将超出净营运现金流,必然需要额外的融资。由于对核心资产的大量投资,营运现金流在短期内是不足以完全偿还外部融资的。因此,对于这部分融资需求,表面上看是一种短期融资需求,实际上则是一种长期融资。

(二)季节性销售模式

季节性融资一般是短期的。在季节性营运资本投资增长期间,这时往往需要通过外部融资来弥补公司资金的短缺,特别是在公司利用了内部融资之后。银行对公司的季节性融资通常在一年以内,而还款期安排在季节性销售低谷之前或之中,此时,公司的营运投资下降,能够收回大量资金。但如果公司在银行有多笔贷款,并且贷款是可以展期的,那么,银行就一定要确保季节性融资不被用于长期投资,例如营运资金投资。这样做的目的就是保证银行发放的短期贷款只用于公司的短期投资,从而确保银行能够按时收回所发放的贷款。

(三)固定资产重置或扩张

对于厂房和设备等固定资产重置的支出,其融资需求是长期的,银行在做出贷款决策时应当根据公司的借款需求和未来的现金偿付能力决定贷款的金额和期限。

(四)长期投资

用于长期投资的融资应当是长期的。除了维持公司正常运转的生产设备外,其他方面的长期融资需求可能具有投机性,银行应当谨慎受理,以免加大信用风险暴露。

(五)资产使用效率下降

应收账款和存货周转率的下降可能成为长期融资和短期融资需求的借款原因。具体如表 2-24 所示。

表 2-24　应收账款和存货周转率下降引起的借款需求　　　　　　　　单位:天

项目	第一年	第二年	第三年	第四年	第五年
应收账款周转天数	60	90	120	120	120
对现金流的影响		减少	减少	0	0
存货周转天数	150	180	150	150	150
对现金流的影响		减少	增加	0	0

对于表 2-24 所反映的信息,银行应当首先判断其是短期的还是长期的,短期的应收账款和存货周转率下降所引起的现金需求(即潜在的借款原因)也是短期的。例如,表 2-24 中第二年的存货周转率下降了,但是从第三年开始又恢复了以前的平稳状况,在这种情况下,如果第二年的现金需求超过了公司的现金储备,就会引发借款需求,这种借款需求就是短期的。因为当存货周转率恢复到前期水平后,公司在短期内就能积累足够的现金来偿还贷款。

相反,长期的应收账款和存货周转率下降所引起的现金需求是长期的。例如,在表 2-24 中,应收账款周转率在第二年和第三年下降了,并且在此后的一段时期内保持了这样的低周转率状态。原因可能是公司的管理层为了吸引更多的客户而允许客户延期付款,或者是同业竞争的需要。对于这种长期性的周转率下降,公司在短期内无法积累足够的现金,因此借款需求也是长期的。长期性的应收账款和存货周转率下降,反映了公司的核心流动资产的增加,这需要通过营运资本投资来实现。

固定资产使用率的下降需要公司管理层判断厂房和设备是否依然具有较高的生产能力,即考虑是否有必要重置这部分固定资产。如果管理层为了提高生产率而决定重置或改进部分固定资产,那么就需要从公司的内部和外部进行融资,并且由于这种支出属于资本性支出，因此是长期融资。

可见，公司资产使用率的下降，即应收账款和存货周转率的下降可能导致长期融资需求，也可能导致短期融资需求，银行在发放贷款时必须有效识别借款需求的本质，从而保证贷款期限与公司借款需求相互匹配。

（六）商业信用的减少和改变

商业信用的减少反映在公司应付账款周转率的下降，这就意味着公司需要额外的现金及时支付给供货商。如果现金需求超过了公司的现金储备，那么应付账款周转率的下降就可能会引起借款需求。类似于应收账款周转率和存货周转率的变化，分析人员应当判断这种变化是长期的还是短期的。

对于无法按时支付应付账款的公司，供货商会削减供货或停止供货，公司的经营风险加大，这时银行受理公司的贷款申请风险也是很大的。

对于发展迅速的公司来说，为了满足资产增长的现金需求，公司可能会延迟支付对供货商的应付账款。如果供货商仍然要求按原来的付款周期付款的话，公司就需要通过借款来达到供货商的还款周期要求。这意味着公司的运营周期将发生长期性变化，因此，采用长期融资方式更合适。

（七）债务重构

银行除了评价公司的信誉状况和重构的必要性，还应当判断所要重构的债务是长期的还是短期的，主要的相关因素包括以下两种。

（1）借款公司的融资结构状况。

（2）借款公司的偿债能力。

公司用长期融资来取代短期融资进行债务重构，一般是为了平衡融资结构，其原因可能是快速发展使公司需要将原来的部分短期融资转化为长期的营运资本，以达到更合理的融资结构。

（八）盈利能力不足

在较长时间里，如果公司的盈利能力很弱甚至为负，那么公司就无法维持正常的经营支出，因此，盈利能力不足会导致直接借款需求。这种情况反映了公司管理层经营能力的不足，无法应对不断变化的市场形势，不能够充分利用现有资源创造价值。因此，在这种情况下，银行不应受理公司的贷款申请。

如果公司的盈利能力不足只是借款需求的间接原因，即公司的目前盈利能够满足日常的经营支出，但没有足够的现金用于营运和购置厂房设备，银行受理此种贷款申请时也要非常谨慎。其原因是，在缺少内部融资渠道（如股东出资）的情况下，盈利能力不足会引起其他借款需求；此外，盈利能力不足也可能会增加公司的财务杠杆，从而加大债权人的风险。

（九）额外的或非预期性支出

非预期性支出导致的借款需求可能是长期的，也可能是短期的。银行要分析公司为什么会没有足够的现金储备来满足这部分支出。银行在受理该类贷款时，应当根据公司未来的现金积累能力和偿债能力决定贷款的期限。图 2-3 概括了借款需求与合理的贷款期限之间的关系。

从以上分析中可以发现，一些借款需求从表面上看可能是短期融资，但实际上可能是长期融资。如果银行在发放贷款时不能有效地识别借款需求的本质，就可能出现贷款到期后借款公司无法归还贷款的情况，从而加大银行的风险。由此可见，银行在受理借款申请时，应进行有效的借款需求分析，判断借款原因和实质，从而在长期贷款和短期贷款之间做出合理安排。

```
流动资产增加原因分析：           资产负债表            流动负债减少原因分析
短期    季节性增长      ⇒                      ⇐  应付账款周转    长期或短期
                            流动负债                 天数减少
长期    持续的销售收入增长  ⇒
                            流动资产      ⇐  债务重构         短期
长期或短期  资产效率降低    ⇒

长期资产增加原因分析：           长期负债
长期    固定资产重置    ⇒                      ⇐  债务重构         长期
                            长期资产
长期    固定资产扩张    ⇒
                            资本净值      ⇐  支付股息         慎重贷款期
长期    长期投资       ⇒

                            利润表
                            收益
长期或短期  额外的或非预期  ⇒  -支出1       ⇐  利润率下降       慎重贷款期
        支出性            -支出2
                            =利润
```

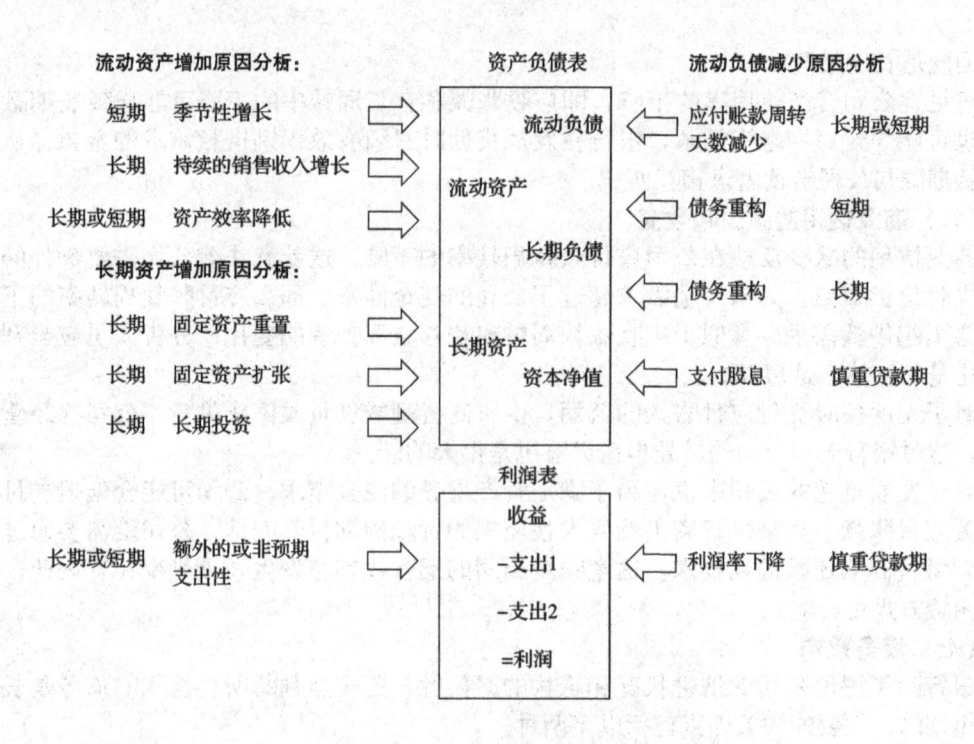

图 2-3　借款需求与合理的贷款期限之间的关系

第三节　融资预算

一、融资预算概述

融资预算是企业对在预算期内需要新借入的长短期借款、经批准发行的债券，以及对原有借款、债券还本付息的预算。融资预算主要依据企业有关资金需求决策资料、发行债券审计文件、期初借款余额及利率等编制。企业经批准发行股票、向原股东配售股份（以下简称配股）和增发股票，应当根据股票发行计划、配股计划和增发股票计划等资料单独编制预算。股票发行费用，也应当在融资预算中分项做出安排。

二、融资预算的目的

融资预算要以企业战略为导向，根据企业的发展方向及发展速度来确定企业在未来时期内所需的资金量。

融资预算，主要应解决以下问题：应在何时融资，融资额有多大，融资方式如何确定，融资成本与投资收益如何配比等。但应注意，融资预算具有一定的被动属性，对于非金融企业而言，生产经营活动和投资活动决定了融资活动，很少或不存在单纯的为融资而融资的行为。

三、融资活动预算编制

融资活动预算是企业在预算期为筹集生产经营活动所需资金而进行的融资活动的预算。

它包括股权融资预算和负债融资预算、短期融资预算和长期融资预算、内部融资预算和外部融资预算等。

企业向银行借款、发行债券等融资活动的预算,主要依据预算期投资活动预算、发行债券批文、期初借款余额及利率等资料编制,反映预算期内向银行借款、发行债券筹措的负债资金、各项发行费用及归还原有借款、债券本息;企业经批准在预算期内发行股票、配股、增发新股等融资活动的预算,应依据股票发行计划、配股计划和增发股票计划等资料单独编制,反映预算期内发行股票、配股、增发新股所筹措的权益资金和各项发行费用。

企业在编制融资活动的预算时,应根据预算期初现金余额、预算期内经营活动和投资活动产生的现金流量及预算期内为支付前期融资本息或融资利润而产生的现金净流量来确定融资金额的预算数,即

融资金额预算数 = 预算期内投资活动产生的现金净流出量 + 预算期内为支付前期融资本息而产生的现金流量 − 预算期内为支付融资利润而产生的现金净流量 + 预算期末现金合理余额 − 预算期初现金余额 − 预算期内经营活动产生的现金净流入量

融资活动的现金净流量应根据融资金额预算数扣除预算期应偿还的负债本息、股利和其他融资费用等现金流出量加以调整,即

融资活动的现金净流量 = 预算期初现金余额 + 经营活动产生的现金净流入量 − 投资活动产生的现金净流出量 − 预算期内支付前期融资本息 − 预算期内支付的融资利润

综上所述,融资活动预算应按股权融资、负债融资和融资活动现金流量3个项目来编制。

【例 2-15】为了配合新产品 C 的研制和开发,智董公司决定 20×× 年投资一条新生产线,该生产线预计固定资产原始投资额为 125000 元,年内安装调试并交付使用。另需在第四季度垫支流动资金 8000 元(4# 材料 1000 千克,预计单价为 8 元/千克)。

为了筹集项目投资所需资金,公司决定于 20×× 年年初发行面值为 100000 元、票面利率为 10%、每年年末付息的 5 年期公司债券;于第二季发行面值为 90000 元的普通股。

智董公司 20×× 年 C 产品生产线投资及融资活动预算如表 2-25 所示。

表 2-25 智董公司 20×× 年 C 产品生产线投资及融资活动预算　　单位:元

预算期间项目	第一季度	第二季度	第三季度	第四季度	全年合计
固定资产投资					
1. 勘察设计费	1800	3200			5000
2. 土建工程	2000	6000			8000
3. 设备购置			50000	50000	100000
4. 安装工程			3000	5000	8000
5. 其他			1500	2500	4000
合计	3800	9200	54500	57500	125000
流动资金投资					
1. 4# 材料				8000	8000
2. 其他					
合计				8000	8000
原始投资总额	3800	9200	54500	65500	133000
投资资金筹措					
1. 增发普通股		90000			90000
2. 发行公司债券	100000				100000
合计	100000	90000	0	0	190000

根据表 2-25 可知，4# 材料采购费用为 8000 元，应纳入日常业务预算体系，在直接材料采购预算中予以反映；预算年度应付公司债券利息为 10000 元（100000×10%），应作为资本化利息计入固定资产原值，则固定资产原值为 135000 元（125000 + 10000）。

【例 2-16】智董公司预计将来需要债务融资 700 万元，公司决定采用以下融资方式解决（表 2-26）。

（1）利用融资租赁解决固定资产投资所需资金 50 万元。

（2）3 年期银行贷款 200 万元，年利率 11%，每年付息一次，到期一次还本，融资费率为 0.5%。

（3）5 年期银行贷款 200 万元，年利率 11%，每季付息一次，到期一次还本，融资费率为 0.5%。

（4）发行面额为 200 万元的 5 年期长期债券。其发行价格为 250 万元（溢价发行）。票面利率为 10%，每年支付一次利息，发行费用占发行价格的 4%。

表 2-26　智董公司融资预算

智董公司财务部　　　　　　　　　　20×× 年　　　　　　　　金额单位：万元

项目	上年实际	本年预算	第一季度 1月	2月	3月	合计	第二季度 4月	5月	6月	合计	第三季度 7月	8月	9月	合计	第四季度 10月	11月	12月	合计
1. 股权融资																		
2. 债权融资		250																
3. 银行贷款		400																
期初贷款余额																		
本期贷入		400																
本期还贷																		
本金还贷																		
利息还贷																		
贷款增加净额																		
4. 银行承兑汇票																		
增加承兑																		
存入保证金																		
到期兑付																		
到期保证金																		
5. 其他融资		50																
合计																		

小知识

经营融资预算的编制步骤

经营融资预算的编制步骤如下。

第一步：汇总经营预算中的各项现金收付事项及收付时间和金额，在审核无误的情况下，计算出企业预算期内经营预算的现金余缺数量。

第二步：将经营预算中的现金余缺数量与经营资金需要量预测得出的资金需求量进行对比，如果两者有较大差异，应进行认真分析，找出造成差异的原因。

第三步：对企业在预算期内各项短期债务的种类、偿还时间和偿还金额进行排列，确定期内企业需要偿还的原有短期债务数额。

第四步：将经营预算中的现金余缺数量与企业在预算期内需要偿还的原有短期债务数额进行累加，确定企业预算期内的现金余缺总量。

第五步：针对企业预算期内的现金余缺总量，结合对预算期资金市场总体情况的预测，制订预算期的具体融资方案。

（1）如果预算期现金出现节余，则应制订提前偿还借款或将节余资金投向短期债券市场的融资方案。

（2）如果预算期现金出现短缺，则应首先制订从企业内部挖掘自有资金潜力的措施，如清理应收账款、处理积压物资、压缩库存、盘活存量资产等；然后，根据预算期资金市场情况和资金成本制订向企业外部举债的方案。

第六步：组织有关人员对预算期的融资方案进行评审。

第七步：根据预算期通过评审的融资方案，编制经营融资预算。

四、融资预算分析

预算数额与实际数额的差异分析能为以后的预算编制起到一定的指引作用。融资预算编制要参考以前年度的预算编制的差异分析。融资预算差异分析表如表 2-27 所示。

表 2-27 融资预算差异分析表

××公司财务部　　　　　　　　　　20××年　　　　　　　　　　金额单位：万元

项目	月度				本季度累计				本年累计			
	预算	实际	差异	差异率	预算	实际	差异	差异率	预算	实际	差异	差异率
1. 股权融资												
2. 债权融资												
3. 银行贷款 　期初贷款余额 　本期贷入 　本期还贷 　本金还贷 　利息还贷 　贷款增加净额												
4. 银行承兑汇票 　增加承兑 　存入保证金 　到期兑付 　到期保证金												
5. 其他融资												
合计												

注：涉及利息费用的支出，不在本表统计现金流情况。

第三章

借款融资

第一节　借款融资综述

一、借款合同法律知识

借款合同是借款人向贷款人借款，到期返还借款并支付利息的合同。《合同法》对借款合同是否为诺成合同视合同主体不同有不同规定。金融机构贷款的借款合同是诺成合同，自双方意思表示一致时成立；自然人之间的借款合同为实践合同，自贷款人提供借款时生效。

借款合同转移的是货币的所有权，而非货币的使用权。

1. 当事人双方的权利义务

贷款人未按照约定的日期、数额提供借款，造成借款人损失的，应当赔偿损失。借款人未按照约定的日期、数额收取借款的，应当按照约定的日期、数额支付利息。

贷款人按照约定可以检查、监督借款的使用情况。借款人应当按照约定向贷款人定期提供有关财务会计报表等资料，借款人未按照约定的借款用途使用借款的，贷款人可以停止发放借款、提前收回借款或者解除合同。

借款人应当按照约定的期限支付利息并返还借款。对借款期限没有约定或者约定不明确，依照《合同法》有关规定仍不能确定的，借款人可以随时返还；贷款人可以催告借款人在合理期限内返还。借款人未按照约定的期限返还借款的,应当按照约定或者国家有关规定支付逾期利息。

借款人提前偿还借款的,除当事人另有约定的以外,应当按照实际借款的期间计算利息。借款人可以在还款期限届满之前向贷款人申请展期。贷款人同意的,可以展期。

2. 借款合同的内容

借款合同的内容包括借款种类、币种、用途、数额、利率、期限和还款方式等条款。订立借款合同,贷款人可以要求借款人依照《担保法》的规定提供担保。借款合同采用书面形式,但自然人之间借款另有约定的除外。

3. 借款利息的规定

借款的利息不得预先在本金中扣除。利息预先在本金中扣除的,应当按照实际借款数额返还借款并计算利息。借款人应当按照约定的期限支付利息。在借款人未按照约定的日期、数额收取借款的,仍应当按照约定的日期、数额支付利息。对支付利息的期限没有约定或者约定不明确的,当事人可以协议补充;不能达成补充协议时,借款期间不满1年的,应当在返还借款时一并支付;借款期间在1年以上的,应当在每届满1年时支付,剩余期间不满1年的,应当在返还借款时一并支付。自然人之间的借款合同对支付利息没有约定或者约定不明确的,视为不支付利息;约定支付利息的,借款的利率不得违反国家有关限制借款利率的规定。

办理贷款业务的金融机构贷款的利率,应当按照中国人民银行规定的贷款利率的上下限确定。

二、借款会计

此处仅介绍短期融资、外汇(外币)借款的核算,更多情形请参阅贺志东编写的《企业会计准则操作实务》《小企业会计准则操作实务》。

(一)短期融资与外汇借款的核算

1. 短期融资的核算

短期融资,又称贸易融资,是银行给予涉外经营企业的资金融通。随着银行贷款方式的演进,利用短期融资的企业日渐增多,银行对企业开办了许多种类的短期融资,供企业选择利用。

(1)短期融资的对象和条件。短期融资的对象是经营涉外经济业务的各类企业,如有进出口经营权的生产企业、流通企业和为进出口贸易服务的企业,以及有进出口经营权的其他经济形式的企业。办理短期融资的企业需具备以下条件。

1)经工商行政管理部门依法登记注册,持有营业执照,具有企业法人资格。

2)有一定比例的自有流动资金,实行独立经济核算,具有健全的会计制度和财务管理制度,并在银行开立基本账户或经特准的存款账户。

3)经营正常,效益良好,有能力按时偿还借款,在银行统一授信和客户评级的结果达到贷款要求标准。

4)能够提供可靠的还款、付息保证。

5)能够提供有关合同、计划、协议、单证、报表等经济活动资料。

(2)短期融资的种类及核算。由于进出口货物的形式和经营方式的不断创新,银行与企业的资金融通也日趋多元化,目前我国银行开办的短期融资有以下几种。

1)打包贷款。打包贷款,又称出口打包贷款或信用证打包贷款,是银行在出口方出口货物之前,凭出口方提供的进口方申请开立的银行信用证向出口方提供的用于出口的专项贷款。

打包贷款的贷款手续,依据出口方提供的境外即期信用证正本(限制由指定银行议付的除外）、国内销售合同（用于审核该项业务的盈利水平）、信用证软条款及开证行资信情况，逐笔审批贷款，签订贷款合同。期限以预计信用证收汇期限为基础，另加合理工作日。在办理打包贷款的同时，应在该行办理议付。

打包贷款可贷人民币，也可贷外币。因将来信用证议付要扣息、交货会有尾差等，贷款金额以信用证金额的70%～80%为限，最高不超过90%。有的还规定对出口有盈利的企业按外销价乘以换汇成本后的80%放贷，因为银行只贷给成本，不贷给利润。

打包贷款的利率一般以LIBOR（伦敦银行同业拆放利率，London inter bank offered rate）为参考利率，银行在此时的风险比议付时高，利率也比议付利率稍高，但仍小于流动资金贷款利率。计息期从放款日起至出运后交单日扣还为止。通常可借取3～4个月，最长不超过6个月。

【例3-1】 智蕫进出口公司与国外进口方签订出口一批货物，到岸价为USD50000，在出口货物前接到进口方远期信用证，出口方持其向银行办理打包贷款，经银行审核同意按信用证的80%贷款，并扣收手续费USD200，贷款存入美元专户，分录如下。

$$打包贷款额 = 50000 \times 80\% - 200 = USD39800$$

借：银行存款——美元　　　　　　　　　　　　　　　　USD39800
　　财务费用——手续费　　　　　　　　　　　　　　　　USD200
　　贷：短期借款　　　　　　　　　　　　　　　　　　　USD40000

假设贷款期为60天，年利息率为7.2%，偿还贷款与利息时的分录如下。本利合计额：

$$40000 + 40000 \times \frac{7.2\%}{360} \times 60 = USD40480$$

借：短期借款　　　　　　　　　　　　　　　　　　　　USD40000
　　财务费用——利息支出　　　　　　　　　　　　　　　USD480
　　贷：银行存款——美元　　　　　　　　　　　　　　　USD40480

2）出口押汇。出口押汇是银行对出口方提供的一种出口融资。其具体操作程序是：在出口方发运货物之后，将单据提交给银行；银行在审核单证相符后，在开证行未对单证付款之前，先向出口方垫付货款，然后再凭全套单证向进口方收回融资贷款。这一融资行为又称"买票"。

出口押汇与出口打包贷款的区别表现在以下几方面。

① 融资的环节不同。出口打包贷款是在货物发出之前，出口押汇是在货物出运之后。

② 融资金额不同。打包贷款的融资不是全部金额，出口押汇对单证金额全额融资。

③ 利息收取时间不同。出口打包贷款的利息是收回贷款时收取，出口押汇的利息是在办理押汇时预扣。

此外，在出口押汇融资中，开证行拒付、迟付、少付或扣款时，银行有权根据不同情况向出口方追索垫款、短收款、迟付利息及一切损失。对开证行的无理挑剔、拒付、少付或迟付，银行有义务协助出口方据理交涉，但因对条款理解不同而形成纠纷造成的损失，应由出口方负责；银行直接过失造成进口方拒付、迟付、少付或扣款的，应由银行承担责任。

【例3-2】 智蕫进出口公司根据出口协议发运出口货物后，以出口全套单证的离岸价为USD30000向银行申请出口押汇融资贷款，银行审核同意，扣收20天利息（年利率7.2%）和手续费3‰，余款转入该出口公司存款人民币账户，汇率为USD1 = CNY7.52，分录如下。

$$利息 = 30000 \times (7.2\% \div 360) \times 20 \times 7.52 = CNY902.4$$

$$手续费 = 30000 \times 3‰ \times 7.52 = CNY676.8$$

借：银行存款——人民币　　　　　　　　　　　　　　　224020.8

财务费用——利息		902.4
——手续费		676.8
贷：短期借款（30000×7.52）		225600

此项出口押汇贷款在20天后偿还时，汇率为USD1=CNY7.51，分录如下。

借：短期借款		225600
贷：银行存款（30000×7.51）		225300
汇兑损益		300

3）远期汇票贴现。远期信用证下汇票经银行承兑后，即可向贴现市场或银行贴现，与国内票据贴现相同。托收项下远期付款交单（documents against payment，D/P）和承兑交单（documents against acceptance，D/A）远期汇票，经进口方承兑后同样可以贴现。但是远期信用证项下汇票的承兑人多是银行，其资金信誉高，容易获得贴现，而托收项下的远期汇票是商业承兑汇票，较难获得贴现。

在正常的远期承兑信用证中，原是出口方给予进口方以融资优惠，故贴现息和承兑费应由卖方负担，称为卖方远期信用证。但有时合同订为即期付款，而买方因融资需要开出了远期信用证，在信用证中说明可照即期办法付款，其贴现息及承兑费归买方负担。这时出口方仍可在交单后立即取得全额货款，与即期信用证有同样效果，但在买方未做到期偿付前，卖方的连带责任还未终结。这种做法称为买方远期信用证，或假远期信用证。

【例3-3】 智董进出口集团以D/A 180天汇票经进口方承兑后向银行办理远期汇票贴现，票面额为USD100000，贴现利息率10.8%，银行手续费3‰，此项业务过程与分录如下。

① 出口方收到经进口方承兑的远期汇票时：

借：应收票据——××客户		USD100000
贷：主营业务收入		USD100000

同时，结转成本（略）。

② 以承兑D/A 180天汇票向银行贴现时：

$$贴现利息 = 100000 \times (10.8\% \div 360) \times 180 = USD5400$$
$$贴现手续费 = 100000 \times 3‰ = USD300$$

借：银行存款——美元		USD94300
财务费用——利息支出		USD5400
——手续费		USD300
贷：应收票据——贴现		USD100000

4）保理账款。保理账款业务即保付代理业务，也称承购应收账款业务或代理融通业务等。保理账款是指在托收、赊账条件下的进出口货物价款，由保理行以无追索权方式买断出口方对进口方的应收账款。无追索权是指应收账款卖断给保理行后，如日后进口方不能按期偿付账款，保理行将蒙受坏账损失，而不能向出口方追讨。目前，国际市场竞争激烈，用D/P、D/A或O/A（赊销，open account trade）方式时，出口方有被进口方收货后不付款的风险，如做了保理账款，即转嫁了风险。但如保理行只同意代办收账，用融资方式贷给款项而持有追索权，则保理行不承担坏账风险。保理行收取的手续费一般为销售账款的1%～2%，利息则按LIBOR另加1%～2%，按类似票据贴现方式收取。

可见，保理账款与远期汇票贴现性质相同，但融资的对象不同，远期汇票贴现是由银行受纳办理，而保理账款则是由专门的代办应收款项的保理行经营。因保理账款是买断应收票据，承担拒付、迟付、少付的风险，所以其利息及手续费高于银行利息和手续费。

保理账款与远期汇票贴现的账务处理相同，这里不再举例说明。

5）进口押汇。以往在计划经济下，企业进口货物时向银行申请开立信用证，必须首先预付足额的开证保证金，一般不会发生进口押汇。但在目前进料加工业务中利用周转外汇进口原材料后加工出口的企业因缺乏资金可利用进口押汇，到加工完成、产品出口时归还。这也是企业的一个新的融资渠道。进口押汇一般不超过6个月，最多1年。借用时，通过"短期借款"账户核算。其借入、偿还、付息与上述账务处理相同。

此外，我国银行还办理信托收据借款和银行担保提货等种类的短期融资贷款。其做法虽有区别，但账务处理基本相同，不再一一举例。

2. 外汇借款的核算

外汇借款是涉外经济活动有关借款的总称。外汇借款以往多用于支持进出口货物的外贸企业，随着进出口经营权的放宽，工贸、技贸、农贸、军贸、地贸、边贸等公司的出现，"大外贸"格局形成，外汇借款的种类、方式也不断变化。

（1）外汇借款的种类。涉外企业向有外汇经营权的银行或金融机构申请取得的外汇借款，从银行角度称为贷款。目前，外汇银行办理的外汇贷款有现汇贷款、特种外汇贷款、买方信贷、政府贷款、混合贷款和国际银团贷款等，借款币种有美元、日元、英镑、港元、欧元等。买方信贷和政府贷款的项目还可以选择对方国家的货币。

现汇贷款是有外汇经营权的银行按照国家核准的外汇信贷计划和向国外借款计划，将从国际金融市场上筹措的外汇和在国内吸收的外汇存款用于发放企业的外汇贷款。外汇贷款中大部分是现汇贷款。

目前，有外汇经营权银行办理的现汇贷款有浮动利率贷款、优惠利率贷款、特优利率贷款、机电产品流动资金外汇贷款、对外承包外汇贷款、短期周转流动资金外汇贷款和外商投资企业外汇贷款。

（2）外汇借款的归还方式。外汇银行或金融机构对涉外企业的外汇借款执行"有借有还、谁借谁还"的原则，借款企业必须按借款合同规定的期限还本付息，借款到期借款单位无力偿还的，应由担保单位偿还。借款企业如在规定的期限内不能归还贷款本息，可向银行申请延期。未经批准的不能按期归还的本息，银行作为逾期贷款处理，并加收利息。外汇借款的偿还方式，主要有以下几种。

1）用创汇收入直接偿还。创汇收入即企业经国家批准并经外汇管理部门审核的、在外汇指定银行开立外汇账户的不结汇的外汇收入。

2）按贷款协议规定，用人民币向外汇银行购汇偿还。

3）用偿债基金偿还。国家鼓励和支持各地区、各部门和外债较多的企业按债务余额的一定比例建立偿债基金，将国家批准的专项还贷出口收汇直接存入在外汇银行开立的现汇账户，专项用于归还外汇借款的本息。

（3）外汇借款的特点。由上述外汇借款的种类和偿还方式可见，外汇借款相对人民币借款而言，具有以下特点。

1）外汇借款必须用外汇偿还，并用外汇支付借款利息。

2）外汇借款以美元作为借贷核算货币。如果采用其他货币，需要按当日外汇牌价折成美元入账。特殊情况经银行批准也可以用其他货币作为借贷核算货币。但是，买方信贷原则是"借什么货币还什么货币"，并用相应的货币支付利息。

3）外汇借款实行浮动利率和支付承担费的办法。银行的短期外汇贷款按浮动利率计收利息。企业按借款计划申请的外汇贷款未使用的，银行要收取一定的费用作为承担费，以弥补临时调度外汇的损失。

（4）外汇借款的核算。涉外企业向外汇银行或金融机构申请的外汇借款品种较多，但不外乎短期借款和长期借款。

1）短期外汇借款的核算。短期外汇借款是涉外企业从银行借入的偿还期在1年以内或

1个营业周期内的外汇借款。

2）长期外汇借款的核算。长期外汇借款是涉外企业向银行或其他金融机构借入的偿还期限在1年以上的各种外币借款。长期借款利息支出和外币折算差额的列支应区别不同对象和发生时间进行不同账务处理。

涉外企业为了反映和监督外汇长期借款的借入、应计利息和归还本息情况，应设置"长期借款"账户核算，贷方登记长期借款本息的增加额；借方登记长期借款本息的减少额；期末贷方余额反映企业尚未偿还的长期借款本息。本账户应按借款单位、借款种类和不同的币种设置明细账户，进行明细核算。

3）偿债基金的核算。涉外企业向外汇银行借入外汇借款后，经国家有关领导机构或国家外汇管理局批准，可在银行建立偿债基金专项账户，用以筹集和归还外汇借款。其来源包括经批准不予结汇的出口收入、经批准以人民币购入的外汇、从一般外汇存款账户转入的外汇等。

【例3-4】某涉外企业经批准用出口收汇建立偿债基金，出口收汇USD350000，作为偿债基金，在"银行存款"账户下设置"偿债基金"专户单独进行核算。

① 将出口收汇转入专户存储时：

借：银行存款——偿债基金　　　　　　　　　　　　　　　　USD350000
　　贷：应收账款　　　　　　　　　　　　　　　　　　　　　USD350000

② 经国家外汇管理局批准，以人民币购入USD450000，转入专户存储，备用归还外汇借款，汇率为USD1 = CNY7.5（开出人民币支票3375000元）：

借：银行存款——偿债基金（USD450000）　　　　　　　　　CNY3375000
　　贷：银行存款——人民币　　　　　　　　　　　　　　　　CNY3375000

③ 经批准从美元存款现汇账户中划出USD200000，转入专户存储，备用归还外汇借款：

借：银行存款——偿债基金　　　　　　　　　　　　　　　　UDS200000
　　贷：银行存款——美元　　　　　　　　　　　　　　　　　UDS200000

④ 归还前期外汇借款本金USD950000，利息USD50000：

借：长期借款（或短期借款）——美元　　　　　　　　　　　USD950000
　　财务费用——利息支出　　　　　　　　　　　　　　　　　USD50000
　　贷：银行存款——偿债基金　　　　　　　　　　　　　　　USD1000000

（二）外币借款的核算

涉外企业在生产经营过程中，因经营需要进口原材料、零配件或先进设备等，在企业自身外币资金有限的情况下，可向银行或其他金融机构借入外币借款来弥补不足。

根据借款期限的不同，外币借款可以分为短期借款与长期借款。

1. 外币短期借款的核算

（1）外币短期借款概述。外币短期借款是指涉外企业向银行或其他金融机构借入的期限在1年以内的各种外币形式的款项。企业进行短期借款一般是为了维持正常的生产经营活动或偿还某项债务，因此，短期借款一般具有以下特征：一是企业的债权人不仅包括银行，还包括其他非银行金融机构，如金融性公司等；二是借款期限较短，一般为1年以下（含1年）；三是除了到期要归还借款本金外，还应根据合同规定，支付相应的利息。目前，我国外币短期性质的借款一般有以下几种。

1）资金周转借款。它是涉外企业为了维持正常的生产和商品流转对资金需要而向银行借入的外币款项。

2）进口商品短期借款。它是指涉外企业为进口国内短缺的原材料或技术先进设备而向银行申请借入的外币款项。

3）押汇借款。它是指涉外企业出口交单后，在未收汇期间，以信用证及全套出口单据为抵押向银行申请借入的外币款项。

4）其他临时或专项借款。它是指除上述种类之外，涉外企业申请的季节性、临时性或待定用途的外币借款。

短期借款一般单利计息，借款期限满月的，以月数进行计算，不满月的，以天数进行计算。对于短期借款的利息支出，应作为期间费用计入当期"财务费用"，短期借款的利息一般是按季度支付的，根据权责发生制原则，企业可以在每月月末计算本月应负担的利息费用，并通过"应付利息"账户进行核算。

（2）外币短期借款的会计处理。对于外币短期借款业务，企业应设置"短期借款"账户，并按借入外币的币种分别进行核算。该账户属于负债类，贷方登记借入的外币金额；借方登记归还的外币金额；期末贷方余额反映已经借入但尚未归还的外币金额。该账户应按债权人分别设置明细账户进行明细分类核算。

2. 外币长期借款的核算

（1）外币长期借款概述。外币长期借款是涉外企业向银行或其他金融机构借入的，偿还期在1年以上（不含1年）的各种外币款项。涉外企业借入长期借款，主要用于企业筹建期间的基本建设支出，以及企业为了扩大经营规模或进行更新改造而增加的固定资产支出等。

企业取得外币长期借款时，应按一定的比率将外币金额折算为记账本位币入账。用于购建固定资产的外币长期借款利息及汇兑损益，在所购建的固定资产达到预定可使用状态之前，应计入工程成本，作为固定资产原价的一部分；所购建的固定资产达到预定可使用状态以后，直接作为期间费用计入"当期损益"。企业借入的与购建固定资产无关的外币长期借款利息费用及汇兑损益，发生在筹建期间的，应计入"长期待摊费用"，发生在生产经营期间的，应计入"当期损益"。在长期借款中，1年内到期应予偿还的部分，在资产负债表上，应列在"1年内到期的长期负债"项目，作为一项流动负债反映。

（2）外币长期借款的会计处理。对于外币长期借款业务，企业应设置"长期借款"账户，并按币种分别进行核算。该账户属于负债类账户，贷方登记企业借入的长期借款本金及长期借款的应付利息与汇兑损失；借方登记归还长期借款本金与利息及汇兑收益；期末贷方余额反映尚未归还的长期借款余额。该账户可按债权单位设置明细账户进行明细分类核算。

第二节　借款融资细述

一、银行贷款流程
（一）贷前调查
1. 贷前调查的方法

贷前调查是信贷决策的重要依据，一般会采用科学、适用的调查方法，通过定性和定量相结合的调查手段,正确分析和预测银行可以承受的风险。

贷前调查的方法包括现场调查、搜寻调查和委托调查。贷前调查的各方法可以单独使用,也可以相互结合使用,这取决于具体信贷业务的需要。

(1) 现场调查。现场调查是最直接、最常用、最重要的贷前调查方法,具体包括现场会谈和实地考察。

1) 现场会谈。现场会谈是银行与借款人(银行客户)的双边交流形式。银行的会谈团队包括银行客户经理、主管领导和风险调查人员等,借款人的会谈团队包括董事长、总经理、财务总监、市场总监、生产总监和销售总监等高管人员。银行人员事前一般会拟定好会谈提纲,侧重了解借款单位的经营发展思路、企业内部管理情况和财务经营状况等,尽可能多地从会谈中获得对借款人及其高管人员的感性认识。

2) 实地考察。实地考察就是考察借款人的生产经营场所,包括公司厂房、设备或生产线等。实地考察可能会事先通知借款人,也可采取突击考察的方式,谨防借款人弄虚作假、迷惑银行。实地考察的内容一般会侧重调查借款人的生产设备运转情况、实际生产能力、产品结构情况、应收账款和存货周转情况、固定资产维护情况和周围环境状况等,甚至还包括员工精神状态、企业文化、公司治理等。

在现场调查结束后,银行客户经理或风险调查人员一般会形成现场调查的工作报告,从而为下一步评估做好准备。

(2) 搜寻调查。风险调查人员可能会通过报刊、书籍、互联网、官方记录等各种媒介寻找有价值的资料以开展调查,还会通过接触借款人(银行客户)的关联企业、竞争对手或个人获取有价值的信息,还会通过行业协会、政府管理部门(如工商部门、税务部门、公安部门、海关等)去了解借款人(银行客户)的真实情况。在搜寻调查中,银行客户经理或风险调查员要特别注意信息渠道的权威性、准确性和全面性。

(3) 委托调查。委托调查就是通过中介机构或银行自身网络开展调查,将贷前调查外包给专门的调查机构或其他银行分支机构,并支付一定调查费用的行为。委托调查会注意签订严格的责任合同,以保证调查信息的真实性、全面性。

2. 贷前调查的内容

贷前调查主要内容如下。

(1) 合法合规性调查。合法性与合规性是公司信贷业务必须满足的前提条件。贷前调查的首要任务就是要对借款人和担保人的资格和对与法律、法规、制度及信贷政策相关的行为进行调查与认定。调查的内容主要包括以下几个方面。

1) 法人资格。风险调查人员(包括银行客户经理)一般会仔细检查借款人的法人资格、借款资格,借款人的营业执照、法人代码证和贷款卡是否真实、有效、年检,近期是否发生内容变更、名称变更、注销和作废等。

2) 借款人、担保人的法定代表人、委托授权人、法人公章、签名的真实性与有效性,并依据委托授权书所载明的代理事项、权限、期限认定授权委托人是否具有签署法律文件的资格和条件。

3) 对于董事会决议同意借款和担保的,风险调查人员需要确认董事会同意借款、担保决议的真实性、合法性和有效性。

4) 认定抵(质)押品的合法性、有效性,以及是否符合银行担保管理规定,尤其不能重复抵(质)押。

5) 认定贷款使用的合法性,借款人有关生产经营及进出口许可证是否真实有效,贷款用途是否符合营业执照所列经营范围,并分析借款人生产经营是否符合国家和本地区的经济政策、产业政策。

6）鉴别购销合同的真实性、有效性，以分析借款用途的正常、合法、合规及商品交易合同的真实可靠性。

7）调查借款目的，防止信贷诈骗。

（2）贷款风险性调查。在保证合法性的前提下，还要保证贷款本身的安全性，尽量避免各种不确定因素的影响。为此，风险调查人员会从如下几个方面着手。

1）对于借款人、担保人、法定代表人、委托授权人和实际控制人等的品行、业绩、能力和信誉等要仔细调查，了解其履行协议贷款的历史记录，从而才能对其经营管理水平、公众信誉、还款意愿等做出相对客观的评价。

2）考察借款人、担保人和实际控制人等是否具有良好的公司治理结构，主要包括是否制定清晰合理的发展战略、科学的决策系统、审慎的会计原则、严格的目标责任制、科学的激励约束机制、健全的人才培养机制等。

3）考察借款人、担保人和实际控制人等的财务管理状况，审查财务报表的真实性，核对重要数据的总账与明细账，并查看原始凭证与实物是否相符，掌握其现金流量指标、偿债能力指标、盈利能力指标和营运能力指标等关键性的财务数据。

4）调查原有到期贷款及应付利息清偿情况，产生不良贷款的数额、比例和原因等；对于没有清偿的贷款本息，要督促和帮助借款人去制订切实可行的还款计划。

5）调查有限责任公司和股份有限公司的对外股本权益性投资情况。

6）调查抵（质）押品的价值评估情况。

7）对于申请外汇贷款的借款人（银行客户），要调查借款人、担保人和实际控制人等承受汇率、利率风险的能力，尤其是要注意汇率变化对抵（质）押担保的影响程度。

（3）贷款收益性调查。贷款收益性是指贷款给银行带来的盈利能力。调查内容包括如下方面。

1）对借款人过去3年的经营效益情况进行调查，并结合当前的宏观经济状况，分析借款人的行业前景、产品销售能力、行业竞争能力和宏观经济状况。

2）对借款人的当前经营状况进行调查，核实其拟实现的销售收入和利润的真实性与可行性。

3）对借款人在过去和未来给银行带来的收入、存款、结算、结售汇等综合效益进行调查、分析和预测，为贷款决策提供科学合理的依据。

（二）贷款申请受理

1. 面谈访问

面谈访问属于公司信贷的前期调查阶段，主要目的是确定该笔贷款业务是否具有可能性，是否值得投入更多的精力进行后期的贷款洽谈和贷前调查。

（1）准备工作。在主动上门营销之前，银行客户经理一般会做好充分准备，拟订详细的营销计划。营销计划包括了解借款人（银行客户）总体情况、借款人（银行客户）信贷需求和向借款人（银行客户）推荐的信贷产品等。

若是借款人（银行客户）上门提出贷款需求，银行客户经理也会按照原有的营销框架灵活应对，敏锐地发现借款人（银行客户）的信贷需求，推荐可能的信贷产品。

（2）具体内容。面谈访问是信贷调查的重要方式，银行客户经理会按照国际通行的信用"6C"标准原则，即品德（character）、能力（capacity）、资本（capital）、担保（collateral）、环境（condition）和控制（control），重点掌握借款人（银行客户）公司状况、贷款需求、资信状况、还款能力和抵（质）押品等方面的借款人（银行客户）信息。

1）公司状况。借款人（银行客户）的公司状况包括资本结构、股东背景、组织架构、产品情况、经营状况和历史沿革等，尤其是要了解公司高管人员和实际控制人等情况。

2）贷款需求。银行客户经理会了解贷款背景、贷款用途、贷款规模和贷款条件等，初步评估贷款需求及其可行性。

3）资信状况。资信状况决定了借款人（银行客户）的还款意愿，主要包括借款人（银行客户）既有的银行业务、信用履约记录等。此外，还包括公司实际控制人和高管人员的个人信用状况。

4）还款能力。决定借款人（银行客户）还款能力的主要因素包括公司的现金流量构成、经济效益、还款资金来源和担保人的经济实力等。

5）抵（质）押品。抵（质）押品的可接受性包括抵（质）押品的种类、权属、价值和变现能力等。

(3) 注意事项。在对借款人总体情况进行初步了解之后，银行客户经理一般会及时对借款人（银行客户）的贷款申请做出恰当的反应。

1）在上门推销银行贷款时，若借款人（银行客户）的借款需求具有合理性与可能性，银行客户经理就一般会及时获取借款人的相关信息资料，从而为后续的调查工作做准备。若借款人（银行客户）没有借款需求，银行客户经理也一般会继续和潜在的借款人保持联系，逐渐加深与借款人（银行客户）的关系，从而为以后的可能信贷奠定基础。

2）在借款人（银行客户）上门向银行提出贷款需求时，如果借款人（银行客户）的借款申请具有可行性，银行客户经理就一般会尽可能要求借款人（银行客户）提供全面的信息资料，从而为信贷风险控制做好准备。如果借款人（银行客户）的借款申请不具有可行性，银行客户经理一般会有余地地表明银行的立场，向借款人（银行客户）耐心解释原因，并建议其他融资渠道，或者寻找其他业务合作机会。

2. 内部意见反馈

银行客户经理的面谈访问只是对借款人（银行客户）的初步了解。此后，银行客户经理还会在银行内部进行意见反馈，使下一阶段的工作能顺利开展。

(1) 汇报情况。银行客户经理在面谈访问之后，一般会通过其他可能渠道，如中国人民银行的信贷咨询系统，核实和了解借款人（银行客户）的情况。并且，在系统性地整理借款人（银行客户）信息之后，银行客户经理就会及时准确地向所在基层单位的主管领导汇报这些借款人（银行客户）信息，避免上级领导掌握的信息出现偏差。

(2) 书面材料。在向主管领导汇报情况后，银行客户经理会将借款人（银行客户）信息整理成书面材料，通过小组会议等方式进行判断并形成会议纪要。书面材料的内容包括贷款面谈访问涉及的重要主体、获取的重要信息、存在的问题，以及是否进行贷款的倾向性意见或建议。书面材料的形式条理清晰、言简意赅、内容详尽、客观准确。

面谈访问形成的书面材料往往是信贷风险控制最重要的基础性信息，也是风险管理部门和主管行领导判断贷款合理性和安全性的根据。贷款安全性是银行关注的第一位因素，银行客户经理一般不会因为信贷的高收益和派生收益而忽视了贷款本身的安全性，对于安全性较差的项目一般会持谨慎态度。

3. 贷款意向阶段

贷款意向阶段是面谈访问之后的下一个步骤，主要是正式受理借款人（银行客户）的贷款需求，出具贷款意向书，并要求借款人（银行客户）提供更为详尽的贷款申请资料，从而拟定下阶段的信贷目标计划，将储备项目纳入银行的贷款项目库。

(1) 出具贷款意向书。贷款意向书就是以书面声明形式表达的贷款意向，从而为下一阶段的准备和商谈服务。贷款意向书是一种要约邀请，不具备法律效力，对借贷双方不构成任何约束。贷款意向书一般常见于银行的中长期贷款，尤其是固定资产贷款，但也不是必需的信贷资料，某些贷款操作为了简化流程也不需要贷款意向书。

银行出具贷款意向书应谨慎、严肃，并且须按照内部审批权限批准后才能对外出具，超过所在行权限的会报上级行审批。银企合作协议是常见的一种贷款意向书，但会明确协议条款的法律地位，如果要求协议具有法律效力，则对其中的贷款安排一般以授信额度协议来对待。

（2）准备贷款申请资料。贷款申请资料是进行贷前调查和贷中审查的基础。在实际操作中，银行客户经理需要根据不同贷款种类收集不同材料，主要包括以下几方面。

1）借款申请书。借款申请书是借款人（银行客户）向银行提供的正式的借款要约，需要借款人的法定代表人或其授权人签字并加盖借款人公章。借款申请书一般是由银行提供的标准化的格式文件，主要包括的内容有借款人概况、申请借款金额、借款币种、借款期限、借款用途、还款来源、用款计划、还款计划及其他事项。

2）基本要件。除了借款申请书外，银行客户经理还会要求借款人（银行客户）提供的基本材料包括：借款人已经在工商行政管理部门办理年检手续的营业执照复印件；法人代码证和税务登记证的复印件；初次借款申请的借款人应提交公司章程；借款人的贷款卡复印件；借款人连续3年经过审计的财务报表和近期的财务月报；借款人为外资企业或股份制企业的，应提交同意申请借款的董事会决议和借款授权书正本。

3）特殊要件。借款人需要提供的特殊要件将根据贷款种类的不同而不同。

① 保证担保贷款的借款人需要提供的特殊要件包括：经过银行认可的、有担保能力的担保人的营业执照复印件；担保人经过审计的近3年的财务报表；担保人为外资企业或股份制企业，应提交同意担保的董事会决议和授权书正本。

② 需要提供抵（质）押品担保的借款人应提供的特殊要件包括：抵（质）押品清单；抵（质）押品价值评估报告；抵（质）押品权属证明文件；抵（质）押人为外商投资企业或股份制企业的，应出具同意抵（质）押的董事会决议和授权书；借款人同意办理抵（质）押品的保险手续，并以拟借款的银行为第一受益人。

③ 流动资金贷款的借款人需提供的特殊要件包括：原材料或辅助材料的采购合同、产品销售合同或进出口商务合同；出口打包贷款，应出具进口方银行开立的信用证；票据贴现的，应出具承兑的银行承兑汇票或商业承兑汇票；借款用途涉及国家实施配额、许可证等方式管理的进出口业务，一般会出具相应审批文件。

④ 固定资产贷款的借款人需要提供的特殊要件包括：资金到位情况的证明文件（资本金、贷款及其他融资）；项目可行性研究报告及有关部门对研究报告的批复；其他配套条件落实的证明文件；转贷款、国际商业贷款及境外贷款担保项目，应提交国家计划部门关于融资方式、外债指标的批文；政府贷款项目还需要提交该项目列入双方政府商定的项目清单的证明文件。

贷款资料应在许可的范围内尽量简化，但都会认真核对原件与复印件。新建项目没有财务报表、未经审计的企业财务报表，应辅助其他财务资料。根据公司章程不需要提交董事会的贷款或担保具有授权也可。

（三）贷款报审、审批和发放管理

1. 贷款报审材料

（1）短期贷款报审材料。

1）短期贷款报审材料的内容。短期贷款是指期限一般在1年及1年以下的银行贷款，它一般是出于借款人的流动资金需求。所有报审材料的复印件都需要加盖公章，银行客户经理或风险调查人员会在复印件上注明"已核原件无误"。其报审材料一般包括如下几项。

① 申请文件。申请文件包括：所在的分支行关于贷款报批的请示；流动资金贷款信贷调查报告；流动资金贷款信贷审批报告；借款人的借款申请书；董事会决议、董事会成员签

名单和借款授权书；法人代表或负责人证明书和法人代表或负责人委托授权书；法人代表或负责人和被授权人身份证明文件。

② 资信文件。资信文件是表明借款人资信状况的文件，主要包括：政府批准成立的文件复印件（也可不提供）；经过年检的营业执照复印件；企业代码证书复印件；初次借款的借款人还需要提交公司章程；外商投资企业还需要提供合资/合作企业的合同、章程及其批复文件与批准证书，资金到位情况的证明（如验资报告等）；近3年的经过注册会计师事务所审计的财务报表（包括资产负债表、现金流量表、利润表）；贷款证原件、复印件或贷款卡及其内容的复印件；借款人信用等级证明材料或其他能证明借款人资信状况的材料。

③ 担保文件。担保文件主要是指借款人提供的抵（质）押担保物或第三人提供保证担保的相关证明文件，可以分为保证担保和抵（质）押担保两个大类。

（a）保证担保要求提供的文件资料主要包括：政府批准成立文件复印件；营业执照（非法人需要提供上级法人单位同意担保的声明书）；企业代码证复印件；法人代表或（非法人企事业单位）负责人证明书和法人代表或负责人的授权委托书；法人代表或负责人和被授权人的身份证复印件；经过注册会计师事务所审计的保证人在近3年的财务报表；注册会计师事务所出具的验资报告；保证人的公司章程、董事会决议（有法定人数的董事会还需要董事会成员的签名单）及授权书；贷款证复印件或贷款卡及其内容的复印件；保证担保声明书或签订保证合同的承诺函；贷款保证担保合同。

（b）抵（质）押担保要求提供的文件资料包括：政府批准成立文件复印件；营业执照复印件（非企业法人需要提供上级法人单位同意抵（质）押的声明书）；法人代表或（非法人企事业单位）负责人证明书和法人代表或负责人的授权委托书；公司章程、董事会决议（有法定人数的董事会还需要董事会成员的签名单）及授权书；抵（质）押担保声明书或签订抵（质）押合同的承诺函，抵（质）押物权属证明，抵（质）押物清单，抵（质）押物评估材料（以原值进行抵（质）押的不需要）；抵（质）押物处分协议书；借款人根据银行要求办理抵（质）押物的保险手续并将保险权益转让给银行的承诺函；最高额或单笔的贷款抵（质）押担保合同。

④ 借款文件。借款文件包括借款合同和借款用途证明文件。借款合同包括综合授信额度合同和单笔借款合同，每一类合同又分为新增合同与展期合同。

借款用途证明文件主要包括原材料或辅助材料的采购合同、产品销售合同、购销发票、进出口商务合同、报关单等。出口打包贷款还需要进口方银行开具的信用证、国际结算部门开具的信用证条款无疑义的材料、进口商与开证行的资信证明或说明。票据贴现的，应出具经过承兑的汇票、行内有关部门鉴定票证真伪（包括核定密押）的材料、承兑人资信证明文件或说明文件。进出口业务还需要配额、许可证等审批文件。

此外，借款文件还包括借款人在银行开立基本账户或相应存款户的承诺函。

⑤ 其他材料。具体银行及其审查部门所要求的其他材料。

2）短期贷款报审材料要点。

① 票据贴现。票据贴现是最常见的短期贷款方式，其报审材料特别需要注意验证票据的真伪性，需要会计部门出具对票证的鉴定材料（包括核定密押），需要查询和核实出票人与承兑人，需要承兑人资信证明的说明文件，需要证明其真实贸易背景的购销合同及相应发票等。

② 临时性贷款。临时性贷款是银行等金融机构为解决工商企业季节性、临时性原因引起的资金不足而发放的短期贷款。季节性原因引起的资金不足即因自然季节变化规律对企业生产经营诸环节发生作用，引起物资储备的增加或销售的减少，造成资金不足；临时性原因引起的资金不足一般是出现事先难以预料的内外部因素，导致企业资金临时不足。

临时性贷款报审材料的要点在于，要有表明借款金额与借款人合理资金需求关系的分析材料；临时性贷款的期限一般不超过3个月，最长不超过6个月；借款人生产经营的1个循环过程要与借款期限相衔接；尤其是要注意审查贷款用途的正当性与合理性，防止贷款被挪用的风险，以保证贷款资金来源的可靠性。

③ 周转性贷款。周转性贷款是指银行向借款人发放的用于生产经营活动中的、经常性占用的合理流动资金需要所发放的贷款，其特点在于短期周转、长期使用。

因此，周转性贷款报审材料的要点就在于，借款人的资信状况、经营状况、财务状况、获利能力、偿债能力、研发能力和市场竞争力等，要考虑银行的资金状况和利益，要多采用原材料的质押担保以确保短借长用资金额度的风险。

④ 出口打包贷款。出口打包贷款是指银行向出口商提供的短期贷款，其抵押凭证就是进口商所在地的银行开具的信用证及该信用证项下的出口商品。

出口打包贷款报审材料的要点在于，进口方银行开具的信用证、国际结算部门出具的信用证条款无疑义的证明材料、进口商与开证行的资信证明或说明文件等，关键是信用证的真实性的证明材料和开证行的资信状况。

(2) 中长期贷款报审材料。对公司融资而言，中长期贷款是指期限在1年以上的银行贷款，它一般是出于借款人的基本建设、技术改造等固定资产投资活动的需要，或者是出于房地产企业开发经营活动的需要，或出于写字楼、商铺按揭的需要。

1) 中长期贷款报审材料的内容。中长期贷款的所有报审材料的复印件都需要加盖公章，银行客户经理或风险调查人员会在复印件上注明"已核原件无误"。中长期贷款的报审材料一般包括以下几项。

① 申请文件。申请文件包括：所在的分支行关于贷款报批的请示；中长期贷款信贷调查报告；中长期贷款信贷审批报告；借款人填写完全的借款申请书、董事会决议、董事会成员签名单和借款授权书；法人代表或负责人证明书和法人代表或负责人委托授权书；法人代表或负责人和被授权人身份证明文件。

② 资信文件。中长期贷款的资信审查文件较为复杂，主要包括借款人基本状况的资信文件和项目基本情况的资信文件两个大类。

借款人基本情况的资信文件主要包括：政府批准成立的文件复印件（也可不提供）；经过年检的营业执照复印件；企业代码证书复印件；初次借款的借款人还需要提交公司章程；外商投资企业还需要提供合资/合作企业的合同、章程及其批复文件与批准证书，资金到位情况的证明（如验资报告等）；近3年的经过注册会计师事务所审计的财务报表（包括资产负债表、现金流量表、利润表）；贷款证原件、复印件或贷款卡及其内容的复印件；借款人信用等级证明材料或其他能证明借款人资信状况的材料。

项目基本情况的资信文件主要包括项目立项文件和项目配套文件。

项目立项文件主要包括：项目可行性报告；国家或当地政府的固定投资计划；项目审批文件；专项贷款或银团贷款落实情况的证明文件；涉及国外商业贷款的项目，需要国家发展和改革委员会（以下简称国家发改委）和国家外汇管理局关于外债规模和融资方式的批文；涉及国外政府贷款的项目，还需要双方政府有关部门商定的项目清单的证明文件。

项目配套文件主要包括：项目资本金到位情况或计划；资金来源落实的证明文件；其他金融机构贷款的承诺文件；原材料、产成品等购销协议；政府优惠政策的证明文件；土地、环保、运输、水电气等配套情况的证明文件。

③ 担保文件。担保文件主要是指借款人提供的抵（质）押担保物或第三人提供保证担保的相关证明文件，可以分为保证担保和抵（质）押担保两个大类。

保证担保要求提供的文件资料主要包括：政府批准成立文件复印件；营业执照（非企

业法人需要提供上级法人单位同意担保的声明书）；企业代码证复印件；法人代表或（非法人企事业单位）负责人证明书和法人代表或负责人的授权委托书；法人代表或负责人和被授权人的身份证复印件；经过注册会计师事务所审计的保证人在近3年的财务报表；注册会计师事务所出具的验资报告；保证人的公司章程、董事会决议（有法定人数的董事会还需要董事会成员的签名单）及授权书；贷款证复印件或贷款卡及其内容的复印件；保证担保声明书或签订保证合同的承诺函；贷款保证担保合同。

抵（质）押担保要求提供的文件资料包括：政府批准成立文件复印件；营业执照复印件（非法人需要提供上级法人单位同意抵（质）押的声明书）；法人代表或（非法人企事业单位）负责人证明书和法人代表或负责人的授权委托书；公司章程、董事会决议（有法定人数的董事会还需要董事会成员的签名单）及授权书；抵（质）押担保声明书或签订抵（质）押合同的承诺函；抵（质）押物权属证明；抵（质）押物清单；抵（质）押物评估材料［以原值进行抵（质）押的不需要］；抵（质）押物处分协议书；借款人根据银行要求办理抵（质）押物的保险手续并将保险权益转让给银行的承诺函；最高额或单笔的贷款抵（质）押担保合同。

④ 借款文件。借款文件包括借款合同和借款用途证明文件。借款合同包括综合授信额度合同和单笔借款合同，每一类合同又分为新增合同与展期合同。

借款用途证明文件主要包括原材料或辅助材料的采购合同、产品销售合同、购销发票、进出口商务合同、报关单等。

此外，借款文件还包括借款人在银行开立基本账户或相应存款户的承诺函。

⑤ 其他材料。具体银行及其审查部门所要求的其他材料。

2）中长期贷款的报审材料要点。

① 项目贷款。项目贷款又称固定资产投资贷款，由于其本身的投资对象和贷款期限等业务特点，所需要的报审材料有必要特别注意以下要点。

（a）权威部门批准的立项批文是先决条件，否则将招致违背国家政策的风险，从而使得项目贷款缺乏还款来源，也会使银行贷款无法收回。

（b）可行性研究报告是另一种重要的报审材料，因为可行性报告分析的合理性直接决定了项目贷款还款来源的可靠性。因此，对于可行性研究报告，银行会进行重点审查评估，从而科学合理地评估项目前景。

（c）项目资本金来源及其比例的证明文件非常关键。项目资本金的来源及其比例的证明文件，直接说明了借款人本身对项目前景的信心程度，通过仔细审查项目资本金的状况也能觉察借款人的资信状况。此外，符合比例的项目资本金比例也是国家产业政策和银行信贷政策的共同要求。

（d）配套资金落实情况的证明文件也很重要。例如，其他银行的贷款、政府部门的拨付款项、股东或其他关联人的借款等，也是表明项目前景的重要资料。

（e）能够提供项目抵押或建设单位担保等银行认可的担保方式，担保合同与借款合同需要一致，并且不能有涂改、有瑕疵。

（f）其他配套措施的落实。从固定资产投入到项目产出获益需要诸多环节配套才能成功，某些似乎无关紧要的环节有时反而成为制约整体项目成功的瓶颈。因此，对于项目所需的原材料、燃料、动力须有可靠来源，三废治理、环保措施、交通运输等相关措施也需要具体落实，这些方面的进展情况需要在报审材料中有所反映，银行才能全面、科学、合理地评估项目贷款的风险。

② 房地产开发经营贷款。相对于其他中长期贷款而言，房地产开发贷款就更具有其特殊性，因而报审材料也需要注意如下要点。

(a) 必须具有政府固定资产投资计划的证明材料，尤其是重点投资项目。

(b) 各项开发手续要齐全，必须具有国有土地使用证、建设用地规划许可证、建设工程规划许可证和建设工程施工许可证，银行客户经理和风险调查人员会亲自查看原件，复印件会注明"已核原件无误"。

(c) 必须具有铺地流动资金和其他配套资金的证明文件，以保证不会出现由于烂尾楼等现象而招致银行贷款无法收回的风险。

(d) 能够提供项目抵押或建设单位担保等银行认可的担保方式，担保合同与借款合同需要一致，并且不能有涂改、有瑕疵。

(e) 必须签订《房地产授信封闭管理协议书》，在银行开立专户，并由银行风险管理部门和会计部门派专人进行监管。

③ 写字楼、商铺按揭贷款。写字楼、商铺按揭贷款类似于个人房屋按揭贷款，其报审材料的要点如下。

(a) 借款人的基本账户应在本银行开立，近半年日均存贷比不低于25%，经济实力雄厚，无不良信用记录，回购担保能力强。

(b) 写字楼、商铺等项目工程已经封顶，已投资金额超过总投资金额的80%，并且资金缺口基本落实。

(c) 要办理好写字楼、商铺等的产权证书，签订好抵押担保合同，做好抵押登记和公正等手续，并做好重要证书、资料的保管工作。

(d) 切实跟踪售楼款回笼状况，监控开发商资金流向，加强贷后管理。

④ 银团贷款。银团贷款一般纳入固定资产贷款管理，但由于贷款人较多，其报审材料的要点也有别于其他中长期贷款，主要从以下几个方面着手。

(a) 银团贷款的牵头行一般会向参与行发出书面邀请函，并要求确认准备参加的贷款金额、期限、重点项目等。

(b) 项目单位应向银行提交银团贷款申请书、董事会决议、法人代表证明书、法人代表委托书、营业执照、贷款证、企业（公司）章程、近3年的财务报表、项目建设立项及其批文、项目可行性报告、银团贷款委托书及其他材料。

(c) 担保单位一般会提供董事会决议、法人代表证明书、法人代表委托书、营业执照、法人代码证、税务登记证、财务报表和贷款证等。

(d) 项目单位应提前3天向牵头行提交用款通知书，牵头行一般会在3天内向参贷行发出银团贷款划款通知书，参贷行一般会缮制特种转账传票并以划款通知作为附件办理会计手续。

2. 贷款审查及审批

(1) 贷款审查。在贷款报审风险管理部门之后，风险审查人员一般会对银行客户经理和调查人员提供的资料进行核实评定，重新测定贷款风险，并重点审查如下几个方面。

1) 借款人基本情况审查。

① 核实借款人的真实性与合法性。借款人的基本要件必须齐备，包括政府批文、营业执照复印件、企业公章、贷款证、法人代表证明书和授权委托书等。

② 审查借款人发展史。重点核实企业性质、隶属关系、股东构成、开业时间、经营场地、组织机构、人员结构和运作方式，核实主要负责人和实际控制人的简历、学历、品德、才干和管理水平，核实借款人经营范围、经营规模、购销渠道、技术力量等。

③ 评估借款人的信用状况和结算潜力。仔细查看贷款卡或贷款证上的还款情况记录、在其他银行的存贷款情况、银行利息归还情况和资信评估公司评定的资信等级证明。

2) 借款人借款资格审查。根据《贷款通则》，借款人的借款资格审查主要包括：产品市场前景、是否挤占信贷资金、还本付息能力、企业法人是否在工商部门办理年检手续、是否在银行开立基本账户或一般存款账户、有限责任公司或股份有限公司对外股本权益性投资累积额是否超过净资产总额的50%（国务院批准的除外）、资产负债率是否符合要求、固定资产立项手续是否齐全、项目是否经过有权审批部门的批准等。

3）贷款用途审查。风险审查人员主要审查有关贷款用途的证明文件是否真实、有效、有无遗漏，贷款用途是否符合国家产业政策、信贷政策，是否属于贷款支持的范围，必要时可能会要求借款人提供相关的购销合同，甚至可能会要求进行实地调研。

4）还款来源审查。首先，审查借款人所提供的财务报表的真实性，财务报表要与总账、明细账、原始凭证和重要实物处处相符。其次，分析和审查借款人的经营规模、净资产、固定资产、在建工程、长期投资、负债水平、流动比率、获利能力、债务清偿等，从而据此来反映借款人的经济实力是否足以能够还款。最后，评估借款人的发展前景、主要产品结构、新产品研发能力、主要领导人的工作能力和组织管理能力等，从而科学、合理地测算借款人还款来源的动态变化。

5）担保方式审查。贷款担保方式的审查非常关键，因为它直接涉及银行贷款资产的安全性。

① 保证担保的审查。

(a) 保证资格审查。保证资格审查主要包括：保证人是否符合《担保法》的规定，是否持有在有效期内的营业执照，是否实行独立核算并具有一定自有资金和固定的经营场所，是否具有一定的经济实力和本币贷款的保证能力，是否持有中国人民银行颁发的贷款证或贷款卡，是否具有正常的经营状况、良好的资信状况和良好的还款历史。

(b) 保证能力审查。保证能力审查包括：要严格审查保证人的经营规模、资金实力、经济性质、隶属关系、内部组织、股东构成，审查借款人及其下属单位的主要任务、设备状况、产品的市场竞争力和发展前景，通过财务报表分析计算出净资产、固定资产、在建工程、长期投资、负债比率、流动比率、债务清偿能力、资产回报率、利润率等是否在同业正常范围内，计算其承担保证责任的贷款总额是否超过净资产，从而确保其保证能力。

(c) 保证手续审查。保证手续审查包括：要审查保证合同的要素是否齐全，保证人的单位公章、法定代表人签字是否真实、有效，保证合同的编号、时间和生效条件等是否与借款合同的相应要素一致。此外，有些保证合同还需要进行公证。

(d) 保证范围审查。保证范围审查包括：是否覆盖了贷款本金、利息、违约金和实现债权的费用等，保证的时间范围是否为借款合同履行期满的一定时期。

② 抵（质）押担保的审查。抵（质）押担保的审查相对比较复杂，需要注意以下要点。

(a) 要验证抵（质）押物的合法性。凡是不符合《担保法》和银行规定的抵（质）押物，都不能接受为贷款担保物。

(b) 要验证抵（质）押物的所有权权证，包括购销合同与发票等，进口物品还需报关单等资料。凡是所有权存在争议的物品都不能接受为贷款担保物。

(c) 要验证担保人对抵（质）押物是否具有完全的财产处分权，以共有财产进行抵（质）押担保的，必须经过全体共有人同意，并且出具抵（质）押担保声明书。

(d) 要审查抵（质）押物是否需要进行保险，保险的期限不得短于担保期限，并且保险的第一受益人必须为银行。

(e) 要审查抵（质）押物的价值评估材料，是否经过有权部门出具，是否具有真实的评估依据，是否存在重复抵（质）押的嫌疑。

(f) 要审查抵（质）合同是否已经在当地工商行政管理部门进行登记，需要进行公证的抵（质）押合同是否已经到当地公证机构进行公证。

(g) 抵（质）押物的保管入库措施是否完备，是否具有抵（质）押物的清单。

(2) 贷款审批。在银行风险审查人员对贷款报审材料进行审查以后，就会按照规定逐级报请有关部门经理、行领导和风险管理委员会审批生效。

根据《商业银行法》第三十五条和《贷款通则》第二十八条的规定，贷款人一般会建立审贷分离、分级审批的贷款管理制度。审查人员一般会对调查人员提供的资料进行核实、评定、复测贷款风险度，提出意见，按规定权限报批。

因此，银行一般会建立审贷分离、分级审批的制度。风险审查人员一般会在对调查人员所提供的资料进行核实、评定、复测的基础上，出具初步的贷款审查意见，并按照规定权限报批有关部门领导。贷款审批包括了贷款方案设计和贷款方案选择两个阶段，贷款方案设计就是对贷款与否、贷款额度增减与否、贷款期限长短调整与否、贷款担保方式调整与否等问题提出若干个可能的选择，贷款方案选择就是银行风险审批人员通过对该笔贷款预期的收益风险权衡来对上述可能的选择方案进行抉择的。

在银行贷款审批过程中，需要重点关注4种风险管理制度。

1) 审贷分离制度。审贷分离是指，银行通过对贷款调查、贷款审查、贷款发放与检查的职能分别设置相应的部门、岗位和人员，以明确各个部门及岗位人员的职责和考核内容的贷款管理责任制度。审贷分离实行"部门（岗位）分设、职能分离、各负其责、相互制约"的原则，通过审、贷、查的职能分工和权力制衡防范贷款风险。

2) 分级授权制度。分级授权制度是指，在防范贷款风险的前提下，为促进银行市场业务拓展，为提高银行贷款审批效率，根据国家有关法律法规和银行的有关管理制度，银行按照其分支机构风险管理能力和业务品种风险特征等核定其分支机构授信权限的内部信贷管理制度。

分级授权制度包括对分支机构的综合授权与单项授权。综合授权是指，分支机构在符合总行授权标准的前提下，总行对分支机构授予的、包括所有信贷业务（特别规定的除外）的审批权限。单项授权是指，总行针对个别特殊业务对分支机构单项授予的审批权限，这些特殊业务包括处于试点阶段的业务，可能产生的新业务品种，分支机构具有特殊管理优势、市场优势的业务或其他业务。

3) 贷款审批责任制。贷款审批责任制是指，银行通过对分支行和业务品种进行分级授权管理，通过对贷款调查、贷款审查和贷后检查中的相关岗位人员和分支行领导进行责任划分、考核和奖惩等，管理贷款风险的一种内部制度。分支行审批环节的相关人员有银行客户经理、风险审查人员、信贷审批经理、主管信贷的副行长和分支行行长，总行审批环节的相关人员有信贷审批室、信贷部门经理和信贷审批委员会。

分支行贷款审批实行行长负责制。行长在总行授权范围内对贷款进行审批，是本辖区内贷款资产质量的第一负责人，对贷款审批、发放和收回负有全部责任。

4) 风险审查委员会。为实现贷款决策的民主化、科学化和制度化，银行需要根据《贷款通则》和本银行授信管理办法等设置风险审查委员会，并在各级经营单位负责人（总行行长、分行行长、支行行长）的授权下通过风险审查委员会会议履行职责。

风险审查委员会的职责包括：在职责权限内对低风险以外的业务进行审批决策，超出职责权限的贷款在经过审议后报请上级或总行审批；审议经营单位申请复议的各项贷款；审议本辖区内重大信贷政策和其他重要信贷决策；及时反映风险审查委员会的审议标准和已有问题，对业务部门进行业务指导和政策指引。

3. 贷款发放管理

(1) 贷款的发放。在贷款审批通过以后，分支行及其银行客户经理就会严格按照审批意见，落实贷款审批提出的问题和附加条件，并与借款人签署借款合同。在签订借款合同后，贷款人要按借款合同规定按期发放贷款，贷款人不按合同约定按期发放贷款的应偿付违约金，借款人不按合同约定用款的应偿付违约金。

1) 贷款发放条件。贷款发放条件通常在借款合同中已经明确，银行会按照借款合同的规定，逐条核对落实确保这些条件完全齐备或已经生效。

① 首次放款的条件。首次放款涉及的条件比较多，主要包括如下几个方面的内容。

(a) 贷款类文件已经签署。这些贷款类文件包括借贷双方已经正式签署的综合授信额度合同和首次借款的单笔借款合同。属于票据贴现的，借贷双方必须签署票据贴现合同。属于银团贷款的，借贷双方必须正式签署银行之间的贷款协议。当然，各类贷款备案证明文件也必不可少，如贷款证或贷款卡等。

(b) 借款人资料已经齐备。借款人资料包括：目前有效的法人营业执照、批准证书、成立批复；法人代码证、公司章程；同意签署并履行协议的董事会决策，包括保证人的董事会决议；全体董事的名单和签字样本；需要签署相关协议的人士所出具的授权委托书和签字样本，包括保证人的授权委托书和签字样本；其他必要文件的真实副本及其复印件。

(c) 项目类文件已经签署。项目类文件包括：政府主管部门出具的同意项目开工的批复；项目土地使用、规划、工程设计方案的批复；包括自融资金在内的贷款项目预算资金落实情况的证明；会计师事务所出具的验资报告和注册资本占用情况说明；有关项目建设的支持函、投保证明、法律意见书、财务报表和其他批文等。此外，与项目合同相关的文件还包括已经正式签署的合营合同、建设合同或营造合同、技术许可合同、商标或商业名称许可合同、培训实施支持合同、土地使用权出让合同等。

(d) 担保类文件已经完备。担保类文件包括：已经正式签署的仓储保管（运输）协议、抵（质）押物清单、抵（质）押合同、实际控制人或第三人签订的保证合同、保险权益转让合同、已经缴纳印花税的缴付凭证、所属国家主管部门就担保文件出具的同意借款人提供该担保的文件、海关部门同意进口设备抵押而出具的批复文件、房地产登记部门出具的房地产抵押登记证明、工商行政管理部门出具的机器设备抵押证明、车管所出具的车辆抵押登记证明，没有明确登记部门的抵（质）押物，其产权文件及转让所需的有关文件正本必须交由银行保管，并在当地公证部门办理抵（质）押合同公证手续。金融机构出具的不可撤销保函或备用信用证，必须收妥银行认可的不可撤销保函或备用信用证正本；境外金融机构以外的法人组织或个人所出具的不可撤销保函或备用信用证，还必须有关于保证可行性及保证合同的、由指定律师认可的书面法律意见；特殊项目无法及时办理抵押登记的，一般会采取必要方式规避由此造成的贷款风险。

② 以后放款的条件。在完成首次放款后，后续放款就无须重复提交许多证明文件和批准文件等，只需要提交少量的有关文件资料，因而大大提高了放款效率。

(a) 贷款类文件。这些资料包括提款申请书、借款凭证、借款用途证明文件、工程师出具的工程进度和成本没有超支的证明文件、贷款协议规定的其他文件。

(b) 担保类文件。后续的担保文件包括新的抵（质）押物入库清单、与累积信贷余额相符的贷款抵（质）押物总量、单笔担保合同。

(c) 其他相关文件将取决于贷款业务的具体品种和具体环节。

2) 贷款发放原则。贷款发放原则是"三性"（安全性、流动性、效益性）原则在放款环节的具体表现。

① 资本金充足的原则。银行放款时会严格审查建设项目的资本金是否到位，贷款资金在原则上不能用于借款人的资本金、股本金和其他自融资金。若因特殊原因不能按时足额到位，贷款支取的比例也不能高于借款人资本金到位的比例。

② 按计划放款的原则。贷款发放一般会按照已经批准的贷款项目的年度投资计划所规

定的建设内容、建设费用准确及时地提供贷款，而借款人用于建设项目的其他资金（如自融资金和其他银行贷款等）也应与本银行的贷款同比例支付。

③ 按进度放款的原则。在中长期贷款中，银行一般会按照工程量的完成进度进行放款。如果由于工程进度发生意外变化，借款人应在计划提款日之前与银行取得联系，银行会对其相关的财务经营状况进行重新审查，警惕意外贷款风险的出现。借款人改变用款计划的，必须经过银行风险审查人员和主管行领导的同意；借款人未经银行同意擅自改变用款计划（包括款项用途）的，银行有权拒绝支付后期贷款。

3) 贷款发放审查。按照放款职能岗位设置，贷款发放审查包括三个大类的审查内容。

① 信贷审查。信贷审查的内容繁多，包括了法律审查和会计审查以外的所有事项。

(a) 逐项核查贷款审查审批各个环节。要检查贷款调查报告是否经过调查人员签字，要审查贷款审批报告中的审批意见是否落实、贷款手续是否满足审查审批意见。

(b) 按照规定的出账资料清单，审查信贷出账资料的完整性和真实性。银行要对提款申请书中写明的提款日期、提款金额、划款路线等要素进行核查，确保提款手续正确无误。银行要审查借款人提交的借款凭证是否完全符合提款要求，确认贷款用途、日期、金额、账号、预留印鉴是否正确、真实和无误。审查借款人、担保人、抵（质）押物是否发生明显变化，对照贷前审查资信是否下降，抵（质）押物价值是否下降。

(c) 检查监督借款期限、进度和用途。要审查借款人是否在规定的提款期限内提款，超过提款期的必须报请银行批准，否则提款期过后无效，未提足的贷款不能再提。

要特别关注借款人是否变更提款计划，审查借款用途变更的原因和风险，报请主管领导决定是否拒绝放款。对于允许变更提款计划的，银行需要根据签订的合同按照改变的提款计划部分的贷款金额收取承担费。

检查借款用途是银行依据贷款合同获得的一项权利，也是保障银行贷款安全的重要环节。在出账之前，银行要切实检查已经发放的贷款是否按照约定的用途使用，是否存在挪用、变相挪用甚至违反挪用等情况，要仔细检查即将发放的贷款是否与贷款合同规定的借款用途相符合。

② 法律审查。法律审查是贷款出账的关键环节，主要是审查各种合同、凭证的合法性。银行一般会设置专门的法律审查人员，没有设置专门的法律审查人员的银行也会要求信贷审查或会计审查人员通过专门的或行内的法律知识考试。

(a) 审查贷款审查审批意见中的法律审查意见是否已经落实，审查出账资料是否合理。

(b) 审查借款人基本要件的合法性。要审查在借款申请书原件中的借款人、担保人的签字盖章是否与预留印鉴相符合；要审查借款人的贷款卡、营业执照和法人代码证是否在有效期内、是否已经办理年检；要审查借款人的法定授权委托书中的授权人签章是否与营业执照和借款合同中一致，要检查授权的内容、期限与授信业务是否相匹配；要审查借款人的董事会决议是否有借款银行名称、额度和期限，是否加盖借款人单位公章，担保人的董事会决议是否写明借款人、收益银行、担保额度和用于抵（质）押的具体财产。

(c) 要审查各种合同要件的规范性。贷款合同与担保合同要件的规范性审查是法律审查的重点，尤其是非格式合同。银行要审查合同是否存在真伪性、履约能力、重复使用等方面的瑕疵，从而防止贷款挪用及产生对贷款不能按期偿还的不利因素。银行信贷业务中涉及的合同主要包括借款合同、担保合同、仓储运输合同和购销合同等。

借款合同又分为综合授信额度合同与单笔贷款合同。要重点审查贷款种类、借款用途、借款金额、贷款利率、还款方式、还款期限和违约责任等合同要素，尤其是要注意审查合同的附加生效条款。

担保合同包括保证合同、抵押合同和质押合同。

对于保证合同，要注意审查被保证的贷款金额，对主债权的种类和数额做出明确规定；要明确借款人履行债务的期限，只有在主债务的期限届满不能履行时保证人才承担保证责任；要明确保证担保方式，是选择一般保证还是连带责任保证；要明确保证担保的范围，即主债权及其利息、违约金、损害赔偿金及其实现债权的费用；要明确保证担保期间是从权利人的实体权利发生之时才开始计算，主债务期限没有届满或保证期间时效已经过期的，保证人都可不承担保证责任；双方认可的其他事项。

对于抵押合同，要明确抵押贷款的种类和数额，载明主债权的种类和数额；要明确借款人履行贷款债务的期限，只有主债务在期限届满不能履行时，抵押权人才能处分抵押物；要明确抵押物的名称、数量、质量、状况、所在地、所有权属或使用权属，除非抵押合同对抵押物有特定化；要明确抵押担保的范围，即主债权及其利息、违约金、损害赔偿金及其实现债权的费用；要明确抵押物是否在有关部门办理了抵押物登记或和抵押合同公证；双方约定的其他事项。

对于质押合同，要明确质押贷款的种类和数额，载明主债权的种类和数额；要明确借款人履行贷款债务的期限，只有主债务在期限届满不能履行时，质押权人才能处分质押物；要明确抵押物的名称、数量、质量、状况、所在地、质押权属；要明确质押担保的范围、质物移交的时间和质物生效的时间；双方约定的其他事项。

仓储运输合同是动产及货权质押业务所必需的附加合同之一，具体包括仓储保管合同、运输合同等，一般涉及银行、借款人、仓储管理公司或运输公司、车站码头、销售者（如大型钢厂等）。这类合同当事人一般会达到 3～4 方，操作风险的影响因素比较复杂，因而需要对具体环节进行细致耐心的了解，充分控制业务过程中的风险，保障银行质物安全和足值。

购销合同的主要作用在于对核实贷款的真实贸易背景，核实借款人是否存在挪用、挤占银行借款的可能性，评估借款人生产经营状况。

③ 会计审查。

(a) 账户审查。银行一般会审查有关的提款账户、还本付息账户或其他专用账户是否已经开立，账户性质是否已经明确，避免出现贷款使用混乱或被挪作他用。

(b) 会计凭证审查。银行要审查会计凭证的准确性和规范性，尤其是某些重要的会计凭证，还会验证其真实性，如汇票、本票和支票等。

(c) 保证金审查。银行要审查借款人的保证金是否已经足额到位。

(d) 押品审查。银行要审查抵押物权属证明、质押存单、票据要素的齐全性。

(e) 其他审查。银行规定的其他会计审查内容。

4) 放款操作程序。在落实贷款审批意见、完善放款的前提条件和进行严格放款审查之后，银行一般会保留所有证明借款人的相关文件资料，并按照放款原则进入放款操作程序。银行一般要建立专门的放款中心，负责贷款发放。

① 通知准备出账资料。在贷款终审通过后，银行放款中心会立即通知经办行，以便借款人在需要提款时及时准备出账资料和《贷款出账申请/审批表》。出账资料包括：贷款申请书（原件）；授信调查报告（原件）；授信审批报告（原件）；营业执照（申请人、担保人，复印件）；贷款卡及打印结果；法定代表人证明书（申请人、担保人，复印件）；法定代表人授权委托书（申请人、担保人，复印件）；董事会决议（申请人、担保人，原件）；借款合同（或展期合同，原件）；担保合同（原件）；抵（质）押合同（原件）；兑保书（原件）；抵（质）押物证明及他项权证（原件）；抵（质）押物评估报告（复印件）；信贷业务出账审批表（原件）；借款借据（第五联，原件）；放款通知书（原件）；贷后检查报告和五级分类认定表（原件）；到期贷款通知书（借款人、担保人）；还款凭证（第三联，原件）；申请

人会计报表（原件）；担保人会计报表（原件）。

②受理和审查。银行放款中心收到经办行报请的信贷业务出账资料时，要在《信贷资料审查表》签收后交给经办人一份，放款中心留存一份。审查人员按照规定的程序对信贷业务资料进行审查。尤其是要注意银行是否已经签订贷款合同，借款人是否已经办理开户手续，提款日期、金额及贷款用途是否与合同一致。

③建立额度和押品。经过审查人员审查以后，在信贷业务资料符合要求以后，额度和押品管理人员要根据《贷款出账申请/审批表》建立额度和押品。

④通知放款。建立额度和押品后，填制《放款通知书》一式两份，由放款中心负责人签字同意并加盖放款专用章后，一份交经办行，一份在放款中心留存。

经办行接到《放款通知书》后，填制《借款借据》，会计部门根据《放款通知书》发放贷款。如果信贷业务资料不符合要求，审查人员一般会向经办行提出不同意放款的理由和整改要求，经办行补完手续后，再按程序报放款中心审查。

⑤资料归档。放款中心在通知经办行放款以后，要将接到的信贷资料归档保管。支行经办人要按规定及时向放款中心报送"贷时资料"和"贷后资料"，放款中心经过审核以后归档。

⑥建立台账。要在放款当日建立台账记录，如果借款人、保证人均在同一地区，则要按照中国人民银行信贷登记咨询系统的要求及时更新数据信息；借款人、保证人不在同一地区的，要在审核无误以后及时发送给其所在地的中国人民银行的分支行。

⑦自营外汇贷款。银行进行自营外汇贷款的，还需要填写国内外汇贷款债权人集中登记表、国内外汇贷款变动反馈表，并向所在地的国家外汇管理局报送。

（2）停止发放贷款的情况。如果借款人不遵循借款合同的规定，它就会承担相应的违约责任，银行就有权根据合同约定执行法律赋予的信贷监督职能进行违约制裁，从而及时控制银行信贷资产的风险。另外，如果银行本身的信贷行为不符合金融当局的监管规定，也会停止发放贷款。

1）银行对借款人停止贷款的情况。根据《贷款通则》第17条、第24条和第72条的有关规定，下列情况下银行可以停止向借款人发放贷款。

①借款人资格和条件不满足要求的情况。《贷款通则》第17条规定，借款人应是经工商行政管理机关（或主管机关）核准登记的企（事）业法人、其他经济组织、个体工商户或具有中华人民共和国国籍的具有完全民事行为能力的自然人。借款人申请贷款，应当具备产品有市场、生产经营有效益、不挤占挪用信贷资金、恪守信用等基本条件，并且应当符合以下要求：有按期还本付息的能力，原应付贷款利息和到期贷款已清偿；没有清偿的，已经做了贷款人认可的偿还计划。除自然人和不需要经工商部门核准登记的事业法人外，应当经过工商部门办理年检手续。已开立基本账户或一般存款账户。除国务院规定外，有限责任公司和股份有限公司对外股本权益性投资累计额未超过其净资产总额的50%。借款人的资产负债率符合贷款人的要求。申请中期、长期贷款的，新建项目的企业法人所有者权益与项目所需总投资的比例不低于国家规定的投资项目的资本金比例。借款人不满足以上条件的，银行有权停止发放贷款。

②借款人出现违法经营的情况。依法经营是借款人向银行贷款的基本条件，因而出现以下违法经营之一时银行就有权根据有关法律法规和贷款合同停止发放贷款：不具备《贷款通则》第十七条所规定的资格和条件的；借款人生产、经营或投资国家明文禁止产品、项目的；借款人在生产经营活动中违反国家外汇管理规定的；建设项目按国家规定应当报有关部门批准而未取得批准文件的；生产经营或投资项目未取得环境保护部门许可的；在实行承包、租赁、联营、合并（兼并）合作、分立、产权有偿转让、股份制改革等体制变更过程中，

未清偿原有贷款债务、落实原有贷款债务或提供相应担保的；有其他严重违法经营行为的。

③ 借款人出现弄虚作假行为的情况。根据《贷款通则》的有关规定，借款人具有下列弄虚作假行为的，银行可以停止发放贷款。

（a）借款人蓄意通过兼并、破产或者股份制改造等途径侵吞信贷资金的，应当依据有关法律承担相应部分的赔偿责任并处以罚款；造成贷款人重大经济损失的，应当依照有关法律规定追究直接责任人员的刑事责任。借款人违反《贷款通则》第九章其他条款规定，致使贷款债务落空，由贷款人停止发放新贷款，并提前收回原发放的贷款。造成信贷资产损失的，借款人及其主管人员或其他个人，应当承担部分或全部赔偿责任。在未履行赔偿责任之前，其他任何贷款人不得对其发放贷款。

（b）借款人擅自改变借款用途、用贷款进行股本权益性投资和进行有价证券及期货等方面投机的、无证进行房地产投资、利用房地产经营资格进行房地产投机的、不按借款合同规定清偿贷款本息的、套取贷款相互借贷牟取非法收入的，银行有权停止发放贷款。

（c）借款人提供虚假或者隐瞒重要事实的财务报表等资料，借款人不如实提供所有开户行、账号及存贷款余额等资料的，借款人拒绝接受贷款人对其使用信贷资金情况和有关生产经营、财务活动监督的，由贷款人责令改正。情节严重或逾期不改正的，银行将停止支付借款人尚未使用的贷款，并提前收回部分或全部贷款。

2）银行由于违规必须停止发放贷款的情况。根据《贷款通则》和《商业银行法》的有关规定，银行在如下情况必须停止发放贷款。

① 不符合资产负债比例管理的有关规定。银行发放贷款必须严格执行《商业银行法》39条关于资产负债比例管理的有关规定，不符合资产负债比例要求的银行会停止发放贷款。资本充足率低于8%的；流动性资产余额与流动性负债余额的比例低于25%的银行；对同一借款人的贷款余额与银行资本余额的比例超过10%的银行；国务院银行业监督管理机构对资产负债比例管理的其他规定。

② 银行对关系人贷款不符合规定的。商业银行不得向关系人发放信用贷款；向关系人发放担保贷款的条件不得优于其他借款人同类贷款的条件。关系人是指商业银行的董事、监事、管理人员、信贷业务人员及其近亲属，以及这些人员所投资的或者担任高级管理职务的公司、企业和其他经济组织。

③ 未经中国人民银行批准，不得对自然人发放外币币种的贷款。

④ 自营贷款和特定贷款，除按中国人民银行规定计收利息之外，不得收取其他任何费用；委托贷款，除按中国人民银行规定计收手续费之外，不得收取其他任何费用。

⑤ 银行不得给委托人垫付资金，国家另有规定的除外。

⑥ 银行会严格控制信用贷款，积极推广担保贷款。

（四）信贷业务到期处理

1. 贷款偿还操作及提前还款处理

根据国家有关法律法规和借款合同的规定，借款人有义务按照借款合同的约定及时清偿贷款本息，银行有权依照借款合同约定从借款人账户上划收贷款本金和利息。借款人不能按照合同规定偿还贷款的，应当承担违约责任，并加付利息。对于借款人提前还款的，要按照借款合同约定进行。

（1）到期还款。对于正常到期的贷款，借款人有义务按照借款合同的约定到期主动还款，银行也有义务按照规定在贷款到期前一段时间向借款人发送《还本付息通知书》，督促借款人按时足额还本付息。

根据《贷款通则》第32条的规定，借款人应按借款合同规定按时足额归还贷款本息。贷款人在短期贷款到期1个星期之前、中长期贷款到期1个月之前，一般会向借款人发送

《还本付息通知书》；借款人应及时筹备资金，按时还本付息。

《还本付息通知书》的内容包括：贷款项目名称或其他标志、还本付息的日期、当前贷款金额、本次还款金额、本次付息金额、利息计算涉及的利率、计算天数和计算基础等要素。

借款人在收到《还本付息通知书》时，应按期开出转账支票交给银行有关部门办理还款手续，支票的备注栏要写明所归还的借款合同、借款借据编号。在贷款归还后，银行要及时登记贷款证，在贷款证上注明原来的贷款金额、贷款日期，并将借款人的还款情况录入银行数据库保存。

（2）逾期还款。对于到期未偿还的贷款，如果借款人没有及时到银行办理贷款展期申请的，银行有权按照有关规定对借款人加收罚息或依法提起诉讼。

根据《贷款通则》第32条的规定，贷款人对逾期的贷款要及时发出催收通知单，做好逾期贷款本息的催收工作。贷款人对不能按借款合同约定期限归还的贷款，应当按规定加罚利息；对不能归还或者不能落实还本付息事宜的，应当督促归还或者依法起诉。

在贷款到期后，借款人不能按期还款又没有办理贷款展期手续的，自到期后的次日起转入逾期贷款户，按中国人民银行的规定计收罚息，加罚的利率在借款合同中事先明确规定。贷款逾期后，银行不仅要对贷款本金计收利息，而且要对应收未收的利息计收利息，对于应收未收的罚息也要计收复利。

对于逾期贷款，银行要将《逾期贷款催收通知书》送达借款人或担保单位，并分析逾期原因、制订催收方案，报风险管理部门和行领导批示。对于不能归还或不能落实还本付息的借款人，银行会督促借款人归还，必要时银行可能会采取强制措施处理抵（质）押物，或依法提取诉讼，直到贷款本息全部收回。

对于逾期贷款，银行应当按照国家有关规定提取准备金，并按照核销条件和核销程序对呆账贷款和应收款项进行核销。

（3）提前还款。提前还款是指，借款人在借款合同规定的日期之前归还银行贷款的行为，包括借款人主动申请的提前还款和银行提前收贷要求的提前还款。由于两种提前还款具有不同的合同规定与还款原因，因而它们需要注意的要点也不相同。

1）借款人主动申请的提前还款。借款人主动申请的提前还款主要是由于借款人希望改变借款合同中事先约定的还款计划，提前偿还全部或部分贷款，由借款人提出申请、经银行同意，从而缩短贷款期限。

根据《贷款通则》第32条规定，借款人提前归还贷款，应当与贷款人协商。如果借款人出于某种原因（如贷款项目效益好）希望提前还款，将会打乱银行原有的资金安排。因此，借款人应提前向银行递交提前还款计划，在征得银行的同意后，才可以提前还款，并且由于提前还款而产生的费用由借款人负担。

在借款合同的提前还款条款中，银行一般会与借款人约定提前还款的前提条件和必要的手续。提前还款条款通常包括如下几项：未经银行书面同意，借款人不得提前还款；借款人提前还款的期间是最后提款日之后、到款到期日之前的时间；借款人需要在提前还款日之前30天或60天以书面形式向银行递交提前还款的申请，并且列明借款人要求提前还款的本金金额；借款人一旦提出提前还款申请就不可撤销，借款人有义务提前还款；借款人可以提前偿还全部或部分本金，部分提前还款的金额应等于分期还款时一个时期分期还款金额的整数倍，并同时偿还截止提前还款前一日（含该日）所发生的相应利息及其他相应费用；提前还款应按照借款合同规定的还款计划以倒序的方式进行；已经提前还款的部分不得要求向银行再进行借款；对于提前还款的部分可能会收取费用。

2）银行提前收贷要求的提前还款。银行提前收贷要求的提前还款是指，在借款人出现违约行为或出现较大的财务经营风险而可能危及贷款本息安全时,银行根据借款合同事先约定的条款在该笔贷款到期之前提前收回贷款本息的经济行为。

根据《贷款通则》的有关规定,银行在下列情况下可提前收贷。

① 借款人致使贷款债务落空,由贷款人停止发放新贷款,并提前收回原发放的贷款。造成信贷资产损失的,借款人及其主管人员或其他个人,应当承担部分或全部赔偿责任。在未履行赔偿责任之前,其他任何贷款人不得对其发放贷款。

② 借款人有下列情形之一,由贷款人对其部分或全部贷款加收利息;情节特别严重的,由贷款人停止支付借款人尚未使用的贷款,并提前收回部分或全部贷款:不按借款合同规定用途使用贷款的;用贷款进行股本权益性投资的;用贷款在有价证券、期货等方面从事投机经营的;未依法取得经营房地产资格的借款人用贷款经营房地产业务的;依法取得经营房地产资格的借款人,用贷款从事房地产投机的;不按借款合同规定清偿贷款本息的;套取贷款相互借贷牟取非法收入的。

③ 借款人有下列情形之一,由贷款人责令改正。情节严重或逾期不改正的,由贷款人停止支付借款人尚未使用的贷款,并提前收回部分或全部贷款:向贷款人提供虚假或者隐瞒重要事实的资产负债表、利润表等资料的;不如实向贷款人提供所有开户行、账号及存贷款余额等资料的;拒绝接受贷款人对其使用信贷资金情况和有关生产经营、财务活动监督的。

在提前收贷时,银行应当严格根据借款合同中的约定向借款人发送《归还贷款通知书》,借款人承担借款到期时的同样责任,银行在法定标准范围内按照约定的罚息利率向借款人计收逾期罚息。借款人未按照要求归还贷款本息和罚息的,银行有权按照借款合同与担保合同处分抵(质)押物,或向保证人索取贷款本息和罚息。银行无法收取贷款本息和罚息的,或处分抵(质)押物后仍然不足以补偿贷款本息和罚息的,可能会依法向人民法院提起诉讼。银行提前收贷出现纠纷的,由人民法院根据相关法律法规裁决。

2. 贷款展期处理

贷款展期是指,由于借款人不能按照借款合同中约定的还款计划按时偿付每期的应付贷款时,由借款人向银行提出申请、经贷款行审查同意、有限期地延长还款期限的行为。贷款展期包括申请、审批、管理和偿还4个环节。

(1) 贷款展期申请。根据《贷款通则》第12条的有关规定,不能按期归还贷款的,借款人应在贷款到期日之前,向贷款人申请贷款展期。是否展期由贷款人决定。

合资企业或股份制企业,还需要提供董事会关于申请贷款展期的决议文件或其他有效授权文件。申请保证贷款、抵押贷款、质押贷款展期的,还应当由保证人、抵押人、出质人出具同意的书面证明。已有约定的,按照约定执行。

借款人申请贷款展期时,应在借款期限到期前60个营业日(短期贷款应在30个营业日)之前,向银行提交贷款展期申请。贷款展期申请内容包括:展期理由、展期金额、展期期限、展期后的分期还款计划、拟采取的补救措施等。

(2) 贷款展期审批。

1) 贷款展期的条件。由于下列原因之一,借款人不能按期偿还贷款,可向银行提出贷款展期申请。

① 国家宏观经济政策的变化(如调整税率、汇率和贷款利率等)致使借款人的经济效益明显下降而不能按期偿还贷款。

② 发生不可抗力或者意外事故等致使借款人不能按期偿还贷款。

③ 银行认为可以办理贷款展期的其他原因。

2) 贷款展期的材料。在申请贷款展期时,借款人需要提供如下材料:贷款展期申请书;借款人的生产、经营和财务状况,贷款项目的建设情况、经济效益和还款能力预测报告;经会计（审计）师事务所审计的借款人上年度财务报告及报表和最近月末的资产负债表、利润表、现金流量表；属于担保贷款的，担保人（保证人、抵押人、出质人）提交的同意借款人贷款展期和延长担保期限的承诺函件；银行认为需要提交的其他材料。

3）贷款展期的担保。在贷款展期时，最重要的一个环节就是追加担保，因为贷款展期本身就表明借款人的还款出现了问题、贷款风险变大。因此，银行会根据贷款种类、借款人的信用等级、抵（质）押品和保证人的情况来确定每一笔展期贷款的风险度。

① 抵（质）押贷款的展期。由于展期贷款本身风险就已经变得较大，因而该贷款更多地会采取抵（质）押的担保方式。在续签或新增抵（质）押合同时，注意如下几点。

（a）作为抵（质）押权人，银行会核定抵（质）押物的账面净值，或委托具有相关资格和专业水平的资产评估机构评估有关抵（质）押物的重置价值，并核查其抵押率是否控制在一定的标准内。

（b）如果抵（质）押物价值不足，抵（质）押人就应根据银行要求补足抵（质）押物，并且重新签订抵质押合同。

（c）抵押贷款展期后，银行会要求抵押人到有关部门办理抵押登记手续，使抵押合同保持合法性与有效性，否则抵押合同就会失去法律效力。

（d）质押贷款展期后，银行会切实核查质物入库凭证、质物清单，并进行实地验货方能出账。

（e）抵质押贷款展期出账后，银行还会建立逐日盯市制度，密切关注抵（质）押物价值变动，同时还会定期和不定期地检查核对，监督抵（质）押物的占有，防止抵（质）押物的变卖、转移和重复抵（质）押。

② 保证担保贷款的展期。保证担保贷款展期的关键在于，在贷款展期之前必须征得保证人的同意。保证人的担保金额不但包括原有的贷款本息，还包括由于贷款展期增加的利息费用，因而银行还要对保证人的担保能力进行重新评估。此外，保证合同的期限还会因为借款人的还款期限延长而延长，直到全部贷款本息、费用还清为止。因此，银行与保证人之间还需要重新签订保证担保合同，或者变更原有的保证期间。

（3）贷款展期管理。在办理贷款展期时，有关的贷款条件由银行和借款人重新确定。

1）贷款展期的期限。根据《贷款通则》第12条的有关规定，短期贷款展期期限累计不得超过原贷款期限；中期贷款展期期限累计不得超过原贷款期限的一半；长期贷款展期期限累计不得超过3年。国家另有规定者除外。

银行在贷款展期审查时要从严把握，1笔贷款原则上只能展期1次。

2）贷款展期后的利率。经过批准展期的贷款利率，一般会从签订展期合同之日起，根据中国人民银行的规定和借贷双方商定的利率执行。贷款的展期期限加上原来期限达到新的利率档次，从展期之日起，贷款利息按照新的期限档次利率计收。

借款人未申请展期或申请展期未得到批准，其贷款从到期日次日起，转入逾期贷款账户。

（4）贷款展期偿还。贷款展期本身就警示了借款人可能存在还款问题，因而对于贷款展期的偿还，尤其需要注意以下几点。

1）在贷款展期申请时，银行就会要求借款人制订出详细的还款计划。

2）在贷款展期到期之前，银行要及时给借款人发送《还本付息通知书》，督促借款人按时还本付息。

3）贷款展期到期后，借款人仍然不能按时还本付息的，银行更要加大催收力度，以保证贷款收回。

4）对于催收后仍然无法收回的，银行有权向保证人追索，或行使抵（质）押权，以弥补贷款损失。

5）贷款展期逾期后，银行要按规定加罚利息，并对未收利息计收复利。

二、通过短期借款融资

（一）取得短期借款

企业举借短期借款，首先，必须提出申请，经审查同意后借贷双方签订借款合同，注明借款的用途、金额、利率、期限、还款方式、违约责任等；其次，企业根据借款合同办理借款手续，借款手续完毕，企业便可取得借款。

（二）熟悉信用条件

1. 信贷限额

信贷限额是银行对借款人规定的无担保贷款的最高额。信贷限额的有效期限通常为1年，但根据情况也可延期1年。企业在批准的信贷限额内，可随时使用银行借款。但是，银行并不承担必须提供全部信贷限额的义务。如果企业信誉恶化，即使银行曾同意按信贷限额提供贷款，企业也可能得不到借款。

2. 周转信贷协定

周转信贷协定是银行具有义务承诺提供不超过某一最高限额的贷款协定。在协定的有效期内，只要企业的借款总额未超过最高限额，银行必须满足企业任何时候提出的借款要求。企业享用周转信贷协定，通常要就贷款限额的未使用部分付给银行一笔承诺费。

周转信贷协定具有长期和短期借款的双重特点。

3. 补偿性余额

补偿性余额是银行要求借款企业在银行中保持按贷款限额或实际借用额一定百分比的最低存款余额。对于借款企业来讲，补偿性余额则提高了借款的实际利率。

4. 借款抵押

短期借款的抵押品经常是借款企业的应收账款、存货、股票、债券等。抵押借款的成本通常高于非抵押借款，这是因为银行主要向信誉好的客户提供非抵押贷款，而将抵押贷款看成一种风险投资，故而收取较高的利率；同时，银行管理抵押贷款要比管理非抵押贷款困难，为此往往另外收取手续费。

企业向贷款人提供抵押品，会限制其财产的使用和将来的借款能力。

（三）支付借款利率

一般来讲，借款企业可以用3种方法支付银行贷款利息。

1. 收款法

收款法是在借款到期时向银行支付利息的方法。银行向工商企业发放的贷款大部分采用这种方法收息。

2. 贴现法

贴现法是银行向企业发放贷款时，先从本金中扣除利息部分而到期时借款企业则要偿还贷款全部本金的一种计息方法。采用这种方法，企业可利用的贷款额只有本金减去利息部分后的差额，因此贷款的实际利率高于名义利率。

3. 加息法

加息法是银行发放分期等额偿还贷款时采用的利息收取方法。在分期等额偿还贷款的情况下，银行要将根据名义利率计算的利息加到贷款本金上，计算出贷款的本息之和，要求企业在贷款期内分期偿还本息之和的金额。由于贷款分期均衡偿还，借款企业实际上只平均使用了贷款本金的半数，却支付全额利息。这样，企业所负担的实际利率便高于名义利率大约1倍。

筹集到足够的短期资金是保证企业的生产经营正常运转的重要保证，职业经理人必须熟悉短期资金筹集的各种方法。

三、通过长期借款融资

长期借款是指企业向银行或其他非银行金融机构借入的使用期超过 1 年的借款,主要用于购建固定资产和满足长期流动资金占用的需要。

(一) 长期借款融资的优缺点

1. 长期借款融资的优点

(1) 融资速度快。发行各种证券筹集长期资金所需时间一般较长。证券发行的准备工作,以及证券的发行都需要一定时间。而向银行借款与发行证券相比,一般所需时间较短,可以迅速地获取资金。

(2) 借款弹性较大。企业与银行可以直接接触,可通过直接商谈来确定借款的时间、数量和利息。在借款期间,如果企业情况发生变化,企业也可与银行进行协商,修改借款的数量和条件。借款到期后,如有正当理由,企业还可延期归还。

(3) 借款成本较低。就目前我国的情况来看,利用银行借款所支付的利息比发行债券所支付的利息低。另外,企业也无须支付大量的发行费用。

(4) 可以发挥财务杠杆的作用。不论公司赚钱多少,银行只按借款合同收取利息,在投资报酬率大于借款利率的情况下,企业所有者将会因财务杠杆的作用而得到更多的收益。

2. 长期借款融资的缺点

(1) 融资风险较高。企业举借长期借款,必须定期还本付息,在经营不利的情况下,可能会产生不能偿付的风险,甚至会导致破产。

(2) 限制性条款比较多。企业与银行签订的借款合同中,一般有一些限制条款,如定期报送有关报表、不准改变借款用途等,这些条款可能会限制企业的经营活动。

(3) 融资数量有限。银行一般不愿借出巨额的长期借款。因此,利用银行借款融资都有一定的上限。

(二) 长期借款的种类

长期借款的种类很多,各企业可根据自身的情况和各种借款条件选用。我国目前各金融机构的长期借款主要有以下几种。

(1) 按照有无担保,分为信用贷款和抵押贷款。信用贷款指不需企业提供抵押品,仅凭其信用或担保人信誉而发放的贷款。抵押贷款指要求企业以抵押品作为担保的贷款。长期贷款的抵押品常常是房屋、建筑物、机器设备、股票、债券等。

(2) 按照用途,分为固定资产投资借款、更新改造借款、科技开发和新产品试制借款等。

(3) 按照提供贷款的机构,分为政策性银行贷款、商业银行贷款等。此外,企业还可从信托投资公司取得实物或货币形式的信托投资贷款、从财务公司取得各种中长期贷款等。

(三) 取得长期借款的条件

金融机构对企业发放贷款的原则是,按计划发放、择优扶植、有物资保证、按期归还。企业申请贷款一般应具备的条件是包括以下几个方面。

(1) 独立核算、自负盈亏、有法人资格。

(2) 经营方向和业务范围符合国家产业政策,借款用途属于银行贷款办法规定的范围。

(3) 借款企业具有一定的物资和财产保证,担保单位具有相应的经济实力。

(4) 具有偿还贷款的能力。

(5) 财务管理和经济核算制度健全,资金使用效益及企业经济效益良好。

(6) 在银行设有账户,办理结算。

具备上述条件的企业欲取得贷款,先要向银行提出申请,陈述借款原因与金额、用款时间与计划、还款期限与计划。银行根据企业的借款申请,针对企业的财务状况、信用情况、盈利的稳定性、发展前景、借款投资项目的可行性等进行审查。银行审查同意贷款后,再与借款企业进一步协商贷款的具体条件,明确贷款的种类、用途、金额、利率、期限、还款的资金来源及方式、保护性条件、违约责任等,并以借款合同的形式将其法律化。借款合同生效后,企业便可取得借款。

(四)长期借款的保护性条款

由于长期借款的期限长、风险大,按照国际惯例,银行通常对借款企业提出一些有助于保证贷款按时足额偿还的条件。这些条件写进贷款合同中,形成合同的保护性条款。归纳起来,保护性条款大致分为一般性保护条款和特殊性保护条款。

1. 一般性保护条款

一般性保护条款应用于大多数借款合同,但根据具体情况会有不同内容。

(1) 对借款企业流动资金保持量的规定,其目的在于保持借款企业资金的流动性和偿债能力。

(2) 对支付现金股利和再购入股票的限制,其目的在于限制现金外流。

(3) 对资本支出规模的限制,其目的在于减小企业日后不得不变卖固定资产以偿还贷款的可能性,仍着眼于保持借款企业资金的流动性。

(4) 限制其他长期债务,其目的在于防止其他贷款人取得对企业资产的优先求偿权。

(5) 借款企业定期向银行提交财务报表,其目的在于及时掌握企业的财务情况。

(6) 不准在正常情况下出售较多资产,以保持企业正常的生产经营能力。

(7) 如期缴纳税费和清偿其他到期债务,以防被罚款而造成现金流失。

(8) 不准以任何资产作为其他承诺的担保或抵押,以避免企业过重的负担。

(9) 不准贴现应收票据或出售应收账款,以避免或有负债。

(10) 限制租赁固定资产的规模,其目的在于防止企业负担巨额租金以致削弱其偿债能力,还在于防止企业以租赁固定资产的办法摆脱对其资本支出和负债的约束。

2. 特殊性保护条款

特殊性保护条款是针对某些特殊情况而出现在部分借款合同中的,主要包括以下内容。

(1) 贷款专款专用。

(2) 不准企业投资于短期内不能收回资金的项目。

(3) 限制企业高级职员的薪金和奖金总额。

(4) 要求企业主要领导人在合同有效期间担任领导职务。

(5) 要求企业主要领导人购买人身保险等。

此外,短期借款融资中的周转信贷协定、补偿性余额等条件,也同样适用于长期借款。

(五)长期借款的成本

长期借款的利率通常高于短期借款。但信誉好或抵押品流动性强的借款企业,仍然可以争取到较低的长期借款利率。长期借款利率有固定利率和浮动利率两种。浮动利率通常有最高限、最低限,并在借款合同中明确。对于借款企业来讲,若预测市场利率将上升,应与银行签订固定利率合同;反之,则应签订浮动利率合同。

除了利息之外,银行还会向借款企业收取其他费用,如实行周转信贷协定所收取的承诺费、要求借款企业在本银行中保持补偿余额所形成的间接费用。这些费用会加大长期借款的成本。

长期借款融资成本的计算公式为

$$长期借款融资成本 = \frac{年利息 \times (1 - 所得税税率)}{长期借款融资总额 \times (1 - 长期借款融资费率)} \times 100\%$$

【例 3-5】 智董公司欲从银行借款 1000 万元,手续费率为 0.1%,年利率为 5%,期限为 3 年,每年结息一次,到期一次还本,公司所得税税率为 33%。则该笔长期借款融资成本为

$$长期借款融资成本 = \frac{1000 \times 5\% \times (1-33\%)}{1000 \times (1-0.1\%)} \times 100\% \approx 3.35\%$$

由于银行借款的手续费率很低，上式中的融资费率常常可以忽略不计，则上式可以简化为

$$长期借款融资成本 = 借款利率 \times (1-所得税率) = 5\% \times (1-33\%) = 3.35\%$$

小知识

长期借款资本成本

长期借款与长期债券同属于长期负债，二者资本成本所考虑的因素大体相同，但长期借款往往要考虑相称存款余额比率，但无折价、溢价问题。另外银行手续费所占比例很小，通常忽略不计。

一般而言，长期借款有以下特点：第一，利率是预先约定的，不受企业经营业绩的影响；第二，利息费用可以在税前扣除；第三，债务本金应按期偿还。

据上述资本成本计算的基本公式，当长期借款每年年末付息一次，到期归还本金时，其资本成本的计算公式为

$$M(1-f) = \sum_{t=1}^{n} \frac{I_t(1-T)}{(1+K_d)^t} + \frac{M}{(1+K_d)^n}$$

式中，M 为借款额（本金）；f 为相称存款余额比率；K_d 为长期借款资本成本；I_t 为第 t 年债券年利息；T 为企业适用所得税税率。

【例3-6】 智董公司向银行借入年利率为 13%、贷款期限为 15 年的款项 10 万元，相称存款余额比率为 8%，公司所得税税率为 25%。计算资本成本。

M (1−f) = 100000 × (1−8%)

= 100000 × 13% × (1−25%) × (P/A,K_d,15) + 100000 × (1+K_d) − 15 = 92000（元）

设 K_d = 10%，则有

M (1−f) = 100000 × 13% × (1−25%) × (P/A,10%,15) + 100000 × (1+10%) − 15 = 98059（元）

设 K_d = 11%，则有

M (1−f) = 100000 × 13% × (1−25%) × (P/A,11%,15) + 100000 × (1+11%) − 15

= 91012（元）

运用插值法，可求出 K_d = 10.86%。

（六）长期借款的偿还方式

长期借款的偿还方式不一，包括：定期支付利息、到期一次性偿还本金的方式；如同短期借款那样的定期等额偿还方式；平时逐期偿还小额本金和利息、期末偿还余下的大额部分的方式。第一种偿还方式会加大企业借款到期时的还款压力；而定期等额偿还又会提高企业使用贷款的实际利率。

（七）长期借款融资的程序

企业向金融机构借款，通常要经过以下步骤。

1. 企业提出申请

企业申请借款必须符合贷款原则和条件，填写包括借款金额、借款用途、偿还能力及还款方式等主要内容的《借款申请书》，并提供以下资料。

（1）借款人及保证人的基本情况。

（2）财政部门或会计师事务所核准的上年度财务报告。

（3）原有的不合理借款的纠正情况。

（4）抵押物清单及同意抵押的证明，保证人拟同意保证的有关证明文件。
（5）项目建议书和可行性报告。
（6）贷款银行认为需要提交的其他资料。

2. 金融机构进行审批

银行接到企业的申请后，要对企业的申请进行审查，以决定是否对企业提供贷款，一般包括以下几个方面。

（1）对借款人的信用等级进行评估。
（2）进行相关调查。贷款人受理借款人的申请后，应当对借款人的信用及借款的合法性、安全性和盈利性等情况进行调查，核实抵押物、保证人情况，测定贷款的风险。
（3）贷款审批。

3. 签订借款合同

借款合同是规定借贷各方权利和义务的契约，其内容分基本条款和限制条款，限制条款又有一般性限制条款、例行性限制条款和特殊性限制条款之分。基本条款是借款合同必须具备的条款。限制条款是为了降低贷款机构的贷款风险而对借款企业提出的限制条件，它不是借款合同的必备条款。限制条款中，一般性限制条款最为常见，例行性限制条款次之，特殊性限制条款比较少见。

借款合同的基本条款包括借款种类、借款用途、借款金额、借款利率、借款期限、还款资金来源及还款方式、保证条款、违约责任等。

借款合同的一般性限制条款通常包括对企业流动资金保持量的规定、对企业支付现金股利的限制、对企业资本性支出规模的限制、对企业借入其他长期债务的限制等。

借款合同的例行性限制条款一般包括企业定期向贷款机构报送财务报表、企业不准在正常情况下出售大量资产、企业要及时偿付到期债务、禁止企业贴现应收票据或转让应收账款、禁止以资产作其他承诺的担保或抵押等。

借款合同的特殊性限制条款一般包括贷款专款专用、要求企业主要领导购买人身保险、要求企业主要领导在合同有效期内担任领导职务等。

4. 企业取得借款

双方签订借款合同后，贷款银行按合同的规定按期发放贷款，企业便可取得相应的资金。贷款人不按合同约定按期发放贷款的，应偿付违约金。借款人不按合同的约定用款的，也应偿付违约金。

5. 企业偿还借款

企业应按借款合同的规定按时足额归还借款本息。如果企业不能按期归还借款，应在借款到期之前，向银行申请贷款展期，但是否展期，由贷款银行根据具体情况决定。

四、企业间资金拆借

企业间借贷合同，是指金融机构之外的企业法人相互之间或者企业法人与非法人其他组织之间以及非法人其他组织相互之间所订立的，由一方向另一方给付一定数量的货币，并要求接受给付的一方在约定的期间内归还相同数量的货币，同时支付一定数量的利息（资金占用费）或利润的合同。

（一）问题的提出

目前，企业资金拆借的法律规制主要是最高法院的司法解释，以及中国人民银行等金融管理机构若干批复和规范性文件，而规制的法律后果是，企业资金拆借合同无效。对于上述认定，法律界多有异议，但目前尚未有规定改变或放宽的动向。不过，仔细研读现行《公司法》，却发现第148条第3项的规定似与上述司法解释及部门批复和规范性文件并不一致，即"违反公司章程的规定，未经股东会、股东大会或者董事会同意，将公司资金借贷给他人……"该规定属于法律强制性规定，违反该规定将导致行为无效，而遵守上述规定的结果必然是，公司可以将公司资金借贷给他人，包括其他公司和企业。

在现实生活中，企业之间的借贷已经相当流行，尽管这些借贷可能是通过其他途径进行的，在目前我国中小企业融资较为困难的情况下，允许企业之间的资金流动在一定程度上会缓解融资难的问题。因此，分析企业之间资金拆借的效力具有重要的意义。

（二）资金拆借的无效性分析

由于企业资金拆借行为均为双方法律行为，即合同行为，因此该合同是否有效自然要根据《合同法》予以认定。根据《合同法》第52条，有下列情形之一的，合同无效：一方以欺诈、胁迫的手段订立合同，损害国家利益；恶意串通，损害国家、集体或者第三人利益；以合法形式掩盖非法目的；损害社会公共利益；违反法律、行政法规的强制性规定。

企业之间的借款合同一方面不会以欺诈、胁迫手段订立合同，也不会存在恶意串通的情况，对于以合法形式掩盖非法目的的情况可以通过规范的形式予以消除，企业之间的借贷是公平、平等的合意行为，也不会损害公共利益。因此，企业之间的借贷只可能因违反法律、行政法规的强制性规定而无效。

而目前的司法实践中，认定企业资金拆借合同无效的依据实际上只有最高人民法院的若干司法解释：关于印发《关于审理联营合同纠纷案件若干问题的解答》的通知；《关于刘水清与钟山县钟潮塑料工艺制品厂之间是否构成联营关系的复函》；《关于企业相互借贷的合同出借方尚未取得约定利息人民法院应当如何裁决问题的解答》；《关于对企业借贷合同借款方逾期不归还借款的应如何处理的批复》。

上述司法解释的基本内容：企业资金拆借违反相关金融法规，应属无效，但对于相关金融法规是法律、行政法规或是部门规章，司法解释则语焉不详。

实际上，最高人民法院的上述司法解释均是在《合同法》之前颁布实施的，其基本思路和考虑依然是配合国家加强金融管制，强化市场经济秩序，以保证金融市场的稳定，尤其在亚洲金融危机期间，对金融市场的控制更是重中之重。

但是，由于资本逐利的本性使然，在实践中有些企业有大量闲置资金，而有些企业流转和经营资金严重短缺，通过金融机构融资手续比较繁杂、审批时间长，而市场机会瞬息万变，尤其是一些高新企业、中小民营企业等，很难从金融机构获取贷款。在此种巨大市场需要下，企业之间往往会采取各种变通的手段（包括以个人的名义）直接借贷资金，而且也获得了实际的履行；尤其在一个集团或关联企业内部，相互借贷资金更是公开的做法。

（三）企业资金拆借的有效性分析

2006年1月1日实施的《公司法》，其基本理念已经从加强管制向放松管制、强调意思自治、促进投资和就业的方向转变。也正是在此种背景下，《公司法》第148条第3项的规定有利于承认企业有权自主决定是否对外借贷的权利，并自负其责。根据该项规定，公司董事、高级管理人员在不违反公司章程的规定，经公司股东会、股东大会或者董事会同意，将公司资金借贷给其他公司或企业，则此种资金拆借行为应认定为合法有效，法院依法要保护借贷双方的合法权益。

《公司法》该项规定是将公司向外借贷与对外提供担保一起做出同样的规定。但是对外担保部分，除了本项从公司董事、高级管理人员的义务的角度做出规定外，在《公司法》第16条也做出明确规定，即："公司向其他企业投资或者为他人提供担保，依照公司章程的规定，由董事会或者股东会、股东大会决议。"

实质上，从《公司法》第148条第3项规定完全可以推论出正面的意思，即：公司完全可以依照公司章程的规定，由董事会或者股东会、股东大会集体研究，决定是否对外提供借款；如果集体同意，则可以对外提供借款。

第四章
商业信用融资

第一节 商业信用融资综述

商业信用融资是指企业利用商业信用,在销售商品、提供服务的经营过程中向客户融资的行为,包括收取客户的预付款、押金、订金,给客户赊款、开具商业汇票等。它是企业之间的一种直接信用行为,是商业交易中由于钱与货物在时间上和空间上分离而产生的。

一、商业信用融资的优点
总体来说,商业信用融资具有及时、便利、外在风险较小的优点。

1. 商业信用容易获得

因为商业信用的载体是商品的购销行为,一般企业总会有一批既有供需关系又有相互信用基础的客户,所以对大多数企业而言应付账款和预收账款是自然的、持续的信贷形式。

2. 企业一般不用提供担保

通常情况下,商业信用不需要第三方担保,也不会要求融资企业用资产进行担保。商业信用在为企业带来及时和便利融资的同时也存在一些弊端:商业信用融资期限短,还款压力大;商业信用融资受外部影响较大,稳定性差;在法制不健全的情况下,若企业缺乏信誉容易造成企业之间相互拖欠,影响资金周转。

3. 企业有较大的机动权

企业可根据需要决定融资的金额大小和期限长短，同样要比银行借款方式灵活得多。如果在期限内不能付款或交货时，一般还可以通过与客户协商，请求延长时限。

二、商业信用融资的方式

企业利用商业信用融资的具体方式通常有应付账款、应付票据和预收账款。

（1）应付账款是企业购买货物时暂时未付款而对卖方的欠款。

（2）应付票据是企业进行延期付款商品交易时开具的反映债权债务关系的票据，一般分为商业承兑汇票和银行承兑汇票，支付期限最长为9个月。

（3）预收账款是指销货单位按照合同或协定在交付货物之前向购货企业预先收取的部分或全部货款的信用形式。

第二节 商业信用融资细述

一、延期支付

延期支付是指企业将款项支付期推后的一种支付方式。其作为一种短期商业信贷方式，广泛地存在于商业活动中。

现实中，延期支付不但可以减轻即时支付的压力，还可以合理占用应付款，增加企业盈利。

具体来看，延期支付可分为对外延期支付和对内延期支付两种形式。对外延期支付主要包括对采购原辅料款项、设备租赁费、广告费等的延期支付。对内延期支付包括对企业内部员工工资、奖金等的延期支付。

在实际工作中，生产商提供给销售商一个延期支付期（即交易信用期）来支付货款。在交易信用期内，销售商能积累销售收入获得利息，不需支付资金利息。信用期之后如果未支付货款，则需要支付资金利息。生产商为了及时收回货款，减少坏账损失，在提供信用期的同时也采用价格折扣的形式，即销售商承诺货到付款则对其给予一定价格折扣，否则不给予价格折扣，这对销售商购买数量及付款时间都具有积极的影响。许多中小企业在公司的起步阶段，没有过多的周转资金，所以愿意采用生产商给予的延期支付或者价格折扣的促销策略来减少支付成本，当采用延期支付的方式时，通常在信用期限的时点支付货款。

下面比较研究在延期支付情形下，生产商利润最大化、收益最大化两种原则对供应链各方决策的影响。相对于利润最大化原则，在收益最大化原则下，生产商给予销售商更长期限的延期支付。这说明生产商通过延长延期支付期限刺激销售商增加订货，从而提高市场份额。收益最大化原则虽然使生产商利润下降，但销售量的增加，使供应链整体利润水平上升，这说明当市场中存在两条同质供应链（即生产商、销售商特征相同）的情形下，收益最大化原则生产商主导的供应链优于利润最大化原则生产商主导的供应链。而随着订货周期变长，利润最大化原则下生产商倾向于延长延期支付期限，收益最大化原则下生产商则缩减延期支付期限。收益水平随着订货周期变长，两种原则下都呈现下降趋势。订货周期变长，利润最大化原则下生产商利润水平下降。伴随订货周期延长，利润最大化原则下销售商价格上升。收益最大化原则下销售商价格则呈现下降趋势。两种原则下，随着订货周期变长，销售商订货水平都呈现上升趋势，销售商利润水平呈现下降趋势。随着最低利润水平上升，收益最大化原则下生产商延期支付期限缩短、收益水平下降、利润水平上升，而销售商销售价格上升，订货量、利润水平都呈现下降趋势。

研究结果表明，不同的原则对供应链各方最优决策有较大的影响。相对于利润最大化原则，在收益最大化策略下，生产商给予销售商更长期限的延期支付。当市场中存在两条同质供应链的情形下，收益最大化原则生产商主导的供应链优于利润最大化原则生产商主导的供应链。

实践证明，延期付款等形式的短期商业信贷是企业短期外部融资最重要的渠道。延期付款可以提高存货流转速度和优化供应链管理，在长期内对市场有促进作用。从实务的角度来看，生产商在采取延期付款策略的同时，一般提供一定的现金折扣以促进销售方尽早还款。综合考虑延期支付期限、现金折扣期限及现金折扣率等因素对销售商最优付款时间的影响，建立相应的销售商库存决策模型，并得出销售商在供应商给定延期付款和现金折扣政策下最优付款时间的简单判定方法，具有现实的操作价值和意义。最后，中小企业在采用延期支付手段进行融资时要注意妥善处理好两个方面的问题：一是实施延期支付前要与相关各方协商，征得对方的谅解和允许，不要把延期支付变成拒绝支付，以致影响企业信用和声誉。二是延期支付期限的选择要利于平衡经营性现金的流入与流出，要利于弥补经营性现金缺口。

二、分期付款

分期付款买卖是指当事人约定在标的物交付给买受人后，买受人在一定期限内分次向出卖人支付价款的买卖。与一般买卖相比，分期付款买卖具有两个主要特征，即物先给付性和价金分期交付性。

首先，分期付款买卖是物先交付型买卖，在买方全部清偿价金之前，出卖人已先交付标的物于买受人，由其占有、使用。在分期付款买卖中，买受人通常是在给付第一笔款项后取得标的物的占有的，但这并不影响分期付款买卖物先交付的性质，在使用价值和价值的最终实现上，显然仍存在一定的时间差。交付必须使买受人取得标的物的直接占有。在分期付款买卖中，只能采用现实交付的方式，拟制交付不被法律所允许。因为拟制交付只是创设物权上的权利，不能使买受人取得对标的物的直接占有。

付款方式的差异是分期付款买卖区别于普通买卖的另一个显著特征。在普通买卖中，买受人必须在买卖合同订立时，或在合同订立后标的物交付之前，或在标的物交付时或交付后的一个特定时间，一次付清价金，或者买受人预先支付部分价金，然后在标的物交付时或之后的某个约定时间里一次支付剩余价金。在分期付款买卖中，买受人的价金交付是分期的，在占有标的物之后，须存在分2期以上的交付价金的义务。若一期清偿完毕，则不是分期付款买卖。可见，在分期付款买卖中，买受人享有期限利益，得先行占有、使用买卖的标的物再分期履行其价金给付义务。这既是买受人的权利，又是出卖人必须尊重和保障的义务，出卖人不能任意剥夺买受人的期限利益。当然，作为一种权利，买受人可以处分、放弃期限利益，于标的物交付后，将剩余价金一次支付。买受人享有的期限利益是分期付款买卖信用交易本质的必然要求，是分期付款买卖特征的具体体现。

物先给付性和价金分期交付性使分期付款买卖具备了信用交易的本质属性。分期付款实质上是价金偿还义务的延缓履行。假如买卖合同中对买受人的支付期间无特别约定，买受人一般应承担在取得财产的占有时一次性全部付款的法定默示义务，因此，在买卖中，标的物交付的时间应成为判断价金是否延缓履行的基准。在订立买卖合同时，当事人既可选择即时付款，也可选择延缓付款。分期付款显然属于后者，买受人在占有标的物后的一段期限内给付价金则为义务的履行。

买受人享有的期限利益是分期付款买卖信用的体现。我国《合同法》第167条对我国民商事法律关系中分期付款买卖进行了法律规制，规定："分期付款的买受人未支付到期价款的金额达到全部价款的五分之一的，出卖人可以要求买受人支付全部价款或者解除合同。出卖人解除合同的，可以向买受人要求支付该标的物的使用费。"分期付款方式对企业财务指标的影响主要是两个方面：一是对公司的资本结构产生影响，这是缘于融资租赁会产生长期负债，长期负债属于公司的资本，使公司资本结构中负债比率上升。二是对获利能力产生影响，其资产收益率要比采取经营租赁方式取得的资产收益率更低，净资产收益率也因为融资租赁比经营租赁减少了更多的利润，因而会更低一些。

固定资产投资是企业扩大再生产的主要途径，企业在进行固定资产投资的时候，会面临多种投资方式（如购买、自建、分期付款购买、经营租赁、融资租赁等）的选择。究竟采取什么方式进行固定资产投资对企业最有利，需要对企业的实际状况进行多方权衡，考虑资金供应是否充足、是否能够承受租金压力、预期的投资收益是否划算、不同的投资方式对企业的纳税影响等因素。如果企业采用一次付款购入固定资产，会使投资年度的投资活动现金流出增加，同时使固定资产增加、流动资产减少，并在一定程度上影响企业的流动资金周转。

关于分期付款合同中标的物的所有权移转。我国《民法通则》第72条规定："按照合同或其他合法方式取得财产的，财产所有权从财产交付时起转移，法律另有规定或者当事人另有约定的除外。"《合同法》第133条规定："标的物的所有权自标的物交付时转移，但法律另有规定或者当事人另有约定的除外。"所以，在分期付款买卖中，若当事人没有特别约定，所有权的转移是伴随着交付完成的。但是，由于分期付款买卖中存在风险，卖方为保障自己的权利，通常会要求所有权保留。所有权保留制度指在移转财产所有权的商品交易中，当事人约定，财产所有权人只向对方当事人移转财产的占权，而仍保留其对该财产的所有权，待对方当事人完成约定的特定条件（通常是价金的一部分或全部清偿），该财产的所有权才发生移转的一种制度。这种制度属于非典型的物的担保方式。

三、应收账款融资

应收账款是企业因对外销售产品、材料、供应劳务或其他原因，应向购货单位或接受劳务等其他单位收取的款项。应收账款一般包括应收销售款、应收票据及其他应收款。应收账款是企业一项重要的流动资产。

中小企业如果能合理利用应收账款，就可增加股东收益，但若运用不当则会导致大量呆账坏账和相关费用的损失，严重损害股东权益。通过对应收账款进行科学有效的管理，可节省中小企业资金的占用，扩大中小企业的资金来源。

（1）企业应收账款融资方式主要分为两个大类。

第一类是应收账款担保融资。

应收账款担保融资的做法是，有借款企业与经办该项业务的银行或公司订立合同，借款企业以其应收账款作为担保，在规定期限内向订约银行或公司借款融资。一般来说，银行借给企业的资金占应收账款的80%左右。

第二类是应收账款转让融资。

应收账款转让是指企业将应收账款出让给专门以购买应收账款为主业的应收款托收信贷公司，以此筹集企业发展所需资金的融资方式。中小企业可在货物商品运出前向信贷公司申请贷款，经信贷公司同意后，在货物商品运出后将应收账款让售给信贷公司。信贷公司根据发票金额，减去购买商品方提取的现金折扣、信贷公司佣金及主要用以冲抵销货退回和销货折让的部分后,将余额付给该出售应收账款的企业。

应收账款转让融资对于中小企业来说有以下两点好处:一是通过表外融资降低资产负债率,以获得更多的信用融资;二是应收账款作为企业资产,其减值损失可以免交企业所得税。

应收账款转让从本质上讲是债权的转让。债权转让,又称债权让与或合同权利的转让,是指债权人通过协议将其债权全部或者部分转让给第三人的行为。《合同法》第80条规定:"债权人转让权利的,应当通知债务人。未经通知,该转让对债务人不发生效力。"但只要对债务人履行了通知义务即可(通知的义务履行的方式可以是书面的,也可以是口头的),不必征得债务人的同意。债权在全部让与时,受让人取代原债权人成为合同关系的新债权人,原债权人脱离合同关系;在部分让与时,受让人作为第三人将参加原合同关系,与原债权人共同享有债权。此时,合同权利人一方已由一人变成数人,合同之债成为多数之债。债权转让除了通知债务人这个条件外,还必须具备以下条件才能有效:必须有有效存在的债权;债权的转让人与受让人必须就债权让与达成合意;转让的债权必须具有可让与性。

(2)应收账款证券化融资。在应收账款转让融资模式下有一种较为新颖的应收账款融资方式,即应收账款证券化融资。资产证券化是一种国际流行的融资方式,企业应收账款证券化是资产证券化融资的重要组成部分。近年来,这种融资模式越来越多地被应用于融资活动。应收账款证券化是将企业应收账款转化为可流通的金融工具,从而获得企业发展所需资金的融资方式。

一般来说,应收账款证券化的基本流程如下。

第一步,企业首先需明确应收账款证券化的目标,选择适合的资产,组成资产池。应收账款证券化发起人一般是基础资产的原始权益人。其根据自身应收账款证券化融资的要求,按照资产情况选择适合的资产进行优化组合,并按照预定目标确定相应的资产数额,将其汇集成一个资产池。

第二步,发起人将资产池出售给特殊目的公司。此过程中,企业通过"真实出售"环节,实现了证券化资产与原始权益人之间的破产隔离。原始权益人的其他债权人在其破产时对证券化资产没有追索权,同时由于资产产权的完全转移,原始权益人应将这些资产从资产负债表上剔除,这就使应收账款证券化成为一种表外融资方式。

第三步,信用增级。特殊目的公司必须提高资产支持证券的信用等级,减少证券发行的整体风险,以吸引更多的投资者,改善发行条件。

第四步,信用评级。信用评级包括初评和终评。初评发生在信用增级前,其目的是确定对信用增级的需求。而终评是发生在信用增级后,终评后须将结果公布于众。评级考虑的因素不包括有利率变动等因素导致的市场风险,而主要是考虑资产的信用等级。

第五步,安排证券销售,向发起人支付发行收入。由投资银行负责向投资者销售资产支持证券,销售方式包括包销或代销。特殊目的公司从投资银行获取发行收入,再按照合同约定的购买价将发行收入的大部分支付给发起人。

第六步,实施资产管理,完善交易结构。特殊目的公司应与发起人一起确定细节,并达成协议。服务商负责管理资产池产生的现金流,并将收到的本金和利息存入收款专户。服务商按照约定建立积累金,准备用于特殊目的公司对投资者还本付息。待证券到期时,还要向其聘用的各类中介机构支付服务费。在这之后,若还有剩余,就按协议规定在发起人和特殊目的公司之间分配。

综上所述,使用应收账款融资具有其自身鲜明的特色,其最大的优点是融资来源具有较大的弹性。当企业在因销售额增加而需要更多资金时,其发票金额将随时间流逝而增加,从而使以此为基础所能获得的资金额也随之增加。同时,应收账款提供了中小企业以其他方式可能极难获得的借款担保。当应收账款予以代理或出售时,中小企业可以获得在其他情况下无法获得或取得成本较高的信用部门服务。而应收账款融资方式最大的缺点是其应用成本太高，通常比基本利率高2%～3%。此外，如果发票数量多且其面额较小的条件下，使用应收账款融资将显得非常麻烦。

小知识

应付票据融资

应付票据是企业进行延期付款商品交易时开具的反映债权债务关系的票据。根据承兑人的不同，应付票据分为商业承兑汇票和银行承兑汇票，支付期最长不超过6个月。应付票据可以带息，也可以不带息。应付票据的利率一般比银行借款的利率低，且不用保持相应的补偿余额和支付协议费，所以，应付票据的融资成本低于银行借款成本。但是应付票据到期必须归还，如若延期便要交付罚金，因而风险较大。

小知识

应付账款融资

应付账款是企业购买货物暂未付款而欠对方的账项，即卖方允许买方在购货后一定时期内支付货款的一种形式。卖方利用这种方式促销，而对买方来说延期付款则等于向卖方借用资金购进商品，可以满足短期的资金需要。

（1）应付账款的成本。倘若买方企业购买货物后在卖方规定的折扣期内付款，便可以享受免费信用，这种情况下企业没有因为享受信用而付出代价。倘若买方企业放弃折扣，在10天后（不超过30天）付款，该企业便要承受因放弃折扣而造成的隐含利息成本。一般而言，放弃现金折扣成本公式为

放弃现金折扣成本 = 折扣百分比 / (1 - 折扣百分比) × [360/ (信用期 - 折扣期)]

（2）利用现金折扣决策。在附有信用条件的情况下，因为获得不同信用要付出不同的代价，买方企业便要在使用哪种信用之间做出决策。

1）如果能以低于放弃折扣的隐含利息成本的利率借入资金，便应在现金折扣期内用借入的资金支付货款，享受现金折扣。

2）如果在折扣期内将应付账款用于短期投资，所得的投资收益率高于放弃折扣的隐含利息成本，则应放弃折扣而去追求更高的收益。当然，假使企业放弃折扣优惠，也应将付款日推迟至信用期内的最后一天，以降低放弃折扣的成本。

3）如果企业因缺乏资金而欲展延付款期，则需在降低了的放弃折扣成本与展延付款带来的损失之间做出选择。

小知识

预收账款融资

预收账款是卖方企业在交付货物之前向买方预先收取部分或全部货款的信用形式。对于卖方来讲，预收账款相当于向买方借用资金后用货物抵偿。预收账款一般用于生产周期长、资金需要量大的货物销售。

四、国内结算融资

（一）票据承兑

票据承兑是商业汇票的承兑人在汇票上记载一定事项，承诺到期支付票款的票据行为。

商业汇票一经银行承兑，承兑银行必须承担到期无条件付款的责任。因此，票据承兑属于银行的一项授信业务。

1. 票据承兑的特点

客户在商品交易过程中因购货现款不足，需要取得银行信用支持，可向银行申请办理票据承兑。经银行承兑的商业汇票较之商业承兑汇票具有更为可靠的银行信用保证，流通范围广，变现能力强，既减少了企业的资金占用，又节省了资金使用的成本，是备受广大客户欢迎的一项银行业务。

2. 票据承兑种类

目前，银行开办的银行承兑汇票业务仅限于人民币，期限最长不超过半年，每张汇票金额一般不超过 500 万元，手续费按中国人民银行的规定计收。

3. 票据承兑的申办手续

（1）在银行开立存款账户并有一定存款及结算往来。资信良好的企业可向银行信贷部门申请，并提交《商业汇票承兑申请书》。

（2）存入一定比例的保证金或提供银行认可的保证人或财产担保。

（3）提交承兑申请书及申请人与保证人双方的企业法人资格和法定代表人资格的证明文件及有关法律文件，如经年检的企业法人营业执照、法定代表人证明书或授权委托书、董事会决议及公司章程（设立董事会的企业提供）。

（4）与银行承兑汇票内容相符的购销合同。

（5）承兑申请人及保证人的近期财务报表。

（6）按银行要求提供的其他文件资料。

银行受理客户申请后，银企双方须签订《商业汇票承兑协议》，由保证人提供担保的，并出示保证函；需财产或权利质押的，财产或权利证明文件应交银行质押保管。

> **小知识**
>
> **商业汇票承兑**
>
> 商业汇票可以在出票时向付款人提示承兑后使用，也可以在出票后先使用再向付款人提示承兑。提示承兑是指持票人向付款人出示汇票，并要求付款人承诺付款的行为。定日付款或者出票后定期付款的商业汇票，持票人应当在汇票到期日前向付款人提示承兑。见票后定期付款的汇票，持票人应当自出票日起 1 个月内向付款人提示承兑。汇票未按照规定期限提示承兑的，持票人丧失对其前手的追索权。
>
> 商业汇票的付款人接到出票人或持票人向其提示承兑的汇票时，应当向出票人或持票人签发收到汇票的回单，记明汇票提示承兑日期并签章。付款人应当自收到提示承兑的汇票之日起 3 日内承兑或者拒绝承兑。付款人拒绝承兑的，必须出具拒绝承兑的证明。付款人承兑汇票后，应当承担到期付款的责任。

（二）票据贴现

票据贴现是收款人或持票人在资金不足时，将未到期的银行承兑汇票向银行申请贴现，银行按票面金额扣除贴现利息后将余额付给收款人的一项银行授信业务。票据一经贴现便归贴现银行所有，贴现银行到期可凭票直接向承兑银行收取票款。所以，票据贴现可看作银行以购买未到期银行承兑汇票的方式向企业发放的贷款。

1. 票据贴现的特点

（1）票据贴现业务能为客户快速变现手中未到期的商业票据；手续方便、融资成本低，是受广大客户欢迎的一项银行业务。

（2）客户可预先得到银行垫付的融资款项，加速公司资金周转，提高资金利用效率。

2. 票据贴现的对象

（1）在工商行政管理部门登记注册的企业法人。

（2）在银行开有往来账户，结算业务往来正常，资信良好的客户。

3. 票据贴现的申办条件

（1）银行承兑汇票应该是按照《中华人民共和国票据法》规定签发的有效汇票，基本要素齐全。

（2）单张汇票金额不超过1000万元。

（3）已背书转让的汇票一般不受理。

（4）汇票的签发和取得必须遵循诚实信用的原则，以合法的交易关系和债权债务关系为基础。

（5）承兑行具有银行认可的承兑人资格。

4. 票据贴现的申办手续

（1）申请人提供银行接受的担保。

（2）申请人提交了贴现申请书和企业法人与法定代表人的资格证明文件及有关法律文件，如经年检的企业法人营业执照、法人代表证明书及授权委托书、董事会决议及公司章程等。

（3）与汇票内容一致的购销合同、增值税发票或发运单据（影印件）。

（4）提交银行需要的其他文件资料。

> **小知识**
>
> **票据贴现融资**
>
> 票据贴现融资是指票据持有人在资金不足时，将自己手中未到期的商业票据转让给银行，银行按票面金额扣除贴现利息后将余额支付给收款人的一项银行授信业务。它是企业为加快资金周转促进商品交易而向银行提出的金融需求。
>
> 票据贴现融资是中小企业可供利用的一条重要的融资渠道。票据一经贴现便归贴现银行所有，贴现银行到期可凭票直接向承兑银行收取票款。在我国，商业票据主要包括银行承兑汇票和商业承兑汇票。
>
> 票据贴现融资具有以下优点。
>
> （1）票据融资保证充分，可提升中小企业的商业信用，促进企业之间短期资金的融通。
>
> （2）票据融资简便灵活，中小企业可以不受企业规模限制而方便地筹措资金。银行目前的信用等级标准主要是按国有大中型企业的标准设定的，把中小企业排除在外，从而导致中小企业因达不到信用等级标准而不能顺利申请到贷款。
>
> （3）票据融资可以降低中小企业的融资成本。利用票据融资要比向银行贷款的成本低得多。
>
> （4）票据融资可以优化银企关系，实现银企双赢。采用商业汇票融资，一方面可以方便中小企业的资金融通；另一方面商业银行可通过办理票据业务收取手续费，还可以将贴现票据在同业银行之间办理转贴现或向中国人民银行申请再贴现，从而在分散商业银行风险的同时，从中获取更大的利差收益。

> **小知识**
>
> **商业汇票贴现**
>
> 贴现是指票据持票人在票据未到期前为获得现金向银行贴付一定利息而发生的票据转

让行为。通过贴现，贴现银行获得票据的所有权（图4-1）。

（1）贴现条件。商业汇票的持票人向银行办理贴现必须具备下列条件：是在银行开立存款账户的企业法人及其他组织；与出票人或者直接前手之间具有真实的商品交易关系；提供与其直接前手之间进行商品交易的发票和商品发运单据复印件。

（2）贴现利息的计算。贴现的期限从其贴现之日起至汇票到期日止。实付贴现金额按票面金额扣除贴现日至汇票到期前1日的利息计算。承兑人在异地的，贴现的期限及贴现利息的计算应另加3天的划款日期。

（3）贴现的收款。贴现到期，贴现银行应向付款人收取票款。不获付款的，贴现银行应向其前手追索票款。贴现银行追索票款时可从贴现申请人的存款账户直接收取票款。

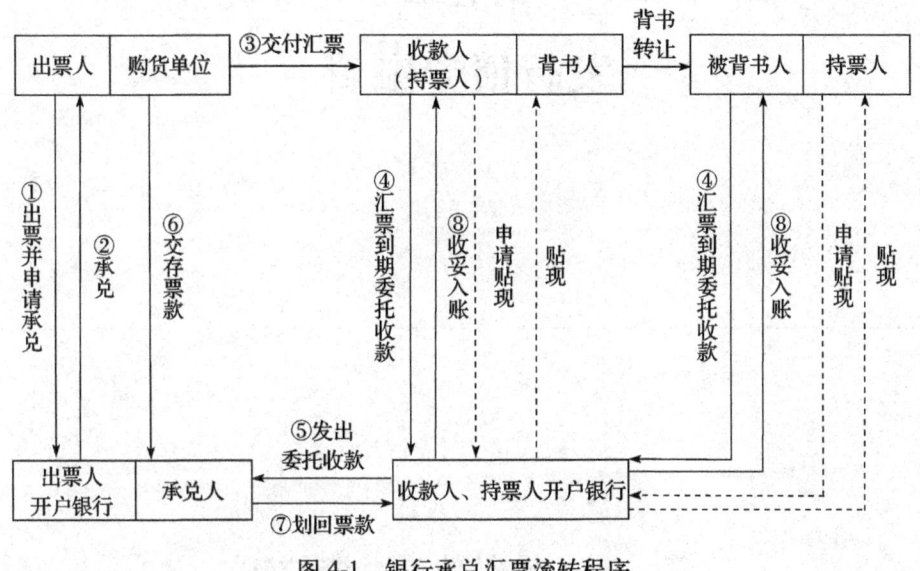

图 4-1 银行承兑汇票流转程序

第五章
发行债券融资

第一节 发行债券融资综述

一、债券知识

债券是经济主体为融资而发行的,用以记载和反映债权债务关系的有价证券。

债券融资的上位概念为债权融资,债权融资包括向企业外部各种金融机构借款和向公众发行公司债券,是有偿使用企业外部资金的一种融资形式。债券融资主要是以企业自身的信用或第三者的担保,取得资金所有者资金使用权利,并承诺按期还本付息。

企业在选择融资方式时,不论发行何种证券,所需考虑的最基本问题就是保持与企业资产的收益和风险相匹配,维持合理的融资结构和财务弹性,从而确定最优的融资方式。

(一)市场体系

目前,我国债券市场形成了包括银行间市场、交易所市场和商业银行柜台市场3个基本子市场在内的统一分层的市场体系。

银行间市场是债券市场的主体,债券存量和交易量约占全市场90%。这一市场参与者是各类机构投资者,属于大宗交易市场(批发市场),实行双边谈判成交,逐笔结算。银行间市场投资者的证券账户直接开立在中央国债登记结算有限责任公司（以下简称国债登记结算公司），实行一级托管；国债登记结算公司还为这一市场的交易结算提供服务。银行间债券买卖在中国外汇交易中心进行，通过中心的本币系统来完成。

交易所市场是另一重要部分，它有除银行以外的各类社会投资者，属于集中撮合交易的零售市场，实行净额结算。交易所市场的交易在上海证券交易所（以下简称上交所）和深圳证券交易所（以下简称深交所）进行。交易所市场实行两级托管体制，其中，国债登记结算公司为一级托管人，负责为交易所开立代理总账户；中国证券登记结算有限公司（以下简称证券登记结算公司）为债券二级托管人，记录交易所投资者账户。国债登记结算公司与交易所投资者没有直接的权责关系。交易所交易结算由中国证券登记结算公司负责。

商业银行柜台市场是银行间市场的延伸，也属于零售市场。柜台市场实行两级托管体制，其中，国债登记结算公司为一级托管人，负责为承办银行开立债券自营账户和代理总账户；承办银行为债券二级托管人。国债登记结算公司与柜台投资者没有直接的权责关系。与交易所市场不同的是，承办银行日终需将余额变动数据传给国债登记结算公司，同时国债登记结算公司为柜台投资人提供余额查询服务，成为保投资者权益的重要途径。

（二）债券的种类

公司债券分类如下。

1. 按有无特定的财产担保，分为抵押债券称和信用债券

（1）抵押债券。发行公司以特定财产作为抵押品的债券称为抵押债券。

抵押债券又分为以下几种：一般抵押债券，即以公司产业的全部作为抵押品而发行的债券；不动产抵押债券，即以公司的不动产为抵押而发行的债券；设备抵押债券，即以公司的机器设备为抵押而发行的债券；证券信托债券，即以公司持有的股票证券及其他担保证书交付给信托公司作为抵押而发行的债券。

（2）信用债券。没有特定财产作为抵押，凭信用发行的债券称为信用债券。

2. 按利率的不同，分为固定利率债券和浮动利率债券

（1）固定利率债券。将利率明确记载于债券上，按这一固定利率向债权人支付利息的债券，称为固定利率债券。

（2）浮动利率债券。债券上明确利率，发放利息时利率水平按某一标准（如政府债券利率、银行存款利率）的变化而同方向调整的债券，称为浮动利率债券。

3. 按照偿还方式，分为到期一次债券和分期债券

（1）到期一次债券。发行公司于债券到期日一次集中清偿本息的，称为到期一次债券；

（2）分期债券。一次发行而分期、分批偿还的债券称为分期债券。分期债券的偿还又有不同办法。

4. 按照其他特征，分为收益公司债券、附认股权债券、附属信用债券

（1）收益公司债券。收益公司债券是只有当公司获得盈利时才向持券人支付利息的债券。这种债券不会给发行公司带来固定的利息费用，对投资者而言收益较高，但风险也较大。

（2）附认股权债券。附认股权债券是附带允许债券持有人按特定价格认购公司股票权利的债券。这种认购股权通常随债券发放，具有与可转换债券类似的属性。附认股权债券与可转换公司债券一样，票面利率通常低于一般公司债券。

（3）附属信用债券。附属信用债券是当公司清偿时，受偿权排列顺序低于其他债券的债券；为了补偿其较低受偿顺序可能带来的损失，这种债券的利率高于一般债券。

5. 按能否转换为公司股票，分为可转换债券和不可转换债券

若公司债券能转换为本公司股票，为可转换债券；反之为不可转换债券。一般来讲，前者的利率要低于后者。

6. 按是否参加公司盈余分配，分为参加公司债券和不参加公司债券

债权人除享有到期向公司请求还本付息的权利外，还有权按规定参加公司盈余分配的债券，称为参加公司债券；反之，称为不参加公司债券。

7. 按能否上市，分为上市债券和非上市债券

可在证券交易所挂牌交易的债券称为上市债券；反之，称为非上市债券。

上市债券信用度高，价值高，且变现速度快，故而容易吸引投资者；但上市条件严格，并要承担上市费用。

8. 按债券上是否记有持券人的姓名或名称，分为记名债券和无记名债券

在公司债券上记载持券人姓名或名称的为记名公司债券；反之为无记名公司债券。这种分类类似于记名股票与无记名股票的划分。另外，两种债券在转让上的差别也与记名股票、无记名股票相似。

二、债券融资的特点

与其他长期负债融资方式相比，发行债券的突出优点在于融资对象广、市场大。但是，这种融资方式成本高、风险大、限制条件多。

债券融资相对于股票融资来说具有鲜明的特点，主要表现在以下几个方面。

1. 债券融资对财务风险、公司治理结构的影响

对企业而言，股权融资的风险小于债券融资的风险，股票投资者的股息收入通常随着企业盈利水平和发展需要而定，与发展公司债券相比，公司没有固定付息的压力，且普通股也没有固定的到期日，因而不存在还本付息的融资风险。而发行企业债券，必须承担按期付息和到期还本的义务，此种偿债义务不受公司经营状况和盈利水平的影响。当公司经营不景气时，盈利水平下降时，会给公司带来巨大的财务压力，甚至可能导致公司无力偿还到期债务而破产，因此发行企业债券的公司，财务风险较高。

债券融资提高了公司债务比例的同时，以一种更经济的方式抑制了经营者的个人欲望倾向。当经营者因越权行为或进行以满足个人私利的项目决策而使企业陷入财务困境时，债权控制便会生效，从而限制了经营者扩张其控制利益的欲望。所以，提高债券融资比例虽然提高了公司的财务风险，但也降低了监督和激励成本，避免了经营者的道德风险和逆向选择，从而有利于减少代理人问题，完善公司治理结构。

2. 债券融资对融资结构的影响

目前，我国上市公司的负债比例相对于非上市公司要低。为优化融资结构，上市公司应适当提高债券融资比例。债权融资因具备到期偿还的特点且受约束较少，所以灵活性大，企业可以通过分散债券到期日来提高融资结构弹性。而股票融资则不易调整：一是它是永久性资本；二是增减受到严格限制。所以，在优化融资结构上，债券融资的优势是显而易见的。另外，衍生金融工具的出现也给优化融资结构提供了方便，如可转化债券。企业通过发行可转化债券，不仅可以发挥负债的税收挡板、避免双重征税及财务杠杆作用，而且使对融资结构的调整变得更为方便和灵活。

3. 债券融资对控制权的影响

企业举债融资虽然会增加企业的财务风险，但有利于保持现有股东控制企业的能力。如果通过增募股本方式筹措资金，现有股东的控制权就有可能被稀释，因此，股东一般不愿意发行新股融资。而且，随着新股的发生流通在外的普通股股数必将增加，最终将导致普通股每股收益和每股市价的下跌，从而对现有股东产生不利的影响。

4. 债券融资对上市公司市场价值的影响

由于企业债权人获得企业内部经营信息较经营者更少,企业的外部投资者无法直接对企业价值做出评价,而只能通过经营者的决策行为所提供的间接信息来间接评价。不对称信息理论指出,破产概率与企业质量负相关,而与负债水平正相关。所以,外部投资者把较高的负债比例视为企业高质量的一个信号,即企业市场价值与债务比例正相关。负债比例上升,说明经营者对企业未来收益有较高的期望,同时反映了经营者对企业前景抱有信心并会努力去工作,以保证企业经营效益和自身利益的不断增加。这样,外部投资者对企业的评价较高,企业市场价值较大。相反,如果经营者一味发行股票,外部投资者便会认为经营者试图通过增加股权比重来降低企业破产风险,由此也说明了企业前景不佳,市场会意识到企业利润将下降,因此企业市场价值就会减小。因此,多发债券可以增加上市公司市场价值,但多发债券又必然受到财务危机的制约。

三、债券的发行条件

《公司法》规定,有资格发行公司债券的企业,必须具备以下条件。

(1) 股份有限公司的净资产额不低于3000万元,有限责任公司的净资产额不低于6000万元。

(2) 累计债券总额不超过公司净资产额的40%。

(3) 最近3年平均可分配利润足以支付企业债券1年的利息。

(4) 所融资的投向符合国家产业政策。

(5) 债券的利率不得超过国务院限定的水平。

(6) 发行企业债券所筹集的资金,必须符合审批机关审批的用途,不得用于弥补亏损和非生产性支出。

四、债券融资成本的计算、还本付息

债券成本中的利息在税前支付,具有减税效应。债券的融资费用一般较高,主要包括申请发行债券的手续费、债券注册费、印刷费、上市费及推销费用等。债券融资成本的计算公式为

$$债券融资成本 = \frac{年利息 \times (1 - 所得税税率)}{债券融资金额 \times (1 - 债券融资费率)} \times 100\%$$

【例 5-1】智董公司等价发行面值为1000元、期限为5年、票面利率为8%的债券4000张,每年结息1次。债券融资费率为5%,所得税税率为33%。则该批债券融资的成本为

$$债券融资成本 = \frac{1000 \times 8\% \times (1 - 33\%)}{1000 \times (1 - 5\%)} \times 100\% \approx 5.64\%$$

如果例5-1中的债券溢价100元发行,则债券融资成本为

$$债券融资成本 = \frac{1000 \times 8\% \times (1 - 33\%)}{1100 \times (1 - 5\%)} \times 100\% \approx 5.13\%$$

如果例5-1中的债券折价50元发行,则债券融资成本为

$$债券融资成本 = \frac{1000 \times 8\% \times (1 - 33\%)}{950 \times (1 - 5\%)} \times 100\% \approx 5.94\%$$

(一) 债券的偿还

债券偿还时间按其实际发生与规定的到期日之间的关系,分为到期偿还、提前偿还与滞后偿还。

1. 到期偿还

到期偿还是指当债券到期后还清债券所载明的义务,包括分批偿还和一次偿还。

2. 提前偿还

提前偿还又称提前赎回或收回,是指在债券尚未到期之前就予以偿还。只有在企业发

行债券的契约中明确规定了有关允许提前偿还的条款，企业才可以进行此项操作。提前偿还所支付的价格通常要高于债券的面值，并随到期日的临近而逐渐下降。具有提前偿还条款的债券可使企业融资有较大的弹性。当企业资金有结余时，可提前赎回债券；当预测利率下降时，也可提前赎回债券，而后以较低的利率来发行新债券。

赎回有3种形式，即强制性赎回、选择性赎回和通知赎回。

（1）强制性赎回要求保证公司拥有一定的现款来减少其固定负债，从而减少利息支付时，能够提前还债。

强制性赎回有偿债基金和赎债基金两种形式。

1）偿债基金主要是为分期偿还未到期债券而设。它要求发行人在债券到期前陆续偿还债务，因而缩短了债务的有效期限，同时分散了还本付息的压力，这样，在某种程度上减少了违约的风险。但在市场看好时（如市场价格高于面值），强制性赎回使投资人遭受损失，举债公司要给予补偿，通常的办法是提高赎回价格。

2）赎债基金同样是举债人为提前偿还债券设立的基金。与偿债基金不同的是，赎债基金是债券持有人强制举债公司收回债券。赎债基金只能从二级市场上购回自己的债券，其主要任务是支持自己的债券在二级市场上的价格。

（2）选择性赎回是指举债公司有选择债券到期前赎回全部或部分债券的权利。选择性赎回的利率略高于其他同类债券。

（3）通知赎回是指举债公司在到期日前准备赎回债券时，要提前一段时间向债券持有人发出赎债通知，告知赎回债券的日期和条件。债券持有人有权将债券在通知赎回日期之前售回举债公司，债券持有人的这种权利称为提前售回优先权。

通知赎回中，债券持有人还有一种提前售回选择权，指债券持有人有权选择在债券到期前某一个或某几个指定日期，按指定价格把债券售回举债公司，这和选择性赎回的选择主体正好相反。

3. 滞后偿还

债券在到期日之后偿还叫滞后偿还。这种偿还条款一般在发行时便订立，主要是给予持有人以延长持有债券的选择权。滞后偿还有转期和转换两种形式。

（1）转期指将较早到期的债券换成到期日较晚的债券，实际上是将债务的期限延长。常用的方法有两种：一是直接以新债券兑换旧债券；二是用发行新债券得到的资金来赎回旧债券。

（2）转换通常指股份有限公司发行的债券可以按一定的条件转换成本公司的股票。

（二）债券的付息

债券的付息主要表现在利率的确定、付息频率和付息方式方面。利率的确定有固定利率和浮动利率两种形式。付息频率主要有按年付息、按半年付息、按季付息或按月付息和一次性付息（利随本清、贴现发行）。付息方式有两种：一种是采取现金、支票或汇款的方式；另一种是息票债券的方式。

五、债券的发行方式

债券的发行方式通常分为公募发行和私募发行两种。

1. 公募发行

以不特定的多数投资者作为募集对象而发行的债券，称为公募发行。

公募发行的优点：因向众多投资者发行债券，故能筹集较多的资金；提高发行者的知名度，扩大社会影响；债券的利率较低；可公开上市交易，有比较好的流动性。

公募发行的缺点：发行费用较高，所需发行时间较长。

2. 私募发行

以特定的少数投资者为募集对象而发行的债券，称为私募发行。这里所说"特定的"

投资者，一般可分为两类：一是个人投资者，如企业职工；二是机构投资者，如大的金融机构。

私募发行的优点：节约发行费用；发行时间短；限制性条件少。

私募发行的缺点：利率比较高；一般不能公开上市，缺乏流动性；由于债权人相对集中，发行者的经营管理容易受到债权人干预。

债券的发行通常有平价发行、溢价发行、折价发行。债券资本成本的计算公式为

$$K_d = \frac{I(1-T)}{1-R}$$

式中，K_d 为债券资本成本；I 为债券年利息；T 为企业适用的所得税税率；R 为融资费用率。

【例 5-2】假设智董公司拟发行总面额为 1000 万元的 10 年期债券，票面利率为 10%，发行费率为 4%，公司所得税税率为 25%。根据市场环境的不同，公司采取平价发行 1000 万元、溢价发行 1200 万元和折价发行 800 万元。计算该债券的资本成本。

平价发行债券的资本成本为

$$K_d = \frac{1000 \times 10\% \times (1-25\%)}{1000 \times (1-4\%)} \approx 7.81\%$$

溢价发行债券的资本成本为

$$K_d = \frac{1000 \times 10\% \times (1-25\%)}{1200 \times (1-4\%)} \approx 6.51\%$$

折价发行债券的资本成本为

$$K_d = \frac{1000 \times 10\% \times (1-25\%)}{800 \times (1-4\%)} \approx 9.77\%$$

债券发行价格的高低受诸多因素的影响，这些因素主要包括债券面值、票面利率、市场利率、债券期限。

六、债券的发行程序

发行债券要经过一定的程序，并办理相关手续。

1. 决定发行债券

《公司法》规定，可以发行公司债券的主体有股份有限公司、国有独资公司和两个以上国有企业或两个以上国有投资主体设立的有限责任公司。以上 3 类公司做出发行债券决议的机构不一样：股份有限公司和两个以上国有企业或两个以上国有投资主体设立的有限责任公司发行企业债券，由董事会制订方案，股东大会做出决议；国有独资公司发行公司债券，由国家授权投资的机构做出决定。

2. 申请与批准

凡欲发行债券的企业，先要向国务院证券管理部门提出申请并提交企业登记证明、企业章程、企业债券募集办法、资产评估报告和验资报告等文件。国务院证券管理部门根据有关规定，对企业的申请予以核准。

3. 制订募集办法并予以公告

发行企业债券的申请被批准后，应由发行企业制定企业债券募集办法。办法中应载明的主要事项有企业名称、债券总额和票面金额、债券利率、还本付息的期限与方式、债券发行的起止日期、企业净资产额、已发行的尚未到期的债券总额、企业债券的承销机构。

企业制定好募集办法后，应按当时、当地通常合理的方法向社会公告。

4. 募集借款

企业发出企业债券募集公告后，开始在公告所定的期限内募集借款。

第二节 发行债券融资细述

一、企业债券

在我国的债券市场上存在公司债券和企业债券的划分，由于涉及具体法律的适用问题，在此有必要进行说明。在西方国家是不存在企业债券的提法的，一般只有公司制企业才能发行债券，而且包括金融机构发行的在我国称为"金融债券"的部分。而在我国之所以出现公司债券和企业债券这两个概念，是因为《公司法》《企业债券管理条例》对此分别做了规定。

企业债是由中央政府部门所属机构、国有独资企业或国有控股企业发行的债券。企业债券属于我国经济发展和改革过程中的一类特殊固定收益产品，规范其发行行为的指导性法规是1993年国务院颁布的《企业债券管理条例》。该条例规定："中央企业发行企业债券，由中国人民银行会同国家计划委员会审批；地方企业发行企业债券，由中国人民银行省、自治区、直辖市、计划单列市分行会同同级计划主管部门审批。"目前，企业债券的发行审批权限归属国家发改委，由于政府计划部门的权限范围主要涉及国有经济部门，实际发债主体主要是中央政府部门所属机构、国有独资企业或国有控股企业等大型国有机构，而且均有大型银行、大型国有集团等对债券进行担保。这样，我国的企业债券实质具有很高的信用级别，属于具有"国家信用"的准政府债券。

2008年1月，《国家发改委关于推进企业债券市场发展、简化发行核准程序有关事项的通知》[发改财经（2008）7号]，对企业债券发行核准程序进行改革。该通知将企业债券的发行核准程序"合二为一"，由先核定规模、后核准发行2个环节简化为直接核准发行1个环节。这也表示以额度审批为特征的计划管理体制宣告终结。

公司债券是由股份有限公司或有限责任公司发行的债券，我国2005年《公司法》和《证券法》对此做出明确规定。我国《公司法》第154条第1款规定："本法所称公司债券，是指公司依照法定程序发行、约定在一定期限内还本付息的有价证券。"2007年8月14日，证监会正式颁布实施《公司债券发行试点办法》。《公司债券发行试点办法》内容包括发行方式、发行条件、发行程序、债券持有人权益保护等方面的规定，体现了建立市场化导向的公司债券发行监管体制的指导思想。

小知识

企业债券与公司债券的区别

企业债券与公司债券的区别如下。

1. 发行主体的差别

公司债券是由股份有限公司或有限责任公司发行的债券，证券法对此做出了明确规定，因此，非公司制企业不得发行公司债券。而企业债券是由中央政府部门所属机构、国有独资企业或国有控股企业发行的债券，它对发债主体的限制比公司债券窄。

2. 信用来源的差别

在市场经济环境中，公司债券的信用来源是发债公司的资产质量、经营状况、盈利水平和持续盈利能力等。我国企业债券的信用来源，不仅通过"国有"（即国有企业和国有控股企业等）机制贯彻了政府信用，而且通过行政强制落实担保机制，实际信用级别与其他政府债券大同小异。

3. 发债资金用途的差别

公司债券是公司根据经营运作具体需要所发行的债券，主要用途包括固定资产投资、技术更新改造、改善公司资金来源结构、调整公司资产结构、降低公司财务成本、支持公司并购和资产重组等。但企业债券募集资金的用途主要限制在固定资产投资和技术革新改造方面，并与政府部门的审批项目直接相关。

4. 管制程序的差别

在市场经济中，公司债券监管机构往往要求严格债券的信用评级和发债主体的信息披露，特别重视发债后的市场监管工作。但我国企业债券发行中，发债由国家发改委和国务院审批，要求银行予以担保；一旦债券发行，审批部门则不再对发债主体的信息披露和市场行为进行监管。

5. 发债额度的差别

根据证券法规定，股份有限公司、有限责任公司发债额度的最低限大致为1200万元和2400万元。但是，按照企业债券的内控指标，每只企业债券的发债数额大多不低于10亿元，因此，可发债企业只能集中于少数大型企业。

6. 市场功能的差别

在发达国家中，公司债券是各类公司获得中长期债务性资金的一个主要方式，由于公司数量众多，因此其每年发行量既高于股票融资额，也高于政府债券。企业债券的发行受到行政机制的严格控制，每年的发行额远低于国债、央行票据和金融债券，也明显低于股票的融资额。

（一）企业债券、公司债券的发行条件

根据《证券法》第61条规定，发行公司债券必须符合下列6个条件。

（1）股份有限公司的净资产额不低于3000万元，有限责任公司的净资产额不低于6000万元。

（2）累计债券总额不超过公司净资产额的40%。

（3）最近3年平均可分配利润足以支付公司债券1年的利息。

（4）筹集的资金投向符合国家产业政策。

（5）债券的利息不得超过国务院限定的利率水平。

（6）国务院规定的其他条件。

发行公司债券筹集的资金，必须用于审批机关批准的用途，不得用于弥补亏损和非生产性支出。

而根据《企业债券管理条例》第15条的规定，企业发行企业债券必须符合下列条件。

（1）企业规模达到国家规定的要求。

（2）企业财务会计制度符合国家规定。

（3）具有偿债能力。

（4）企业经济效益良好，发行企业债券前连续3年盈利。

（5）所筹资金用途符合国家产业政策。

证监会于2007年8月14日发布了《公司债券发行试点办法》，其中，第7~9条规定：发行公司债券，应当符合下列规定。

（1）公司的生产经营符合法律、行政法规和公司章程的规定，符合国家产业政策。

（2）公司内部控制制度健全，内部控制制度的完整性、合理性、有效性不存在重大缺陷。

（3）经资信评级机构评级，债券信用级别良好。

（4）公司最近一期末经审计的净资产额应符合法律、行政法规和证监会的有关规定。

（5）最近3个会计年度实现的年均可分配利润不少于公司债券1年的利息。

（6）本次发行后累计公司债券余额不超过最近一期末净资产额的40%；金融类公司的累计公司债券余额按金融企业的有关规定计算。

存在下列情形之一的，不得发行公司债券。

（1）最近36个月内公司财务会计文件存在虚假记载，或公司存在其他重大违法行为。

（2）本次发行申请文件存在虚假记载、误导性陈述或者重大遗漏。

（3）对已发行的公司债券或者其他债务有违约或者迟延支付本息的事实，仍处于继续状态。

（4）严重损害投资者合法权益和社会公共利益的其他情形。

公司债券每张面值100元，发行价格由发行人与保荐人通过市场询价确定。

（二）企业债券、公司债券的发行程序

1. 企业债券的发行

企业债券的发行分为4个阶段：确定融资意向阶段、发行准备阶段、国家发改委审核阶段和发行上市阶段。

（1）在确定融资意向阶段，发行人形成融资意向后与券商进行初步接洽，券商会就本次发行融资方式及具体发行方案向发行人出具可行性报告，最终由发行人确定发行方案。

（2）在发行准备阶段，发行人聘请主承销商、律师、会计师、评级机构等中介机构，签订承销协议，发行人与中介机构共同制作企业债券发行申报材料，并上报省级发改部门，由省发改部门转报国家发改委。

（3）在国家发改委审核阶段，国家发改委对申报材料进行审核后，就会签中国人民银行和证监会，如果符合条件，国家发改委就向申请企业下达发行申请批准文件。

（4）在发行上市阶段，获得批准的企业要在指定报刊上刊登募集说明书，企业债券就正式发行，主承销商组织承销团进行销售，发行人获得资金，完成证券上市交易。

2. 公司债券的发行

公司债券的发行程序也分为4个阶段：确定融资意向阶段、发行准备阶段、证监会审核阶段和发行上市阶段。其中，确定融资意向阶段与企业债券发行的第1阶段程序相同，所以以下主要介绍后面3个阶段。

在确定了融资意向后，发行人就要开始发行准备，聘请主承销商、律师、会计师、评级机构等中介机构，签订承销协议。中介机构会对申请公司进行尽职调查，并与发行人共同制作申报材料。发行人必须召开董事会审议公司债券融资方案，公告董事会决议。与企业债券需要经过发行审核委员会（以下简称发审委）审核不同，公司债券的发行需要经过证监会审核。主承销商向证监会预报发行申请材料，证监会发行部出具反馈意见，发行人召开临时股东大会审议公司债券发行相关议案，并公告股东大会决议，之后，主承销商向证监会补充股东大会决议，对反馈意见进行答复。证监会发审委审核发行材料，做出核准或不核准的决定。在发行上市阶段，发行公司要在指定报刊上刊登募集说明书及其摘要，接着进行路演，确定公司债券最终票面利率，最后发行公司制作上市公告书，在指定报刊刊登，债券就可以上市交易。

（三）公司债券发行与承销专题

1. 发行条件、条款设计要求及其他安排

（1）发行条件（基本条件、募集资金投向、不得再次发行的情形）。

1)《公司债券发行试点办法》基本条件如下。

① 公司的生产经营符合法律、行政法规和公司章程的规定，符合国家产业政策。

② 公司内部控制制度健全，内部控制制度的完整性、合理性、有效性不存在重大缺陷。

③ 经资信评级机构评级，债券信用级别良好。
④ 公司最近 1 期末经审计的净资产额应符合法律、行政法规和证监会的有关规定。
⑤ 最近 3 个会计年度实现的年均可分配利润不少于公司债券 1 年的利息。
⑥ 本次发行后累计公司债券余额不超过最近 1 期末净资产额的 40%，金融类公司的累计公司债券余额按照金融企业的有关规定计算。

2）募集资金投向。符合股东会或股东大会核准的用途，且符合国家产业政策。
3）不得再次发行的情形如下。
① 最近 36 个月内公司财务会计文件存在虚假记载，或公司存在其他重大违法行为。
② 本次发行申请文件存在虚假记载、误导性陈述或重大遗漏。
③ 对已发行的公司债券或其他债务有违约或者迟延支付本息的事实且仍处于继续状态。
④ 严重损害投资者合法权益和社会公共利益的其他情形。

(2) 条款设计及其他安排。
1）定价。公司债券每张面值为 100 元，发行价格由发行人与保荐机构通过市场询价确定。
2）信用评级。应委托资信评级机构且在债券的存续期内进行信用评级，资信评级机构每年至少公告 1 次跟踪评级报告。
3）债券的担保。对公司债券发行没有强制性担保要求。如果有要符合《担保法》相关规定。

(3) 发行方式。上交所对于公司债券的发行、上市和交易进行分类管理。即达到一定标准的公司债券原则上可以采用"网上发行和网下发行"相结合的方式，向全市场投资者（包括个人投资者）发行；否则，只能向机构投资者发行，而不得向个人投资者发行。网上发行是指将一定比例的公司债券，按确定的发行价格和利率或利率区间，通过证券交易所集中竞价系统面向全市场投资者公开发行。

2. 公司债券发行的申报与核准
(1) 发行申报。
1）公司决议：由董事会制订方案，经股东大会决议。
2）保荐与申报：聘请保荐机构等共同完成申请程序。
3）募集说明书与申报文件制作。债券募集说明书自最后签署之日起 6 个月内有效。
(2) 受理与核准（同股票）。
公司债券受理与核准的流程图如图 5-1 所示。

3. 债券持有人权益保护（受托管理人及债券持有人会议）
(1) 保护债券持有人权益的方式。
1）受托管理人与受托协议。根据《公司债券发行试点办法》，发行人应当为债券持有人聘请债券受托管理人，并订立债券受托管理协议；在债券存续期限内，由债券受托管理人依照协议的约定维护债券持有人的利益。
2）债券受托管理人的资格。由本次发行的保荐机构或者其他经证监会认可的机构担任。为本次发行提供担保的机构不得担任本次债券发行的受托管理人。债券受托管理人应当为债券持有人的最大利益行事，不得与债券持有人存在利益冲突。
(2) 受托管理人的职责。
1）持续关注公司和保证人的资信状况，出现可能影响债券持有人重大权益的事项时，召开债券持有人会议。
2）公司为债券设定担保的，债券受托管理协议应当约定担保财产为信托财产，债券受托管理人应在债券发行前取得担保的权利证明或其他有关文件，并在担保期间妥善保管。

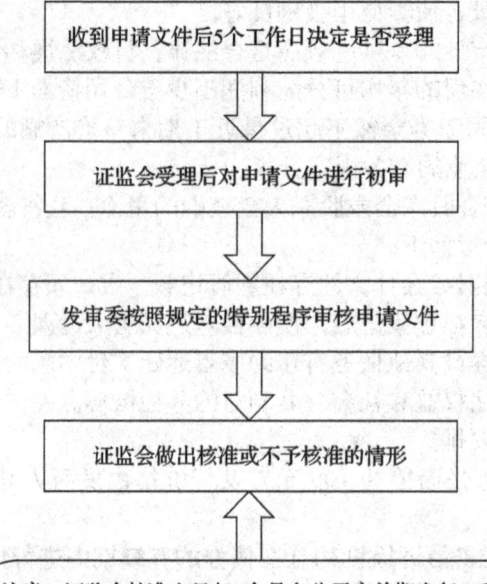

```
┌─────────────────────────────┐
│ 收到申请文件后5个工作日      │
│ 决定是否受理                 │
└─────────────┬───────────────┘
              ↓
┌─────────────────────────────┐
│ 证监会受理后对申请文件进行初审 │
└─────────────┬───────────────┘
              ↓
┌─────────────────────────────┐
│ 发审委按照规定的特别程序审核申请文件 │
└─────────────┬───────────────┘
              ↓
┌─────────────────────────────┐
│ 证监会做出核准或不予核准的情形 │
└─────────────────────────────┘
              ↑
```

注意：证监会核准之日起6个月内公司应首期发行，剩余数量应在24个月内发行完毕。超过核准文件限定的时效未发行的，须重新经证监会核准后方可发行。首期发行数量不少于总发行数量的50%，剩余各期发行的数量由公司自行确定，每期发行完毕后的5个工作日内将证监会核准的债券募集说明书按规定刊登公告

图 5-1 公司债券受理与核准的流程图

3) 在债券持续期内勤勉处理债券持有人与公司之间的谈判或诉讼事务。
4) 预计公司不能偿还债务时，要求公司追加担保，或依法申请法定机关采取财产保全措施。
5) 公司不能偿还债务时，受托参与整顿、和解、重组或者破产的法律程序。
6) 债券受托管理协议约定的其他重要义务。

(3) 债券持有人会议。
1) 制订债券持有人会议规则，约定债券持有人通过会议行使权力的范围、程序和规则。
2) 召开债券持有人会议的条件如下。
① 拟变更募集说明书的约定。
② 拟变更债券受托管理人。
③ 公司不能按期支付本息。
④ 公司减资、合并、分立、解散或申请破产。
⑤ 保证人或者担保物发生重大变化。
⑥ 发生对债券持有人权益有重大影响的事项。

4. 公司债券在交易所市场上市

(1) 公司债券上市条件如下。
1) 经有关部门核准并发行。
2) 债券的期限为1年以上。
3) 债券的实际发行额不少于5000万元。
4) 债券经资信评级机构评级且债券的信用级别良好。
5) 申请债券上市时仍符合法定的公司债券发行条件。

6) 证交所认可的其他条件。

另外，只有同时符合如下条件，才可以通过证券交易所集中竞价系统、大宗交易系统和固定收益证券综合电子平台进行交易，否则，只能通过固定收益证券综合电子平台上市交易。

1) 发行人的债项评级不低于 AA。
2) 债券上市前，发行人最近 1 期末的净资产不低于 15 亿元。
3) 债券上市前，发行人最近 3 个会计年度实现的年均可分配率润不少于债券 1 年利息的 1.5 倍。
4) 证券交易所规定的其他条件。

(2) 上市申请。
1) 申请文件的内容。
2) 证券交易所对债券上市实行上市推荐人制度，债券在证券交易所申请上市必须由 1～2 个证券交易交所认可的机构推荐并出具上市推荐书。
3) 上市推荐人应履行的义务。

(3) 上市的核准。
1) 证券交易所核准。
2) 证券交易所设立的上市委员会对债券上市申请进行审核做出独立的专业判断并形成审核意见，证券交易所根据上市委员会意见做出是否同意上市的决定。
3) 债券发行人在提出上市申请至债券核准上市前，未经证券交易所同意不得擅自披露有关信息。

(4) 债券的停牌与复牌及债券上市的暂停与终止。
1) 债券上市期间，凡发生可能导致债券信用评级有重大变化、对债券按期偿付产生任何影响等事件或者存在相关市场传言，发行人应在第一时间向证券交易所提交临时公告并予以公告澄清。发行人于交易日公布上述信息时，证券交易所将视情况对相关债券进行停牌处理。发行人按规定要求披露后进行复牌。
2) 债券上市交易后有下列情形之一的，证券交易所对该债券停牌，并在 7 个交易日内决定是否暂停其上市交易。
① 公司出现重大违法行为。
② 公司情况发生重大变化，不符合债券上市条件。
③ 发行公司债券所募集的资金不按照核准的用途使用。
④ 未按照债券募集办法履行义务。
⑤ 最近 2 年连续亏损。
3) 终止交易情形如下。
① 前述补充。
② 公司解散、依法被责令关闭或宣告破产。
③ 债券到期前 1 周终止上市交易。

(5) 信息披露及持续性义务。
1) 债券上市后发行人应遵守以下信息披露的基本原则。
① 发行人的董事会全体成员必须保证信息披露内容真实、准确、完整，没有虚假、误导性陈述或重大遗漏，并就其保证承担个别和连带的责任。
② 债券上市期间发行人应在规定期间内向证券交易所提交定期报告并予以公告。
③ 债券上市期间，凡发生可能导致债券信用评级有重大变化、对债券按期偿付产生任何影响等事件或者存在相关市场传言，发行人应在第一时间向证券交易所提交临时公告并予以公告澄清。

④发行人应与债券信用评级机构就跟踪评级有关安排做出约定，并于每年6月30日前将上一年度的跟踪评级报告向市场公告。

⑤债券到期前1周，发行人应按规定在证监会指定的信息披露报刊或/及证券交易所网站上公告债券兑付等有关事宜。

⑥证券交易所根据各项法律、法规、规定对发行人披露的信息进行形式审查，对其内容不承担责任。

⑦发行人公开披露的信息应在至少1种证监会指定的报刊或/及证券交易所网站上予以公告，其他公共传媒披露的信息不得先于指定报刊或/及证券交易所网站。发行人不能以新闻发布或答记者问等形式代替信息披露义务。

⑧如发行人有充分理由认为披露有关的信息内容会损害企业的利益，且不公布也不会导致债券市场价格重大变动的，经证券交易所同意，可以不予公布。

⑨发行人认为根据国家有关法律、法规不得披露的事项，应当向证券交易所报告，并陈述不宜披露的理由；经证券交易所同意，可免于披露该内容。

2）发行人应该披露的信息包括定期报告、临时报告。定期报告包括年度报告和中期报告。

5. 公司债券在银行间债券市场的发行与上市

（1）开立发行人账户（国债登记结算公司登记托管并开账户）。

（2）公司债券的发行与登记托管。

1）公司债券发行人可通过银行间债券市场发行招标系统招标发行公司债券。

2）对于不使用债券发行系统招标发行公司债券的，发行人或主承销商在国债登记结算公司办理公司债券登记托管。应履行的具体手续略。

（3）公司债券的交易流通。

1）可在全国银行间债券市场交易流通的条件。

①依法公开发行。

②债权、债务关系确立并登记完毕。

③发行人具有较完善的治理机构和机制，近2年没有违法和重大违规行为。

④实际发行额不少于5亿元。

⑤单个投资人持有量不超过该期公司债券发行量的30%。

2）发行人要求安排其发行的公司债券进入银行间债券市场交易流通，应及时向全国银行间同业拆借中心（以下简称同业拆借中心）和国债登记结算公司提交的材料（了解）。同业拆借中心和国债登记结算公司在3个工作日内分别通过中国货币网和中国债券信息网向市场公布该债券的《债券交易流通要素公告》，并安排其交易流通。

（4）信息披露。

1）公司债券进入银行间债券市场交易流通后3个工作日内，发行人应通过中国货币网和中国债券信息网披露材料：公司债券募集办法或发行章程；发行人近2年经审计的财务报告和涉及发行人的重大诉讼事项说明，公司债券信用评级报告及其跟踪评级安排的说明、担保人资信情况说明及担保协议（如属担保发行）；近2年是否有违法和重大违规行为的说明。

2）公司债券交易流通期间，发行人应于每年的6月30日之前向银行间同业拆借中心或国债登记结算公司同时提交信息披露材料（发行人上一年度的财务报告、公司债券信用跟踪评级报告等）。

6. 公司债券的评级

证券评级机构从事证券评级业务，应当遵循一致性原则，对同一类评级对象评级，或者对同一评级对象跟踪评级，应当采用一致的评级标准和工作程序。

（1）公司债券资信评级机构的条件。申请证券评级业务许可的资信评级机构，应具备以下条件。

1）具有中国法人资格，实收资本与净资产均不少于2000万元。

2）具有符合《证券市场资信评级业务管理暂行办法》规定的高级管理人员不少于3人；具有证券从业资格的评级从业人员不少于20人，其中包括具有3年以上资信评级业务经验的评级从业人员不少于10人，具有中国注册会计师资格的评级从业人员不少于3人。

3）具有健全且运行良好的内部控制机制和管理制度。

4）具有完善的业务制度。

5）最近5年未受到刑事处罚，最近3年未因违法经营受到行政处罚，不存在因涉嫌违法经营、犯罪正在被调查的情形。

6）最近3年在税务、工商、金融等行政管理机关及自律组织、商业银行等机构无不良诚信记录。

7）证监会基于保护投资者、维护社会公共利益规定的其他条件。

资信评级机构负责证券评级业务的高级管理人员应当取得证券从业资格等（了解）。

境外人士担任前款规定职务的，还应当在中国内地或者香港、澳门等地区工作不少于3年。

（2）公司债券资信评级机构的申请。申请证券评级业务许可的资信评级机构应当向证监会提交申请材料，证监会依照法定条件和程序，根据审慎监管的原则，并充分考虑市场发展和行业公平竞争的需要，对资信评级机构的证券评级业务许可申请进行审查，做出决定。

（3）评级方法、评级制度与评级的组织（表5-1）。

表5-1 评级方法、评级制度与评级的组织

项目	内容
评级方法	证券评级机构应当自取得证券评级业务许可之日起20日内将其信用等级划分及定义、评级方法、评级程序报中国证券业协会备案并通过中国证券业协会网站、证监会网站及其他公众媒体向社会公告
评级回避制度	证券评级机构与评级对象存在下列利害关系的不得受托开展证券评级业务。 （1）证券评级机构和受评级机构或者受评级证券发行人为同一实际控制人 （2）同一股东持有证券评级机构、受评级机构或者受评级证券发行人的股份均达到5%以上 （3）受评级机构或者受评级证券发行人及其实际控制人直接或间接持有证券评级机构股份达到5%以上 （4）证券评级机构及其实际控制人直接或间接持有受评级证券发行人或者受评级机构股份达到5%以上 （5）证券评级机构及其实际控制人在开展证券评级业务之前6个月内买卖受评级证券 （6）证监会基于保护投资者、维护社会公共利益认定的其他情形 证券评级机构评级委员会委员及评级从业人员在开展证券评级业务期间有下列情形之一的应当回避。 （1）本人、直系亲属持有受评级机构或者受评级证券发行人的股份达到5%以上，或者是受评级机构、受评级证券发行人的实际控制人 （2）本人、直系亲属担任受评级机构或者受评级证券发行人的董事、监事和高级管理人员 （3）本人、直系亲属担任受评级机构或者受评级证券发行人聘任的会计师事务所、律师事务所、财务顾问等证券服务机构的负责人或项目签字人 （4）本人、直系亲属持有受评级证券发行人或者受评级机构发行的证券金额超过50万元，或者与受评级机构、受评级机构发行人累计超过50万元的交易 （5）证监会认定的足以影响独立、客观、公正原则的其他情形
评级组织	（1）证券评级机构应当建立清晰合理的组织结构，合理划分内部机构职能，建立健全"防火墙"制度，从事证券评级业务的业务部门应当与其他业务部门保持独立 （2）证券评级机构开展证券评级业务，应当成立项目组，项目组组长应当具有证券从业资格且从事资信评级业务3年以上 （3）证券评级机构应当建立评级委员会制度、复评制度、评级结果公布制度、跟踪评级制度、证券评级业务信息保密制度和证券评级业务档案管理制度（业务档案应当保存到评级合同期满后5年，或者评级对象存续期满后5年。业务档案的保存期限不得少于10年）

(4) 公司债券评级的监督管理。

1) 证券评级机构的董事、监事和高管及评级从业人员不得以任何方式在受评级机构或者受评级证券发行人兼职。证券评级机构的董事、监事和高管不得投资其他证券评级机构。

2) 不得涂改、倒卖、出租、出借证券评级业务许可证，或者以其他形式非法转让证券评级业务许可证；不得为他人提供融资或担保等。

3) 应在每一个会计年度结束之日起 4 个月内，向注册地证监会派出机构报送年度报告。

4) 应在每个季度结束之日起 10 个工作日内，向注册地证监会派出机构报送季度报告。

5) 证券评级机构及从业人员违反规定，证监会派出机构应向证券评级机构发出警示函，对责任人或高管进行监管谈话，责令限期整改。

(5) 公司债券评级的法律责任。证券评级机构有下列行为之一者，责令改正，给予警告，并处以 1 万以上 3 万以下罚款；情节严重或拒不改正的，依照《证券法》第 226 条第 3 款规定处理。

1) 违反回避制度或者利益冲突防范制度。

2) 违反信息保密制度。

3) 未按照《证券市场资信评级业务管理暂行办法》规定进行跟踪评级。

4) 未按照《证券市场资信评级业务管理暂行办法》规定披露信息，或者未对其所依据的文件资料内容的真实性、准确性、完整性进行核查和验证。

5) 涂改、倒卖、出租、出借证券评级业务许可证，或者以其他形式非法转让证券评级业务许可证。

6) 违反《证券市场资信评级业务管理暂行办法》规定，拒不报送、提供经营管理信息和资料，或者报送、提供的经营管理信息和资料有虚假记载、误导性陈述或重大遗漏。

7) 承诺给予高等级信用级别，贬低、诋毁其他证券从业机构、评级从业人员等不正当行为。

8) 内部控制机制、管理制度与业务制度不健全、执行不规范、拒不改正。

9) 为他人提供融资或担保。

10) 董事、监事和高管投资其他证券评级机构。

二、企业短期融资券的发行与承销

（一）短期融资券的发行注册

短期融资券是指企业依照规定的条件和程序在银行间债券市场发行和交易，约定在一定期限内还本付息，最长期限不超过 365 天的有价证券。

《银行间债券市场非金融企业短期融资券业务指引》和《银行间债券市场非金融企业债务融资工具注册工作规程》：交易商协会负责受理短期融资券的发行注册。

交易商协会设注册委员会，注册委员会通过注册会议行使职责，注册会议决定是否接受发行注册（注册委员会由市场相关专业人士组成，专业人士由交易商协会会员推荐、交易商协会常务理事会审议决定），注册委员会下设办公室（负责接受、初审注册文件和安排注册会议）。办公室由交易商协会秘书处工作人员和会员机构选派人员组成。

注册会议原则上每周召开一次。注册会议由 5 名注册委员会委员参加，参会委员从注册委员会全体委员中抽取。注册会议召开前，办公室应至少提前 2 个工作日，将经过初审的企业注册文件和初审意见送达参会委员。参会委员应对是否接受短期融资券的发行注册做出独立判断。2 名以上（含 2 名）委员认为企业没有真实、准确、完整、及时披露信息，或中介机构没有勤勉职责的，中国银行间市场交易商协会（以下简称交易商协会）不接受发行注册（注册委员会委员担任企业及其关联方董事、监事、高管，或存在其他情形足以影响其独立性的，该委员应回避）。交易商协会向接受注册的企业出具《接受注册通知书》，注册有效期为 2 年（企业在注册有效期内可一次发行或分期发行短期融资券，企业应在注册后 2 个月内完成首期发行，企业如分期发行，后续发行应提前 2 个工作日向交易商协会备案）。企业在注册有效期内需要更换主承销商或变更注册金额的，应重新注册，交易商协会不接受注册的，企业可于 6 个月后重新提交注册文件。

（二）短期融资券的发行规模与资金使用

《银行间债券市场非金融企业短期融资券业务指引》，企业发行短期融资券应遵守国家相关法律法规，短期融资券待偿还余额不得超过企业净资产的 40%。

企业发行短期融资券所募集的资金应用于企业生产经营活动，并在发行文件中明确披露具体资金用途。（企业在短期融资券存续期内变更募集资金用途的应提前披露）。

（三）短期融资券发行的操作要求

短期融资券发行的操作要求如表 5-2 所示。

表 5-2　短期融资券发行的操作要求

项目	操作要求
承销的组织	承销组织：在中国人民银行备案的金融机构承销 企业可自主选择主承销商，需要组织承销团的，由主承销商组织承销团。承销团有 3 家或 3 家以上承销商的，可设 1 家联系主承销商或副主承销商，共同组织承销活动，承销团中除主承销商、联席主承销商、副主承销商以外的承销机构为分销商
信用评级	企业发行短期融资券应披露企业主体信用评级和当期融资券的债项评级 企业的主体信用级别低于发行注册时信用级别的，短期融资券发行注册自动失效，交易商协会将有关情况进行公告
利率与费率确定	发行利率、发行价格和所涉费率以市场化方式确定
交易、结算与兑付	短期融资券在债权、债务登记日的次一工作日，即可以在全国银行间债券市场机构投资人之间流通转让 短期融资券在国债登记结算公司登记、托管、结算。同业拆借中心为短期融资券在银行间债券市场的交易提供服务

（四）短期融资券的信息披露

1. 发行前的信息披露

（1）企业应通过中国货币网和中国债券信息网公布当期发行文件（发行公告、募集说明书、信用评级报告和跟踪评级安排、法律意见书、企业最近 3 年经审计的财务报告和最近 1 期会计报表）。

（2）首期发行短期融资券的，应至少于发行日前 5 个工作日公布发行文件；后续发行应至少于发行日前 3 个工作日公布发行文件。

2. 存续期内的信息披露

（1）在短期融资券存续期内，企业应按以下要求持续披露信息。

1）每年 4 月 30 日以前，披露上一年度的年度报告和审计报告。

2）每年 8 月 31 日以前，披露本年度上半年的资产负债表、利润表和现金流量表。

3）每年 4 月 30 日和 10 月 31 日以前，披露本年度第一季度和第三季度的资产负债表、利润表和现金流量表。

（2）在存续期内，企业发生可能影响其偿债能力的重大事项时，应及时向市场披露（主要的两点）。

1）企业占同类资产总额 20% 以上资产的抵押、质押、出售、转让或报废。

2）企业发生超过净资产 10% 以上的重大损失。

国债登记结算公司应于每个交易日向市场披露上一交易日日终，单一投资者持有短期融资券的数量超过该期总托管量30%的投资者名单和持有比例。

3. 本息兑付的信息披露

企业应当在短期融资券本息兑付前5个工作日，通过中国货币网和中国债券信息网公布本金兑付、付息事项。

4. 上市公司发行短期融资券的信息披露

已是上市公司的企业可向交易商协会申请豁免定期披露财务信息，但须按其上市地监管机构的有关要求进行披露，同时在中国货币网和中国债券信息网上披露信息网页链接或用文字注明其披露途径。

5. 信息披露的特殊事项

对有关发行文件及存续期内发生可能影响企业偿债能力的重大事项的信息披露，同业拆借中心应及时发送至国债登记结算公司，并由后者在中国债券信息网公布。

三、中期票据的发行与承销

根据交易商协会发布的《银行间债券市场非金融企业中期票据业务指引》：中期票据是指具有法人资格的非金融企业在银行间债券市场按照计划分期发行的，约定在一定期限还本付息的债务融资工具。

相关要求如下。

（1）企业发行中期票据应制订发行计划，在计划内可灵活设计各期票据的利率形式、期限结构等要素。

（2）企业在中期票据发行文件中约定投资者保护机制，包括应对企业信用评级下降、财务状况恶化或其他可能影响投资者利益情况的有效措施，以及中期票据发生违约后的清偿安排。

（3）披露要求。企业发行中期票据除在银行间市场披露信息外，还应于中期票据注册之日起3个工作日内，在银行间债券市场一次性披露中期票据完整的发行计划。

（4）企业发行中期票据应披露企业主体信用评级。中期票据若含有可能影响评级结果的特殊条款，企业还应披露中期票据的债项评级。

有关中期票据发行与承销过程中的其他所有事项，均与短期融资券相同。

四、长期债券融资

长期债券是指期限超过1年的公司债券。其发行目的通常是为建设大型项目筹集大笔长期资金。

（一）债券融资的优点和缺点

与其他长期负债融资相比，长期债券融资的优缺点如下。

1. 长期债券融资的优点

（1）具有长期性和稳定性。债券的期限可以比较长，且债券的投资者一般不能在债券到期之前向企业索取本金，因而债券融资方式具有长期性和稳定性的特点。金融机构对较长期限借款的比例往往会有一定的限制。

（2）融资规模较大。债券属于直接融资，发行对象分布广泛，市场容量相对较大，且不受金融中介机构自身资产规模及风险管理的约束，可以筹集的资金数量也较多。

（3）有利于资源优化配置。由于债券是公开发行的，是否购买债券取决于市场上众多投资者自己的判断，并且投资者可以方便地交易并转让所持有的债券，有助于加速市场竞争，优化社会资金的资源配置效率。

2. 长期债券融资的缺点

（1）发行成本高。企业公开发行公司债券的程序复杂，需要聘请保荐人、会计师、律师、资产评估机构及资信评级机构等中介，发行的成本较高。

（2）信息披露成本高。发行债券需要公开披露募集说明书及其引用的审计报告、资产评估报告、资信评级报告等多种文件。债券上市后也需要披露定期报告和临时报告，信息披露成本较高。同时也对保守企业的经营、财务等信息及其他商业机密不利。

（3）限制条件多。发行债券的契约书中的限制条款通常比优先股及短期债务更为严格，可能会影响企业的正常发展和以后的融资能力。

（二）债券发行价格

债券的发行价格是债券发行时使用的价格，亦即投资者购买债券时所支付的价格。公司债券的发行价格通常有平价、溢价和折价。

平价是指以债券的票面金额为发行价格；溢价是指以高出债券票面金额的价格为发行价格；折价是指以低于债券票面金额的价格为发行价格。债券发行价格的形成受诸多因素的影响，其中主要是票面利率与市场利率的一致程度。债券的票面金额、票面利率在债券发行前即已参照市场利率和发行公司的具体情况确定下来，一并载明于债券之上。但在发行债券时已确定的票面利率不一定与当时的市场利率一致。为了协调债券购销双方在债券利息上的利益，就要调整发行价格：当票面利率高于市场利率时，以溢价发行债券；当票面利率低于市场利率时，以折价发行债券，当票面利率与市场利率一致时，以平价发行债券。

债券发行价格的计算公式为

$$债券发行价格 = \sum_{t=1}^{n} \frac{年利息}{(1+市场利率)^t} + \frac{面值}{(1+市场利率)^n}$$

式中，n 为债券期限；t 为付息期数。

上述债券发行价格的计算公式的基本原理是将债券的全部现金流按照债券发行时的市场利率进行贴现并求和。债券的全部现金流包括债券持续期间内各期的利息现金流与债券到期支付的面值现金流。

【例 5-3】 智董公司发行面值为 1000 元，票面年利率为 10%，期限为 10 年，每年年末付息的债券。在公司决定发行债券时，认为 10% 的利率是合理的。如果到债券正式发行时，市场上的利率发生变化，那么就要调整债券的发行价格。现按以下情况分别讨论。

（1）资金市场上的利率保持不变，智董公司的债券利率为 10% 仍然合理，则可采用平价发行。

债券的发行价格 = 1000×（P/F, 10%, 10）+ 1000×10%×（P/A, 10%, 10）
= 1000×0.3855 + 100×6.1446 ≈ 1000（元）

（2）资金市场上的利率有较大幅度的上升，达到 12%，则应采用折价发行。

债券的发行价格 = 1000×（P/F,12%,10）+ 100×（P/A,8%,10）
= 1000×0.322 + 100×5.6502
= 887.02（元）

也就是说，投资者把 887.02 元的资金投资于智董公司面值为 1000 元的债券，便可获得 8% 的报酬。

（三）债券评级

公司公开发行债券通常需要由债券评信机构评定等级。债券的信用等级对于发行公司和购买人都有重要影响，原因如下。

（1）债券评级是质量违约风险的一个重要指标，债券的等级对于债务融资的利率及公司债务成本有着直接的影响。一般来说，资信等级高的债券，能够以较低的利率发行；资信等级低的债券，风险较大，只能以较高的利率发行。另外，许多机构投资者将投资范围限制在特定等级的债券之内。

(2) 债券评级方便投资者进行债券投资决策。对广大投资者尤其是中小投资者来说，由于受时间、知识和信息的限制，无法对众多债券进行分析和选择，因此需要专业机构对债券还本付息的可靠程度进行客观、公开和权威的评定，为投资者决策提供参考。

国际上流行的债券等级是 3 等 9 级。AAA 级为最高级，AA 级为高级，A 级为上中级，BBB 级为中级，BB 级为中下级，B 级为投机级，CCC 级为完全投机级，CC 级为最大投机级，C 级为最低级。

我国的债券评级工作正在开展，但尚无统一的债券等级标准和系统评级制度。根据中国人民银行的有关规定，凡是向社会公开发行的企业债券，需要由经中国人民银行认可的资信评级机构进行评信。这些机构对发行债券企业的企业素质、财务质量、项目状况、项目前景和偿债能力进行评分，以此评定信用级别。

五、中小企业集合债券

中小企业集合债券是指一种通过一个带头的组织，带领多个企业所构成的一个集合体为发债主体，发行企业各自确定债券发行额度分别负债，采用统一的债券名称，统收统付，以发行额度向投资人发行的约定到期还本付息的企业债券形式。

它是以银行或证券机构作为承销商，由担保机构担保，评级机构、会计师事务所、律师事务所等中介机构参与，并对发债企业进行筛选和辅导以满足发债条件的新型企业债券形式。

（一）中小企业集合债券的融资特征

中小企业集合债券具有如下特征。

(1) 各符合企业债券发行条件的中小企业分别申请。

(2) 由有关机构统一组织、统一期限、统一担保、统一申报。

(3) 各参与中小企业作为联合债券发行主体，确定债券发行额度，形成集合债券，使用统一的债券名称，形成一个总发行额度，集合发行。

(4) 各参与中小企业对应自己的发行额度分别负债，是所发行债券的第一偿债来源，相应的担保机构作为第二偿债来源。

（二）中小企业集合债券的融资优势

集合债券拓展了中小企业的融资渠道，对于提高中小企业的核心竞争力，促进中小企业的可持续与跨越式发展，发挥了积极的作用。集合债券属于债券融资方式之一，所以其具备了债券融资的一般优势，如"税盾"作用、改善企业的财务结构的作用、财务杠杆作用、提升企业知名度与竞争力的作用等。

集合债券的出现解决了单一中小企业因规模较小而不能独立发行企业债券的矛盾。国家发改委一般要求申请发行企业债券的企业的净资产在 12.5 亿元以上、发行规模在 5 亿元以上。而许多中小企业的净资产往往在 1 亿元左右，这就意味着，中小企业如果单独发行企业债，额度则在三四千万元。其流动性就大打折扣，不仅增加了发行难度，而且发行成本相对较高。所以，自从实行企业发债制度以来，中小企业基本无缘于债券市场，一直处于发债难的境地。这主要是因为，单个中小企业净资产较少，发债成本过高，发债规模偏小，没有市场吸引力，单个中小企业在担保、风险控制等方面存在先天不足，增加中介机构工作难度，中介机构不愿意为小规模的债券进行服务。此外，由于净资产少，往往不能提供足额的反担保物，中小企业又很难在银行获得 1 年以上的贷款。集合债券的出现，可有效地解决中小企业发行债券所面临的上述困难，拓展了中小企业融资渠道，为有发展潜力的中小企业提供融资机会。

（三）我国中小企业集合债券发行的基本情况

1. 2007 年深圳市中小企业集合债券

2007 年深圳市中小企业集合债券是由深圳市贸易工业局牵头，深圳市 20 家成长性好、诚信度高、具有自主知识产权的民营高科技企业作为联合发行人，国家开发银行担任主承销商并为债券提供无条件不可撤销的连带责任保证担保，深圳市中小企业信用担保中心、深圳市高新技术投资担保有限公司和深圳中科智担保投资有限公司联合向国家开发银行提供反担保。该集合债券总规模为10.3亿元，债券期限为5年期固定利率，票面年利率为5.70%，企业从第3年开始以40%、30%、30%的比例分3年还本，债券的信用级别为AAA。该集合债券在银行间债券市场上市交易。

2. 2007年中关村高新技术中小企业集合债券

2007年中关村高新技术中小企业集合债券的联合发行主体为北京和利时系统工程有限公司、北京北斗星通导航技术股份有限公司、神州数码（中国）有限公司、有研亿金新材料股份有限公司。由北京中关村科技担保有限公司提供全额无条件不可撤销的连带责任保证担保，由国家开发银行授权国家开发银行营业部提供再担保。发行规模为3.7亿元，为3年期固定利率，债券的票面年利率为6.68%，单利计息，每半年付息一次。债券的信用级别为AAA。该集合债券在深圳证券交易所上市交易。

3. 2009年大连市中小企业集合债券

2009年大连市中小企业信使债券联合发行主体为大连东兴工业机械有限公司、大连尚艺玻璃集团有限公司、大连冶金轴承股份有限公司、大连生威粮食集团有限公司、大连大高阀门有限公司、大连巅峰集团有限公司、大连民勇集团股份有限公司、大连第二耐酸泵厂，发行人采用"统一组织、分别申请、分别负债、统一担保、集合发行"的模式发行，并由大连港集团有限公司（以下简称大连港集团）提供无条件不可撤销的连带责任保证担保。本期债券的发行人全部为中小企业，经营状况较易受宏观经济形势和产业政策调整的影响。发行规模为5.15亿元，本期债券为6年期固定利率债券，附投资者回售选择权及发行人全额赎回权。本期债券在存续期内票面年利率为6.53%。由中信建投证券有限责任公司担任主承销商。经联合资信评估有限公司综合评定，本期债券的信用等级为AA级。后经联合资信评估有限公司跟踪评级，大连港集团主体长期信用等级由AA上调至AA+，评级展望为稳定。大连港集团的担保对本期债券的信用等级提升作用大，联合资信评估有限公司将2009年大连市中小企业集合债券信用等级由AA上调至AA+。该集合债券在深圳证券交易所上市交易。

（四）中小企业集合债券的运作流程

集合债券运作流程按照时间顺序主要分为以下7个步骤。

（1）由债券牵头人负责集合债券的组织申报与发行协调工作，具体包括筛选组建联合发行人、选择中介机构、负责与国家债券主管机关及地方政府部门沟通、协调中介各方工作进程及工作质量控制等。

（2）确定债券发行的中介机构。中小企业集合债券发行的中介机构包括主承销商及其组建的承销团、财务顾问、审计机构、信用评级机构、律师事务所和资产评估机构等。

（3）发行人与各中介机构签订相关工作协议。中介机构将在牵头人的统一组织和统一协调下组成项目工作组，分别完成债券承销、审计、评级、合法性审核及资产评估等工作。

（4）发行人、财务顾问与主承销商共同讨论发行方案，初步确定发行方案，财务顾问及主承销商协助发行人制订明确可行的偿债计划，撰写上报给国家发改委、证监会及中国人民银行审核或在交易商协会注册的文件。

（5）由中介机构出具有关报告。会计师事务所完成对发行人的审计，并出具审计报告；信用评级机构完成对债券的评级及对发行人的主体评级，并出具信用评级报告；律师事务所完成对发行人和担保人的主体资格及本次债券发行合法性的审查，并出具法律意见书。财务顾问协助主承销商汇总并制作全套申报材料。

（6）国家发改委核准后，本期债券开始发行，发行人与主承销商在指定报刊上刊登债券募集说明书，债券发行正式开始。

在发行期内，承销团完成对本期债券的分销工作，主承销商按规定将相关募集款项划至发行人指定账户。债券发行结束后，主承销商将发行情况汇总后上报国家发改委或交易商协会，并办理相关后继托管事宜。主承销商协助发行人向交易商协会和证券交易所提交上市申请，办理本期债券上市流通事宜。

（7）债权上市发行后，资金进入监管银行专户，专款专用。债券发行人通过国债登记结算公司的专用托管账户对债权人定期还本付息。

六、中小企业集合票据

中小企业集合票据是在中国人民银行指导下，由交易商协会于2009年推出的一款创新型中小企业融资工具。该产品旨在通过集合几家中小企业共同发行，以实现融资产品的整体信用增级，满足中小企业的直接融资需求。

根据《银行间债券市场中小非金融企业集合票据业务指引》（以下简称《集合票据业务指引》）第3条的规定，集合票据是指2个（含）以上、10个（含）以下具有法人资格的中小非金融企业，在银行间债券市场以统一产品设计、统一券种冠名、统一信用增级、统一发行注册方式共同发行的，约定在一定期限还本付息的债务融资工具。中小企业集合票据面向的投资者是全国银行间债券市场的机构投资者，是一种在银行间债券市场发行并流通的一种信用债，属于直接融资的范畴。

（一）中小企业集合票据的融资特征

结合中小企业集合票据自身的现实情况，通过把集合票据与其他债务融资途径进行比较，可以得出中小企业集合票据有如下的特征。

1. 有限集合，统一发行、分别负债

（1）有限集合是指中小企业集合票据所包含的中小企业数量是有限的，一般是2～10家。集合票据的发行实行的是在银行间交易商协会进行注册的方式，而不同于普通债券以及集合债券需要审批，其目的是缩短中小企业融资所需的时间，为中小企业快速融资提供便利。

（2）统一发行、分别负债是指集合票据的发行采用统一券种冠名、统一增信、统一募集资金及统一兑付，但是集合中的中小企业分别对自己所募集的资金承担责任，对其他企业的违约不承担连带责任。这也使集合票据区别于其他具有连带责任的集群融资方式，如果集合票据到期时某些企业无法按时偿付本金，则由担保机构负责于兑付日前一天将代偿资金划入偿债账户。

2. 严密的信用增级和保障措施

中小企业集合票据的信用级别都很高，这是由于所有的中小企业集合票据都采用了信用增级和保障措施。其采用的担保方式有两种：一种是地方性担保公司提供的担保；另一种是由信用增级公司提供担保。此外，为了扩大给中小企业集合票据担保的主体范围，有的集合票据还采用了跨区域担保措施及再担保措施。为以后中小企业通过市场化的方式选择担保主体打下了基础。中小企业集合票据的信用增级措施是其主要特征和发行的主要准备步骤，降低了中小企业的融资成本。

在采取了担保措施的同时，也进一步完善集合票据的资金偿付制度。集合票据发行人、担保人及主承销商共同签订偿债账户资金监管协议，设立专门的偿债专用账户，由各方共同监管募集资金的使用。同时为了保护投资者的利益，在集合票据偿付时，如果发行人出现违约的情况，为该票据担保的信用增级机构最晚要在付息日前一日将代偿资金划入偿债账户，保障本息的按时偿付。此外，中小企业集合票据还规定了相应的信息披露机制，定期发布跟踪评级报告。

3. 融资工具设计的针对性

中小企业集合票据是交易商协会为了解决中小企业融资问题而专门推出的债务融资工具，其中有许多针对性的产品设计。为了能真正地促进中小企业的融资，根据《集合票据业务指引》第 5 条的规定："任一企业集合票据待偿还余额不得超过该企业净资产的 40%。任一企业集合票据募集资金额不超过 2 亿元人民币，单支集合票据注册金额不超过 10 亿元人民币。"可以看出，相较于《公司法》《证券法》的规定而言，集合票据的门槛明显较低，同时也使大企业加入集合票据中无法满足融资需求，从而使集合票据能够真正地为中小企业融资服务，避免与大企业的竞争。另外，由于中小企业本身的风险特征较高，现实中发行的集合票据为 1～3 年期，期限较短，为了让集合票据以后为中小企业长期融资提供便利，《集合票据业务指引》中并没有对集合票据进行严格的发行期限要求。集合票据的目标投资者定为银行间债券市场的机构投资者，原因在于机构投资者的风险识别能力和风险分散能力要比个人投资者强，中小企业自身的风险特征比大企业高，面向机构投资者更有利于筹措到资金和得到市场的认同。

4. 政府的广泛介入

我国很多省市进行了集合票据的试点工作，在中小企业集合票据的发行过程中，政府发挥着十分重要的作用，广泛地介入了集合票据发行的各个环节。

首先，地方政府是中小企业集合票据的牵头人和协调人，负责组织和筛选适合的中小企业组成发行人；其次，政府协调联系相关组织为集合票据的发行做准备；最后，政府对于集合票据的发行给予支持和政策优惠，降低中小企业自身的融资成本。政府的介入使中小企业的道德风险降到最低，地方政府的监督和中小企业出于维护与地方政府关系促使中小企业提高资金的使用效率，重视风险，保证到期时资金的偿付。

小知识

中小企业集合债券与中小企业集合票据的区别

从定义来看，中小企业集合债券和集合票据的定义并无本质区别，都是统一券种冠名、统一信用增级、统一发行注册方式的"捆绑式"债务融资工具。

但是，从运作的具体过程来看集合债券和集合票据存在以下不同。

（1）集合债券须由国家发改委核准发行，集合票据在交易商协会注册备案即可发行。

（2）集合债券发行期一般在 3 年以上，集合票据一般在 1～3 年。

（3）集合债券对联合发行人数量无限制，而集合票据为 2～10 家。

（4）集合债券对募集资金规模无限制，而集合票据规定募集资金总规模不超过 10 亿元，单个企业不超过 2 亿元。

（5）集合债券在证券交易所和银行间债券市场发行，面向机构投资者和个人投资者，而集合票据在银行间债券市场发行流通，面向机构投资者。

（二）中小企业集合票据的操作流程

1. 筛选出合适的中小企业，组成集合发行人

地方政府为了促进当地经济的发展，改善中小企业的融资环境，作为中小企业集合票据的牵头人和协调人，地方政府负责组织并筛选出一批合适的中小企业来组成票据的集合发行人。根据不同地区的发展状况，往往会规定一定的条件来筛选合适的中小企业。一般包括以下条件。

（1）公司或企业成立时间在 3 年以上。

（2）净资产在千万元以上，不应当低于在集合票据中的融资金额，同时要有与发债金额相对应的担保物或担保承诺。

（3）公司或企业治理结构完善，经营状况良好，财务状况稳健，近3年连续盈利（有的仅要求上年度盈利）。具有连续3年完整的财务报告和审计报告。

（4）公司或企业发展态势良好，处于国家重点扶持的行业或领域、或在其所在行业中居于领先地位或具有良好的发展潜力。

2. 对筛选出的中小企业进行改善和评级

一般的中小企业在公司治理、生产经营、财务管理等方面存在不完善的地方，帮助入选的中小企业完善公司治理结构、改善生产经营模式、健全财务管理体系、规范财务报表有助于提高投资者对该期发行的集合票据的认可度，提升集合票据的信用等级，降低该期票据的融资成本。在对中小企业进行完善之后，由信用评级公司进行评级得出集合票据中的各个中小企业的信用等级，为进一步的增级措施做准备。

3. 对集合票据进行信用增级

信用增级措施是集合票据的关键因素之一，它决定了中小企业集合票据融资时较低的融资成本。一般有两种情况：一种是由地方政府寻找地方性的中小担保机构进行担保，再由地方政府为中小担保机构提供财政补贴或风险补偿或寻找规模大的担保机构提供再担保；另一种是直接由信用级别高的大担保机构提供担保，集合票据中的中小企业以自身的一些资产为大的担保机构提供反担保。

4. 对整个集合票据进行整体的信用评级

中小企业在采取增信措施之后，需要对整个集合发行人的信用等级进行评级，为发行做出准备。集合票据整体的信用等级决定了发行时投资者对该集合票据的认可程度及发行的利率。

5. 设计集合票据产品，组织集合票据的发行

主承销商根据集合票据中的中小企业的实际需求和现实情况，设计好发行期限、融资规模等产品特征，并负责组织承销团，大多采取余额包销的方式发行。对集合票据实行簿记建档，根据建档的结果由发行人与主承销商依据实际情况协商一致后确定发行利率。

6. 中小企业集合票据发行成功之后，将由国债登记结算公司以实名记账的方式进行登记托管，为债权人进行账户管理、权益监护和信息服务

集合票据发行人、担保人及主承销商共同签订偿债账户资金监管协议，设立专门的偿债专用账户，由各方共同监管募集资金的使用。同时，为了保护投资者的利益，在集合票据偿付时如果有发行人出现了违约的情况，为该票据担保的信用增级机构最晚要在付息日前一日将代偿资金划入偿债账户，保障本息的按时偿付，以免投资者受到不必要的时间成本损失。

七、高收益债券

高收益债券是从企业风险和收益的角度对企业债券的分类。

1. 美国的高收益债券概况

一般来说，高收益债券是信用等级低于BBB级的企业债券。高收益债券在美国企业债券市场上大约占有25%的份额。在这类债券中，制造业债券占有最大比重，其次是金融业债券、保险业债券、不动产业债券。这类债券的投资者主要是投资公司和货币经营者、保险公司、养老基金及个人。据估计，在已发行的高收益债券中约有三分之二是商业银行贷款的替代品，高收益债券充当了把商业银行贷款的风险转移给一般投资者的职能。

在美国，高收益债券的优点主要体现在以下两个方面。

（1）商业银行贷款给敢于承担高风险的借款人，而这些风险实际上被又间接转嫁给了社会公众。这是因为，商业银行一旦破产，联邦存款保险公司就要负责赔偿债权人的损失，因此，债权人的损失实际上是由投资于联邦存款公司的纳税人承担的，这些人属于愿意承担风险的投资者。

（2）商业银行贷款主要是短期浮动利率贷款，利率水平由银行对企业信用分析决定，而高收益债券则可为公司吸收由市场供求决定的具有固定利率特性的长期资金。

2. 高收益债券的普适性特点

高收益债在不同国家或地区的发行和规制各不相同，但具有一些普适性的特点，总体而言有以下几条可循。

（1）机构投资者尤其是合格机构投资者在高收益债投资群体中占绝对主体地位。高收益债券的一个最重要的特征是信用风险相对较高，其市场的发展依赖于那些风险偏好型且风险管理能力强的机构投资者的兴起和活跃。

（2）高收益债券的发展与金融市场的创新和深化息息相关。从欧美地区来看，高收益债券的快速发展，离不开众多金融创新产品的涌现，尤其是信用衍生品市场的壮大成熟。信用风险分散分担机制的建立和完善，有力地促进了高收益债券市场的发展。要发展我国高收益债券市场，需依赖金融市场的创新和深化，尤其是信用风险分散分担机制的完善。

（3）完善的制度法规和良好的执行环境，是高收益债券市场得以健康快速发展的重要条件。规范债券发行、交易、信息披露、违约等方面的一系列法规制度，明确了债券市场参与者的相关权利和义务，为债券持有人的权利保护提供了重要制度保障。而良好的信用环境及制度的有效执行，则切实维护了投资者的权益，为高收益债券市场的发展构筑坚固的发展平台。

八、我国金融债券的发行与承销

2009年4月13日，为进一步规范全国银行间债券市场金融债券发行行为，中国人民银行发布了《全国银行间债券市场金融债券发行管理操作规程》。

（一）金融债券的发行条件

金融债券的发行条件如表5-3所示。

表5-3　金融债券的发行条件

发行主体	条件
政策性银行	只要按年向中国人民银行报送金融债券发行申请，并经中国人民银行核准后便可发行
商业银行	（1）具有良好的公司治理机制 （2）核心资本充足率不低于4% （3）最近3年连续盈利 （4）贷款损失准备计提充足 （5）风险监管指标符合监管机构的有关规定 （6）最近3年没有重大违法、违规行为 （7）中国人民银行要求的其他条件
企业集团财务公司	（1）具有良好的公司治理结构、完善的投资决策机制、健全有效的内部管理和风险控制制度及相应的管理信息系统 （2）具有从事金融债券发行的合格专业人员 （3）依法合规经营，符合原银监会有关审慎监管的要求，风险监管指标符合监管机构的有关规定 （4）财务公司已发行、尚未兑付的金融债券总额不得超过其净资产总额的100%，发行金融债券后，资本充足率不低于10% （5）财务公司设立1年以上，经营状况良好，申请前1年利润率不低于行业平均水平，且有稳定的盈利预期 （6）申请前1年，不良资产率低于行业平均水平，资产损失准备拨备充足 （7）申请前1年，注册资本金不低于3亿元，净资产不低于行业平均水平 （8）近3年无重大违法违规记录 （9）无到期不能支付债务 （10）中国人民银行和原银监会规定的其他条件

续表

发行主体	条件
金融租赁公司和其他金融公司	（1）金融租赁公司注册资本金不低于5亿元或等值的自由兑换货币，汽车金融公司注册资本金不低于8亿元或等值的自由兑换货币 （2）资产质量良好，最近1年不良资产率低于行业平均水平，资产损失准备计提充足 （3）无到期不能支付债务 （4）净资产不低于行业平均水平 （5）最近3年连续盈利，最近1年利润率不低于行业平均水平，且有稳定的盈利预期 （6）最近3年平均可分配利润足以支付所发行金融债券1年的利息 （7）风险监管指标达到监管要求等
其他金融机构	中国人民银行另行规定

（二）申请金融债券发行应报送的文件

申请金融债券发行应报送的文件如表5-4所示。

表5-4　申请金融债券发行应报送的文件

主体	文件
政策性银行	（1）金融债券发行申请报告 （2）发行人最近3年经审计的财务报告及审计报告 （3）金融债券发行办法 （4）承销协议 （5）中国人民银行要求的其他文件
其他金融机构	（1）金融债券发行申请报告 （2）发行人公司章程或章程性文件规定的权力机构的书面同意文件 （3）监管机构同意金融债券发行的文件 （4）发行人近3年经审计的财务报告及审计报告 （5）募集说明书；发行公告或发行章程；承销协议；发行人关于本期债券偿债计划及保障措施的专项报告；信用评级机构出具的金融债券信用评级报告及有关持续跟踪评级安排的说明；发行人律师出具的法律意见书；中国人民银行要求的其他文件 采用担保方式发行金融债券的，还应提供担保协议及担保人资信情况说明

（三）金融债券发行的操作要求

金融债券发行的操作要求如表5-5所示。

表5-5　金融债券发行的操作要求

项目	要求
发行方式	金融债券可在全国银行间债券市场公开发行或定向发行 可采取一次足额发行或限额内分期发行的方式。若采取后者，应在募集说明书中说明每期发行安排。发行人应在每期金融债券发行前5个工作日将相关的发行申请文件报中国人民银行备案，并按要求披露有关信息
担保要求	商业银行发行金融债券没有强制担保要求 财务公司发行金融债券则需要由财务公司的母公司或其他有担保能力的成员单位提供相应担保，经原银监会批准免于担保的除外 对于商业银行设立的金融租赁公司，资质良好但成立不满3年的，应由具有担保能力的担保人提供担保
信用评级	金融债券发行应由具有债券评级能力的信用评级机构进行信用评级；发行后，信用评级机构每年对该金融债券进行跟踪信用评级

续表

项目	要求
发行组织	组建承销团，发行人可在发行期内向其他投资者分销其所承销的金融债券 承销方式及承销人的资格条件（可采用协议承销、招标承销等方式）。以招标承销方式发行的，发行人应与承销团成员签订承销主协议；以协议承销方式发行金融债券的，发行人应聘请主承销商。承销人应为金融机构，并须具备下列条件：注册资本不低于2亿元；具有较强的债券分销能力；合格的专业人员和分销渠道，最近2年内无重大违法违规行为；其他条件 以定向方式发行金融债券的，应优先选择协议承销方式。定向发行对象不超过5家，可不聘请主承销商，由发行人与认购机构签订协议安排发行 招标承销的操作要求：招标前至少提前3个工作日向承销人公布招标具体内容→招标开始发出招标书→招标结束后发行人应立即向承销人公布中标结果，并不迟于次一工作日发布金融债券招标结果公告。中国人民银行现场监督
异常情况处理	一次足额发行或限额内分期发行金融债券，如果发生下列情况之一应在向中国人民银行报送备案文件时进行书面报告并说明原因：发行人业务财务等经营状况发生重大变化；高管变更；控制人变更；发行人做出新的再融资决定；发行人变更承销商、会计师事务所、律师事务所或信用评级机构等；是否分期发行及每期安排；其他可能影响投资人做出正确判断的重大变化等
其他相关事项	发行人不得认购或变相认购自己发行的债券 发行人应在中国人民银行核准金融债券发行之日起60个工作日内开始发行金融债券，并在规定期限内完成发行（未在规定期内完成原金融债券发行核准文件自动失效，不得继续发行本期金融债券） 金融债券发行结束后10个工作日内，发行人应向中国人民银行书面报告金融债券发行情况 金融债券定向发行的，经认购人同意可免于信用评级。定向发行的金融债券只能在认购人之间转让

（四）金融债券的登记、托管
（1）国债登记结算公司为金融债券的登记、托管机构。
（2）金融债券发行结束后发行人应及时向国债登记结算公司确认债权债务关系，由国债登记结算公司及时办理债券登记工作。

（五）金融债券的信息披露
（1）披露的主体：发行人应在金融债券发行前和存续期间履行信息披露义务。
（2）披露的途径：中国货币网、中国债券信息网。
（3）金融债券的信息披露应注意以下几点。
1）经中国人民银行核准发行金融债券的，发行人应于每期金融债券发行前3个工作日披露募集说明书和发行公告。
2）金融债券存续期间，发行人应于每年4月30日前向投资者披露年度报告；采用担保方式发行的，还应在其年度报告中披露担保人上一年度的相关情况。
3）发行人应于金融债券每次付息日前2个工作日公布付息公告，最后一次付息及兑付前5个工作日公布兑付公告。
4）金融债券存续期间，发行人应于每年7月31日前披露债券跟踪信用评级报告。

（六）金融债券参与机构的法律责任
金融债券参与机构的法律责任如表5-6所示。

表5-6 金融债券参与机构的法律责任

发行人罚则	（1）未经中国人民银行核准擅自发行金融债券 （2）超规模发行金融债券 （3）以不正当手段操纵市场价格、误导投资者 （4）未按规定报送文件或披露信息

	续表
承销人罚则	（1）以不正当竞争手段招揽承销业务 （2）发布虚假信息或泄露非公开信息
托管机构罚则	（1）挪用托管客户金融债券 （2）债券登记错误或遗失 （3）发布虚假信息或泄露非公开信息

（七）次级债务

1. 商业银行次级债务

商业银行次级债务是银行发行的，固定期限不低于5年（包括5年），除非银行倒闭或清算不用于弥补银行日常经营损失，且该项债务的索偿权排在存款和其他负债之后的商业银行长期债务。

次级定期债务的募集方式为商业银行向目标债权人定向募集，目标债权人为企业法人。商业银行不得向目标债权人指派，不得在对外营销中使用"储蓄"字样。次级定期债务不得与其他债权相抵销；原则上不得转让、提前赎回。

发行人应组成营销团，在发行期内向其他投资者分销次级债券。次级债券的承销可以采用包销、代销和招标承销等方式。

经原银监会认可，商业银行发行的普通的、无担保的、不以银行资产为抵押或质押的长期次级债务工具可列入附属资本，在距到期日前最后5年，其可计入附属资本的数量每年累计折扣20%（由次级债务所形成的商业银行附属资本不得超过商业银行核心资本的50%）。

2. 保险公司次级债务

2004年9月29日，原保监会发布了《保险公司次级定期债务管理暂行办法》，（原保监会令〔2004〕10号），2011年10月6日，原保监会发布了《保险公司次级定期债务管理办法》。

保险公司次级定期债务是指保险公司为了弥补临时性或者阶段性资本不足，经批准募集、期限在5年以上（含5年），且本金和利息的清偿顺序列于保单责任和其他负债之后、先于保险公司股权资本的保险公司债务。保险公司指依照中国法律在中国境内设立的中资保险公司、中外合资保险公司和外资独资保险公司。

与商业银行资级债务不同，保险公司次级债务的偿还只有在确保偿还次级债务本息后偿付能力充足率不低于100%的前提下，募集人才能偿付本息；并且募集人在无法按时支付利息或偿付本金时，债权人无权向法院申请对募集人实施破产清偿。

（八）混合资本债券

混合资本债券是一种混合资本工具。它同时兼有一定的股本性质和债务性质，但比普通股票和债券更复杂。

1. 混合资本债券在我国的定义

混合资本债券是指商业银行为补充附属资本发行的、清偿顺序位于股权资本之前但列在一般债务和次级债务之后、期限在15年以上、发行之日起10年内不可赎回的债券。

2. 基本特征

（1）期限在15年以上，发行之日起10年内不得赎回。发行之日起10年后发行人具有1次赎回权，若发行人未行使赎回权，可以适当提高混合资本债券的利率。

（2）混合资本债券到期前，如果发行人核心资本充足率低于4%，发行人可以延期支付利息；如果同时出现以下情况：最近1期经审计的资产负债表中盈余公积与未分配利润之和为负，且最近12个月内未向普通股股东支付现金红利，则发行人必须延期支付利息。在不满足延期支付利息条件时，发行人应立即支付欠息及欠息产生的复利。

（3）当发行人清算时，混合资本债券本金和利息的清偿顺序列于一般债务和次级债务之后、先于股权资本。

（4）混合资本债券到期时，如果发行人无力支付清偿顺序在该债券之前的债务，或支付该债券将导致无力支付清偿顺序在混合资本债券之前的债务，发行人可以延期支付该债券的本金和利息。

3. 发行方式

混合资本债券可以公开发行也可以定向发行。但均须信用评级且在混合资本债券存续期内。信用评级机构应定期或不定期对混合资本债券进行跟踪评级。

4. 注意事项

发行人按规定提前赎回混合资本债券、延期支付利息或混合资本债券到期延期支付本金和利息时，应提前5个工作日报中国人民银行备案，通过中国货币网、中国债券信息网公开披露。

在商业银行次级债务计入附属资本，最多可以发行占核心资本50%的情况下，商业银行可以通过发行一定额度的混合资本债券，填补现有次级债务和一般准备等附属资本之和不足核心资本100%的差额部分，提高附属资本在监管资本中的比重。

九、资产支持证券的发行与承销

资产支持证券是指由银行业金融机构作为发起机构，将信贷资产信托给受托机构，由受托机构发行的、以该财产所产生的现金支付其收益的受益证券。换言之，资产支持证券就是由特定目的信托受托机构发行的、代表特定目的信托的信托受益权份额。受托机构以信托财产为限向投资机构承担支付资产支持证券收益的义务。

（一）信贷资产证券化业务的参与者

信贷资产证券化业务的参与者主要有发起机构、受托机构、信用增级机构、贷款服务机构、资金保管机构（表5-7）。

表5-7　信贷资产证券化业务的参与者

参与者	知识要点
发起机构	信贷资产证券化发起机构是指通过设立特定目的的信托转让信贷资产的金融机构 （1）银行业金融机构作为信贷资产证券化发起机构，通过设立特定目的的信托转让信贷资产，应具备良好的社会信誉和经营业绩；最近3年没有重大违法违规行为；良好公司治理结构、风险管理体系和内部控制制度；最近3年没有从事信贷资产证券化业务不良记录等 （2）拟证券化的信贷资产应当符合：具有较高的同质性；能够产生可预测的现金流收入；符合法律、行政法规及原银监会等相关规定 （3）发起机构应在全国性媒体上发布公告，把通过设立特定目的信托转让信贷资产的事项告知相关权利人，并按照公平的交易条件和条款转让信贷资产；并与受托机构签订信托合同 （4）发起机构应准确区分和评估通过信贷资产证券化交易转移的风险和仍然保留的风险，并对所保留的风险进行有效的监测和控制，且对其计提资本 （5）发起机构应确保受托机构在资产支持证券发行说明书的显著位置提示投资机构：资产支持证券不代表发起机构的负债，资产支持证券投资机构的追索权仅限于信托财产
受托机构	受托机构是指在信贷资产证券化的过程中，因承诺信托而负责管理特定目的信托财产并发行资产支持证券的机构 （1）担任者。由依法设立的信托投资公司或原银监会批准的其他机构担任 （2）担任受托机构应具备的条件：根据国家有关规定完成重新登记3年以上、注册资本不低于5亿元且最近3年年末净资产不低于5亿元等共9项内容

续表

参与者	知识要点
受托机构	（3）担任后该履行的职责：发行资产支持证券＋管理受托财产＋持续披露信托财产和资产支持证券信息＋依照信托合同约定分配信托利益等 （4）信贷资产应要求发起人赎回或置换的情况：在信托合同有效期内，若发现作为信托财产的信贷资产在入库起算日不符合信托合同约定的范围、种类、标准和状况 （5）导致受托机构职责终止的情况：被依法取消受托机构资格；被资产支持证券持有人大会解任；依法解散、被依法撤销或被依法宣告破产；受托机构辞任等
信用增级机构	信用增级是指在信贷资产证券化交易结构中，通过合同安排所提供的信用保护 （1）信用增级采用的方式。内部信用增级和（或）外部信用增级。内部信用增级包括但不限于超额抵押、资产支持证券分层结构、现金抵押账户和利差账户等方式。外部信用增级包括但不限于备用信用证、担保和保险等方式 （2）商业银行为信贷资产证券化交易提供信用增级应按有关规定计提资本
贷款服务机构	贷款服务机构是指在信贷资产证券化交易中接受受托机构委托、负责管理贷款的机构 （1）贷款服务机构可以是信贷资产证券化的发起机构。贷款服务机构应与受托机构签署单独的贷款服务合同 （2）贷款服务机构根据与受托机构签署的贷款服务合同，收取证券化资产的本金、利息和其他收入，并及时、足额转入受托机构在资金保管机构开立的资金账户
资金保管机构	资金保管机构是指在信贷资产证券化交易中接受受托机构委托、负责保管信托财产账户资金的机构。信贷资产证券化发起机构和贷款服务机构不得担任同一交易的资金保管机构 （1）资金保管机构应当为每项信贷资产证券化信托资金单独设账、单独管理，并将所保管的信托资金与其自有资产和管理的其他资产严格分开管理 （2）资金保管机构的条件

（二）原银监会对资产支持证券发行的管理

1. 联合报送申请

（1）联合者。银行业金融机构作为发起机构将信贷资产信托给受托机构，由受托机构以资产支持证券的形式向投资机构发行受益证券，应当由符合条件的银行业金融机构与获得特定目的信托受托机构资格的金融机构向原银监会联合提出申请。

（2）报送材料。
1）发起机构和受托机构联合签署的申请报告。
2）可行性研究报告。
3）信贷资产证券化业务计划书。
4）信托合同、贷款服务合同、资金保管合同及其他相关法律文件草案。

2. 信贷资产证券化业务计划书的主要内容

（1）发起机构、受托机构、贷款服务机构、资金保管机构及其他参与证券化交易机构的名称、住所及其关联关系说明。

（2）发起机构、受托机构、贷款服务机构、资金保管机构在以往证券化交易中的经验及违约记录说明。

（3）设立特定目的信托的信贷资产选择标准、资产池情况说明及相关统计信息。

（4）资产池信贷资产的发放程序、审核标准、担保形式、管理方法、违约贷款处置程序及方法。

（5）交易结构及各参与方的主要权利与义务。

（6）信托财产现金流需要支付的税费清单，各种税费支付来源、支付环节和支付优先顺序。

（7）资产支持证券发行计划，包括资产支持证券的分档情况、各档次的本金数额、信用等级、票面利率、期限和本息偿付优先顺序。

（8）信贷资产证券化交易的内外部信用的增级方式及相关合同草案。

（9）清仓回购条款等选择性或强制性的赎回或终止条款。

（10）该信贷资产证券化交易的风险分析及控制措施。

（11）拟在发行说明书显著位置对投资机构进行风险提示的内容。

（12）其他内容。

3. 受理与核准

原银监会应当自收到发起机构和受托机构联合报送的完整申请材料之日起 5 个工作日内决定是否受理申请。决定不受理的，应当书面通知申请人并说明理由，决定受理的，应当自受理之日起 3 个月内做出批准或不予批准的书面的决定。

（三）中国人民银行对资产支持证券发行的核准

1. 发行申请

受托机构在全国银行间债券市场发行资产支持证券，应当向中国人民银行提交文件。

2. 资产支持证券发行说明书的编制要求

（1）受托机构（发行机构）、发起机构、贷款服务机构、资金保管机构、证券登记托管机构及其他为证券化交易提供服务的机构的名称、住所。

（2）发起机构简介和财务状况概要。

（3）发起机构、受托机构、贷款服务机构和资金保管机构在以往证券化交易中的经验及违约记录申明。

（4）交易结构及当事方的主要权利与义务。

（5）资产支持证券持有人大会的组织形式与权力。

（6）交易各方的关联关系申明。

（7）信托合同、贷款服务合同和资金保管合同等相关法律文件的主要程序及方法。

（8）贷款发放程序、审核标准、担保形式、管理方法、违约贷款处置程序及方法。

（9）设立特定目的信托的信贷资产选择标准和统计信息。

（10）信托财产现金流需要支付的税费清单，各种税费支付来源和支付优先顺序。

（11）发行的资产支持证券的分档情况，各档次的本金数额、信用等级、票面利率、预计期限和本息偿付优先顺序。

（12）资产支持证券的内外部信用提升方式。

（13）信用评级机构出具的资产支持证券信用评级报告概要及有关持续跟踪评级安排的说明。

（14）执业律师出具的法律意见书概要。

（15）选择性或强制性的赎回或终止条款，如清仓回购条款。

（16）各档次资产支持证券的收益率敏感度分析；在给定提前还款率下，各档次资产支持证券的收益率和加权平均期限的变化情况。

（17）投资风险提示。

（18）注册会计师出具的该交易的税收安排意见书。

（19）证券存续期内信息披露的内容及取得方式。

（20）中国人民银行规定载明的其他事项。

3. 受理与核准

中国人民银行应当自收到全部文件之日起 5 个工作日内决定是否受理申请。决定不受理的，应当书面通知申请人并说明理由；决定受理的，应当自受理之日起 20 个工作日内做出核准或不予核准的书面的决定。

(四) 资产支持证券发行的操作要求

1. 余额管理

资产支持证券的发行可采取一次性足额发行或限额内分期发行的方式。限额内分期发行资产支持证券的，在每期资产支持证券发行前5个工作日，受托机构应将最终的发行说明书、评级报告及所有最终的相关法律文件报中国人民银行备案，并按中国人民银行要求披露相关信息。

2. 信用评级

资产支持证券可通过内部或外部信用增级方式提升信用等级。受托机构应聘请具有评级资质的资信评级机构对资产支持证券进行持续信用评级。

3. 承销的组织

（1）组建承销团，承销人在发行期内向其他投资者分销其所承销的资产支持证券。

（2）承销的方式：协议承销和招标承销。

（3）承销机构的认定，即具备的条件：注册资本不低于2亿元；具有较强的债券分销能力；具有合格的从事债券市场业务的专业人员和债券分销渠道；最近2年内没有重大违法、违规行为。

4. 其他相关事项

（1）资产支持证券名称与下列名称应区分：发起机构、受托机构、贷款服务机构和资金保管机构。

（2）资产支持证券可以向投资者定向发行，此时，可免于信用评级，但只能在认购人之间转让。

（3）资产支持证券在全国银行间债券市场发行结束后10个工作日内，受托机构应向中国人民银行和原银监会报告资产支持证券发行情况。

(五) 信息披露

2005年6月13日，中国人民银行公布了《资产支持证券信息披露规则》。

（1）披露的途径有中国货币网、中国债券信息网及中国人民银行规定的其他方式。

（2）披露信息的要求：受托机构应保证信息披露真实、准确和完整，不得有虚假记载、误导性陈述和重大遗漏。

（3）受托机构、为证券化提供服务的机构、同业拆借中心、国债登记结算公司等相关知情人在信息披露前不得泄露拟披露的信息。

（4）受托机构应在资产支持证券发行前的第5个工作日，向投资者披露发行说明书、评级报告、募集办法和承销团成员名单。

（5）受托机构应在发行说明书中说明资产支持证券的清偿顺序和投资风险，并在显著位置提示投资者："投资者购买资产支持证券，应当认真阅读本文件及有关的信息披露文件。进行独立的投资判断。主管部门对本期证券发行的核准，并不表明对本期证券的投资价值做出了任何评价，也不表明对本期证券的投资风险做出了任何判断。"

（6）受托机构应在每期资产支持证券发行结束的当日或次一工作日公布资产支持证券发行情况。

（7）资产支持证券存续期内，受托机构应在每期资产支持证券本息兑付日的3个工作日前公布受托机构报告，反映当期资产支持证券对应的资产池状况和各档次资产支持证券对应的本息兑付信息；每年4月30日前公布经注册会计师审计的上年度的受托机构报告。

（8）受托机构应与信用评级机构就资产支持证券跟踪评级的有关安排做出约定，并应于资产支持证券存续期内每年的7月31日前向投资者披露上年度的跟踪评级报告。

（9）召开资产支持证券持有人会议，召集人应至少提前30日公布资产支持证券持有人大会的相关信息，关于大会结束后披露大会决议。

（10）在发生可能对资产支持证券投资价值有实质性影响的临时性重大事件时，受托机构应在事发后的 3 个工作日内向同业拆借中心和国债登记结算公司提交信息披露材料。

（六）会计处理规定

2005 年 5 月 16 日，财政部发布实施的《信贷资产证券化试点会计处理规定》的目的：规范信贷资产证券化试点工作，保护投资人及相关当事人的合法权益。

（七）税收政策安排

2006 年 2 月 20 日，财政部和国家税务总局联合发布了《财政部 国家税务总局关于信贷资产证券化有关税收政策问题的通知》。

（八）专项资产管理计划

为规范证券公司客户资产管理活动，保护投资者的合法权益，维护证券市场秩序，根据《中华人民共和国证券法》《中华人民共和国证券投资基金法》《证券公司监督管理条例》和其他相关法律、行政法规，证监会于 2012 年 8 月 1 日发布了《证券公司客户资产管理业务管理办法》（2013 年 6 月 26 日修订）。证券公司可以依法从事下列客户资产管理业务：为单一客户办理定向资产管理业务；为多个客户办理集合资产管理业务；为客户办理特定目的的专项资产管理业务。

与现行的信贷资产证券化的信托模式相比，专项资产管理计划的基础资产未能做到完全的风险隔离，当原始权益人进入破产程序，或者因被兼并收购而丧失独立的法律实体地位时，收益计划资产收益的分配可能会受到影响。

第六章
融资租赁

第一节 融资租赁综述

租赁是指在约定期间，由出租人向承租人转让资产使用权并收取租金的交易，是一种经济活动。

租赁通过融物达到了为企业融资的目的。它提供的是一种商业信用，其经济关系实质上是一种借贷关系。

一、租赁存在的原因

租赁存在的主要原因如下。

1. 通过租赁降低交易成本

租赁公司可以大批量购置某种资产，从而获得价格优惠。对于租赁资产的维修，租赁公司可能更内行或者更有效率。对于旧资产的处置，租赁公司更有经验。交易成本的差别是短期租赁存在的主要原因。

2. 租赁双方的实际税率不同，通过租赁可以减税

如果资产的使用者处于较低税率级别，在购买方式下它从折旧和利息费用所获得的抵税效果较少。如果采用租赁方式，由于出租人处于较高的税率级别，可获得较多的折旧和利息的抵税效果。在竞争性的市场上，出租人因为存在抵税效应而会收取较低的租金。双方分享税率差别引起的减税，会使资产使用者倾向于采用租赁方式。

节税是长期租赁存在的主要原因。如果没有所得税制度，长期租赁可能无法存在。在一定程度，租赁是所得税制度的产物。所得税制度的调整往往会促进或抑制某些租赁业务的发展。例如，如果所得税法不鼓励租赁，则租赁业很难发展。

3. 通过租赁合同降低不确定性

例如，租赁期内，市场上出现一种新型的生产性能更好的设备时，承租人就可以不再继续承租，而转向购买生产性能更好的设备，此时的风险就是由出租人承担的；如果承租人是购买的设备，那么市场上出现性能更好的设备时，风险就只能承租人自行承担。所以，租赁可以降低不确定性。

二、租赁的特征

租赁的主要特征如下。

1. 融资与融物相结合

出租人出租设备的目的是获取用租金形式表现的超过购买设备所需的机会成本的超额利润，是一种投资行为或贷款形式；承租人租赁设备以取得设备的使用权，以此来弥补本身资金不足，同时取得预期的高额利润。因此，这是一种融资行为。

2. 租赁标的物的所有权和使用权分离

在租赁过程中，出租人向承租人让渡的是标的物的使用权，而不是所有权；承租人取得的是标的物的使用权，而没有所有权。

三、租赁的分类

在租赁业中，租赁可以分为经营租赁和融资租赁。

1. 经营租赁

典型的经营租赁是指短期的、不完全补偿的、可撤销的毛租赁。经营租赁最主要的外部特征是租期短。由于租期短，租赁资产的成本就不会得到完全补偿；由于租期短，承租人不会关心影响资产寿命的维修和保养，因此大多采用毛租赁；由于合同可以撤销，租赁期就可能很短。

对出租人来说，经营租赁是让渡资产使用权获取收入，属于经营活动，并因此称为经营租赁。经营租赁是如何利用资产的决策，例如自己拥有的房屋或汽车可以自己使用，也可出租给别人。对于承租人来说，经营租赁是购买资产的短期使用权，也属于经营活动。

2. 融资租赁

典型的融资租赁是指长期的、完全补偿的、不可撤销的净租赁。融资租赁最主要的外部特征是租期长。由于租期长，租赁资产的成本可以得到完全补偿；由于租期长，承租人更关心影响资产寿命的维修和保养，因此大多采用净租赁；合同不可以撤销，使较长的租赁期得到保障。

在实务中，有些租赁合约既有经营租赁的特征，也有融资租赁的特征，称为混合租赁。例如，某些长期租赁的合同具有可撤销条款。

在租赁业中将租赁分为经营租赁与融资租赁，主要是出于财务上的考虑，两者最主要的区别是租赁合约的时间长短不同，并因此造成租赁资产的风险分配不同。经营租赁是短期租赁，租赁期明显短于租赁资产的经济寿命期，出租人在其生命周期内需要寻找多个承租人，前一个承租人归还租赁资产后可能无法及时找到下一个承租人，造成租赁资产的闲置；租赁资产可能会变得技术落后或者不够时尚，并因此要降低租金；承租人可能提前撤销租赁，使未来收益不确定；出租人要承担残值变现的风险。总之，出租人承担与租赁资产有关的主要风险，而承租人很少承担持有资产的风险。融资租赁是长期租赁，租赁期接近资产的经济寿命，出租人只是承担分期收回租金的风险，与收回贷款本息类似，而与租赁资产有关的风险已经转移给承租人。对于承租人来说，需要分期支付租金，与融入资金后归还贷款本息的义务类似，他们虽然不是租赁资产的法定所有人，但要承担与租赁资产有关的主要风险。

四、租赁创新

租赁业的竞争越来越激烈，租赁公司要生存和发展，必须进行业务创新，降低自己的租金水平、提供灵活的租赁形式，以扩大市场份额，这是租赁创新产生的背景。

租赁产品的不断创新给企业提供了更为广阔的融资空间，有效利用各种租赁创新产品会给企业带来很多融资便利。

下面介绍几种目前较为常见的租赁创新产品。

1. 项目融资租赁

承租人以项目自身的财产和效益为保证，与出租人签订项目融资租赁合同，出租人对承租人项目以外的财产和收益无追索权，租金的收取也只能以项目的现金流量和效益来确定。销售产品的企业通过自己控股的租赁公司采取这种方式来推销产品，扩大市场份额。大型的通信设备、医疗设备、运输设备甚至高速公路经营权都可以采用这种方法。

2. 捆绑式融资租赁

捆绑式融资租赁又称三三融资租赁。它是指承租人的首付金额（保证金）不低于租赁标的物价款的30%，厂商在交付设备时所得货款不是全额，大体上是30%，余款在不长于租赁期一半的时间内分批支付，而租赁公司的融资强度大约达到30%即可。这样，厂商、出租人、承租人各承担一定的风险，三方的命运和利益"捆绑"在一起，分散了风险，改善了所有风险由出租人一方承担的局面。

3. 抽成租赁

抽成租赁又称收益百分比租赁。对回收期较长但现金流稳定且具有一定垄断性的项目，可尝试采用收益权担保、收费分成的融资租赁方式。这种融资租赁的租金不是固定的，而是由承租人的盈利状况决定的，通常由承租人向出租人先支付一定的租金，租金余额按承租人经营收入的一定比例抽成。具体的比例可由承租人和出租人根据项目的实际运作状况来确定。

4. 结构式参与融资租赁

结构式参与融资租赁主要由注资、还租、回报3个阶段构成。其中，注资阶段资金注入的方法与常规融资租赁资金注入方法无异；还租阶段是将项目现金流量按一定比例在出租人和承租人之间分配，如70%分配给出租人，用于支付租金，30%由承租人留用；回报阶段是指在租赁成本全部回收以后，出租人享有一定年限的资金回报，回报额按现金流量的一定比例提取。回报阶段结束，租赁标的物的所有权从出租人转移到承租人，整个项目融资租赁即告结束。结构式参与融资租赁与BOT（建设—经营—转让，build-operate-transfer）方式有异曲同工之妙。

5. 风险租赁

风险租赁是指出租人以租赁债权和投资方式将设备出租给承租人，以获得租金和股东权益收益作为投资回报的租赁交易。在这种交易中，租金仍是出租人的主要回报，一般为全部投资的50%，其次是设备的残值回报，一般不会超过25%，这两项收益相对比较安全可靠。其余部分按双方约定，在一定时间内以设定的价格购买承租人的普通股权。这种业务形式为高科技、高风险产业开辟了一种吸引投资的新渠道。出租人将设备融资租赁给承租人，同时获得与设备成本相对应的股东权益，实际上是以承租人的部分股东权益作为出租人的租金的新型融资租赁形式。同时，出租人作为股东可以参与承租人的经营决策，加强了对承租人的影响。在实际操作中，一般由融资租赁公司以设备价款的60%买下设备，与承租人共同组建营运管理机构，参与各项重大决策，在收回本金后仍保留项目

20%～30%的收益权。风险租赁实际上是风险投资在融资租赁业务上的创新表现。

6. 租赁基金

租赁基金是一种将投资人的投资专门投向租赁交易的投资基金，投资人从租赁交易中获得股息回报。基金成立后，除了出租人资金来源与收入分配外，其运作方式，即租赁业务的开展与一般租赁业务没有区别。

7. 融资租赁债权证券化

融资租赁债权证券化是指租赁公司以手中的一组租赁收益尚未实现的租赁合同为基础来发行债券或信托凭证等证券的过程。

通过这种方式，租赁公司在将租赁合同转让给专门机构后，很快便能以现金形式实现收益，大大加快了租赁公司的资金流动，拓展了租赁公司的资金来源。但若租赁公司资产组合搭配不当，有可能对租赁公司后期的收益带来不利影响。由于其交易规模较大，环节复杂，一般中小型的租赁公司难以采用这种方式。

8. 综合性租赁

综合性租赁是租赁与贸易相结合的租赁方式，按照结合方式的不同，大体可分为以下几种。

（1）租赁与补偿贸易相结合。采用这一方式的承租人不是以现金支付租金，而是以设备投入使用后所生产的直接产品来抵付租金。

（2）租赁与加工装配贸易相结合。这一方式是出租人不但向承租人提供设备，还提供原料或零部件，由承租人进行加工装配后，将成品交付租赁公司或它所指定的第三者，以加工装配的产品价值作为租金。

（3）租赁与包销相结合。这一方式是承租人利用租赁公司提供的设备生产，租赁公司包销其全部产品，并从包销价款中扣取租金。

五、租金

租赁是在商品经济条件下租赁双方的一种商品交换关系，即出租人让渡设备的使用权，承租人支付租金以获取设备的使用权，这一过程中租金就是商品交换关系中的交换价格。

（一）租金的构成要素

租金的构成要素随着租赁方式的不同也有较大的差异。但一般来说，下列要素是必不可少的。

1. 租赁设备成本

租赁公司根据承租人的要求出资购置设备而发生的费用就构成购置租赁设备的成本。租赁设备成本是计算租金的基础，也是构成租金的主要部分。租赁设备成本除了本身价值以外，还包括运费、保险费和进口关税等。

2. 利息费用

一般来说，租赁公司要采用不同类型的资本来源来筹措购置租赁标的物的资金。这些资金可以是自有资金，可以是短期债务，也可以是长期债务，但不论资金来源于何处，都需要支付利息（自有资金按资金的机会成本考虑），因而在租赁成本内包括利息这一项。不同的资金来源有不同利率，可用加权平均法计算。

3. 销售费用和利润

出租人为承租人办理租赁业务时发生的费用（如办公费用、工资、差旅费、税金等）构成了出租人的销售费用。另外，出租人还要有合理的利润，所以，销售费用和利润是租金的重要组成部分。

（二）租金的计算方法

租赁标的物在其用途、所属行业、租赁所采取的形式等诸多方面存在差异，相应的计算租金的方法是不同的。下面介绍几种目前较为普遍的租金计算方法。

1. 年金法

年金法是计算租金的基本方法。年金法以现值概念为基础，将一项租赁资产在未来各租期内的租金额按一定的折现率予以折现，使其现值总和恰好等于租赁的概算成本。年金法是按照每期复利一次来计算的。在年金法中，根据每次偿还租金是否相等，又可分为等额年金法和变额年金法。

（1）等额年金法。等额年金法又叫等额分期支付法或递延支付法，是将一项租赁资产在未来各租赁期内的租金金额按一定的贴现系数予以折现，使其现值总额恰好等于租赁资产的购置成本。在这种方法下，通常要综合利率和手续费率确定一个租赁费率作为贴现率。因租金有先付租金和后付租金两种支付方式，因此，等额年金法又可分为等额年金后付法和等额年金先付法。

1）等额年金后付法。承租企业与租赁公司商定的租金支付方式，大多为后付等额租金，即普通年金。等额年金后付法的计算公式为

$$R = PV \frac{i(1+i)^n}{(1+i)^n - 1}$$

式中，R 为每期支付的租金；PV 为租赁资产的概算成本；n 为租赁期数；i 为期租赁费率，即贴现率。

【例 6-1】 智董公司于 2017 年 1 月 1 日从租赁公司租入一套设备，价值 100 万元，租期为 10 年，租赁期满时的残值归承租企业，利率为 10%，手续费率为设备价值的 2%。租金每年年末支付一次。则该套设备每次支付的租金可计算如下。

首先，确定租赁费率 i。假定根据利率 10%加上手续费率 2%来确定，则租赁费率定为 12%。

其次，计算每次支付的租金金额为

$$R = PV \frac{i(1+i)^n}{(1+i)^n - 1} = \frac{100 \times 12\% \times (1+12\%)^{10}}{(1+12\%)^{10} - 1} \approx 17.7 (万元)$$

等额年金后付法的特点如下。

① 每期所付租金是相等的，对承租人来说，负担均衡便于合理安排资金。

② 每期租金中所含利息呈递减趋势。

③ 每期租金中所含本金呈递增趋势。

由于等额年金后付法具有以上特点，且计算较为方便。因此，它是国内外普遍采用的方法之一。

2）等额年金先付法。承租企业有时可能会与租赁公司商定，采取先付等额租金的方法支付租金。等额年金先付法的计算公式为

$$R = PV \frac{i(1+i)^{n-1}}{(1+i)^n - 1}$$

【例 6-2】 仍以例 6-1 的资料为例，其每次支付的租金可计算为

$$R = \frac{100 \times 12\% \times (1+12\%)^9}{(1+12\%)^{10} - 1} \approx 15.8 (万元)$$

等额年金先付法的特点如下。

① 每期所付租金相等，承租人租金负担是均衡的。

② 由于第 1 期租金是在租赁期开始时支付，因此，第一期租金中不含利息，即 100%的本金收回。基于这个原因，有的租赁公司甚至将第一期租金视为变相的定金，这样，先付计算的利息总额比后付计算的利息总额要低。

③ 从第 2 期起租金中所含利息呈递减趋势，所含本金呈递增趋势。

（2）变额年金法。变额年金法又可分为等差变额年金法和等比变额年金法。

1）等差变额年金法，即从第 2 期开始，每期租金比前期增加一个常数 d。等差租金第 1 期的计算公式为

$$R_1 = PV \frac{i(1+i)^n}{(1+i)^n - 1} - d \frac{i(1+i)^n - ni - 1}{i(1+i)^n - 1}$$

2）等比变额年金法，即从第 2 期开始，每期租金与前期的比值是一个常数 q。等比租金第 1 期的计算公式为

$$R_1 = PV \frac{1+i-q}{1-\left(\frac{q}{1+i}\right)^n}$$

2. 附加率法

附加率法是在租赁的设备价格或概算成本的基础上再加一个特定比率来计算租金的方法。其计算公式为

$$R = \frac{PV(1+ni)}{n} + PVr$$

式中，R 为每期支付的租金；PV 为租赁资产的价值或概算成本；n 为还款次数，可按月、季、半年或一年还款；i 为与还款次数相对应的折现率；r 为附加率。

【例 6-3】 智董公司于 2017 年 1 月 1 日从租赁公司租入一套设备，价值 100 万元，租期为 10 年，租金每年年末支付一次。年利率为 10%，附加率为 3%。则该套设备每期支付的租金可计算为

$$R = \frac{100 \times (1 + 10 \times 10\%)}{10} + 100 \times 3\% = 20 + 3 = 23 (万元)$$

附加率法的特点如下。

（1）每期期末等额支付租金。

（2）公式中的分子部分是按单利计息 n 期后本息和的计算公式，每期租金是由 n 期后的本息总和分成的 n 等份再加上按附加利率计算的利息构成的。由于对分期偿还的租金在整个租赁期内照常收取利息，所以在成本、利率、租期相同的条件下用附加率法计算的租金总额比前面介绍的等额年金法的金额要大些。

3. 平息数计算法

平息数计算法是定额年金法的一种特殊形式，它是指出租人根据租赁交易的成交金额、承租人的信用状况、租赁期、利率水平等因素，给定一个租金常数，即平息数，并以此来计算租金。计算公式为

$$R = \frac{PVC}{n}$$

$$C = \frac{\sum_{j=1}^{n} R_j}{PV}$$

式中，C 为平息数或常数（表示 1 元租赁成本应付的租金数）。

【例 6-4】 有一笔租赁业务的设备成本为 100 万美元，租赁期为 5 年，每半年（后付）年利率为 8%。据此租赁条件，租赁双方确定租赁常数（平息数）为 1.15，则应付的租金为

$$R = \frac{100 \times 1.15}{2 \times 5} = 11.5 (万美元)$$

4. 有宽限期的期末支付法

有宽限期的期末支付法是指根据租赁标的物的类型和承租人的支付能力，允许承租人

在设备正式投产后的一段时间后才开始支付租金,这段时间就是宽限期。计算公式为

$$R = PV(1+r_1)_{n_1} \frac{r(1+r)^n}{(1+r)^n - 1}$$

式中,PV 为设备概算成本;r_1 为宽限期内资金利率,通常同租金率;n_1 为宽限次数;r 为租金率;n 为实际租赁期内支付次数。

【例 6-5】智董公司租用一台设备,概算成本为 200 万元,租期为 5 年,季末付租,年租金率为 8%,假定宽限期为 6 个月(不包括在租期内),问每期应付多少租金?

由题意可知:$n_1 = 2$,$r_1 = 8\% \div 4 = 2\%$

$$R = 200 \times (1 + 2\%)^2 \times \frac{2\% \times (1 + 2\%)^{20}}{(1 + 2\%)^{20} - 1} \approx 12.65(万元)$$

六、租赁业务操作程序

租赁业务的一般操作程序如下。

1. 申请租赁

由承租人向租赁公司索取并填写租赁委托书,提出租赁委托。

2. 选定租赁标的物

承租人根据自身生产和销售的需要,确定本企业所需引进的设备,然后根据对国际市场有关产品和技术状况的了解选定有关供货人或制造厂商,洽谈该设备的品种、规格、型号、性能、价格、交货期等有关事宜。

3. 预约租赁

承租人就与供货人或制造厂商商定的拟租用设备或其他标的物的详细情况与租赁公司进行接触,要求租赁公司提供租赁费估价单;同时了解租赁公司的有关主要租赁条件。承租人可根据租赁公司所提示的估价单和其他租赁条件进行研究后预约租赁。

4. 资信审查

租赁公司接受租赁预约后,一般要求承租人提供经国家规定的审批单位批准并纳入计划的项目批件(若有的话)和可行性研究报告,以及经租赁公司认可、由担保单位(如承租企业的开户银行)出具的对承租人履行租赁合同的担保函。租赁公司为了判断承租人偿还租金的能力、估算租赁的风险程度,要求承租人提供本企业的资产负债表、企业经营书及各种财务报表。此外,必要时通过资信机构对承租人的资历和信用情况进行进一步的调查,最终决定是否可以租赁。

5. 签订租赁合同

租赁公司经过一番调查研究后,认为承租人的资信符合租赁条件,即可与承租人正式签订租赁合同。

6. 订购租赁标的物

一般情况下,承租人在委托租赁前已选择好租赁设备的供货厂商,如果租赁公司接受委托后,对承租人选定的厂商在资信上没有什么疑虑,即可接受委托。若承租人对国外市场和供应厂商缺乏调查研究,承租人只需把所需设备的品名、规格、型号、用途性能、生产效率等具体要求通知租赁公司,由租赁公司对外进行联系和询价,因为租赁公司往往拥有贸易渠道多、市场信息灵通的优势。然后租赁公司向供应商订购,并签订订货合同,同时由承租人副签。若该供应商在别的国家,则还需要通过对外贸易途径,经磋商后签订进出口购销合同。

7. 交付、验收租赁标的物

制造厂商或其他供货人将租赁公司订购的设备,到期直接交给承租人,并同时通知租赁公司。而承租人收到制造厂商或其他供货人交来的设备后,即进行安装并运转试验。如

其性能和其他方面符合合同规定，就作为正式验收，并把验收情况按期及时通知租赁公司。租赁期于此时正式开始。

8. 支付货款

租赁公司根据购货合同的规定，在接到验收合格通知后，随即向制造厂商或其他供货人付清货款（在多数情况下，租赁公司在签订订货合同时，已向制造厂商或其他供货人预付一部分货款作为定金，在实际交货并经验收合格后付清余款）。但在多数情况下租赁公司是向国外订购，所以租赁公司须先委托银行开信用证。如果租赁公司资金短缺，则可向金融机构融通资金，然后以租赁费的收入偿还金融机构的借款和利息。

9. 支付租金

承租人在租赁设备验收合格以后，根据租赁合同的规定，按期向租赁公司支付租金。

10. 维修保养

在租赁期内有关租赁标的物的维修保养，根据不同类别的租赁契约有不同的规定。有的由承租人负责，如融资性租赁，承租人可与供应租赁标的物的制造厂商或其他有关供应商签订维修保养合同，并支付有关费用；有的由租赁公司自己承担，如经营性租赁。

11. 租赁标的物在合同期满后的处理

租赁期满后，对租赁标的物的处理，承租人一般有优惠续租、返还资产和留购3种选择。

第二节　融资租赁细述

一、融资租赁的特征

从一般意义上讲，融资租赁的特征可归纳为以下5个方面。

（1）出租人保留设备的所有权，承租人在租赁期间支付租金而享有使用权，并负责租赁期间设备的管理、维修保养。

（2）租赁标的物由承租人选定，出租人出资购买并租赁给承租人使用，并且在租赁期间内只能租给一个企业使用。

（3）承租人负责检查验收制造商所提供的设备，对该设备的质量与技术条件出租人不向承租人做出担保。

（4）租赁合同一经签订，在租赁期间任何一方均无权单方面撤销合同。只有设备毁坏或被证明已丧失使用价值的情况下方能中止执行合同，无故毁约则要支付相当高的罚金。

（5）租期结束后，承租人一般对设备有留购、续租和退租3种选择权。若要留购，购买价格可由租赁双方协商确定。

小知识

经营性租赁与融资租赁的差异

经营性租赁与融资租赁在租赁目的、设备选择权、租金构成等多个方面存在不同，具体如表 6-1 所示。

表 6-1　经营性租赁与融资租赁的差异

比较项目	经营性租赁	融资租赁
租赁目的	短期内获取设备的使用权	通过长期融物来融资
设备选择权	出租人选定并负责验收	承租人选定并负责验收
租金构成	设备成本＋利润＋运行费用（提供服务）	设备成本＋利润
租期	较短，通常为几个月、1～2年	较长，通常为3～5年，有的长达10年以上
设备种类	技术更新快设备、通用设备、专业设备	任何机种、特定设备
维修保养费	出租人负担	承租人负担
设备所有权	出租人所有，并承担设备过时、淘汰风险	租赁期间由承租人承担持有设备的相应风险
租赁合同	单方可解约	除特殊情况外，单方不可解约
到期设备处理	期满退还	续租、留购或返还资产

二、融资租赁融资的优缺点

1. 融资租赁融资的优点

融资租赁融资的优点如下。

（1）限制条款少。债券和长期借款都定有相当多的限制条款，虽然类似的限制在租赁公司中也有，但一般比较少。

（2）融资速度快。租赁往往比借款购置设备更迅速、更灵活。因为租赁是融资与设备购置同时进行，可以缩短设备的购进、安装时间，使企业尽快形成生产能力，有利于企业尽快占领市场，打开销路。

（3）设备淘汰风险小。当今，科学技术迅速发展，固定资产更新周期日趋缩短。企业设备陈旧过时的风险很大，利用租赁融资可降低这一风险。这是因为融资租赁的期限一般为资产使用年限的一定比例，不会像自己购买设备那样整个期间都要承担风险，且多数租赁协议规定由出租人承担设备陈旧过时的风险。

（4）财务风险小。租金在整个租期内分摊，不用到期归还大量本金。许多借款在到期日一次偿还本金，这会给财务基础较弱的公司造成相当大的困难，有时会造成不能偿付的风险。而租赁则把这种风险在整个租期内分摊，可适当减少不能偿付的风险。

（5）税收负担轻。租金可在税前扣除，具有抵免所得税的效用。

2. 融资租赁融资的缺点

融资租赁融资的最主要缺点就是资金成本较高。一般来说，其租金要比举借银行借款或发行债券所负担的利息高得多。在企业财务困难时，固定的租金会构成一项较沉重的负担。

三、融资租赁的类别

融资租赁按其业务方式可分为直接租赁、杠杆租赁、转租赁和回租租赁。

（一）直接租赁

直接租赁是融资租赁的主要形式，即租赁公司通过筹措资金，直接购回承租企业选定的租赁标的物后租给承租企业使用（图6-1）。

图 6-1　直接租赁示意图

承租企业负责设备的安装、维护，同时支付保险金和其他税金。直接租赁具体又可以分为以下两种方法。

1. 直接购买租赁

直接购买租赁是指租赁公司直接向供货商选择和购买设备，并组织提货入库，然后由承租企业从租赁公司的设备库中选租自己所需要的设备。这种方法的好处是出租人在对设备的选择上有较大的自主权，可以根据自己的实际财务状况和对市场信息的判断来选择设备。弊端也是显而易见的，即出租人购买的设备往往不完全适合承租人的实际要求，不能真正地反映市场的需求。因此，在现代租赁中很少使用这种方法。

2. 承租人选择租赁

承租人选择租赁是指承租人根据自己的实际情况，直接从供货商那里选择自己所需要的设备，并与供货商谈判、签订购买合同。然后，将合同转让给出租人，由其实际出资购买选定的设备，再租赁给承租人使用。这种方法一般不会形成出租人的大量库存，为其减少了资金占用量，更重要的是设备的使用者与供应者直接见面洽谈设备事宜，这样一来能够很好地满足承租人对设备规格与性能等方面的要求。我国目前所发生的租赁业务，大多属于这种租赁方法。

（二）杠杆租赁

杠杆租赁又称为衡平租赁或减税优惠租赁，是在美国的租赁市场上使用得比较多的一种租赁方式。之所以称为杠杆租赁，是因为它是出租人在投资购买租赁设备时享有杠杆利益，也就是说出租人在购买价格昂贵的设备时，自己以现金投资设备成本费的20%～40%，其余的购置费用通过向银行或保险公司等金融机构借款而获得，然后把购得的设备出租给用户。出租人要把租赁标的物的所有权、融资租赁合同的担保受益权、租赁标的物的保险受益权及融资租赁合同的收益权转让或抵押给贷款人，贷款人对出租人无追索权。

杠杆租赁的做法类似银团贷款，如图6-2所示，主要是由一家租赁公司牵头作为主干公司，为一个超大型的租赁项目融资。首先成立一个脱离租赁公司主体的操作机构——专为本项目成立的资金管理公司，提供项目总金额20%以上的资金，其余部分资金来源主要是吸收银行和社会闲散游资，利用享受100%抵税好处、"以二博八"的杠杆方式，为租赁项目取得巨额资金。由于可享受税收好处、操作规范、综合效益好、租金回收安全、费用低，该融资租赁对象大部分是一些购置成本特别高的大型设备，如飞机、轮船、卫星等。

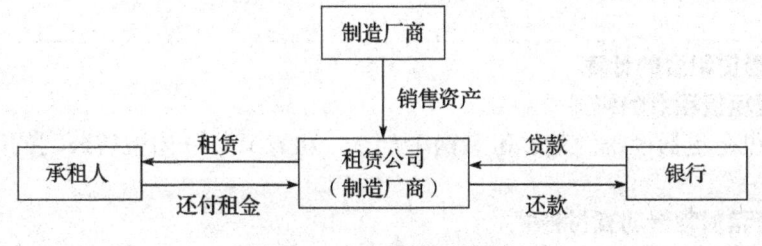

图6-2 杠杆租赁示意图

需要强调的是，杠杆租赁不仅可以作为一种完整的项目融资模式，也可以作为一种债务资金形式而成为大型项目融资结构中的一个组成部分。

（三）转租赁

转租赁是指由租赁公司作为承租人，向其他租赁公司租回用户所需要的设备，再将该设备租赁给承租企业使用，原租约与转租约同时并存有效，如图6-3所示。转租赁实际上是1个项目下的2笔租赁业务，其租赁费用一般高于直接租赁。

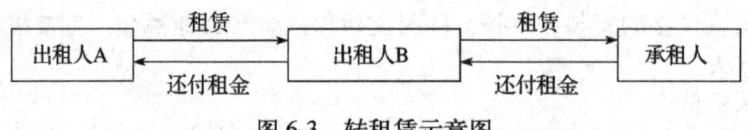

```
出租人A  ←租赁→  出租人B  ←租赁→  承租人
         还付租金          还付租金
```

图6-3 转租赁示意图

转租赁主要在发展中国家的租赁业务中采用。因为发展中国家的出租人为筹措资金必须向银行借款，所付利息与费用较高，会加重租户的承租人负担，此时不如从国外大租赁公司转租划算。

（四）回租租赁

回租租赁又称为回购租赁、返还式租赁。它是指由设备使用方（承租人）首先将自己的设备出售给融资租赁公司（出租人），再由租赁公司将设备出租给原设备使用方（承租人）使用的租赁形式，如图6-4所示。

```
承租人  ─出售资产→  租赁公司（出租人）
        ←─租赁──
```

图6-4 回租租赁示意图

承租人通过回租可以满足其改善财务状况、盘活存量资产的需要，并可与租赁公司共同分享政府的投资减税优惠政策带来的好处，以较低的租金取得继续使用设备的权利。财产（设备）所有人通过这种方式可以在不影响自己对财产继续使用的情况下，将物化资本转变为货币资本，是企业比较喜欢采用的一种租赁形式。

小知识

售后租回

售后租回，即根据协议，企业将某资产卖给出租人，再将其租回使用。

这是资金短缺企业解决资金需求的一种方式。例如，一家企业虽然拥有生产设备，但因缺乏资金而无法进行正常的生产经营，于是，将某设备卖给出租人，再将设备租回使用。由此形成售后回租的租赁关系。由于企业的设备所有权已经转化为设备使用权，在此期间，该企业要按期支付租金。企业由于出售设备获得了可以购买原材料等生产物资的资金，企业的生产经营活动可以正常开展。

四、融资租赁租金的计算

（一）融资租赁租金的构成

融资租赁租金包括设备价款和租息两个部分，租息又可分为租赁公司的融资成本、租赁手续费等。

（二）融资租赁租金的支付形式

租金通常采用分次支付的方式，具体类型有以下几种。

（1）按支付间隔期的长短，可以分为年付租金、半年付租金、季付租金和月付租金等。

（2）按支付时期先后，可以分为先付租金和后付租金。

（3）按每期支付金额，可以分为等额支付租金和不等额支付租金。

（三）融资租赁租金的计算方法

1. 后付租金的计算

根据年资本回收额的计算公式，可得出后付租金方式下每年年末支付租金数额的计算公式为

$$A = P/(P/A, i, n)$$

2. 先付租金的计算

根据即付年金的现值公式，可得出先付等额租金的计算公式为

$$A = P/[(P/A, i, n-1) + 1]$$

【例 6-6】 智董公司采用融资租赁方式于 2017 年 1 月 1 日从某租赁公司租入一台设备，设备价款为 40000 元，租期为 8 年，到期后设备归公司所有，为了保证租赁公司完全弥补融资成本、相关的手续费并有一定盈利，双方商定采用 18% 的折现率，试计算该企业每年年末应支付的等额租金。

$$A = 40000/(P/A, 18\%, 8) = 40000/4.0776 \approx 9809.69 \text{（元）}$$

【例 6-7】 假如例 6-6 采用先付等额租金方式，则每年年初支付的租金额可计算如下：

$$A = 40000/[(P/A, 18\%, 7) + 1] = 40000/(3.8115 + 1) \approx 8313.42 \text{（元）}$$

五、融资租赁的程序

融资租赁的一般程序如下。
（1）选择租赁公司。
（2）办理租赁委托。
（3）签订购货协议。
（4）签订租赁合同。
（5）办理验货与投保。
（6）支付租金。
（7）处理租赁期满的设备。

六、融资租赁的分析

有时一个投资项目按常规融资有负的净现值，如果租赁的价值较大，采用租赁融资可能使该项目具有投资价值。

（一）承租人的分析

承租人在决定是否租赁一项资产时，通常面临两个问题：第一个问题是该项资产是否值得投资；第二个问题是该项资产通过租赁还是自行购置取得。在进行租赁分析时，通常假设第一个问题已经解决，即投资于该资产将有正的净现值，现在只需要分析应如何取得该资产，即是租赁取得还是自行购置。

如果通过租赁取得所需资产，则出租人提供购置资产所需的资金，承租人需要支付一系列的租金，同时获得资产的使用权；如果自行购置所需资产，承租人需要筹集购置资产所需要的资金，同时获得资产的所有权。在比较租赁和自行购置的方案时，通常假设自行购置的资金来源于借款。租赁融资和借款融资的风险相同，具有可比性。典型的租金现金流出是年金形式的等额系列付款，它与偿还债务本息的现金流相似。这就为我们分析融资租赁提供了一个出发点，即把租金看成借款购买的本息偿还额，据此计算项目的净现值，并判断应否采用租赁方式取得资产。

评价租赁的基本模型如下：

NPV(承租人) = 租赁资产成本 − 租赁期现金流量现值 − 期末资产现值

$$= 租赁资产成本 - \sum_{t=1}^{n} \frac{租赁期税后现金流量_t}{(1+负债税后成本)^t} - \frac{期末资产税后现金流量_n}{(1+项目必要报酬率)^n}$$

式中，NPV 为净现值。

该模型以租赁方案为基础，比较租赁与自行购置的现值成本差额。如果净现值为正值，即租赁资产的购置成本大于租赁方案现金流量的现值，则租赁有利。反之，则自行购置有利。

该模型的主要参数如下。

1. 租赁资产成本

采用租赁方式可以避免购置租赁资产的现金流出，该项金额成为租赁方案的一项现金流入。

租赁资产成本包括其买价、运输费、安装调试费、途中保险等全部购置成本。具体范围要根据合同内容确定。有时，承租人自行支付运输费、安装调试费和途中保险费等，则出租人只为租赁资产的买价融资，则"租赁资产购置成本"仅指其买价。

2. 租赁期税后现金流量

租赁引起的租赁期税后现金流量包括租金支付额、租金抵税额和失去的折旧抵税。

租金能否全额直接抵税，要看租赁合同是否符合税法有关规定。通常，签订租赁合同时要考虑税法的规定，设法让其符合税法有关租金直接抵税的规定，否则租赁的好处将大打折扣。如果不符合直接抵税的规定，则要根据折旧、利息和手续费等分别抵税。两者的抵税时间不同。

采用租赁方式并且租金可以抵税时，承租人将失去折旧抵税的好处。此时，折旧抵税额成为租赁方案的一项现金流出。

3. 租赁期现金流量折现率

租赁分析的折现率是曾经长期争论的问题。目前，多数人倾向于这样一种观点：租赁期现金流量的折现率应采用有担保债券的税后成本。

租赁业务中的租金定期支付，类似有担保的债券。租赁期结束前融资租赁资产的法定所有权属于出租人，如果承租人不能按时支付租金，出租人可以收回租赁资产。租赁资产就是租赁融资的担保物。因此，租赁评价中使用的折现率应采用类似债务的利率。融资租赁和有担保贷款，在经济上是等价的。

租赁评价不使用公司的加权平均资本成本做折现率。租赁业务的现金流量类似于债务的现金流量，而不同于营运现金流量，前者的风险比较小。

4. 期末资产现金流量

期末资产的所有权归属是租赁合同的重要内容之一。租赁期满时，租赁资产的所有权可以转让给承租人，也可以不转让给承租人。我国税法规定，租赁期届满时租赁资产的所有权转移给承租人，则属于税法认定的融资租赁（即租金不可税前扣除的租赁）。因此，如果租赁合同想要取得纳税的好处，必须写明租赁期满时资产的所有权不进行转让，即归出租人所有。在这种情况下，租赁期满时资产的余值是承租人失去的一项现金流入。

5. 期末资产的折现率

通常，持有资产的经营风险大于借款的风险（财务风险），因此期末资产的折现率要比借款利率高一些。通常，资产期末余值的折现率根据项目的必要报酬率确定，即根据全部使用权益融资时的资金机会成本确定。

【例 6-8】 智董公司是一个制造企业，拟添置一台设备，该设备预计需要使用 5 年，正在研究是通过自行购置还是租赁取得。有关资料如下。

（1）如果自行购置该设备，预计购置成本为 1260 万元。该项固定资产的税法折旧年限为 7 年，法定残值率为购置成本的 5%。预计该资产 5 年后变现价值为 350 万元。

（2）如果以租赁方式取得该设备，贵琛租赁公司要求每年租金为 275.0557 万元，租期为 5 年，租金在每年年末支付，租赁期内不得退租，租赁期满设备所有权不转让。

（3）已知智董公司的所得税税率为 40%，税前借款（有担保）利率 10%，项目要求的必要报酬率为 12%。

租赁相对于自行购置的净现值的计算过程如表 6-2 所示。

表 6-2　租赁相对于自行购置的净现值的计算过程　　　　　　单位：万元

年份（年末）	0	1	2	3	4	5	5
租金支付		−275.0557	−275.0557	−275.0557	−275.0557	−275.0557	
租金抵税		110.02	110.02	110.02	110.02	110.02	
避免资产购置支出	1260						
失去折旧抵税		−68.40	−68.40	−68.40	−68.40	−68.40	
失去期末资产余值变现							−350.00
（账面余值）							405.00
（余值变现损益）							55.00
失去余值变现损失减税							−22.00
差额现金流量：	1260	−233.43	−233.43	−233.43	−233.43	−233.43	−372.00
折现系数（6%，12%）	1	0.9434	0.8900	0.8396	0.7921	0.7473	0.5674
避免资产购置支出现值	1260						
租赁期现金流量现值	−983.3149	−220.22	−207.75	−196.00	−184.90	−174.44	
期末资产余值现值	−211.0728						−211.0728
净现值	65.6123						

有关项目说明如下：

$$租赁期现金流量 = 租金 - 租金抵税 + 折旧抵税$$
$$= 275.0557 - 110.0223 + 68.4 = 233.4334（万元）$$
$$折现率 = 税前借款利率 \times (1 - 所得税税率) = 10\% \times (1 - 40\%) = 6\%$$
$$租赁期现金流量现值 = 租赁期现金流量 \times 年金现值系数 = 233.4334 \times (P/A, 6\%, 5)$$
$$= 233.4334 \times 4.2124 \approx 983.3149（万元）$$

（4）失去的期末资产变现值。
$$5年末资产余值账面价值 = 1260 - 171 \times 5 = 405（万元）$$
$$5年末资产余值变现金额 = 350（万元）$$
$$资产余值变现损失减税 = (405 - 350) \times 40\% = 22（万元）$$
$$期末余值的税后现金流量 = 350 + 22 = 372（万元）$$
$$期末资产余值折现率 = 12\%$$
$$期末余值的现值 = 372 \times (P/S, 12\%, 5) = 372 \times 0.5674 = 211.0728（万元）$$

（5）租赁方案的净现值。
$$净现值（承租人）= 资产购置成本 - 租赁期现金流量现值 - 期末资产现值$$
$$= 1260 - 983.3149 - 211.0728 = 65.6123（万元）$$

因此，租赁方案优于自行购置方案。

（二）出租人的分析

融资租赁的出租方经常是金融中介机构，如商业银行、保险公司、租赁公司等。另外，还有某些设备制造商。实际上，任何拥有资产的人都可能成为出租方。

对于出租人来说，租赁是一种投资，其分析评价的基本方法是净现值法。

$$NPV(出租人) = 租赁期现金流量现值 + 期末资产现值 - 租赁资产购置成本$$
$$= \sum_{t=1}^{n} \frac{租赁期税后现金流量_t}{(1 + 负债税后成本)^t} + \frac{期末资产税后现金流量_n}{(1 + 项目资本成本)^n} - 租赁资产购置成本$$

该模型的主要参数如下。

1. 租赁期现金流量现值

租赁期的现金流量公式为

$$租赁期税后现金流量 = 租金收入 \times (1 - 税率) - 营业付现成本 \times (1 - 税率) + 折旧 \times 税率$$

租金收入包括承租人以各种形式支付的租赁费用。营业付现成本是指出租人为执行合同发生的付现成本,包括广告推销费、租赁资产的维修费和保险费、有关的管理费用等,其具体范围与租赁合同中出租人承担的义务有关。例如,出租人负责租赁资产的维修,则该项费用成为营业付现成本的一部分。如果该项租赁合同符合税法有关承租人租金直接抵扣的规定,则租赁资产属于出租人的折旧资产,出租人可以取得折旧抵税的好处。

租赁期税后现金流量的折现率,应采用有担保贷款的税后利息率。通常出租人是一个银行、租赁公司或其他金融机构,其主要资产是各种债权(公司的债务)的组合。这些资产要求的报酬率是银行的税后加权平均成本,而银行要求的报酬率就是借款公司的债务成本:

公司税前借款成本 = 银行要求的税后报酬率 / (1 - 所得税税率)

2. 期末资产现值

期末资产的税后现金流量及其折现率,与承租人模型中的相应内容基本相同,不再赘述。它们的区别在于,租赁方案使承租人失去该现值,而出租人得到该现值。

3. 租赁资产购置成本

租赁资产的购置成本,其内容与承租人相同,对于出租人来说是项目的初始投资。

【例 6-9】 续例 6-8,并假设出租人贵琛公司的租赁资产购置成本、折旧政策、所得税税率、对租赁资产期末余值的预期及有关的资本成本均与承租人相同,并假设没有其他营业付现成本。出租人的净现值的分析计算过程如表 6-3 所示。

表 6-3 出租人的净现值的分析计算过程   单位:万元

年份(年末)	0	1	2	3	4	5	5
购置设备现金支出	-1260						
税前租金		275.0557	275.0557	275.0557	275.0557	275.0557	
租金纳税		-110.02	-110.02	-110.02	-110.02	-110.02	
折旧抵税		68.40	68.40	68.40	68.40	68.40	
期末资产余值变现							350.00
(期末资产账面余值)							405.00
(资产余值变现损失)							55.00
余值变现损失减税							22.00
差额现金流量合计	-1260	233.43	233.43	233.43	233.43	233.43	372.00
折现系数(6%,12%)	1	0.9434	0.8900	0.8396	0.7921	0.7473	0.5674
现值	-1260	220.22	207.75	196.00	184.90	174.44	211.08
净现值	-65.61						

通过这个例子可以看出,如果市场是无摩擦的,租赁双方是零和博弈。即使在有税环境下,双方的税负完全一致,不能通过租赁减税,仍然是零和博弈。例 6-8 的出租人的现金流入就是承租人的现金流出,承租人的所得(NPV = 65.61 万元)是出租人的损失(NPV = -65.61 万元)。在这种情况下,租赁将无法存在。

(三)税务对租赁的影响

税法对于租赁有至关重要的影响。这种影响可以分为两个方面:一个是租赁合同的税务性质;另一个是租赁双方的税率差别。

1. 租赁合同的税务性质

本节前面的分析曾假设租赁合同符合税法关于承租人租金直接抵税的要求,如果租赁合同不符合税法有关承租人租金直接抵扣的要求,则双方的现金流量会发生变化。承租人不能在支付租金时抵减税金,而需要按照类似固定资产的折旧政策和利息支付抵税;与此同时,出租人不能提取折旧并抵税,而需要根据有关成本费用抵税。

【例 6-10】 假设合同规定在租赁期满租赁资产归承租人所有,并为此需向出租人支付资产余值价款 350 万元,其他资料与例 6-8 相同。

(1) 承租人的分析。在这种情况下,承租人的租赁费不能直接抵税,而需要分别按折旧和利息抵税。为了顺利按税法要求抵税,租赁合同可需要分别写明本金和利息的数额。如果在租赁合同没有明示本金和利息,需要根据有关数据计算内含利率。

设内含利率为 i:

$$资产成本 - 每期租金 \times (P/A, i, n) - 资产余值 \times (P/S, i, n) = 0$$
$$1260 - 275.0557 \times (P/A, i, 5) - 350 \times (P/S, i, 5) = 0$$

用试误法求解,设 i = 10%:

$1260 - 275.0557 \times (P/A, 10\%, 5) - 350 \times (P/S, 10\%, 5) = 1260 - 275.0557 \times 3.7908 - 350 \times 0.6209 = 0$

因此,内含利率为 10%。此处租赁合同的内含利率与承租人的税前借款利率相同是一种偶然,它们也可能不相等。举例将两者设计为相同,是为了便于说明租赁的零和博弈性质。

根据内含利率可以将租金分解为还本金额与付息金额,计算结果如表 6-4 所示。

表 6-4　还本金额和付息金额

年份(年末)	0	1	2	3	4	5
支付租金 / 万元		275.0557	275.0557	275.0557	275.0557	275.0557
税前利率 /%		10	10	10	10	10
支付利息 / 万元		126.000	111.094	94.698	76.663	56.823
归还本金 / 万元		149.056	163.961	180.357	198.393	218.232
未还本金 / 万元		1110.944	946.983	766.626	568.232	350.000

第 1 年利息 = 期初未还本金 × 利息率 = 1260 × 10% = 126(万元)

第 1 年还本金额 = 支付租金 - 支付利息 = 275.0557 - 126 ≈ 149.056(万元)

第 1 年末未还本金 = 期初未还本金 - 本年还本金额 = 1260 - 149.056 = 1110.944(万元)

第 2 ~ 5 年的还本和付息金额,可以按此类推,不再赘述。

在租金不能直接抵税的情况下,承租人的净现值的计算过程如表 6-5 所示。

表 6-5　承租人的净现值的计算过程　　　　　　　　　　单位:万元

年份(年末)	0	1	2	3	4	5	5
租金支付		-275.0557	-275.0557	-275.0557	-275.0557	-275.0557	
租金抵税		0	0	0	0	0	
折旧抵税		0	0	0	0	0	
利息抵税		50.4000	44.4378	37.8793	30.6650	22.7293	
避免设备成本支出	1260						
期末资产余值价款						-350.00	
期末资产余值变现流入							0
余值变现损失减税							0
租赁期差额现金流量		-224.6557	-230.6179	-237.1764	-244.3907	-252.3264	-350.00
折现系数 (6%)		0.9434	0.8900	0.8396	0.7921	0.7473	
折现系数 (12%)							0.5674
租赁期现金流量现值	-998.46	-211.94	-205.25	-199.14	-193.58	-188.55	
资产余值现金流量现值	-198.60						-198.60
净现值	62.94						

有关项目说明如下:由于租金不能直接抵税,所以租金抵税的数额为零;由于租赁方式也可以提取折旧,与自行购置时的折旧相同,所以折旧抵税没有差额,按税法规定,利息可以抵税,抵税额=支付利息×税率;期末购买资产余值需要支付350万元,是承租方案的一项现金流出。

$$NPV（承租人）= 租赁资产成本 - 租赁期现金流量现值 - 期末资产现值$$

$$= 租赁资产成本 - \sum_{t=1}^{n}\frac{租赁期税后现金流量_t}{(1+负债税后成本)^t} - \frac{期末资产税后现金流量_n}{(1+项目必要报酬率)^n}$$

$$= 1260 - 998.46 - 198.60 = 62.94（万元）$$

(2)出租人的分析。如果租赁合同被税法认定为租金（承租人）不可直接抵扣,那么出租人也就不能提取折旧,而应按分期销售的成本抵税。出租人的净现值的计算过程如表6-6所示。

表6-6　出租人的净现值的计算过程　　　　　　　　单位：万元

年份（年末）	0	1	2	3	4	5	5
购置设备现金支出	-1260						
租金收入		275.0557	275.0557	275.0557	275.0557	275.0557	
租金纳税		-110.0223	-110.0223	-110.0223	-110.0223	-110.0223	
税后租金		165.0334	165.0334	165.0334	165.0334	165.0334	
本金收回		149.0557	163.9613	180.3574	198.3931	218.2325	
本金减税		59.6223	65.5845	72.1430	79.3573	87.2930	
资产余值收回成本							350.00
租赁期差额现金流量		224.6557	230.6179	237.1764	244.3907	252.3264	350.00
折现系数（6%）		0.9434	0.8900	0.8396	0.7921	0.7473	
租赁期现金流量现值	998.46	211.94	205.25	199.14	193.58	188.55	
折现系数（12%）							0.5674
期末资产余值现值	198.60						198.60
净现值	-62.94						

有关项目说明如下:出租人被税法认定为事实销售,各期租金是其销售收入,需要纳税;各期收回的本金是其销售成本,可以减税;期末资产余值收回350万元是一项收入,与尚未抵税的销售成本余额350万元相等,因此无纳税影响。5年间及5年末总计收回成本1260万元。

$$NPV（出租人）= -1260 + 998.46 + 198.60 = -62.94（万元）$$

租赁的税务性质会影响租赁双方的现金流量和净现值,但是在无摩擦的有税市场中,税负相同时它们仍然是零和博弈。

2. 税率的影响

租赁能够存在的主要条件之一是租赁双方的实际税率不相等。通过租赁减少总的税负,双方分享租赁节税的好处,这可能是长期租赁存在的最主要原因。如果不能取得税收的好处,大部分长期租赁在经济上难以成立。

【例6-11】沿用例6-8的资料,假设承租人智董公司的所得税税率仍然是40%,出租人贵琛公司的所得税税率变为20%,每年租金提高到295万元,其他数据与例6-8相同。

在这种情况下,承租人和出租人的净现值都可能成为正值,出现双盈的局面。

(1)承租人的分析。承租人的税率不变（40%）,由于租金提高了,租赁的净现值由65.21万元下降至15.20万元,其分析计算过程如表6-7所示。

表 6-7 承租人的分析计算过程（租金可扣除）　　　　　单位：万元

年份（年末）	0	1	2	3	4	5	5
租金支付		−295.00	−295.00	−295.00	−295.00	−295.00	
租金抵税（40%）		118.00	118.00	118.00	118.00	118.00	
避免设备成本支出	1260						
损失折旧抵税		−68.40	−68.40	−68.40	−68.40	−68.40	
失去余值变现							−350.00
（账面余值）							405.00
（余值变现损失）							55.00
失去余值变现损失减税							−22.00
差额现金流量：	1260	−245.40	−245.40	−245.40	−245.40	−245.40	−372.00
折现系数（6%，12%）	1	0.9434	0.8900	0.8396	0.7921	0.7473	0.5674
现值	1260	−231.51	−218.41	−206.04	−194.38	−183.38	−211.08
净现值	15.20						

（2）出租人的分析。由于提高了租金并且降低了税率（变为 20%），出租人的净现值变为正值，其分析计算过程如表 6-8 所示。

表 6-8 出租人的分析计算过程（资产可折旧）　　　　　单位：万元

年份（年末）	0	1	2	3	4	5	5
购置设备现金支出	−1260						
折旧抵税		34.20	34.20	34.20	34.20	34.20	
税后租金		236.00	236.00	236.00	236.00	236.00	
资产期末余值变现							350.00
（资产期末账面余值）							405.00
（资产余值变现损失）							55.00
资产余值变现损失减税							11.00
租赁期现金流量		270.20	270.20	270.20	270.20	270.20	361.00
折现系数（8%）		0.9259	0.8573	0.7938	0.7350	0.6806	
租赁期现金流量现值	1078.83	250.19	231.65	214.49	198.61	183.89	
折现系数（12%）							0.5674
资产期末余值现值	204.84						204.84
资产购置支出现值	−1260						
净现值	23.67						

有关项目说明如下：

折旧抵税 = 年折旧额 × 税率 = 171 × 20% = 34.20（万元）

税后租金 = 税前租金 × （1 − 税率） = 295 × （1 − 20%） = 236（万元）

资产余值变现损失减税 = （余值变现 − 账面余值） × 税率 = （350 − 405） × 20% = −11（万元）

租赁期现金流折现率 = 税前债务成本 × （1 − 所得税税率） = 10% × （1 − 20%） = 8%

净现值 = 租金流入现值 + 余值流入现值 − 购置成本 = 23.67（万元）

租赁减少了总体税负，政府为此减少了收入，而租赁双方通过租金的谈判分享节税的好处。

值得注意的是，税率的影响不仅包括名义税率的高低，还包括企业是否有可供抵减的收益，如果企业持续亏损，则不能获得租赁节税的好处。

【例 6-12】 沿用例 6-11 的资料，并假设智董公司预计未来 5 年无须缴纳所得税，也就不能取得节税的好处。

净现值（承租人）= 资产购置成本 − 租赁期现金流量现值 − 期末资产现值
= 资产购置成本 − 租金支出 × (A/P, 10%, 5) − 资产变现额 × (P, 12%, 5)
= 1260 − 295 × 3.7908 − 350 × 0.5674 ≈ 1260 − 1118.29 − 198.59 = −56.88（万元）

此时，智董公司的租赁净现值变为负值，因此它不应当采用租赁方案。

（四）损益平衡租金

损益平衡租金是指租赁净现值为零的租金数额。由于租金往往是租赁双方谈判的焦点，因此计算出损益平衡租金通常很有意义。

1. 承租人的损益平衡租金

对于承租人来说，损益平衡租金是其可以接受的最高租金，其数额是使式（6-1）成立的税前租金：

$$NPV(承租人) = 资产购置成本 - \sum_{t=1}^{n} \frac{税前租金 \times (1-税率)_t - 折旧抵税_t}{(1+税后借款成本)^t} - \frac{期末资产税后现金流量_n}{(1+项目资本成本)^n} = 0 \quad (6-1)$$

通常，需要使用试误法求解税前租金。如果租赁期各年的现金流量相等，损益平衡租金可以直接根据式（6-2）计算：

$$损益平衡租金 = \frac{(资产购置成本 - 资产余值现值) \div 普通年金系数 - 折旧抵税}{1 - 税率} \quad (6-2)$$

沿用例 6-11 的资料，求得：

承租人损益平衡租金 = [(1260 − 211.08) ÷ 4.2124 − 68.4] ÷ (1 − 40%) ≈ 301.01（万元）

承租人损益平衡租金计算的正确性，可以通过表 6-9 验证。

表 6-9　承租人的损益平衡租金　　　　　　　　　　　　单位：万元

年份（年末）	0	1	2	3	4	5	5
租金支付		−301.0153	−301.0153	−301.0153	−301.0153	−301.0153	
租金抵税		120.41	120.41	120.41	120.41	120.41	
减：避免设备成本支出	1260						
损失折旧抵税		−68.40	−68.40	−68.40	−68.40	−68.40	
失去余值变现							−350.00
（账面余值）							405.00
（余值变现损失）							55.00
余值变现损失减税							−22.00
租赁期现金流量		−249.01	−249.01	−249.01	−249.01	−249.01	−372.00
折现系数（6%）		0.9434	0.8900	0.8396	0.7921	0.7473	
租赁期现金流量现值	−1048.92	−234.91	−221.62	−209.07	−197.24	−186.07	
折现系数（12%）							0.5674
期末资产余值现值	−211.08						−211.08
净现值	0.00						

2. 出租人的损益平衡租金

对于出租人来说，损益平衡租金是其可以接受的最低租金，其数额是使式（6-3）成立的税前租金：

$$NPV(出租人) = \sum_{t=1}^{n} \frac{税前租金 \times (1-税率) + 折旧抵税_t}{1+税后借款成本^t} + \frac{期末资产税后现金流量_n}{1+项目资本成本^n} \quad (6-3)$$
$$- 租赁资产购置成本 = 0$$

通常，需要使用试误法求解税前租金。如果租赁期各年的现金流量相等，损益平衡租金可以直接根据式（6-4）计算：

$$出租人损益平衡租金 = \frac{(资产成本 - 资产余值现值) \div 年金系数 - 折旧抵税}{1 - 税率} \quad (6-4)$$

续例 6-11 资料：

出租人损益平衡租金 = [(1260 - 204.84) ÷ 3.9927 - 34.2] ÷ (1 - 20%) = 287.59（万元）

出租人损益平衡租金计算的正确性，可以通过表 6-10 验证。

表 6-10 出租方的损益平衡租金 单位：万元

年份（年末）	0	1	2	3	4	5	5
购置设备现金支出	-1260						
（税前租金收入）		287.59	287.59	287.59	287.59	287.59	
（租金纳税）		-57.52	-57.52	-57.52	-57.52	-57.52	
税后租金		230.07	230.07	230.07	230.07	230.07	
折旧抵税		34.20	34.20	34.20	34.20	34.20	
余值变现							350.00
（账面余值）							405.00
（余值变现损失）							-55.00
余值变现减税							11.00
租赁期现金流量		264.27	264.27	264.27	264.27	264.27	361.00
折现系数（8%）		0.9259	0.8573	0.7938	0.7350	0.6806	
租赁期现金流量现值	1055.16	244.70	226.57	209.79	194.25	179.86	
折现系数（12%）							0.5674
期末资产余值现值	204.84						204.84
净现值	0.00						

租赁双方对于租金的谈判，将在 287.59 万元～301.01 万元展开。实际上，是谈判如何分享租赁节税的好处。

七、融资租赁合同

融资租赁合同是出租人根据承租人对出卖人、租赁物的选择，向出卖人购买租赁物，提供给承租人使用，承租人支付租金的合同。

典型的融资租赁关系涉及三方当事人，即出租人、承租人、出卖人，内容涉及租赁和买卖两个方面。融资租赁合同应当采用书面合同形式。

（一）当事人双方的权利义务

出租人根据承租人对出卖人、租赁物的选择订立的买卖合同，未经承租人同意，出租人不得变更与承租人有关的合同内容。

出租人应当保证承租人对租赁物的占有和使用，租赁物不符合约定或者不符合使用目的的，出租人不承担责任，但承租人依赖出租人的技能确定租赁物或者出租人干预选择租赁物的除外。出租人享有租赁物的所有权。

承租人破产的，租赁物不属于破产财产，出租人和承租人也可以约定租赁期届满租赁物的归属。对租赁物的归属没有约定或者约定不明确的，可以协议补充，不能达成补充协议的，按照合同有关条款或者交易习惯确定。仍不能确定的，租赁物的所有权归出租人。

承租人享有与受领标的物有关的买受人的权利，承租人应当妥善保管、使用租赁物，履行占用租赁物期间的维护义务。承租人占有租赁物期间，租赁物造成第三人的人身伤害或者财产损害的，出租人不承担责任。

承租人应按照约定支付租金，经催告后在合理期限内仍不支付租金的，出租人可以要求支付全部租金；也可以解除合同，收回租赁物。

当事人约定租赁期届满租赁物归承租人所有，承租人已经支付大部分租金，但无力支付剩余租金，出租人因此解除合同收回租赁物的，收回的租赁物的价值超过承租人欠付的租金及其他费用的，承租人可以要求部分返还。

出租人、出卖人、承租人可以约定，出卖人不履行买卖合同义务的，由承租中国人民银行使索赔的权利。承租中国人民银行使索赔权利的，出租人应当协助。

（二）融资租赁合同的内容

融资租赁合同的内容包括租赁物名称、数量、规格、技术性能、检验方法、租赁期限、租金构成，以及其支付期限和方式、币种、租赁期届满租赁物的归属等条款。融资租赁合同的租金，除当事人另有约定的以外，应当根据购买租赁物的大部分或者全部成本及出租人的合理利润确定。

第七章
采取发行股份方式筹集实收资本

第一节 基础知识

股票是一种有价证券,它是股份有限公司签发的证明股东所持股份的凭证。

股份有限公司的资本划分为股份,每一股份的金额相等。公司的股份采取股票的形式。股份的发行实行公平、公正的原则,同种类的每一股份具有同等权利。股票一经发行,购买股票的投资者即成为公司的股东。股票实质上代表了股东对股份公司净资产的所有权,股东凭借股票可以获得公司的股息和红利,参加股东大会并行使自己的权利,同时也承担相应的责任与风险。

一、股票的性质

1. 股票是有价证券

有价证券是财产价值和财产权利的统一表现形式。持有有价证券,一方面表示有价证券持有人拥有一定价值量的财产,另一方面也表明有价证券持有人可以行使该证券所代表的权利。

股票具有有价证券的特征。

(1) 虽然股票本身没有价值,但股票是一种代表财产权的有价证券,它包含着股东具有依其持有的股票要求股份公司按规定分配股息和红利的请求权。

（2）股票与它代表的财产权有不可分离的关系，二者合为一体。换言之，行使股票所代表的财产权，必须以持有股票为条件，股东权利的转让应与股票占有的转移同时进行，股票的转让就是股东权利的转让。

2. 股票是要式证券

股票应具备《公司法》规定的有关内容，如果缺少规定的要件，股票就无法律效力。

3. 股票是证权证券

证券可以分为设权证券和证权证券。设权证券是指证券所代表的权利本来不存在，而是随着证券的制作而产生，即权利的发生是以证券的制作和存在为条件的。证权证券是指证券是权利的一种物化的外在形式，它是权利的载体，权利是已经存在的。股票代表的是股东权利，它的发行是以股份的存在为条件的，股票只是把已存在的股东权利表现为证券的形式，它的作用不是创造股东的权利，而是证明股东的权利。所以说，股票是证权证券。

4. 股票是资本证券

发行股票是股份公司筹措自有资本的手段。因此，股票是投入股份公司资本份额的证券化，属于资本证券。但是，股票又不是一种现实的资本，股份公司通过发行股票筹措的资金，是公司用于营运的真实资本。股票独立于真实资本之外，在股票市场上进行着独立的价值运动，是一种虚拟资本。

5. 股票是综合权利证券

股票不属于物权证券，也不属于债权证券，而是一种综合权利证券。物权证券是指证券持有者对公司的财产有直接支配处理权的证券；债权证券是指证券持有者为公司债权人的证券。股票持有者作为股份公司的股东，享有独立的股东权利。换言之，当公司股东将出资交给公司后，股东对其出资财产的所有权就转化为股权了。股权是一种综合权利，股东依法享有资产收益、重大决策、选择管理者等权利。股东虽然是公司财产的所有人，享有种种权利，但对于公司的财产不能直接支配处理，而对财产的直接支配处理是物权证券的特征，所以股票不是物权证券。另外，一旦投资者购买了公司股票，即成为公司部分财产的所有人，但该所有人在性质上是公司内部的构成分子，而不是与公司对立的债权人，所以股票也不是债权证券。

二、股票的特征

1. 收益性

收益性是股票最基本的特征，它是指股票可以为持有人带来收益的特性。持有股票的目的在于获取收益。股票的收益来源可分成两类：一是来自股份公司。认购股票后，持有者即对发行公司享有经济权益，其实现形式是公司派发的股息、红利，数量多少取决于股份公司的经营状况和盈利水平。二是来自股票流通。股票持有者可以持股票到依法设立的证券交易场所进行交易，当股票的市场价格高于买入价格时，卖出股票就可以赚取差价收益。这种差价收益称为资本利得。

2. 风险性

股票风险的内涵是股票投资收益的不确定性，或者说实际收益与预期收益之间的偏离。投资者在买入股票时，对其未来收益会有一个预期，但真正实现的收益可能会高于或低于原先的预期，这就是股票的风险。很显然，风险是一个中性概念，风险不等于损失，高风险的股票可能给投资者带来较大损失，也可能带来较大的收益，这就是"高风险高收益"的含义。

3. 流动性

流动性是指股票可以通过依法转让而变现的特性，即在本金保持相对稳定、变现的交易成本很小的条件下，股票很容易变现的特性。股票持有人不能从公司退股，但股票转让为其提供了变现的渠道。通常，判断股票的流动性强弱主要分析3个方面：首先，市场深度，以每个价位上报单的数量来衡量，如果买卖盘在每个价位上报单越多，成交越容易，股票的流动性越高。其次，报价紧密度，以价位之间的价差来衡量，若价差越小，交易对市场价格的冲击越小，股票流动性就越强。在有做市商的情况下，做市商双边报价的价差是衡量股票流动性的最重要指标。最后，股票的价格弹性，以交易价格受大额交易冲击后的恢复能力来衡量，价格恢复能力越强，股票的流动性越高。需要注意的是，由于股票的转让可能受各种条件或法律法规的限制，因此，并非所有股票都具有相同的流动性。通常情况下，大盘股流动性强于小盘股，上市公司股票的流动性强于非上市公司股票，而上市公司股票又可能因市场或监管原因而受到转让限制，从而具有不同程度的流动性。

4. 永久性

永久性是指股票所载有权利的有效性是始终不变的，因为它是一种无期限的法律凭证。股票的有效期与股份公司的存续期间相联系，二者是并存的关系。这种关系实质上反映了股东与股份公司之间比较稳定的经济关系。股票代表着股东的永久性投资，当然股票持有者可以出售股票而转让其股东身份，而对于股份公司来说，由于股东不能要求退股，所以通过发行股票募集到的资金，在公司存续期间是一笔稳定的自有资本。

5. 参与性

参与性是指股票持有人有权参与公司重大决策的特性。股票持有人作为股份公司的股东，有权出席股东大会，行使对公司经营决策的参与权。股东参与公司重大决策权利的大小通常取决于其持有股份数量的多少，如果某股东持有的股份数量达到决策所需要的有效多数时，就能实质性地影响公司的经营方针。

三、股票的类型

股票的常见类型如下。

（一）有限售条件股份、无限售条件股份、未上市流通股份、已上市流通股份

按流通受限与否分类如下。

1. 已完成股权分置改革的公司，按股份流通限制划分

（1）有限售条件股份。有限售条件股份是指股份持有人依照法律、法规或按承诺有转让限制的股份，包括因股权分置改革暂时锁定的股份，内部职工股，董事、监事、高级管理人员持有的股份等。

1）国家持股。国家持股是指有权代表国家投资的机构或部门（如国有资产授权投资机构）持有的上市公司股份。

2）国有法人持股。国有法人持股是指国有企业、国有独资公司、事业单位及第一大股东为国有及国有控股企业且国有股权比例合计超过50%的有限责任公司或股份有限公司持有的上市公司股份。

3）其他内资持股。其他内资持股是指境内非国有及国有控股单位（包括民营企业、中外合资企业、外商独资企业等）及境内自然人持有的上市公司股份。其中，其他内资持股又分为境内法人持股和境内自然人持股。

4）外资持股。外资持股是指境外股东持有的上市公司股份。其中，外资持股又分为境外法人持股和境外自然人持股。

（2）无限售条件股份。无限售条件股份是指流通转让不受限制的股份。

1）人民币普通股，即A股，含向社会公开发行股票时向公司职工配售的公司职工股。

2）境内上市外资股，即B股。

3）境外上市外资股，即在境外证券市场上市的普通股，如H股。

4）其他。

2. 未完成股权分置改革的公司，按股份流通限制划分

（1）未上市流通股份。未上市流通股份是指尚未在证券交易所上市交易的股份，具体包括以下几种类型。

1）发起人股份。发起人股份包括国家持有股份、境内法人持有股份、境外法人持有股份、其他。其中，国家持有股份指按照《股份有限公司规范意见》设立的公司所设的国家股及其增量；境内法人持有股份指发起人为境内法人时持有的股份；境外法人持有股份是指按照《股份有限公司规范意见》设立的公司，其发起人为适用外资法律的法人（外商，我国香港、澳门、台湾的商人等）所持有的股份；其他指个别公司发起人与以上分类有区别的特殊情况。

2）募集法人股份。这是指在《公司法》实施之前成立的定向募集公司所发行的、发起人以外的法人认购的股份。

3）内部职工股。这是指在《公司法》实施之前成立的定向募集公司所发行的、在报告时尚未上市的内部职工股。

4）优先股或其他。这是指上市公司发行的优先股或无法计入其他类别的股份。

（2）已上市流通股份。已上市流通股份是指已在证券交易所上市交易的股份，具体包括以下几种类型。

1）境内上市人民币普通股票，即 A 股，含向社会公开发行股票时向公司职工配售的公司职工股。

2）境内上市外资股，即 B 股。

3）境外上市外资股，即在境外证券市场上市的普通股，如 H 股。

4）其他。

（二）国家股、法人股、社会公众股和外资股

按股东的权利和义务关系，国外一般将股票分为普通股和优先股。在我国，按投资主体的不同性质，将股票划分为国家股、法人股、社会公众股和外资股。

1. 国家股

国家股是指有权代表国家投资的部门或机构以国有资产向公司投资形成的股份，包括公司现有国有资产折算成的股份。在我国企业的股份制改造中，原来一些全民所有制企业改组为股份公司。从性质上讲，这些全民所有制企业的资产属于国家所有，因此在改组为股份公司时，就折成国家股。另外，国家对新组建的股份公司进行投资，也构成国家股。国家股由国务院授权的部门或机构持有，或根据国务院决定，由地方人民政府授权的部门或机构持有。

国家股从资金来源上看，主要有以下 3 个方面。

（1）现有国有企业改组为股份公司时所拥有的净资产。

（2）现阶段有权代表国家投资的政府部门向新组建的股份公司的投资。

（3）经授权代表国家投资的投资公司、资产经营公司、经济实体性总公司等机构向新组建股份公司的投资。以国有资产折价入股的，须按国务院及国有资产管理部门的有关规定办理资产评估、确认、验证等手续。

国家股是国有股权的一个组成部分（国有股权的另一组成部分是国有法人股）。国有资产管理部门是国有股权行政管理的专职机构。国有股权可由国家授权投资的机构持有，也可由国有资产管理部门持有或由国有资产管理部门代政府委托其他机构或部门持有。国有股股利收入由国有资产管理部门监督收缴，依法纳入国有资产经营预算，并根据国家有关规定安排使用。国家股股权可以转让，但转让应符合国家的有关规定。

2. 法人股

法人股是指企业法人或具有法人资格的事业单位和社会团体以其依法可支配的资产投

入公司形成的股份。法人持股所形成的也是所有权关系，是法人经营自身财产的一种投资行为。法人股股票以法人记名。

如果是具有法人资格的国有企业、事业单位及其他单位以其依法占用的法人资产向独立于自己的股份公司出资形成或依法定程序取得的股份，则被称为国有法人股。国有法人股属于国有股权。

作为发起人的企业法人或具有法人资格的事业单位和社会团体在认购股份时，可以用货币出资，也可以用其他形式的资产，如实物、工业产权、非专利技术、土地使用权等作价出资。但对其他形式的资产必须进行评估作价，核实财产，不得高估或者低估作价。

3. 社会公众股

社会公众股是指社会公众依法以其拥有的财产投入公司时形成的可上市流通的股份。在社会募集方式下，股份公司发行的股份，除了由发起人认购一部分外，其余部分应该向社会公众公开发行。我国《证券法》规定，公司申请股票上市的条件包括：向社会公开发行的股份达到公司股份总数的25%以上；公司股本总额超过4亿元的，向社会公开发行股份的比例为10%以上。

4. 外资股

外资股是指股份公司向外国和我国香港、澳门、台湾地区投资者发行的股票。这是我国股份公司吸收外资的一种方式。外资股按上市地域，可以分为境内上市外资股和境外上市外资股。

(1) 境内上市外资股。境内上市外资股原来是指股份有限公司向境外投资者募集并在我国境内上市的股份，投资者限于：外国的自然人、法人和其他组织；我国香港、澳门、台湾地区的自然人、法人和其他组织；定居在国外的中国公民等。这类股票被称为B股。B股采取记名股票形式，以人民币标明票面金额，以外币认购、买卖，在境内证券交易所上市交易。但从2001年2月对境内居民个人开放B股市场后，境内投资者逐渐成为B股市场的重要投资主体，B股的外资股性质发生了变化。境内居民个人可以用现汇存款和外币现钞存款及从境外汇入的外汇资金从事B股交易，但不允许使用外币现钞。境内居民个人与非居民之间不得进行B股协议转让。境内居民个人所购B股不得向境外转托管。经有关部门批准，境内上市外资股或者其派生形式，如认股权凭证和境外存股凭证，可以在境外流通转让。公司向境内上市外资股股东支付股利及其他款项，以人民币计价和宣布，以外币支付。

(2) 境外上市外资股。境外上市外资股是指股份有限公司向境外投资者募集并在境外上市的股份。它也采取记名股票形式，以人民币标明面值，以外币认购。在境外上市时，可以采取境外存股凭证形式或者股票的其他派生形式。在境外上市的外资股除了应符合我国的有关法规外，还须符合上市所在地国家或者地区证券交易所制定的上市条件。依法持有境外上市外资股、其姓名或者名称登记在公司股东名册上的境外投资人，为公司的境外上市外资股股东。公司向境外上市外资股股东支付股利及其他款项，以人民币计价和宣布，以外币支付。

境外上市外资股主要由H股、N股、S股等构成。H股是指注册地在我国内地、上市地在我国香港的外资股。香港的英文是HONGKONG，取其首字母，在香港上市的外资股被称为H股。依此类推，纽约的第一个英文字母是N，新加坡的第一个英文字母是S，伦敦的第一个英文字母是L，因此，在纽约、新加坡、伦敦上市的外资股分别被称为N股、S股、L股。

需要说明的是，红筹股不属于外资股。红筹股是指在中国境外注册、在中国香港上市，但主要业务在中国内地或大部分股东权益来自中国内地公司的股票。早期的红筹股，主要是一些中资公司收购中国香港的中小型上市公司后重组而形成的；此后出现的红筹股，主要是中国内地一些省市或中央部委将其在中国香港的窗口公司改组并在中国香港上市后形成的。现在，红筹股已经成为中国内地企业进入国际资本市场融资的一条重要渠道。

（三）普通股票和优先股票

按股东享有权利的不同，股票可以分为普通股票和优先股票。

1. 普通股票

普通股票是最基本、最常见的一种股票，其持有者享有股东的基本权利和义务。普通股票的股利完全随公司盈利的高低而变化。在公司盈利较多时，普通股票股东可获得较高的股利收益，但在公司盈利和剩余财产的分配顺序上列在债权人和优先股票股东之后，故其承担的风险也较高。与优先股票相比，普通股票是标准的股票，也是风险较大的股票。

2. 优先股票

优先股票是一种特殊股票，在其股东权利、义务中附加了某些特别条件。优先股票的股息率是固定的，其持有者的股东权利受到一定限制，但在公司盈利和剩余财产的分配顺序上比普通股票股东享有优先权。

（四）记名股票和无记名股票

按是否记载股东姓名，股票可以分为记名股票和无记名股票。

1. 记名股票

记名股票是指在股票票面和股份公司的股东名册上记载股东姓名的股票。很多国家的公司法对记名股票的有关事项做出具体规定。一般来说，如果股票是归某人单独所有，则应记载持有人的姓名；如果股票是归国家授权的投资机构或者法人所有，则应记载国家授权的投资机构或者法人的名称；如果股票持有者因故改换姓名或者名称，就应到公司办理变更股东姓名或者名称的手续。《公司法》规定，公司发行的股票可以为记名股票，也可以为无记名股票。股份有限公司向发起人、法人发行的股票，应当为记名股票，并应当记载该发起人、法人的名称或者姓名，不得另立户名或者以代表人姓名记名。公司发行记名股票的，应当置备股东名册，记载下列事项：股东的姓名或者名称及住所、各股东所持股份数、各股东所持股票的编号、各股东取得股份的日期。

记名股票有如下特点。

（1）股东权利归属于记名股东。对于记名股票来说，只有记名股东或其正式委托授权的代理人才能行使股东权。除了记名股东以外，其他持有者（非经记名股东转让和经股份公司过户的）不具有股东资格。

（2）可以一次或分次缴纳出资。缴纳股款是股东基于认购股票而承担的义务。一般来说，股东应在认购时一次缴足股款。但是，基于记名股票所确定的股份公司与记名股东之间的特定关系，有些国家允许记名股东在认购股票时可以无须一次缴足股款。《公司法》规定，股份有限公司设立的发起人认购和募集的股本应达到法定资本最低限额。采取发起设立方式设立股份有限公司的，注册资本为在公司登记机关登记的全体发起人认购的股本总额。发起人应当书面认足公司章程规定其认购的股份；一次缴纳的，应当缴纳全部出资；分期缴纳的，应当缴纳首期出资。全体发起人首次出资额不得低于注册资本的20%，其余部分由发起人自公司成立之日起2年内缴足。以募集方式设立股份有限公司的，发起人认购的股份不得少于公司股份总数的35%。

（3）转让相对复杂或受限制。记名股票的转让必须依据法律和公司章程规定的程序进行，而且要服从规定的转让条件。一般来说，记名股票的转让都必须由股份公司将受让人的姓名或名称、住所记载于公司的股东名册，办理股票过户登记手续，这样受让人才能取得股东的资格和权利。而且，为了维护股份公司和其他股东的利益，法律对于记名股票的转让有时会规定一定的限制条件，如有的国家规定记名股票只能转让给特定的人。《公司法》

规定，记名股票由股东以背书方式或者法律、行政法规规定的其他方式转让；转让后由公司将受让人的姓名或名称及住所记载于股东名册。股东大会召开前 20 日内或者公司决定分配股利的基准日前 5 日内，不得进行上述规定的股东名册的变更登记。但是，法律对上市公司股东名册变更登记另有规定的，从其规定。

（4）便于挂失，相对安全。记名股票与记名股东的关系是特定的，因此，如果股票遗失，记名股东的资格和权利并不消失，并可依据法定程序向股份公司挂失，要求公司补发新的股票。我国《公司法》对此的具体规定是，记名股票被盗、遗失或者灭失，股东可以依照《中华人民共和国民事诉讼法》规定的公示催告程序，请求人民法院宣告该股票失效。人民法院宣告该股票失效后，股东可以向公司申请补发股票。

2. 无记名股票

无记名股票是指在股票票面和股份公司股东名册上均不记载股东姓名的股票。无记名股票也称不记名股票，与记名股票的差别不是在股东权利等方面，而是在股票的记载方式方面。无记名股票发行时一般留有存根联，它在形式上分为两部分：一部分是股票的主体，记载了有关公司的事项，如公司名称、股票所代表的股数等；另一部分是股息票，用于进行股息结算和行使增资权利。我国《公司法》规定，发行无记名股票的，公司应当记载其股票数量、编号及发行日期。

无记名股票有如下特点。

（1）股东权利归属股票的持有人。确认无记名股票的股东资格不以特定的姓名记载为根据，所以，为了防止假冒、舞弊等行为，无记名股票的印制特别精细，其印刷技术、颜色、纸张、水印、号码等均须符合严格的标准。《公司法》规定，发行无记名股票的公司应当于股东大会会议召开前 30 日公告会议召开的时间、地点和审议事项。无记名股票持有人出席股东大会会议的，应当于会议召开 5 日前至股东大会闭幕时将股票交存于公司。

（2）认购股票时要求一次缴纳出资。无记名股票上不记载股东姓名，若允许股东缴纳部分出资即发给股票，以后实际上无法催缴未缴纳的出资，所以认购者必须缴足出资后才能领取股票。

（3）转让相对简便。与记名股票相比，无记名股票的转让较为简单与方便，原持有者只要向受让人交付股票便发生转让的法律效力，受让人取得股东资格不需要办理过户手续。《公司法》规定，无记名股票的转让由股东将该股票交付给受让人后即发生转让的效力。

（4）安全性较差。因无记载股东姓名的法律依据，无记名股票一旦遗失，原股票持有者便丧失股东权利，且无法挂失。

（五）有面额股票和无面额股票

按是否在股票票面上标明金额，股票可以分为有面额股票和无面额股票。

1. 有面额股票

有面额股票是指在股票票面上记载一定金额的股票。这一记载的金额也被称为票面金额、票面价值或股票面值。股票票面金额的计算方法是用资本总额除以股份数，但实际上很多国家是通过法规予以直接规定，而且一般是限定了这类股票的最低票面金额。另外，同次发行的有面额股票的每股票面金额是相等的，票面金额一般以国家主币为单位。大多数国家的股票是有面额股票。《公司法》规定，股份有限公司的资本划分为股份，每一股的金额相等。有面额股票具有如下特点。

（1）可以明确表示每一股所代表的股权比例。例如，某股份公司发行 1000 万元的股票，每股面额为 1 元，则每股代表着公司净资产千万分之一的所有权。

（2）为股票发行价格的确定提供依据

《公司法》规定，股票发行价格可以按票面金额，也可以超过票面金额，但不得低于票面金额。这样，有面额股票的票面金额就成为股票发行价格的最低界限。

2. 无面额股票

无面额股票也被称为比例股票或份额股票，是指在股票票面上不记载股票面额，只注明它在公司总股本中所占比例的股票。无面额股票的价值随股份公司每股净资产和预期每股收益的增减而相应增减。公司净资产和预期收益增加，每股价值上升；反之，公司净资产和预期收益减少，每股价值下降。无面额股票淡化了票面价值的概念，与有面额股票的差别仅在表现形式上，即无面额股票代表着股东对公司资本总额的投资比例。20世纪早期，美国纽约州最先通过法律，允许发行无面额股票，以后美国其他州和其他一些国家也相继仿效，但目前世界上很多国家（包括中国）不允许发行这种股票。无面额股票有如下特点。

（1）发行或转让价格较灵活。由于没有票面金额，因而发行价格不受票面金额的限制。在转让时，投资者也不易受股票票面金额影响，而更注重分析每股的实际价值。

（2）便于股票分割。如果股票有面额，分割时就需要办理面额变更手续。由于无面额股票不受票面金额的约束，发行该股票的公司能够比较容易地进行股票分割。

四、股票的价值与价格

（一）股票的价值

1. 股票的票面价值

股票的票面价值在初次发行时有一定的参考意义。如果以票面价值作为发行价，称为平价发行，此时公司发行股票募集的资金等于股本的总和，也等于票面价值总和。发行价格高于票面价值称为溢价发行，募集的资金中等于面值总和的部分记入资本账户，以超过股票票面价值的发行价格发行股份所得的溢价款列为公司资本公积金。随着时间的推移，公司的净资产会发生变化，票面价值与每股净资产逐渐背离，与股票的投资价值之间也没有必然的联系。尽管如此，票面价值代表了每一份股份占总股份的比例，在确定股东权益时仍有一定的意义。

2. 股票的账面价值

股票的账面价值又称股票净值或每股净资产，在没有优先股的条件下，每股账面价值等于公司净资产除发行在外的普通股票的股数。公司净资产是公司资产总额减去负债总额后的净值，从会计角度说，等于股东权益价值。股票账面价值的高低对股票交易价格有重要影响，但是，通常情况下，股票账面价值并不等于股票的市场价格。主要原因有两个：一是会计价值通常反映的是历史成本或者按某种规则计算的公允价值，并不等于公司资产的实际价值；二是账面价值并不反映公司的未来发展前景。

3. 股票的清算价值

股票的清算价值是公司清算时每一股份所代表的实际价值。从理论上说，股票的清算价值应与账面价值一致，实际上并非如此。只有当清算时公司资产实际出售价款与财务报表上的账面价值一致时，每一股份的清算价值才与账面价值一致。但在公司清算时，其资产往往只能压低价格出售，再加上必要的清算费用，所以大多数公司的实际清算价值低于其账面价值。

4. 股票的内在价值

股票的内在价值即理论价值，也即股票未来收益的现值。股票的内在价值决定股票的市场价格，股票的市场价格总是围绕其内在价值波动的。研究和发现股票的内在价值，并将内在价值与市场价格相比较，进而决定投资策略是证券研究人员、投资管理人员的主要任务。由于未来收益及市场利率的不确定性，各种价值模型计算出来的内在价值只是股票真实的内在价值的估计值。经济形势的变化、宏观经济政策的调整、供求关系的变化等都会影响上市公司未来的收益，引起内在价值的变化。

(二)股票的价格

1. 股票的理论价格

股票价格是指股票在证券市场上买卖的价格。从理论上说,股票价格应由其价值决定,但股票本身并没有价值,不是在生产过程中发挥职能作用的现实资本,而只是一张资本凭证。股票之所以有价格,是因为它代表着收益的价值,即能给它的持有者带来股息、红利。股票交易实际上是对未来收益权的转让买卖,股票价格就是对未来收益的评定。股票及其他有价证券的理论价格是根据现值理论而来的。现值理论认为,人们之所以愿意购买股票和其他证券,是因为它能够为它的持有人带来预期收益,因此,它的价值取决于未来收益的大小。可以认为,股票的未来股息收入、资本利得收入是股票的未来收益,亦可称为期值。将股票的期值按必要收益率和有效期限折算成今天的价值,即为股票的现值。股票的现值就是股票未来收益的当前价值,也就是人们为了得到股票的未来收益愿意付出的代价。可见,股票及其他有价证券的理论价格就是以一定的必要收益率计算出来的未来收入的现值。

2. 股票的市场价格

股票的市场价格一般是指股票在二级市场上交易的价格。股票的市场价格由股票的价值决定,但同时受其他因素的影响。其中,供求关系是最直接的影响因素,其他因素是通过作用于供求关系而影响股票价格的。由于影响股票价格的因素复杂多变,所以股票的市场价格呈现出高低起伏的波动性特征。

在自由竞价的股票市场中,股票的市场价格不断变动。引起股票价格变动的直接原因是供求关系的变化或者说是买卖双方力量强弱的转换。根据供求规律,价格是供求对比的产物,也是恢复供求平衡的关键变量。在任何价位上,如果买方的意愿购买量超过此时卖方的意愿出售量,股价将会上涨;反之,股价将会下跌。从根本上说,股票供求及股票价格主要取决于预期。买方之所以愿意按某个价位买进股票,主要是因为他们认为持有该股票带来的收益超过了目前所花资金的机会成本(如预期股价将会上涨、预期公司将派发较高红利),换言之,认为该股票的价格被低估了。同理,卖方之所以愿意出售股票,主要原因是他们认为该价格被高估了,将来可能下跌。当然,某些特殊原因也可能导致股票的供求变化。例如,为了夺取或保持公司控制权而买入股票,为履行某种承诺(如期权到期行权)而买进股票。同样,股票持有人也可能因为流动性挤压或者财产清算等原因而卖出股票。分析股价变动的因素,就是梳理影响供求关系变化的深层次原因。

3. 影响股价变动的基本因素

公司经营状况、行业因素及宏观经济与政策因素是影响投资者对将来股价的预期,从而影响当前买卖决策并最终导致当前股价变化的最主要原因。在证券分析中,我们通常把这3类因素统称为基本因素,对这些因素的分析称为基本分析或基本面分析。

(1)公司经营状况。股份公司的经营现状和未来发展是股票价格的基石。从理论上分析,公司经营状况与股票价格正相关,公司经营状况好,股价上升;反之,股价下跌。公司经营状况可以从以下各项来分析。

1)公司治理水平与管理层质量。公司治理是一国社会经济活动中的企业制度安排。传统的公司治理是指在企业所有权和经营权分离的条件下,投资者(股东和贷款人)和公司之间的利益分配和控制关系。现代意义上的公司治理可理解为关于企业组织方式、控制机制、利益分配的所有法律、机构、文化和制度安排,它界定的不仅是企业及其所有者之间的关系,而且包括企业与所有相关利益集团(如员工、客户、供货商、债权人、所在社区等)之间的关系。从提高公司绩效的角度,公司治理主要解决两大问题:一是经理层、内部人的利益机制及其与公司的外部投资者利益和社会利益的兼容问题;二是经理层的管理能力问题。公司治理包括决定公司经营的若干制度性因素,主要是根据权力机构、决策机构、执行机构和监督机构相互独立、权责明确、相互制衡的原则建立股东会、董事会、管理层和监事会,其重点在于监督和制衡。良好的公司治理结构与治理实践对公司的长期稳定经营具有至关重要的作用。对于公司治理情况的分析主要包括公司股东、管理层、员工及其他外部利益相关者之间的关系及其制衡状况,公司董事会、监事会构成及运作等因素。管理层是具体负责公司日常经营的核心力量,对公司的营运前景关系重大,对管理层的分析包括主要高级管理人员的经验、水平、性格等内容,以及管理团队稳定性、合作与分工等情况。

2) 公司竞争力。在任何时期、任何行业,具有竞争力的公司股票通常更容易得到投资者的认可;反之,缺乏竞争力的公司股票不易得到投资者的认可。最常用的公司竞争力分析框架是 SWOT 分析,它提出了 4 个考察维度,即公司经营中存在的优势(strengths)、劣势(weaknesses)、机会(opportunities)与威胁(threats)。对具体公司而言,竞争力分析的侧重点各不相同,但通常会包括市场占有情况、产品线完整程度、创新能力、财务健全性等。

3) 财务状况。会计报表是描述公司经营状况的一种相对客观的工具,分析公司财务状况,重点在于研究公司的盈利性、安全性和流动性。

① 盈利性。公司盈利水平及未来发展趋势是股东权益的基本决定因素,通常把盈利水平高的公司股票称为绩优股,把未来盈利增长趋势强劲的公司股票称为高增长型股票,它们在股票市场上通常会有较好的表现。

衡量盈利性常用的指标是每股收益和净资产收益率。每股收益等于公司净利润除发行在外的总股数,其他条件不变,每股收益越高,股价就越高。净资产收益率也称为股本收益率,等于公司净利润除以净资产,反映了公司自有资本的获利水平。在证券市场实践中,除了分析利润的绝对量(每股收益)和相对量(净资产收益率)之外,通常还需要考察盈利的构成及持续性等因素。通常,稳定持久的主营业务利润比其他一次性或偶然的收入(如资产重估与资产处置、财政补贴、会计政策变更等)更值得投资者重视。

② 安全性。公司的财务安全性主要是指公司偿还债务从而避免破产的特性。通常用公司的负债与公司资产和资本金相联系来刻画公司的财务稳健性或安全性。而这类指标同时也反映了公司自有资本与总资产之间的杠杆关系,因此也被称为杠杆比率。除此之外,财务安全性分析往往还涉及债务担保比率、长期债务比率、短期财务比率等指标。

③ 流动性。公司资金链状况也是影响经营的重要因素,流动性强的公司抗风险能力较强,尤其在经济处于低迷时期,这一类公司股票往往会有较好的表现;反之,流动性弱的公司,一旦资金链断裂,很容易陷入技术性破产。衡量财务流动性状况需要从资产负债整体考量,常用的指标包括流动比率、速动比率、应收账款平均回收期、销售周转率等。公司各种财务指标之间存在一定的钩稽关系,以净资产收益率(ROE)为例,著名的杜邦公式揭示了它的构成:

$$净资产收益率(ROE) = \frac{净利润}{净资产} = \frac{净利润}{销售收入} \times \frac{销售收入}{总资产} \times \frac{总资产}{净资产}$$

$$= 销售利润率 \times 资产周转率 \times 杠杆比率$$

换言之,如果把净资产收益率、销售利润率视为盈利性指标,资产周转率视为流动性指标,杠杆比率视为安全性指标的话,那么,以上"三性"之间是存在一定的内在联系的。

4) 公司改组或合并。公司改组或合并有多种情况,有的是为了扩大规模、增强竞争能力而改组或合并,有的是为了消灭竞争对手,有的是为了控股,也有的是为了操纵市场而进行恶意兼并。公司改组或合并会引起股价剧烈波动,但要分析此举对公司的长期发展是否有利,改组或合并后是否能够改善公司的经营状况,这是决定股价变动方向的重要因素。

(2) 行业因素。股票市场中，经常观察到某一行业（如有色金属、装备制造、商业零售、房地产）或者板块（如新能源板块）的股票在特定时期表现出齐涨共跌的特征。这说明，在这些股票中存在着某种行业性或产业性的共同影响因素，对这些因素的分析称为行业分析。

1) 行业分类。行业分类的依据主要是公司收入或利润的来源比重。目前我国常见的分类标准包括证监会于2001年制定的《上市公司行业分类指引》、国家统计局发布的《行业分布标准》及由摩根士丹利和标准普尔联合发布的《全球行业分类标准》等。以证监会《上市公司行业分类指引》为例，它将上市公司按三级分类，分别列入农林牧渔业、采掘业、制造业、电力煤气及水的生产和供应业、建筑业、交通运输仓储业、信息技术业、批发和零售贸易业、房地产业等12个门类及若干大类和中类。上海证券交易所与中证指数有限公司参照《全球行业分类标准》，于2007年5月31日对沪市上市公司行业分类进行了调整，分为金融地产、原材料、工业、可选消费、主要消费、公用事业、能源、电信业务、医药卫生、信息技术十大行业。

2) 行业分析因素。行业因素包括定性因素和定量因素。

① 行业或产业竞争结构。首先，需要列出该行业所有的企业，重点考察其中的已上市公司；其次，需要研究各家公司所占的市场份额及变化趋势、该行业中企业总数的变化趋势等。从该项分析可以得到该行业垄断/竞争特性的初步结论。

② 行业可持续性。技术及其他因素的变化有可能终结某些行业的发展。例如，手机的普遍采用终结了早期作为移动通信主要方式的传呼机，导致该行业的公司不能继续发展传统业务。

③ 抗外部冲击的能力。这是考察某个行业在遭遇重大政治、经济或自然环境变化打击时业绩的稳定性。例如，高油价可能对整个交通运输业及相关制造行业产生非常大的不利影响，但对替代能源生产行业则是有利的。

④ 监管及税收待遇与政府关系。某些行业可能会受到政府的特殊对待。例如，公用事业通常会受到较严厉的监管，某些重要领域可能会因政府保护而暂时避免外部冲击等。

⑤ 劳资关系。在某些产业或行业中，工会拥有传统势力，对公司业绩经常产生重大影响。

⑥ 财务与融资问题。某些行业（如航空业）可能具有非常高的长期负债率，而零售业则非常依赖短期流动性。

⑦ 行业估值水平。不管采用绝对估值还是相对估值手段，同一行业的股票通常具有相似的水平。

3) 行业生命周期。根据产业周期理论，任何产业或行业通常要经历幼稚期、成长期、成熟期、稳定期4个阶段。即使行业不同，处于相同生命周期的股票价格通常也会呈现相似的特征。

(3) 宏观经济与政策因素。宏观经济发展水平和发展状况是影响股票价格的重要因素。宏观经济对股票价格影响的特点是波及范围广、干扰程度深、作用机制复杂，并可能导致股价波动幅度较大。

1) 经济增长。一个国家或地区的社会经济是否能持续稳定地保持一定的发展速度，是影响股票价格能否稳定上升的重要因素。当一国或地区的经济运行势态良好，一般来说，大多数企业的经营状况也较好，它们的股票价格会上升；反之，股票价格会下降。

2) 经济周期循环。社会经济运行经常表现为扩张与收缩的周期性交替，每个周期一般要经过高涨、衰退、萧条、复苏4个阶段，即所谓的景气循环。经济周期循环对股票市场的影响非常显著，可以说，是景气变动从根本上决定了股票价格的长期变动趋势。

值得重视的是，股票价格的变动通常比实体经济的繁荣或衰退领先一步，即在经济高涨后期，股价已率先下跌；在经济尚未全面复苏之际，股价已先行上涨。国外学者认为股价变动要比经济景气循环早 4～6 个月。这是因为股票价格是对未来收入的预期，所以先于经济周期的变动而变动。因此，股票价格水平已成为经济周期变动的灵敏信号或称先导性指标。

3）货币政策。中国人民银行的货币政策对股票价格有直接的影响。货币政策是政府重要的宏观经济政策，中国人民银行通常采用存款准备金制度、再贴现政策、公开市场业务等货币政策手段调控货币供应量，从而实现发展经济、稳定货币等政策目标。中国人民银行放松银根，增加货币供应，资金面较为宽松，除了支持实体经济发展外，大量游资需要新的投资机会，股票成为理想的投资对象。一旦资金进入股市，引起对股票需求的增加，立即促使股价上升。反之，中国人民银行收紧银根，减少货币供应，资金普遍吃紧，流入股市资金减少，加上企业抛出持有的股票以获取现金，使股票市场的需求减少，交易萎缩，股价下跌。

4）财政政策。财政政策也是政府的重要宏观经济政策。财政政策对股票价格的影响有 4 个方面：其一，通过扩大财政赤字、发行国债融资，增加财政支出，刺激经济发展；或是通过增加财政盈余或降低赤字，减少财政支出，抑制经济增长，调整社会经济发展速度，改变企业生产的外部环境，进而影响企业利润水平和股息派发。其二，通过调节税率影响企业利润和股息。提高税率，企业税负增加，税后利润下降，股息减少；反之，企业税后利润和股息增加。其三，干预资本市场各类交易适用的税率，如利息税、资本利得税、印花税等，直接影响市场交易和价格。其四，国债发行量会改变证券市场的证券供应和资金需求，从而间接影响股票价格。

5）市场利率。市场利率变化通过以下途径影响股票价格。

① 绝大部分公司负有债务，利率提高，利息负担加重，公司净利润和股息相应减少，股票价格下降；利率下降，利息负担减轻，公司净盈利和股息增加，股票价格上升。

② 在市场资金量一定的条件下，利率提高，其他投资工具收益相应增加，一部分资金会流向储蓄、债券等其他收益固定的金融工具，对股票需求减少，股价下降。若利率下降，对固定收益证券的需求减少，资金流向股票市场，对股票的需求增加，股票价格上升。

③ 利率提高，一部分投资者要负担较高的利息才能借到所需资金进行证券投资。如果允许进行融资融券交易，买空者的融资成本相应提高，投资者会减少融资和对股票的需求，股票价格下降。若利率下降，投资者能以较低利率借到所需资金，增加融资和对股票的需求，股票价格上涨。

6）通货膨胀。通货膨胀对股票价格的影响较复杂，它既有刺激股票市场的作用，又有抑制股票市场的作用。通货膨胀是因货币供应过多造成货币贬值、物价上涨的经济现象。在通货膨胀之初，公司会因产品价格的提升和存货的增值而增加利润，从而增加可以分派的股息，并使股票价格上涨。在物价上涨时，股东实际股息收入下降，股份公司为股东利益着想，会增加股息派发，使股息名义收入有所增加，也会促使股价上涨。通货膨胀给其他收益固定的证券带来了不可回避的通货膨胀风险，投资者为了保值，增加购买收益不固定的股票，对股票的需求增加，股价也会上涨。但是，当通货膨胀严重、物价居高不下时，企业因原材料、工资、费用、利息等各项支出增加，使利润减少，引起股价下降。严重的通货膨胀会使社会经济秩序紊乱，使企业无法正常地开展经营活动，同时政府也会采取治理通货膨胀的紧缩政策和相应的措施，此时对股票价格的负面影响更大。

7）汇率变化。汇率的调整对整个社会经济影响很大，有利有弊。传统理论认为，汇率下降，即本币升值，不利于出口而有利于进口，同时会引起境外资本流入，国内资本市场流动性增加；汇率上升，即本币贬值，不利于进口而有利于出口，同时会导致境内资本流出，国内资本市场流动性下降。汇率变化对股价的影响要看对整个经济的影响而定。若汇率变化趋势对本国经济发展影响较为有利，股价会上升；反之，股价会下降。具体来说，汇率的变化对那些在商品进出口和资本项目方面严重依赖国际市场的国家（或地区）和企业的股票价格影响较大。

8) 国际收支状况。一般来说，若一国国际收支连续出现逆差，政府为平衡国际收支会采取提高国内利率和汇率的措施，以鼓励出口、减少进口，股价就会下跌；反之，股价会上涨。

4. 影响股价变化的其他因素

(1) 政治及其他不可抗力的影响。政治因素对股票价格的影响很大，往往很难预料。

1) 战争。战争是最有影响的政治因素。战争会破坏社会生产力，使经济停滞、生产凋敝、收入减少、利润下降。战争期间除了军火工业以外，大部分企业会受到严重打击。战争又使投资者风险明显增大，在生命得不到保障的情况下，人们的投资愿望降到最低点。特别是全面的、长期的战争，会使股票市场受到致命打击而长期低迷。

2) 政权更迭、领袖更替等政治事件。这些事件的爆发会影响社会安定，进而影响投资者的心理状态和投资行为，引起股票市场价格的涨跌变化。

3) 政府重大经济政策的出台、社会经济发展规划的制定、重要法规的颁布等。这些会影响投资者对社会经济发展前景的预期，从而引起股票价格变动。

4) 国际社会政治、经济的变化。随着世界经济一体化的进程加快，国家之间、地区之间的政治、经济关系更趋紧密，加之先进通信工具的运用，国际关系的细微变化都可能引致各国股市发生敏感的联动。

5) 因发生不可预料和不可抵抗的自然灾害或不幸事件，给社会经济和上市公司带来重大财产损失而又得不到相应赔偿，股价会下跌。

(2) 心理因素。投资者的心理变化对股价变动影响很大。在大多数投资者对股市抱乐观态度时，存在夸大市场有利因素的影响，并忽视一些潜在的不利因素的情况，从而脱离上市公司的实际业绩而纷纷买进股票，促使股价上涨，反之，在大多数投资者对股市前景过于悲观时，会对潜在的有利因素视而不见，而对不利因素特别敏感，甚至不顾发行公司的优良业绩大量抛售股票，致使股价下跌。当大多数投资者对股市持观望态度时，市场交易量就会减少，股价往往呈现盘整格局。股票市场中的中小投资者由于信息不灵，缺乏必要的专业知识和投资技巧，往往有严重的盲从心理，而有的人就利用这一盲从心理故意制造假象、渲染气氛，诱使中小投资者在股价上涨时盲目追涨，或者在股价下跌时恐慌抛售，从而加大了股价涨跌的程度。

(3) 政策及制度因素。为保证证券市场的稳定，各国的证券监管机构和证券交易所会制定相应的政策措施和做出一定的制度安排。《证券法》规定，证券交易所依照证券法律、行政法规制定上市规则、交易规则、会员管理规则，并经国务院证券监督管理机构批准。因突发事件而影响证券交易的正常进行时，证券交易所可以采取技术性停牌的措施；因不可抗力的突发性事件或者为维护证券交易的正常秩序，证券交易所可以决定临时停市。证券交易所根据需要，可以对出现重大异常交易情况的证券账户限制交易。有的证券交易所对每日股票价格的涨跌幅度有一定限制，即涨跌停板规定，使股价的涨跌大大平缓。另外，当股票市场投机过度或出现严重违法行为时，证券监督管理机构也会采取一定的措施以平抑股价波动。

(4) 人为操纵因素。人为操纵往往会引起股票价格短期的剧烈波动。因大多数投资者不明真相，操纵者乘机浑水摸鱼，非法牟利。人为操纵会影响股票市场的健康发展，违背公开、公平、公正的原则，一旦查明，操纵者会受到法律制裁。

第二节　首次公开发行股票

一、基础知识

（一）首次公开发行股票的条件

1. 在主板上市的公司首次公开发行股票的条件

依据证监会于 2006 年 5 月发布实施的《首次公开发行股票并上市管理办法》（证监会令第 32 号）和《证券期货法律适用意见第 1 号》《证券期货法律适用意见第 3 号》的规定，首次公开发行股票的条件如下。

（1）主体资格。

1）发行人应当是依法设立且合法存续的股份有限公司。经国务院批准，有限责任公司在依法变更为股份有限公司时，可以采取募集设立方式公开发行股票。

2）发行人自股份有限公司成立后，持续经营时间应当在 3 年以上，但经国务院批准的除外。有限责任公司按原账面净资产值折股整体变更为股份有限公司的，持续经营时间可以从有限责任公司成立之日起计算。

3）发行人的注册资本已足额缴纳，发起人或者股东用作出资的资产的财产权转移手续已办理完毕，发行人的主要资产不存在重大权属纠纷。

4）发行人的生产经营符合法律、行政法规和公司章程的规定，符合国家产业政策。

5）发行人最近 3 年内主营业务和董事、高级管理人员没有发生重大变化，实际控制人没有发生变更。

6）发行人的股权清晰，控股股东和受控股股东、实际控制人支配的股东持有的发行人股份不存在重大权属纠纷。

（2）独立性。

1）发行人应当具有完整的业务体系和直接面向市场独立经营的能力。

2）发行人的资产完整。生产型企业应当具备与生产经营有关的生产系统、辅助生产系统和配套设施，合法拥有与生产经营有关的土地、厂房、机器设备以及商标、专利、非专利技术的所有权或者使用权，具有独立的原料采购和产品销售系统；非生产型企业应当具备与经营有关的业务体系及相关资产。

3）发行人的人员独立。发行人的总经理、副总经理、财务负责人和董事会秘书等高级管理人员不得在控股股东、实际控制人及其控制的其他企业中担任除董事、监事以外的其他职务，不得在控股股东、实际控制人及其控制的其他企业领薪；发行人的财务人员不得在控股股东、实际控制人及其控制的其他企业中兼职。

4）发行人的财务独立。发行人应当建立独立的财务核算体系，能够独立做出财务决策，具有规范的财务会计制度和对分公司、子公司的财务管理制度；发行人不得与控股股东、实际控制人及其控制的其他企业共用银行账户。

5）发行人的机构独立。发行人应当建立健全内部经营管理机构，独立行使经营管理职权，与控股股东、实际控制人及其控制的其他企业间不得有机构混同的情形。

6）发行人的业务独立。发行人的业务应当独立于控股股东、实际控制人及其控制的其他企业，与控股股东、实际控制人及其控制的其他企业间不得有同业竞争或者显失公平的关联交易。

7）发行人在独立性方面不得有其他严重缺陷。

（3）规范运行。

1）发行人已经依法建立健全股东大会、董事会、监事会、独立董事、董事会秘书制度，相关机构和人员能够依法履行职责。

2）发行人的董事、监事和高级管理人员已经了解与股票发行上市有关的法律法规，知悉上市公司及其董事、监事和高级管理人员的法定义务和责任。

3）发行人的董事、监事和高级管理人员符合法律、行政法规和规章规定的任职资格，且不得有下列情形。

① 被证监会采取证券市场禁入措施，尚在禁入期的。

② 最近36个月内受到证监会行政处罚，或者最近12个月内受到证券交易所公开谴责。

③ 因涉嫌犯罪被司法机关立案侦查或者涉嫌违法违规被证监会立案调查，尚未有明确结论意见。

4）发行人的内部控制制度健全且被有效执行，能够合理保证财务报告的可靠性、生产经营的合法性、营运的效率与效果。

5）发行人不得有下列情形。

① 最近36个月内未经法定机关核准，擅自公开或者变相公开发行过证券；或者有关违法行为虽然发生在36个月前，但目前仍处于持续状态。

② 最近36个月内违反工商、税收、土地、环保、海关，以及其他法律、行政法规，受到行政处罚，且情节严重。

③ 最近36个月内曾向证监会提出发行申请，但报送的发行申请文件有虚假记载、误导性陈述或重大遗漏；或者不符合发行条件，以欺骗手段骗取发行核准，或者以不正当手段干扰证监会及其发审委的审核工作；或者伪造、变造发行人或其董事、监事、高级管理人员的签字、盖章。

④ 本次报送的发行申请文件有虚假记载、误导性陈述或者重大遗漏。

⑤ 涉嫌犯罪被司法机关立案侦查，尚未有明确结论意见。

⑥ 严重损害投资者合法权益和社会公共利益的其他情形。

6）发行人的公司章程中已明确对外担保的审批权限和审议程序，不存在为控股股东、实际控制人及其控制的其他企业进行违规担保的情形。

7）发行人有严格的资金管理制度，不得有资金被控股股东、实际控制人及其控制的其他企业以借款、代偿债务、代垫款项或者其他方式占用的情形。

（4）财务与会计。

1）发行人资产质量良好，资产负债结构合理，盈利能力较强，现金流量正常。

2）发行人的内部控制在所有重大方面是有效的，并由注册会计师出具无保留结论的内部控制鉴证报告。

3）发行人会计基础工作规范，财务报表的编制符合企业会计准则和相关会计制度的规定，在所有重大方面公允地反映发行人的财务状况、经营成果和现金流量，并由注册会计师出具无保留意见的审计报告。

4）发行人编制财务报表应以实际发生的交易或者事项为依据；在进行会计确认、计量和报告时应当保持应有的谨慎，对相同或者相似的经济业务，应选用一致的会计政策，不得随意变更。

5）发行人应完整披露关联方关系并按重要性原则恰当披露关联交易。关联交易价格公允，不存在通过关联交易操纵利润的情形。

6）发行人应当符合下列条件。

①最近3个会计年度净利润均为正数且累计超过3000万元,净利润以扣除非经常性损益前后较低者为计算依据。

②最近3个会计年度经营活动产生的现金流量净额累计超过5000万元;或者最近3个会计年度营业收入累计超过3亿元。

③发行前股本总额不少于3000万元。

④最近1期末无形资产(扣除土地使用权、水面养殖权和采矿权等后)占净资产的比例不高于20%。

⑤最近1期末不存在未弥补亏损。

7)发行人依法纳税,各项税收优惠符合相关法律法规的规定。发行人的经营成果对税收优惠不存在严重依赖。

8)发行人不存在重大偿债风险,不存在影响持续经营的担保、诉讼及仲裁等重大或有事项。

9)发行人申报文件中不得有下列情形。

①故意遗漏或虚构交易、事项或者其他重要信息。

②滥用会计政策或者会计估计。

③操纵、伪造或篡改编制财务报表所依据的会计记录或者相关凭证。

10)发行人不得有下列影响持续盈利能力的情形。

①发行人的经营模式、产品或服务的品种结构已经或者将发生重大变化,并对发行人的持续盈利能力构成重大不利影响。

②发行人的行业地位或发行人所处行业的经营环境已经或者将发生重大变化,并对发行人的持续盈利能力构成重大不利影响。

③发行人最近1个会计年度的营业收入或净利润对关联方或者存在重大不确定性的客户存在重大依赖。

④发行人最近1个会计年度的净利润主要来自合并财务报表范围以外的投资收益。

⑤发行人在用的商标、专利、专有技术及特许经营权等重要资产或技术的取得或者使用存在重大不利变化的风险。

⑥其他可能对发行人持续盈利能力构成重大不利影响的情形。

(5)募集资金运用。

1)募集资金应当有明确的使用方向,原则上应当用于主营业务。除金融类企业外,募集资金使用项目不得为持有交易性金融资产和可供出售的金融资产、借予他人、委托理财等财务性投资,不得直接或者间接投资于以买卖有价证券为主要业务的公司。

2)募集资金数额和投资项目应当与发行人现有生产经营规模、财务状况、技术水平和管理能力等相适应。

3)募集资金投资项目应当符合国家产业政策、投资管理、环境保护、土地管理及其他法律、法规和规章的规定。

4)发行人董事会应当对募集资金投资项目的可行性进行认真分析,确信投资项目具有较好的市场前景和盈利能力,有效防范投资风险,提高募集资金的使用效益。

5)募集资金投资项目实施后,不会产生同业竞争或者对发行人的独立性产生不利影响。

6)发行人应当建立募集资金专项存储制度,募集资金应当存放于董事会决定的专项账户。

(6)环保核查。申请上市的企业应符合《关于对申请上市的企业和申请再融资的上市企业进行环境保护核查的通知》和《关于对申请上市的企业和申请再融资的上市企业进行环境保护核查的规定》的环保核查要求。从事重污染行业(包括从事冶金、化工、石化、煤炭、火电、建材、造纸、酿造、制药、发酵、纺织、制革和采矿业)的公司和跨省从事《关于对申请上市的企业和申请再融资的上市企业进行环境保护核查的规定》中所列其他重污染行业生产经营公司以及申请再融资的上市企业，再融资募集资金投资于重污染行业的环保核查工作，由环境保护部（以下简称环保部）统一组织开展，相关省级环保局（厅）应向环保部出具审核意见，环保部向证监会出具核查意见。需核查企业的范围暂定为申请环保核查公司的分公司、全资子公司和控股子公司下辖的从事《关于对申请上市的企业和申请再融资的上市企业进行环境保护核查的规定》中所列重污染行业生产经营的企业和利用募集资金从事重污染行业的生产经营企业。

1）申请上市的企业的核查内容和要求如下。
① 排放的主要污染物达到国家或地方规定的排放标准。
② 依法领取排污许可证，并达到排污许可证的要求。
③ 企业单位主要产品主要污染物排放量达到国内同行业先进水平。
④ 工业固体废物和危险废物安全处置率均达到100%。
⑤ 新、改、扩建项目"环境影响评价"和"三同时"制度执行率达到100%，并经环保部门验收合格。
⑥ 环保设施稳定运转率达到95%以上。
⑦ 按规定缴纳排污费。
⑧ 产品及其生产过程中不含有或使用国家法律、法规、标准中禁用的物质及我国签署的国际公约中禁用的物质。

2）申请再融资的上市企业除符合上述对申请上市企业的要求外，还应核查以下内容。
① 募集资金投向不造成现实的和潜在的环境影响。
② 募集资金投向有利于改善环境质量。
③ 募集资金投向不属于国家明令淘汰落后生产能力、工艺和产品，有利于促进产业结构调整。

2. 申请监管意见书应具备的材料

此外，证券公司在提交首次公开发行股票并上市申请前，应当向证监会提交有关材料，申请出具监管意见书。监管意见书是证券公司申请IPO上市的必备文件之一。申请出具监管意见书的证券公司应当提交以下情况的说明材料，由公司董事长、总经理签字，加盖公司公章并附有关证明材料。

（1）公司基本情况。
1）公司历史沿革及历次注册资本变化及审批情况。
2）公司股权结构形成过程及报批或报备情况。
3）控股股东和实际控制人情况。
4）公司近3年董事、监事、高级管理人员任职及变化情况。
5）公司业务范围、分支机构及参股、控股公司情况。
6）上述情况中是否存在违法违规情形或不规范情况。

（2）公司财务指标及风险控制指标情况。
1）公司近3年及最近1个月财务情况。
2）公司近3年经纪、自营、承销、资产管理（定向资产管理、集合资产管理、专项资产管理分别说明）等各项业务收入情况。
3）公司最近18个月净资本等风险控制指标与证监会规定标准的比较情况。
4）会计师事务所对公司近3年财务报告、净资本计算表、风险资本准备计算表、风险控制指标监管报表的审计意见。

（3）公司合规经营情况。

1) 公司董事、监事、高级管理人员遵纪守法情况，包括最近36个月内是否被采取市场禁入措施，最近36个月内是否受到证监会行政处罚，最近12个月内是否受到证券交易所公开谴责，最近24个月内是否因对公司违法违规行为负有责任而被认定为不适当人选、被撤销任职资格或证券从业资格。

2) 公司近3年合规经营情况，包括最近36个月内是否受到刑事、行政处罚，最近12个月内是否因重大违法违规事项而被证券监管部门采取过监管措施，是否因涉嫌违法违规事项正在受到立案调查。

3) 公司涉及的法律诉讼情况。

4) 公司证券从业人员的合规性情况。

5) 公司落实各项基础性制度情况（如合规管理制度建设情况、账户规范情况、客户交易结算资金第三方存管情况等）。

(4) 内部控制情况。

1) 公司内部控制制度建立情况。

2) 公司内部控制制度执行情况。

3) 会计师事务所对公司内部控制的整体评价意见。

(5) 法人治理情况。

1) 公司股权权属是否清晰，是否存在权属纠纷，是否存在委托他人或者接受他人委托持有或者管理公司股权的问题。

2) 公司最近3年股权结构是否发生重大变化，实际控制人是否发生变更。

3) 公司法人治理结构是否完善，股东会、董事会、监事会是否正常运作。

(6) 其他需说明的情况（如有）。公司还应根据证监会审慎监管的要求，提交其他相关材料。

此外，保险公司、银行等在提交首次公开发行股票并上市申请前，应当分别向证监会、原保监会、原银监会提交有关材料，申请出具监管意见书。

3. 在创业板上市的公司首次公开发行股票的条件

在创业板上市发行应当符合的条件，请参阅本节"六、创业板特殊事项"。

（二）首次公开发行股票的发行方式

根据《证券发行与承销管理办法》（自2013年12月13日起施行，2013年10月8日第11次主席办公会议审议通过，根据2014年3月21日、2015年12月30日、2017年9月7日证监会《关于修改〈证券发行与承销管理办法〉的决定》修正），首次公开发行股票可以根据实际情况，采取向战略投资者配售、向参与网下配售的询价对象配售以及向参与网上发行的投资者配售等方式。

首次公开发行股票，可以通过向网下投资者询价的方式确定股票发行价格，也可以通过发行人与主承销商自主协商直接定价等其他合法可行的方式确定发行价格。公开发行股票数量在2000万股（含）以下且无老股转让计划的，应当通过直接定价的方式确定发行价格。发行人和主承销商应当在招股意向书（或招股说明书，下同）和发行公告中披露本次发行股票的定价方式。上市公司发行证券的定价，应当符合证监会关于上市公司证券发行的有关规定。

首次公开发行股票，网下投资者须具备丰富的投资经验和良好的定价能力，应当接受中国证券业协会的自律管理，遵守中国证券业协会的自律规则。

网下投资者参与报价时，应当持有一定金额的非限售股份。发行人和主承销商可以根据自律规则，设置网下投资者的具体条件，并在发行公告中预先披露。主承销商应当对网下投资者是否符合预先披露的条件进行核查，对不符合条件的投资者，应当拒绝或剔除其报价。

首次公开发行股票采用询价方式定价的，符合条件的网下机构和个人投资者可以自主决定是否报价，主承销商无正当理由不得拒绝。网下投资者应当遵循独立、客观、诚信的原则合理报价，不得协商报价或者故意压低、抬高价格。

网下投资者报价应当包含每股价格和该价格对应的拟申购股数，且只能有一个报价。非个人投资者应当以机构为单位进行报价。首次公开发行股票价格（或发行价格区间）确定后，提供有效报价的投资者方可参与申购。

首次公开发行股票采用询价方式的，网下投资者报价后，发行人和主承销商应当剔除拟申购总量中报价最高的部分，剔除部分不得低于所有网下投资者拟申购总量的10%，然后根据剩余报价及拟申购数量协商确定发行价格。剔除部分不得参与网下申购。

公开发行股票数量在4亿股（含）以下的，有效报价投资者的数量不少于10家；公开发行股票数量在4亿股以上的，有效报价投资者的数量不少于20家。剔除最高报价部分后有效报价投资者数量不足的，应当中止发行。

首次公开发行股票时，发行人和主承销商可以自主协商确定参与网下询价投资者的条件、有效报价条件、配售原则和配售方式，并按照事先确定的配售原则在有效申购的网下投资者中选择配售股票的对象。

首次公开发行股票采用直接定价方式的，全部向网上投资者发行，不进行网下询价和配售。

首次公开发行股票采用询价方式的，公开发行股票后总股本4亿股（含）以下的，网下初始发行比例不低于本次公开发行股票数量的60%；发行后总股本超过4亿股的，网下初始发行比例不低于本次公开发行股票数量的70%。其中，应当安排不低于本次网下发行股票数量的40%优先向通过公开募集方式设立的证券投资基金（以下简称公募基金）、全国社会保障基金（以下简称社保基金）和基本养老保险基金（以下简称养老金）配售，安排一定比例的股票向根据《企业年金基金管理办法》设立的企业年金基金和符合《保险资金运用管理暂行办法》等相关规定的保险资金（以下简称保险资金）配售。公募基金、社保基金、养老金、企业年金基金和保险资金有效申购不足安排数量的，发行人和主承销商可以向其他符合条件的网下投资者配售剩余部分。

对网下投资者进行分类配售的，同类投资者获得配售的比例应当相同。公募基金、社保基金、养老金、企业年金基金和保险资金的配售比例应当不低于其他投资者。

安排向战略投资者配售股票的，应当扣除向战略投资者配售部分后确定网下网上发行比例。

网下投资者可与发行人和主承销商自主约定网下配售股票的持有期限并公开披露。

首次公开发行股票网下投资者申购数量低于网下初始发行量的，发行人和主承销商不得将网下发行部分向网上回拨，应当中止发行。

网上投资者有效申购倍数超过50倍、低于100倍（含）的，应当从网下向网上回拨，回拨比例为本次公开发行股票数量的20%；网上投资者有效申购倍数超过100倍的，回拨比例为本次公开发行股票数量的40%；网上投资者有效申购倍数超过150倍的，回拨后网下发行比例不超过本次公开发行股票数量的10%。所指公开发行股票数量应按照扣除设定12个月及以上限售期的股票数量计算。

网上投资者申购数量不足网上初始发行量的，可回拨给网下投资者。

首次公开发行股票，持有一定数量非限售股份的投资者才能参与网上申购。网上投资者应当自主表达申购意向，不得全权委托证券公司进行新股申购。采用其他方式进行网上申购和配售的，应当符合证监会的有关规定。

首次公开发行股票的网下发行应和网上发行同时进行，网下和网上投资者在申购时无须缴付申购资金。投资者应当自行选择参与网下或网上发行，不得同时参与。

发行人股东拟进行老股转让的，发行人和主承销商应于网下网上申购前协商确定发行价格、发行数量和老股转让数量。采用询价方式且无老股转让计划的，发行人和主承销商可以通过网下询价确定发行价格或发行价格区间。网上投资者申购时仅公告发行价格区间、未确定发行价格的，主承销商应当安排投资者按价格区间上限申购。

网下和网上投资者申购新股、可转换公司债券、可交换公司债券获得配售后，应当按时足额缴付认购资金。网上投资者连续12个月内累计出现3次中签后未足额缴款的情形时，6个月内不得参与新股、可转换公司债券、可交换公司债券申购。网下和网上投资者缴款认购的新股或可转换公司债券数量合计不足本次公开发行数量的70%时，可以中止发行。

除《证券发行与承销管理办法》规定的中止发行情形外，发行人和主承销商还可以约定中止发行的其他具体情形并事先披露。中止发行后，在核准文件有效期内，经向证监会备案，可重新启动发行。

首次公开发行股票数量在4亿股以上的，可以向战略投资者配售股票。发行人应当与战略投资者事先签署配售协议。

发行人和主承销商应当在发行公告中披露战略投资者的选择标准、向战略投资者配售的股票总量、占本次发行股票的比例以及持有期限等。

战略投资者不参与网下询价，且应当承诺获得本次配售的股票持有期限不少于12个月，持有期自本次公开发行的股票上市之日起计算。

首次公开发行股票数量在4亿股以上的，发行人和主承销商可以在发行方案中采用超额配售选择权。超额配售选择权的实施应当遵守证监会、证券交易所、证券登记结算机构和中国证券业协会的规定。

首次公开发行股票网下配售时，发行人和主承销商不得向下列对象配售股票。

（1）发行人及其股东、实际控制人、董事、监事、高级管理人员和其他员工；发行人及其股东、实际控制人、董事、监事、高级管理人员能够直接或间接实施控制、共同控制或施加重大影响的公司，以及该公司控股股东、控股子公司和控股股东控制的其他子公司。

（2）主承销商及其持股比例5%以上的股东，主承销商的董事、监事、高级管理人员和其他员工；主承销商及其持股比例5%以上的股东、董事、监事、高级管理人员能够直接或间接实施控制、共同控制或施加重大影响的公司，以及该公司控股股东、控股子公司和控股股东控制的其他子公司。

（3）承销商及其控股股东、董事、监事、高级管理人员和其他员工。

（4）以上第（1）、（2）、（3）项所述人士的关系密切的家庭成员，包括配偶、子女及其配偶、父母及配偶的父母、兄弟姐妹及其配偶、配偶的兄弟姐妹、子女配偶的父母。

（5）过去6个月内与主承销商存在保荐、承销业务关系的公司及其持股5%以上的股东、实际控制人、董事、监事、高级管理人员，或已与主承销商签署保荐、承销业务合同或达成相关意向的公司及其持股5%以上的股东、实际控制人、董事、监事、高级管理人员。

（6）通过配售可能导致不当行为或不正当利益的其他自然人、法人和组织。

发行人和承销商及相关人员不得泄露询价和定价信息；不得以任何方式操纵发行定价；不得劝诱网下投资者抬高报价，不得干扰网下投资者正常报价和申购；不得以提供透支、回扣或者证监会认定的其他不正当手段诱使他人申购股票；不得以代持、信托持股等方式谋取不正当利益或向其他相关利益主体输送利益；不得直接或通过其利益相关方向参与认购的投资者提供财务资助或者补偿；不得以自有资金或者变相通过自有资金参与网下配售；不得与网下投资者互相串通，协商报价和配售；不得收取网下投资者回扣或其他相关利益。

上市公司发行证券，存在利润分配方案、公积金转增股本方案尚未提交股东大会表决或者虽经股东大会表决通过但未实施的，应当在方案实施后发行。相关方案实施前，主承销商不得承销上市公司发行的证券。

中止发行后，在核准文件有效期内，经向证监会备案，可重新启动发行。

（三）股票锁定的一般规定

发行人首次公开发行股票前已发行的股份，自发行人股票上市之日起1年内不得转让。发行人向证券交易所申请其首次公开发行股票上市时，控股股东和实际控制人应当承诺：自发行人股票上市之日起36个月内，不转让或者委托他人管理其直接和间接持有的发行人首次公开发行股票前已发行股份，也不由发行人回购该部分股份。

根据《关于进一步深化新股发行体制改革的指导意见》，在首次公开发行新股时，持股期满3年的股东可将部分老股向网下投资者转让。老股转让后，发行人的实际控制人不得发生变更。老股东选择转让老股的，应在招股说明书中披露老股东名称及转让股份数量。老股转让所得资金须保存在专用账户，由保荐机构进行监管。在老股转让所得资金的锁定期限内，如二级市场价格低于发行价，专用账户内的资金可以在二级市场回购公司股票。控股股东和实际控制人及其关联方转让所持老股的，新股上市满1年后，老股东可将账户资金余额的10%转出；满2年后，老股东可将账户资金余额的20%转出；满3年后，可将剩余资金全部转出。非控股股东和非实际控制人及其关联方转让所持老股的，新股上市满1年后可将资金转出。

根据《上海证券交易所股票上市规则》，转让双方存在控制关系，或者均受同一实际控制人控制的，自发行人股票上市之日起1年后，经控股股东和实际控制人申请并经上海证券交易所同意，可豁免遵守上述承诺。

根据《深圳证券交易所股票上市规则》规定，自发行人股票上市之日起1年后，出现下列情形之一的，经控股股东或实际控制人申请并经深圳证券交易所同意，可豁免遵守上述承诺。

- 转让双方存在实际控制关系，或均受同一控制人所控制。
- 因上市公司陷入危机或者面临严重财务困难，受让人提出的挽救公司的重组方案获得该公司股东大会审议通过和有关部门批准，且受让人承诺继续遵守上述承诺。
- 深圳证券交易所认定的其他情形。

《上市公司董事、监事和高级管理人员所持本公司股份及其变动管理规则》第4条规定，上市公司董事、监事和高级管理人员所持本公司股份在下列情形下不得转让。

- 本公司股票上市交易之日起1年内。
- 董事、监事和高级管理人员离职后半年内。
- 董事、监事和高级管理人员承诺一定期限内不转让并在该期限内的。
- 法律、法规、证监会和证券交易所规定的其他情形。

上市公司董事、监事和高级管理人员在任职期间，每年通过集中竞价、大宗交易、协议转让等方式转让的股份不得超过其所持本公司股份总数的25%，因司法强制执行、继承、遗赠、依法分割财产等导致股份变动的除外。

上市公司董事、监事和高级管理人员所持股份不超过1000股的，可一次全部转让。

根据《深圳证券交易所创业板上市公司规范运作指引》，上市公司董事、监事、高级管理人员在委托上市公司申报个人信息后，证券登记结算公司深圳分公司根据其申报数据资料，对其身份证件号码项下开立的证券账户中已登记的本公司股份予以锁定。

上市已满1年公司的董事、监事、高级管理人员证券账户内通过二级市场购买、可转债转股、行权、协议受让等方式年内新增的本公司无限售条件股份,按75%自动锁定;新增有限售条件的股份,计入次年可转让股份的计算基数。

上市未满1年公司的董事、监事、高级管理人员证券账户内新增的本公司股份,按100%自动锁定。

每年的第一个交易日,证券登记结算公司深圳分公司以上市公司董事、监事和高级管理人员在上年最后一个交易日登记在其名下的在深圳证券交易所上市的本公司股份为基数,按25%计算其本年度可转让股份法定额度;同时,对该人员所持的在本年度可转让股份额度内的无限售条件的流通股进行解锁。

上市后,上市公司董事、监事、高级管理人员、持有上市公司股份5%以上的股东,将其持有的该公司的股票在买入后6个月内卖出,或者在卖出后6个月内又买入,由此所得收益归该公司所有,公司董事会应当收回其所得收益。但是,证券公司因包销购入售后剩余股票而持有5%以上股份的,卖出该股票不受6个月时间限制。上市前董事、监事及高级管理人员需对上述锁定做出承诺。

公司董事会不按照上述规定执行的,股东有权要求董事会在30日内执行。公司董事会未在上述期限内执行的,股东有权为了公司的利益以自己的名义直接向人民法院提起诉讼。

公司董事会不按照上述规定执行的,负有责任的董事依法承担连带责任。

小知识

关于发行人报送申请文件后变更中介机构的要求

发行人在报送申请文件后、股票未发行前更换保荐机构(主承销商)签字会计师或会计师事务所、签字律师或律师事务所等其他中介机构的,按下列原则和要求处理。

1. 更换保荐机构(主承销商)

发行人更换保荐机构(主承销商)应重新履行申报程序,并重新办理发行人申请文件的受理手续。更换后的保荐机构(主承销商)应重新制作发行人的申请文件,并对申请文件进行质量控制。根据《公开发行证券的公司信息披露内容与格式准则第9号——首次公开发行股票并上市申请文件》(以下简称第9号准则),对需由保荐机构(主承销商)出具意见的文件,应重新核查并出具新的意见。发审会后更换保荐机构(主承销商)的,原则上应重新上发审会。

2. 更换签字会计师或会计师事务所、签字律师或律师事务所等其他中介机构

更换后的会计师或会计师事务所应对申请首次公开发行股票公司的审计报告出具新的专业报告,更换后的律师或律师事务所应出具新的法律意见书和律师工作报告。保荐机构(主承销商)对更换后的其他中介机构出具的专业报告应重新履行核查义务。发行人在通过发审会后更换中介机构的,证监会视具体情况决定发行人是否需重新上发审会。

二、首次公开发行股票的程序

(一)准备

1. 首次公开发行股票的辅导及验收

为了保障股票发行核准制的实施,提高首次公开发行股票公司的素质及规范运作的水平,保证从事辅导工作的保荐机构在首次公开发行股票过程中依法履行职责,证监会分别于2006年5月、2008年12月实施了《首次公开发行股票并上市管理办法》和《证券发行上市保荐业务管理办法》。根据规定,保荐机构在推荐发行人首次公开发行股票并上市前,应当对发行人进行辅导。

保荐机构及其保荐代表人应当遵循勤勉尽责、诚实守信的原则,认真履行审慎核查和辅导义务，并对其所出具的发行保荐书的真实性、准确性、完整性负责。证监会不再对辅导期限作硬性要求。保荐机构在推荐发行人首次公开发行股票并上市前，应当对发行人进行辅导，对发行人的董事、监事和高级管理人员、持有5%以上股份的股东和实际控制人（或者其法定代表人）进行系统的法规知识、证券市场知识培训，使其全面掌握发行上市、规范运作等方面的有关法律法规和规则，知悉信息披露和履行承诺等方面的责任和义务，树立进入证券市场的诚信意识、自律意识和法治意识。

保荐机构辅导工作完成后，应由发行人所在地的证监会派出机构进行辅导验收。

2. 保荐机构的内核

为规范保荐机构从事股票发行主承销业务活动，2001年3月17日证监会发布了《证券公司从事股票发行主承销业务有关问题的指导意见》，各保荐机构应按照该指导意见的要求进行内核和推荐，开展股票发行主承销业务。另外，《证券法》《首次公开发行股票并上市管理办法》对保荐机构也有一些规定，具体如下。

（1）保荐机构推荐发行人发行股票，应建立发行人质量评价体系，明确推荐标准，在充分尽职调查的基础上，保证推荐内部管理良好、运作规范、未来有发展潜力的发行人发行股票。

（2）保荐机构应成立内核小组，并根据实际情况，对内核小组的职责、人员构成、工作规则等进行适当调整，形成适应核准制要求的规范、有效的内核制度，并将内核小组的工作规则、成员名单和个人简历报证监会职能部门备案。保荐机构内核小组应当恪尽职守，保持独立判断。

（3）保荐机构应当在内核程序结束后做出是否推荐发行的决定。决定推荐发行的，应出具发行保荐书。发行保荐书应当至少包括的内容有明确的推荐意见及其理由、对发行人发展前景的评价、有关发行人是否符合发行上市条件及其他有关规定的说明、发行人主要问题和风险的提示、保荐机构内部审核程序简介及内核意见、参与本次发行的项目组成员及相关经验等。发行保荐书应当由保荐机构法定代表人签名并加盖公章，注明签署日期。

（4）对于发行人的不规范行为，保荐机构应当要求其整改，并将整改情况在尽职调查报告中予以说明。因发行人不配合，使尽职调查范围受限制，导致保荐机构无法做出判断的，保荐机构不得为发行人的发行申请出具发行保荐书。

（5）保荐机构应建立保荐工作档案。工作档案至少应包括发行保荐书、尽职调查报告、内核小组工作记录、发行申请文件、对证监会审核反馈意见的回复。证监会和证券交易所可随时调阅工作档案。工作档案保留时间应符合证监会的有关规定。

（6）受发行人委托，保荐机构配合发行人按照有关规定制作股票发行申请文件，编制招股说明书，对申请文件及招股说明书的内容进行核查，负责报送股票发行申请文件，并与证监会和证券交易所进行沟通。

（7）保荐机构应严格遵守有关信息披露的规定。在申请文件报送证监会后，进入静默期，除已公开的信息外，不得向外界透露有关本次发行的任何信息。承销团成员的分析员做出的有关发行人的研究报告不得对外发出，直至有关本次股票发行的募集文件公开后，方可进行相关的宣传和推介活动。

（8）保荐机构应建立有效的内部控制制度。遵循内部"防火墙"原则，使投资银行部门与研究部门、经纪部门、自营部门在信息、人员、办公地点等方面相互隔离，防止内幕交易和操纵市场的行为。

（9）保荐机构应建立股票承销工作的协调机构，并指定内部独立部门负责发行期间的监控和综合协调。

（10）股票发行申请经证监会核准后，保荐机构应当组织发行人做好市场推介活动，在不超越公开募集文件内容的范围内向投资者介绍发行人的情况。

（11）在发行完成后的15个工作日内，保荐机构应当向证监会报送承销总结报告。承销总结报告至少应包括推介、定价、申购、该股票二级市场表现（如已上市交易）及发行组织工作等内容。

（12）保荐机构应当在发行完成当年及其后的1个会计年度、发行人年度报告公布后的1个月内，对发行人进行回访，就其募集资金的使用情况、盈利预测实现情况、是否严格履行公开披露文件中所做出的承诺及经营状况是否与发行保荐书相符等进行核查，出具回访报告，报送证监会、发行人所在地证监会的派出机构及发行人股票上市的证券交易所备案，并在发行人股东大会召开5个工作日之前，将回访报告在指定报刊和网站公告。

（二）核准

1. 首次公开发行股票的核准程序

（1）在主板上市公司首次公开发行股票的核准程序。

1）申报。发行人应当按照证监会的有关规定制作申请文件，由保荐机构保荐并向证监会申报。特定行业的发行人应当提供主管部门的相关意见。

2）受理。证监会收到申请文件后，在5个工作日内做出是否受理的决定。

3）初审。证监会受理申请文件后，由相关职能部门对发行人的申请文件进行初审。证监会在初审过程中，将征求发行人注册地省级人民政府是否同意发行人发行股票的意见，并就发行人的募集资金投资项目是否符合国家产业政策和投资管理的规定征求国家发改委的意见。

4）预披露。根据《证券法》第21条的规定，发行人申请首次公开发行股票的，在提交申请文件后，应当按照国务院证券监督管理机构的规定预先披露有关申请文件。因此，发行人申请文件被受理后、发审委审核前，发行人应当将招股说明书（申报稿）在证监会网站预先披露。发行人可以将招股说明书（申报稿）刊登于其企业网站，但披露内容应当与证监会网站的完全一致，且不得早于在证监会网站的披露时间。

5）发审委审核。相关职能部门对发行人的申请文件初审完成后，由发审委组织发审委工作会议（以下简称发审委会议）进行审核。

6）决定。证监会依照法定条件对发行人的发行申请做出予以核准或者不予核准的决定，并出具相关文件。自证监会核准发行之日起，发行人应在6个月内发行股票；超过6个月未发行的，核准文件失效，须重新经证监会核准后方可发行。此外，发行申请核准后、股票发行结束前，发行人发生重大事项的，应当暂缓或者暂停发行，并及时报告证监会，同时履行信息披露义务。影响发行条件的，应当重新履行核准程序。股票发行申请未获核准的，自证监会做出不予核准决定之日起6个月后，发行人可再次提出股票发行申请。

（2）在创业板上市公司首次公开发行股票的核准程序。

1）董事会决议。发行人董事会应当依法就首次公开发行股票并在创业板上市的具体方案、募集资金使用的可行性及其他必须明确的事项做出决议，并提请股东大会批准。决议至少应当包括下列事项：股票的种类和数量、发行对象、价格区间或者定价方式、募集资金用途、发行前滚存利润的分配方案、决议的有效期、对董事会办理本次发行具体事宜的授权、其他必须明确的事项。

2）申报。发行人应当按照证监会有关规定制作申请文件，由保荐机构保荐并向证监会申报。保荐机构保荐发行人发行股票并在创业板上市，应当对发行人的成长性进行尽职调查和审慎判断，并出具专项意见。发行人为自主创新企业的，还应当在专项意见中说明发行人的自主创新能力。

3）受理和初审。证监会收到申请文件后，在5个工作日内做出是否受理的决定。证监会受理申请文件后，由相关职能部门对发行人的申请文件进行初审，并由创业板市场发行审核委员会（以下简称创业板发审会）审核。证监会依法对发行人的发行申请做出予以核准或者不予核准的决定，并出具相关文件。

4）决定。发行人应当自证监会核准之日起6个月内发行股票；超过6个月未发行的，核准文件失效，须重新经证监会核准后方可发行。发行申请核准后至股票发行结束前发生重大事项的，发行人应当暂缓或者暂停发行，并及时报告证监会，同时履行信息披露义务。出现不符合发行条件事项，证监会撤回核准决定。

股票发行申请未获核准的，发行人可自证监会做出不予核准决定之日起6个月后再次提出股票发行申请。

2. 发审委对首次公开发行股票的审核工作

为了保证在股票发行审核工作中贯彻公开、公平、公正的原则，提高股票发行审核工作的质量和透明度，证监会于2006年5月发布实施了《中国证券监督管理委员会发行审核委员会办法》（2017年7月7日修订）。按照该办法的规定，证监会设立主板市场发行审核委员会（以下简称主板发审委）、创业板发审委和上市公司并购重组审核委员会（以下简称并购重组委）。主板发审委、创业板发审委审核发行人股票发行申请和可转换公司债券等证监会认可的其他证券的发行申请（以下统称股票发行申请），适用本办法。并购重组委的组成、职责、工作规程等另行制定。发审委依照《证券法》《公司法》等法律、行政法规和证监会的规定，对发行人的股票发行申请文件和证监会有关职能部门的初审报告进行审核。发审委以投票方式对股票发行申请进行表决，提出审核意见。证监会依照法定条件和法定程序做出予以核准或者不予核准股票发行申请的决定。发审委通过发审委会议履行职责。

（1）发审委的组成和职责。

1）发审委的组成。

① 发审委委员由证监会的专业人员和证监会外的有关专家组成，由证监会聘任。发审委设会议召集人。为保持各发审委具有较强的独立性，提升专业水准，主板发审委委员、创业板发审委委员和并购重组委委员不得相互兼任。

② 发审委委员每届任期1年，可以连任，但连续任期最长不超过2届。发审委委员每年至少更换一半。

③ 发审委委员应当符合下列条件：坚持原则，公正廉洁，忠于职守，严格遵守国家法律、行政法规和规章；熟悉证券、会计业务及有关的法律、行政法规和规章；精通所从事行业的专业知识，在所从事的领域内有较高声誉；没有违法、违纪记录；证监会认为需要符合的其他条件。

④ 发审委委员有下列情形之一的，证监会应当予以解聘：违反法律、行政法规、规章和发行审核工作纪律的；未按照证监会的有关规定勤勉尽责的；本人提出辞职申请的；2次以上无故不出席发审委会议的；经证监会考核认为不适合担任发审委委员的其他情形。发审委委员的解聘不受任期是否届满的限制。发审委委员解聘后，证监会应及时选聘新的发审委委员。

2）发审委的职责。

① 发审委的职责：根据有关法律、行政法规和证监会的规定，审核股票发行申请是否符合相关条件；审核保荐机构、会计师事务所、律师事务所、资产评估机构等证券服务机构及相关人员为股票发行所出具的有关材料及意见书；审核证监会有关职能部门出具的初审报告；依法对股票发行申请提出审核意见。

② 发审委委员以个人身份出席发审委会议，依法履行职责，独立发表审核意见并行使表决权。

③发审委委员可以通过证监会有关职能部门调阅履行职责所必需的与发行人有关的资料。

④发审委委员应当遵守下列规定：按要求出席发审委会议，并在审核工作中勤勉尽责；保守国家秘密和发行人的商业秘密；不得泄露发审委会议讨论内容、表决情况及其他有关情况；不得利用发审委委员身份或者在履行职责上所得到的非公开信息，为本人或者他人直接或者间接谋取利益；不得与发行申请人有利害关系，不得直接或间接接受发行申请人及相关单位或个人提供的资金、物品等馈赠和其他利益，本人及配偶、父母、子女及其配偶不得直接或者以化名、借他人名义持有所核准的发行申请的股票，不得私下与发行申请人及其他相关单位或个人进行接触；不得有与其他发审委委员串通表决或者诱导其他发审委委员表决的行为；证监会的其他有关规定。

⑤发审委委员有义务向证监会举报任何以不正当手段对其施加影响的发行人及其他相关单位或者个人。

⑥发审委委员审核股票发行申请文件时，有下列情形之一的，应及时提出回避：发审委委员或者其亲属担任发行人或者保荐机构的董事（含独立董事，下同）、监事、经理或者其他高级管理人员的；发审委委员或者其亲属、发审委委员所在工作单位持有发行人的股票，可能影响其公正履行职责的；发审委委员或者其所在工作单位近2年来为发行人提供保荐、承销、审计、评估、法律、咨询等服务，可能妨碍其公正履行职责的；发审委委员或者其亲属担任董事、监事、经理或者其他高级管理人员的公司与发行人或者保荐机构有行业竞争关系，经认定可能影响其公正履行职责的；发审委会议召开前，与本次所审核发行人及其他相关单位或者个人进行过接触，可能影响其公正履行职责的；证监会认定的可能产生利害冲突或者发审委委员认为可能影响其公正履行职责的其他情形。前款所称亲属，是指发审委委员的配偶、父母、子女、兄弟姐妹、配偶的父母、子女的配偶、兄弟姐妹的配偶。

3）发审委委员的回避。发行人及其他相关单位和个人如果认为发审委委员与其存在利害冲突或者潜在的利害冲突，可能影响发审委委员公正履行职责的，可以在报送发审委会议审核的股票发行申请文件时，向证监会提出要求有关发审委委员予以回避的书面申请，并说明理由。证监会根据发行人及其他相关单位和个人提出的书面申请，决定相关发审委员是否回避。发审委委员接受聘任后，应当承诺遵守证监会有关对发审委委员的规定和纪律要求，认真履行职责，接受证监会的考核和监督。证监会对发审委加强监督，健全工作规程，将发审委委员名单与上会企业名单公开，对委员实行必要的回避、承诺等制度，以确保形成高效、公正、廉洁的发审委工作机制。

（2）发审委会议。

1）一般要求。发审委通过召开发审委会议进行审核工作。发审委会议表决采取记名投票方式。表决票设同意票和反对票，发审委委员不得弃权。发审委委员在投票时应当在表决票上说明理由。发审委委员应依据法律、行政法规和证监会的规定，结合自身的专业知识，独立、客观、公正地对股票发行申请进行审核。发审委委员应当以审慎、负责的态度，全面审阅发行人的股票发行申请文件和证监会有关职能部门出具的初审报告。发审委会议召集人按照证监会的有关规定负责召集发审委会议，组织发审委委员发表意见，讨论、总结发审委会议审核意见和组织投票等事项。发审委会议结束后，参会发审委委员应当在会议记录、审核意见、表决结果等会议资料上签名确认，同时提交工作底稿。发审委会议对发行人的股票发行申请形成审核意见之前，可以请发行人代表和保荐代表人到会陈述和接受发审委委员的询问。发审委会议对发行人的股票发行申请只进行一次审核。出现发审委会议审核意见与表决结果有明显差异或者发审委会议表决结果显失公正情况的，证监会可以进行调查，并依法做出核准或者不予核准的决定。证监会有关职能部门负责安排发审委会议、送达有关审核材料、对发审委会议讨论情况进行记录、起草发审委会议纪要、保管档案等具体工作。发审委会议根据审核工作需要，可以邀请发审委委员以外的行业专家到会提供专业咨询意见。发审委委员以外的行业专家没有表决权。

2）普通程序。发审委会议审核发行人公开发行股票申请和可转换公司债券等证监会认可的其他公开发行证券申请，适用普通程序规定。证监会有关职能部门应当在发审委会议召开 5 日前，将会议通知、股票发行申请文件及证监会有关职能部门的初审报告送达参会发审委委员，并将发审委会议审核的发行人名单、会议时间、发行人承诺函和参会发审委委员名单在证监会网站上公布。每次参加发审委会议的发审委委员为 7 名。表决投票时同意票数达到 5 票为通过，同意票数未达到 5 票为未通过。发审委委员发现存在尚待调查核实并影响明确判断的重大问题，应当在发审委会议前以书面方式提议暂缓表决。发审委会议首先对该股票发行申请是否需要暂缓表决进行投票，同意票数达到 5 票的，可以对该股票发行申请暂缓表决；同意票数未达到 5 票的，发审委会议按正常程序对该股票发行申请进行审核。暂缓表决的发行申请再次提交发审委会议审核时，原则上仍由原发审委委员审核。发审委会议对发行人的股票发行申请只能暂缓表决一次。发审委会议对发行人的股票发行申请投票表决后，证监会在网站上公布表决结果。发审委会议对发行人股票发行申请做出的表决结果及提出的审核意见，证监会有关职能部门应当向发行人聘请的保荐机构进行书面反馈。在发审委会议对发行人的股票发行申请表决通过后至证监会核准前，发行人发生了与所报送的股票发行申请文件不一致的重大事项，证监会有关职能部门可以提请发审委召开会后事项发审委会议，对该发行人的股票发行申请文件重新进行审核。会后事项发审委会议的参会发审委委员不受是否审核过该发行人的股票发行申请的限制。

(3) 对发审委审核工作的监督。证监会对发审委实行问责制度。发审委会议审核意见与表决结果有明显差异的，证监会可以要求所有参会发审委委员分别做出解释和说明。发审委委员存在违反《中国证券监督管理委员会发行审核委员会办法》第 14 条规定的行为，或者存在对所参加发审委会议应当回避而未提出回避等其他违反发审委工作纪律的行为的，证监会应当根据情节轻重对有关发审委委员分别予以谈话提醒、批评、公开谴责、解聘等处理。证监会建立对发审委委员违法、违纪行为的举报监督机制。对有线索举报发审委员存在违法、违纪行为的，证监会应当进行调查，根据调查结果对有关发审委委员分别予以谈话提醒、批评、解聘等处理；涉嫌犯罪的，依法移交司法机关处理。证监会对发审委委员的批评可以在新闻媒体上公开。在发审委会议召开前，有证据表明发行人、其他相关单位或者个人直接或者间接以不正当手段影响发审委委员对发行人股票发行申请的判断，或者以其他方式干扰发审委委员审核的，证监会可以暂停对有关发行人的发审委会议审核。发行人股票发行申请通过发审委会议后，有证据表明发行人、其他相关单位或者个人直接或者间接以不正当手段影响发审委委员对发行人股票发行申请的判断的，或者以其他方式干扰发审委委员审核的，证监会可以暂停核准；情节严重的，证监会不予核准。发行人聘请的保荐机构有义务督促发行人遵守《中国证券监督管理委员会发行审核委员会办法》的有关规定。保荐机构唆使、协助或者参与干扰发审委工作的，证监会按照有关规定在 3 个月内不受理该保荐机构的推荐。

(三) 首次公开发行股票的发行

1. 推介

首次公开发行股票申请文件受理后至发行人发行申请经证监会核准、依法刊登招股意向书前，发行人及与本次发行有关的当事人不得采取任何公开方式或变相公开方式进行与股票发行相关的推介活动，也不得通过其他利益关联方或委托他人等方式进行相关活动。

首次公开发行股票招股意向书刊登后，发行人及其主承销商可以向询价对象进行推介和询价，并通过互联网等方式向公众投资者进行推介。发行人及其主承销商向公众投资者进行推介时，向公众投资者提供的发行人信息的内容及完整性应当与向询价对象提供的信息保持一致。发行人及其主承销商在推介过程中不得夸大宣传，或以虚假广告等不正当手段诱导、误导投资者，不得干扰询价对象正常报价和申购，不得披露除招股意向书等公开信息以外的发行人其他信息；推介资料不得存在虚假记载、误导性陈述或者重大遗漏。

首次公开发行股票的公司在发行前，必须通过互联网以网上直播（至少包括图像直播和文字直播）的方式，向投资者进行公司推介。首次公开发行股票的公司关于进行网上直播推介活动的公告应与其招股说明书摘要（或招股意向书）同日同报刊登，并在拟上市证券交易所的指定网站同天发布。网上直播推介活动的公告内容至少应包括网站名称、推介活动的出席人员名单、时间（推介活动不少于 4 个小时）等。所选择的直播网站应尽可能地保证投资者上网通畅。直播内容应以电子方式报备证监会和拟上市的证券交易所。主承销商应积极协助首次公开发行股票的公司做好网上推介活动。

承销商应当保留推介、询价、定价过程中的相关资料并存档备查，包括推介宣传材料、路演现场录音等，如实、全面反映询价、定价过程。

2. 询价与定价

股票的发行价格可以等于票面金额，也可以超过票面金额，但不得低于票面金额。股票的定价不仅包括估值及撰写投资价值研究报告，还包括发行期间的具体沟通、协商、询价、投标等一系列定价活动。《证券法》第 34 条规定："股票发行采取溢价发行的，其发行价格由发行人与承销的证券公司协商确定。"根据证监会 2012 年 5 月 18 日修订的《证券发行与承销管理办法》的规定："首次公开发行股票，可以通过向询价对象询价的方式确定股票发行价格，也可以通过发行人与主承销商自主协商直接定价等其他合法可行的方式确定发行价格，发行人应在发行公告中说明本次发行股票的定价方式。"

（1）股票的估值方法。对拟发行股票的合理估值是定价的基础。通常的估值方法有两大类：一类是相对估值法；另一类是绝对估值法。

1）相对估值法。相对估值法亦称可比公司法，是指对股票进行估值时，对可比较的或者有代表性的公司进行分析，尤其注意比较有相似业务的公司，以获得估值基础。主承销商审查可比较的公司的二级市场表现，然后根据发行公司的特质进行价格调整，并考虑到为股票上市后的市场表现预留一定的空间等因素，为新股发行进行估价。在运用相对估值法时，可以采用比率指标进行比较，比率指标包括 P/E（市盈率，price to earning ratio）、P/B（市净率，price to bookvalue）、EV/EBITDA（企业价值与利息、所得税、折旧、摊销前收益的比率）等。其中常用的比率指标是市盈率和市净率。

① 市盈率法。市盈率是指股票市场价格与每股收益的比率。计算公式为

$$市盈率 = 股票市场价格 \div 每股收益$$

每股收益通常指每股净利润。每股净利润的确定方法有全面摊薄法和加权平均法。全面摊薄法就是用全年净利润除以发行后总股本，直接得出每股净利润。在加权平均法下，每股净利润的计算公式为

$$每股净利润 = \frac{全年净利润}{发行前总股本数 + 本次公开发行股本数 \times (12 - 发行月份) \div 12}$$

第 9 号准则（2010 年修订）规定，公司招股说明书、年度财务报告、中期财务报告等公开披露信息中应披露基本每股收益和稀释每股收益。

基本每股收益的计算公式为

$$基本每股收益 = P_0 / S$$
$$S = S_0 + S_1 + S_i M_i / M_0 - S_j M_j / M_0 - S_k$$

式中，P_0 为归属于公司普通股股东的净利润或扣除非经常性损益后归属于普通股股东的净利润；S 为发行在外的普通股加权平均数；S_0 为期初股份总数；S_1 为报告期因公积金转增股本或股票股利分配等增加股份数；S_i 为报告期因发行新股或债转股等增加股份数；S_j 为报告期因回购等减少股份数；S_k 为报告期缩股数；M_0 为报告期月份数；M_i 为增加股份次月起至报告期期末的累计月数；M_j 为减少股份次月起至报告期期末的累计月数。

公司存在稀释性潜在普通股的，应当分别调整归属于普通股股东的报告期净利润和发行在外普通股加权平均数，并据以计算稀释每股收益。

在发行可转换债券、股份期权、认股权证等稀释性潜在普通股情况下，稀释每股收益的计算公式为

稀释每股收益 = P_1 / ($S_0 + S_1 + S_i M_i / M_0 - S_j M_j / M_0 - S_k$ +
认股权证、股份期权、可转换债券等增加的普通股加权平均数)

式中，P_1 为归属于公司普通股股东的净利润或扣除非经常性损益后归属于公司普通股股东的净利润，并考虑稀释性潜在普通股对其影响，按《企业会计准则》及有关规定进行调整。

公司在计算稀释每股收益时，应考虑所有稀释性潜在普通股对归属于公司普通股股东的净利润或扣除非经常性损益后归属于公司普通股股东的净利润和加权平均股数的影响，按照其稀释程度从大到小的顺序计入稀释每股收益，直至稀释每股收益达到最小值。

通过市盈率法估值时，首先应计算出发行人的每股收益；然后根据二级市场的平均市盈率、发行人的行业情况（同类行业公司股票的市盈率）发行人的经营状况及其成长性等拟订估值市盈率；最后依据估值市盈率与每股收益的乘积决定估值。

② 市净率法。市净率是指股票市场价格与每股净资产的比率，计算公式为

市净率 = 股票市场价格 ÷ 每股净资产

市净率定价法估值时，首先，应根据审核后的净资产计算出发行人的每股净资产；其次，根据二级市场的平均市净率、发行人的行业情况（同类行业公司股票的市净率）、发行人的经营状况及其净资产收益率等拟订估值市净率；最后，依据估值市净率与每股净资产的乘积决定估值。

相对估值法简单易用，可以迅速获得被评估资产的价值，尤其是在金融市场上有大量"可比"资产在进行交易且市场对这些资产的定价相对稳定的时候。但用该方法估值时容易产生偏见，主要原因包括：可比公司的选择是个主观概念，世界上没有在风险和成长性方面完全相同的两个公司；该方法通常忽略了决定资产最终价值的内在因素和假设前提；该方法容易将市场对可比公司偏离价值的定价（高估或低估）引入对目标股票的估值中。

2）绝对估值法。绝对估值法亦称贴现法，主要包括公司贴现现金流量法、现金分红折现法。

相对估值法反映的是市场供求决定的股票价格，绝对估值法体现的是内在价值决定价格，即通过对企业估值，而后计算每股价值，从而估算股票的价值。

下面以贴现现金流量法为例介绍绝对估值法。

贴现现金流量法是通过预测公司未来的现金流量，按照一定的贴现率计算公司的整体价值，从而进行股票估值的一种方法。贴现现金流量法的计算步骤如下。

① 预测公司未来的自由现金流量。预测的前提是本次发行成功地筹集到必要的现金并运用于相关项目投资。公司自由现金流量，指公司在持续经营的基础上除了在库存、厂房、设备、长期股权等类似资产上所需投入外，能够产生的额外现金流量。现金流量的预测期一般为 5～10 年，预测期越长，预测的准确性越差。

② 预测公司的永续价值。永续价值是公司预测时期末的市场价值，可以参照公司的账面残值和当时的收益情况，选取适当的行业平均市盈率倍数或者市净率进行估算。

③ 计算加权平均资本成本：

$$WACC = \sum K_i b_i$$

式中，WACC 为加权平均资本成本；K_i 为第 i 项资本成本；b_i 为第 i 项资本所占的比重。

④ 计算公司的整体价值：

$$公司整体价值 = \sum_{t=1}^{n} \frac{FCF_t}{(1+WACC)^t} + \frac{V_n}{(1+WACC)^n}$$

式中，FCF_t 为企业自由现金流量；V_n 为 n 时刻目标企业的终值。

⑤ 公司股权价值：

$$公司股权价值 = 公司整体价值 - 净债务值$$

⑥ 公司每股股票价值：

$$公司每股股票价值 = 公司股权价值 / 发行后总股本$$

贴现现金流量法需要比较可靠地估计未来现金流量（通常为正），同时根据现金流量的风险特性又能确定出恰当的贴现率。但实际操作中，情况往往与模型的假设条件相距甚远，从而影响了该方法的正确使用。在以下情况下，使用贴现现金流量法进行估值时将遇到较大困难：陷入财务危机的公司，通常这些公司没有正的现金流量，或难以准确地估计现金流量；收益呈周期性分布的公司，这类公司对未来现金流量的估计容易产生较大偏差；正在进行重组的公司，这类公司可能面临资产结构、资本结构及红利政策等方面的较大变化，既影响未来现金流量，又通过公司风险特性的变化影响贴现率，从而影响估值结果；拥有某些特殊资产的公司，这主要是指拥有较大数量的未被利用的资产、专利或选择权资产的公司。这些资产的价值不能完全体现在公司的现金流量中。

股票发行的估值和定价既有理性的计算，又有对市场供求的感性判断。如果仅仅依赖公式计算结果就确定公司的价值是武断的。事实上，股票的价格是随着股票市场景气程度不断变化的，定价的艺术体现在定价的过程之中。主承销商在定价之前，首先要确定恰当的市场时机，因为在不恰当的情况下发行，估值结论和定价结果难以体现真正的价值，既可能影响发行人的利益，也可能损害投资者的利益。我国的发行市场中，首次公开发行的承销风险相对较小，因此，主承销商往往重在制作材料而轻视了定价过程。但是随着市场的规范化发展，定价将越来越重要。定价之前的路演推介是定价过程中非常重要的环节。定价之前的路演推介，是首次公开发行股票公司的主承销商为了合理地确定股票价值而与专业投资者进行的直接沟通。通过这种沟通，主承销商可以探知专业投资者关注的问题、购买意向等，以便确定更为准确、贴近市场需求的定价。

(2) 投资价值研究报告的基本要求。主承销商可以在刊登招股意向书后向询价对象提供投资价值研究报告。发行人、主承销商和询价对象不得以任何形式公开披露投资价值研究报告的内容，但证监会另有规定的除外。投资价值研究报告应当由承销商的研究人员独立撰写并署名，承销商不得提供承销团以外的机构撰写的投资价值研究报告。出具投资价值研究报告的承销商应当建立完善的投资价值研究报告质量控制制度，撰写投资价值研究报告的人员应当遵守证券公司内部控制制度。

1) 投资价值研究报告的要求

撰写投资价值研究报告应当遵守下列要求：独立、审慎、客观；引用的资料真实、准确、完整、权威并须注明来源；对发行人所在行业的评估具有一致性和连贯性；无虚假记载、误导性陈述或者重大遗漏。

2) 投资价值研究报告的内容。投资价值研究报告应当对影响发行人投资价值的因素进行全面分析，至少包括下列内容：发行人的行业分类、行业政策，发行人与主要竞争者的比较及其在行业中的地位；发行人经营状况和发展前景分析；发行人盈利能力和财务状况分析；

发行人募集资金投资项目分析；发行人与同行业可比上市公司的投资价值比较；宏观经济走势、股票市场走势及其他对发行人投资价值有重要影响的因素。

投资价值研究报告应当在上述分析的基础上，运用行业公认的估值方法对发行人股票的合理投资价值进行预测。

（3）首次公开发行股票的询价与定价的相关内容。上市公司发行证券的定价，应当符合证监会关于上市公司证券发行的有关规定。

1）询价对象。询价对象是指符合《证券发行与承销管理办法》（自2013年12月13日起施行，2013年10月8日第11次主席办公会议审议通过，根据2014年3月21日、2015年12月30日、2017年9月7日证监会《关于修改〈证券发行与承销管理办法〉的决定》修正）规定条件的证券投资基金管理公司、证券公司、信托投资公司、财务公司、保险机构投资者、合格境外机构投资者，主承销商自主推荐的机构和个人投资者，以及经证监会认可的其他投资者。

主承销商自主推荐询价对象，应当按照《证券发行与承销管理办法》和中国证券业协会自律规则的规定，制定明确的推荐原则和标准，建立透明的推荐决策机制，并报中国证券业协会登记备案。自主推荐的询价对象包括具有较高定价能力和长期投资取向的机构投资者和投资经验比较丰富的个人投资者。询价对象及其管理的证券投资产品（以下称股票配售对象）应当在中国证券业协会登记备案，接受中国证券业协会的自律管理。

2）询价与定价过程。招股说明书（申报稿）预先披露后，发行人和主承销商可向特定询价对象以非公开方式进行初步沟通，征询价格意向，预估发行价格区间，也可通过其他合理方式预估发行价格区间。初步沟通不得采用公开或变相公开方式进行，不得向询价对象提供除预先披露的招股说明书（申报稿）等公开信息以外的发行人其他信息。预估的发行定价市盈率高于同行业上市公司平均市盈率的，发行人需在招股说明书及发行公告中补充说明相关风险因素，说明募集资金数量是否合理，是否由于自身言行误导，并提醒投资者关注相关重点事项。无细分行业平均市盈率的，参考所属板块二级市场平均市盈率。

采用询价方式定价的，发行人和主承销商可以根据初步询价结果直接确定发行价格，也可以通过初步询价确定发行价格区间，在发行价格区间内通过累计投标询价确定发行价格。

采用询价方式确定发行价格的，询价对象可以自主决定是否参与初步询价，询价对象申请参与初步询价的，主承销商无正当理由不得拒绝。未参与初步询价或者参与初步询价但未有效报价的询价对象，不得参与累计投标询价和网下配售。

询价结束后，公开发行股票数量在4亿股以下、提供有效报价的询价对象不足20家的，或者公开发行股票数量在4亿股以上、提供有效报价的询价对象不足50家的，发行人及其主承销商不得确定发行价格，并应当中止发行。询价对象应当遵循独立、客观、诚信的原则合理报价，不得协商报价或者故意压低或抬高价格。主承销商的证券自营账户不得参与本次发行股票的询价、网下配售和网上发行。与发行人或其主承销商具有实际控制关系的询价对象的自营账户，不得参与本次发行股票的询价、网下配售，可以参与网上发行。

发行人及其主承销商在发行价格区间和发行价格确定后，应当分别报证监会备案，并予以公告。发行人与主承销商自主协商确定发行价格，或采用询价以外其他合法可行方式确定发行价格的，应当在发行方案中详细说明定价方式，并在发行方案报送证监会备案后刊登招股意向书。

招股说明书正式披露后，根据询价结果确定的发行价格市盈率高于同行业上市公司平均市盈率25%的（采用其他方法定价的比照执行），发行人应召开董事会，结合适合本公司的其他定价方法，分析讨论发行定价的合理性和风险性，进一步分析预计募集资金的使用对公司主业的贡献和对业绩的影响，尤其是公司绝对和相对业绩指标波动的风险因素，相关信息应补充披露。董事会应就最终定价进行确认，独立董事应对董事会讨论的充分性发表意见。发行人需在董事会召开后2日内刊登公告，披露询价对象报价情况、董事会决议及独立董事的意见。主承销商需对发行定价的合理性及风险性进行分析披露。

发行市盈率超过同行业上市公司平均市盈率25%的公司，如果存在如下情形之一的，发行监管部门将按会后重大事项的监管规定重新提交发审委审核。

① 发行人按确定的发行价计算的募集资金量大幅超过募投项目拟以本次募集资金投入的资金需要量，导致发行人的基本情况发生重大变化，发行人需要补充披露相关情况并分析揭示风险，可能影响投资者判断的。

② 发行人按确定的发行价计算的募集资金量大幅超过按预估发行价计算的募集资金量，导致发行人的基本情况发生重大变化，发行人需要补充披露募集资金相关情况并分析揭示风险，可能影响投资者判断的。

③ 发行人存在《股票发行审核标准备忘录第5号——关于已通过发审会拟发行证券的公司会后事项监管及封卷工作的操作规程》中规定的需要重新提交发审会审核的事项。

3）重新询价。发行市盈率高于同行业上市公司平均市盈率25%的，原则上发行人需补充盈利预测并重新询价；发行人申报时已提供盈利预测报告，但对定价的合理性解释不充分的，同样需要重新询价。

采取初步询价确定发行价格区间，在发行价格区间内通过累计投标询价确定发行价格方式的，配售对象按以下规定报价。

① 初步询价期间，每一个询价对象可以为其管理的每一个配售对象填报多个拟申购价格，每拟申购价格对应一个拟申购数量。申购平台记录本次发行的每一个报价情况，由主承销商在发行价格区间报备文件中向证监会报送。

② 初步询价报价期间，主承销商可实时查询有关报价情况。在初步询价截止后，主承销商从申购平台获取初步询价报价情况。配售对象在初步询价阶段填写的多个拟申购价格，如全部落在主承销商确定的发行价格区间下限之下，该配售对象不得进入累计投标询价阶段进行新股申购；配售对象在初步询价阶段填写的多个拟申购价格，如其中有1个或1个以上报价落在主承销商确定的发行价格区间之内或区间上限之上，该配售对象可以进入累计投标询价阶段申购新股。主承销商据此确认可以进入累计投标询价阶段申购新股的配售对象信息。

③ 在累计投标询价报价阶段，询价对象管理的每个配售对象可以多次申报，一经申报，不得撤销或者修改。每个配售对象多次申报的累计申购股数不得少于落在发行价格区间之内及区间上限之上的初步询价报价所对应的拟申购数量总和，不得超过主承销商确定的申购数量上限，且不得超过网下发行股票总量。

承销商应保留询价、定价过程中的相关资料并存档备查，包括推介宣传材料、路演现场录音等，如实、全面地反映询价、定价过程。证监会、中国证券业协会要加强对询价、定价过程及存档资料的日常检查，对发行人和承销商夸大宣传、虚假广告等行为采取监管措施。同时引入独立第三方对拟上市公司的信息披露进行风险评析，为中小投资者在新股认购时提供参考。此外还要求证券交易所组织开展中小投资者新股模拟询价活动，促进中小投资者研究、熟悉新股，引导中小投资者理性投资。

3. 申购

（1）上交所上网发行资金申购流程。T日投资者申购；T+1日资金冻结；T+2日验资及配号；T+3日公布中签率，组织摇号抽签；T+4日公布中签号，未中签部分资金解冻，

T+4 日后，主承销商依据承销协议，将新股认购款扣除承销费用后划转到发行人指定的银行账户。

上海证券交易所对有效申购总量配售新股的办法如下。

1）当有效申购总量等于该次股票上网发行量时，投资者按其有效申购量认购股票。

2）当有效申购总量小于该次股票上网发行量时，投资者按其有效申购量认购股票后，余额部分按承销协议办理。

3）当有效申购总量大于该次股票上网发行量时，上交所按照每 1000 股配 1 个号的规则，由交易主机自动对有效申购进行统一连续配号，并通过卫星网络公布中签率。

缩短 1 个交易日的资金申购流程：T 日投资者申购；T+1 日资金冻结、验资及配号；T+2 日公布确定的发行价格和中签率，并按相关规定进行摇号抽签、中签处理；T+3 日公布中签结果，未中签部分资金解冻。目前，上交所基本按缩短的此流程操作。

（2）深交所上网发行资金申购流程。T 日投资者申购；T+1 日资金冻结、验资及配号；T+2 日组织摇号抽签，公布中签结果；T+3 日资金解冻。

（3）网上发行与网下发行的衔接。

1）发行公告的刊登。发行人和主承销商应在网上发行申购日之前一个交易日刊登网上发行公告，网上发行公告与网下发行公告可以合并刊登。

2）网下发行参与对象不得参与网上发行。对于每一只股票的发行，已参与网下发行的配售对象不得再通过网上申购新股。参加网下发行的配售对象再通过网上申购新股的，有权部门依据具体情况暂停或取消其网下配售对象资格。

3）网上发行与网下发行的回拨。发行人可以根据申购情况进行网上发行数量与网下发行数量的回拨，最终确定对机构投资者和对公众投资者的股票分配数量。向网下投资者配售股份的比例原则上不低于本次公开发行与转让股份（以下称为本次发售股份）的 50%。

发行人和主承销商应在网上申购资金验资当日，将网上发行与网下发行之间的回拨数量通知证券交易所。发行人和主承销商未在规定时间内通知证券交易所的，发行人和主承销商不得进行回拨处理。发行人和主承销商应在回拨处理后将网下申购资金予以解冻。

4. 配售

首次公开发行配售阶段涉及的向战略投资者配售、向参与网下配售的询价对象配售、向参与网上发行的投资者配售、超额配售和回拨机制等内容和规定，具体参照"关于首次公开发行股票的发行方式"的相关内容。

5. 验资

投资者申购缴款结束后，主承销商应当聘请具有证券相关业务资格的会计师事务所对申购资金进行验证，并出具验资报告；首次公开发行股票的，还应当聘请律师事务所对向战略投资者、询价对象的询价和配售行为是否符合法律、行政法规及《证券发行与承销管理办法》的规定等进行鉴证，并出具专项法律意见书。

6. 股份登记

根据证券登记结算公司的规定，已发行的证券在证券交易所上市前，发行人应当在规定的时间内申请办理证券的初始登记。登记时需提交以下材料。

（1）股票登记申请。

（2）证监会关于股票发行的核准文件。

（3）承销协议。

（4）具有从事证券业务资格的会计师事务所出具的关于发行人全部募集资金到位的验资报告（包括非货币资产所有权已转移至发行人处的证明文件）。

（5）网下发行的，还需提供网下发行的证券持有人名册，证券持有人名册应当包括证券代码、证券持有人证券账户号码、证券持有人有效身份证明文件号码、本次登记的持有证券数量等内容。

（6）证券有限售条件的，还需提供限售申请并申报有限售条件证券持有人类别。

（7）公开发行前国家或国有法人持股的，还需提供国有资产监督管理部门的批准文件。涉及向外国战略投资者定向发行股份的，还需提供商务部等有关部门的批准文件。

（8）涉及司法冻结或质押登记的，还需提供司法协助执行、质押登记相关申请材料。

（9）发行人法人有效营业执照副本原件及复印件、法定代表人对指定联络人（董事会秘书或证券事务代表）的授权委托书。

（10）指定联络人有效身份证明文件原件及复印件。

（11）证券登记结算公司要求提供的其他材料。

7. 承销

证券公司实施证券承销前，应当向证监会报送发行与承销方案。

证券公司承销证券，应当依照《证券法》第28条的规定采用包销或者代销方式。

股票发行采用代销方式的，应当在发行公告中披露发行失败后的处理措施。股票发行失败后，主承销商应当协助发行人按照发行价并加算银行同期存款利息返还股票认购人。

证券发行依照法律、行政法规的规定应当由承销团承销的，组成承销团的承销商应当签订承销团协议，由主承销商负责组织承销工作。证券发行由2家以上证券公司联合主承销的，所有担任主承销商的证券公司应当共同承担主承销责任，履行相关义务。承销团由3家以上承销商组成的，可以设副主承销商，协助主承销商组织承销活动。

承销团成员应当按照承销团协议及承销协议的规定进行承销活动，不得进行虚假承销。

承销协议和承销团协议可以在发行价格确定后签订。

主承销商应当设立专门的部门或者机构，协调公司投资银行、研究、销售等部门共同完成信息披露、推介、簿记、定价、配售和资金清算等工作。

证券公司在承销过程中，不得以提供透支、回扣或者证监会认定的其他不正当手段诱使他人申购股票。

首次公开发行股票数量在4亿股以上的，发行人及其主承销商可以在发行方案中采用超额配售选择权。超额配售选择权的实施应当遵守证监会、证券交易所和证券登记结算机构的规定。

公开发行证券的，主承销商应当在证券上市后10日内向证监会报备承销总结报告，总结说明发行期间的基本情况及证券上市后的表现，并提供下列文件：募集说明书单行本；承销协议及承销团协议；律师鉴证意见；会计师事务所验资报告；证监会要求的其他文件。

（四）首次公开发行股票的上市

1. 上市保荐、持续督导

（1）上市保荐。根据证券交易所股票上市规则，证券交易所实行股票和可转换公司债券（含分离交易的可转换公司债券）的上市保荐制度。发行人（上市公司）申请其首次公开发行的股票、上市后发行的新股和可转换公司债券上市，以及公司股票被暂停上市后申请恢复上市的，应当由保荐机构保荐。

保荐机构应当为经证监会注册登记并列入保荐机构名单，同时具有证券交易所会员资格的证券经营机构；恢复上市保荐机构还应当具有中国证券业协会《证券公司从事代办股份转让主办券商业务资格管理办法（试行）》规定的从事代办股份转让主办券商业务资格。

保荐机构应当与发行人签订保荐协议，明确双方在发行人申请上市期间、申请恢复上市期间和持续督导期间的权利和义务。保荐协议应当约定保荐机构审阅发行人信息披露文件的时点。

保荐机构应当在签订保荐协议时指定2名保荐代表人具体负责保荐工作，并作为保荐机构与证券交易所之间的指定联络人。保荐代表人应当为经证监会注册登记并列入保荐代表人名单的自然人。

保荐机构保荐股票上市（股票恢复上市除外）时，应当向证券交易所提交上市保荐书、保荐协议、保荐机构和相关保荐代表人已经证监会注册登记并列入保荐机构和保荐代表人名单的证明文件、保荐机构向保荐代表人出具的由保荐机构法定代表人签名的授权书，以及与上市保荐工作有关的其他文件。上市保荐书应当包括以下内容：发行股票、可转换公司债券的公司概况；申请上市的股票、可转换公司债券的发行情况；保荐机构是否存在可能影响其公正履行保荐职责的情形的说明；保荐机构按照有关规定应当承诺的事项；对公司持续督导工作的安排；保荐机构和相关保荐代表人的联系地址、电话和其他通信方式；保荐机构认为应当说明的其他事项；证券交易所要求的其他内容。

上市保荐书应当由保荐机构的法定代表人（或者授权代表）和相关保荐代表人签字，注明日期并加盖保荐机构公章。

（2）持续督导。首次公开发行股票的，持续督导的期间为股票上市当年剩余时间及其后2个完整会计年度；在创业板首发上市的，持续督导的期间为证券上市当年剩余时间及其后3个完整会计年度。持续督导的期间自股票或者可转换公司债券上市之日起计算。

保荐机构应当督导发行人按照上市规则的规定履行信息披露及其他相关义务，督导发行人及其董事、监事和高级管理人员遵守上市规则并履行向证券交易所做出的承诺，审阅发行人信息披露文件和向证券交易所提交的其他文件，并保证向证券交易所提交的与保荐工作相关的文件的真实、准确、完整。

保荐机构应当在发行人向证券交易所报送信息披露文件及其他文件之前，或者履行信息披露义务后5个交易日内，完成对有关文件的审阅工作，督促发行人及时更正审阅中发现的问题，并向证券交易所报告。以上交所为例，保荐机构应于上市公司年度报告披露后的5个交易日内向上交所直接提交或者由上市公司转交经保荐机构及保荐代表人盖章签字的持续督导期间保荐机构审阅表。

保荐机构履行保荐职责发表的意见应当及时告知发行人，记录于保荐工作档案。发行人应当配合保荐机构和保荐代表人的工作。保荐机构在履行保荐职责期间有充分理由确信发行人可能存在违反上市规则规定的行为的，应当督促发行人做出说明并限期纠正；情节严重的，应当向证券交易所报告。

保荐机构按照有关规定对发行人违法违规事项公开发表声明的，应当于披露前向证券交易所报告，经证券交易所审核后在指定媒体上公告。证券交易所对上述公告进行形式审核，对其内容的真实性不承担责任。

保荐机构有充分理由确信证券服务机构及其签名人员按上市规则规定出具的专业意见可能存在虚假记载、误导性陈述或重大遗漏等违法违规情形或者其他不当情形的，应当及时发表意见；情节严重的，应当向证券交易所报告。保荐机构更换保荐代表人的，应当通知发行人，并及时向证券交易所报告，说明原因并提供新更换的保荐代表人的相关资料。发行人应当在收到通知后及时披露保荐代表人变更事宜。

保荐机构和发行人终止保荐协议的，应当及时向证券交易所报告，说明原因并由发行人发布公告。

发行人另行聘请保荐机构的，应当及时向证券交易所报告并公告。新聘请的保荐机构应当及时向证券交易所提交有关文件。

保荐机构应当自持续督导工作结束后10个交易日内向证券交易所报送保荐总结报告书。

保荐机构、相关保荐代表人和保荐工作其他参与人员不得利用从事保荐工作期间获得的发行人尚未披露的信息进行内幕交易，为自己或者他人谋取利益。

2. 上市申请、上市协议

（1）股票上市申请。经证监会核准发行的股票发行结束后，发行人方可向证券交易所申请其股票上市。

发行人向证券交易所申请其首次公开发行的股票上市时，应当按照证监会有关规定编制上市公告书。

1) 以在上交所申请首次公开发行股票上市为例，发行人向上交所申请其首次公开发行的股票上市时，应当提交下列文件：上市申请书；证监会核准其股票首次公开发行的文件；有关本次发行上市事宜的董事会和股东大会决议；营业执照复印件；公司章程；经具有执行证券、期货相关业务资格的会计师事务所审计的发行人最近3年的财务会计报告；首次公开发行结束后，发行人全部股票已经证券登记结算公司托管的证明文件，首次公开发行结束后，具有执行证券、期货相关业务资格的会计师事务所出具的验资报告；关于董事、监事和高级管理人员持有本公司股份的情况说明和《董事（监事、高级管理人员）声明及承诺书》；发行人拟聘任或者已聘任的董事会秘书的有关资料；首次公开发行后至上市前，按规定新增的财务资料和有关重大事项的说明（如适用）；首次公开发行前已发行股份持有人，自发行人股票上市之日起1年内持股锁定证明，控股股东和实际控制人关于限售的承诺函；最近一次的招股说明书和经证监会审核的全套发行申报材料；按照有关规定编制的上市公告书；保荐协议和保荐机构出具的上市保荐书；律师事务所出具的法律意见书；上交所要求的其他文件。

发行人及其董事、监事、高级管理人员应当保证向证券交易所提交的上市申请文件真实、准确、完整，不存在虚假记载、误导性陈述或者重大遗漏。

2) 根据深交所2010年3月24日发布的《深圳证券交易所首次公开发行股票发行与上市指南》，在深交所申请首次公开发行的股票上市还需提交下列文件。

① 公司自本次股票发行完成后3个月内办理完成工商变更登记的承诺。

② 公司拟聘任或已聘任的证券事务代表的资料。发行人已聘任证券事务代表的，在提供以下材料的同时应提供董事会聘任书；公司拟聘任证券事务代表的，应同时提供包括被推荐人符合《深圳证券交易所股票上市规则》或《深圳证券交易所创业板股票上市规则》任职资格的说明、董事会推荐书；个人简历、学历证明；联系方式，至少应包括办公电话、住宅电话、移动电话、传真、通信地址及专用电子邮件地址，董事会秘书应当保证证券交易所可以随时与其联系；董事会秘书资格证书。

③ 如创业板发行人在股票首次公开发行前6个月内（以证监会正式受理日为基准日）进行过增资扩股，应报送新增股份持有人关于"自发行人股票上市之日起24个月内，转让的上述新增股份不超过其所持有该新增股份总额的50%"的承诺；其他股东就所持股份做出的锁定承诺。

④ 保荐机构对保荐代表人的专项授权委托书。

⑤ 保荐机构经办人员的身份证复印件、保荐机构授权委托书及保荐机构法定代表人身份证明书。

⑥ 公司经办人员的身份证复印件、公司授权委托书及公司法定代表人身份证明书。

⑦ 公开发行前股东持有股份及网下配售股份锁定办理情况的说明。

⑧ 新股发行登记申请书及登记申报表。

⑨ 上市公告书（创业板发行人需同时报送上市公告书的提示性公告）。

⑩ 公司、中介机构情况一览表。

⑪ 进入代办转让系统的承诺（创业板发行人不适用）。
⑫ 关于公司首发后上市前股东持股情况的说明。
⑬ 国有股转持批复文件（如适用）。

证券交易所在收到发行人提交的全部上市申请文件后7个交易日内，做出是否同意上市的决定并通知发行人。出现特殊情况时，证券交易所可以暂缓做出是否同意上市的决定。证券交易所设立上市委员会对上市申请进行审议，做出独立的专业判断并形成审核意见。证券交易所根据上市审核委员会的审核意见，做出是否同意上市的决定。证券交易所并不保证发行人符合上述条件时，其上市申请一定能够获得同意。

3）发行人应当在上市公告书中披露上述承诺。发行人应当于其股票上市前5个交易日内，在指定媒体或网站披露下列文件和事项：上市公告书；公司章程；上市保荐书；法律意见书；证券交易所要求的其他文件。上述文件应当置备于公司住所，供公众查阅。发行人在提出上市申请期间，未经证券交易所同意，不得擅自披露与上市有关的信息。

(2) 股票上市协议。发行人在股票首次上市前应与证券交易所签订股票上市协议。

> **小知识**
>
> **剩余证券的处理**
>
> 证券经营机构采用包销方式，难免会有承销团不能全部售出证券的情况，这时，全体承销商不得不在承销期结束时自行购入售后剩余的证券。通常情况下，承销商可以在证券上市后，通过证券交易所的交易系统逐步卖出自行购入的剩余证券。证券交易所推出大宗交易制度后，承销商可以通过大宗交易的方式卖出剩余证券，拥有了一个快速、大量处理剩余证券的新途径。

三、相关文件

（一）首次公开发行股票申请文件

1. 首次公开发行股票申请文件的要求

申请主板和创业板首次公开发行股票的公司（即发行人）分别应按第9号准则和《公开发行证券的公司信息披露内容与格式准则第28号——创业板招股说明书》（2009年7月20日发布，以下简称第28号准则）的要求制作申请文件。具体要求如下：

（1）发行人应按第9号或第28号准则的要求制作和报送申请文件。未按第9号或第28号准则的要求制作和报送申请文件的，证监会按照有关规定不予受理。

（2）第9号或第28号准则附录规定的申请文件目录是对发行申请文件的最低要求。根据审核需要，证监会可以要求发行人和中介机构补充材料。如果某些材料对发行人不适用，可不提供，但应向证监会做出书面说明。

（3）申请文件一经受理，未经证监会同意，不得增加、撤回或更换。

（4）发行人报送申请文件，初次报送应提交原件1份，复印件3份；在提交发审委审核前，根据证监会要求的份数补报申请文件。发行人不能提供有关文件的原件的，应由发行人律师提供鉴证意见，或由出文单位盖章，以保证与原件一致。如原出文单位不再存续，由承继其职权的单位或做出撤销决定的单位出文证明文件的真实性。

（5）申请文件所有需要签名处，均应为签名人亲笔签名，不得以名章、签名章等代替。申请文件中需要由发行人律师鉴证的文件，发行人律师应在该文件首页注明"以下第××页至第××页与原件一致"，并签名和签署鉴证日期，律师事务所应在该文件首页加盖公章，并在第××页至第××页侧面以公章加盖骑缝章。

（6）发行人应根据证监会对申请文件的反馈意见提供补充材料。有关中介机构应对反馈意见相关问题进行尽职调查或补充出具专业意见。

（7）申请文件应采用幅面为209毫米×295毫米规格的纸张（相当于标准A4纸张规格），双面印刷（需提供原件的历史文件除外）。

（8）申请文件的封面和侧面应标明"××公司首次公开发行股票并上市申请文件"字样。

（9）申请文件的扉页应标明发行人董事会秘书及有关中介机构项目负责人的姓名、电话、传真及其他方便的联系方式。

（10）申请文件章与章之间、节与节之间应有明显的分隔标识。申请文件中的页码应与目录中标识的页码相符。例如，第四章4-1的页码标注为4-1-1, 4-1-2, 4-1-3, …, 4-1-n。

（11）发行人在每次报送书面申请文件的同时，应报送一份相应的标准电子文件（标准.doc或.rtf格式文件）。发行结束后，发行人应将招股说明书的电子文件及历次报送的电子文件汇总报送证监会备案。

2. 首次公开发行股票并上市申请文件目录

首次公开发行股票并上市申请文件包括下列文件。
（1）招股说明书与发行公告。
（2）发行人关于本次发行的申请及授权文件。
（3）保荐机构关于本次发行的文件。
（4）会计师关于本次发行的文件。
（5）发行人律师关于本次发行的文件。
（6）发行人的设立文件。
（7）关于本次发行募集资金运用的文件。
（8）与财务会计资料相关的其他文件。
（9）其他文件。
（10）定向募集公司还应提供的文件。

（二）招股说明书

招股说明书是发行人发行股票时，就发行中的有关事项向公众做出披露，并向非特定投资人提出购买或销售其股票的要约邀请性文件。公司首次公开发行股票必须制作招股说明书。发行人应当按照证监会的有关规定编制和披露招股说明书。招股说明书内容与格式准则是信息披露的最低要求。不论准则是否有明确规定，凡是对投资者做出投资决策有重大影响的信息，均应当予以披露。申请首次公开发行股票并上市的发行人应按第9号准则或第28号准则的要求编制招股说明书及其摘要，作为向证监会申请首次公开发行股票的必备法律文件，并按规定披露。这是发行准备阶段的基本任务。

招股说明书是发行人向证监会申请公开发行申报材料的必备部分。招股说明书必须对法律、法规、规章、上市规则要求的各项内容进行披露。招股说明书由发行人在保荐机构及其他中介机构的辅助下完成，由公司董事会表决通过。审核通过的招股说明书应当依法向社会公众披露。

此外，保荐机构应当对招股说明书中记载的重要信息、数据及其他对保荐业务或投资者做出投资决策有重大影响的内容进行验证。验证方法为在所需验证的文字后插入脚注，并对其进行注释，说明对应的工作底稿目录编号及相应的文件名称。招股说明书验证版本的打印稿应当留存于工作底稿。

（三）招股说明书摘要

招股说明书摘要是对招股说明书内容的概括，是由发行人编制，随招股说明书一起报送批准后，在由证监会指定的至少1种全国性报刊上及发行人选择的其他报刊上刊登，供公众投资者参考的关于发行事项的信息披露法律文件。招股说明书摘要应简要提供招股说明书的主要内容，但不得误导投资者。招股说明书摘要的目的仅为向公众提供有关本次发行的简要情况，无须包括招股说明书全文各部分的主要内容；招股说明书摘要内容必须忠实于招股说明书全文，不得出现与全文相矛盾之处；招股说明书摘要应尽量采用图表或其他较为直观的方式准确披露发行人的情况，做到简明扼要、通俗易懂；招股说明书摘要应当依照有关法律、法规的规定，遵循特定的格式和必要的记载事项的要求编制。发行人及全体董事、监事、高级管理人员承诺招股说明书摘要不存在虚假记载、误导性陈述或重大遗漏，并对招股说明书及其摘要的真实性、准确性、完整性承担个别和连带的法律责任。公司负责人和主管会计工作的负责人、会计机构负责人保证招股说明书摘要中财务会计资料真实、准确、完整。

（四）资产评估报告

资产评估报告是评估机构完成评估工作后出具的专业报告。资产评估报告涉及国有资产的，须经过国有资产管理部门、有关主管部门核准或备案；不涉及国有资产的，须经过股东会或董事会确认后生效。资产评估报告的有效期为评估基准日起的1年。资产评估报告由封面、目录、正文、附录、备查文件5个部分组成。资产评估工作结束以后，资产评估人员一般按照下列程序编写资产评估报告：第一，分类整理评估工作底稿，最后形成分类汇总表及分类评估的文字说明。第二，讨论分析初步结论。第三，编写评估报告。资产评估人员根据整理后的评估资料及经过讨论的修正意见，在考虑委托人的要求和法律规定的基础上，依据统一的格式编写资产评估报告，经项目负责人和评估机构负责人审查无误后，资产评估报告的工作完成。

根据《关于资产评估报告书的规范意见》，境内募股前的资产评估报告应当满足以下必要内容的要求。

1. 正文

正文包括以下内容。

（1）评估机构与委托单位的名称。

（2）评估目的与评估范围。评估目的应当说明委托从事的经济行为的性质、内容、进展情况和申报审批情况。评估范围应当说明委托评估资产的范围，是企业整体评估，还是部分评估，或是若干单项资产评估。评估范围的确定应当根据有效协议（如发起人协议）、委托单位的有效决议（如公司董事会决议）等书面文件来确定，该评估范围通常由评估工作建议书加以确认。

（3）资产状况与产权归属。资产状况项目应当说明所评估主要资产的现状；产权归属项目则应当说明资产占有单位拥有产权的情况和限制条件，此项说明和确认应当以相关的产权证书为依据。

（4）评估基准日期。在评估报告中，应当写明评估基准日期。该项日期表述应当是评估中确定汇率、税率、费率、利率和价格标准时所实际采用的基准日期。

（5）评估原则。在评估报告中，应当依据不同的评估内容和要求，说明评估工作所遵循的原则。

（6）评估依据。在评估报告中，应当说明评估所依据的法律、法规和政策。

（7）评估方法和计价标准。评估报告应当说明各类资产评估所采用的评估方法，以及评估计价标准和所采用的币种。在按规定采用人民币以外的币种计价时，应当在评估结果中注明所折合的人民币价值。

（8）资产评估说明。评估报告应当简要陈述评估工作过程，并对具体评估中的重大事项加以说明。

（9）资产评估结论。评估报告应当明确评估价值结果。该评估价值结果应当包括资产原值、资产净值、重置价值、评估价值、评估价值对净值的增减值和增减率等内容。评估报告对评估价值结果的表述可以采取文字方式，也可以采取列表方式。

（10）评估附件名称。评估报告中应当列明评估报告附件的目录。

（11）评估日期。评估报告中应当写明评估报告的出具日期。

（12）评估人员签章。评估报告应当由2名以上具有证券从业资格的评估人员及其所在机构签章，并应当由评估机构的报表人和评估项目负责人签章。

2. 资产评估附件

此类附件至少应当包括：评估资产的汇总表与明细表；评估方法说明和计算过程；与评估基准日有关的会计报表；被评估单位占有不动产的产权证明文件的复印件；评估机构和评估人员资格证明文件的复印件；其他与评估有关的文件资料。

3. 关于资产评估报告书的规定

根据《关于资产评估报告书的规范意见》，评估报告应当符合以下要求。

（1）资产评估报告由委托单位的主管部门签署意见后，报送国家国有资产管理部门审核、验证、确认。

（2）资产评估报告要严格遵守国家保密的规定。

（3）资产评估报告须向外方提供时，可以按照国际惯例的格式与要求撰写，但同时向国有资产管理部门报送的报告仍按《国有资产评估管理办法》《国有资产评估管理办法实施细则》《关于资产评估报告书的规范意见》撰写。

（4）资产评估报告书必须依照客观、公正、实事求是的原则撰写，正确反映评估工作的情况。

（5）资产评估报告的内容应当准确、简练、结构严谨，文字表述清楚肯定，不能含糊或模棱两可，以免引起异议。

（6）资产评估报告书应有委托单位的名称、评估机构的名称和印章、评估机构代表或委托人和评估项目负责人的签字及提供报告的日期。

（7）资产评估报告书要写明评估基准日，不得随意改变。

（8）资产评估报告书应当写明评估的目的、范围、资产状况和产权归属。

（9）资产评估报告书应当说明评估工作所遵循的原则和依据的法律。

（10）资产评估报告书应当写明评估工作中资产计价所使用的货币种类。一般以人民币计价，如经济行为必须使用其他币种的，可以使用其他币种，但需要在评估结果中注明折算成人民币的价值。

（11）资产评估报告书应当有明确的评估价值结果，可以用文字表述，也可以列表表示。

（12）资产评估报告书应当有齐全的附件，包括资产评估机构的资格证书复印件、被评估机构的产权证明文件（如房产证、土地证明文件等）。如果是整体评估，应当有评估基准日的会计报表，必要时还需要附加与评估有关的会计凭证、调查报告、技术鉴定书、各类经济合同等其他文件资料。

（五）审计报告

审计报告是指注册会计师根据中国注册会计师审计准则的规定，在实施审计工作的基础上对被审计单位财务报表发表审计意见的书面文件。审计报告是审计工作的最终结果，具有法定的证明效力。注册会计师应当在审计报告中清楚地表达对财务报表的意见，并对出具的审计报告负责。

1. 审计报告的内容

审计报告应当包括以下基本内容。

(1) 标题。统一规范为"审计报告"。
(2) 收件人。收件人应当是审计业务的委托人,而且审计报告应当载明收件人的全称。
(3) 引言段。引言段应当说明被审计单位的名称和财务报表已经过审计,并包括下列内容:指出构成整套财务报表的每张财务报表的名称;提及财务报表附注;指明财务报表的日期和涵盖的期间。
(4) 管理层对财务报表的责任段。管理层对财务报表的责任段应当说明,按照适用的会计准则和相关会计制度的规定编制财务报表是管理层的责任。这种责任包括:设计、实施和维护与财务报表编制相关的内部控制,以使财务报表不存在由于舞弊或错误而导致的重大错报;选择和运用恰当的会计政策;做出合理的会计估计。
(5) 注册会计师的责任段。注册会计师的责任段应当说明以下内容。
1) 注册会计师的责任是在实施审计工作的基础上对财务报表发表审计意见。注册会计师按照中国注册会计师审计准则的规定执行了审计工作。中国注册会计师审计准则要求注册会计师遵守职业道德规范,计划和实施审计工作以对财务报表是否不存在重大错报获取合理保证。
2) 审计工作涉及实施审计程序,以获取有关财务报表金额和披露的审计证据。选择的审计程序取决于注册会计师的判断,包括对由于舞弊或错误导致的财务报表重大错报风险的评估。在进行风险评估时,注册会计师考虑与财务报表编制相关的内部控制,以设计恰当的审计程序,但目的并非对内部控制的有效性发表意见。审计工作还包括评价管理层选用会计政策的恰当性和做出会计估计的合理性,以及评价财务报表的总体列报。
3) 注册会计师相信已获取的审计证据是充分、适当的,为其发表审计意见提供了基础。如果接受委托,结合财务报表审计对内部控制有效性发表意见,注册会计师应当省略本条第2) 项中"但目的并非对内部控制的有效性发表意见"的术语。
(6) 意见段。审计意见段应当说明,财务报表是否按照适用的会计准则和相关会计制度的规定编制,是否在所有重大方面公允反映了被审计单位的财务状况、经营成果和现金流量。
(7) 注册会计师的签名和盖章。审计报告应当由注册会计师签名并盖章。对上市公司及企业改组上市的审计,应由2名具有证券相关业务资格的注册会计师签名并盖章。
(8) 会计师事务所的名称、地址及盖章。审计报告应当载明会计师事务所的名称和地址,并加盖会计师事务所公章。
(9) 报告日期。审计报告应当注明报告日期。审计报告的日期不应早于注册会计师获取充分、适当的审计证据(包括管理层认可对财务报表的责任且已批准财务报表的证据),并在此基础上对财务报表形成审计意见的日期。

2. 审计意见的类型

注册会计师应当根据审计结论,出具以下审计意见之一的审计报告。
(1) 无保留意见。如果认为财务报表符合以下所有条件,注册会计师应当出具无保留意见的审计报告。
1) 财务报表已经按照适用的会计准则和相关会计制度的规定编制,在所有重大方面公允反映了被审计单位的财务状况、经营成果和现金流量。
2) 注册会计师已经按照中国注册会计师审计准则的规定计划和实施审计工作,在审计过程中未受到限制。当出具无保留意见的审计报告时,注册会计师应当以"我们认为"作为意见段的开头,并使用"在所有重大方面""公允反映"等术语。
(2) 非无保留意见。当存在下列情形之一时,如果认为对财务报表的影响是重大的或可能是重大的,注册会计师应当出具非无保留意见的审计报告。

1）注册会计师与管理层在被审计单位会计政策的选用、会计估计的做出或财务报表的披露方面存在分歧。

2）审计范围受到限制。当出具非无保留意见的审计报告时，注册会计师应当在注册会计师的责任段之后、审计意见段之前增加说明段，清楚地说明导致所发表意见或无法发表意见的所有原因，并在可能情况下，指出其对财务报表的影响程度。

（3）保留意见。如果认为财务报表整体是公允的，但还存在下列情形之一，注册会计师应当出具保留意见的审计报告。

1）会计政策的选用、会计估计的做出或财务报表的披露不符合适用的会计准则和相关会计制度的规定，虽影响重大，但不至于出具否定意见的审计报告。

2）因审计范围受到限制，不能获取充分、适当的审计证据，虽影响重大，但不至于出具无法表示意见的审计报告。

当出具保留意见的审计报告时，注册会计师应当在审计意见段中使用"除……的影响外"等术语。如果因审计范围受到限制，注册会计师还应当在注册会计师的责任段中提及这一情况。

（4）否定意见。如果认为财务报表没有按照适用的会计准则和相关会计制度的规定编制，未能在所有重大方面公允反映被审计单位的财务状况、经营成果和现金流量，注册会计师应当出具否定意见的审计报告。当出具否定意见的审计报告时，注册会计师应当在审计意见段中使用"由于上述问题造成的重大影响""由于受到前段所述事项的重大影响"等术语。

（5）无法表示意见。

如果审计范围受到限制可能产生的影响非常重大和广泛，不能获取充分、适当的审计证据，以至于无法对财务报表发表审计意见，注册会计师应当出具无法表示意见的审计报告。当出具无法表示意见的审计报告时，注册会计师应当删除注册会计师的责任段，并在审计意见段中使用"由于审计范围受到限制可能产生的影响非常重大和广泛""我们无法对上述财务报表发表意见"等术语。

（六）盈利预测审核报告（如有）

盈利预测是指发行人对未来会计期间经营成果的预计和测算。盈利预测的数据（合并会计报表）至少应包括会计年度营业收入、利润总额、净利润、每股盈利。预测应是在对一般经济条件、经营环境、市场情况、发行人的生产经营条件和财务状况等进行合理假设的基础上，按照发行人正常的发展速度，本着审慎的原则做出的。预测期间的确定原则：如果预测是在发行人会计年度的前6个月做出的，则为预测时起至该会计年度结束时止的期限；如果预测是在发行人会计年度的后6个月做出的，则为预测时起至不超过下一个会计年度结束时止的期限。拟上市公司应当本着审慎的原则做出当年的盈利预测，并经具有证券业从业资格的注册会计师审核。如果存在影响盈利预测的不确定因素，则应做出敏感性分析与说明。如果拟上市公司不能做出盈利预测，则应在发行公告和招股说明书的显要位置做出风险警示。

（七）法律意见书和律师工作报告

1. 法律意见书和律师工作报告概述

法律意见书和律师工作报告是发行人向证监会申请公开发行证券的必备文件。律师应当依据法律、行政法规和证监会的规定，在查验相关材料和事实的基础上，以书面形式对受托事项的合法性发表明确、审慎的结论性意见。法律意见书是律师对发行人本次发行上市的法律问题依法明确做出的结论性意见。律师工作报告是对律师工作过程、法律意见书所涉及的事实及其发展过程、每一法律意见所依据的事实和有关法律规定做出的详尽、完整的阐述，说明律师制作法律意见书的工作过程，包括（但不限于）与发行人相互沟通的情况，对发行人提供材料的查验、走访、谈话记录、现场勘查记录、查阅文件的情况及工作时间等。律师进行核查和验证，可以采用面谈、书面审查、实地调查、查询和函证、计算、复核等方法。律师在制作法律意见书和律师工作报告的同时，应制作工作底稿。工作底稿是指律师在为证券发行人制作法律意见书和律师工作报告过程中形成的工作记录及在工作中获取的所有文件、会议纪要、谈话记录等资料。工作底稿内容应当真实、完整，记录清晰，标明目录索引和页码，由律师事务所指派的律师签名，并加盖律师事务所公章。工作底稿保存期限不得少于7年。提交证监会的法律意见书和律师工作报告应是经2名以上经办律师和其所在律师事务所的负责人签名，并经该律师事务所加盖公章、签署日期的正式文本。

律师应对发行人是否符合股票发行上市条件，发行人的行为是否违法、违规，招股说明书及其摘要引用的法律意见书和律师工作报告的内容是否适当，明确发表总体结论性意见。律师已勤勉尽责仍不能发表肯定性意见的，应发表保留意见，并说明相应的理由及对本次发行上市的影响程度。

2. 法律意见书和律师工作报告的基本要求

根据《公开发行证券的公司信息披露编报规则第12号——公开发行证券的法律意见书和律师工作报告》的规定，拟首次公开发行股票公司或增发股份、配股及发行可转换公司债券的已上市公司（即发行人）所聘请的律师事务所及其委派的律师（下文"律师"均指签名律师）应按此规则的要求出具法律意见书、律师工作报告并制作工作底稿。此规则的部分内容不适用于增发股份、配股、发行可转换公司债券等的，发行人律师应结合实际情况，根据有关规定进行调整，并提供适当的补充法律意见。律师出具法律意见书和律师工作报告所用的语句应简洁明晰，不得使用"基本符合条件"或"除×××以外，基本符合条件"一类的措辞。对不符合有关法律、法规和证监会有关规定的事项，或已勤勉尽责仍不能对其法律性质或其合法性做出准确判断的事项，律师应发表保留意见，并说明相应的理由。

发行人向证监会报送申请文件前，或在报送申请文件后且证券尚未发行前，更换为本次发行证券所聘请的律师或律师事务所的，更换后的律师或律师事务所及发行人应向证监会分别说明。更换后的律师或律师事务所应对原法律意见书和律师工作报告的真实性和合法性发表意见。如有保留意见，应明确说明。在此基础上，更换后的律师或律师事务所应出具新的法律意见书和律师工作报告。

律师应在法律意见书和律师工作报告中承诺对发行人的行为及本次申请的合法、合规进行了充分的核查验证，对招股说明书及其摘要进行了审慎审阅，并在招股说明书及其摘要中发表声明："本所及经办律师保证由本所同意发行人在招股说明书及其摘要中引用的法律意见书和律师工作报告的内容已经本所审阅，确认招股说明书及其摘要不致因上述内容出现虚假记载、误导性陈述及重大遗漏引致的法律风险，并对其真实性、准确性和完整性承担相应的法律责任。"

3. 法律意见书和律师工作报告的必备内容

律师事务所及其从事证券法律业务的律师应当依照于2007年5月1日起施行的《律师事务所从事证券法律业务管理办法》和自2011年1月1日起施行的《律师事务所证券法律业务执业规则（试行）》的规定，开展证券法律业务，进行尽职调查和审慎查验，对受托事项的合法性出具法律意见。

（1）法律意见书应当列明以下基本内容：标题；收件人；法律依据；声明事项；法律意见书正文；承办律师、律师事务所负责人签名及律师事务所盖章；律师事务所地址；法律意见书签署日期。

法律意见书的声明事项段应当载明以下内容："本所及经办律师依据《证券法》《律师事务所从事证券法律业务管理办法》和《律师事务所证券法律业务执业规则》等规定及本法律意见书出具日以前已经发生或者存在的事实，严格履行了法定职责，遵循了勤勉尽责和诚实信用原则，进行了充分的核查验证，保证本法律意见所认定的事实真实、准确、完整，所发表的结论性意见合法、准确，不存在虚假记载、误导性陈述或者重大遗漏，并承担相应法律责任。"

法律意见书正文应当载明相关事实材料、查验原则、查验方式、查验内容、查验过程、查验结果、国家有关规定、结论性意见及所涉及的必要文件资料等。

法律意见书的必备内容包括律师的声明及对本次股票发行上市的下列（包括但不限于）事项明确发表结论性意见，所发表的结论性意见应包括是否合法合规、是否真实有效、是否存在纠纷或潜在风险；本次发行上市的批准和授权；发行人本次发行上市的主体资格；本次发行上市的实质条件；发行人的设立；发行人的独立性；发起人或股东（实际控制人）；发行人的股本及其演变；发行人的业务；关联交易及同业竞争；发行人的主要财产；发行人的重大债权、债务；发行人的重大资产变化及收购兼并；发行人公司章程的制定与修改；发行人股东大会、董事会、监事会议事规则及规范运作；发行人董事、监事和高级管理人员及其变化；发行人的税务；发行人的环境保护和产品质量、技术等标准；发行人募集资金的运用；发行人业务发展目标；诉讼、仲裁或行政处罚；原定向募集公司增资发行的有关问题（如有）；发行人招股说明书法律风险的评价；律师认为需要说明的其他问题。

法律意见书随相关申请文件报送证监会及其派出机构后，律师事务所不得对法律意见书进行修改，但应当关注申请文件的修改和证监会及其派出机构的反馈意见。申请文件的修改和反馈意见对法律意见书有影响的，律师事务所应当按规定出具补充法律意见书。

(2) 律师工作报告的必备内容包括以下方面。

1）简要介绍律师及律师事务所，包括（但不限于）注册地及时间、业务范围、证券执业律师人数、本次签名律师的证券业务执业记录及其主要经历、联系方式等。

2）说明律师制作法律意见书的工作过程，包括（但不限于）与发行人相互沟通的情况，对发行人提供材料的查验、走访、谈话记录、现场勘查记录、查阅文件的情况，工作时间等。

3）本次发行上市的批准和授权。

4）发行人发行股票的主体资格。

5）本次发行上市的实质条件。

6）发行人设立的合法性。

7）发行人的独立性。

8）发起人和股东（追溯至发行人的实际控制人）的情况。

9）发行人的股本及其演变的合法性。

10）发行人的业务。

11）关联交易及同业竞争。

12）发行人的主要财产。

13）发行人的重大债权、债务。

14）发行人重大资产变化及收购兼并。

15）发行人章程的制定与修改。

16）发行人股东大会、董事会、监事会议事规则及规范运作。

17）发行人董事、监事和高级管理人员及其变化。

18）发行人的税务情况。

19) 发行人的环境保护和产品质量、技术等标准。
20) 发行人募股资金的运用。
21) 发行人业务发展目标。
22) 诉讼、仲裁或行政处罚。
23) 原定向募集公司增资发行的有关问题。
24) 发行人招股说明书法律风险的评价。
25) 律师认为需要说明的其他问题。

另外,在保荐机构组织推介、询价和配售工作时,律师事务所对保荐机构的询价和配售过程,包括但不限于对配售对象、配售方式是否符合法律、法规及证监会《证券发行与承销管理办法》的规定等进行鉴证,并出具专项法律意见书。

(八)辅导报告

辅导报告是保荐机构对拟发行证券的公司的辅导工作结束以后,就辅导情况、效果及意见向有关主管单位出具的书面报告。在辅导工作中,保荐机构应当出具阶段辅导工作报告,向证监会的派出机构报送。辅导结束后,保荐机构应出具辅导工作总结报告,其内容必须翔实具体、简明易懂,不得有虚假、隐匿。

募股文件除了上述几种之外,还包括保荐机构的发行保荐书、公司章程、发行方案、资金运用可行性报告及项目批文等。有收购兼并行为的,还应提供被收购兼并公司或项目的情况、收购兼并的可行性报告、收购兼并协议、收购兼并配套政策的落实情况、被收购兼并企业的资产评估报告、被收购兼并企业前1年和最近1期的资产负债表及利润表、审计报告。此外,主承销商可以聘请律师为其提交的募股文件进行法律审查,并出具审查意见。

四、信息披露

股份有限公司公开发行股票并上市,依照《公司法》《证券法》《首次公开发行股票并上市管理办法》《证券发行与承销管理办法》和其他相关部门规章等的规定,必须同时向所有投资者公开信息披露。依法披露的信息必须真实、准确、完整,不得有虚假记载、误导性陈述或者重大遗漏。违反以上规定致使投资者在证券交易中遭受损失的,发行人应当承担赔偿责任;发行人的董事、监事、高级管理人员和其他直接责任人员及保荐机构、承销的证券公司,应当与发行人承担连带赔偿责任,但是能够证明自己没有过错的除外;发行人的控股股东、实际控制人有过错的,应当与发行人、上市公司承担连带赔偿责任。依法必须披露的信息,应当在国务院证券监督管理机构指定的媒体发布,同时将其置备于公司住所、证券交易所,供社会公众查阅。在境内外市场发行证券及其衍生品种并上市的公司在境外市场披露的信息,应当同时在境内市场披露,且内容应当保持一致。根据《中国证监会现行规章、规范性文件目录》,公开发行证券的公司信息披露规范包括:内容与格式准则、编报规则、规范问答。首次公开发行股票的信息披露应遵守相关规范。首次公开发行股票的信息披露文件主要包括:招股说明书及其附录和备查文件;招股说明书摘要;发行公告;上市公告书。发行人和主承销商在发行过程中,应当按照证监会规定的程序、内容和格式,编制信息披露文件,履行信息披露义务。

(一)信息披露综述

1. 信息披露的方式

信息披露的方式主要包括:发行人及其主承销商应当将发行过程中披露的信息刊登在至少1种证监会指定的报刊,同时将其刊登在证监会指定的互联网网站,并置备于证监会指定的场所,供公众查阅。

信息披露文件应当采用中文文本。同时采用外文文本的,信息披露义务人应保证2

种文本的内容一致。2种文本发生歧义时，以中文文本为准。

2. 信息披露的原则

发行人和承销商在发行过程中披露的信息，应当真实、准确、完整，不得片面夸大优势，淡化风险，美化形象，误导投资者，不得有虚假记载、误导性陈述或者重大遗漏。

信息披露的主要原则如下。

（1）真实性原则。真实性原则是指信息披露义务人所公开的情况不得有任何虚假成分，必须与自身的客观实际相符。

（2）准确性原则。准确性原则是指信息披露义务人公开的信息必须尽可能详尽、具体、准确。

（3）完整性原则。完整性原则是指信息披露义务人必须把能够提供给投资者判断证券投资价值的情况全部公开。

（4）及时性原则。及时性原则是指信息披露义务人在依照法律、法规、规章及其他规定要求的时间内，以指定的方式披露。

3. 信息披露的事务管理

（1）信息披露事务管理制度。上市公司应当制定信息披露事务管理制度。信息披露事务管理制度应当包括：明确上市公司应当披露的信息，确定披露标准；未公开信息的传递、审核、披露流程；信息披露事务管理部门及其负责人在信息披露中的职责；董事和董事会、监事和监事会、高级管理人员等的报告、审议和披露的职责；董事、监事、高级管理人员履行职责的记录和保管制度；未公开信息的保密措施，内幕信息知情人的范围和保密责任；财务管理和会计核算的内部控制及监督机制；对外发布信息的申请、审核、发布流程；与投资者、证券服务机构、媒体等的信息沟通与制度；信息披露相关文件、资料的档案管理；涉及子公司的信息披露事务管理和报告制度；未按规定披露信息的责任追究机制，对违反规定人员的处理措施。

上市公司信息披露事务管理制度应当经公司董事会审议通过，报注册地证监局和证券交易所备案。

（2）上市公司应当设立董事会秘书，作为公司与证券交易所之间的指定联络人。上市公司在履行信息披露义务时，应当指派董事会秘书、证券事务代表或者代行董事会秘书职责的人员负责与交易所联系，办理信息披露与股权管理事务。董事会秘书为上市公司高级管理人员，对公司和董事会负责。董事会秘书负责组织和协调公司信息披露事务，汇集上市公司应予披露的信息并报告董事会，持续关注媒体对公司的报道并主动求证报道的真实情况。董事会秘书有权参加股东大会、董事会会议、监事会会议和高级管理人员相关会议，有权了解公司的财务和经营情况，查阅涉及信息披露事宜的所有文件。董事会秘书负责办理上市公司信息对外公布等相关事宜。除监事会公告外，上市公司披露的信息应当以董事会公告的形式发布。董事、监事、高级管理人员非经董事会书面授权，不得对外发布上市公司未披露信息。

上市公司董事会秘书空缺期间，董事会应当指定1名董事或高级管理人员代行董事会秘书的职责，并报证券交易所备案，同时尽快确定董事会秘书人选。公司指定代行董事会秘书职责的人员之前，由董事长代行董事会秘书职责。董事会秘书空缺期间超过3个月之后，董事长应当代行董事会秘书职责，直至公司正式聘任董事会秘书。上市公司在聘任董事会秘书的同时，还应当聘任证券事务代表，协助董事会秘书履行职责。在董事会秘书不能履行职责时，由证券事务代表行使其权利并履行其职责。在此期间，并不当然免除董事会秘书对公司信息披露事务所负有的责任。证券事务代表应当经过证券交易所的董事会秘书资格培训并取得董事会秘书资格证书。

上市公司董事会正式聘任董事会秘书、证券事务代表后，应当及时向证券交易所提交相关资料并公告聘任情况。

（3）信息披露的监督管理和法律责任。证监会依法对信息披露文件及公告的情况、信息披露事务管理活动进行监督，对上市公司控股股东、实际控制人和信息披露义务人的行为进行监督。证券交易所应当对上市公司及其他信息披露义务人披露信息进行监督，督促其依法及时、准确地披露信息，对证券及其衍生品种交易实行实时监控。证监会可以对金融、房地产等特殊行业上市公司的信息披露做出特别规定。证监会可以要求上市公司及其他信息披露义务人或者其董事、监事、高级管理人员对有关信息披露问题做出解释、说明或者提供相关资料，并要求上市公司提供保荐机构或者证券服务机构的专业意见。证监会对保荐机构和证券服务机构出具的文件的真实性、准确性、完整性有疑义的，可以要求相关机构做出解释、补充，并调阅其工作底稿。上市公司及其他信息披露义务人、保荐机构和证券服务机构应当及时做出回复，并配合证监会的检查、调查。

上市公司董事、监事、高级管理人员应当对公司信息披露的真实性、准确性、完整性、及时性、公平性负责，但有充分证据表明其已经履行勤勉尽责义务的除外。

信息披露义务人未在规定期限内履行信息披露义务，或者所披露的信息有虚假记载、误导性陈述或者重大遗漏的，证监会按照《证券法》第193条处罚。

为信息披露义务人履行信息披露义务出具专项文件的保荐机构、证券服务机构及其人员，违反《证券法》、行政法规和证监会的规定，由证监会依法采取责令改正、监管谈话、出具警示函、记入诚信档案等监管措施；应当给予行政处罚的，证监会依法处罚。

上市公司及其他信息披露义务人违反信息披露的相关规定，情节严重的，证监会可以对有关责任人员采取证券市场禁入的措施；涉嫌犯罪的，依法移送司法机关，追究刑事责任。

（二）首次公开发行股票招股说明书及其摘要

1. 招股说明书的编制和披露的规定

为规范首次公开发行股票的信息披露行为，保护投资者合法权益，证监会于2001年3月15日发布（2015年12月30日修改）了《公开发行证券的公司信息披露内容与格式准则第1号——招股说明书》（以下简称第1号准则），所有申请拟在中国境内首次公开发行股票并上市的公司（发行人），均应按第1号准则的要求编制和披露招股说明书及其摘要，作为向证监会申请首次公开发行股票的必备法律文件，并按规定披露。发行人披露的招股意向书除不含发行价格、融资金额以外，其内容与格式应当与招股说明书一致，并与招股说明书具有同等法律效力。

（1）招股说明书信息披露的要求。第1号准则的规定是对招股说明书信息披露的最低要求。不论第1号准则是否有明确规定，凡对投资者做出投资决策有重大影响的信息均应披露。若第1号准则的某些具体要求对发行人确实不适用的，发行人可根据实际情况，在不影响披露内容完整性的前提下进行适当修改，但应在申报时进行书面说明。若发行人有充分依据证明第1号准则要求披露的某些信息涉及国家机密、商业秘密及其他因披露可能导致其违反国家有关保密法律法规规定或严重损害公司利益的，发行人可向证监会申请豁免披露。

在不影响信息披露的完整性和不致引起阅读不便的前提下，发行人可采用相互引证的方法，对各相关部分的内容进行适当的技术处理，以避免重复，保持文字简洁。

（2）招股说明书及其摘要披露的原则。招股说明书等申请文件是发行审核的基础材料。发行人及其中介机构应严格按照信息披露有关要求编制招股说明书、申请文件和出具专业意见或报告。保荐机构应对发行人的招股说明书等申请文件依法履行核查义务，督促发行人真实、准确、完整地披露信息，避免招股说明书内容的广告化倾向。申请文件一经受理，发行人及其中介机构依法承担法律责任，不得擅自改动已提交的文件。如需修改已提交的文件，应书面报告审核部门。发行人报送申请文件后，在证监会核准前，发生应予披露事项的，应向证监会书面说明情况，并及时修改招股说明书及其摘要。发行人公开发行股票的申请经证监会核准后，发生应予披露事项的，应向证监会书面说明情况，并经证监会同意后相应修改招股说明书及其摘要。必要时发行人公开发行股票的申请应重新经过证监会核准。发行人及其全体董事、监事和高级管理人员应当在招股说明书上签字、盖章，保证招股说明书的内容真实、准确、完整。招股说明书应当加盖发行人公章。保荐机构及其保荐代表人应当对招股说明书的真实性、准确性、完整性进行核查，并在核查意见上签字、盖章。发行人在招股说明书及其摘要中披露的财务会计资料应有充分的依据，所引用的发行人的财务报表、盈利预测报告（如有）应由具有证券、期货相关业务资格的会计师事务所审计或审核。

（3）招股说明书及其引用的财务报告的有效期及相关事项。招股说明书中引用的财务报告在其最近1期截止日后6个月内有效。特殊情况下，发行人可申请适当延长，但至多不超过1个月。财务报告应当以年度末、半年度末或者季度末为截止日。招股说明书的有效期为6个月，自证监会核准发行申请前招股说明书最后1次签署之日起计算。

（4）招股说明书的预先披露及相关要求。发行人及其中介机构对证监会审核部门关于发行申请反馈意见落实完毕后安排预先披露。审核部门在发行人及其中介机构按要求落实反馈意见后，将通知保荐机构提交发审委材料和用于预先披露的招股说明书（申报稿）。收到材料后按程序安排预先披露，同时安排初审委。相关保荐机构应在收到通知后5个工作日内提交相关材料。审核部门在初审会结束后以书面形式将需要发行人及其中介机构进一步说明的事项告知保荐机构，并告知发行人及其保荐机构做好提请发审会审议的准备工作。根据《关于进一步深化新股发行体制改革的指导意见》，将进一步提前预先披露新股资料的时点，逐步实现发行申请受理后即预先披露招股说明书，提高透明度，加强公众投资者和社会各界的监督。

发行人应当将招股说明书（申报稿）在证监会网站预先披露。发行人可以将招股说明书（申报稿）刊登于其公司网站，但披露内容应当完全一致，且不得早于在证监会网站的披露时间。发行人及其全体董事、监事和高级管理人员应当保证预先披露的招股说明书（申报稿）的内容真实、准确、完整。

预先披露的招股说明书（申报稿）不是发行人发行股票的正式文件，不能含有价格信息，发行人不得据此发行股票。发行人应当在预先披露的招股说明书（申报稿）的显要位置声明："本公司的发行申请尚未得到中国证监会核准。本招股说明书（申报稿）不具有据以发行股票的法律效力，仅供预先披露之用。投资者应当以正式公告的招股说明书全文作为做出投资决定的依据。"

发审委会议前，发行人及其保荐机构无须根据审核部门的意见修改已提交的发审委材料和预先披露材料。涉及修改招股说明书等文件的，在申请文件封卷材料中一并反映。发行人公开发行股票时刊登的招股说明书与预先披露的招股说明书存在差异的，应书面报告审核部门并提醒投资者注意。

（5）招股说明书的一般要求。

1）引用的数据应有充分、客观的依据，并注明资料来源。

2）引用的数字应采用阿拉伯数字，货币金额除特别说明外，应指人民币金额，并以元、千元或万元为单位。

3）发行人可根据有关规定或其他需求，编制招股说明书外文译本，但应保证中文、外文文本的一致性，并在外文文本上注明"本招股说明书分别以中、英（或日、法等）文编制，在对中外文本的理解上发生歧义时，以中文文本为准"；在境内外同时发行股票的，应按照从严原则编制招股说明书，并保证披露内容的一致性。

4）招股说明书全文文本应采用质地良好的纸张印刷，幅面为 209 毫米 ×295 毫米（相当于标准的 A4 纸规格）。

5）招股说明书应使用事实描述性语言，保证其内容简明扼要、通俗易懂，突出事件实质，不得有祝贺性、广告性、恭维性或诋毁性的词句。

（6）招股说明书摘要的一般要求。

1）招股说明书摘要的目的仅为向公众提供有关本次发行的简要情况，无须包括招股说明书全文各部分的主要内容。

2）招股说明书摘要内容必须忠实于招股说明书全文，不得出现与全文相矛盾之处。

3）招股说明书摘要应尽量采用图表或其他较为直观的方式准确披露发行人的情况，做到简明扼要、通俗易懂。

4）在证监会指定的信息披露报刊刊登的招股说明书摘要最小字号为标准小 5 号字，最小行距为 0.35 毫米。

（7）招股说明书及其摘要的刊登和报送。发行人应当在发行前将招股说明书摘要刊登于至少 1 种证监会指定的报刊，同时将招股说明书全文刊登于证监会指定的网站，并将招股说明书全文置备于发行人住所、拟上市证券交易所、保荐机构、主承销商和其他承销机构的住所，以备公众查阅。发行人可以将招股说明书摘要、招股说明书全文、有关备查文件刊登于其他报刊和网站，但披露内容应当完全一致，且不得早于在证监会指定报刊和网站的披露时间。证券发行申请经证监会核准后至发行结束前发生重要事项的，发行人应当向证监会书面说明，并经证监会同意后，修改招股说明书或者做出相应的补充公告。发行人应在招股说明书及其摘要披露后 10 日内，将正式印刷的招股说明书全文文本一式五份，分别报送证监会及其在发行人注册地的派出机构。

（8）其他备查文件。保荐机构出具的发行保荐书、证券服务机构出具的有关文件应当作为招股说明书的备查文件，在证监会指定的网站上披露，并置备于发行人住所、拟上市证券交易所、保荐机构、主承销商和其他承销机构的住所，以备公众查阅。招股说明书及其摘要引用保荐机构、证券服务机构的专业意见或者报告的，相关内容应当与保荐机构、证券服务机构出具的文件内容一致，确保引用保荐机构、证券服务机构的意见不会产生误导。

2. 招股说明书的一般内容与格式

（1）招股说明书的封面、书脊、扉页、目录和释义。招股说明书全文文本封面应标有"×××公司首次公开发行股票招股说明书"字样，并载明发行人、保荐机构、主承销商的名称和住所。

招股说明书全文文本书脊应标明"×××公司首次公开发行股票招股说明书"字样。

招股说明书全文文本扉页应载有的内容如下：发行股票类型；发行股数；每股面值；每股发行价格；预计发行日期；拟上市的证券交易所；发行后总股本，发行境外上市外资股的公司还应披露在境内上市流通的股份数量和在境外上市流通的股份数量；本次发行前股东所持股份的流通限制、股东对所持股份自愿锁定的承诺；保荐机构、主承销商；招股说明书签署日期。发行人应当针对实际情况在招股说明书首页作"重大事项提示"，提醒投资者给予特别关注。招股说明书及其摘要的目录应标明各章、节的标题及相应的页码，内容编排也应符合通行的中文惯例。

发行人应对可能造成投资者理解障碍及有特定含义的术语做出释义。招股说明书及其摘要的释义应在目录次页排印。

（2）董事会声明与发行人提示。招股说明书的扉页应刊登发行人董事会的如下声明："发行人董事会已批准本招股说明书及其摘要，全体董事承诺其中不存在虚假记载、误导性陈述或重大遗漏，并对其真实性、准确性、完整性承担个别和连带的法律责任。

"公司负责人和主管会计工作的负责人、会计机构负责人保证招股说明书及其摘要中财务会计报告真实、完整。

"中国证监会、其他政府机关对本次发行所作的任何决定或意见，均不表明其对本发行人股票的价值或投资者收益的实质性判断或保证。任何与之相反的声明均属虚假不实陈述。

"根据《证券法》等的规定，股票依法发行后，发行人经营与收益的变化由发行人自行负责，由此变化引致的投资风险，由投资者自行负责。

"投资者若对本招股说明书及其摘要存在任何疑问，应咨询自己的股票经纪人、律师、专业会计师或其他专业顾问。"

发行人及其全体董事、监事和高级管理人员应当在招股说明书上签名、盖章，保证招股说明书内容真实、准确、完整。保荐机构及其保荐代表人应当对招股说明书的真实性、准确性、完整性进行核查，并在核查意见上签名、盖章。发行人的控股股东、实际控制人应当对招股说明书出具确认意见，并签名、盖章。

（3）招股说明书概览。发行人应设置招股说明书概览，并在本部分起首声明："本概览仅对招股说明书全文作扼要提示。投资者做出投资决策前，应认真阅读招股说明书全文。"此外，发行人应在招股说明书概览中披露发行人及其控股股东、实际控制人的简要情况，发行人的主要财务数据及主要财务指标，本次发行情况及募集资金用途等。

（4）本次发行概况。

1）本次发行的基本情况。发行人应披露本次发行的基本情况，主要包括：股票种类；每股面值；发行股数及占发行后总股本的比例；每股发行价；标明计量基础和口径的市盈率；预测净利润及发行后每股盈利（如有）；发行前和发行后每股净资产；标明计量基础和口径的市净率；发行方式与发行对象；承销方式；预计募集资金总额和净额；发行费用概算（包括承销费用、保荐费用、审计费用、评估费用、律师费用、发行手续费用、审核费用等）。

2）本次发行的发行人和有关的中介机构。发行人应披露下列机构的名称、法定代表人、住所、联系电话、传真，以及应披露有关经办人员的姓名：发行人；保荐机构、主承销商及其他承销机构；律师事务所；会计师事务所；资产评估机构；股票登记机构；收款银行；其他与本次发行有关的机构。此外，招股说明书应披露发行人及与本次发行有关的中介机构及其负责人、高级管理人员及经办人员之间存在的直接或间接的股权关系或其他权益关系。

3）本次发行至上市前的重要日期。发行人应针对不同的发行方式，披露预计发行上市的重要日期，主要包括：询价推介时间；定价公告刊登日期；申购日期和缴款日期；股票上市日期。

（5）风险因素。

1）披露风险因素的要求。发行人应当遵循重要性原则，按顺序披露可能直接或间接对发行人生产经营状况、财务状况和持续盈利能力产生重大不利影响的所有因素。同时，针对自身的实际情况，充分、准确、具体地描述相关风险因素。对披露的风险因素应进行定量分析；无法进行定量分析的，应有针对性地做出定性描述。有关风险因素可能对发行人生产经营状况、财务状况和持续盈利能力有严重不利影响的，应作"重大事项提示"。

2）发行人应披露的风险因素包括但不限于下列内容。

①产品或服务的市场前景、行业经营环境的变化、商业周期或产品生命周期的影响、

市场饱和或市场分割、过度依赖单一市场、市场占有率下降等。

② 经营模式发生变化，经营业绩不稳定，主要产品或主要原材料价格波动，过度依赖某一重要原材料、产品或服务，经营场所过度集中或分散等。

③ 内部控制有效性不足导致的风险、资产周转能力较差导致的流动性风险、现金流状况不佳或债务结构不合理导致的偿债风险、主要资产减值准备计提不足的风险、主要资产价值大幅波动的风险、非经常性损益或合并财务报表范围以外的投资收益金额较大导致净利润大幅波动的风险、重大担保或诉讼、仲裁等或有事项导致的风险。

④ 技术不成熟、技术尚未产业化、技术缺乏有效保护或保护期限短、缺乏核心技术或核心技术依赖他人、产品或技术面临被淘汰等。

⑤ 投资项目在市场前景、技术保障、产业政策、环境保护、土地使用、融资安排、与他人合作等方面存在的问题，因营业规模、营业范围扩大或者业务转型而导致的管理风险、业务转型风险，因固定资产折旧大量增加而导致的利润下滑风险，以及因产能扩大而导致的产品销售风险等。

⑥ 由于财政、金融、税收、土地使用、产业政策、行业管理、环境保护等方面法律、法规、政策变化引致的风险。

⑦ 可能严重影响公司持续经营的其他因素，如自然灾害、安全生产、汇率变化、外贸环境等。

(6) 发行人的情况。

1) 发行人的基本情况。发行人应披露的基本情况主要包括：注册中文、英文名称；注册资本；法定代表人；成立日期；住所和邮政编码；电话、传真号码；互联网网址；电子信箱。

2) 发行人的改制重组情况。发行人应详细披露改制重组的情况，主要包括：设立方式；发起人；在改制设立发行人之前，主要发起人拥有的主要资产和实际从事的主要业务；发行人成立时拥有的主要资产和实际从事的主要业务；在发行人成立之后，主要发起人拥有的主要资产和实际从事的主要业务；改制前原企业的业务流程、改制后发行人的业务流程，以及原企业和发行人业务流程间的联系；发行人成立以来，在生产经营方面与主要发起人的关联关系及演变情况；发起人出资资产的产权变更手续办理情况。发行人应详细披露与控股股东、实际控制人及其控制的其他企业在资产、人员、财务、机构、业务方面的分开情况，说明是否具有完整的业务体系及面向市场独立经营的能力。

3) 发行人的股本变化。发行人应详细披露设立以来股本的形成及其变化和重大资产重组情况，包括其具体内容、所履行的法定程序，以及对发行人业务、管理层、实际控制人及经营业绩的影响。同时，发行人应简要披露设立时发起人或股东出资及设立后历次股本变化的验资情况，披露设立时发起人投入资产的计量属性。发行人应披露的股本情况主要包括：本次发行前的总股本、本次发行的股份，以及本次发行的股份占发行后总股本的比例；前 10 名股东；前 10 名自然人股东及其在发行人处担任的职务；若有国有股份或外资股份的，须根据有关主管部门对股份设置的批复文件披露股东名称、持股数量、持股比例。涉及国有股的，应在国家股股东之后标注"SS"(state-own shareholder)，在国有法人股股东之后标注"SLS"(state-own legal person shareholder)，并披露前述标注的依据及标注的含义；股东中的战略投资者持股及其简况；本次发行前各股东间的关联关系及关联股东的各自持股比例；本次发行前股东所持股份的流通限制和自愿锁定股份的承诺。

4) 发行人关联方情况。发行人应采用方框图或其他有效形式，全面披露发起人、持有发行人 5% 以上股份的主要股东、实际控制人、控股股东、实际控制人所控制的其他企业，发行人的职能部门、分公司、控股子公司、参股子公司及其他有重要影响的关联方。

发行人应披露其控股子公司、参股子公司的简要情况，包括成立时间、注册资本、实收资本、注册地和主要生产经营地、股东构成及控制情况、主营业务、最近1年及1期的总资产、净资产、净利润,并标明有关财务数据是否经过审计及审计机构名称。

发行人应披露发起人、持有发行人5%以上股份的主要股东及实际控制人的基本情况,主要包括以下几点。

① 发起人、持有发行人5%以上股份的主要股东及实际控制人,如为法人,应披露成立时间、注册资本、实收资本、注册地和主要生产经营地、股东构成、主营业务、最近1年及1期的总资产、净资产、净利润,并标明有关财务数据是否经过审计及审计机构名称;如为自然人,则应披露国籍、是否拥有永久境外居留权、身份证号码、住所。

② 控股股东和实际控制人控制的其他企业的成立时间、注册资本、实收资本、注册地和主要生产经营地、主营业务、最近1年及1期的总资产、净资产、净利润,并标明这些数据是否经过审计及审计机构名称。

③ 控股股东和实际控制人直接或间接持有发行人的股份是否存在质押或其他有争议的情况。

实际控制人应披露到最终的国有控股主体或自然人为止。发行人还应当披露公司控制权的归属、公司的股权及控制结构,并真实、准确、完整地披露公司控制权或者股权及控制结构可能存在的不稳定及其对公司的生产、经营及盈利能力的潜在影响和风险。认定公司控制权的归属,既需要审查相应的股权投资关系,也需要根据个案的实际情况,结合对发行人股东大会、董事会决议的实质影响、对董事和高级管理人员的提名及任免所起的作用等因素进行分析判断。另外,律师和律师事务所就公司控制权的归属及其变动情况出具的法律意见书是发行审核部门判断发行人最近3年内"实际控制人没有发生变更"的重要依据。

5)如发行过内部职工股,发行人应披露以下情况。

① 内部职工股的审批及发行情况,包括审批机关、审批日期、发行数量、发行方式、发行范围、发行缴款及验资情况。

② 本次发行前的内部职工股托管情况,包括托管单位、前10名自然人股东名单、持股数量及比例、应托管数量、实际托管数量、托管完成时间、未托管股票数额及原因、未托管股票的处理办法、省级人民政府对发行人内部职工股托管情况及真实性的确认情况。

③ 发生过的违法违规情况,包括超范围和超比例发行的情况,通过增发、配股、国家股和法人股转配等形式变相增加内部职工股的情况,内部职工股转让和交易中的违法违规情况,法人股个人化的情况,这些违法违规行为的纠正情况及省级人民政府对清理、纠正情况的确认意见。

④ 对尚存在内部职工股潜在问题和风险隐患的,应披露有关责任的承担主体等。

6)工会持股、职工持股会持股、信托持股、委托持股或股东数量超过200人的情况。若曾存在工会持股、职工持股会持股、信托持股、委托持股或股东数量超过200人的情况,发行人应详细披露有关股份的形成原因及演变情况;进行过清理的,应当说明是否存在潜在问题和风险隐患,以及有关责任的承担主体等。

7)发行人员工简介及其社会保障情况。发行人应简要披露员工及其社会保障的情况,主要包括:员工人数及变化情况;员工专业结构;员工受教育程度;员工年龄分布;发行人执行社会保障制度、住房制度改革、医疗制度改革情况。

8)重要承诺及其履行情况。发行人应披露持有5%以上股份的主要股东,以及作为股东的董事、监事、高级管理人员做出的重要承诺及其履行情况。

(7)业务和技术。

1)行业情况。发行人应披露其所处行业的基本情况,包括但不限于以下内容。

① 行业主管部门、行业监管体制、行业主要法律法规及政策等。

② 行业竞争格局和市场化程度、行业内的主要企业和主要企业的市场份额、进入本行业的主要障碍、市场供求状况及变动原因、行业利润水平的变动趋势及变动原因等。

③ 影响行业发展的有利和不利因素，如产业政策、技术替代、行业发展瓶颈、国际市场冲击等。

④ 行业技术水平及技术特点、行业特有的经营模式、行业的周期性、区域性或季节性特征等。

⑤ 发行人所处行业与上游、下游行业之间的关联性，上游、下游行业发展状况对本行业及其发展前景的有利和不利影响。

⑥ 出口业务比例较大的发行人，还应披露产品进口国的有关进口政策、贸易摩擦对产品进口的影响及进口国同类产品的竞争格局等情况。

⑦ 发行人还应披露其在行业中的竞争地位，包括发行人的市场占有率、近 3 年的变化情况及未来变化趋势、主要竞争对手的简要情况等。

2) 业务情况。发行人应披露其主营业务、主要产品（或服务）及设立以来的变化情况。发行人从事多种业务和产品（或服务）生产经营的，业务和产品（或服务）分类的口径应前后一致。若发行人主营业务和产品（或服务）分属不同行业，则应按不同行业分别披露相关信息。同时，发行人应根据重要性原则披露主营业务的具体情况，包括以下几点。

① 主要产品或服务的用途。

② 主要产品的工艺流程图或服务的流程图。

③ 主要经营模式，包括采购模式、生产模式和销售模式。

④ 列表披露报告期内各期主要产品（或服务）的产能、产量、销量、销售收入，产品或服务的主要消费群体、销售价格的变动情况；报告期内各期向前 5 名客户合计的销售额占当期销售总额的百分比，如向单个客户的销售比例超过总额的 50%或严重依赖少数客户的，应披露其名称及销售比例；如该客户为发行人的关联方，则应披露产品最终实现销售的情况；受同一实际控制人控制的销售客户，应合并计算销售额。

⑤ 报告期内主要产品的原材料和能源及其供应情况，主要原材料和能源的价格变动趋势、主要原材料和能源占成本的比重；报告期内各期向前 5 名供应商合计的采购额占当期采购总额的百分比，如向单个供应商的采购比例超过总额的 50%或严重依赖少数供应商的，应披露其名称及采购比例；受同一实际控制人控制的供应商，应合并计算采购额。

⑥ 董事、监事、高级管理人员和核心技术人员，主要关联方或持有发行人 5%以上股份的股东在上述供应商或客户中所占的权益；若无，亦应说明。

⑦ 存在高危险、重污染情况的，应披露安全生产及污染治理情况、因安全生产及环境保护原因受到处罚的情况、近 3 年相关费用成本支出及未来支出情况，说明是否符合国家关于安全生产和环境保护的要求。

3) 资产情况。发行人应列表披露与其业务相关的主要固定资产及无形资产情况，主要包括以下几点。

① 生产经营所使用的主要生产设备、房屋建筑物及其取得和使用情况、成新率或尚可使用年限、在发行人及下属企业的分布情况等。

② 商标、专利、非专利技术、土地使用权、水面养殖权、探矿权、采矿权等主要无形资产的数量、取得方式和时间、使用情况、使用期限或保护期、最近 1 期末账面价值，以及上述资产对发行人生产经营的重要程度。

③ 发行人允许他人使用自己所有的资产，或作为被许可方使用他人资产的，应简要披露许可合同的主要内容，包括许可人、被许可人、许可使用的具体资产内容、许可方式、

许可年限、许可使用费等,以及合同履行情况。若发行人所有或使用的资产存在纠纷或潜在纠纷的,应明确说明。

4)特许经营权情况。发行人应披露拥有的特许经营权的情况,主要包括特许经营权的取得,特许经营权的期限、费用标准,对发行人持续生产经营的影响等。

5)生产技术及科研情况。发行人应披露主要产品生产技术所处的阶段,如基础研究、试生产、小批量生产或大批量生产阶段,披露正在从事的研发项目及进展情况、拟达到的目标,最近3年及1期研发费用占营业收入的比例等;与其他单位合作研发的,还需说明合作协议的主要内容、研究成果的分配方案及采取的保密措施等;发行人应披露保持技术不断创新的机制、技术储备及技术创新的安排等。

6)境外业务活动情况。发行人若在中国境外进行生产经营,应对有关业务活动进行地域性分析;若发行人在境外拥有资产,应详细披露该资产的具体内容、资产规模、所在地、经营管理和盈利情况等。

7)质量控制情况。发行人应披露主要产品和服务的质量控制情况,包括质量控制标准、质量控制措施、出现的质量纠纷等。

8)发行人名称冠有"高科技"或"科技"字样的,应说明冠以此名的依据。

(8)同业竞争与关联交易。

1)同业竞争。发行人应披露是否存在与控股股东、实际控制人及其控制的其他企业从事相同、相似业务的情况。对存在相同、相似业务的,发行人应对是否存在同业竞争做出合理解释。发行人应披露控股股东、实际控制人做出的避免同业竞争的承诺。

2)关联交易。

① 关联方、关联关系及关联交易的确定。发行人应根据《公司法》《企业会计准则》的相关规定披露关联方、关联关系和关联交易。

② 关联交易的分类。发行人应根据交易的性质和频率,按照经常性和偶发性分类披露关联交易及关联交易对其财务状况和经营成果的影响。

③ 经常性关联交易的披露内容。对于购销商品、提供劳务等经常性的关联交易,应分别披露最近3年及1期关联交易方的名称、交易内容、交易金额、交易价格的确定方法、占当期营业收入或营业成本的比重、占当期同类型交易的比重及关联交易增减变化的趋势,与交易相关应收应付款项的余额及增减变化的原因,以及上述关联交易是否仍将持续进行等。

④ 偶发性的关联交易的披露内容。对于偶发性关联交易,应披露关联交易方的名称、交易时间、交易内容、交易金额、交易价格的确定方法、资金的结算情况、交易产生的利润及对发行人当期经营成果的影响、交易对公司主营业务的影响等。

⑤ 规范关联交易的做法。发行人应披露是否在公司章程中对关联交易决策权力与程序做出规定;公司章程是否规定关联股东或有利益冲突的董事在关联交易表决中的回避制度或做出必要的公允声明;披露最近3年及1期发生的关联交易是否履行了公司章程规定的程序;披露独立董事对关联交易履行的审议程序是否合法及交易价格是否公允的意见;披露拟采取的减少关联交易的措施等。

(9)董事、监事、高级管理人员与核心技术人员。

1)发行人应披露董事、监事、高级管理人员及核心技术人员的简要情况,主要包括姓名、国籍及境外居留权;性别;年龄;学历;职称;主要业务简历;曾经担任的重要职务及任期;现任职务及任期。对核心技术人员,还应披露其主要成果及获得的奖项。对董事、监事,应披露其提名人,并披露上述人员的选聘情况。

2)发行人应列表披露董事、监事、高级管理人员、核心技术人员及其近亲属以任何方式直接或间接持有发行人股份的情况,并应列出持有人姓名,近 3 年所持股份的增减变动及所持股份的质押或冻结情况。

3) 发行人应披露董事、监事、高级管理人员及核心技术人员的其他对外投资情况,有关对外投资与发行人存在利益冲突的,应予特别说明,并披露其投资金额、持股比例及有关承诺和协议;如无该种情形,则应予以声明。对于存在利益冲突情形的,应披露解决情况。

4) 发行人应披露董事、监事、高级管理人员及核心技术人员最近 1 年从发行人及其关联企业领取收入的情况,以及所享受的其他待遇和退休金计划等。

5) 发行人应披露董事、监事、高级管理人员及核心技术人员的兼职情况及所兼职单位与发行人的关联关系。没有兼职的,应予以声明。

6) 发行人应披露董事、监事、高级管理人员及核心技术人员相互之间存在的亲属关系。

7) 发行人应披露与董事、监事、高级管理人员及核心技术人员所签订的协议,董事、监事、高级管理人员及核心技术人员做出的重要承诺,以及有关协议或承诺的履行情况。

8) 发行人应披露董事、监事、高级管理人员是否符合法律法规规定的任职资格;发行人董事、监事、高级管理人员在近 3 年内曾发生变动的,应披露变动情况和原因。

(10) 公司治理。

1) 机制设立。发行人应披露股东大会、董事会、监事会、独立董事、董事会秘书制度的建立健全及运行情况,说明上述机构和人员履行职责的情况。同时,披露涉及战略、审计、提名、薪酬与考核等的各专门委员会的设置情况。

2) 违规情况。发行人应披露近 3 年内是否存在违法违规行为,若存在违法违规行为,应披露违规事实和受到处罚的情况,并说明对发行人的影响;若不存在违法违规行为,应明确声明。

3) 资金占用和对外担保情况。发行人应披露近 3 年内是否存在资金被控股股东、实际控制人及其控制的其他企业占用的情况,或者为控股股东、实际控制人及其控制的其他企业担保的情况;若不存在资金占用和对外担保,应明确声明。

4) 内部控制的评估和鉴证情况。发行人应披露公司管理层对内部控制完整性、合理性及有效性的自我评估意见及注册会计师对公司内部控制的鉴证意见。注册会计师指出公司内部控制存在缺陷的,应予披露并说明改进措施。

(11) 财务会计信息。

1) 报表披露。发行人运行 3 年以上的,应披露最近 3 年及 1 期的资产负债表、利润表和现金流量表;运行不足 3 年的,应披露最近 3 年及 1 期的利润表及设立后各年与最近 1 期的资产负债表和现金流量表。发行人编制合并财务报表的,应同时披露合并财务报表和母公司财务报表。

同时,发行人应披露财务报表的编制基础、合并财务报表范围及变化情况。发行人运行不足 3 年的,应披露设立前利润表编制的会计主体及确定方法;存在剥离调整的,还应披露剥离调整的原则、方法和具体剥离情况。在新旧会计准则过渡期间,拟上市公司在编制和披露 3 年及 1 期比较财务报表时,应当确认 2007 年 1 月 1 日的资产负债表期初数,并以此为基础,分析《企业会计准则第 38 号——首次执行企业会计准则》中对可比期间利润表和可比期初资产负债表的影响,按照追溯调整的原则,将调整后的可比期间利润表和资产负债表作为可比期间的申报财务报表。同时,拟上市公司还应假定自申报财务报表比较期初开始全面执行新会计准则,以上述方法确定的可比期间最早期初资产负债表为起点,编制比较期间的备考利润表,并在本部分和会计报表附注中披露。与此同时,拟上市公司应按照申报报表列报的数据计算并披露相关财务指标。

2）审计意见披露。发行人应披露会计师事务所的审计意见类型。财务报表被出具带强调事项段的无保留审计意见的，应全文披露审计报告正文，以及董事会、监事会及注册会计师对强调事项的详细说明。

3）会计政策和会计估计披露。发行人应结合业务特点充分披露报告期内采用的主要会计政策和会计估计，主要包括以下几点。

① 收入确认和计量的具体方法。

② 金融资产和金融负债的分类方法，金融工具的确认依据和计量方法，金融资产转移的确认依据和计量方法，主要金融资产的公允价值确定方法、减值测试方法和减值准备计提方法。

③ 发出存货成本的计量方法，存货可变现净值的确定依据及存货跌价准备的计提方法。

④ 长期股权投资的初始计量、后续计量及收益确认方法。

⑤ 投资性房地产的种类和计量模式：采用成本模式的，投资性房地产的折旧或摊销方法及减值准备计提依据；采用公允价值模式的，投资性房地产公允价值的确定依据和方法；投资性房地产的转换及处置的确认和计量方法。

⑥ 固定资产的确认条件、分类、计量基础和折旧方法，各类固定资产的使用寿命、预计净残值和折旧率。

⑦ 无形资产的计价方法和摊销方法：使用寿命有限的无形资产，其使用寿命的估计情况；使用寿命不确定的无形资产，使用寿命不确定的判断依据。

⑧ 除存货、投资性房地产及金融资产外，其他主要资产的资产减值准备的确定方法。

⑨ 股份支付的种类及权益工具公允价值的确定方法。

⑩ 借款费用资本化的依据及方法。

⑪ 其他对发行人报告期内财务状况、经营成果有重大影响的会计政策和会计估计。

⑫ 报告期内存在会计政策或会计估计变更的，变更的内容、理由及对发行人财务状况、经营成果的影响金额。

4）分部信息披露。发行人的财务报表中包含了分部信息的，应披露分部信息。

5）收购兼并信息披露。发行人最近1年及1期内收购兼并其他企业资产（或股权），且被收购企业资产总额或营业收入或净利润超过收购前发行人相应项目20%（含）的，应披露被收购企业收购前1年利润表。如果发行人报告期内存在对同一公司控制权人下相同、类似或相关业务进行重组，且重组符合《<首次公开发行股票并上市管理办法>》第十二条——发行人最近3年内主营业务没有发生重大变化的适用意见——证券期货法律适用意见第3号》所规定的主营业务没有发生重大变化的条件，被重组方重组前1个会计年度末的资产总额或前1个会计年度的营业收入或利润总额达到或超过重组前发行人相应项目20%的，申报财务报表至少须包含重组完成后的最近1期资产负债表。

如果上述重组属于《企业会计准则第20号——企业合并》中同一控制下的企业合并事项的，被重组方合并前的净损益应计入非经常性损益，并在申报财务报表中单独列示；如果上述重组属于同一公司控制权人下的非企业合并事项，但被重组方重组前1个会计年度末的资产总额或前1个会计年度的营业收入或利润总额达到或超过重组前发行人相应项目20%的，在编制发行人最近3年及1期备考利润表时，应假定重组后的公司架构在申报报表期初即已存在，并由申报会计师出具意见。

6）非经常性损益情况披露。发行人应依据经注册会计师核验的非经常性损益明细表，以合并财务报表的数据为基础，披露最近3年及1期非经常性损益的具体内容、金额及对当期经营成果的影响，并计算最近3年及1期扣除非经常性损益后的净利润金额。

证监会于 2008 年 10 月 31 日对《公开发行证券的公司信息披露规范问答第 1 号——非经常性损益》进行了修订，规定在编报招股说明书时，发行人应对照非经常性损益的定义，综合考虑相关损益同发行人正常经营业务的关联程度及可持续性，结合自身实际情况做出合理判断，并进行充分披露；除应披露非经常性损益项目和金额外，还应当对重大非经常性损益项目的内容增加必要的附注说明；对"其他符合非经常性损益定义的损益项目"及根据自身正常经营业务的性质和特点界定为经常性损益的项目，应当在附注中单独做出说明；发行人计算同非经常性损益相关的财务指标时，如涉及少数股东损益和所得税影响的，应当予以扣除；注册会计师为发行人招股说明书、申请发行证券材料中的财务报告出具审计报告或审核报告时，应对非经常性损益项目、金额和附注说明予以充分关注，并对发行人披露的非经常性损益及其说明的真实性、准确性、完整性及合理性进行核实。

7）固定资产和对外投资情况披露。发行人应扼要披露最近 1 期末主要固定资产类别、折旧年限、原价、净值；对外投资项目及各项投资的投资期限、初始投资额、期末投资额、股权投资占被投资方的股权比例及会计核算方法，编制合并报表时采用成本法核算的长期股权投资按照权益法进行调整的方法及影响金额。

8）无形资产情况披露。发行人应扼要披露最近 1 期末主要无形资产的取得方式、初始金额、摊销年限及确定依据、摊余价值及剩余摊销年限。无形资产的原始价值以评估值作为入账依据的，还应披露资产评估机构名称及主要评估方法。

9）债项披露。发行人应扼要披露最近 1 期末的主要债项，包括主要的银行借款，对内部人员和关联方的负债，主要合同承诺的债务、或有债项的金额、期限、成本，票据贴现、抵押及担保等形成的或有负债情况。有逾期未偿还债项的，应说明其金额、利率、贷款资金用途、未按期偿还的原因、预计还款期等。

10）股东权益情况披露。发行人应披露所有者权益变动表，扼要披露报告期内各期末股东权益的情况，包括股本、资本公积、盈余公积、未分配利润及少数股东权益的情况。

11）现金流量情况披露。发行人应扼要披露报告期内各期经营活动产生的现金流量、投资活动产生的现金流量、融资活动产生的现金流量的基本情况，以及不涉及现金收支的重大投资和融资活动及其影响。

12）其他。发行人应扼要披露会计报表附注中的期后事项、或有事项及其他重要事项。

13）主要财务指标。发行人应列表披露最近 3 年及 1 期的流动比率、速动比率、资产负债率（母公司）应收账款周转率、存货周转率、息税折旧摊销前利润、利息保障倍数、每股经营活动产生的现金流量、每股净现金流量、每股收益、净资产收益率、无形资产（如扣除土地使用权、水面养殖权和采矿权等后）占净资产的比例。除特别指出的外，上述财务指标应以合并财务报表的数据为基础进行计算。其中，净资产收益率和每股收益的计算应执行财政部、证监会的有关规定。

14）盈利预测的披露。

① 如果发行人认为提供盈利预测报告将有助于投资者对发行人及投资于发行人的股票做出正确判断，且发行人确信有能力对最近的未来期间的盈利情况做出比较切合实际的预测，发行人可以披露盈利预测报告。

② 发行人本次募集资金拟用于重大资产购买的，则应当披露发行人假设按预计购买基准日完成购买的盈利预测报告及假设发行当年 1 月 1 日完成购买的盈利预测报告。

③ 发行人披露盈利预测报告的，应声明："本公司盈利预测报告是管理层在最佳估计假设的基础上编制的，但所依据的各种假设具有不确定性，投资者进行投资决策时应谨慎使用。"

④ 发行人披露的盈利预测报告应包括盈利预测表及其说明；盈利预测表的格式应与利

润表一致，其中预测数应分栏列示已审实现数、未审实现数、预测数和合计数；需要编制合并财务报表的发行人，应分别编制母公司盈利预测表和合并盈利预测表；盈利预测说明应包括编制基准、所依据的基本假设及其合理性、与盈利预测数据相关的背景及分析资料等；盈利预测数据包含特定的财政税收优惠政策或非经常性损益项目的，应特别说明。

15）境内外披露差异。发行境外上市外资股的发行人，由于在境内外披露的财务会计资料所采用的会计准则不同，导致净资产或净利润存在差异的，发行人应披露财务报表差异调节表，并注明境外会计师事务所的名称。境内外会计师事务所的审计意见类型存在差异的，还应披露境外会计师事务所的审计意见类型及差异原因。

16）资产评估及验资报告。发行人在设立时及在报告期内进行资产评估的，应扼要披露资产评估机构名称及主要评估方法，资产评估前的账面值、评估值及增减情况，增减变化幅度较大的，应说明原因；发行人设立时及以后的历次验资报告，也需要对其历次资本变动与资金到位情况进行简要说明。

（12）管理层讨论与分析。发行人应主要依据最近3年及1期的合并财务报表分析披露发行人财务状况、盈利能力及现金流量的报告期内情况及未来趋势。讨论与分析不应仅限于财务因素，还应包括非财务因素；不应仅以引述方式重复财务报表的内容，还应选择使用逐年比较、与同行业对比分析等便于理解的形式进行分析。发行人对财务状况、盈利能力及现金流量的分析一般应包括但不限于下列内容，并可视实际情况，根据重要性原则有选择地进行增减。

1）财务状况分析一般应包括以下内容。

①发行人应披露公司资产、负债的主要构成，分析说明主要资产的减值准备提取情况是否与资产质量实际状况相符；最近3年及1期资产结构、负债结构发生重大变化的，发行人还应分析说明导致变化的主要因素。

②发行人应分析披露最近3年及1期流动比率、速动比率、资产负债率、息税折旧摊销前利润及利息保障倍数的变动趋势，并结合公司的现金流量状况、在银行的资信状况、可利用的融资渠道及授信额度、表内负债、表外融资情况及或有负债等情况，分析说明公司的偿债能力；发行人最近3年及1期经营活动产生的现金流量净额为负数或者远低于当期净利润的，应分析披露原因。

③发行人应披露最近3年及1期应收账款周转率、存货周转率等反映资产周转能力的财务指标的变动趋势，并结合市场发展、行业竞争状况、公司生产模式及物流管理、销售模式及赊销政策等情况，分析说明公司的资产周转能力。

④发行人最近1期末持有金额较大的交易性金融资产、可供出售的金融资产、借与他人款项、委托理财等财务性投资的，应分析其投资目的、对发行人资金安排的影响、投资期限、发行人对投资的监管方案、投资的可回收性及减值准备的计提是否充足。

2）盈利能力分析一般应包括以下内容。

①发行人应列表披露最近3年及1期营业收入的构成及比例，并分别按产品（或服务）类别及业务、地区分部列示，分析营业收入增减变化的情况及原因；营业收入存在季节性波动的，应分析季节性因素对各季度经营成果的影响。

②发行人应依据所从事的主营业务、采用的经营模式及行业竞争情况，分析公司最近3年及1期利润的主要来源、可能影响发行人盈利能力连续性和稳定性的主要因素。

③发行人应按照利润表项目逐项分析最近3年及1期经营成果变化的原因，对于变动幅度较大的项目应重点说明。

④发行人主要产品的销售价格或主要原材料、燃料价格频繁变动且影响较大的，应针对价格变动对公司利润的影响作敏感性分析。

⑤发行人应列表披露最近3年及1期公司综合毛利率、分行业毛利率的数据及变动情况；报告期内发生重大变化的，还应用数据说明相关因素对毛利率变动的影响程度。

⑥发行人最近3年非经常性损益、合并财务报表范围以外的投资收益，以及少数股东损益对公司经营成果有重大影响的，应当分析原因及对公司盈利能力稳定性的影响。

3）资本性支出分析一般应包括以下内容。

①发行人应披露最近3年及1期重大的资本性支出情况；如果资本性支出导致公司固定资产大规模增加或进行跨行业投资的，应当分析资本性支出对公司主营业务和经营成果的影响。

②发行人应披露未来可预见的重大资本性支出计划及资金需求量；未来资本性支出计划跨行业投资的，应说明其与公司未来发展战略的关系。

4）发行人的重大会计政策或会计估计与可比上市公司存在较大差异，或者按规定将要进行变更的，应分析重大会计政策或会计估计的差异或变更对公司利润产生的影响。

5）发行人目前存在重大担保、诉讼、其他或有事项和重大期后事项的，应说明对发行人财务状况、盈利能力及持续经营的影响。

6）发行人应结合其在行业、业务经营方面存在的主要优势及困难，谨慎、客观地对公司财务状况和盈利能力的未来趋势进行分析。对报告期内已对公司财务状况和盈利能力有重大影响的因素，应分析该等因素对公司未来财务状况和盈利能力可能产生的影响；如果目前已经存在新的趋势或变化，可能对公司未来财务状况和盈利能力产生重大影响的，应分析影响情况。

(13) 业务发展目标。

1）发行人应披露发行当年和未来2年的发展计划，包括提高竞争能力、市场和业务开拓、融资等方面的计划。

2）发行人披露的发展计划应当具体，并应说明拟订上述计划所依据的假设条件，实施上述计划可能面临的主要困难，以及确保实现上述发展计划拟采用的方式、方法或途径。

3）发行人应披露上述业务发展计划与现有业务的关系。若实现上述计划涉及与他人合作的，应对合作方及合作条件予以说明。

4）发行人可对其产品、服务或者业务的发展趋势进行预测，但应采取审慎态度，并披露有关的假设基准等。涉及盈利预测的，应遵循盈利预测的相关规定。

(14) 募集资金运用。

1）发行人应披露：预计募集资金数额；按投资项目的轻重缓急顺序，列表披露预计募集资金投入的时间进度及项目履行的审批、核准或备案情况；若所融资金不能满足项目资金需求的，应说明缺口部分的资金来源及落实情况。

2）募集资金用于扩大现有产品产能的，发行人应结合现有各类产品在报告期内的产能、产量、销量、产销率、销售区域，项目达产后各类产品新增的产能、产量及本行业的发展趋势、有关产品的市场容量、主要竞争对手等情况，对项目的市场前景进行详细的分析论证。

3）募集资金用于新产品开发生产的，发行人应结合新产品的市场容量、主要竞争对手、行业发展趋势、技术保障、项目投产后新增产能情况，对项目的市场前景进行详细的分析论证。

4）募集资金投入导致发行人生产经营模式发生变化的，发行人应结合其在新模式下的经营管理能力、技术准备情况、产品市场开拓情况等，对项目的可行性进行分析。

5）发行人原固定资产投资和研发支出很少、本次募集资金将大规模增加固定资产投资或研发支出的，应充分说明固定资产变化与产能变动的匹配关系，并充分披露新增固定资产折旧、研发支出对发行人未来经营成果的影响。

6）募集资金直接投资于固定资产项目的，发行人可视实际情况并根据重要性原则披露以下内容。

① 投资概算情况，预计投资规模，募集资金的具体用途，包括用于购置设备、土地、技术及补充流动资金等方面的具体支出。

② 产品的质量标准和技术水平，生产方法、工艺流程和生产技术选择，主要设备选择，核心技术及其取得方式。

③ 主要原材料、辅助材料及燃料的供应情况。

④ 投资项目的竣工时间、产量、产品销售方式及营销措施。

⑤ 投资项目可能存在的环保问题、采取的措施及资金投入情况。

⑥ 投资项目的选址，拟占用土地的面积、取得方式及土地用途。

⑦ 项目的组织方式、项目的实施进展情况。

7）募集资金拟用于合资经营或合作经营的，除须披露上述内容外，还应披露以下内容。

① 合资或合作方的基本情况，包括名称、法定代表人、住所、注册资本、实收资本、主要股东、主营业务、与发行人是否存在关联关系，投资规模及各方投资比例；合资或合作方的出资方式；合资或合作协议的主要条款及可能对发行人不利的条款。

② 拟组建的企业法人的基本情况，包括设立、注册资本、主营业务、组织管理和控制情况；不组建企业法人的，应详细披露合作模式。

8）募集资金拟用于向其他企业增资或收购其他企业股份的，应披露以下内容。

① 拟增资或收购的企业的基本情况及最近1年及1期经具有证券、期货相关业务资格的会计师事务所审计的资产负债表和利润表。

② 增资资金折合股份或收购股份的评估、定价情况。

③ 增资或收购前后持股比例及控制情况。

④ 增资或收购行为与发行人业务发展规划的关系。

9）募集资金拟用于收购资产的，应披露以下内容。

① 拟收购资产的内容。

② 拟收购资产的评估、定价情况。

③ 拟收购资产与发行人主营业务的关系。

④ 若收购的资产为在建工程的，还应披露在建工程的已投资情况、尚需投资的金额、负债情况、建设进度、计划完成时间等。

10）发行人募集资金拟投入其他用途的，应披露具体的用途。

11）发行人应披露募集资金运用对财务状况及经营成果的影响。项目能独立核算的，发行人应审慎预测项目效益，分别说明达产前后的效益情况以及预计达产时间，并充分说明预测基础、依据；项目不能独立核算的，应分析募集资金投入对发行人财务状况及经营成果的影响。

12）根据《关于进一步改革和完善新股发行体制的指导意见》，对最终定价超过预期价格导致募集资金量超过项目资金需要量的，发行人应当提前在招股说明书中披露用途。

13）根据《关于进一步深化新股发行体制改革的指导意见》，根据预估的发行价格，如预计募集资金超过募集资金投资项目需要，发行人需在招股说明书中补充说明超募资金用途及其对公司的影响；如募集资金投资项目存在资金缺口，发行人需合理确定资金缺口的解决办法，并在招股说明书中补充披露。

（15）股利分配政策。

1）发行人应披露最近 3 年股利分配政策、实际股利分配情况及发行后的股利分配政策。

2）发行人应披露本次发行完成前滚存利润的分配安排和已履行的决策程序。若发行前的滚存利润归发行前的股东享有，应披露滚存利润的审计和实际派发情况，同时在招股说明书首页对滚存利润中由发行前股东单独享有的金额及是否派发完毕作"重大事项提示"。

3）发行人已发行境外上市外资股的，应披露股利分配的上限为按中国会计准则和制度与上市地会计准则确定的未分配利润数字中较低者。

（16）其他重要事项。

1）发行人应披露有关信息披露和投资者关系的负责部门、负责人、电话号码等。

2）发行人应披露交易金额在 500 万元以上或者虽未达到前述标准但对生产经营活动、未来发展或财务状况具有重要影响的合同内容，主要包括：当事人的名称和住所；标的；数量；质量；价款或者报酬；履行期限、地点和方式（违约责任；解决争议的方法；对发行人经营有重大影响的附带条款和限制条件。总资产规模为 10 亿元以上的发行人，可视实际情况决定应披露的交易金额，但应在申报时说明。

3）发行人应披露对外担保的有关情况，包括：被担保人的名称、注册资本、实收资本、住所、生产经营情况、与发行人有无关联关系，以及最近 1 年及 1 期的总资产、净资产和净利润；主债务的种类、金额和履行债务的期限；担保方式（采用保证方式还是抵押、质押方式，采用抵押、质押方式的，应披露担保物的种类、数量、价值等相关情况）；担保范围；担保期间；解决争议的方法；其他对担保人有重大影响的条款；担保履行情况；发行人不存在对外担保的，应予说明。

4）发行人应披露对财务状况、经营成果、声誉、业务活动、未来前景等可能产生较大影响的诉讼或仲裁事项，主要包括：案件受理情况和基本案情；诉讼或仲裁请求；判决、裁决结果及执行情况；诉讼、仲裁案件对发行人的影响。

5）发行人应披露控股股东或实际控制人、控股子公司，发行人董事、监事、高级管理人员和核心技术人员作为一方当事人的重大诉讼或仲裁事项。

6）发行人应披露董事、监事、高级管理人员和核心技术人员涉及刑事诉讼的情况。

（17）董事、监事、高级管理人员及有关中介机构声明。

1）发行人全体董事、监事、高级管理人员应在招股说明书正文的尾页声明："本公司全体董事、监事、高级管理人员承诺本招股说明书及其摘要不存在虚假记载、误导性陈述或重大遗漏，并对其真实性、准确性、完整性承担个别和连带的法律责任。"声明应由全体董事、监事、高级管理人员签名，并由发行人加盖公章。

2）保荐机构（主承销商）应对招股说明书的真实性、准确性、完整性进行核查，并在招股说明书正文后声明："本公司已对招股说明书及其摘要进行了核查，确认不存在虚假记载、误导性陈述或重大遗漏，并对其真实性、准确性和完整性承担相应的法律责任。"声明应由法定代表人、保荐代表人、项目协办人签名，并由保荐机构（主承销商）加盖公章。

3）发行人律师应在招股说明书正文后声明："本所及经办律师已阅读招股说明书及其摘要，确认招股说明书及其摘要与本所出具的法律意见书和律师工作报告无矛盾之处。本所及经办律师对发行人在招股说明书及其摘要中引用的法律意见书和律师工作报告的内容无异议，确认招股说明书不致因上述内容而出现虚假记载、误导性陈述或重大遗漏，并对其真实性、准确性和完整性承担相应的法律责任。"声明应由经办律师及所在律师事务所负责人签名，并由律师事务所加盖公章。

4）承担审计业务的会计师事务所应在招股说明书正文后声明："本所及签字注册会计师已阅读招股说明书及其摘要，确认招股说明书及其摘要与本所出具的审计报告、盈利预测审核报告（如有）、内部控制鉴证报告及经本所核验的非经常性损益明细表无矛盾之处。本所及签字注册会计师对发行人在招股说明书及其摘要中引用的审计报告、盈利预测审核报告（如有）、内部控制鉴证报告及经本所核验的非经常性损益明细表的内容无异议，确认招股说明书不致因上述内容而出现虚假记载、误导性陈述或重大遗漏，并对其真实性、准确性和完整性承担相应的法律责任。"声明应由签字注册会计师及所在会计师事务所负责人签名，并由会计师事务所加盖公章。

5）承担评估业务的资产评估机构应在招股说明书正文后声明："本机构及签字注册资产评估师已阅读招股说明书及其摘要，确认招股说明书及其摘要与本机构出具的资产评估报告无矛盾之处。本机构及签字注册资产评估师对发行人在招股说明书及其摘要中引用的资产评估报告的内容无异议，确认招股说明书不致因上述内容而出现虚假记载、误导性陈述或重大遗漏，并对其真实性、准确性和完整性承担相应的法律责任。"声明应由签字注册资产评估师及所在资产评估机构负责人签名，并由资产评估机构加盖公章。

6）承担验资业务的机构应在招股说明书正文后声明："本机构及签字注册会计师已阅读招股说明书及其摘要，确认招股说明书及其摘要与本机构出具的验资报告无矛盾之处。本机构及签字注册会计师对发行人在招股说明书及其摘要中引用的验资报告的内容无异议，确认招股说明书不致因上述内容而出现虚假记载、误导性陈述或重大遗漏，并对其真实性、准确性和完整性承担相应的法律责任。"声明应由签字注册会计师及所在验资机构负责人签名，并由验资机构加盖公章。

7）有关人员的签名下方应以印刷体形式注明其姓名。

（18）备查文件。招股说明书结尾应列明备查文件，并在指定网站上披露。备查文件包括：发行保荐书；财务报表及审计报告；盈利预测报告及审核报告（如有）；内部控制鉴证报告；经注册会计师核验的非经常性损益明细表；法律意见书及律师工作报告；公司章程（草案）；证监会核准本次发行的文件；其他与本次发行有关的重要文件。

3．招股说明书摘要的一般内容与格式

招股说明书摘要应包括以下内容。

（1）发行人应在招股说明书摘要的显要位置做出声明："本招股说明书摘要的目的仅为向公众提供有关本次发行的简要情况，并不包括招股说明书全文的各部分内容。招股说明书全文同时刊载于×××网站。投资者在做出认购决定之前，应仔细阅读招股说明书全文，并以其作为投资决定的依据。

"投资者若对本招股说明书及其摘要存在任何疑问，应咨询自己的股票经纪人、律师、会计师或其他专业顾问。

"发行人及全体董事、监事、高级管理人员承诺招股说明书及其摘要不存在虚假记载、误导性陈述或重大遗漏，并对招股说明书及其摘要的真实性、准确性、完整性承担个别和连带的法律责任。

"公司负责人和主管会计工作的负责人、会计机构负责人保证招股说明书及其摘要中财务会计资料真实、完整。

"中国证监会、其他政府部门对本次发行所作的任何决定或意见，均不表明其对发行人股票的价值或者投资者的收益做出实质性判断或者保证。任何与之相反的声明均属虚假不实陈述。"

（2）重大事项提示。

（3）本次发行概况。

（4）发行人基本情况。

（5）募集资金运用。

(6) 风险因素和其他重要事项。
(7) 本次发行各方当事人和发行时间安排。
(8) 备查文件。

(三) 股票发行公告及发行过程中的有关公告

1. 发行公告的披露

发行人及其主承销商应当在刊登招股意向书或者招股说明书摘要的同时刊登初步询价公告，对发行方案进行详细说明。发行人及其主承销商发行过程中通常还将发布：发行公告、网上路演公告、投资风险特别公告、网下发行结果及网上中签率公告、网上资金申购发行摇号中签结果公告等。发行人及其主承销商应公告发行价格、发行市盈率及发行市盈率的计算方法。发行人及其主承销商公告发行价格和发行市盈率时，每股收益应当按发行前1年经会计师事务所审计的、扣除非经常性损益前后孰低的净利润除以发行后总股本计算。提供盈利预测的发行人还应当补充披露基于盈利预测的发行市盈率。每股收益按发行当年经会计师事务所审核的、扣除非经常性损益前后孰低的净利润预测数除以发行后总股本计算。

发行人还可以同时披露市净率等反映发行人所在行业特点的发行价格指标。首次公开发行股票向战略投资者配售股票的，发行人及其主承销商应当在网下配售结果公告中披露战略投资者的名称、认购数量及承诺持有期等情况。

2. 发行公告的内容

发行公告是承销商对公众投资人做出的事实通知，其主要内容如下。

（1）提示。

1）本次发行股票及其发行方案已获得证监会具体文件的核准。

2）本公告仅对认购发行公司股票的有关事项和规定向社会公众作简要说明。投资者欲了解发行公司股票的一般情况，应详细阅读招股说明书概要或招股意向书。

3）其他需要在提示中说明的情况。

（2）发行额度、面值与价格。

（3）发行方式。

（4）发行对象。

（5）发行时间和范围。

（6）认购股数的规定。

（7）认购原则。

（8）认购程序。

（9）承销机构。

3. 新股投资风险特别公告

根据《关于进一步改革和完善新股发行体制的指导意见》，为加强新股认购风险提示，提示所有参与人明晰市场风险，发行人及其主承销商应当刊登新股投资风险特别公告，充分揭示一级市场风险，提醒投资者理性判断投资该公司的可行性。证券经营机构应当采取措施，向投资者提示新股认购风险。

4. 询价区间公告、发行结果公告

（1）招股意向书公告的同时，发行人及其主承销商应刊登初步询价公告。初步询价公告还应包括核准文号、招股意向书刊登的时间及报刊名称、拟发行股数、向询价对象发行数量及比例、初步询价时间安排等信息。

（2）发行价格区间向证监会报备后，发行人及其主承销商应刊登初步询价结果公告。初步询价结果公告应至少包括以下内容：初步询价基本情况，包括询价对象的数量和类别，询价对象的报价总区间（最高、最低报价），询价对象报价区间上限按询价对象机构类别的分类统计情况，发行价格区间及确定依据，发行价格区间对应的摊薄前后的市盈率区间等。

（3）股票配售完成后，发行人及其主承销商应刊登定价公告和网下配售结果公告。

定价公告应包括发行价格及其确定依据、对应摊薄前后的市盈率、市净率等，提供盈利预测的发行人还应披露基于盈利预测的市盈率、市净率等。定价公告和网下配售结果公告可合并披露。

（四）股票上市公告书

1. 股票上市公告书编制和披露的要求

上市公告书是发行人在股票上市前向公众公告发行与上市有关事项的信息披露文件。在中国境内首次公开发行股票，并申请在经国务院批准设立的证券交易所上市的公司，在股票上市前，应按《公司法》《证券法》《首次公开发行股票并上市管理办法》，以及核准其挂牌交易的证券交易场所上市规则和《股票上市公告书内容与格式指引》中的有关要求编制上市公告书，并经证券交易所审核同意后公告。

（1）《股票上市公告书内容与格式指引》的规定是对发行人上市公告书信息披露的最低要求。不论《股票上市公告书内容与格式指引》是否有明确规定，凡在招股说明书披露日至上市公告书刊登日期间所发生的对投资者做出投资决策有重大影响的信息，均应披露。《股票上市公告书内容与格式指引》的某些具体要求对发行人确实不适用的，发行人可根据实际情况，在不影响披露内容完整性的前提下做适当修改，但应做出书面说明。发行人未披露《股票上市公告书内容与格式指引》规定内容的，应以书面形式报告证券交易所同意。由于商业秘密等特殊原因致使某些信息确实不便披露的，发行人可向证券交易所申请豁免。在不影响信息披露的完整性和不致引起阅读不便的前提下，发行人可采用相互引证的方法，对各相关部分的内容进行适当的技术处理，以避免重复，保持文字简洁。发行人在上市公告书中披露的所有信息应真实、准确、完整。

（2）上市公告书的一般要求。

1）引用的数据应有充分、客观的依据，并注明资料来源。

2）引用的数字应采用阿拉伯数字，货币金额除特别说明外，应指人民币金额，并以元、千元或万元为单位。

3）发行人可根据有关规定或其他需求，编制上市公告书的外文译本，但应保证中文、外文文本的一致性，并在外文文本上注明："本上市公告书分别以中、英（或日、法等）文编制，在对中外文本的理解上发生歧义时，以中文文本为准。"

4）上市公告书应采用质地良好的纸张印刷，幅面为209毫米×295毫米（相当于标准的A4纸规格）。

5）上市公告书封面应载明发行人的名称、"上市公告书"的字样、公告日期等，可载有发行人的英文名称、徽章或其他标记、图案等。

6）上市公告书应使用事实描述性语言，保证其内容简明扼要、通俗易懂，不得有祝贺性、广告性、恭维性、推荐性或诋毁性的词句或题字。

（3）披露上市公告书。发行人应在其股票上市前，将上市公告书全文刊登在至少1种由证监会指定的报刊及证监会指定的网站上，并将上市公告书文本置备于发行人住所、拟上市的证券交易所住所、有关证券经营机构住所及其营业网点，以供公众查阅。

发行人可将上市公告书刊载于其他报刊和网站，但其披露时间不得早于在证监会指定报刊和网站的披露时间。上市公告书在披露前，任何当事人不得泄露有关信息，或利用这些信息谋取利益。

（4）报送上市公告书。发行人应在披露上市公告书后10日内，将上市公告书文本一式五份分别报送发行人注册地的证监会派出机构、上市的证券交易所。

(5) 上市公告书应真实、准确、完整。发行人及其全体董事、监事、高级管理人员应当对上市公告书签署书面确认意见，保证上市公告书所披露信息的真实性、准确性、完整性，承诺其中不存在虚假记载、误导性陈述或重大遗漏，并承担个别和连带的法律责任。

上市公告书应当加盖发行人公章。上市公告书引用保荐机构、证券服务机构的专业意见或者报告的，相关内容应当与保荐机构、证券服务机构出具的文件内容一致，确保引用保荐机构、证券服务机构的意见不会产生误导。

2. 股票上市公告书的内容与格式

(1) 重要声明与提示。

1) 发行人应在上市公告书显要位置做出如下重要声明与提示："本公司及全体董事、监事、高级管理人员保证上市公告书的真实性、准确性、完整性，承诺上市公告书不存在虚假记载、误导性陈述或重大遗漏，并承担个别和连带的法律责任。

"证券交易所、其他政府机关对本公司股票上市及有关事项的意见，均不表明对本公司的任何保证。

"本公司提醒广大投资者注意，凡本上市公告书未涉及的有关内容，请投资者查阅刊载于××网站的本公司招股说明书全文。"

2) 发行人应披露董事、监事、高级管理人员就上市而做出的相关承诺。

(2) 股票上市情况。

1) 发行人应披露：编制上市公告书的法律依据；股票发行的核准部门和文号；股票上市的核准单位和文号。

2) 发行人应披露股票上市的相关信息，主要包括：上市地点；上市时间；股票简称；股票代码；总股本；首次公开发行股票增加的股份；发行前股东所持股份的流通限制及期限；发行前股东对所持股份自愿锁定的承诺；本次上市股份的其他锁定安排；本次上市的无流通限制及锁定安排的股份；股票登记机构；上市保荐机构。

(3) 发行人、股东和实际控制人情况。

1) 发行人应披露其基本情况，包括中英文名称、注册资本、法定代表人、住所、经营范围、主营业务、所属行业、电话、传真、电子邮箱、董事会秘书，以及发行人董事、监事、高级管理人员的姓名和持有发行人的股票、债券情况等。

2) 发行人应披露控股股东及实际控制人的名称或姓名，前10名股东的名称或姓名、持股数量及持股比例。

(4) 股票发行情况。发行人应披露本次股票上市前首次公开发行股票的情况，主要包括：发行数量、发行价格、发行方式及认购情况、募集资金总额及注册会计师对资金到位的验证情况、发行费用总额及明细构成、每股发行费用、募集资金净额、发行后每股净资产、发行后每股收益。

(5) 财务会计资料。在定期报告（包括年度报告、中期报告和季度报告）披露期间刊登上市公告书的发行人，其上市公告书中当期定期报告的主要会计数据及财务指标应按以下要求披露。

1) 发行人在招股意向书中已披露当期定期报告的主要会计数据及财务指标的，上市公告书中不需再次披露。

2) 发行人在招股意向书中未披露当期定期报告的主要会计数据及财务指标的，可以在上市公告书中披露，上市后不再披露当期定期报告。

发行人未在上市公告书中披露当期定期报告的主要会计数据及财务指标的，应在上市公告书中按照相关规定披露业绩预告，并在上市后按照《深圳证券交易所股票上市规则》或

《深圳证券交易所创业板股票上市规则》的要求披露当期定期报告。

在非定期报告披露期间刊登上市公告书的发行人，如未在招股意向书中披露最近1期定期报告的主要会计数据及财务指标，应在上市公告书中披露。发行人在上市公告书中披露主要会计数据及财务指标的，应在提交上市申请文件时提供以下文件并与上市公告书同时披露：经现任法定代表人、主管会计工作的负责人、总会计师（如有）、会计机构负责人（会计主管人员）签字并盖章的报告期及上年度期末的比较式资产负债表、报告期与上年同期的比较式利润表、报告期的现金流量表。

发行人应以表格形式披露定期报告的主要会计数据及财务指标，并简要说明报告期的经营情况、财务状况及影响经营业绩的主要因素。对于变动幅度在30%以上的项目，应说明变动的主要原因。

（6）其他重要事项。发行人应披露招股说明书刊登日至上市公告书刊登前已发生的可能对发行人有较大影响的其他重要事项，主要包括：主要业务发展目标的进展，生产经营情况，外部条件或生产环境发生的重大变化（包括原材料采购和产品销售价格、原材料采购和产品销售方式、所处行业或市场等发生重大变化），订立重要合同，可能对发行人的资产、负债、权益和经营成果产生重大影响，重大关联交易事项（包括发行人资金是否被关联方非经营性占用等），重大投资，重大资产（或股权）购买、出售及置换，发行人住所的变更，董事、监事、高级管理人员及核心技术人员的变化，重大诉讼、仲裁事项，对外担保等或有事项，财务状况和经营成果的重大变化，董事会、监事会和股东大会决议及其主要内容，其他应披露的重大事项。

（7）上市保荐机构及其意见。

1）发行人应披露保荐机构的有关情况，包括名称、法定代表人、住所、联系电话、传真、联系人等。

2）发行人应披露保荐机构的保荐意见。

五、中小板特殊事项

（一）中小企业板块上市公司的保荐及持续督导

中小企业板块是在深交所主板市场中设立的一个运行独立、监察独立、代码独立、指数独立的板块，集中安排符合主板发行上市条件的企业中规模较小的企业上市。中小企业板是现有主板市场的一个板块，其适用的基本制度规范与现有市场完全相同，适用的发行上市标准也与现有主板市场完全相同，必须满足信息披露、发行上市辅导、财务指标、盈利能力、股本规模、公众持股比例等各方面的要求。

保荐机构和保荐代表人应当遵守法律、行政法规、证监会及深交所的规定和行业规范，诚实守信，勤勉尽责，尽职推荐发行人的证券上市，持续督导发行人的履行相关义务。保荐机构和保荐代表人应当保证向深交所出具的文件真实、准确、完整。保荐机构应当在发行人证券上市前与深交所签订《深圳证券交易所中小企业板块上市推荐与持续督导协议》，明确双方的权利、义务和有关事项。依据《中小企业板上市公司保荐工作评价办法》，深交所每年对中小企业板上市公司保荐机构、保荐代表人的保荐工作进行评价，评价期间与对中小企业板上市公司信息披露工作考核期间一致。

根据《关于中小企业板上市公司实行公开致歉并试行弹性保荐制度的通知》，中小企业板上市公司试行弹性保荐制度。如果上市公司及相关当事人发生以下事项：上市公司或其实际控制人、董事、监事、高级管理人员受到证监会公开批评或者深交所公开谴责的，或最近2年经深交所考评信息披露不合格的，或深交所认定的其他情形，深交所除要求保荐代表人（如有）参加致歉活动外，鼓励上市公司及时重新聘请保荐机构进行持续督导，持续督导时间直至相关违规行为已经得到纠正、重大风险已经消除，且不少于相关情形发生当年剩余时间及其后1个完整的会计年度；若上市公司出现上述情形时仍处于持续督导期，但持续督导剩余时间少于前款所要求时间的，深交所鼓励上市公司顺延现有持续督导期。

另外，上市公司实际控制人发生变化的，深交所也鼓励上市公司重新聘请保荐机构进行持续督导，持续督导的期间为实际控制人发生变更当年剩余时间及其后1个完整的会计年度。

（二）创业板信息披露方面的特殊要求
创业板信息披露方面的特殊要求如下。

1. 首次公开发行股票并在创业板上市投资风险特别公告

创业板上市投资风险特别提示主要内容的特殊要求包括提示如下内容："本次发行后拟在创业板市场上市，该市场具有较高的投资风险。创业板公司具有业绩不稳定、经营风险高、退市风险大等特点，投资者面临较大的市场风险。投资者应充分了解创业板市场的投资风险及发行人所披露的风险因素，审慎做出投资决定。"创业板市场在制度与规则方面与主板市场存在一定差异，包括但不限于上市条件、信息披露、退市制度设计等，这些差异若认知不到位，可能给投资者造成投资风险。

2. 创业板招股说明书的编制和披露的特殊规定

为规范首次公开发行股票的信息披露行为，保护投资者合法权益，证监会于2009年7月20日发布了第28号准则，所有申请在中国境内首次公开发行股票并在创业板上市的公司（发行人），均应按第28号准则编制招股说明书，作为向证监会申请首次公开发行股票的必备法律文件，并按规定进行披露。

第28号准则与第1号准则相比，编制和披露的主要差异如下。

（1）创业板投资风险提示。发行人应在招股说明书显要位置提示创业板投资风险。

（2）招股说明书的一般内容与格式的主要差异。

1）招股说明书封面。增加要求披露招股说明书封面，应明确提示创业板投资风险。

2）概览。增加要求发行人应列示核心竞争优势的具体表现。

3）风险因素。要求增加对创业板上市公司在经营业绩、内部管理、控制（权）行业等相对特殊的风险情况。

4）业务与技术。增加披露发行人业务的独特性、创新性及持续创新机制。

5）财务会计信息、管理层讨论与分析、股利分配政策合并为财务会计信息与管理层分析。新增应按税种分项披露最近3年及1期公司缴纳的税额，说明所得税费用（收益）与会计利润的关系。

6）董事、监事、高级管理人员与核心技术人员。核心技术人员调整为核心人员，范围更宽。

7）公司治理与内部控制。要求重点披露审计委员会的人员构成、议事规则及运行情况；应披露对外投资、担保事项的政策及制度安排，说明决策权限及程序等规定，并说明最近3年的执行情况；披露投资者权益保护的情况，说明在保障投资者依法享有获取公司信息、享有资产收益、参与重大决策和选择管理者等权利方面采取的措施。

8）未来发展与规划。增加要求发行人审慎分析说明未来发展及在增强成长性和自主创新方面的情况。

9）附件。需披露包括发行人成长性专项意见等内容。

其他方面的信息披露与主板对于招股说明书的披露要求类似。

六、创业板特殊事项
（一）创业板发行
（1）主体资格。发行人是依法设立且持续经营3年以上的股份有限公司。有限责任公司按原账面净资产值折股整体变更为股份有限公司的，持续经营时间可以从有限责任公司成立之日起计算。

（2）业绩条件。发行人申请首次公开发行股票经营业绩应当符合下列条件。

1）最近两年连续盈利，最近两年净利润累计不少于1000万元，且持续增长；或者最近1年盈利，且净利润不少于500万元，最近1年营业收入不少于5000万元，最近两年营业收入增长率均不低于30%。净利润以扣除非经常性损益前后孰低者为计算依据。

2）最近1期末净资产不少于2000万元，且不存在未弥补亏损。

3）发行后股本总额不少于3000万元。

（3）主业突出及业务稳定性。发行人应当主要经营一种业务，其生产经营活动符合法律、行政法规和公司章程的规定，符合国家产业政策及环境保护政策。

发行人最近两年内主营业务和董事、高级管理人员均没有发生重大变化，实际控制人没有发生变更。

根据《关于进一步做好创业板推荐工作的指引》，证监会鼓励保荐机构重点推荐符合国家战略性新兴产业发展方向的企业，特别是新能源、新材料、信息、生物与新医药、节能环保、航空航天、海洋、先进制造、高技术服务等领域的企业，以及其他领域中具有自主创新能力、成长性强的企业。

（4）独立性。发行人应当具有持续盈利能力，经营成果对税收优惠不存在严重依赖。

发行人资产完整，业务及人员、财务、机构独立，具有完整的业务体系和直接面向市场独立经营的能力。与控股股东、实际控制人及其控制的其他企业间不存在同业竞争以及严重影响公司独立性或者显失公允的关联交易。

（5）合规性及规范运作。发行人的注册资本已足额缴纳，发起人或者股东用作出资的资产的财产权转移手续已办理完毕。发行人的主要资产不存在重大权属纠纷。

发行人依法纳税，享受的各项税收优惠符合相关法律法规的规定。

发行人不存在重大偿债风险，不存在影响持续经营的担保、诉讼以及仲裁等重大或有事项。

发行人的股权清晰，控股股东和受控股股东、实际控制人支配的股东所持发行人的股份不存在重大权属纠纷。

发行人具有完善的公司治理结构，内部控制制度健全且被有效执行，会计基础工作规范，财务报表的编制符合企业会计准则和相关会计制度的规定，在所有重大方面公允地反映了发行人的财务状况、经营成果和现金流量，并由注册会计师出具无保留意见的审计报告。

发行人具有严格的资金管理制度，不存在资金被控股股东、实际控制人及其控制的其他企业以借款、代偿债务、代垫款项或者其他方式占用的情形。发行人的公司章程已明确对外担保的审批权限和审议程序，不存在为控股股东、实际控制人及其控制的其他企业进行违规担保的情形。

发行人董事、监事、高级管理人员的任职符合法律法规和规章的规定。

（6）募集资金投资项目。发行人募集资金应当用于主营业务，并有明确的用途。募集资金数额和投资项目应当与发行人现有生产经营规模、财务状况、技术水平和管理能力等相适应。

发行人应当建立募集资金专项存储制度，募集资金应当存放于董事会决定的专项账户。

（7）发行上市申请。根据《深圳证券交易所创业板股票上市规则》，上市公司向深交所申请办理新股发行事宜时，应当提交下列文件：证监会的核准文件；经证监会审核的全部发行申报材料；发行的预计时间安排；发行具体实施方案和发行公告；相关招股意向书或者募集说明书；深交所要求的其他文件。

申请股票发行时，保荐机构应当对发行人的成长性出具专项意见，并作为发行保荐书的附件。发行人为自主创新企业的，还应当在专项意见中说明发行人的自主创新能力。发行人的成长性和自主创新能力分析应结合行业状况、发行人在行业中地位、竞争优势、报告期内成长性及未来成长性等方面。

发行保荐书应当包括下列内容：逐项说明本次发行是否符合《公司法》《证券法》规定的发行条件和程序；逐项说明本次发行是否符合证监会的有关规定，并载明得出每项结论的查证过程及事实依据；发行人存在的主要风险；对发行人发展前景的评价；保荐机构内部审核程序简介及内核意见；保荐机构与发行人的关联关系；相关承诺事项；证监会要求的其他事项。

上市公司应当按照证监会有关规定，编制并及时披露涉及新股发行的相关公告。发行完成后，上市公司可以向深交所申请新股上市，并报证监会备案。

（二）创业板上市

发行人申请股票在深交所上市，应当符合下列条件。
（1）股票已公开发行。
（2）公司股本总额不少于3000万元。
（3）公开发行的股份达到公司股份总数的25%以上；公司股本总额超过4亿元的，公开发行股份的比例为10%以上。
（4）公司股东人数不少于200人。
（5）公司最近3年无重大违法行为，财务会计报告无虚假记载。
（6）深交所要求的其他条件。

第（1）～（5）项条件为在深交所上市的必要条件，深交所并不保证发行人符合上述条件时，其上市申请一定能够获得同意。

发行人向深交所申请其首次公开发行的股票上市时，应当按照有关规定编制上市公告书。

发行人向深交所申请其首次公开发行的股票上市时，应当按照有关规定提交文件。

发行人及其董事、监事和高级管理人员应当保证向深交所提交的上市申请文件内容真实、准确、完整，不存在虚假记载、误导性陈述或者重大遗漏。

发行人公开发行股票前已发行的股份，自发行人股票上市之日起1年内不得转让。

发行人向深交所提出其首次公开发行的股票上市申请时，控股股东和实际控制人应当承诺：自发行人股票上市之日起36个月内，不转让或者委托他人管理其直接或者间接持有的发行人公开发行股票前已发行的股份，也不由发行人回购其直接或者间接持有的发行人公开发行股票前已发行的股份。发行人应当在上市公告书中公告上述承诺。

自发行人股票上市之日起1年后，出现下列情形之一的，经控股股东和实际控制人申请并经深交所同意，可豁免遵守上述承诺：转让双方存在实际控制关系，或者均受同一控制人控制的；深交所认定的其他情形。

如发行人在向证监会提交其首次公开发行股票申请前6个月内（以证监会正式受理日为基准日）进行过增资扩股的，新增股份的持有人除需遵守1年内不得转让的规定外，还需在发行人向深交所提出其公开发行股票上市申请时承诺：自发行人股票上市之日起24个月内，转让的上述新增股份不超过其所持有该新增股份总额的50%。

深交所在收到全套上市申请文件后7个交易日内，做出是否同意上市的决定。出现特殊情况的，深交所可以暂缓做出决定。

深交所设立上市委员会对上市申请进行审议，做出独立的专业判断并形成审核意见，深交所根据上市委员会意见做出是否同意上市的决定。

首次公开发行的股票上市申请获得深交所审核同意后，发行人应当在其股票上市前5个交易日内，在指定网站上披露下列文件：上市公告书；公司章程；申请股票上市的股东大会决议；法律意见书；上市保荐书。上述文件应当置备于公司住所，供公众查阅。

发行人在提出上市申请期间，未经深交所同意，不得擅自披露与上市有关的信息。

刊登招股说明书后，发行人应持续关注公共媒体（包括报纸、网站、股票论坛等）对公司的相关报道或传闻，及时向有关方面了解真实情况，发现存在虚假记载、误导性陈述或应披露而未披露的重大事项等可能对公司股票及其衍生品种交易价格产生较大影响的，应当在上市首日刊登风险提示公告，对相关问题进行澄清，并提示公司存在的主要风险。

为进一步规范创业板上市公司董事、监事和高级管理人员买卖本公司股票的行为，深交所于2010年11月4日发布的《关于进一步规范创业板上市公司董事、监事和高级管理人员买卖本公司股票行为的通知》中要求：创业板上市公司董事、监事和高级管理人员在首次公开发行股票上市之日起6个月内申报离职的，自申报离职之日起18个月内不得转让其直接持有的本公司股份；在首次公开发行股票上市之日起第7个月至第12个月之间申报离职的，自申报离职之日起12个月内不得转让其直接持有的本公司股份。因上市公司进行权益分派等导致其董事、监事和高级管理人员直接持有本公司股份发生变化的，仍应遵守上述规定。离职人员所持股份自上市公司向深交所申报董事、监事和高级管理人员离职信息之日起将予以锁定；自离职人员的离职信息申报之日起6个月内，离职人员增持本公司股份也将予以锁定。

（三）创业板持续督导

保荐机构应当与发行人签订保荐协议，明确双方在公司申请上市期间、申请恢复上市期间和持续督导期间的权利和义务。保荐协议应当约定保荐机构审阅发行人信息披露文件的时点。

首次公开发行股票的，持续督导期间为股票上市当年剩余时间及其后3个完整会计年度；上市后发行新股的，持续督导期间为股票上市当年剩余时间及其后2个完整会计年度；申请恢复上市的，持续督导期间为股票恢复上市当年剩余时间及其后1个完整会计年度。持续督导期间自股票上市或者恢复上市之日起计算。

对于在信息披露、规范运作、公司治理、内部控制等方面存在重大缺陷或违规行为，或者实际控制人、董事会、管理层发生重大变化等监管风险较大的公司，在法定持续督导期结束后，深交所可以视情况要求保荐机构延长持续督导期，直至相关问题解决或风险消除。

保荐机构应当督导发行人建立健全并有效执行公司治理制度、财务内控制度和信息披露制度，以及督导发行人按照《深圳证券交易所创业板股票上市规则》的规定履行信息披露及其他相关义务，审阅信息披露文件及其他相关文件，并保证向深交所提交的与保荐工作相关的文件真实、准确、完整，没有虚假记载、误导性陈述或者重大遗漏。

保荐机构和保荐代表人应当督导发行人的董事、监事、高级管理人员、控股股东和实际控制人遵守《深圳证券交易所创业板股票上市规则》及深交所其他相关规定，并履行其所做出的承诺。

持续督导期内，保荐机构应当自发行人披露年度报告、中期报告后15个工作日内在指定网站披露跟踪报告，对《证券发行上市保荐业务管理办法》第35条所涉及事项进行分析并发表独立意见。保荐机构应当对上市公司进行必要的现场检查，以保证所发表的独立意见不存在虚假记载、误导性陈述或重大遗漏。

保荐机构应当自持续督导工作结束后10个交易日内向深圳证券交易所报送保荐总结报告书。

第三节 上市公司再融资（发行新股并上市）——增发、配股

上市公司发行新股，可以公开发行，也可以非公开发行。其中上市公司公开发行新股是指上市公司向不特定对象发行新股，包括配股和增发。上市公司非公开发行新股是指向特定对象发行股票。《证券法》第13条规定："上市公司非公开发行新股，应当符合经国务院批准的国务院证券监督管理机构规定的条件，并报国务院证券监督管理机构核准。"

一、条件

（一）公开发行新股

上市公司计划公开发行新股前，保荐机构和上市公司必须首先判断发行主体是否符合公开发行新股的法定条件，这是上市公司成功公开发行新股的基本前提。

1. 基本条件

根据《证券法》第13条的有关规定，上市公司公开发行新股，必须具备下列条件。

（1）具备健全且运行良好的组织机构。

（2）具有持续盈利能力，财务状况良好。

（3）公司在最近3年内财务会计文件无虚假记载，无其他重大违法行为。

（4）经国务院批准的国务院证券监督管理机构规定的其他条件。

根据《证券法》第15条的规定，上市公司发行新股还必须满足下列要求："公司对公开发行股票所募集资金，必须按照招股说明书所列资金用途使用。改变招股说明书所列资金用途，必须经股东大会做出决议。擅自改变用途而未作纠正的，或者未经股东大会认可的，不得公开发行新股。"

2. 一般规定

根据证监会于2006年5月6日发布的《上市公司证券发行管理办法》，上市公司申请发行新股，还应当符合以下具体要求。

（1）上市公司的组织机构健全、运行良好，符合下列规定。

1）公司章程合法有效，股东大会、董事会、监事会和独立董事制度健全，能够依法有效履行职责。

2）公司内部控制制度健全，能够有效保证公司运行的效率、合法合规性和财务报告的可靠性；内部控制制度的完整性、合理性、有效性不存在重大缺陷。

3）现任董事、监事和高级管理人员具备任职资格，能够忠实和勤勉地履行职务，不存在违反《公司法》第148条、第149条规定的行为，且最近36个月内未受到过证监会的行政处罚、最近12个月内未受到过证券交易所的公开谴责。

4）上市公司与控股股东或实际控制人的人员、资产、财务分开，机构、业务独立，能够自主经营管理；

5）最近12个月内不存在违规对外提供担保的行为。

（2）上市公司的盈利能力具有可持续性，符合下列规定。

1）最近3个会计年度连续盈利，扣除非经常性损益后的净利润与扣除前的净利润相比，以低者作为计算依据。

2）业务和盈利来源相对稳定，不存在严重依赖于控股股东、实际控制人的情形。

3）现有主营业务或投资方向能够可持续发展，经营模式和投资计划稳健，主要产品或

服务的市场前景良好，行业经营环境和市场需求不存在现实或可预见的重大不利变化。

4）高级管理人员和核心技术人员稳定，最近 12 个月内未发生重大不利变化。

5）公司重要资产、核心技术或其他重大权益的取得合法，能够持续使用，不存在现实或可预见的重大不利变化。

6）不存在可能严重影响公司持续经营的担保、诉讼、仲裁或其他重大事项。

7）最近 24 个月内曾公开发行证券的，不存在发行当年营业利润比上年下降 50％以上的情形。

(3) 上市公司的财务状况良好，符合下列规定。

1）会计基础工作规范，严格遵循国家统一会计制度的规定。

2）最近 3 年及 1 期财务报表未被注册会计师出具保留意见、否定意见或无法表示意见的审计报告；被注册会计师出具带强调事项段的无保留意见审计报告的，所涉及的事项对发行人无重大不利影响或者在发行前重大不利影响已经消除。

3）资产质量良好，不良资产不足以对公司财务状况造成重大不利影响。

4）经营成果真实，现金流量正常。营业收入和成本费用的确认严格遵循国家有关企业会计准则的规定，最近 3 年资产减值准备计提充分合理，不存在操纵经营业绩的情形。

5）最近 3 年以现金方式累计分配的利润不少于最近 3 年实现的年均可分配利润的 30％。

(4) 上市公司最近 36 个月内财务会计文件无虚假记载，且不存在下列重大违法行为。

1）违反证券法律、行政法规或规章，受到证监会的行政处罚，或者受到刑事处罚。

2）违反工商、税收、土地、环保、海关法律、行政法规或规章，受到行政处罚且情节严重，或者受到刑事处罚；

3）违反国家其他法律、行政法规且情节严重的行为。

(5) 上市公司募集资金的数额和使用应当符合下列规定。

1）募集资金数额不超过项目需要量。

2）募集资金用途符合国家产业政策和有关环境保护、土地管理等法律和行政法规的规定。

3）除金融类企业外，本次募集资金使用项目不得为持有交易性金融资产和可供出售的金融资产、借予他人、委托理财等财务性投资，不得直接或间接投资于以买卖有价证券为主要业务的公司。

4）投资项目实施后，不会与控股股东或实际控制人产生同业竞争或影响公司生产经营的独立性。

5）建立募集资金专项存储制度，募集资金必须存放于公司董事会决定的专项账户。

(6) 上市公司存在下列情形之一的，不得公开发行证券。

1）本次发行申请文件有虚假记载、误导性陈述或重大遗漏。

2）擅自改变前次公开发行证券募集资金的用途而未作纠正。

3）上市公司最近 12 个月内受到过证券交易所的公开谴责。

4）上市公司及其控股股东或实际控制人最近 12 个月内存在未履行向投资者做出的公开承诺的行为。

5）上市公司或其现任董事、高级管理人员因涉嫌犯罪被司法机关立案侦查或涉嫌违法违规被证监会立案调查。

6）严重损害投资者的合法权益和社会公共利益的其他情形。

3. 配股的特别规定

配股除符合上述一般规定外，还应当符合下列规定。

(1) 拟配股数量不超过本次配股前股本总额的 30％。

（2）控股股东应当在股东大会召开前公开承诺认配股份的数量。
（3）采用《证券法》规定的代销方式发行。
控股股东不履行认配股份的承诺，或者代销期限届满，原股东认购股票的数量未达到拟配售数量70%的，发行人应当按照发行价并加算银行同期存款利息返还已经认购的股东。

4. 公开增发的特别规定

向不特定对象公开募集股份，除符合上述一般规定外，还应当符合下列规定：
（1）最近3个会计年度加权平均净资产收益率平均不低于6%。扣除非经常性损益后的净利润与扣除前的净利润相比，以低者作为加权平均净资产收益率的计算依据。
（2）除金融类企业外，最近1期末不存在持有金额较大的交易性金融资产和可供出售的金融资产、借予他人款项、委托理财等财务性投资的情形。
（3）发行价格应不低于公告招股意向书前20个交易日公司股票均价或前1个交易日的均价。

（二）非公开发行股票

非公开发行股票是指上市公司采用非公开方式，向特定对象发行股票的行为。上市公司非公开发行股票，应当有利于减少关联交易、避免同业竞争、增强独立性；应当有利于提高资产质量、改善财务状况、增强持续盈利能力。

1. 非公开发行股票的特定对象应当符合的规定

（1）特定对象符合股东大会决议规定的条件。
（2）发行对象不超过10名。发行对象为境外战略投资者的，应当经国务院相关部门事先批准。"发行对象不超过10名"，是指认购并获得本次非公开发行股票的法人、自然人或者其他合法投资组织不超过10名。证券投资基金管理公司以其管理的2只以上基金认购的，视为一个发行对象。信托公司作为发行对象，只能以自有资金认购。

2. 上市公司非公开发行股票的规定

（1）发行价格不低于定价基准日前20个交易日公司股票均价的90%。《上市公司证券发行管理办法》所称"定价基准日"，是指计算发行底价的基准日。

定价基准日可以为关于本次非公开发行股票的董事会决议公告日、股东大会决议公告日，也可以为发行期的首日。上市公司应按不低于该发行底价的价格发行股票。

《上市公司证券发行管理办法》所称"定价基准日前20个交易日股票交易均价"的计算公式：定价基准日前20个交易日股票交易均价＝定价基准日前20个交易日股票交易总额÷定价基准日前20个交易日股票交易总量。

（2）关于发行股份的限售期规定。发行对象属于下列情形之一的，具体发行对象及其认购价格或者定价原则应当由上市公司董事会的非公开发行股票决议确定，并经股东大会批准；认购的股份自发行结束之日起36个月内不得转让。
1）上市公司的控股股东、实际控制人或其控制的关联人。
2）通过认购本次发行的股份取得上市公司实际控制权的投资者。
3）董事会拟引入的境内外战略投资者。
发行对象属于以上规定以外的情形的，上市公司应当在取得发行核准批文后，按照有关规定以竞价方式确定发行价格和发行对象；发行对象认购的股份自发行结束之日起12个月内不得转让。
（3）募集资金使用符合《上市公司证券发行管理办法》第10条的规定。
（4）本次发行将导致上市公司控制权发生变化的，还应当符合证监会的其他规定。

3. 上市公司不得非公开发行股票的情形

上市公司存在下列情形之一的，不得非公开发行股票。

（1）本次发行申请文件有虚假记载、误导性陈述或重大遗漏。
（2）上市公司的权益被控股股东或实际控制人严重损害且尚未消除。
（3）上市公司及其附属公司违规对外提供担保且尚未解除。
（4）现任董事、高级管理人员最近36个月内受到过证监会的行政处罚，或者最近12个月内受到过证券交易所的公开谴责。
（5）上市公司或其现任董事、高级管理人员因涉嫌犯罪正被司法机关立案侦查，或涉嫌违法违规正被证监会立案调查。
（6）最近1年及1期财务报表被注册会计师出具保留意见、否定意见或无法表示意见的审计报告。保留意见、否定意见或无法表示意见所涉及事项的重大影响已经消除或者本次发行涉及重大重组的除外。
（7）严重损害投资者合法权益和社会公共利益的其他情形。

二、方式

上市公司公开发行股票，应当由证券公司承销；非公开发行股票，发行对象均属于原前10名股东的，可以由上市公司自行销售。

（一）增发的发行方式

1. 网上定价发行与网下询价配售相结合

这种方式是网下通过向机构投资者询价确定发行价格并按比例配售，同时网上对公众投资者定价发行。根据《证券发行与承销管理办法》第22条的规定，上市公司发行证券，可以通过询价的方式确定发行价格，也可以与主承销商协商确定发行价格。上市公司发行证券的定价，应当符合证监会关于上市公司证券发行的有关规定。采用此种发行方式时，在承销期开始前，发行人和主承销商可以不确定发行价格。发行人在指定报刊刊登招股意向书后，向机构投资者进行推介，根据向机构投资者询价的结果，来确定发行价格及向机构配售的数量，其余部分向公众投资者（包括股权登记日登记在册的流通股股东）网上定价发行。

2. 网下网上同时定价发行

这种方式是发行人和主承销商按照"发行价格应不低于公告招股意向书前20个交易日公司股票均价或前1个交易日的均价"的原则确定增发价格，网下对机构投资者与网上对公众投资者同时公开发行。这是目前常用的增发方式。在此种发行方式下，对于网上发行部分，既可以按统一配售比例对所有公众投资者进行配售，也可以按一定的中签率以摇号抽签方式确定获配对象。但发行人和主承销商必须在发行公告中预先说明。

3. 证监会认可的其他形式

增发还可以采用证监会认可的其他形式。

（二）配股的发行方式

配股一般采取网上定价发行的方式。配股价格的确定是在一定的价格区间内由主承销商和发行人协商确定。价格区间通常以股权登记日前20个或30个交易日该股二级市场价格的平均值为上限，下限为上限的一定折扣。

三、程序

（一）准备

1. 新股发行的申请程序

根据《上市公司证券发行管理办法》，上市公司发行新股的申请程序如下。

（1）聘请保荐机构（主承销商）。上市公司公开发行股票，应当由证券公司承销；非公开发行股票，如发行对象均属于原前10名股东的，则可以由上市公司自行销售。上市公司申请公开发行证券或者非公开发行新股，应当由保荐机构保荐，并向证监会申报。

(2) 董事会做出决议。上市公司董事会依法就下列事项做出决议：新股发行的方案、本次募集资金使用的可行性报告、前次募集资金使用的报告、其他必须明确的事项，并提请股东大会批准。

(3) 股东大会批准。股东大会应当就本次发行证券的种类和数量、发行方式、发行对象及配股安排、定价方式或价格区间、募集资金用途、决议的有效期、对董事会办理本次发行具体事宜的授权、其他必须明确的事项进行逐项表决。股东大会就发行证券事项做出决议，必须经出席会议的股东所持表决权的 2/3 以上通过。向本公司特定的股东及其关联人发行证券的，股东大会就发行方案进行表决时，关联股东应当回避。

上市公司就发行证券事项召开股东大会，应当提供网络或者其他方式为股东参加股东大会提供便利。上市公司发行新股决议有效期为 1 年；决议失效后仍决定继续实施发行新股的，须重新提请股东大会表决。

(4) 编制和提交申请文件。保荐机构应当按照证监会的有关规定编制和报送发行申请文件（申请文件的具体内容见本节"五、申请文件"部分）。

(5) 重大事项的持续关注。上市公司发行证券前发生重大事项的，应暂缓发行，并及时报告证监会。该事项对本次发行条件构成重大影响的，发行证券的申请应重新经过证监会核准。

2. 保荐机构（主承销商）的尽职调查

尽职调查是保荐机构（主承销商）透彻了解发行人各方面情况、设计发行方案、成功销售股票及明确保荐机构（主承销商）责任范围的基础和前提，对保荐机构（主承销商）和发行人均具有非常重要的意义。与首次公开发行股票一样，在上市公司新股发行过程中，保荐机构（主承销商）对上市公司的尽职调查贯穿始终。

(1) 提交发行申请文件前的尽职调查。尽职调查的绝大部分工作集中于这一阶段。通过这一阶段的尽职调查，保荐机构（主承销商）必须至少达到以下 3 个目的。

1) 充分了解发行人的经营情况及面临的风险和问题。

2) 有充分理由确信发行人符合《证券法》等法律法规及证监会规定的发行条件。

3) 确信发行人申请文件和公开募集文件真实、准确、完整。

这一阶段的尽职调查完成后，保荐机构（主承销商）应根据尽职调查的结果撰写尽职调查报告，并作为上市公司新股发行申请文件的组成部分提交监管部门。根据《保荐人尽职调查工作准则》的规定，保荐机构应当在参照该准则的基础上，根据发行人的行业、业务、融资类型，在不影响尽职调查质量的前提下调整、补充、完善尽职调查工作的内容。

(2) 持续尽职调查责任的履行。提交发行新股申请文件并经受理后，上市公司新股发行申请进入核准阶段，但此时保荐机构（主承销商）的尽职调查责任并未终止，仍应遵循"勤勉尽责、诚实信用"的原则，继续认真履行尽职调查义务。

1) 发审委会议前重大事项的调查。在发行申请提交发审委前，如果发生对发行人发行新股法定条件产生重大影响，或对发行人股票价格可能产生重大影响，以及对投资者做出投资决策可能产生重大影响的重大事项，保荐机构（主承销商）应当在 2 个工作日内向证监会书面说明，并对招股说明书或招股意向书做出修改或进行补充披露并发表专业意见，同时督促相关专业中介机构对该等重大事项发表专业意见。

2) 发审委会议后重大事项的调查。

① 申请公开发行证券的再融资公司发审委会议后事项的相关要求。发审委会议后至封卷期间，如果发行人公布了新的定期报告、重大事项临时公告或调整盈利预测，封卷材料中的募集说明书应包括初次申报时的募集说明书，以及根据发审委的意见修改并根据新公告内容更新的募集说明书。同时，发行人、保荐机构（主承销商）的律师应出具发审委会

议后重大事项说明或专业意见；公告内容涉及会计师新出具专业报告的，会计师也应出具发审委会议后重大事项的专业意见。证监会将根据发行人和中介机构的专项说明或专业意见，决定是否需要重新提交发审委审核。

封卷后至刊登募集说明书期间，如果发行人公布了新的定期报告、重大事项临时公告或调整盈利预测，发行人、保荐机构（主承销商）律师应在5个工作日内，向证监会报送发审委会议后重大事项说明或专业意见及修改后的募集说明书；公告内容涉及会计师新出具专业报告的，会计师也应出具发审委会议后重大事项的专业意见。证监会将根据发行人和中介机构的专项说明或专业意见，决定是否需要重新提交发审委审核。发行人取得核准批文后因发生重大事项或重大变化而不再符合发行条件的，保荐机构（主承销商）应督促发行人主动交回已取得的核准批文。

发审委会议后发行人新公布定期报告、重大事项临时公告，如果定期报告（年度报告和半年度报告除外）和重大事项临时公告未涉及重大不利变化，募集说明书中可以以索引的方式就发行人定期报告、重大事项临时公告的相关信息进行提示性披露；如果定期报告和重大事项临时公告涉及重大不利变化，应按照募集说明书内容与格式准则的要求详细披露相关内容，并进行重大事项提示。发审委会议后发行人调整盈利预测，除上述文件外，还应补充提供董事会编制的调整后盈利预测或调整说明及会计师的审核意见。

保荐机构（主承销商）在报送再融资公司发审委会议后事项材料时，应重点关注发行人发审委会议后是否符合不再提交发审委审核的条件，除此之外，还须关注发行人本次募集资金拟收购资产是否发生重大不利变化、拟收购资产的评估结果仍然有效等其他重要事项。

② 申请非公开发行股票的再融资公司发审委会议后事项的相关要求。发审委会议后至发行前期间，如果发行人公布了新的定期报告、重大事项临时公告或调整盈利预测，发行人、保荐机构（主承销商）律师应在5个工作日内，向证监会报送发审委会议后重大事项说明或专业意见；公告内容涉及会计师新出具专业报告的，会计师也应出具发审委会议后重大事项的专业意见。证监会将根据发行人和中介机构的专项说明或专业意见，决定是否需要重新提交发审委审核。发行人取得核准批文后因发生重大事项或重大变化而不再符合发行条件的，保荐机构（主承销商）应督促发行人主动交回已取得的核准批文。

3）招股说明书刊登前1个工作日的核查验证事项。拟发行公司在刊登招股说明书或招股意向书的前1个工作日，应向证监会说明拟刊登的招股说明书或招股意向书与招股说明书或招股意向书（封卷稿）之间是否存在差异，保荐机构（主承销商）及相关专业中介机构应出具声明和承诺。保荐机构（主承销商）应督促发行人律师出具补充法律意见书，说明已对所有与本次发行上市有关的事项进行了充分的核查验证，保证不存在虚假记载、误导性陈述及重大遗漏。证监会同时将上述文件归档。

4）上市前重大事项的调查。招股说明书或招股意向书刊登后至获准上市前，拟发行公司发生重大事项的，应于该事项发生后第1个工作日向证监会提交书面说明，保荐机构（主承销商）和相关专业中介机构应出具专业意见。如发生重大事项导致拟发行公司不符合发行上市条件的，证监会将依照有关法律、法规执行并依照审核程序决定是否需要重新提交发审委讨论。如发生重大事项后，拟发行公司仍符合发行上市条件的，拟发行公司应在报告证监会后第2日刊登补充公告。

5）持续督导。保荐机构应督导发行人有效执行并完善防止大股东、其他关联方违规占用发行人资源的制度；督导发行人有效执行并完善防止高管人员利用职务之便损害发行人利益的内控制度；督导发行人有效执行并完善保障关联交易公允性和合规性的制度，并对关联交易发表意见；督导发行人履行信息披露的义务，审阅信息披露文件及向证监会、证券交易所提交的其他文件；持续关注发行人募集资金的使用、投资项目的实施等承诺事项；持续关注发行人为他人提供担保等事项，并发表意见。

主板及中小板上市公司发行新股的，持续督导的期间为证券上市当年剩余时间及其后1个完整会计年度。持续督导的期间自证券上市之日起计算。创业板上市公司发行新股的，持续督导的期间为证券上市当年剩余时间及其后2个完整会计年度。持续督导期届满，如有尚未完结的保荐工作，保荐机构应当继续完成。保荐机构应当自持续督导工作结束后10个工作日内向证监会、证券交易所报送"保荐总结报告书"。持续督导的具体要求与首发相同。

（二）推荐核准

上市公司公开发行新股的推荐核准，包括由保荐机构（主承销商）进行的内核、出具发行保荐书、对承销商备案材料的合规性审核，以及由证监会进行的受理文件、初审、发行审核委员会审核、核准发行等。

1. 保荐机构（主承销商）的推荐

（1）内核。内核是指保荐机构（主承销商）的内核小组对拟向证监会报送的发行申请材料进行核查，确保证券发行不存在重大法律和政策障碍及发行申请材料具有较高质量的行为。内核小组通常由8～15名专业人员组成，这些人员要保持稳定性和独立性；公司主管投资银行业务的负责人及投资银行部门的负责人通常为内核小组的成员。此外，内核小组成员中应有熟悉法律、财务的专业人员。为了做好内核工作，保荐机构（主承销商）必须建立和健全以尽职调查为基础的发行申请文件的质量控制体系；建立和健全尽职调查工作流程，明确调查要点；形成调查报告；建立科学的项目决策体系；建立和完善内核工作会议程序和规则。

（2）出具发行保荐书和发行保荐工作报告。保荐机构（主承销商）应当在内核程序结束后做出是否推荐发行的决定。决定推荐发行的，应当出具发行保荐书和发行保荐工作报告。对于发行人的不规范行为，保荐机构（主承销商）应当要求其整改，并将整改情况在尽职调查报告或核查意见中予以说明。发行人不配合，使尽职调查范围受到限制，导致保荐机构（主承销商）无法做出判断的，保荐机构（主承销商）不得为发行人的发行申请出具推荐函。

（3）对承销商备案材料的合规性审核。中国证券业协会对承销商备案材料的要求与首次公开发行股票的要求大致相同。

2. 证监会的核准

（1）受理申请文件。发行申请人按照证监会颁布的《公开发行证券的公司信息披露内容与格式准则》制作申请文件，由保荐机构（主承销商）推荐，并向证监会申报。证监会收到申请文件后，在5个工做日内做出是否受理的决定。未按规定的要求制作申请文件的，证监会不予受理。

（2）初审。证监会受理申请文件后，对发行人申请文件的合规性进行初审。申请上市的企业还应符合《关于对申请上市的企业和申请再融资的上市企业进行环境保护核查的通知》《关于对申请上市的企业和申请再融资的上市企业进行环境保护核查的规定》的环保核查要求。

（3）发行审核委员会审核。

1）普通程序。发审委会议审核上市公司公开发行股票申请，适用普通程序。与发审委会议审核发行人首次公开发行股票申请程序大致相同。

2）特别程序。发审委审核上市公司非公开发行股票申请和证监会规定的其他非公开发行证券申请，适用特别程序规定。证监会有关职能部门应当在发审委会议召开前，将会议通知、股票发行申请文件及证监会有关职能部门的初审报告送达参会的发审委员。每次参加发审委会议的委员为5名。表决投票时同意票数达到3票为通过，同意票数未达到3票为未通过。发审委委员在审核上市公司非公开发行股票申请和证监会规定的其他非公开发行证券申请时，不得提议暂缓表决。证监会不公布发审委会议审核的发行人名单、会议时间、发行人承诺函、参会发审委委员名单和表决结果。

（4）核准发行。依据发审委的审核意见，证监会对发行人的发行申请做出核准或不予核准的决定。予以核准的，证监会出具核准公开发行的文件；不予核准的，证监会出具书面意见，说明不予核准的理由。证券发行申请未获核准的上市公司，自证监会做出不予核准的决定之日起6个月后，可再次提出证券发行申请。

证监会自受理申请文件到做出决定的期限为3个月，发行人根据要求补充、修改发行申请文件的时间不计算在内。自证监会核准发行之日起，上市公司应在6个月内发行证券，超过6个月未发行的，核准文件失效，须重新经证监会核准后方可发行。

上市公司发行证券前发生重大事项的，应暂缓发行，并及时报告证监会。该事项对本次发行条件构成重大影响的，发行证券的申请应重新经过证监会核准。

（三）发行、上市

上交所和深交所对新股发行、上市操作程序的规定除申购代码外基本一致。这里以上交所的规定［主要指《上海证券交易所股票上市规则》及其他相关规定］为例说明。

1. 增发及上市业务操作流程

（1）发行阶段主承销商和发行人应提交的材料如下。

1）证监会的核准文件。

2）经证监会审核的全部发行申报材料。

3）发行的预计时间安排。

4）发行具体实施方案和发行公告。

5）相关招股意向书或者募集说明书。

6）证券交易所要求的其他文件。

（2）询价增发、比例配售操作流程。

1）注意事项如下。

① 刊登的招股意向书、网下发行公告中应注明本次增发具体日程安排及停牌日期。

② 上市公司增发股票，可以全部或者部分向原股东优先配售，优先配售比例应当在发行公告中披露。如向原股东配售，则应强调代码为"700×××"，配售简称为"×××配售"；新股东增发代码为"730×××"，增发简称为"×××增发"。

③ 配股应明确股权登记日，原股东放弃以及未获配售的股份纳入剩余部分对投资者公开发行。

④ 公开增发期间（T日～T+3日，通常情况下深交所比上交所少停牌1天，T+3日原股票即恢复交易），公司股票连续停牌。

2）操作流程如下。

T-5日，招股意向书、网下发行公告、网上路演公告（如有）见报并见于证券交易所网站。

T-4日，网上路演（如有）。

T-3日，网下累计投标询价暨申购，网下申购定金缴款。

T-2日，网下申购定金验资、确定发行价格。

T-1日，刊登网下累计投标询价结果公告和网上发行公告。

T日，增发网上申购日、原股东网上配售缴款日。

T+1日，主承销商联系会计师事务所。如果采用摇号方式，还须联系摇号队和公证机构。

T+2日，11:00前，主承销商根据验资结果，确定本次网上网下发行数量、配售比例和发行价格，盖章后将结果报上交所发行上市部。主承销商拟定价格、申购数量及回拨情况等发行结果公告准备见报。

T+3日，主承销商刊登发行结果公告，退还未获配售的网下申购定金，网下申购投资者根据配售结果补缴余款（如需）；网上发行部分如果采用摇号抽签的方式，则举行摇号抽签仪式。

T+4日，网上申购资金解冻，网下申购资金验资，股票复牌。

(3) 定价增发操作流程。

1) 注意事项如下。

① 刊登的招股意向书、网下发行公告中应注明本次增发具体日程安排表。

② 定价增发如有原股东配售，则应强调代码为"700×××"，配售简称为"×××配售"；新股东增发代码为"730×××"，增发简称为"×××增发"。

③ 原股东配售应明确股权登记日，未配售的股份对新股东发行。

2) 操作流程：T-2日，招股意向书摘要、网上网下发行公告、网上路演公告见报。

T-1日，进行网上路演。如果向原股东进行配售，T-1日为股权登记日。T日，网上网下申购日。

T+1日，主承销商联系会计师事务所进行网下申购定金验资。

T+2日，主承销商组织网上申购资金验资，同时根据网上网下申购情况，确定本次网上网下发行数量，计算网下配售比例。对于网上发行部分，如果采用按比例配售原则，则同时确定网上发行部分的配售比例；如果采用摇号抽签的方式，则确定网上中签率，同时联系摇号队和公证机构。

T+3日，主承销商刊登网下发行结果公告，退还未获配售的网下申购定金，网下申购投资者根据配售结果补缴余款（如需）；网上发行部分如果采用摇号抽签的方式，则举行摇号抽签仪式。

T+4日，网上申购资金解冻，网下申购资金验资。发行结束。

(4) 增发股票上市。上市公司申请增发新股的可流通股份上市，应在股票上市前5个交易日向上交所提交以下申请文件。

1) 上市报告书（申请书）。
2) 申请上市的董事会和股东大会决议。
3) 按照有关规定编制的上市公告书。
4) 保荐协议和保荐机构出具的上市保荐书。
5) 发行结束后经具有执行证券、期货相关业务资格的会计师事务所出具的验资报告。
6) 登记公司对新增股份登记托管的书面确认文件。
7) 董事、监事和高级管理人员持股情况变动的报告。
8) 证券交易所要求的其他文件。

经上交所同意后，发行人和主承销商应于L-1日刊登股份变动及增发股票上市公告书。

L日，增发新股可流通部分上市交易，当日股票不设涨跌幅限制。

2. 配股及上市业务操作流程

(1) 配股发行应提交的材料与增发新股的要求相同。

(2) 配股操作流程。配股是上市公司向原股东定价、定量发行新股。发行人须在其配股说明书和发行公告中披露有关原股东申购办法。

以下是上交所的配股操作流程（T日为股权登记日）。

上交所与发行人、主承销商协商在配股说明书中确定股权登记日、除权日及投资者配股申购期限。

配股简称：×××配股；配股代码：700×××。

T-3日之前，发行人和主承销商应向上交所发行上市部报送有关材料，并进行发行公告、配股说明书及附件的上网操作。

T-2日，配股说明书摘要及发行公告见报，配股说明书及附件见证券交易所网站。

T-1日，进行网上路演（如需）。

T日，股权登记日。

T+1日～T+5日为配股缴款期间。配股说明书刊登后，配股缴款首日须刊登配股提示性公告，缴款期内上市公司须就配股事项至少再作3次提示性公告。

T+6日，网下验资，确定原股东认配比例；如发行成功，则国债登记结算公司上海分公司进行网上清算。

T+7日，刊登配股发行结果公告，股票恢复正常交易。如发行成功，当日为除权基准日；如发行失败，当日为申购资金退款日。

深交所的公司配股操作流程与上交所操作流程基本一致。

(3) 配股上市。上市公司配股发行完成后，须提交的材料和增发新股基本相同。

四、信息披露

(一) 申请过程中的信息披露

申请过程中的信息披露是指从发行人董事会做出发行新股预案、股东大会批准，直到获得证监会核准文件为止的有关信息披露。证监会于2006年5月6日发布的《上市公司证券发行管理办法》规定：证券发行议案经董事会表决通过后，应当在2个工作日内报告证券交易所，公告召开股东大会的通知。使用募集资金收购资产或者股权的，应当在公告召开股东大会通知的同时，披露该资产或者股权的基本情况、交易价格、定价依据及是否与公司股东或其他关联人存在利害关系。股东大会通过本次发行议案之日起2个工作日内，上市公司应当公布股东大会决议。

上市公司收到证监会关于本次发行申请的下列决定后，应当在次1个工作日予以公告：第一，不予受理或者终止审查；第二，不予核准或者予以核准。

上市公司决定撤回证券发行申请的，应当在撤回申请文件的次1个工作日予以公告。

(二) 上市公司发行新股信息披露的一般要求

上市公司在公开发行证券前的2～5个工作日内，应当将经证监会核准的募集说明书摘要或者募集意向书摘要刊登在至少1种证监会指定的报刊，同时将其全文刊登在证监会指定的互联网网站，置备于证监会指定的场所，供公众查阅。

上市公司在非公开发行新股后，应当将发行情况报告书刊登在至少1种证监会指定的报刊，同时将其刊登在证监会指定的互联网网站，置备于证监会指定的场所，供公众查阅。上市公司可以将公开募集证券说明书全文或摘要、发行情况公告书刊登于其他网站和报刊，但不得早于法定披露信息的时间。

(三) 增发和配股过程中的信息披露

增发新股过程中的信息披露，是指发行人从刊登招股意向书开始到股票上市为止，通过证监会指定报刊向社会公众发布的有关发行、定价及上市情况的各项公告。一般包括招股意向书，网上、网下发行公告，网上路演公告，提示性公告，发行结果公告，上市公告书等。

1. 通过证券交易所网站的信息披露

上交所和深交所均对在本所上市的公司发行新股的信息披露做出有关规定，二者的规定基本一致。这里以上交所的规定为例说明。

（1）发行公司及其主承销商须将发行公告、招股意向书全文、备查文件和附录（以下简称相关文件）在上交所网站（http://www.sse.com.cn）披露。

（2）发行公司及其主承销商在证券交易所网站披露招股意向书全文及相关文件前，须向证券交易所提交以下材料。

1）证监会核准发行公司增发股份的文件。

2）发行公司招股意向书全文及相关文件的书面材料。

3）发行公司招股意向书全文及相关文件的电子文件磁盘。

4）发行公司及其主承销商关于保证招股意向书全文及相关文件的电子文件与书面文件内容一致，并承担全部责任的确认函。

（3）发行公司及其主承销商必须在刊登招股意向书摘要前1个工作日17:00前，向证券交易所提交上述全部文件。

（4）发行公司及其主承销商须在刊登招股意向书摘要的当日，将招股意向书全文及相关文件在证券交易所网站上披露，并对其内容负责。

（5）发行公司及其主承销商未在证券交易所网站上披露招股意向书全文及相关文件的，不得在报刊上刊登招股意向书及其摘要。

（6）发行公司及其主承销商在证券交易所网站上披露招股意向书全文等，暂不需要缴纳费用。

2. 通过证监会指定报刊的信息披露

增发新股过程中涉及的诸如招股意向书摘要，网上、网下发行公告，网上路演公告，提示性公告，发行结果公告，上市公告书等，须在至少1种证监会指定报刊上刊登。

（1）上市公司增发股票的信息披露。

1）当采取网下、网上定价发行方式时，需要披露以下文件。

T-2日，招股意向书摘要、网上网下发行公告、网上路演公告见报。

T日，刊登公开增发提示性公告。

T+3日，刊登发行结果公告。

T+4日，刊登网上发行中签结果公告（如有）。

2）当增发采取在询价区间内网上申购与网下申购相结合的累计投标询价且原社会公众股股东具有优先认购权的方式时，假设T日为网上申购日，则上述公告刊登的时间（日期为工作日）和顺序一般如下。

T-5日，刊登招股意向书及网下发行公告、网上路演公告。

T-1日，网下累计投标询价结果公告。

T日，增发股份提示性公告。

T+3日，发行结果公告。

T+X日，上市公告或股份变动公告，须在证券交易所对上市申请文件审查同意后，且增发新股的可流通股份上市前3个工作日内刊登。

（2）上市公司配股的信息披露。假设T日为股权登记日，则有关公告刊登的时间（所有日期为工作日）和顺序如下。

T-2日，刊登配股说明书、发行公告及网上路演公告（如有）。T+1日～T+5日，刊登配股提示性公告。

T+X日，刊登股份变动及上市公告书。该公告须在证券交易所对上市申请文件审查同意后，且所配股票上市前3个工作日内刊登。

（四）上市公司发行新股时招股说明书的编制和披露

这里的招股说明书与上市公司发行新股时的招股意向书的区别，简单来说就是，招股意向书是缺少发行价格和数量的招股说明书。由于一些上市公司在发行新股时采取的是累计投标询价，因此，在刊登招股说明书时还无法确定发行价格及数量，这种情况的招股说明书就被称为招股意向书。因此，下面所述的关于招股说明书的编制同样也适用于招股意向书。

上市公司发行新股时的招股说明书的编制和披露的要求请参阅《公开发行证券的公司信息披露内容与格式准则第 11 号——上市公司公开发行证券募集说明书》（以下简称第 11 号准则），其大部分内容与首次公开发行时编制招股说明书的要求一致，更加强调了上市公司历次募集资金的运用情况。关于上市公司历次募集资金的运用应重点披露以下几个方面的情况。

（1）发行人应披露最近 5 年内募集资金运用的基本情况。

（2）发行人应列表披露前次募集资金实际使用情况。若募集资金的运用和项目未达到计划进度和效益，应进行说明。

（3）发行人对前次募集资金投资项目的效益做出承诺并披露的，列表披露投资项目效益情况；项目实际效益与承诺效益存在重大差异的，还应披露原因。

（4）发行人最近 5 年内募集资金的运用发生变更的，应列表披露历次变更情况，并披露募集资金的变更金额及占所募集资金净额的比例；发行人募集资金所投资的项目被以资产置换等方式置换出公司的，应予以单独披露。

（5）发行人应披露会计师事务所对前次募集资金运用所出具的专项报告结论。

五、申请文件

（一）申请文件编制和申报的基本原则

根据《上市公司证券发行管理办法》《公开发行证券的公司信息披露内容与格式准则第 10 号——上市公司公开发行证券申请文件》（以下简称第 10 号准则）的规定，公开发行新股申请文件的编制和申报应注意以下几点。

（1）申请文件是上市公司为发行新股向证监会报送的必备文件。申请文件目录规定须报送的申报材料是对发行申请文件的最低要求，证监会根据审核需要，可以要求发行人和中介机构提供有关补充材料。申请文件目录要求提供的某些材料对发行人确实不适用的，可不必提供，但应向证监会做出书面说明。发行申请文件一经受理，未经证监会同意不得随意增加、撤回或更换。

（2）上市公司全体董事、监事、高级管理人员应当在公开募集证券说明书上签字，保证不存在虚假记载、误导性陈述或者重大遗漏，并声明承担个别和连带的法律责任。保荐机构及保荐代表人应当对公开募集证券说明书的内容进行尽职调查并签字，确认不存在虚假记载、误导性陈述或者重大遗漏，并声明承担相应的法律责任。为证券发行出具专项文件的注册会计师、资产评估人员、资信评级人员、律师及其所在机构，应当按照本行业公认的业务标准和道德规范出具文件，并声明对所出具文件的真实性、准确性和完整性承担责任。发行人、保荐机构（主承销商）应履行其对发行申请文件质量控制的义务，按有关规定对申请文件进行核查并出具内核意见。

（3）公开募集证券说明书所引用的审计报告、盈利预测审核报告、资产评估报告、资信评级报告，应当由有资格的证券服务机构出具，并由至少 2 名有从业资格的人员签署。公开募集证券说明书所引用的法律意见书，应当由律师事务所出具，并由至少 2 名经办律师签署。公开募集证券说明书自最后签署之日起 6 个月内有效。公开募集证券说明书不得使用超过有效期的资产评估报告或者资信评级报告。

（4）发行人应根据证监会对发行申请文件的审核反馈意见提供补充材料。有关中介机构应履行其对相关问题进行尽职调查或补充出具专业意见的义务。

(5) 对未按规定要求制作和报送发行申请文件的，证监会可不予受理。

（二）申请文件的形式要求

(1) 发行人和保荐机构报送发行申请文件，初次应提交原件1份，复印件2份；在提交发审委审核之前，根据证监会要求的书面文件份数补报申请文件。

(2) 纳入发行申请文件原件的文件，均应为原始文本。发行人不能提供有关文件的原始文本的，应由发行人律师提供鉴证意见，或由出文单位盖章，以保证与原始文件一致。如原出文单位不再存续，由承继其职权的单位或做出撤销决定的单位出文证明文件的真实性。

所有需要签名处，均应为签名人亲笔签名，不得以名章、签名章等代替。需要由发行人律师鉴证的文件，发行人律师应在该文件首页注明"以下第××页至第×××页与原件一致"，并签名和签署鉴证日期，律师事务所应在该文件首页加盖公章，并在第××页至第×××页侧面以公章加盖骑缝章。

(3) 发行申请文件的纸张应采用幅面为209毫米×295毫米规格的纸张（相当于标准A4纸张规格），双面印刷（须提供原件的历史文件除外）。

(4) 申请文件的封面和侧面应标明"×××公司配投/增发/可转换公司债券/分离交易的可转换公司债券申请文件"字样。

(5) 发行申请文件的扉页应附发行人董事会秘书及有关中介机构项目负责人的姓名、电话、传真及其他有效的联系方式。

(6) 发行申请文件章与章之间、节与节之间应有明显的分隔标识。申请文件中的页码必须与目录中的页码相符。例如，第四章4-1的页码标注：4-1-1、4-1-2、4-1-3、…、4-1-n。

(7) 在每次报送书面文件的同时，发行人应报送2份相应的电子文件（应为标准.doc或.rtf文件）。发行结束后，发行人应将募集说明书的电子文件及历次报送的电子文件汇总报送证监会备案。

（三）上市公司公开发行证券申请文件目录

第一章　本次证券发行的募集文件
1-1 募集说明书（申报稿）
1-2 募集说明书摘要
1-3 发行公告（发审委会议后按证监会要求提供）
第二章　发行人关于本次证券发行的申请与授权文件
2-1 发行人关于本次证券发行的申请报告
2-2 发行人董事会决议
2-3 发行人股东大会决议
第三章　保荐机构关于本次证券发行的文件
3-1 证券发行保荐书
3-2 保荐机构尽职调查报告
第四章　发行人律师关于本次证券发行的文件
4-1 法律意见书
4-2 律师工作报告
第五章　关于本次证券发行募集资金运用的文件
5-1 募集资金投资项目的审批、核准或备案文件
5-2 发行人拟收购资产（包括权益）有关的财务报告、审计报告、资产评估报告
5-3 发行人拟收购资产（包括权益）的合同或其草案
第六章　其他文件
6-1 发行人最近3年的财务报告和审计报告及最近1期的财务报告

6-2 会计师事务所关于发行人内部控制制度的鉴证报告

6-3 会计师事务所关于前次募集资金使用情况的专项报告

6-4 经注册会计师核验的发行人最近3年加权平均净资产收益率和非经常性损益明细表

6-5 发行人董事会、会计师事务所及注册会计师关于非标准无保留意见审计报告的补充意见

6-6 盈利预测报告及盈利预测报告审核报告

6-7 最近3年内发生重大资产重组的发行人提供的模拟财务报告及审计报告和重组进入公司的资产的财务报告、资产评估报告和/或审计报告

6-8 控股股东（企业法人）最近1年的财务报告、审计报告及保荐机构出具的关于实际控制人情况的说明

6-9 发行人公司章程（限于电子文件）

6-10 资信评级机构为本次发行可转换公司债券或分离交易的可转换公司债券出具的资信评级报告

6-11 本次发行可转换公司债券或分离交易的可转换公司债券的担保合同、担保函、担保人就提供担保获得的授权文件

6-12 特定行业（或企业）主管部门出具的监管意见书

6-13 承销协议（发行前按证监会要求提供）

6-14 发行人全体董事对发行申请文件真实性、准确性和完整性的承诺书

（四）上市公司非公开发行证券申请文件目录

第一章　发行人的申请报告及相关文件

1-1 发行人申请报告

1-2 本次发行的董事会决议和股东大会决议

1-3 本次非公开发行股票预案

1-4 公告的其他相关信息披露文件

第二章　保荐人和律师出具的文件

2-1 保荐人出具的证券发行保荐书

2-2 保荐人尽职调查报告

2-3 发行人律师出具的法律意见书

2-4 发行人律师工作报告

第三章　财务信息相关文件

3-1 发行人最近1年的财务报告和审计报告及最近1期的财务报告

3-2 最近3年及1期的比较式财务报表（包括合并报表和母公司报表）

3-3 本次收购资产相关的最近1年及1期的财务报告及其审计报告、资产评估报告

3-4 发行人董事会、会计师事务所及注册会计师关于上市公司最近1年及1期的非标准无保留意见、审计报告的补充意见

3-5 会计师事务所关于前次募集资金使用情况的专项报告

第四章　其他文件

4-1 有关部门对募集资金投资项目的审批、核准或备案文件

4-2 特定行业主管部门出具的监管意见书

4-3 国务院相关主管部门关于引入境外战略投资者的批准文件

4-4 附条件生效的股份认购合同

4-5 附条件生效的资产转让合同

4-6 发行人全体董事对相关申请文件真实性、准确性和完整性的承诺书编制说明：前述

申请文件目录是对发行申请文件的最低要求,证监会根据审核需要,可以要求发行人和中介机构补充材料。某些材料对发行人不适用的,可不必提供,但应做出书面说明。保荐机构报送申请文件,初次报送应提交原件1份、复印件及电子文件3份。

第四节 外资股的发行

一、B股（境内上市外资股）

(一) 境内上市外资股的投资主体

境内上市外资股又被称为B股,是指在中国境内注册的股份有限公司向境内外投资者发行并在中国境内证券交易所上市交易的股票。境内上市外资股采取记名股票形式,以人民币标明面值,以外币认购、买卖。1995年12月25日国务院发布的《国务院关于股份有限公司境内上市外资股的规定》和1996年5月国务院证券委员会发布的《股份有限公司境内上市外资股规定的实施细则》,专门就境内上市外资股的有关问题做了规范。2001年2月19日,证监会发布了《境内居民可投资B股市场》的决定;2001年2月21日,证监会发布了《关于境内居民个人投资境内上市外资股若干问题的通知》,对境内居民可投资B股市场做了具体规定。

境内上市外资股的投资主体限于以下几类:外国的自然人、法人和其他组织;中国香港、澳门、台湾地区的自然人、法人和其他组织;定居在国外的中国公民;拥有外汇的境内居民;证监会认定的其他投资人。

(二) 境内上市外资股的发行与上市条件

1. 募集设立公司申请发行境内上市外资股的条件

根据《国务院关于股份有限公司境内上市外资股的规定》第8条的规定,以募集方式设立公司,申请发行境内上市外资股的,应当符合以下条件。

(1) 所融资金用途符合国家产业政策。
(2) 符合国家有关固定资产投资立项的规定。
(3) 符合国家有关利用外资的规定。
(4) 发起人认购的股本总额不少于公司拟发行股本总额的35%。
(5) 发起人的出资总额不少于1.5亿元。
(6) 拟向社会发行的股份达公司股份总数的25%以上;拟发行的股本总额超过4亿元的,其拟向社会发行股份的比例达15%以上。
(7) 改组设立公司的原有企业或者作为公司主要发起人的国有企业,在最近3年内没有重大违法行为。
(8) 改组设立公司的原有企业或者作为公司主要发起人的国有企业,在最近3年内连续盈利。

2. 申请增资发行境内上市外资股的条件

根据《国务院关于股份有限公司境内上市外资股的规定》第9条的规定,已设立的股份有限公司增加资本，申请发行境内上市外资股时，除应具备募集设立公司申请发行境内上市外资股前3项条件外，还应当符合以下条件。

（1）公司前一次发行的股份已经募足，所得资金的用途与募股时确定的用途相符，并且资金使用效益良好。

（2）公司净资产总值不低于1.5亿元。

（3）公司从前一次发行股票到本次申请期间没有重大违法行为。

（4）公司在最近3年内连续盈利；原有企业改组或者国有企业作为主要发起人设立的公司，可以连续计算。

（5）证监会规定的其他条件。

以发起方式设立的股份有限公司首次增加资本，申请发行境内上市外资股时，还必须符合募集设立公司申请发行B股时关于向社会公开发行股份比例的要求。

（三）境内上市外资股的发行方式

我国股份有限公司发行境内上市外资股一般采取配售方式。按照国际金融市场的通常做法，采取配售方式，承销商可以将所承销的股份以议购方式向特定的投资者配售。主承销商在承销前的较早阶段即已通过向其网络内客户的推介或路演，初步确定了认购量和投资者可以接受的发行价格，正式承销前的市场预测和承销协议签署仅具备有限的商业和法律意义。

（四）境内上市外资股的发行准备

1. 实施企业改组方案

为了实现境外募股与上市目标，企业股份制改组方案一般应当遵循以下基本原则。

（1）突出主营业务。

（2）避免同业竞争，减少关联交易。

（3）保持较高的利润总额与资产利润率。

（4）避免出现可能影响境外募股与上市的法律障碍。

（5）明确股份有限公司与各关联企业的经济关系。

2. 选聘中介机构

有关的中介机构包括承销商、法律顾问、审计机构和评估机构。

（1）承销商。按照《国务院关于股份有限公司境内上市外资股的规定》，公司发行境内上市外资股，应当委托经证监会认可的境内证券经营机构作为主承销商或者主承销商之一。公司也可以聘请国外证券公司担任国际协调人。主承销商和国际协调人共同负责向拟上市的证券交易所推荐、提供咨询、协调联络、制作文件、向投资者推介、承销股票及上市后持续服务等。

（2）法律顾问。一般发行新股至少需聘请两类法律顾问：一类是企业的法律顾问；另一类是承销商的法律顾问。这两类法律顾问根据发行要求的不同，又分别包括两位法律顾问：一位是中国境内的法律顾问；另一位是中国境外的法律顾问。

（3）审计机构。这包括中国境内具有证券相关业务资格的会计师事务所和国际会计师事务所。

（4）评估机构。这主要由境内的评估机构担任。但是，在某些情况下，企业也可以聘请境外估值师对公司的物业和机器设备等固定资产进行评估。境内的资产评估机构应当是具有从事证券相关业务资格的机构。聘请的国际估值人员通常是在外资股上市地具有一定声誉，特别是具有国际资产估值标准委员会会籍资格或者英国皇家特许测量师学会会籍资格的估值机构的人员。此外，还需要有一家国内的土地评估机构评估土地。

3. 尽职调查

尽职调查是指中介机构在企业的协助下，对拟募股企业与本次发行有关的一切事项进行现场调查、资料采集的一系列活动。参与者一般是主承销商、国际协调人、律师、会计师和估值师。调查的主要内容包括：有关拟募股企业的发展历史与背景；公司发展战略；拟募股企业与关联企业的关系和结构；产品类别及市场占有率分析；产品的技术特点及发展方向；同业竞争与关联交易；生产程序、企业管理与质量控制；原材料的购进渠道、采购政策、订货程序，与供应商的合作情况；国家补贴情况；技术产品的开发、销售、市场推广及售后服务；财务资料及业绩；董事、管理阶层及员工；外汇风险；中国加入世贸组织对企业的影响；企业知识产权、物业和各类财产权利的详细情况；企业未来的发展和募集资金的用途；等等。主承销商（或全球协调人）根据企业所提供的资料，与有关中介机构将就调查结果形成工作报告，并作为招股说明书的依据。尽职调查的主要作用如下。

（1）使中介机构增强对企业的了解，以便发现问题。中介机构一方面可以在重组工作中更好地开展工作，提出好的意见和建议；另一方面可以在日后的发行和上市工作中更好地向投资者推介企业。

（2）使中介机构掌握有关企业的第一手资料，真实地撰写招股说明书和其他相关材料。

（3）尽职调查要求中介机构必须真正尽到自己的责任，充分核实企业提供的材料，减少工作中的失误，同时免除因调查不充分而可能导致的责任追究。

4. 提供法律意见

法律顾问的主要职责：向公司提供有关企业重组、外资股发行等方面的法律咨询，协助企业完成股份制改组，起草与发行有关的重大合同；调查、收集企业的各方面资料。主承销商的法律顾问须协助其编制招股说明书（或信息备忘录），并准备有关的附录文件；出具外资股发行法律意见书，并根据承销和发行的需要出具单项法律意见书；准备招股说明书的验证备忘录，要求发行人、主承销商和有关中介机构确认和保证招股说明书中资料的准确性、真实性和完整性。

5. 资产评估

资产评估的目的在于提供企业真实的资产价值，向境外投资者反映企业的实际资产价值，同时也在于防止国有资产的流失。根据要求，在设立股份有限公司时，境内评估机构应当对投入股份有限公司的全部资产进行资产评估。评估的方法主要有重置成本法、现行市价法和收益现值法。对股份有限公司占用的土地进行评估时，要向国家土地管理部门申请办理土地评估立项与确认。评估机构在完成评估以后，应当出具评估报告。

6. 财务审计

会计师事务所的任务主要有两项：一是对公司的财务状况进行审计，并出具会计师报告（审计报告）；二是对公司的盈利预测进行审核。按照国际通行的做法，中国企业发行股票，首先应当按照中国的企业会计准则和会计制度编制财务报表。但是，中国的企业会计准则和会计制度与国际会计准则存在差别，为了便于境外投资者了解企业的财务状况及其发展前景，充分保障投资者的利益，以及适应不同募集地的要求，需要国际会计师事务所参照国际会计准则，对企业的会计报表进行调整，并公开披露。

7. 设立公司

向境外投资者募集股份的股份有限公司通常以发起方式设立。在资产评估、财务审计、重组方案等工作完成的基础上，地方企业通过省、市、自治区政府，中央企业通过行业主管部门申请发起设立股份有限公司。这时设立的股份有限公司，可以是仅代表国家发起人股本的股份有限公司。这主要是解决发行人的法律主体资格问题，避免因中外法律的差异造成发行障碍。该股份有限公司一经成立，即可以发行新股。

8. 提交发行股票的申请材料

在完成上述发行准备事项之后，发行人应当按照《申请发行境内上市外资股（B股）报送材料标准格式》的要求，向证监会提交发行股票的申请材料。

（1）B股发行申请材料主要包括以下文件。

1）省级人民政府或国务院有关部门出具的推荐文件。
2）批准设立股份有限公司的文件。
3）发行授权文件。
4）公司章程。
5）招股说明书。
6）资金运用的可行性分析。
7）发行方案。
8）公司改制方案及原企业的有关财务资料。
9）定向募集公司申请发行B股还须提交的文件。
10）发行申请材料的附件。

（2）如果是已经发行了境内上市外资股的公司申请再次募集境内上市外资股的（公司向现有股东配股除外），也应当按照《申请发行境内上市外资股（B股）公司增资发行B股申报材料的标准格式》，将以下有关文件报证监会审核。

1）地方政府或中央企业主管部门关于公司增资发行B股申请出具的文件。
2）本次增资发行B股的授权文件及附件，如股东大会决议等。
3）关于前一次股票发行（包括配股或增资）的有关情况及其他材料。
4）资金运用的可行性说明材料。
5）简要招股说明材料。
6）其他附件，如国有股权持有单位关于本次增资发行B股出具的意见（如有）公司章程、承销协议等。

9. 核准

（1）企业聘请的中介机构按照《关于股份有限公司境内上市外资股的规定》等国家有关法规、政策制作发行申报材料后，提交证监会。

（2）证监会根据《公司法》和《关于股份有限公司境内上市外资股的规定》等有关法规、政策，对企业申报材料进行审核。

（3）企业申报材料经证监会发行监管部审核合格的，提交发审委审议。

（4）发审委审议通过后，证监会将按程序核准发行B股；不予核准的，做出说明。

B股公司增资发行B股，比照B股首次发行审批阶段的程序办理，由证监会批准发行。

（五）境内上市外资股的超额配售选择权

根据《股份有限公司境内上市外资股规定的实施细则》等法规，经批准，我国股份有限公司在发行B股时，可以与承销商在包销协议中约定超额配售选择权。

二、H股

（一）H股的发行方式

H股的发行方式是公开发行加国际配售。发行人须按上市地法律的要求，将招股文件和相关文件公开披露。招股说明书一般在上市委员会的听证会批准后公布，公司根据招股说明书披露的信息，向社会公众发行新股。初次发行H股时须进行国际路演，这对于新股认购和H股上市后在二级市场的表现都有积极的意义。

（二）H股的发行与上市条件

根据香港联合交易所有限公司（以下简称香港联交所）的有关规定，内地在中国香港发行股票并上市的股份有限公司应满足以下条件。

1. 盈利和市值要求

香港联交所最新修订的《上市规则》对盈利和市值要求做出较大修订，股份有限公司满足以下条件之一即可。

（1）公司具备不少于 3 个会计年度的营业记录，而在该段期间，公司最近 1 年的股东应占盈利不得低于 2000 万港元，其前 2 年累计的股东应占盈利不得低于 3000 万港元。上述盈利应扣除日常业务以外的业务所产生的收入或亏损。至少前 3 个会计年度的管理层维持不变，并且至少经审计的最近 1 个会计年度的拥有权和控制权维持不变。

（2）公司具备不少于 3 个会计年度的营业记录；至少前 3 个会计年度的管理层维持不变；至少经审计的最近 1 个会计年度的拥有权和控制权维持不变；上市时市值至少为 20 亿港元，经审计的最近 1 个会计年度的收益至少为 5 亿港元，以及新申请人或其集团的拟上市的业务于前 3 个会计年度的现金流入合计至少为 1 亿港元。

（3）公司具备不少于 3 个会计年度的营业记录；至少前 3 个会计年度的管理层维持不变；至少经审计的最近 1 个会计年度的拥有权和控制权维持不变；于上市时市值至少为 40 亿港元，且经审计的最近 1 个会计年度的收益至少为 5 亿港元。

2. 最低市值要求

新申请人预期上市时的市值不得低于 5000 万港元。按"盈利和市值要求"第 2 条、第 3 条申请上市的公司则需满足上市时市值分别不低于 20 亿港元及 40 亿港元的要求。

3. 公众持股市值和持股量要求

（1）无论何时，发行人已发行股本总额至少有 25% 由公众人士持有。

（2）若发行人拥有超过一种类别的证券，其上市时由公众人士持有的证券总数必须至少占发行人已发行股本总额的 25%；但正在申请上市的证券类别占发行人已发行股本总额的百分比不得少于 15%，上市时的预期市值也不得少于 5000 万港元。

（3）如发行人预期上市时市值超过 100 亿港元，则香港联交所可酌情接纳一个在 15%～25% 的较低百分比。

4. 股东人数要求

股东人数须视发行的规模及性质而定，但在任何情况下，股东人数须至少为 300 人。

5. 持续上市责任

控股股东必须承诺上市后 6 个月内不得出售公司的股份，并且在随后的 6 个月内控股股东可以减持，但必须维持控股股东地位。

6. 公司治理要求

（1）公司上市后须至少有 1 名独立非执行董事常驻香港。

（2）需指定至少 3 名独立非执行董事，其中 1 名独立非执行董事必须具备适当的专业资格，或具备适当的会计或相关财务管理专长。

（3）发行人董事会下须设有审核委员会、薪酬委员会和提名委员会。

（4）审核委员会成员须有至少 3 名成员，并必须全部是非执行董事，其中至少有 1 名是独立非执行董事且具有适当的专业资格，或具备适当的会计或相关财务管理专长，审核委员会的成员必须以独立非执行董事占大多数，出任主席者也必须是独立非执行董事。

（5）发行人必须委任一名符合《上市规则》第 3.28 条规定的公司秘书。

（三）H 股发行的工作步骤

第一步，实施企业重组。邀请有关咨询机构进行调查研究，提出对企业业务、组织结构、资产负债结构进行全面重组的方案，保证企业在上市方面具有吸引力和特殊优势。

第二步，尽职调查。

第三步，草拟发行所需的有关文本。编制最近3年的财务会计报告，草拟招股说明书、草拟承销协议，传发法律文件、会计报告、盈利和现金预测及相关备忘录、中国法律意见书、土地和物业评估报告、招股说明书草稿等，编写公司介绍、说明书等宣传材料，草拟董事服务公约，草拟监事、董事、高级职员协议和董事、监事说明，草拟上市协议、利益冲突的法律意见、土地拥有权法律意见书、重要合约，召开董事会议，保存关于申请发行上市股票的记录等。

第四步，向地方政府及中央政府申请发行H股及审批。

第五步，向证监会申请在香港上市。

第六步，向香港联交所递交上市申请书及有关文件。

第七步，完成发行上市的有关文本（招股书、认购申请书、董事及监事声明、承销协议、物业评估报告、审计报告等）。

第八步，召开首次股东大会批准有关上市事宜，通过公司章程选举董事、监事、公司秘书。

第九步，经香港联交所批准，进行预路演。

第十步，确定发行价格范围。

第十一步，召开招股推介会，进行国际路演。

第十二步，完成其他文件注册登记事宜。

第十三步，簿记、公开招股和定价。

第十四步，正式挂牌上市。

（四）H股发行的核准程序

（1）取得地方政府或国务院有关主管部门的同意和推荐，向证监会提出申请。

（2）由证监会就有关申请是否符合国家产业政策、利用外资政策及有关固定资产投资立项规定会商国家发改委等有关部门。

（3）聘请中介机构，报送有关材料。

（4）证监会审批。

（5）向香港联交所提出申请，并履行相关核准或登记程序。

三、内地企业在香港创业板的发行与上市

（一）香港创业板市场的上市条件

香港联交所发布的《创业板上市规则》第十一章对在香港创业板上市的条件做出规定。

1. 适用于所有发行人的一般条件

（1）发行人必须依据中国内地及香港地区、百慕大或开曼群岛的法律正式注册成立，并须遵守该类地区的法律（包括有关配发及发行证券的法律）及其公司组织章程大纲及细则或同等文件的规定。发行人的公司组织章程大纲及细则须符合《创业板上市规则》"附录三"的规定。此外，如果是在特定司法管辖区注册成立的海外发行人，也须符合《创业板上市规则》"附录十一"的规定。

（2）发行人及其业务必须属于香港联交所认可的适合上市公司。

（3）发行人须委任有关人士担任董事、公司秘书、监察主任、授权代表和核数委员会会员等职责。发行人必须确保这些人士于被聘任前符合《创业板上市规则》的有关规定条件。

（4）发行人须有经核准的股票过户登记处，或须聘有经核准的股票过户登记处，以便在中国香港特区设置其股东名册。

（5）发行人必须遵从《创业板上市规则》第六A章，特别是有关委聘保荐人及合规顾问的事宜。

（6）新申请人及上市发行人必须拥有按《创业板上市规则》第七章所编制的会计师报告。

2. 适用于新申请人的附加条件

（1）会计师报告。如属新的申请人，其申报会计师最近期报告的财政期间不得早于上市文件刊发日期前 6 个月。

（2）新申请人或其集团（不包括采用权益会计法或比例综合法将其业绩在发行人财务报表内列账的任何联营公司、合资公司及其他实体）必须具备足够至少 2 个财政年度的适当编制的营业记录，且从日常及正常业务经营过程中产生净现金流入（但未计入调整营运资金的变动及已付税项）。申请上市的新申请人或其集团此等在刊发上市文件前 2 个财政年度从经营业务所得的净现金流入总额必须最少达 2000 万港元。申请人在刊发上市文件前的完整财政年度及至上市日期为止的整段期间，其拥有权及控制权必须维持不变；申请人在刊发上市文件前 2 个完整财政年度及至上市日期为止的整段期间，其管理层必须大致维持不变。

（3）业务目标。新申请人必须符合《创业板上市规则》第 14.19 条至第 14.21 条规定的上市文件中的声明，清楚列明其业务目标，并解释拟达到该目标的方法。

（4）与物业有关的事项。属于物业公司的新申请人必须就其绝大部分中国物业拥有长期所有权证明书，及（或）就绝大部分非位于中国的物业拥有其他适当的所有权证明，不论该等物业已竣工或仍在发展中。

3. 有关新申请人的其他条件

（1）除《创业板上市规则》第 11.21 条另有规定外，新申请人不得出现以下情况。

1）在紧接上市文件刊发前最后 1 个完整的财政年度期内更改其财政年度期间。

2）在任何盈利预测（如有）期间或在现有财政年度（以较长期间为准）更改其财政年度期间。

（2）根据《创业板上市规则》第 11.20 条的规定，只有满足以下条件，新申请人的附属公司通常才能获准更改其财政年度期间。

1）该项更改旨在使附属公司的财政年度与新申请人的财政年度相配合。

2）业绩已做适当调整，而有关调整必须在向交易所提供的报表中做出详细解释。

3）在上市文件及会计师报告中做出充分披露，说明更改的理由，以及有关更改对新申请人的集团业绩及盈利预测的影响。

4. 分配基准

上市文件必须披露发行人拟分配证券的基准详情，包括公众人士及配售部分（如有）各自持有证券的详情。就所有供公众认购或出售给公众的证券（不论由新申请人或上市发行人发行）而言（为释疑起见，不包括根据配售安排而发行的证券），发行人、董事、保荐机构及包销商（如适用）必须采纳公平准则，将上述证券分配给所有认购或申请证券的人士。

5. 公开招股发售期间的确定

（1）涉及向公众人士招股的任何上市方法，发行人须于上市文件内载列有关发售期限的详情。

（2）上市文件所订明的可更改或延长发售期间或公开接受认购期间的权利，必须遵循以下规定。

1）限于香港联交所接纳因热带气旋警告讯号或类似的外来因素而可能引致的延误（不论所述的截止日期是否为银行工作日）。

2）载于上市文件的有关详情内。在香港联交所接纳的任何条件的规定下，上市文件所述发售期间及公开接受认购期间的截止日期不可更改或延长，而发行人、包销商或任何其他人士均不可单方面更改或延长该日期或期间。

6. 包销商

香港联交所就任何拟采用的包销商（如有）在财政上是否适合做咨询发行人保留权利，

如果交易所不信任包销商能够符合所承诺的包销能力，则可以拒绝其上市申请。

（二）内地企业在香港创业板发行与上市的条件

1. 运作历史要求

香港联交所在下列情况，就《创业板上市规则》第 11.12A 条而言基于香港联交所信纳的理由，有可能接纳准新申请人不足 2 个财政年度的营业记录期，也有可能豁免遵守或更改《创业板上市规则》第 11.12A2）条及第 11.12A3）条有关拥有权及管理层的规定（使香港联交所接纳不足 2 个财政年度的营业记录，申请人仍须在该较短的营业记录期内符合 2000 万港元的现金流量规定）。

（1）准申请人为新成立的"项目"公司（如为一项主要基础建设项目而成立的公司）。

（2）准申请人为矿业公司。

（3）在特殊情况下，香港联交所认为接纳较短的时间为合适者。

2. 市值要求

除下属情况外，由公众人士持有的股本证券的市值必须最少为 3000 万港元；上市时，该等证券必须由不同方面的人士持有。上市时，公众持有的股本证券须最少由 100 个人持有（包括通过中央结算系统持有其证券的人士）。

（1）如属新申请人的情况：有关权证的市值必须最少为 600 万港元。

（2）如属上市发行人的情况：有关权证的市值必须最少为 600 万港元。

3. 公众持股市值与持股量要求

（1）新申请人预期在上市时的市值不得低于 1 亿港元；而在计算是否符合此项市值要求时，以新申请人上市时的所有已发行股本［包括正申请上市的证券类别及其他（如有）非上市或在其他受监管市场上市的证券类别］作计算基准。

（2）对于那些拥有 1 类或以上证券（除了正申请上市的证券类别外也拥有其他类别的证券）的发行人，其上市时由公众人士持有（在所有受监管市场，包括香港联合交易所上市）的证券总数，必须占发行人已发行股本总额的至少 25%。然而，正申请上市的证券类别，则不得少于发行人已发行股本总额的 15%，而其上市时的预期市值也不得少于 3000 万港元。

（3）如发行人预期在上市时的市值逾 100 亿港元，另外香港联交所亦确信该等证券的数量，以及其持有权的分布情况，仍能使有关市场正常运作，则香港联交所可酌情接纳介于 15%～25% 的一个较低的百分比，条件是发行人须于其首次上市文件中适当披露其获准遵守的较低公众持股量百分比，并于上市后的每份年报中连续确认其公众持股量符合规定。此外，任何拟在香港及香港以外地区市场同时推出的证券，一般须有充分数量（事前须与香港联交所议定）在香港发售。

4. 股东人数要求

发行人至少有 100 名股东。

四、境内上市公司有控制权的所属企业境外上市

境内上市公司所属企业到境外上市，是指境内上市公司有控制权的所属企业（以下简称所属企业）到境外证券市场公开发行股票并上市的行为。为了规范境内上市公司所属企业到境外上市，证监会于 2004 年 7 月 21 日发布了《关于规范境内上市公司所属企业到境外上市有关问题的通知》，专门就境内上市公司所属企业到境外上市做了具体规定。

（一）所属企业境外上市的条件

所属企业申请境外上市，应当符合以下条件。

（1）上市公司在最近 3 年连续盈利。

（2）上市公司最近 3 个会计年度内发行股份及募集资金投向的业务和资产不得作为对

所属企业的出资申请境外上市。

(3) 上市公司最近1个会计年度合并报表中按权益享有的所属企业的净利润不得超过上市公司合并报表净利润的50%。

(4) 上市公司最近1个会计年度合并报表中按权益享有的所属企业的净资产不得超过上市公司合并报表净资产的30%。

(5) 上市公司与所属企业不存在同业竞争，且资产、财务独立，经理人员不存在交叉任职。

(6) 上市公司及所属企业董事、高级管理人员及其关联人员持有所属企业的股份，不得超过所属企业到境外上市前总股本的10%。

(7) 上市公司不存在资金、资产被具有实际控制权的个人、法人或其他组织及其关联人占用的情形或其他损害公司利益的重大关联交易。

(8) 上市公司最近3年无重大违法违规行为。

(二) 上市公司所属企业申请境外上市需要表决的事项

1. 董事会表决事项

所属企业到境外上市，其董事会应当就以下事项做出决议并提请股东大会批准。

(1) 境外上市是否符合证监会的规定。

(2) 境外上市方案。

(3) 上市公司维持独立上市地位承诺及持续盈利能力的说明与前景。

2. 股东大会表决事项

所属企业到境外上市，其股东大会应当就以下事项逐项进行表决。

(1) 董事会提案中有关所属企业境外上市方案。

(2) 董事会提案中上市公司维持独立上市地位及持续盈利能力的说明与前景。

(三) 财务顾问的职责

所属企业申请到境外上市，上市公司应当聘请经证监会注册登记并列入保荐机构名单的证券经营机构担任其维持持续上市地位的财务顾问。财务顾问应当参照《证券发行上市保荐业务管理办法》等证监会的有关规定和行业规范，诚实守信，勤勉尽责，尽职出具相关财务顾问报告，持续督导上市公司维持独立上市地位。

1. 尽职调查

财务顾问应当按照证监会的规定，对所属企业到境外上市申请文件进行尽职调查、审慎核查，出具财务顾问报告，承诺有充分理由确信上市公司申请文件不存在虚假记载、误导性陈述或者重大遗漏，确信上市公司在所属企业到境外上市后仍然具备独立的持续上市地位，保留的核心资产与业务具有持续经营能力。

2. 持续督导

财务顾问应当在上市公司所属企业到境外上市当年剩余时间及其后1个完整会计年度，持续督导上市公司维持独立上市地位，并承担以下工作。

(1) 持续关注上市公司核心资产与业务的独立经营状况、持续经营能力等情况。

(2) 督导上市公司依法披露所属企业发生的对上市公司权益有重要影响的资产、财务状况变化，以及其他影响上市公司股票价格的重要信息。

(3) 财务顾问应当自持续督导工作结束后10个工作日内向证监会、证券交易所报送"持续上市总结报告书"。

(四) 信息披露

所属企业到境外上市，上市公司应当在下述事件发生后次日履行信息披露义务。

(1) 所属企业到境外上市的董事会、股东大会决议。

(2) 所属企业向证监会提交的境外上市申请获得受理。
(3) 所属企业获准境外发行上市。

所属企业到境外上市后，上市公司应当及时向境内投资者披露所属企业向境外投资者披露的任何可能引起股价异常波动的重大事件。上市公司应当在年度报告的重大事项中就所属企业业务发展情况予以说明。

（五）监督管理

所属企业申请到境外上市，应当按照证监会的要求编制并报送申请文件及相关材料。证监会对所属企业到境外上市申请实施行政许可，并比照《证券发行上市保荐业务管理办法》等有关规定对财务顾问执业情况实施监管。

五、国际推介与分销

（一）国际推介与询价

在发行准备工作已经基本完成，并且在发行审查已经原则通过（有时可能是取得附加条件通过的承诺）的情况下，主承销商（或全球协调人）将安排承销前的国际推介与询价。此阶段的工作对于发行、承销成功具有重要的意义。这一阶段的工作主要包括以下几个环节。

1. 预路演

预路演是指由主承销商的销售人员和分析员去拜访一些特定的投资者，通常为大型的专业机构投资者，对他们进行广泛的市场调查，听取投资者对于发行价格的意见及看法，了解市场的整体需求，并据此确定一个价格区间的过程。为了保证预路演的效果，必须从地域、行业等多方面考虑抽样的多样性，否则询价结论就会比较主观，不能准确地反映出市场供求关系。

2. 路演推介

路演是在主承销商的安排和协助下，主要由发行人面对投资者公开进行的、旨在让投资者通过与发行人面对面的接触更好地了解发行人，进而决定是否进行认购的过程。通常在路演结束后，发行人和主承销商便可大致判断市场的需求情况。

（1）国际推介的主要目的。国际推介的主要目的是查明长期投资者的需求情况，保证重点销售；使投资者了解发行人的情况，做出价格判断；利用销售计划，形成投资者之间的竞争，最大限度地提高价格评估；为发行人与投资者保持关系打下基础。

（2）国际推介的对象。国际推介的对象主要是机构投资者。

（3）国际推介的主要内容。推介的内容大致包括：散发或送达配售信息备忘录和招股文件；发行人及相关专业机构的宣讲推介；传播有关的声像及文字资料；向机构投资者发送预订邀请文件，并询查定价区间；发布法律允许的其他信息等。在通常情况下，国际推介基本完成（甚至在最初若干市场推介会完成）后，主承销商（或全球协调人）可初步了解投资者对拟发行股票的态度，通过已反馈的投资者的股份订单进行统计，就可以大体确定承销的结果和基本的超额认购率。

（4）国际推介活动中应当注意的内容主要有以下几点。
1）防止推销违例。例如，在美国证券交易委员会及中国香港联交所批准全方位宣传之前，不能宣传（尤其在美国）公司改组上市方面的实质性内容。
2）宣传的内容一定要真实。
3）推销时间应尽量缩短和集中。
4）把握推销发行的时机。

3. 簿记定价

簿记定价主要是统计投资者在不同价格区间的订单需求量，以把握投资者需求对价格的敏感性，从而为主承销商（或全球协调人）的市场研究人员对最终定价、承销结果、上市后的基本表现等进行研究和分析提供依据。

以上环节完成后，主承销商（或全球协调人）将与发行人签署承销协议，并由承销团成员签署承销团协议，确定最终发行价格。

（二）国际分销与配售

主承销商和全球协调人在拟订发行与上市方案时，通常应明确拟采取的发行方式、上市地的选择、国际配售与公开募股的比例、拟进行国际分销与配售的地区、不同地区国际分销或配售的基本份额等内容。尽早确定上述内容，对于选择承销团成员、安排各成员的工作内容、起草工作文件都是十分必要的。在确定上述内容时，需要考虑以下几个方面的因素。

1. 计划安排国际分销的地区与发行人和股票上市地的关系

通常倾向于选择与发行人和股票上市地有密切投资关系、经贸关系和信息交换关系的地区为国际配售地。

2. 发行准备的便利性因素

在确定国际分销方案时，一般选择当地法律对配售没有限制和严格审查要求的地区作为配售地，以简化发行准备工作。对于募股规模较大的项目来说，每个国际配售地区通常要安排一家主要经办人。国际分销地区、各地区的配售额在国际推介之后确定，在承销过程中可以调整。一般情况下，在国际分销实施前，整个承销团及各国际分销地区的认购情况和认购率已经基本明确。按照承销协议、承销团协议和收款银行协议，涉及承销各方利益的收款转款事项、承销费用事项和募股截止时的程序性工作均已得到安排，这是承销顺利进行的必要前提。最终，在募股截止时，发行人将与主承销商和全球协调人共同确定发行价格，并签署有关的承销文件。

第八章
发行可转换债券融资

可转换证券是指可以转换为普通股股票的证券，主要包括可转换债券和可转换优先股。

可转换债券，又称可转换公司债券，是指发行人依照法定程序发行，在一定期间内依据约定的条件可以转换成股份的公司债券。其持有人可以在规定的期限内，将债券按既定的转换价格和转换比率转换为相应公司的普通股，但在持有人不执行转换权利之前，公司必须按时支付利息，如果可转债到期持有人仍然不愿转换，则公司还必须全额偿还本金。

上市公司可以公开发行认股权和债券分离交易的可转换公司债券。

根据《上市公司证券发行管理办法》的规定，上市公司发行的可转换公司债券在发行结束6个月之后才可以转换为公司股票，而具体的转股期限则由公司根据可转换公司债券的存续期限及公司财务状况来确定。而对于可转换公司债券持有人来说，其对转换股票或不转换股票享有选择权。持有人在可转换公司债券在转换股份前，并且不具有股东的权利和义务，在转股完成后的第2天才成为发行公司的股东。

上市公司发行可转换公司债券的，必须报经核准，未经核准，不得发行可转换公司债券。上市公司应当在可转换公司债券期满后的5个工作日内，办理完成偿还债券余额本息的相关事项。

第一节　发行可转换公司债券综述

《证券法》《公司法》《上市公司证券发行管理办法》对上市公司发行可转换债券做了相应规定。

一、可转换债券的特征

1. 可转换债券的转换性

转换性是可转换债券最鲜明的特征。转换权是可转债中的核心和精髓，可转换债券与普通债券的主要区别在于其持有人享有转换权。转换权的行使是一种法律行为，所产生的法律后果是使发行公司与债券持有人之间的债权债务关系消灭。随着可转换债券持有人行使转换权，持有人自身的身份也发生了变化，由原来发行公司的债权人转变为发行公司的股东，债券持有人身份的变化带来了其与发行公司之间权利义务内容的变化。简而言之，随着可转换债券持有中国人民银行使转换权，在债券持有人与发行公司之间原有的法律关系归于消灭的同时产生了一种新的法律关系。转换权是联系可转换债券股票性与债券性之间的纽带，正是因为转换权的存在，可转换债券成为兼具债权性、股权性及期权性的典型的融投资工具。

2. 可转换债券的发行主体为上市公司

可转换债券的特点之一表现在它的发行主体上，根据大多数国家的相关规定，可转换债券的发行主体主要限于股份有限公司。在我国可转换债券的发行主体只能是公司中的上市公司。

3. 可转换债券兼具债券、股票和期权的三重属性

可转换债券兼具债券、股票和期权三重属性：可转换债券在发行后转换为股份前具有债券的属性，其持有人处于公司债权人地位，不享有股东的权利和义务；债券持有人依法享有在法律规定的期间内将可转换债券转为股份的权利，因此，它又是一种股票的买入期权，是否行使这种期权取决于持有人的自由选择，持有人要求将其转换为股份的，公司不得拒绝，持有人不愿转换的，公司应于期满后偿还本息；一旦持有人选择进行转换，它就完全具备了股票的属性，债券持有人也就成为发行公司的正式股东。

4. 可转换债券的可赎回性与可回售性

可赎回性和可回售性是可转债券的另外两个典型特征，一般可转换债券附设一个赎回期权和回售期权。赎回是指在标的股票市场价格在一段持续的时间内，连续高于转股价格的一定幅度时，发行人按事先约定的价格买回尚未转股的可转换债券，投资者可以选择将可转换债券卖给发行人，也可以选择转股，一般情况下，投资者会选择转股。发行人设立赎回条款的主要目的是降低发行人的发行成本，避免因市场利率下降而给自己造成利息支付上的损失，同时也强迫投资者转股，减轻财务压力。赎回条款可以起到保护发行人和原有股东权益的作用，是赋予发行人的一项特权，发行人可根据市场环境的变化选择是否行使这项权利。

回售是指当标的股票市场价格在一段持续的时间内，连续低于转股价格的一定幅度时，持有人按事先约定的条件要求发行人以面值加上一个额外利息补偿金的价格收回可转债。

回售条款为投资者提供了一项安全性保障，是赋予持有人的一项特权，持有人可以根据市场环境的变化选择执行这项权利，向发行人转移风险。

赎回条款和回售条款大大提高了可转换债券投融资双方的灵活性，对于降低特定类型发行人的财务危机成本、代理成本和逆向选择成本都具有重要意义。

二、可转换债券的要素

可转换债券的要素是指构成可转换债券基本特征的必要因素，可以用来区分可转换债券与不可转换债券（或普通债券）。

1. 标的股票

可转换债券对股票的可转换性，实际上是一种股票期权或股票选择权，它的标的物就是可以转换成的股票。可转换债券的标的股票一般是发行公司自己的股票，但也有其他公司的股票，如可转换债券发行公司的上市子公司的股票（以下的介绍中，标的股票仅指发行公司的股票，略去其他公司的股票）。

2. 转换价格

可转换债券发行之时，明确了以怎样的价格转换为普通股，这一规定的价格，就是可转换债券的转换价格（也称转股价格），即转换发生时投资者为取得普通股每股所支付的实际价格。按照我国《可转换公司债券管理暂行办法》的规定，上市公司发行可转换债券的，以发行可转换公司债券前1个月股票的平均价格为基准，上浮一定幅度作为转换价格；重点国有企业发行可转换公司债券的，以拟发行股票的价格为基准，折扣一定比例作为转换价格。

【例8-1】 某上市公司拟发行5年期可转换债券（面值为1000元），发行前1个月其股票平均价格经测算为每股40元，预计公司股价未来将明显上升，故确定可转换债券的转换价格比前1个月的股价上浮25%；于是该公司可转换债券的转换价格应为40×（1+25%）=50（元）。

例8-1中讲的是以某一固定的价格（50元）将可转换债券转换为普通股，还有的可转换价格是变动的。

【例8-2】 沿用例8-1中的资料，并做以下规定：债券发行后的第2年至第3年内，可按照每股50元的转换价格将可转换债券转换为普通股股票（即每张可转换债券可转换为20股普通股股票）；债券发行后的第3年至第4年内，可按照每股60元的价格将可转换债券转换为普通股股票（即每张可转换债券可转换为16.67股普通股股票）；债券发行后的第4年至第5年内，可按照每股70元的转换价格将可转换债券转换为普通股股票（即每张可转换债券可转换为14.29股普通股股票）。因为转换价格越高，可转换债券能够转换成的普通股股数越少，所以这种逐期提高转换价格的目的，就在于促使可转换债券的持有者尽早地进行转换。

3. 转换比率

转换比率是债权人通过转换可获得的普通股股数。例8-2可转换中的第2年至第3年期每张可转换债券可转换为20股普通股，第3年至第4年期每张债券可转换为16.67股普通股，第4年至第5年期每张可转换债券可转换为14.29股普通股，就是转换债券的转换比率。显然，可转换债券面值、转换价格、转换比率之间存在下列关系：

$$转换比率 = 债券面值 \div 转换价格$$

4. 转换期

转换期是指可转换债券转换为股份的起始日至结束日的期间。可转换债券的转换期可以与债券的期限相同，也可以短于债券的期限。例如，某种可转换债券规定只能从其发行一定时间之后（如发行若干年之后）才能够行使转换权，这种转换期称为递延转换期，短于其债券期限。还有的可转换债券规定只能在一定时间内（如发行日后的若干年之内）行使转换权，超过这一段时间转换权失效，因此转换期也会短于债券的期限，这种转换期称为有限转换期。超过转换期后的可转换债券，不再具有转换权，自动成为不可转换债券（或普通债券）。

5. 赎回条款

赎回条款是可转换债券的发行企业可以在债券到期日之前提前赎回债券的规定。赎回条款包括以下内容。

（1）赎回期。赎回期是可转换债券的发行公司可以赎回债券的期间。赎回期安排在不可赎回期之后，不可赎回期结束之后，即进入可转换债券的赎回期。

（2）不可赎回期。不可赎回期是可转换债券从发行时开始，不能被赎回的那段期间。例如，某债券的有关条款规定，该债券自发行日起2年之内不能由发行公司赎回，则债券发行日后的前2年就是不可赎回期。设立不可赎回期的目的在于保护债券持有人的利益，防止发行企业滥用赎回权，强制债券持有人过早转换债券。不过，并不是每种可转换债券都设有不可赎回条款。

（3）赎回价格。赎回价格是事前规定的发行公司赎回债券的出价。赎回价格一般高于可转换债券的面值，两者之差为赎回溢价。赎回溢价随债券到期日的临近而减少。例如，一种2003年1月1日发行，面值为100元，期限为5年，不可赎回期为3年，赎回期为2年的可赎回债券，规定到期前1年（即2006年）的赎回价格为110元，到期年度（即2007年年内）的赎回价格为105元。

（4）赎回条件。赎回条件是对可转换债券发行公司赎回债券的情况要求，即需要在什么样的情况下才能赎回债券。赎回条件分为无条件赎回和有条件赎回。无条件赎回是在赎回期内发行公司可随时按照赎回价格赎回债券。有条件赎回是对赎回债券有一些条件限制，只有在满足了这些条件之后才能由发行公司赎回债券。

发行公司在赎回债券之前，要向债券持有人发出通知，要求他们在将债券转换为普通股与卖给发行公司（即发行公司赎回）之间做出选择。一般而言，债券持有人会将债券转换为普通股。可见，设置赎回条款是为了促使债券持有人转换股份，因此又被称为加速条款；同时也能使发行公司避免市场利率下降后，继续向债券持有人支付较高的债券票面利率所蒙受的损失；或限制债券持有人过分享受公司收益大幅度上升所带来的回报。

6. 回售条款

回售条款是在可转换债券发行公司的股票价格达到某种恶劣程度时，债券持有人有权按照约定的价格将可转换债券卖给发行公司的有关规定。回售条款也具体包括回售时间、回售价格等内容。设置回售条款，是为了保护债券投资人的利益，使他们能够避免遭受过大的投资损失，从而降低投资风险。合理的回售条款，可以使投资者具有安全感，因而有利于吸引投资者。

7. 强制性转换条款

强制性转换条款是在某些条件具备之后，债券持有人必须将可转换债券转换为股票，无权要求偿还债权本金的规定。设置强制性转换条款的目的在于保证可转换债券顺利地转换成股票，实现发行公司扩大权益融资。

三、可转换债券的性质

可转换债券的持有人在一定时期内，可以按规定的价格或一定比例，自由地选择转换为普通股的债券。发行可转换债券筹得的资金具有债权性资金和权益性资金的双重性质。

四、可转换债券融资的特点

可转换债券融资的优点如下。

1. 有利于稳定股票价格和减少对每股收益的稀释

由于可转换债券规定的转换价格一般要高于其发行时的公司股票价格，因此在发行新股或配股时机不佳时，可以先发行可转换债券，然后通过转换实现较高价位的股权融资。事实上，一些公司正是认为当前其股票价格太低，为避免直接发行新股而遭受损失，才通过发行可转换债券变相发行普通股的。这样，一来不至于因为直接发行新股而进一步降低公司股票市价；二来因为可转换债券的转换期较长，即使在将来转换股票时，对公司股价的影响也较温和，从而有利于稳定公司股票。

可转换债券的转换价格高于其发行时的股票价格，转换成的股票股数会减少，相对而言就降低了因为增发股票对公司每股收益的稀释度。

2. 减少融资中的利益冲突

由于日后会有相当一部分投资者将其持有的可转换债券转换成普通股，发行可转换债券不会太多地增加公司的偿债压力，所以其他债权人对此反对较小，受其他债务的限制性约束较少。同时，可转换债券持有人是公司的潜在股东，与公司有着较大的利益趋同性，而冲突较少。

3. 融资成本较低

可转换债券给予了债券持有人以优惠的价格转换公司股票的好处，故而其利率低于同一条件下的不可转换债券（或普通债券）的利率，降低了公司的融资成本。此外，在可转换债券转换为普通股时，公司无须另外支付融资费用，又节约了股票的融资成本。

4. 便于融资

可转换债券一方面可以使投资者获得固定利息；另一方面又向其提供了进行债权投资或股权投资的选择权，对投资者具有一定的吸引力，有利于债券的发行，便于资金的筹集。

5. 提供了一种发行股票的变通方法

可转换债券为因为政府对股票发行条件和程序进行严格限制而暂时无法直接发行股票的公司提供了一种间接发行股票的方法。发行公司通过发行可转债，并制定相应的赎回条款，使绝大部分债权转化为股权，实现发行股票的真正目的。

6. 享受税收利得

公司支付给股东的股利是从税后净利润中支付，而支付给债权人的债券利息则是从税前利润中支付的。所以，股息成本完全由公司承担，而对债券的利息成本，公司只承担大部分。因此，在可转换债券未转换成股票之前，发行公司可享受债息的抵税效应。

五、可转换债券融资的缺点

1. 股价上扬风险

虽然可转换债券的转换价格高于其发行时的股票价格，但如果转换时股票价格大幅度上扬，公司只能以较低的固定转换价格换出股票，便会降低公司的股权融资额。

2. 财务风险

发行可转换债券后，如果公司业绩不佳，股价长期低迷，或虽然公司业绩尚可，但股价随大盘下跌，持券者没有如期转换普通股，则会增加公司偿还债务的压力，加大公司的财务风险。特别是在订有回售条款的情况下，公司短期内集中偿还债务的压力会更明显。

3. 丧失低息优势

可转换债券转换成普通股后，其原有的低利息优势不复存在，公司将要承担较高的普通股成本，从而可能导致公司的综合资本成本上升。

第二节 发行可转换公司债券细述

一、发行可转换公司债券的条件

根据《上市公司证券发行管理办法》，上市公司欲发行可转换公司债券，需要达到一定的条件，具体包括以下几点。

1. 具备健全的公司治理结构

根据《上市公司证券发行管理办法》第 6 条的规定，发行可转换公司债券的上市公司应当组织机构健全、运行良好。

2. 具有良好的财务状况

根据《上市公司证券发行管理办法》第 8 条的规定，发行可转换公司债券的上市公司的财务状况应当良好。

3. 具有可持续盈利能力

根据《上市公司证券发行管理办法》第 7 条的规定，发行可转换公司债券的上市公司的盈利能力应具有可持续性。

4. 净资产规模满足相关要求

发行可转换为股票的公司债券的上市公司的净资产除应当满足《证券法》第 16 条前 2 款规定外，还应满足《上市公司证券发行管理办法》中第 27 条的要求，即发行分离交易的可转换公司债券的上市公司，其最近 1 期末经审计的净资产不低于 15 亿元。

5. 对净资产收益率的要求

按照《上市公司证券发行管理办法》的要求，公开发行可转换公司债券的上市公司的净资产收益率应当满足以下条件。

（1）其最近 3 个会计年度加权平均净资产收益率平均不低于 6%。

（2）扣除非经常性损益后的净利润与扣除前的净利润相比，以低者作为加权平均净资产收益率的计算依据。

6. 对现金流量的要求

发行分离交易的可转换公司债券的上市公司的现金流量应当满足以下条件。

（1）其最近 3 个会计年度经营活动产生的现金流量净额平均应不少于公司债券 1 年的利息（若其最近 3 个会计年度加权平均净资产收益率平均不低于 6%，则可不作此现金流量要求）。

（2）此加权平均净资产收益率，以扣除非经常性损益后的净利润与扣除前的净利润相比，低者作为其计算依据。

7. 财务会计文件等方面的合法性要求

发行可转换公司债券的上市公司最近 36 个月内财务会计文件无虚假记载，且不存在下列重大违法行为。

（1）违反证券法律、行政法规或规章，受到证监会的行政处罚，或者受到刑事处罚。

（2）违反工商、税收、土地、环保、海关法律、行政法规或规章，受到行政处罚且情节严重，或者受到刑事处罚。

（3）违反国家其他法律、行政法规且情节严重的行为。

8. 关于募集资金的运用

上市公司募集资金运用的数额和使用应当符合下列规定。

（1）募集资金数额不超过项目需要量。
（2）募集资金用途符合国家产业政策和有关环境保护、土地管理等法律和行政法规的规定。
（3）除金融类企业外，本次募集资金使用项目不得为持有交易性金融资产和可供出售的金融资产、借予他人、委托理财等财务性投资，不得直接或间接投资于以买卖有价证券为主要业务的公司。
（4）投资项目实施后，不会与控股股东或实际控制人产生同业竞争或影响公司生产经营的独立性。
（5）建立募集资金专项存储制度，募集资金必须存放于公司董事会决定的专项账户。

9. 不得公开发行可转换公司债券的情形

上市公司存在下列情形之一的，不得公开发行证券。
（1）本次发行申请文件有虚假记载、误导性陈述或重大遗漏。
（2）擅自改变前次公开发行证券募集资金的用途而未作纠正。
（3）上市公司最近12个月内受到过证券交易所的公开谴责。
（4）上市公司及其控股股东或实际控制人最近12个月内存在未履行向投资者做出的公开承诺的行为。
（5）上市公司或其现任董事、高级管理人员因涉嫌犯罪被司法机关立案侦查或涉嫌违法违规被证监会立案调查。
（6）严重损害投资者的合法权益和社会公共利益的其他情形。

二、可转换公司债券的定价

可转换公司债券同时具有公司债券和股票的双重特征，是一种含权债券。它既赋予投资者一个保底收入，即债券利息支付与到期本金偿还构成的普通附息券的价值，同时，它还赋予投资者在股票上涨到一定价格条件下转换成发行人普通股票的权益，即看涨期权的价值。

在转股前，其是公司债券，在规定的利率和期限体现的是债权债务关系，持有人是公司的债权人；在转股之后，债券就变成了股票，体现的是投资所有权关系，持有人由债权人转变成了公司的股东。

1. 影响可转换公司债券价值的因素

就影响可转换公司债券价值的因素来说，主要包括以下几个方面。
（1）票面利率。可转换公司债券利率越高，其债权价值越高；反过来说，可转换公司债券票面利率越低，债权价值越低。
（2）股票波动率。股票波动率是影响期权价值的一个非常重要的因素。股票的波动率越大，期权价值越高，可转换公司债券的价值也越高；反过来说，股票波动率越低，期权的价值越低，可转换公司债券的价值越低。
（3）转股期限。由于可转换公司债券的期权是一种美式期权，因此，转股期限越长，转股权价值就越大，可转换公司债券的价值越高；反过来说，转股期限越短，转股权价值就越小，可转换公司债券的价值越低。
（4）转股价格。转股价格越高，期权价值越低，可转换公司债券的价值也就越低；反过来说，转股价格越低，期权价值越高，可转换公司债券的价值也就越高。
（5）回售条款。一般来说，回售的期限越长、转换比率越高、回售价格越高，回售的期权价值就越大；反过来说，回售的期限越短、转换比率越低、回售价格越低，回售的期权价值也就越小。
（6）赎回条款。一般来说，可转换债券的赎回期限越长、其转换比率越低、赎回价格越低，赎回的期权价值就越大，对发行人越有利；相反，赎回期限越短、转换比率越高、赎回价格越高，赎回的期权价值就越小，则对转债持有人越有利。在股价走势好时，赎回条款起到强制转股的作用。

2. 可转换公司债券的价值

从本质上来说，可转换公司债券是一种由普通债权和股票期权两个基本工具构成的复合型融资工具，可转换公司债券的价值可以看作普通债券与股票看涨期权的组合。相当于这样一种投资组合：投资者持有1张与可转换债券相同利率的普通债券，1张数量为转换比例、期权行使价为初始转股价格的美式买权，1张美式卖权，同时向发行人无条件出售了1张美式买权。

可转换公司债券的价值可以用式（8-1）表示：

$$\text{可转换公司债券价值} = \text{纯粹债券价值} + \text{投资人美式买权价值} \\ + \text{投资人美式卖权价值} - \text{发行人美式买权价值} \quad (8\text{-}1)$$

（1）可转换公司债券的普通债券价值——纯粹债券价值。由于可转换公司债券的债息收入固定，可以采用现金流贴现法来确定纯粹债券价值，即将未来一系列债息加上面值按一定的市场利率折成的现值。

（2）可转换公司债券的转换价值——股票期权价值。转换价值是可转换公司债券实际转换时按转换成普通股的市场价格计算的理论价值。转换价值等于每股普通股的市价乘以转换比例，可用式（8-2）表示：

$$CV = PR \quad (8\text{-}2)$$

式中，CV 为转换价值；P 为股票价格；R 为转换比例。

因为可转换公司债券存在有一定的转换期限，股票价格在不同时点上会不同，转换价值也不相同。

对于股票期权部分目前的定价方法有两种。

第一种方法：二叉树期权定价模型。就我国可转换公司债券发行的特点来说，这种模型定价方法更为适合。

该模型以发行日为基点，模拟转股起始日基础股票的可能价格，以及出现这些价格的概率，然后确定在各种可能价格下的期权价值，最后计算期权的期望值并且进行贴现求得期权价值。

第二种方法：布莱克－斯科尔斯（Black-Scholes）期权定价模型。

布莱克－斯科尔斯模型的假设前提如下。

1) 股票可被自由买进或卖出。
2) 期权是欧式期权。
3) 在期权到期日前，股票无股息支付。
4) 存在一个固定的、无风险的利率，投资者可以此利率无限制地借入或贷出。
5) 不存在影响收益的任何外部因素，股票收益仅来自价格变动。
6) 股票的价格变动成正态分布。

三、可转换公司债券的发行

经证监会核准后，可转换公司债券的发行人和主承销商可向证券交易所申请上网发行。

1. 发行方式

目前我国发行可转换公司债券的方式主要有以下4种类型。

（1）网上定价发行与网下向机构投资者配售相结合。
（2）全部网上定价发行。
（3）部分向原社会公众股股东优先配售，剩余部分网上定价发行。
（4）部分向原社会公众股股东优先配售，剩余部分采用网上定价发行和网下向机构投资者配售相结合的方式。

2. 保荐要求

《证券法》第 11 条要求，发行人申请公开发行可转换为股票的公司债券，按照法律的规定采取承销方式的，应当聘请具有保荐资格的机构担任保荐人。

3. 发行程序

（1）在证券交易所网上定价发行必须提交的资料如下。

1）证监会关于公开发行可转换公司债券的核准文件。

2）《债券募集说明书摘要》《可转换公司债券发行公告》（主承销商盖公章），由以上两个文件组成的磁盘和磁盘证明文件（由发行人出具证明，证明磁盘文件与债券募集说明书摘要、发行公告内容一致）。

3）主承销商募集资金划付的席位号和公司自营股票账号（主承销商盖公章）。

（2）发行时间的安排如下。

T-5 日，所有材料报上交所，准备刊登债券募集说明书摘要和发行公告。

T-4 日，刊登债券募集说明书摘要和发行公告。

T 日，上网定价发行日。

T+1 日，冻结申购资金。

T+2 日，验资报告送达上交所；上交所向营业部发送配号。

T+3 日，中签率公告见报；摇号。

T+4 日，摇号结果公告见报。

T+4 日以后，做好上市前的准备工作。

可转换公司债券在深交所的网上定价发行程序与上交所基本相同。

4. 配售安排

可转换公司债券可以全部或者部分向原股东优先配售，优先配售比例应当在发行公告中进行披露。

四、可转换公司债券的上市

可转换公司债券发行结束后，发行人可向证券交易所申请可转换公司债券的上市。证券交易所应当与发行人订立上市协议，并且报证监会备案。

可转换公司债券应当在发行人股票上市的证券交易所上市。分离交易的可转换公司债券中的公司债券和认股权分别符合证券交易所上市条件的，应当分别上市交易。可转换公司债券上市应遵守证券交易所上市规则的相关规定。

1. 可转债上市条件

上市公司申请可转换公司债券在证券交易所上市，应当符合下列条件。

（1）可转换公司债券的期限为 1 年以上。

（2）可转换公司债券实际发行额不少于 5000 万元。

（3）申请上市时仍符合法定的可转换公司债券发行条件。

2. 可转债上市申请

上市公司向证券交易所申请可转换公司债券上市，应当提交下列文件。

（1）上市报告书（申请书）。

（2）申请上市的董事会和股东大会决议。

（3）按照有关规定编制的上市公告书。

（4）保荐协议和保荐人出具的上市保荐书。

（5）发行结束后经具有执行证券、期货相关业务资格的会计师事务所出具的验资报告。

（6）登记公司对新增股份和可转换公司债券登记托管的书面确认文件。

（7）证券交易所要求的其他文件。

3. 可转债上市保荐

可转换公司债券向证券交易所申请在证券交易所上市，应当由保荐人推荐。保荐人应当是经证监会注册登记并且列入保荐机构名单，同时具有证券交易所会员资格的证券经营机构。

发行人与保荐人签订保荐协议，明确双方在公司申请上市期间、申请恢复上市期间和持续督导期间的权利和义务。保荐协议应当约定保荐人审阅发行人信息披露文件的时点。

在可转换公司债上市后，保荐人还应当履行持续督导的职责。持续督导期间为可转换公司债券上市当年剩余时间及其后1个完整会计年度。持续督导期间自可转换公司债券上市之日起计算。

保荐人推荐可转换公司债券上市，应当向证券交易所提交以下文件。

（1）上市保荐书、保荐协议。

（2）保荐人和相关保荐代表人已经证监会注册登记并且列入保荐人和保荐代表人名单的证明文件和授权委托书。

（3）与上市推荐工作有关的其他文件。

4. 停牌与复牌及转股的暂停与恢复

上市公司出现下列情况时，证券交易所可以根据实际情况或者证监会的要求，决定可转换公司债券的停牌与复牌、转股的暂停与恢复事宜。

（1）财务或信用状况发生重大变化，可能影响如期偿还公司债券本息。

（2）行使可转换公司债券赎回、回售权。

（3）做出发行新公司债券的决定。

（4）公司实施利润分配或资本公积金转增股本方案。

（5）减资、合并、分立、解散、申请破产及其他涉及上市公司主体变更事项。

（6）交易日披露涉及调整或修正转股价格的信息。

（7）提供担保的，担保人或担保物发生重大变化。

（8）国家法律、法规和证监会、证券交易所规定的其他可能影响上市公司偿债能力的事项。

（9）证监会和证券交易所认为应当停牌或者暂停转股的其他事项。

除了前述规定之外，证券交易所还可以根据实际情况或者证监会的要求，决定上市公司可转换公司债券的停牌与复牌事宜。

5. 停止交易

公司出现下列情况时，证券交易所按照规定停止可转换公司债券的交易。

（1）可转换公司债券自转换期结束之前的第10个交易日起停止交易。

（2）可转换公司债券流通面值少于3000万元时，在上市公司颁布相关公告3个交易日后停止其可转换公司债券的交易。

（3）可转换公司债券在赎回期间停止交易。

除此之外，可转换公司债券还应当在出现证监会和证券交易所认为必须停止交易的其他情况时停止交易。

6. 暂停上市

可转换公司债券暂停上市事宜，参照2008年10月1日起施行的《上海证券交易所股票上市规则》中股票暂停上市的有关规定执行。

五、可转换公司债券发行的申报与核准

（一）中介机构应承担的职责和法律责任

中介机构应认真履行义务，并且承担相应的法律责任。

1. 保荐人（主承销商）的职责

保荐人（主承销商）负责向证监会推荐，出具推荐意见，并且负责报送发行申请文件。

保荐人（主承销商）还应对可转换公司债券发行申请文件进行核查。有关核查的程序和原则应参照股票发行内核工作的有关规定执行。保荐人（主承销商）应向证监会申报核查中的主要问题及其结论。

保荐人（主承销商）还负责可转换公司债券上市后的持续督导责任，持续督导期间为自上市之日算起，上市当年剩余时间以及其后1个完整会计年度。

2. 注册会计师的职责

注册会计师如果对发行人最近3年的财务会计报告出具非标准无保留意见审计报告的，则所涉及的事项应对发行人无重大影响或影响已经消除，违反合法性、公允性和一贯性的事项应当已经纠正。

发行人应当提供最近3年经审计的财务会计报告，由注册会计师就非标准无保留意见审计报告涉及的事项是否已消除或纠正所出具的补充意见。

3. 律师的职责

律师按照有关规定出具法律意见书和律师工作报告。除了需要满足规定的一般性要求外，发行人律师还对可转换公司债券发行上市的实质条件、发行方案、发行条款、担保和资信等情况进行核查验证，明确发表意见。

（二）申报程序

根据《上市公司证券发行管理办法》第四章的相关规定，可转换公司债券及分离交易的可转换公司债券在申报发行之前必须履行以下程序。

1. 董事会决议

上市公司申请发行证券，董事会应当按照法律的规定就下列事项做出决议，并且提请股东大会批准。

（1）本次证券发行的方案。
（2）本次募集资金使用的可行性报告。
（3）前次募集资金使用的报告；
（4）其他必须明确的事项。

2. 股东大会决议

（1）发行可转换公司债券。股东大会就发行可转换公司债券做出的决定，至少应当包括下列事项。

① 本次发行的种类和数量。
② 发行方式、发行对象及向原股东配售的安排。
③ 定价方式或价格区间。
④ 募集资金用途。
⑤ 决议的有效期。
⑥ 对董事会办理本次发行具体事宜的授权。
⑦ 债券利率。
⑧ 债券期限。
⑨ 担保事项。
⑩ 回售条款。
⑪ 还本付息的期限和方式。
⑫ 转股期。
⑬ 转股价格的确定和修正。

⑭ 其他必须明确的事项。
（2）发行分离交易的可转换公司债券。股东大会就发行分离交易的可转换公司债券做出的决定，至少应当包括下列事项。
① 本次发行的种类和数量。
② 发行方式、发行对象及向原股东配售的安排。
③ 定价方式或价格区间。
④ 募集资金用途。
⑤ 决议的有效期。
⑥ 对董事会办理本次发行具体事宜的授权。
⑦ 债券利率。
⑧ 债券期限。
⑨ 担保事项。
⑩ 回售条款。
⑪ 还本付息的期限和方式。
⑫ 认股权证的行权价格。
⑬ 认股权证的存续期限。
⑭ 认股权证的行权期间或行权日。
⑮ 其他必须明确的事项。
（3）表决程序及相关要求。股东大会就发行证券事项做出决议，必须经出席会议的股东所持表决权的 2/3 以上通过。向本公司特定的股东及其关联人发行证券的，股东大会就发行方案进行表决时，关联股东应当回避。
上市公司就发行证券事项召开股东大会，应当提供网络或者其他方式为股东参加股东大会提供便利。

3. 保荐人保荐
上市公司申请公开发行证券，必须由保荐人进行保荐，并且要向证监会申报。

4. 编制申报文件
发行人及为发行人发行可转换公司债券提供服务的有关中介机构应按照证监会的有关规定制作申请文件。

（三）发行申请文件

1. 申请文件目录
根据《公开发行证券的公司信息披露内容与格式准则第 10 号——上市公司公开发行证券申请文件》，需申报的文件包括。以下几类。
（1）本次证券发行的募集文件。
（2）关于本次证券发行募集资金运用的文件。
（3）发行人关于本次证券发行的申请与授权文件。
（4）保荐人关于本次证券发行的文件。
（5）发行人律师关于本次证券发行的文件。
（6）其他相关文件。

2. 申请文件基本要求
《公开发行证券的公司信息披露内容与格式准则第 10 号——上市公司公开发行证券申请文件》规定的申请文件目录是对发行申请文件的最低要求，可转换公司债券发行的申请文件目录按照该准则的要求执行。如果准则中某些材料对发行人不适用，可不必提供，但应向证监会做出书面说明。

证监会可以根据审核需要，要求发行人和中介机构补充材料。

一经受理，未经证监会同意不得增加、撤回或更换申请文件，机构应对反馈意见相关问题进行尽职调查或补充出具专业意见。

（四）可转换公司债券发行核准程序

根据《上市公司证券发行管理办法》，证监会审核发行证券依据下列程序。

（1）受理申请文件。证监会自收到申请文件后5个工作日内决定是否受理；对毫定要求制作申请文件的，证监会不予受理。

（2）初审。证监会受理申请文件后，对申请文件进行初审。

（3）发审委审核。发审委对申请文件进行审核。

（4）核准。证监会做出核准或者不予核准的决定。

（5）证券发行。上市公司应当自证监会核准发行之日起，在6个月内发行证券；超过6个月未发行的，核准文件失效，经证监会重新核准后方可发行。上市公司发行证券前如果发生重大事项，则应当暂缓发行，并且及时报告证监会。该事项对本次发行条件构成重大影响的，发行证券的申请应重新经过证监会核准。

（6）再次申请。发行申请未获核准的上市公司可以自证监会做出不予核准的决定之日起6个月后再次提出证券发行申请。

（7）证券承销。上市公司应当委托证券公司进行承销。

六、可转换公司债券的信息披露

（一）发行的信息披露

上市公司发行可转换公司债券信息披露的有关要求与上市公司发行新股的要求基本一致。具体的规定可以参见《上市公司证券发行管理办法》《公开发行证券的公司信息披露内容与格式准则第10号——上市公司公开发行证券申请文件》《公开发行证券的公司信息披露内容与格式准则第11号——上市公司公开发行证券募集说明书》《关于做好公司债券信息披露和停牌事宜的通知》。

（二）上市的信息披露

1. 上市公告

上市公司应当在可转换公司债券上市获准后，在可转换公司债券上市前5个交易日内，在指定媒体上披露上市公告书。

2. 特别事项的披露

发行可转换公司债券的上市公司出现以下情况之一时，应当及时向证券交易所报告并且披露。

（1）因发行新股、送股、分立及其他原因引起股份变动，需要调整转股价格，或者依据募集说明书约定的转股价格向下修正条款修正转股价格的。

（2）出现减资、合并、分立、解散、申请破产及其他涉及上市公司主体变更事项。

（3）可转换公司债券转换为股票的数额累计达到可转换公司债券开始转股前公司已发行股份总额10%的。

（4）未转换的可转换公司债券数量少于3000万元的。

（5）公司财务或信用状况发生重大变化，可能影响如期偿还债券本息的。

（6）提供担保的，担保人或担保物发生重大变化的。

（7）召开债券持有人会议的。

（8）做出发行新公司债券的决定。

（9）国家法律、法规和证监会、证券交易所规定的其他可能影响上市公司偿债能力的事件。

（三）赎回与回售

上市公司行使赎回权时，应当在每年首次满足赎回条件后的 5 个交易日内至少颁布 3 次赎回公告。赎回公告应当载明赎回的程序、价格、付款方法、时间等内容。赎回期结束后，公司应当公告赎回结果及其影响。

在可以行使回售权的年份内，上市公司应当在每年首次满足回售条件后的 5 个交易日内至少颁布 3 次回售公告。回售公告应当载明回售的程序、价格、付款方法、时间等内容。回售期结束后，公司应当公告回售结果及其影响。

变更募集资金投资项目的，上市公司应当在股东大会通过决议后 20 个交易日内赋予可转换公司债券持有人 1 次回售的权利，有关回售公告至少颁布 3 次。其中，在回售实施前、股东大会决议公告后 5 个交易日内至少颁布 1 次，在回售实施期间至少颁布 1 次，余下 1 次回售公告的颁布时间视需要而定。

（四）转股与股份变动

上市公司应当在可转换公司债券开始转股前 3 个交易日内披露实施转股的公告。上市公司应当在每一季度结束后及时披露因可转换公司债券转换为股份所引起的股份变动情况。

（五）付息与兑付

上市公司应当在可转换公司债券约定的付息日前 3～5 个交易日内披露付息公告；在可转换公司债券期满前 3～5 个交易日内披露本息兑付公告。

（六）停止交易的提示

在可转换公司债券转换期结束的 20 个交易日前，上市公司应当至少 3 次发布提示公告，提醒投资者有关在可转换公司债券转换期结束前的 10 个交易日停止交易的事项。

出现可转换公司债券按规定必须停止交易的其他情形时，上市公司应当在获悉有关情形后及时披露其可转换公司债券将停止交易的公告。

第九章
风险企业和风险资本融资

第一节 风险融资／投资综述

风险融资和风险投资是对同一个问题的两个不同描述角度。风险投资机构进行风险投资的过程也是风险企业进行风险融资的过程，二者是相辅相成的关系。因为企业有风险融资的需求，风险投资者才产生；因为风险投资者提供风险资金，企业才能进行风险融资。

风险投资也叫"创业投资"。广义的风险投资泛指一切具有高风险、高潜在收益的投资；狭义的风险投资是指以高新技术为基础，生产与经营技术密集型产品的投资。

一、风险投资的特点

就风险投资的实践来看，它主要选择未公开上市的有高增长潜力的中小企业，尤其是具创新性或高科技导向的企业，以可转换债券、优先股、认股权的方式参与企业的投资，同时参与企业的管理，使企业获得专业化的管理及充足的财务资源，促进企业快速成长和实现目标。在企业发展成熟后，风险资本通过资本市场转让企业的股权获得较高的回报，继而进行新一轮的投资运作。风险投资不同于一般投资，有其自身的特点，具体概括如下。

1. 高收益

投资者对于所投资项目的高风险性并非视而不见，风险背后蕴涵的巨额利润即预期的高成长、高增值是其投资的动因。一般来说，投资于"种子"式创立期的公司，所要求的年投资回报率在40%左右；对于成长中的公司，年回报率要求在30%左右；对于即将上市的公司，要求的回报率在20%以上，这样才能补偿风险，否则不会进行投资。虽然风险投资的成功率较低，但一旦成功，一般足以弥补因为投资失败而导致的损失。风险投资所追求的收益，一般不体现为红利，而体现为风险资本退出时的资本增值，即追求资本利得。而资本收益税低于企业所得税，从而使投资产生更大的收益。

2. 高风险

风险投资的高风险性是与其投资对象相联系的。传统投资的对象往往是成熟的产品，风险很小。而风险投资的对象则是刚刚起步或还没有起步的中小型高新技术企业的技术创新活动，看重的是投资对象潜在的技术能力和市场潜力，因此具有很大的不确定性即风险性。这种风险来源于技术风险和市场接纳风险、财务风险等的串联组合，因此表现出高风险性。高新技术企业通常来讲大部分是中小型企业，没有固定资产或资金作为贷款的抵押或者担保，加之企业的创新思想有时只是一时的灵感，缺乏长远成熟的考虑，尚未经受市场的考验，前景尚未明晰，所以投资这类企业的成功率往往不高。

3. 大多数投向高新技术领域

风险投资是以冒高风险为代价来追求高收益的，传统产业无论是劳动密集型的轻工业还是资金密集型的重工业，由于其技术、工艺的成熟和产品、市场的相对稳定，风险相对较小，是常规资本大量集聚的领域，因而收益也就相对稳定和平均。而高新技术产业，由于其风险大、产品附加值高，收益也高，符合风险投资的特点，因而成为风险投资的热点。

4. 低流动性

风险资本往往在风险企业初创之时投入，直至企业股票上市，投资期较长，通常为5～7年。对美国157家由风险资本支持的企业的调查资料表明，风险投资企业平均用30个月实现收支平衡，用75个月恢复原始股本价值。正因如此，人们将风险资本称为"有耐心和勇敢"的资金。另外，在风险资本最后退出时，如果相应的退出机制欠缺，撤资将令投资者处于两难的处境，这也使风险投资具有较低的流动性。

5. 专业性和参与性

与传统工业信贷只提供资金而不介入企业或项目管理的方式不同，风险投资者在向高新技术企业投资的同时，也参与企业项目的经营管理，因而表现出很强的。风险投资者一旦将资金投入风险企业，它与风险企业就结成了一种风险共担、利益共享的共生体，这种一荣俱荣、一损俱损的关系，要求风险投资者参与风险企业全过程的管理。这对于风险投资者自身的素质要求很高，要求其不仅要有相当的高新技术知识，还必须掌握现代金融和管理知识，具有丰富的社会经验，因此，风险投资者表现出很强的专业性。

6. 周期性

在风险企业初创阶段，往往出现亏损；随着产品开发成功和市场的不断开拓，产品能以高价格出售，因而可获得高额利润；当产品进入成熟期，生产者逐渐增多，超额利润消失，风险投资者此时要清理资产，撤出资金去从事其他的投资。

7. 融资与投资的有机结合

风险投资在现实中是融资与投资相结合的一个过程，风险这一概念不仅体现在投资上，也体现在融资上。从某种意义上说，风险投资过程中最重要的，也是最困难的不在投资方面，而在融资，融资比投资更重要。

风险投资既是投资也是融资，是以融资为首的投资和融资的有机结合。融资中有投资，投资中又有融资。投资的过程往往伴随着第二轮或第三轮的融资。融资和投资构成了不可分割的有机整体是风险投资的特征之一。

二、风险投资的功能与作用

风险投资的主要功能和作用体现在以下几个方面。

1. 有利于形成高效和创新的产业

高新技术企业存在固有的技术风险、产品风险、市场风险及经营风险等，使该类企业面临着较大的生存压力。但是一旦该类企业由于技术的创新等得到了市场的认可，其发展的态势将势不可当，其发展必然带来高额的收益。由于高新技术企业往往存在较大的不确定性及风险性，因此一般的投资资本普遍不愿介入。而基于高额回报的预期，风险投资机构往往愿意将资金投资于高新技术企业，帮助该类企业在创立之初渡过财务等方面的难关。因此风险投资机构在高新技术企业最为困难的时候起到相当大的帮助作用，从而促进了高新技术创新产业的发展。

2. 对新兴企业的支持

由于高新技术企业在成立之初存在着诸多不同于传统企业的不确定的风险因素，因而在发展初期，企业往往很难获得发展所需要的资金，而风险投资基于对其未来强势发展的预期，在该类企业成长过程的始终都起着重要的辅助作用，有力地帮助了企业在每一环节的运作与发展。实践证明，风险投资可以为资本市场源源不断地输送新兴企业，促进资本市场的繁荣与发展。

3. 资金增值功能

风险投资可以使资金的用途得到不同形式的转化，如可以将社会闲散的资金有效地集合起来转化为所需的建设资金，将短期投资资金转化为长期投资资金。在这样的转化过程中，资金的使用效率得到了有效的提高，诸多资金的转化放大了资金原本的价值，拓宽了其使用范围，使风险投资不断得到发展。

4. 风险调控

（1）风险投资来源的多样性使高新技术产业所面临的风险可以被有效地转移到投资者的身上，而通过风险投资者的合理的运作，将资金投放在不同的项目可以达到分散风险的目的。

（2）风险投资机构往往通过严格的项目选择和运作管理，加上先进的技术辅助及专家作用，来减少企业的技术风险、市场风险及经营风险，避免因遭遇风险而造成不必要的损失。国际经验表明，通过风险投资机构的有效运作，风险投资失败率被大大降低。

三、风险投资的基本要素

风险投资的六要素：风险资本、风险投资者、投资对象、投资期限、投资目的和投资方式。

（1）风险资本指的是投资于未上市的、快速增长的且具有很大升值空间的新兴企业的一种资本。风险资本是一种有组织、有中介的长期资本，通常情况下采取渐进投资的方式，选择灵活的投资工具进行投资，在风险投资的运作过程中处于基础核心的地位。它的作用是将投资者、风险投资机构和风险企业紧密结合在一起，使资本市场顺畅地发展。

（2）风险投资者是风险资本的原始提供者。它的主体主要包括：政府、大企业、金融机构、民间私人投资者、科研单位及外国投资者等。

（3）投资对象。风险投资的产业领域主要是高新技术产业。以美国为例，计算机和软件行业占据了风险投资的大部分，医疗保健、通信、生物科技产业也是风险投资的主要对象。

（4）投资期限。风险投资者帮助企业成长，但他们最终会寻求渠道将投资撤出，以实现增值。风险资本从投入被投资企业起到撤出为止所间隔的时间就称为风险投资的投资期限。作为股权投资的一种，风险投资的期限一般较长。

（5）投资目的。风险投资虽然是一种股权投资，但投资并不是为了获得企业的所有权，不是为了控股，更不是为了经营企业，而是通过投资和提供增值服务把投资企业做大，然后通过公开上市兼并收购或其他方式退出，在产权流动中实现投资回报。

（6）投资方式。从投资性质看，风险投资的方式有 3 种：一是直接投资；二是提供贷款或贷款担保；三是提供一部分贷款或担保资金同时投入一部分风险资本购买被投资企业的股权。但不管采用哪种投资方式，风险投资者一般附带提供增值服务。风险投资还有 2 种不同的进入方式：一种是将风险资本分期分批投入被投资企业，这种情况比较常见，既可以降低投资风险，又有利于加速资金周转；另一种是一次性投入，后一种方式不常见。

四、风险投资的环境分析

风险投资的环境分析如下。

1. 技术市场

技术市场包括技术开发、技术转让、技术服务、技术承包、技术招标、技术入股等。进行风险融资的企业主要是高新技术企业。技术市场虽然不直接参与风险资本的运作，但是它对风险企业的发展、高科技项目的孵化、投融资决策的制定起到重要支持作用。可以说没有完善的技术市场，风险投资业就失去了方向。

2. 资本市场

资本市场是技术市场发展的必要条件。技术成果转化的瓶颈往往在于资金缺乏。随着市场经济的发展，其对资金的需求会越来越大，也越来越多样化，因而金融市场的作用更加重要，金融创新更加重要。当前资本市场的发展，改变了过去投资主体单一、风险不能分散的状况，从而为技术市场提供了源源不断的资金支持。

3. 中介服务体系

中介服务机构具有专业性、独立性、灵活性等特点。中介服务机构的专业性是风险投资机构或是风险企业都无法具有或是超越的。独立性使投资机构和被投资企业在透明、公平、公正的环境里合作，建立基于独立第三方的信任。灵活性使信息在投资方和融资方之间快速地传递。中介服务体系一般包括投资银行、风险投资咨询公司、律师事务所和会计师事务所、券商等。

（1）投资银行。投资银行是主营业务为资本市场业务的金融机构。就目前而言，投资银行业务主要包括证券承销、证券交易、兼并收购、资金管理、项目融资、风险投资、信贷资产证券化等。要促进风险资本市场的发展，就必须有投资银行的介入。投资银行是资金需求者和资金提供者之间的中介。它为投资者指明投资方向，降低投资风险，促进资本增值；为融资者开辟融资渠道，扩大资金来源，降低融资成本。

（2）风险投资咨询公司。风险投资咨询公司通过提供策略性的专业咨询顾问和管理顾问进行服务，为风险企业和风险投资公司制定发展战略、产品定位、市场研究、投融资方案、财务分析和经营管理等提供一系列服务，为项目直接引入资金。现在风险企业往往不再选择新的咨询公司，而期望风险投资公司同时扮演这个角色。

（3）律师事务所和会计师事务所。风险融资中风险的重要组成部分即法律风险的排除需要律师事务所和会计师事务所，从公司注册，到经营、销售，从公司战略发展到股票上市都是其服务范围，有着一整套的服务程式。

（4）券商。券商往往有丰富的投资银行业务经验，拥有持续提供资金的能力、大量的信息资源和专业的高素质人才队伍。

根据现在世界投资银行业的发展情况，投资银行能够完成中介服务机构的很多职责。

五、风险投资的资金来源与配置

风险投资首先要融资。融资的来源主要是政府财政资金，机构投资者（包括证券公司、投资公司、养老基金、福利基金、保险公司、金融财团等），企业和富有的个人等。

第二节 融资/投资细述

一、风险投资的运行过程
(一) 企业引入风险投资的必备条件
企业引入风险投资的通常必备条件如下。

1. 新技术、新产品、新项目有较好的市场前景

风险投资的基本原则是高风险、高回报。但是，从根本上说，规避风险是所有企业和个体的需要。广阔的潜在市场需求是投资成功的必要条件之一，这可以保证风险资本获得高增值。然而技术上可行也是不容忽视的重要因素。如果一项新技术从创意阶段到市场成熟需要相当长的一段时间，在这个过程中因一个难题没有攻克而使新产品不能开发成功，对风险投资者和风险企业来说损失都是很大的。也只有产品有较大的成功推向市场的可能性，风险资本才有相应的顺利退出的可能性。

2. 一份切实详尽、有远见、有说服力的商业计划书

商业计划书应充分展示创业企业实现创业计划的实力和信心。

（1）商业计划书的内容。

1）计划摘要。计划摘要列在商业计划书的最前面，是商业计划书的精华。计划摘要涵盖了计划的要点，以求一目了然，以便读者能在最短的时间内评审计划并做出判断。

计划摘要一般包括以下内容：公司介绍；主要产品和业务范围；市场概貌；营销策略；销售计划；生产管理计划；管理者及其组织；财务计划；资金需求状况等。

在介绍企业时，首先，说明创办新企业的思路，新思想的形成过程以及企业的目标和发展战略。其次，要交代企业现状、过去的背景和企业的经营范围。最后，介绍一下风险企业家的背景、经历、经验和特长等。企业家的素质对企业的成绩往往起关键性的作用。在这里，企业家应尽量突出自己的优点并表示自己强烈的进取精神，以给投资者留下一个好印象。

在计划摘要中，企业还必须要回答下列问题：企业所处的行业，企业经营的性质和范围；企业主要产品的内容，企业的市场在哪里，谁是企业的顾客，他们有哪些需求；企业的合伙人、投资人是谁；企业的竞争对手是谁，竞争对手对企业的发展有何影响。

2）产品（服务）介绍。通常，产品（服务）介绍应包括以下内容：产品（服务）的概念、性能及特性；主要产品（服务）介绍；产品（服务）的市场竞争力；产品（服务）的研究和开发过程；发展新产品（服务）的计划和成本分析；产品（服务）的市场前景预测；产品（服务）的品牌和专利。

一般地，产品介绍必须要回答以下问题：顾客希望企业的产品能解决什么问题？顾客能从企业的产品中获得什么好处？企业的产品与竞争对手的产品相比有哪些优缺点？顾客为什么会选择本企业的产品？企业为自己的产品采取了何种保护措施？企业拥有哪些专利、许可证，或与已申请专利的厂家达成了哪些协议？为什么企业的产品定价可以使企业产生足够的利润？为什么用户会大批量地购买企业的产品？企业采用何种方式去改进产品的质量、性能，企业对发展新产品有哪些计划？

3）人员及组织结构。在商业计划书中，必须要对主要管理人员加以阐明，介绍他们所具有的能力，他们在本企业中的职务和责任，他们过去的详细经历及背景。此外，还应介绍：公司的组织机构图；各部门的功能与责任；各部门的负责人及主要成员；公司的报酬体

系；公司的股东名单，包括认股权、比例和特权；公司的董事会成员；各位董事的背景资料。

4）市场预测。在商业计划书中，市场预测应包括以下内容：市场现状综述；竞争厂商概览；目标顾客和目标市场；本企业产品的市场地位；市场区格和特征；等等。

5）营销策略。在商业计划书中，营销策略应包括以下内容：市场机构和营销渠道的选择；营销队伍和管理；促销计划和广告策略；价格决策。

6）生产制造计划。商业计划书中的生产制造计划应包括以下内容：产品制造和技术设备现状；新产品投产计划；技术提升和设备更新的要求；质量控制和质量改进计划。

一般地，生产制造计划应回答以下问题：企业生产制造所需的厂房、设备情况；怎样保证新产品在进入规模生产时的稳定性和可靠性；设备的引进和安装情况，谁是供应商；生产线的设计与产品组装是怎样的；供货者的前置期和资源的需求量；生产周期标准的制定及生产作业计划的编制；物料需求计划及其保证措施；质量控制的方法是怎样的；相关的其他问题。

7）财务规划。财务规划一般要包括以下内容：商业计划书的条件假设；预计的资产负债表；预计的利润表；现金收支分析；资金的来源和使用。

要完成财务规划，必须要明确下列问题：产品在每一个期间的发出量有多大？什么时候开始产品线扩张？每件产品的生产费用是多少？每件产品的定价是多少？使用什么分销渠道？所预期的成本和利润是多少？需要雇佣哪几种类型的人？雇佣何时开始？工资预算是多少？

（2）商业计划书的格式。商业计划一般分为10个主要的部分，每一部分由许多更小的部分组成。同时，在计划之后加一个附录也是很常见的。

1）概要。概要是整个商业计划的第一部分，相当于对整个商业计划的浓缩，是整个商业计划的精华所在。概要应提及商业价值、产品或服务、目标市场、核心的管理手段和财政需求及预期投资人得到的回报等，以激发风险投资者的兴趣。

2）公司介绍。公司介绍应包括公司的业务、公司的定位、公司的战备目标等。

3）产品（服务）。产品（服务）应包括以下内容：产品（服务）的定位、市场需求、创新性功能、竞争优劣势、竞争策略等。

4）行业和市场。行业和市场应包括：行业发展的关键因素分析、发展趋势、企业的目标市场及市场潜力、目标顾客及消费能力、行业其他竞争者和发展情况等。

5）销售策略。销售策略应包括：产品（服务）投放市场的理念，可供选择的战略有差异性市场营销、无差异性市场营销；定价方法，包括公平定价、渗透定价、对等定价、成本加成定价；此外，制订价格时，应确认计划价格能够收回成本。

6）管理队伍和关键人物。管理队伍和关键人物应包括：组织结构、管理经验、管理模式、责任划分和奖惩制度等。

7）路线研究。将公司面临的关键问题用图表示出来，连接各个关键问题的决策方案就是公司路线。

8）五年计划。为了显示你公司的财务健康状况和"魅力"，须把前面几个部分收集的数据整理成一个五年计划。这个计划包括以下三个部分。

① 资金预算、项目的资产负债表和收入预测。项目的现金流量是一个非常重要的信息，因为它展现了你计划执行中的资本需求数量。对于资本的评价，公司可以从收入和利润的预测开始，然后建立相应的资产负债表。

② 资金预算。为了让现金流量计划更加准确，公司应该制作第一年的每月计划，第二年的季度计划，第三年的半年计划，第四年、第五年的年度计划，还应规划出所有可能支付的时间和金额，留出充足的备用资金。

③ 收入预测。风险投资者需要知道每年年底的至少预期收入。公司按照所预测的标准收入线做出的五年的收入预测，会提供给他们一个重要的信息。

9) 机会和风险。公司应当说明在市场、竞争和技术方面都有哪些基本的风险及风险应对方案、公司在哪些附加机会等。

10) 资本需求。公司应说明自身的金融需求、融资渠道等。

3. 高素质的创业者和管理人员

除了关注创业者的创业领域，创业者的个人素质也是考察重点。一般来说，创业者要具有以下"特征"才容易受到风险投资者的青睐。

(1) 出色的个人条件。在风险投资者的眼里，创业者的个人素质尤为重要。一般来说，风险投资者在挑选投资对象时，除了关注创业者手中的技术外，还看重其创新意识、敬业精神、诚信程度、合作交往能力、应变决断能力等软因素。

(2) 足够的盈利能力。风险投资者是商人，他们投资是因为风险企业能赚钱。因此，创业者的技术必须是市场所需要的，而且有足够的盈利能力，才能引起风险投资商的兴趣。风险投资者会对投资项目进行详细而周密的调查与评估，包括企业的总体状况及发展规划、企业所在行业的情况、竞争对手分析、企业管理方面的调查、市场销售分析、财务分析等。

(3) 高科技的背景。虽然，现在风险投资者对创业者技术优势的关注度有所减低，但在高科技领域具有领先优势的企业，仍能获得风险投资商的青睐。

(4) 创业者是风险企业的灵魂。风险企业的发展过程中面临各种不确定因素，要想带领团队走向成功，创业者应该拥有冒险精神和驾驭风险的能力。只有具备了这样的素质才能使大家团结起来，敢于克服技术难题。

(5) 一定的资金实力。投资者是要规避风险的，即使是对风险投资者而言。企业具备一定资金实力，可以分散投资者的风险。

（二）风险企业获得投资的过程

1. 一般程序

(1) 整合公司并准备相关文件。整合公司，规范股权结构和法人治理结构，整合产品和相关的业务，并将相关的法律文件备齐。相关的文件准备主要包括商业计划书、公司营业执照、法人代码及税务登记证等。

(2) 选择合适的风险投资公司。由于不同的风险投资公司有不同的优势及特点，其针对性也呈现出较大的差异，不同性质的风险投资公司对于风险企业的帮助也呈现出不同的优势，因此，对于风险企业来讲，选择适合自身发展特点及发展阶段特点的风险投资公司对于企业的发展至关重要。通常情况下，规模大、资金丰厚、资源丰富、资历深的风险投资公司对于风险企业具有较大的吸引力。

(3) 双方会晤，进行相关事宜的洽谈。对于风险企业递交的申请书，风险投资公司往往通过研究，对于有一定投资价值的公司，会安排相关的负责人与风险企业的负责人进行会晤，商洽相关事宜，风险投资公司相关负责人就有关主要的问题听取风险企业的陈述，并将最终结果通过与风险投资公司其他相关人员的共同协商，形成一个初步的书面的分析报告。

(4) 专家审评。风险投资公司通过与风险企业会晤，听取相关的陈述，形成初步的分析报告，接下来就需要针对初步形成的分析报告组织专家小组对项目从技术、市场、财务方面进行深入的审核，以确定项目的可行性与风险。

(5) 签订协议。如果项目经过专家小组的深入审核后得到了通过，那么风险投资公司与风险企业就要就相关的融资额度、期限、法人治理结构、退出方式等方面进行沟通和谈判，以期达成共识，在此基础之上签署投资协议。

(6) 风险资本的进入与管理。投融资双方在投资合作意向达成一致后，会签署正式的协议，内容包括：风险资本进入后企业的性质、股权分配，资金到位时间和投资方式，董事会的组成，管理层的安排，经营方针和管理，退出条款等。

风险投资协议主要包括投资交易的表述、风险企业及其原股东的陈述与保证、风险投资公司履行投资义务的前提条件及风险投资的经营管理等方面。

2. 风险投资的流程

根据投融资的一般程序，风险投资的流程可以具体分为 8 个步骤，如图 9-1 所示。

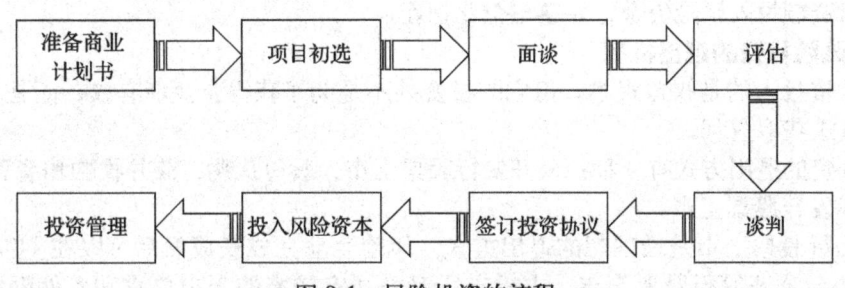

准备商业计划书 → 项目初选 → 面谈 → 评估 → 谈判 → 签订投资协议 → 投入风险资本 → 投资管理

图 9-1 风险投资的流程

准备商业计划书是风险融资运作的第一步。很多创业者和风险企业拥有先进的技术、好的创意产品或创新产品，但是不能很好地陈述自己的优势，缺乏吸引风险投资的经验和方法，结果是商业计划书被投资者否决，从而面谈等后续的融资环节也无从谈起。

风险投资者会收到很多的商业计划书，从中进行筛选。项目初选的主要依据就是商业计划书。商业计划书如果通过初选，风险投资者就会联络风险企业进行面谈。面谈时，创业者的个人素质和魅力会对结果起很大的作用，这种面谈往往是双方的第一次直接接触，会在宽松的气氛下进行。面谈是一个相互了解的过程，如果投资者和创业者达成了共识，就会进入下面正式、严格、认真的评估和谈判。

通常谈判应遵守"四要"和"四不要"原则。

"四要"原则如下：要对企业发展和项目前景充满信心；要明确自己的交易底线；要加强对投资方的询问和了解；要公正合理地考虑投资方的利益，给予信任。

"四不要"原则如下：不要回避投资者的问题，回避必然造成怀疑；不要提供虚假或夸张的信息，风险投资者都是很有经验的，除了实地调研外，他们还有获取信息的其他渠道；不要透露核心技术和商业机密；不要急于求成，给对方一定的思考时间。

谈判结束后，如果风险企业与风险投资者达成合作意向，双方便进入签订投资协议阶段。此时，风险企业通常会收到风险投资机构提交的条款清单，内容主要涉及以下方面：

（1）双方的出资方式、出资额与股份分配；

（2）风险企业的技术开发设想和最初研究成果的股份评定、技术股所有权的限制与应承担的责任；

（3）股权保障方式。主要内容包括：董事、监事席位的分配，董事会的权利、义务与财务责任，重大资本预算的决策和确认方式。

（4）参与经营管理的方式。对风险投资者参与决策及协助经营管理的范围和介入程度等事宜加以确认。主要经理人员指派权也是协议的重要事项。

（5）资金退出时机与方式。即对于投资回收年限、出售持股的时机与规定、被投资公司股票上市的时机与方式及被投资公司无法达到预期财务目标时所应承担的责任等事宜达成协议。

另外，风险投资者为了保护自身利益，协议中通常还有以下规定：企业定期向投资方提供财务报告和其他重要生产经营情况汇报；投资方有拒绝新增外来投资的权利和出售股份的权力；投资方要求企业以已有的资产作抵押等事项。

投资协议在风险融资过程中具有重要地位，这主要是因为风险融资的高风险性。中小企业发展中可能面临无法克服的经营困难甚至失败，此时企业与风险投资者之间由于各自利益着眼点的不同，可能发生利益冲突。如果在此前将双方的权利义务界定清楚，则事后就能有理有据、公平公正地解决彼此之间的摩擦。

投资协议签订后，风险投资就进入实质操作阶段，风险投资者根据投资协议规定的出资方式和出资额投入风险资金，并参与企业管理。

（三）风险投资的退出机制

风险投资投入的是权益资本，但它的投资并不是为了获得企业所有权，而是为了退出，以退出的方式获取盈利。

风险投资的退出方式有4种：公开发行股票上市、股份认购、兼并收购和清算。

1. 公开发行股票上市

公开发行股票上市是最理想的退出方式。风险企业在成长成熟后可以在主板市场或二板市场向社会公开发行股票上市。主板市场对公司有较高的上市要求和条件限制。然而，高新技术企业往往资金实力不够雄厚，整体实力不够强劲，加上技术和产品市场的不确定性，很难符合以成熟大规模上市企业为主的主板市场，因此，创业板市场也就应运产生了。创业板市场主要适应于创新型中小科技企业的需求，上市门槛相对较低。风险投资的主要对象就是这些高风险、高收益的创新型企业，因而创业板市场对风险投资而言是最重要的退出平台。

公开发行上市可以使风险企业募集到大量资金，并提高企业的知名度，但是要上市就必须披露大量的企业内部信息。根据股票交易所的规定，上市公司必须每年定期向公众报告其年度和月度的经营活动、财务状况和公司的重大事件。这都有可能让竞争者猜测到一些商业和技术进展的机密。

2. 股份认购

如果企业不能在创业板市场上市，风险投资者就要寻求别的退出途径了。股份认购有两种形式：创业者股份回购和风险企业股份认购。创业者股份认购即创业者以现金或票据等形式购买风险投资者所持有的风险企业的股份。风险企业股份认购即创业者以现金或票据等形式购买风险投资者所持有的股份。

3. 兼并收购

兼并收购即创业者和风险投资者把风险企业出售给其他公司。对风险投资者而言，兼并收购的退出方式可以获得现金或是可流通证券，具有较大的吸引力。但是对于创业者而言，把自己花费心力培养起来的企业出售不仅意味着管理层的变更，在感情上也是不愿意接受的。

4. 清算

最后一种无可奈何的退出方式就是清算。风险企业的成活率相对较低，如果企业经营恶化、资不抵债，企业就会主动或是被迫进入清算程序。主动清算也称普通清算，即在确定企业前景暗淡，继续下去只能带来更大损失的时候，企业会申请进入清算，以减少损失。如果企业资不抵债就要被迫进入破产清算。

二、企业获取风险投资的注意事项

企业获取风险投资的注意事项如下。

（一）锁定目标

中小企业在这个阶段要锁定那些可能会投资的风险投资机构。风险投资机构现今在中国的市场中数量众多，企业进行融资的时候一定要锁定目标，有针对性地进行准备。

第一步，搜寻尽可能多的风险投资机构的清单，可利用相关网站搜索或利用以往风险投资机构的研究报告来进行搜索。

第二步，挑出偏好在中小企业所从事的行业的风险投资机构。

第三步，将已经投资于竞争对手的风险投资机构从列表上删除。

第四步，找到有足够的资金实力的风险投资机构。

（二）择机应对

首先要注意的一点是，向风险投资机构融资是非常耗时的，通常为6个月，慢一些的甚至要1年以上。因此，对于中小企业来说，至少要留好6个月的现金余量，以保证在融资过程中不会发生资金链断裂的情况。另外，风险投资融资是一个非常耗精力的过程，管理者需要分出大量的精力来进行文件的准备以及与风险投资机构进行谈判，这样公司的正常业务的管理时间会大大减少，因此企业需要提前做好准备，选出一些替补人选来帮助管理公司。这些是在准备融资前就需要注意的事情。

（三）文件制备

在选定了融资机构之后还需要注意的就是准备融资文件的过程。这里需要提示的事情是，企业最好是要根据风险投资基金融资的不同阶段来准备不同的文件。

中小企业在文件准备过程中需要特别引起重视的文件是投资项目计划书，这是每个风险投资基金都会要求企业递交的文件。除了需要具备完整的内容之外，编写投资项目计划书还应遵循如下一些基本原则。

（1）投资项目计划书不能太过冗长，尽量保证语言简洁，信息量最大最浓缩，不要多说一句废话。

（2）避免用一些含糊的形容词来进行描述，尽量使用客观可靠显而易见的数字。

（3）投资项目计划书应该以一个主要的项目为基础，不要过分扩大范围或者用其他产品在计划书中喧宾夺主。

（4）团队成员的介绍应该尽量细致，尤其对于里面与行业相关的背景经验等应该尽可能多地罗列进去。

（5）不要怕指出风险，最主要的在于企业对于风险的应对能力而不是这个企业将面临的风险。

（6）投资项目计划书要实事求是，不要过分夸大实际的收入以免在以后实地调查的时候给风险投资基金留下非常不好的印象。

需要注意的是，在与风险投资机构见面之前，企业还需要准备其他有关的必要文件。其中，包括企业结构组织表，未来五年的销售收入预测，利润预测，现金流量预测和资产负债预测，企业员工工资一览，主要产品生产流程表，未来12个月每个月的现金流量预测表等，这些是风险投资机构对企业做综合判断的依据。

（四）其他事项

剩下的步骤包括向风险投资机构做融资演示，尽职调查，投资协议谈判等是建立在前面准备的文件基础上的，在资料齐备的基础上以最少的语言展示企业最多的优点，尽所能地配合风险投资机构的价值评估过程和尽职调查过程以减少这两个过程所耗的时间，尽量使自己站在一个有利的地位与风险投资机构进行谈判。

中小企业成长期非常关键，因此选择风险投资机构的时候一定要全面慎重考虑，最终选择最适合企业的也最能帮助企业成长的风险投资机构才能使企业获得质的飞跃。

第十章
项目融资

第一节 项目融资综述

项目融资是"通过项目来融资",是"以项目的资产、收益作抵押来融资",是一种无追索权或有有限追索权的融资或贷款。这区别于"为了项目而融资",后者是一个广义概念,指的是为建设、收购或者整合一个项目进行的融资活动,它往往以整个企业的资信作为背景去贷款或者发行股票、债券等。

项目融资用来保证贷款偿还的首要来源被限制在项目本身的经济强度中。项目的经济强度是从两个方面来测度的:一方面是项目未来的可用于偿还贷款的净现金流,另一方面是项目本身的资产价值。

项目融资源于西方发达国家,最先是应用于资源项目,之后是应用于基础设施项目。目前它已发展成为一种资源开发项目和大型工程项目等筹集大量资金的卓有成效并且日趋成熟的融资手段。

一、项目融资的特征

项目融资的基本特征如下。

1. 项目导向

项目融资是以项目为主体进行的融资安排。它主要依赖于项目的现金流量、盈利前景和资产,而不是依赖于项目的投资者或者发起人的资信来安排融资。由于项目导向,有时投资者很难借到的资金可以通过项目来安排,很难得到的担保条件也可以通过组织项目融资来实现。项目融资的贷款期限可以根据项目的具体需要和项目的具体经济生命周期来合理安排。

2. 融资额大

从全世界范围来看,项目融资集中在资源开发项目、基础设施项目和大型工程项目,这些项目的建设需要巨额的资金来源,而项目融资所获得的资金通常占整个项目所需资金的65%~75%,有时甚至接近100%。

3. 项目具有良好的经济效益和相对稳定的现金流

由于项目融资所筹集的资金主要依靠项目本身产生的现金流来偿还,因此,项目本身能否产生可以预见的较好的现金流至关重要。

4. 风险分担

为了保证项目发起人不承担项目的全部风险,对于与项目有关的各种风险要素,需要以某种形式在项目发起人与项目开发有直接或间接利益关系的其他参与者和贷款方之间进行分担。一个成功的项目融资应该是在项目中没有任何一方单独承担起全部项目债务的风险责任,这构成了项目融资的又一个重要特点。例如,项目发起人(有时包括项目承包人)可能需要承担项目建设期的全部风险,但在项目建成投产后,发起人所承担的风险将有可能被限制在一个特定的范围内,而贷款方可能要承担项目的一部分经营风险。

项目发起人将原来应由自己承担的还债义务,部分地转移到该项目身上,也就是将原来由借款方承担的风险部分地转移给贷款方,由借贷双方共担项目风险。

由于项目融资的有限追索性质,贷款方通常要求项目实体的第三方在一定时期内(如项目建设期)提供担保。当项目公司是某个公司的子公司时,贷款方一般会要求母公司提供担保。当项目公司无母公司,或发起人不想充当保证人时,可以请第三方担当保证人。材料或设备供应商、销售商、项目产品的未来购买者、承包商和东道国政府机构等都可以充当保证人。

5. 表外融资

表外融资是指不用反映在资产负债表之内的融资安排。

经过适当的安排,可以使负债不出现在发起人的资产负债表内,不影响其负债率,而仅以某种说明的形式出现在会计报表的注释中。这种安排可以使投资者能够更加灵活地进行经营,在很大程度上降低风险。

> **小知识**
>
> **表外融资会计处理**
>
> 项目发起人如果直接从银行贷款来完成项目,那么借入的资金就会成为项目发起人资产负债表上的负债。在项目还没有取得收益时,这种结果会造成不利的资产负债表结构,提高从其他方面进一步借款融资的成本,增加项目发起人的金融风险。如果采用项目融资,则由于这时的银行贷款通常没有追索权,或者即使有有限的追索权,也是通过合同安排加在项目公司身上的,不会影响项目发起人本身的资产负债表。发起人的债权和债务不会因为项目融资而改变,因此,也不会影响它的债务与权益的比例及各种财务比率指标。

6. 融资成本高

项目融资与传统融资相比,通常具有较高的成本,这主要是因为项目融资的前期工作十分浩繁,工作量大、涉及面广、技术工作复杂,同时又有有限追索的性质。项目融资的成本包括融资的前期费用和利息成本。融资的前期成本包括顾问费、承诺费、成本费、律师费、公关费等，一般占贷款总额的0.5%～2%；项目融资的利息成本一般要高出同等条件传统贷款的0.3%～1.5%。

> **小知识**
>
> **项目融资与传统贷款的区别**
>
> 项目融资与传统贷款的区别如图10-1所示。
>
> 需要注意的是，项目融资的资金尽管在很大程度上来源于贷款，但还有债券、发起人或者其他投资者的投资等多种形式。因此，项目贷款融资只是项目融资的重要组成部分，而非全部。
>
> 图10-1 项目融资与传统贷款的区别

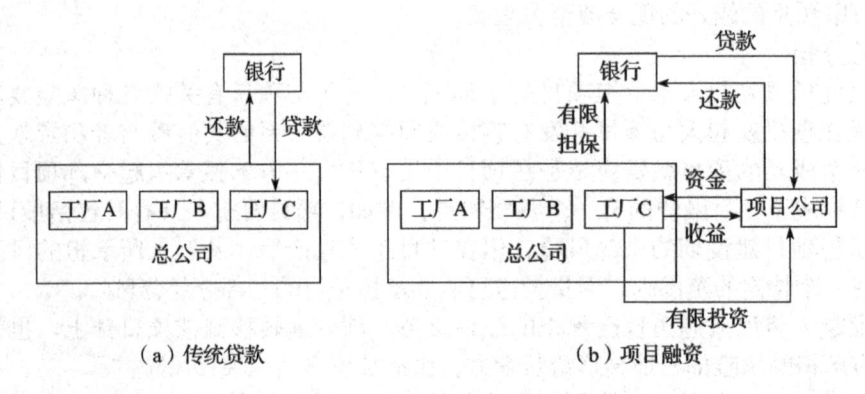

二、项目融资的类型

项目融资的基本结构可归纳为以下两种形式：一种是有限追索或无追索贷款，借款人以项目产品销售收入产生的净现金流偿还贷款；另一种是借款人直接以项目的产品偿还贷款，通过产品支付和远期购买的方式出让项目产出品的部分所有权给贷款人，最终转化为销售收入偿还贷款。下面介绍几种项目融资类型。

1. BOT

就分类标准而言，BOT与产品支付、远期购买及租赁融资是不同的。后面3种分类是项目融资的还款方式；而BOT是一种工程建设形式，只是这种建设形式通常采用项目融资这一方式来融资而已。

2. 产品支付

产品支付在美国石油、矿产等项目融资中极为常见。这种形式是针对项目贷款的还款方式而言的。借款方在项目投产后不以项目产品的销售收入来偿还债务，而直接以项目产品来还本付息。在贷款得到偿还前，贷款方拥有项目部分或全部产品的所有权。在绝大多数情况下，产品支付只是产权的转移而已，而非产品本身的转移。一般情况下，贷款方要求项目公司重新购回属于它们的项目产品或通过它们的代理来销售这些产品。更一般的是根据收货或付款协议，以购买商或最终用户承诺的付款责任来收回贷款并获得商业利润。

典型的产品支付结构具有以下特点。

（1）项目产品是用于支付各种经营成本支出和债务还本付息的唯一来源。

（2）贷款的偿还期比项目的经济寿命周期短。

（3）贷款人不提供用于项目经营开支的资金。

产品支付还款方式的关键是产品所有权的转移。在石油、天然气和矿产项目中，项目公司是在国家颁发的开采许可证的基础上经营的，其产品转让权仅限于许可证允许范围，不得将该地区其他储量用于产品所有权的转移。

3. 租赁融资

租赁融资常用于以资产为基础的项目，如船舶和飞机的购置。租赁的一般形式是，租赁公司以自己的信用从银行取得贷款，购买厂房及设备，然后租赁给项目公司。项目公司在项目营运期间，以营运收入向租赁公司支付租金，租赁公司以其收到的租金通过担保信托向贷款银行偿本付息，有利于分散风险。

采用租赁融资至少有两大优点：首先，租赁融资可以通过厂房和设备的折旧为项目发起人带来资本让税，从而降低了项目总成本；其次，在为法律尚不健全的国家担保购置资产的项目进行融资时，采用租赁的方式，由于租赁资产的所有权没有发生转移，仍在贷款人的掌握之中，因此，债权人对租赁资产比较放心，从而降低了贷款风险。

4. 远期购买

远期购买是在产品支付的基础上发展起来的一种更为灵活的项目融资方式。同样，贷款方可以成立一个专设公司，这个专设公司不仅可以购买事先商定好的一定数量的远期产品，还可以直接购买这些产品未来的销售收入。项目公司将来支付专设公司的产品或收入正好可以用来偿还银行贷款。其结构类似产品支付，也要由担保信托方对产品的销售和产品所有权的购买进行担保。

5. 资产证券化

资产证券化是指将缺乏流动性，但能够产生可预见的、稳定的现金流量的资产归集起来，通过一定的结构安排，对资产中风险与收益要素进行分离与重组，进而转换为在金融市场上可以出售和流通的证券的过程。

小知识

项目融资按追索权进行分类

项目融资主要有两种类型：无追索权项目融资和有限追索权的项目融资。

1. 无追索权项目融资

无追索权项目融资也称为纯粹的项目融资，是指贷款人对项目的主办单位没有任何追索权，只能依靠项目所产生的收益作为还本付息的来源，并可在该项目的资产上设立担保权益。此外，项目主办单位不再提供任何信用担保。如果该项目中途停建或经营失败，其资产或收益不足以清偿全部贷款，贷款人也无权向主办单位追偿。在这种融资方式下，贷款的还本付息完全依靠项目的经营效益。同时，贷款人为保障自身的利益，必须从该项目拥有的资产取得物权担保。如果该项目由于种种原因未能建成或经营失败，其资产或受益不足以清偿全部的贷款时，贷款人无权向该项目的主办人追索。这种类型的项目融资对贷款人的风险很大，一般很少采用。

2. 有限追索权的项目融资

这是普遍采用的一种项目融资形式。在这种形式下，贷款人除依赖贷款项目的经营收益作为还债来源和取得物权担保外，贷款人还要求有项目实体以外的与项目完工有利害关系的第三方当事人提供各种担保。贷款人有权向第三方担保人追索，但担保人承担债务的责任，以他们各自提供的担保金额为限，所以称为有限追索权的项目融资。第三方当事人包括设备供应人、项目产品的买主或设施的用户、承包商等。当项目不能完工或经营失败，从而项目本身资产或收益不足以清偿债务时，贷款人有权向上述各担保人追索，但各担保人对项目债务所负的责任仅以各自所提供的担保金额或按有关协议所承担的义务为限。通常所说的项目融资，均指这种有限追索权的项目融资。

提供融资的机构对项目的发起人没有完全追索权,这是设计项目融资要达成的一个重大目的。具体来说,融资协议中追索的形式和程度取决于贷款人对项目风险的评级和项目融资结构的安排,同时也与项目发起人的财务状况、资信等级、技术经验、管理能力等因素有密切关系。这意味着借款人的风险和可能损失得到一定的控制,但同时对贷款人而言就不太有利。

三、项目融资的原则
项目融资的原则,主要包括安全性、物资保证性、效益性、偿还性、合法性和计划性。

1. 安全性

融资项目所生产的产品必须是市场适销的、国民经济所需要的。有的项目虽不增加产量,但其目的在于提高质量、更新技术、节约原材料或消除污染等,对国民经济也是有贡献的。在借款人、贷款人及承包商、原材料供应商之间合理分担项目风险,使项目开发商的风险最小化,是融资结构的核心问题。例如,在项目建设中项目开发商要承担全部风险,但在项目完工投入使用后,借款人就只承担一定范围内的风险,其余风险则由贷款人承担。有限追索是分散风险的有力手段,在有限追索条件下,贷款人只在某特定时间或规定范围内有权对借款人进行追索活动。贷款人对于追索形式和程度的选择根据是项目本身的风险(包括投资规模、投资结构、开发商财务状况、行业经验、管理能力等因素)。借款人争取有限追索的条件是审慎考虑项目收益,设计出合理完善的融资结构。

2. 物资保证性

建设项目所需的物资,如设备、建材等,要从国家全局考虑能有多少物资从再生产过程中抽出,用于固定资产投资。借用外资的项目,还款时要以出口物资换来的外汇抵付外债,因此最终仍需以国内物资作保证。

3. 效益性

效益性就是用最少的投资取得最大的效益。融资项目事先要评估分析,包括国民经济效益、企业经济效益、社会效益和财务效益分析等。借款人投资的通常是资金密集型产业,投资周期长、回收慢,这些不利情况决定了借款人必须严格控制成本。在开发项目时尽可能与国家产业政策相吻合;在遵守税法的条件下,合理避税;同时在选择融资渠道时,要综合考虑本企业及项目的特点,尽量达成对自己有利的贷款安排,在选择承包商时要仔细考虑其技术实力和资信程度等因素,在原材料采购时要与供应商签订战略合作协议,实行集体采购,充分利用电子商务平台交易减少各项成本,提高项目的经济效益。

4. 偿还性

项目融资是要还本付息的。一般用项目单位新增的利润或提取的折旧基金归还。有限追索权的项目融资,还需评价有关参与方所提供的担保是否可靠。

5. 合法性

贷款人提供项目融资的项目,应当符合国家产业、土地、环保和投资管理等方面的相关政策。

6. 计划性

项目融资属固定资产投资,借款人的固定资产投资计划必须经国家批准并纳入国家计划。除此以外,根据借用外汇资金的来源和还款方式的不同,其外汇收付要列入国家的利用外资计划和外汇收支计划,项目单位的人民币配套资金,要列入国家的人民币信贷计划。

四、项目融资的参与者
项目发起人、项目公司、借款方、债务资金提供方这些基本参与者是这种特殊融资方式的主体;而没有承建商、供应商和承购商的参加,项目是不能实际建成的;担保受托方、保险公司、财务金融顾问、专家、律师也是项目成功的保障；由于项目融资涉及土地、建设经营权、关税、国内税收、环境保护、主权等重大问题，东道国政府在其中的作用更是不言而喻的。

1. 项目发起人

项目主办方又称项目发起人，是项目公司的投资者，是股东。项目发起人可以是某家公司，也可以由多个投资者组成联合体。如承包商、供应商、项目产品的购货商或项目设施的使用者都可成为项目发起人。此外，它还包括项目间接利益接受者，如即将兴建的新交通设施所在地的土地所有者，该项目可以使其土地升值。

由于项目融资多用于基础设施和公共项目，在发展中国家一般有国有企业参加，这样有利于项目获得批准及实施，降低项目的政治风险。

项目发起人投资是为了取得利润，其可以直接管理项目公司，也可以委托项目公司管理人员负责日常管理。

2. 项目公司

项目公司通常是一个确定的法律实体。它是为了项目的建设和满足市场需求而建立的自主经营、自负盈亏的经营实体。项目发起人是项目公司的发起人和出资者，其投入的资本金形成项目公司的权益。除此之外，项目公司主要靠借款营建和购置资产，以项目本身的资产和未来的现金流量作为偿还债务的保证。因此，人们可以把项目公司看作一个资产经营公司，它并不一定参加项目的经营和产品销售。

3. 借款方

在多数情况下，借款方就是项目公司。但有些时候，借款方也可能不是项目公司。这是因为项目的实施和融资结构受到很多因素的影响，如东道国的税收制度、外汇制度、担保制度、法律诉讼的可行性等。很多项目的借款方可能不止一个，它们各自独立借款以便参与项目。项目的承建公司、经营公司、原材料供应商及产品买主都可能成为独立的借款方。国际上一些银行和金融机构不向国有企业贷款和提供担保，为避开这一融资障碍，可设立专门的机构，如受托借款机构。银行向受托借款机构提供贷款，实际上为国有项目公司的施工筹措资金。受托借款机构向承建商支付工程费用。项目建成后，根据与项目公司签订的产品承购协议向承购商收取货款，然后归还银行的贷款本息。项目受托借款机构的融资结构如图 10-2 所示。

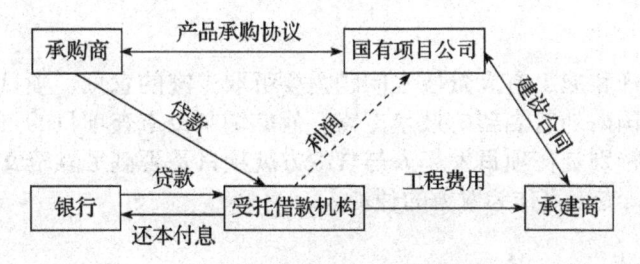

图 10-2 项目受托借款机构的融资结构

4. 债务资金提供方

在项目融资中，债务资金提供方是多方面而且多种形式的，包括商业银行、各国出口信贷机构、国际金融机构、公共基金机构、商业金融公司、租赁公司、投资公司、原材料供应商、承包商、消费者、设备经营商及项目发起人等。银行贷款也往往由多家银行组成一个银团对项目贷款，又称为辛迪加贷款。为了分散东道国的政治风险，银团一般由来自不同国家的银行组成，包括东道国的银行。

5. 承建商

承建商负责项目工程的设计和建设，通常与项目公司签订固定价格的总价承包合同。一般情况下，承建商要承担延期误工和工程质量不合格的风险。对于大项目，承建商可以另签合同，把自己的工作分包给分包商。

6. 供应商

供应商包括设备供应商和原材料供应商。其收益来源于供应合同，它们对项目的经济效益不太关心。设备的供应一般与贷款捆绑在一起，这样做，一方面贷款方可以为本国企业开辟国外市场；另一方面借款方可以获得出口信贷等优惠贷款。双方都既可以得到好处，又要付出代价，只是各自的关注点不一样。

7. 承购商

为了保证基建项目的成功，使项目建成后有足够的现金流入用于还本付息，在项目谈判阶段，一般要确定产品及服务的承购商，并签订协议，来减少或分散项目的市场风险。

8. 担保受托方

贷款银行主要指望以项目公司的资产及项目未来收益作为还款保证。为了防止项目公司违约或转移资产，它们一般要求项目公司将资产及收益账户放在东道国境外的一家中立机构，这家机构被称为担保受托方。担保受托方一般为一家资信等级较高的银行或独立的信托公司。

9. 保险公司

项目融资的巨大资金数额及未来许多难以预料的不利因素，要求项目各方准确地认定自己面临的主要风险，并及时为它们投保。因此，保险公司就成了分担项目风险的重要一方。

10. 财务金融顾问

项目公司要在金融市场上融资，必须取得熟悉金融市场运作规则的金融机构的帮助。项目发起人一般聘请商业银行和投资银行作为其财务金融顾问，它们熟知项目所在地的情况，能根据当地条件对项目融资结构提出参考意见，并对项目的经济可行性做出估计。财务金融顾问提供的报告包括有关项目成本、市场价格、市场需求、外汇汇率的信息及预测资料，并附有每个发起人的基本情况介绍。财务金融顾问的专业技能及同金融界的广泛联系，使其在向贷款银行推荐项目时有很强的说服力。但是财务金融顾问不承担顾问工作所引起的任何后果。

11. 专家

项目工程的设计和施工有大量技术问题需要听取专家的意见。项目发起人和财务金融顾问都要聘请一些国内外有名望的技术专家，他们编制或审查项目的可行性研究，监督和协调项目的进展。特别是在项目发起人与贷款方就项目是否满足融资文件规定的完工和验收标准发生争议时，专家可作为双方的仲裁人。

12. 律师

项目融资各参与方之间大多数是合同关系。项目文件的复杂性和参与方的国际性需要有资深的国际律师事务所介入。项目发起人进行初步可行性研究、项目公司抵押资产和贷款方拟定贷款协议时都要听取律师的意见。每个采用项目融资的工程项目都由于本身性质、所在地及东道国的不同而有其特殊之处，因此，律师要熟悉东道国的政治、经济、法律和税收制度，甚至要了解当地的社会文化观念。这样才能在发生具体问题时应对自如，并能预先估计到可能出现的问题，防患于未然。

13. 东道国政府

东道国政府在项目融资中的角色虽然是间接的，但很重要。例如，减免税收或特许兑换外币。东道国政府还常常通过代理机构投入权益资金，或充当项目产品的最大买主或用户。另外，如果东道国政府作必要的担保，会提高项目的成功率，减少费用。

五、项目融资风险管理

项目开发不仅周期长、投入资金大、涉及合作方多，而且具备明显的地域特征。从市场研究到投资决策、项目策划、规划设计、市场营销、建设施工、原材料采购、广告推广、销售服务等一系列因素都孕育着风险，而且开发过程涉及发改委、规划局、消防局、环保局等多个政府工作部门，这就使得项目周期拉长，成本上升，有可能影响预期盈利。

（一）项目融资风险的类别

项目融资中的风险，大体上可分为系统风险和非系统风险。系统风险是指与市场客观环境有关的、超出了项目自身范围的风险，系统风险是指国家风险，主要包括主权风险和政治风险。非系统风险是指可由项目实体自行控制和管理的风险，非系统风险是指商业风险，主要包括完工风险、经营和维护风险及环保风险等。系统风险不能通过增加或调整不同类型的投资数量而排除，非系统风险可以通过多样化、分散化的投资战略加以避免或降低。然而，这两种风险的划分并不绝对。有时候系统风险也可以通过一定的手段予以消减，而另外一些时候非系统风险是无法避免的。

1. 项目融资的系统风险

项目融资所涉及的系统风险主要有政治风险、获准风险、法律风险、违约风险、经济风险和不可抗力风险。

（1）政治风险。政治风险是指那些由于战争、国际关系变幻、政权更迭、政策变化而导致的项目的资产和利益受到损害的风险。它主要涉及两大类：一类是关于政局的稳定性风险；另一类是关于政策的稳定性风险。

（2）获准风险。获准风险是指项目的开发和建设得不到或不能及时得到项目东道国政府的授权或许可的风险。无法或推迟获准的主要原因有设计缺陷、环保缺陷、不符合政策导向、地方政府反对、突破了基建或外债计划等各种因素。如果不能及时得到政府的批准，就会使整个项目无法按计划进行，造成拖延。这种风险就是获准风险。

（3）法律风险。法律风险是指由于东道国法律体系不完善和法律变动给项目带来的风险。当法律不完善时，项目融资所依赖的各种担保可能无法有效地起作用，贷款方和投资者对项目资产和其他抵押品的控制权力难以得到法律保护。东道国法律变动给项目带来的风险主要体现在以下几个方面。

1）当出现纠纷时，东道国是否具有完善的法律体系提供仲裁，解决纠纷。
2）东道国是否具有独立的司法制度和严格的法律执行体系执行仲裁结果。
3）根据东道国的法律规定，项目发起人能否有效地建立起项目融资的组织结构和日后的项目经营。

由此可见，法律健全与否对约束项目融资各参与方的行为关系极大。因此，东道国法律的变动会改变对各参与方的约束，进而改变各参与方的地位，带来的风险是不言而喻的。

（4）违约风险。违约风险是指项目参与方因故无法履行或拒绝履行合同规定的责任和义务。它可能表现为项目发起人资金不能按时到位、贷款方贷款不及时拨付、承建商无法按要求完工、借款人无力偿债等多种形式。在法制不健全的国家，有关违约屡见不鲜，由于缺乏对违约者的强有力处罚手段而导致违约风险大增。

（5）经济风险。经济风险主要是指在经济活动中项目外部经济条件变化导致的风险，主要包括市场风险、外汇风险和利率风险。

1）市场风险。市场风险是指项目公司建成后由于市场需求下降、竞争加剧或价格条件恶化导致项目产品无法按预测价格出售，项目效益无法实现的风险。项目投产后的效益取决于其产品在市场上的销售情况和其他表现。因此，项目公司必须直接面对市场风云变幻的挑战。产品在市场上的销路和其他情况的变化就是市场风险。市场风险主要有价格风险、竞争风险和需求风险。这3种风险很难截然分开，它们之间相互关联、相互影响。

市场风险不仅同产品销售有关，还存在于原材料及燃料的供应方面。如果项目投产后原材料及燃料价格的涨幅超过了项目产品价格的增幅，那么项目的收益势必下降。

小知识

行业风险

项目融资中，项目开发商要注意所在行业的特性带来的风险。借款人在项目建设过程中，要加强与贷款人的沟通，建立长久的战略合作伙伴关系，在融资时要采取直接融资与间接融资相结合的手段，在原材料这方面，要选择实力强大的战略供应商并实施有计划的集中采购，只有这样才能有效化解行业依存度高的风险。

2）外汇风险。外汇风险包括外汇的自由兑换、汇出限制和汇率波动（货币贬值）对项目参与方的损害。项目融资各参与方都十分关心外汇风险。境外的项目发起人希望将项目产生的利润以自己本国的货币或硬通货汇回国内，避免因为东道国货币贬值而蒙受损失。同样，贷款方也希望项目能以同种货币偿还贷款。

3）利率风险。利率风险指项目在经营过程中，由于利率变动直接或间接地造成项目价值降低或收益受到损失。如果投资方利用浮动利率融资，一旦利率上升，项目生产成本就会攀升；而如果采用固定利率融资，日后万一市场利率下降便会造成机会成本的提高。

（6）不可抗力风险。不可抗力风险是指项目的参与方不能预见且无法克服及避免的事件给项目所造成的损坏或毁灭的风险。例如，自然灾害、瘟疫、战争、工厂和设备遭受意外损坏等风险。

2. 项目融资的非系统风险

与项目融资有关的非系统风险主要有完工风险、经营和维护风险、环保风险等。

（1）完工风险。完工风险是指可能出现无法按时保质保量将项目投入生产运营当中的情况。项目开发过程包括勘察、设计、施工、采购、监理等诸多环节，如果借款人以出包方式委托建筑商完成工作，就会由其负责赔偿事宜，在出现问题的情况下，可能对借款人产生不良影响，因此贷款人经常要求工程承包商提供完工担保或履约保函，并为建筑设备等购买保险。另外，开发商还必须注意建立有效的监控制度，保证材料采购和招标选择及施工监理等事项的妥善安排。

（2）经营和维护风险。经营和维护风险是指在项目的经营维护过程中，由于经营者的疏忽或能力低下导致重大问题，使项目无法按计划运营，获利能力受到影响的风险。例如，原材料的供给中断，设备安装、使用不合理，产品质量低劣，管理混乱，等等。这些问题可能直接使项目无法按计划运营，最终将影响项目的获利能力。除了与经营者相关的问题之外，经营和维护风险还包括技术风险和生产条件风险。

1）技术风险。技术风险是指存在于项目生产技术及生产过程中的那些问题，如技术工艺是否在项目建设期结束后依然能够保持先进、会不会被新技术替代，厂址选择和配套设备是否合适，原材料来源是否有保证，工程造价是否合理，技术人员的专业水平与职业道德是否达到要求,等等。

2)生产条件风险。生产条件风险包括原材料、能源的供应是否可靠,交通、通信及其他公用设施的条件是否便利。

小知识

原材料、能源供应的风险

建筑原材料、能源的价格水平波动和供应渠道的通畅对项目的顺利实施会产生重大的影响,所以开发商与工程承包商要尽可能选择最有实力的供应商并签订有约束力的协议,使供货价格和数量能稳定在合理的水平上。

(3)环保风险。环保风险是指项目在建设或投产阶段,因违反环保法规的规定而对项目预期收益的影响。当项目没有对承担环保责任的成本费用进行预算或有意逃避环保责任,都可能因环保问题而给项目带来重大损失。

近年来,工业对自然环境及人们生活和工作环境的破坏已经越来越引起社会公众的关注,许多国家的政府制定了严格的环境保护法律来限制工业污染对环境的破坏,并强制肇事者对自己造成的污染进行清理,交纳巨额罚款。对项目公司来说,要满足环保的各项要求,就意味着成本支出的增加,尤其是对那些利用自然资源或生产过程中污染较为严重的项目来说更是如此。但从长远来看,项目公司必须对增加的成本自行消化,这就意味着项目公司提高生产效率,努力开发符合环保标准的新技术和新产品。

(二)项目融资风险的控制

项目融资风险管理的内容和程序:识别风险;估计风险;制定应对措施;编制风险管理计划并付诸实施。

原银监会发布的《项目融资业务指引》规定,贷款人可以以要求借款人签订长期供销合同、使用金融衍生工具或者发起人提供资金缺口担保等方式,有效分散经营期风险。贷款人从事项目融资业务,应当充分识别和评估融资项目中存在的建设期风险和经营期风险,包括政策风险、融资风险、完工风险、产品市场风险、超支风险、原材料风险、营运风险、汇率风险、环保风险和其他相关风险。

取得项目融资的前提是做好项目规划与可行性研究,但更重要的是规避风险。项目单位要向贷款人提供各种担保:如项目单位按期还本付息的担保;或在项目营建的过程中由于不可预计的原因,费用超支,如无人垫付这部分超支费用,项目就不能及时完工,从而影响贷款偿还,对此也可提出担保;又如项目虽可按时完工,但由于种种原因,完工时开工不足,收益不足,从而影响贷款的偿还,对此也要提出担保。只有通过各种担保形式,将贷款不能偿还的各种风险规避了,项目单位取得项目融资才能实现。《项目融资业务指引》规定:"贷款人应当要求将符合抵质押条件的项目资产和/或项目预期收益等权利为贷款设定担保,并可以根据需要,将项目发起人持有的项目公司股权为贷款设定质押担保。贷款人应当要求成为项目所投保商业保险的第一顺位保险金请求权人,或采取其他措施有效控制保险赔款权益。贷款人应当采取措施有效降低和分散融资项目在建设期和经营期的各类风险。贷款人应当以要求借款人或者通过借款人要求项目相关方签订总承包合同、投保商业保险、建立完工保证金、提供完工担保和履约保函等方式,最大限度降低建设期风险……贷款人可以通过为项目提供财务顾问服务,为项目设计综合金融服务方案,组合运用各种融资工具,拓宽项目资金来源渠道,有效分散风险。"对于项目融资,由于其依赖项目本身的现金流偿还贷款,应以项目的偿债能力为核心全面评价,重点是项目产品市场、技术和财务的可行性分析。

第二节 项目融资细述

一、项目融资的申请条件

申请项目融资通常应该满足的条件如下。
(1) 项目本身已经经过政府部门批准立项。
(2) 项目可行性研究报告和项目设计预算已经政府有关部门审查批准。
(3) 引进国外技术、设备、专利等已经政府经贸部门批准,并办妥了相关手续。
(4) 项目产品的技术、设备先进适用,配套完整,有明确的技术保证。
(5) 项目的生产规模合理。
(6) 项目产品经预测有良好的市场前景和发展潜力,盈利能力较强。
(7) 项目投资的成本及各项费用预测较为合理。
(8) 项目生产所需的原材料有稳定的来源,并已经签订供货合同或意向书。
(9) 项目建设地点及建设用地已经落实。
(10) 项目建设及生产所需的水、电、通信等配套设施已经落实。
(11) 项目有较好的经济效益和社会效益。
(12) 其他与项目有关的建设条件已经落实。

> **小知识**
>
> **贷款人受理项目融资的条件**
>
> 对贷款人来说,项目融资是高风险的资产业务,因此,原银监会《项目融资业务指引》规定,贷款人从事项目融资业务,应当具备对所从事项目的风险识别和管理能力,配备业务开展所需要的专业人员,建立完善的操作流程和风险管理机制。贷款人可以根据需要,委托或者要求借款人委托具备相关资质的独立中介机构为项目提供法律、税务、保险、技术、环保和监理等方面的专业意见或服务。

二、项目融资的融资来源

项目融资的融资来源主要有:商业银行贷款、银团贷款、发行债券、供应商提供的信贷、政府间双边贷款、出口信贷、世界银行及其附属机构——国际开发协会的贷款、世界银行与其他信贷机构的混合贷款和联合国有关组织的捐赠与援助。

(一) 商业银行贷款

项目公司可从国内和国外商业银行为工程项目取得贷款。原银监会发布的《项目融资业务指引》规定,多家银行业金融机构参与同一项目融资的,原则上应当采用银团贷款方式。

1. 商业银行贷款的优点
(1) 与上述各种形式相比,从商业银行取得贷款易于谈判,手续简单,需时短。
(2) 商业银行贷款无须经该国政府或国会批准,并可随时取现。
(3) 使用商业银行贷款没有任何限制,可用于向第三国购买资本货物、商品、劳务,工程承办单位可以在国际招标购买工程设备,降低工程成本。
(4) 与上述贷款形式相比,商业银行的贷款协定条款,对工程施工与工程收益的使用、限制较少。

（5）从商业银行贷款，可以借取各种货币，便于事先估计货币风险，加强工程成本核算。

2. 商业银行贷款的缺点

（1）贷款利息按市场利率收取，高于上述各种形式的利率。

（2）多数采用浮动利率，难以精确计算工程成本。

（3）除收取利息外，还收取其他费用，如承担费、管理费、安排费、代理费、杂费等，并规定在该行保有最低存款额等，从而提高了总的借款费用。

（4）商业银行提供资金虽无一定限额，但有时出于对国际及借款国家总的政治风险的估计，也会限制其发放贷款的额度。

（二）银团贷款

在贷款业务中，贷款人通常会面对一些特大型企业或企业集团，或者一些特大的重点项目，如果由某一家银行向其提供贷款支持，可能在贷款规模上不能满足其要求，贷款风险也相对比较集中。在这种情况下，采取银团贷款就是一种比较好的解决方式。

银团贷款是由获准经营贷款业务的多家银行或非银行金融机构，采用同一贷款协议，按商定的期限和条件向同一借款人提供资金的贷款方式。

1. 银团贷款参加者

按规定，国内银团贷款的参加者为境内中资银行和非银行金融机构。此外，境内获准从事人民币业务的外资银行也可以参加国内银团贷款。银团贷款的参加者由牵头行、代理行与成员行组成，其相互之间是平等的权利义务主体。

（1）牵头行。银团贷款的组织者或安排者称为牵头行。牵头行原则上由借款人的主要贷款行或基本账户行担任，它所占银团贷款的份额一般最大。牵头行的职责主要是接受借款申请书，认定银团贷款总额及贷款种类，向相关金融机构发送组团邀请及借款申请书（副本）和有关材料，规定反馈期限，并集中其反馈意见，负责贷款协议的协商、起草、签署等工作，组织召开银团会议，协商确定代理行及其他需要共同商定的问题或事项。

（2）代理行。代理行是银团贷款协议签订后的贷款管理人。代理行一般由借款人的牵头行担任，也可由银团各成员行共同协商产生。其权利义务主要是严格执行银团贷款协议，并按照协议保证银团贷款各成员行之间的利益，不得利用代理行的地位损害其他成员行的合法权益，严格按照贷款协议的有关规定发放和收回协议项下的全部贷款本金和利息，对审定同意发放的银团贷款总额及各成员行分担的贷款金额，逐笔进行登记，收回时亦同，办理银团贷款担保手续，设立企业银团贷款专户，将借款人支付的利息和归还的本金，按比例及时归还成员行，收集有关银团贷款的实施情况，并定期向银团贷款成员行通报银团贷款的使用和管理情况，办理银团成员行委托办理的有关银团贷款的其他事项。

（3）成员行。参与银团贷款的金融机构均为银团贷款的成员行。成员行的权利义务主要是有权要求借款人提供所需评审材料、有权自主决定是否发放贷款、有义务严格按照贷款协议的规定及时足额划付贷款款项。

2. 银团贷款的借款人

银团贷款的主要对象是国有大中型企业、企业集团和列入国家计划的重点建设项目。此外，银团贷款的借款人还必须符合有关借款人的各项基本条件和要求。

（1）银团贷款的申请对象主要包括以下两类。

1）银团贷款根据国家的产业政策和地方政府经济发展计划，重点支持能源、交通、高科技工业及地方重点工程项目。

2）银团贷款的对象是符合有关规定，在中国境内注册成立的法人或借款人认可的其他经济组织（统称借款人）。

（2）银团贷款的申请条件。借款人申请银团贷款，除应当具备产品有市场、生产经营有效益、不挪用贷款资金、恪守信用等基本条件外，还应当符合以下要求。

1）有按期还本付息的能力，原应付贷款利息和到期贷款已经清偿；没有清偿的，已经做了借款人认可的偿还计划。

2）除不需要经过工商部门核准登记的事业法人外，借款人应当经过工商部门办理年检手续。

3）已经在中国的商业银行开立基本账户或一般结算账户，且存款结算业务比例符合贷款人的要求。

4）除国务院规定外，有限责任公司和股份有限公司对外股本权益投资累计额不超过其净资产总额的50%。

5）借款人的资产负债比率应当符合贷款人的要求。

6）申请中长期贷款的，新建项目的企业法人所有者权益与项目所需投资比例不低于国家规定的投资项目资金比例。

7）借款人须持有中国人民银行核发的在有效期内的贷款卡。

8）借款人应当拥有固定的营业场所和一定的自有流动资金，并能每年按规定比例补充自有流动资金。

9）除外商投资企业以外的借款人，对外资银行的借款部分，应当办妥国家外汇管理局批准借外债手续。

3. 银团贷款的程序

银团贷款采取"认定总额、各成员分担"的方式办理，其程序主要如下。

（1）借款人向有关贷款人提出筹组银团贷款，双方协商同意后，借款人向有关贷款人提出正式书面委托，有关贷款人凭书面委托向同业发出组团邀请。

（2）由牵头行或者由银团各成员行对银团贷款项目进行评审。

（3）银团贷款成员共同与借款人、保证人签订银团贷款协议，各成员行按"自愿认贷、协商确定"的原则对银团贷款的金额进行分担。

（4）代理行通过专门账户统一办理贷款的发放和本息收回。

（三）发行债券

在国内外市场发行债券也是项目融资的一种形式。发行债券利率固定，期限长，并且由于债券投资人分散、广泛，资金使用不受其控制，但是，受市场利率与供求关系的影响，债券发行是否能筹集到预计数额的资金，并无准确把握，而且发行债券的利率比银行的利率高，贷款期限也较前者短。债券发行后还要设立专门机构，配备专门人员，关注该债券在市场的动态并进行管理。

（四）供应商提供的信贷

工程项目的大供应商所提供的金额较大的设备，允许承办单位以延期付款的方式支付贷款资金。这实际上是向工程项目提供了资金。采用这种方式，供应商会抬高设备的货价，增大项目的成本，实质上是高价融资。

可见，项目融资的渠道较多，形式多样。根据工程结构的不同，主体工程、附属工程完工期限的不同，项目各组成部分对资金要求的特点不同，承办单位可以从上述各个渠道筹措资金，将不同来源的资金组成一个综合整体，以发挥资金的最大经济效益，降低项目的造价。由于项目融资工作手续复杂，接触面广，专业知识强，承办单位常委托财务代理人负责融资和管理。

制定筹措资金规划谈判中，应考虑贷款的利率、其他费用负担、币种、汇率变化、贷款期限、偿付方法等问题，从总体上考虑多元融资方式的利害得失，并要做到贷款借入和偿还期限与工程本身建造和营运阶段的财务状况相一致。

（五）政府间双边贷款

政府间双边贷款是项目融资的一个来源。政府贷款分为两种形式：一种为无偿赠予，另一种为低息长期贷款。

政府贷款的优点是低息或无息，并且费用低。

政府贷款的缺点如下。

（1）贷款的政治性强，受两国外交关系及贷款国预算与国内政策的影响大，一旦政治气候变化，贷款常会中断。

（2）所得贷款或援助限于从发放贷款与援助的国家购买商品或劳务，承办单位不能利用投标竞争或就地生产，以降低工程成本。

（六）出口信贷

从发达国家的出口信贷机构取得出口信贷也是工程项目融资的主要来源。

1. 优点

（1）利率固定。

（2）利率水平低于市场利率。

（3）所得贷款可用于资本货物的购买。

（4）出口国竞争激烈，承办单位可选择最有利的出口信贷方案。

2. 缺点

（1）货价与低利率因素抵销后，因所得贷款限于在贷款国使用，购进设备的质量不一定是最好的，并且价格可能高于直接从第三国购买或招标的。

（2）出口信贷的利率不因借款货币软硬的不同而变化，增加承办单位对币种变换因素的考虑。

（3）出口信贷通常为中期而非长期，并不能用于支付全部工程费用。

（七）世界银行及其附属机构——国际开发协会的贷款

这部分贷款是项目融资的主要来源，用于项目有关的基础工程建设及其他项目内容。

1. 优点

（1）利率固定，低于市场利率，并根据工程项目的需要定出较为有利的宽限期与偿还办法。

（2）世界银行与国际开发协会对工程项目所提供的贷款要在广泛的国际厂商中进行竞争性的招标，这样就可最大限度地压低项目建设成本，保证项目建设的技术最为先进。

（3）该组织以资金支持的项目其基础是扎实的，工程都能按计划完成。

（4）该组织提供资金支持的项目带有一定的技术援助成分。

2. 缺点

（1）手续繁杂，项目从设计到投产所需时间较长。

（2）贷款资金的取得在较大程度上取决于该组织对项目的评价。

（3）该组织所坚持的项目实施条件，如项目收费标准与构成、项目的管理方法、项目的组织机构等，与东道国传统的做法不一致，东道国有时要被迫接受。

（4）该组织对工程项目发放的贷款，直接给予项目中标的外国厂商，借款国在取得贷款时，无法知道这一贷款对其本国货币或项目的核算货币所带来的影响，不易事先进行费用的核算比较。

（八）世界银行与其他信贷机构的混合贷款

从世界银行与私人资本市场共融资金，取得混合贷款，供同一项目使用。混合贷款的优点如下。

(1) 世界银行为国际金融机构，世界银行和其他信贷机构参与融资，其风险自然降低，否则私人资本市场不敢贸然向同一项目贷款。

(2) 由于有世界银行的参与，资金安全有保证，私人贷款的利率可能较低。

其缺点是，混合贷款谈判所需时间更长，手续更复杂。

(九) 联合国有关组织的捐赠与援助

联合国开发计划署、联合国天然资源开发循环基金对工程项目提供用于可行性研究的资金，并提供技术援助。从这些来源取得的资金既可用于可行性研究，也可用于工程准备工作。但是取得这种资金的手续比较复杂，并须归还。

三、项目融资的主要结构

项目融资的4个主要结构：项目的融资结构、项目的投资结构、项目的资金结构和项目的信用保证结构。

(一) 项目的融资结构

项目的融资结构是项目融资的核心部分。项目的投资者确定了项目实体的投资结构后，一项重要的工作就是设计合适的融资模式以筹集项目所需资金。在此过程中，投资者所聘请的财务顾问将起重要作用。项目融资通常采取的融资模式有：投资者直接融资、利用"设施使用协议"型融资、BOT模式、租赁融资等。实际运作中还可以根据需要对几种模式进行组合。

(二) 项目的投资结构

项目的投资结构指的是项目资产的所有权结构，它表示项目的投资者对项目资产权益的法律拥有形式和项目投资者之间的法律合作关系。

不同项目的投资结构中，投资者对其资产的拥有形式，对项目产品、项目现金流量的控制程度，以及投资者在项目中所承担的债务责任和所涉及的税务结构会有很大的差异。这些差异对其他3个结构的设计也会产生影响。因此，为了做好整个项目融资的结构安排，首先就要在项目所在国法律、法规许可的范围内设计符合投资者投融资需求的项目投资结构。目前，国际上项目融资中设立的项目投资结构的主要形式有契约型结构、股份有限公司、合伙制结构、有限责任公司和信托基金结构等。

(三) 项目的资金结构

项目的资金结构设计关注的是项目资金中股本资金、准股本资金和债务资金的形式、相互间的比例关系及各自来源等方面。这里需要考虑的是不同资金来源的比例关系、项目资金的合理使用结构及税务安排对总的加权平均融资成本的影响。

(四) 项目融资的信用保证结构

一般来说，项目的信用保证结构与项目本身的经济强度相辅相成，项目的经济强度高，信用保证结构就相对简单；反之，信用保证结构就相对复杂和精密。因为，对于银行和债权人来说，项目融资的安全性主要体现在两方面：项目本身的经济强度，这是基础；来自项目之外的各种直接或间接的担保，这是保证。

1. 项目担保人、担保文件和担保范围

(1) 项目担保人。项目担保人包括项目投资者、与项目利益相关的第三方及商业担保人。

1) 项目投资者作为担保人。项目投资者即项目发起人作为担保人，是项目融资中最主要和最常见的一种担保。项目投资者会组建一个专门的项目公司来经营项目并以此为主体安排融资。但就项目公司本身而言，在资金、经营历史、资信水平等方面并不足以支持大规模融资，很多情况下贷款方会要求借款人（项目投资者）提供来自项目公司之外的担保作为附加的债权保证。因此，除非项目投资者能提供其他可被贷款银行认同、接受的担保人，否则投资者自己必须作为项目的担保人。

项目投资者对项目公司提供的担保，可以是直接担保（即直接担保项目公司的一部分债务），也可以是非直接担保或以预防不可预见风险的形式出现的担保。在前一种方式下，担保需要作为一种债务形式出现在项目投资者的资产负债表中，至少需要作为一种或有负债在资产负债表的注释中加以披露。

2）与项目利益相关的第三方作为担保人。与项目利益相关的第三方作为担保人，是指在项目的直接投资者外，寻找其他与项目有直接或间接利益关系的机构，为项目的建设或者项目的生产经营提供担保。能够提供第三方担保的主体主要有 3 种。一是与项目开发有直接利益关系的商业机构，包括承包商、供应商、产品（或设施）用户。二是政府机构，出于改善基础设施建设、完善投资环境进而发展本国经济、增加就业、促进出口等方面的考虑，政府愿意为大型工程项目提供担保，由于政府在一国经济中的特殊地位，它提供的担保是不可替代的。政府的介入可减少政治风险和经济政策风险，稳定投资者的预期，增强其投资信心。三是国际性金融机构等，主要是指国际货币基金组织、世界银行、地区开发银行等机构，它们虽然与项目没有直接的利益关系，但是为促进发展中国家的经济建设，对于一些重大项目，会提供一些担保。这种担保类似于政府机构提供的担保，可以减少项目的政治风险、商业风险，增强金融机构等贷款人的信心。

这个过程是双赢的，对项目投资者而言，这些机构的参与在一定程度上分担了项目的部分风险，为项目融资设计一个强有力的信用保证结构提供了支持，从而吸引更多的贷款方。就第三方担保人而言，它们同样能在担保交易中获利。

3）商业担保人。商业担保人以提供担保为盈利手段，收取担保服务费用并承担项目的风险。商业担保人通过分散化经营来降低自己的风险，主要包括：银行、保险公司和其他一些专营商业担保的金融机构。商业担保人提供的担保服务主要有两类：一类是商业银行、投资公司和一些专业化的金融机构，以银行信用或银行担保的形式，担保项目投资者在项目中或项目投资中所必须承担的义务；另一类是各类保险公司，为了防止项目意外事件的发生而提供的担保。

（2）项目融资担保文件。广义上，可以认为绝大多数文件是对贷款方的保证；狭义上，项目融资担保文件可分为基本文件、融资文件和支持性文件。

基本文件主要包括 7 个文件：政府的项目特许经营协议和其他许可证；承包商和分包商的担保及预付款保函；原材料供应合同；能源供应合同；产品购买协议；项目投保合同；项目经营协议。

融资文件主要包括贷款协议、担保文件、支持性文件。担保文件包括以下内容：对土地、房屋等不动产抵押的享有权；对动产、债务及在建生产线抵押的享有权；对项目基本文件赋予的权利的享有权；对项目保险的享有权。

支持性文件包括对项目发起人的直接支持，如偿还担保、完工担保、运营资金保证协议、超支协议和安慰信；项目发起人的间接支持，如无货亦付款合同、产量合同、无条件的运输合同、供应保证协议；东道国政府的支持及项目的保险。

（3）项目担保的范围。项目担保的范围必然是项目融资实施过程中的各种风险。项目融资不能解决所有的风险问题，只能有重点地解决贷款银行最为关心的商业风险、政治风险、金融风险、或有风险等。

2. 项目融资物权担保

在项目融资中，物权担保在性质和形式上与传统的公司融资等融资结构中的担保没有多大区别，因为都体现在相关方对资产的抵押和控制上。

在项目融资中，物权担保主要是指项目公司以项目资产或第三方以自身资产为履行贷款债务提供的担保。提供物权担保来约束项目有关参与方，可以使其认真履行合同，保证项目顺利建成和运营。在对项目资产设定担保物权时，项目的资产是作为一个单独完整的整体出现的，即这部分资产与借款人的自身资产之间有一道"防火墙"。必要时贷款银行可以实行对项目资产的管理权，即在借款人违约时，取得对在担保条件下的资产的直接占有，或者为贷款人自身的利益经营这些项目资产，或者出售担保物及与之相关的权益，从出售所得中优先于其他债权人得到补偿。

项目融资中的物权担保有多种分类方式，按担保标的物的性质不同，可分为不动产物权担保和动产物权担保；按担保方式不同，可分为固定设押和浮动设押。此外，还有一种消极担保。

（1）不动产物权担保和动产物权担保。在项目融资中，项目公司一般以项目公司的资产作为不动产担保，不包括或仅包括很少部分的项目发起人的不动产，这是项目融资中的风险隔离安排机制，对项目发起人是有利的。不动产是指土地及房屋、林木等地上定着物。如果借款人违约或者项目失败，贷款人往往接管项目公司，或者重新经营，或者拍卖项目资产，以弥补其贷款损失。但是，这种弥补对于巨额的贷款金额来说，往往是杯水车薪。因为，项目的失败往往会带来项目资产，特别是不动产本身价值的下降。

动产物权担保是指借款人以自己或第三方的动产作为债务偿还的保证。动产又可分为无形动产和有形动产。无形动产包括：担保项目发起人取得的各种协议和合同，如经营和维护合同、购买合同、供应合同、运输合同和收费合同等；特许权协议；保险单；项目发起人持有的股份；各种保函；银行账户等。有形动产包括项目生产中的厂房、仪器设备等动产，以及项目产品等。

（2）固定设押和浮动设押。固定设押是指与担保人的某一特定资产相关联的一种担保。在此种担保形式下，担保人在没有解除担保责任或者得到担保受益人的同意之前不能出售或者以其他形式处置该项资产。置于固定设押下的资产如果属于生产性资产，则担保人只能根据担保协议的规定对该项资产进行正常的生产性使用；如果设押资产是不动产或银行存款，则担保人原则上是无权使用该项资产的。前面涉及的动产和不动产物权担保都是固定的物权担保，即借款方作为还款保证的资产是确定的，如特定的土地、厂房或特定的股份、特许权、商品等。当借款方违约或项目失败时，贷款方一般只能以这些担保物受偿。

浮动设押一般不与担保人的某一项特定资产相关联。在正常情况下，浮动设押处于一种"沉睡"状态，直到违约事件发生促使担保受益中国人民银行使担保权时，担保才变得具体化，置于浮动设押下的资产才被置于担保受益人的控制之下。在担保变得具体化之前，担保人可以自主地运用该项资产，包括将其出售。由于这种担保方式在某特定事件发生才最后确定受偿资产，所以被形象地称为"浮动设押"。

（3）消极担保。消极担保即项目公司向贷款人承诺，将不在自己的资产上设立有利于其他债权人的物权担保。消极担保条款是融资协议中的一个重要条款，一般表述如下："只要在融资协议下尚有未偿还的贷款，借款人不得在其现在或将来的资产、收入或官方国际储备上为其他外债设定任何财产留置权，除非借款人立即使其融资协议下所有的未偿债务得到平等的、按比例的担保，或这种其他的担保已经得到贷款人的同意。"消极担保是一种有法律约束力的保证，但它不同于一般的物权担保。消极担保并不允许贷款人对借款人资产提出所有权、占有权、控制权和销售权的要求，也不允许贷款人在借款人破产或清算时提出任何优先受偿权。

在多数情况下，项目融资所设定的物权担保的作用更多地体现为消极的、防御性的，而不是积极的、进攻性的，即它的主要作用是贷款人防止借款人的其他债权人在项目的资产上取得不对称的利益，使自己处于不利的地位。但在实际操作中，物权担保在项目融资中存在诸多不足之处，往往使贷款人不能单纯地从物权担保中获取保障，表现在以下方面：项目资产一般很难出售，如很少有人愿意购买离岸石油管道设施；依照某些国家的法律，贷款人有继续经营该项目的权利，但由于发起人已经宣告失败，贷款人很难取得成功；由于政治上的原因，要强制执行东道国的项目资产或出售东道国政府的特许协议，一般很难办到；强制执行的救济办法受到法律限制，尤其是在大陆法系国家，例如法律要求必须以公开拍卖的方式强制执行担保物权。

3. 项目融资信用担保

项目融资信用担保，即通常所说的项目担保或者人的担保，即以法律协议方式向债权人做出承诺并由此承担一定的义务。项目担保是在贷款银行认为项目自身的物权担保不够充分时要求项目公司或者借款人提供的一种人的担保。它为项目的正常运作提供了一种附加的保障，降低了贷款银行在项目融资中的风险。项目担保是实现项目融资风险分担的关键所在。

根据项目担保在项目融资中承担的经济责任不同，可以将其划分为4种基本类型：直接担保、间接担保、或有担保、意向性担保。

（1）直接担保。直接担保是指担保人以直接的财务担保形式为借款人按期还本付息而向贷款银行提供的担保，具有直接性和无条件性，是所融资项目必需的最低信用保证结构。直接担保的担保责任主要体现为金额担保和时间担保。

1）金额担保。金额担保是指项目融资中经常使用的资金缺额担保，是一种典型的在金额上加以限制的直接担保，主要是为项目完工后收益不足的风险提供担保。其目的在于保证项目具有正常运行所必需的最低现金流量，即具有至少能支付生产成本和偿还到期债务的能力。这种担保的担保人往往由项目发起人承担。其主要特点是在完成融资结构时已事先规定了最大担保金额，因而在实际经营中，不管项目出现何种意外情况，担保的最大经济责任均被限制在这个金额之内。

项目发起人在履行资金缺额担保义务时，一般有3种方法。

① 担保存款或备用信用证，即由项目发起人在指定银行存入一笔事先确定的资金作为担保存款，一般为该项目正常运行费用总额的25%～75%，或者由指定银行以贷款银团为受益人开出一张备用信用证。这种方法一般在为新建项目安排融资时采用，与提供完工担保的方法相类似。当项目出现现金流量不足以支付生产成本、资本开支或者偿还到期债务时，贷款银团就可以从担保存款或备用信用证中提取相应资金。

② 建立留置基金，即建立一个备用的留置基金账户，该账户中主要是项目的年收入扣除全部的生产费用、资本开支及到期债务本息和税收之后的净现金流量，主要在项目出现不可预见的问题时使用。项目投资者一般不得使用该基金，只有当项目实际可支配资金总额大于项目最小资金缺额担保额时，项目发起人才能够从项目中以分红或其他形式提走资金，取得利润。

③ 由项目发起人提供项目最小净现金流量担保，即保证项目能有一个最低的净收益，作为对贷款银行在项目融资中可能承担风险的一种担保。

2）时间担保。项目在建设期和试生产期的完工担保是最典型的在时间上加以限制的直接担保。它所针对的项目风险主要是成本超支风险，即项目不能按规定的时间和预算计划完工与经营的风险。由于在项目的建设期和试生产期，贷款银行所承受的风险最大，项目能否按期建成并按照其设计指标进行生产经营是以项目现金流量为融资基础的项目融资的核心，因此，完工担保就成为项目融资结构中的一个最主要的担保种类。根据提供担保的当事人的不同，完工担保可分为由项目发起人提供的完工担保和由项目工程承包公司提供的完工担保。对于项目投资者，提供或组织这类担保的最大利益在于通过在有限时间内的无限责任担保来避免或减少长期的直接项目担保。

（2）间接担保。间接担保，也称非直接担保，是指项目担保人不以直接的财务担保形式为项目提供的一种财务支持。间接担保多以商业合同或政府特许权协议形式出现。就贷款银行而言，这种类型的担保同样构成了一种确定性的、无条件的财务责任。在项目融资中，可以作为项目担保的主要合同或协议有项目建设合同、产品销售协议、项目经营和维护合同、项目供应合同等。

1）以项目建设合同提供的间接担保。建设合同是项目合同的关键组成部分，因而也是项目间接担保的一个重要手段，尤其是在一些工程项目中，贷款者可能在承担了部分或全部项目建设或完工风险的情况下，更是如此。项目建设合同在国际上一般有以下两类。

①一揽子承包合同。在这类合同中，存在一个"单一"的承建商，该承建商必须保证在满足规定标准的前提下承担按时完成项目的所有风险。通常由项目公司规定项目的所有完工标准和承建商的责任标准，承建商保证承担包括规划设计和建设在内的全部工作，甚至于承建商的选择、项目设备的选定都由其负责。而且，项目公司通常要求承建商提供全面的完工担保。所以，在这种合同结构中，承建商的风险最大。

②EPC（engineering procurement construction，设计采购施工）合同。在这种合同结构中，工程承建商负责工程项目的规划，然后转包给分包商来具体建设项目，并监督分包商以使项目按照项目公司指定的标准建设。在这里，工程承建商只是充当一个中间商的角色，有时甚至由项目公司指定设备和项目分包商。因此，承建商风险最小。

典型的项目建设合同一般包括以下条款：项目规划设计的负责人条款、价格支付条款、完工条款、不可预见风险条款、保证条款、保险条款、纠纷处理条款等。

2）以产品销售协议提供的间接担保。

①提货与付款销售合同。它是指买方在取得货物后，即在项目产品交付或项目劳务实际提供后，买方才支付某一最低数量的产品或劳务的金额给卖方。

②无货亦付款销售合同。它是指买卖双方达成协议，无论买方是否收到合同项下的产品，买方承担按期根据规定的价格向卖方支付最低数量的项目产品销售金额的义务。这里的买方可以是项目发起人，也可以是其他与项目利益有关的第三方担保人，卖方则是项目公司。无货亦付款销售合同的基本原则是项目产品的购买者所承诺支付的最低金额应不少于该项目生产经营费用和债务偿还费用的总和。它实际上也就成为项目产品买方为项目公司所提供的一种财务担保，项目公司便可以利用其担保的绝对性和无条件性进行项目融资。因为，尽管这种协议是项目公司与项目产品购买方签订的产品出售协议，但项目公司一般将该协议下无条件地取得货款的权利转让给贷款银行。

③长期销售协议。它是项目公司和项目买方就一定数量的项目产品签订的销售合同。通常，这种合同的期限从1年到5年不等。在这种合同结构中，只有当项目产品生产出来并转移给买方且符合一定的质量要求时，买方才承担付款的义务。但如果项目买方不购买指定的项目产品，则应向项目公司赔偿损失。但是，买方没有义务为了项目公司的债务支付而进行最小数量的付款。

3）以项目经营和维护合同提供的间接担保。在项目融资实务中，项目发起人如果需要聘请一个经营公司经营和维护项目，这时签订好经营和维护合同就至关重要。项目经营和维护合同一般有以下几类。

①成本加费用合同。大多数项目融资采用的是这种经营和维护合同。项目公司除了支付给经营者一笔固定费用外，还支付给经营者经营项目发生的成本开支。此时，项目公司承担了经营成本增加的风险，如果经营者不能在预算内经营项目或有效率地经营项目，项目公司将拥有终止合同的权利。但是在实践中，经营者承担经营风险的程度可作为刺激经

营者实现成本节约的一种有效方法。

② 带有最高价格和激励费用的成本加费用合同。在这种结构下，经营者的报酬将严格地与其经营成本挂钩。如果经营成本超出了最高价格，则经营者自己消化这些成本，或者项目发起人有权更换经营者而提前终止协议。只有经营者实现了规定的经营目标，才能获得激励费用。相反，如果经营者未实现规定的经营目标，则不得不接受一定的惩罚，此时，项目公司支付给经营者的经营费用将会降低。

4）以其他合同形式提供的项目担保。项目的供应合同在保证项目成本稳定和可预见方面起着非常重要的作用，一般用来为项目的成本超支风险提供担保。在项目融资中，项目公司和贷款银行都十分关心项目在整个生命期内是否有可靠、稳定的资源和原料供应，其中关键的问题就是项目公司能否在事先协商的价格基础上签订一份长期的供应合同。

投资协议是项目发起人与项目公司之间签订的协议，其内容主要是规定发起人同意向项目公司提供一定金额的财务支持。

购买协议是项目发起人与贷款人之间签订的协议，即购买协议，根据该协议，项目发起人同意在项目公司不履行对贷款人的偿还义务时，购买相当于贷款人发放给项目公司的贷款金额的产品。

（3）或有担保。或有担保是针对一些由于项目投资者不可抗拒或不可预测的因素所造成的项目损失的风险所提供的担保。或有担保可分为3类：针对政治风险所提供的担保；针对由于不可抗拒因素造成的风险所提供的担保，如地震、火灾等；针对与项目融资结构特性相关的且一旦变化将会严重改变项目经济强度的环境风险所提供的担保，如以税务结构为基础建立起来的杠杆租赁融资模式，政府对税收政策做出任何不利于杠杆租赁结构的调整，都将损害贷款银行的利益甚至损害项目融资结构的基础。

（4）意向性担保

意向性担保仅是一种道义承诺，不具有法律上的约束力，仅表现为担保人有可能对项目提供一定支持的意愿，但是不需要在担保人公司的财务报告中显示出来，所以在项目融资中的应用较为普遍。提供意向性担保的主要方法有以下两种。

1）安慰信，也叫支持信，一般是由项目发起人或政府写给贷款人，对其发放给项目公司的贷款表示支持的信。这种支持体现在声明经营支持、不剥夺项目资产、资金支持等。虽然安慰信一般不具有法律约束力，但是它关系到担保人自身的资信，因此，资信良好的担保人一般不会违背自己在安慰信中的承诺。

2）东道国政府的支持。东道国政府一般不以借款人或项目公司股东的身份直接参与项目融资，但在许多情况下，东道国政府颁发的开发、运营的特许权和执照是项目开发的前提。东道国政府可以通过以下方式对项目提供间接担保：保证不对项目公司实施不利的法律变化，坚持"非歧视原则"；担保外汇的可获得性；保证不对项目实施没收或国有化政策；保证不实施歧视性的外汇管制措施；保证项目公司能得到必要的特许经营协议和其他许可权（如公路收费权）；在可能的情况下，通过政府代理机构对项目进行必要的权益投资；可能成为项目产品的最大买主或用户。

四、项目融资业务的操作流程

项目融资业务除按固定资产贷款业务的操作流程进行操作外，还应注意以下事项。

（一）借款人申请项目融资的流程

借款人完成项目融资要先后经历投资决策、融资决策、融资模式与结构安排、融资双方协商谈判和执行融资协议5个阶段。

1. 投资决策

确定投资决策时要考虑该项目所处行业特点和发展前景，及项目市场环境和自然环境的基本情况，如对项目所在区域气候、水利、地质、生态环境的分析，同时，还必须对宏观经济的整体形势做出判断，如果国民经济快速成发展，人民收入水平不断提高，项目的建设、销售、运营都有良好的前景。

2. 融资决策

借款人进行融资决策时，必须决定采用何种融资模式。在项目融资实践中，项目开发商一般须聘请具有专业经验和雄厚实力的融资顾问参与设计规划具体的融资活动。虽然开发商须付出一定成本来获得咨询或建议，但考虑到融资计划的复杂性及对项目成功的重大影响，借款人仍然会不惜重金寻找专业融资团队的帮助。

3. 融资模式与结构安排

关于融资结构的设计，通常由投资公司或商业银行中的项目融资部门与借款人项目部联手确定设计出最有利的融资结构，所谓"最有利"含义包括采用这种融资结构会使项目风险最小化，使项目参与各方的收益都得到充分的保证，制定这样的融资结构必须对项目的债务承受能力做出准确判断和估计，并设计出稳健合理的融资和担保方案。这个过程要求与融资顾问有良好的沟通渠道，双方优势能有效互补，观点分歧要迅速解决。

4. 融资双方协商谈判

当融资方案已确定后，借款人与贷款人开始就融资协议的细节进行漫长的谈判，融资顾问要发挥协调双方利益，控制谈判节奏的作用，促成融资合同文本的签署。

5. 执行融资协议

借款人与贷款人达成项目融资的正式文件后，项目所需资金开始到位，借款人要组织建筑承包商、原材料供应商、项目工程监理等正式投入项目建设运营，贷款人也要派出专家组，对项目的建设进度、工程质量和资金使用情况进行监督、调查，以确保项目按计划顺利施工。

总体而言，项目融资的重中之重是要做好项目评价和风险分析工作。只有以秉持实事求是的态度和坚持细致入微的调查，项目的发起人才能有效地控制并化解各类风险，获得预期收益。

借款人申请项目融资时，应参照固定资产贷款的要求向贷款人提出申请。

（二）贷款人办理项目融资的流程

贷款人收到借款人项目融资的申请时，应按初选、评估、审批、发放与支付、回收、考核进行处理。

1. 初选

贷款人根据贷款计划和国家的产业政策，经初步调查协商，从有关项目单位呈交的规划中初选一批符合条件的项目，作为备选项目。初选时主要依据项目单位呈交的项目建议书和项目规划进行审查，着重研究项目完工对国民经济的作用和建设的必要性，并初步研究项目的可行性。

2. 评估

评估就是对项目可行性研究报告进行各方面的审查评估。贷款人在项目可行性研究过程中，要搜集有关资料，细致分析，因为从国家有关部门批准可行性研究报告，到贷款人考虑是否发放贷款，其间有一个过程，在此过程中原来的数据或情况可能有所变化，故贷款人应细致分析。初选阶段审查重点是项目建设的必要性，评估阶段审查重点是项目的可行性。

3. 审批

贷款人内部进行最后审查，批准贷款条件、贷款程序、提款办法等，并签署贷款合同。

（1）贷款金额的确定。《项目融资业务指引》规定："贷款人应当按照国家关于固定资产投资项目资本金制度的有关规定，综合考虑项目风险水平和自身风险承受能力等因素，合理确定贷款金额。"

（2）贷款期限的确定。贷款人应当根据项目预测现金流和投资回收期等因素，合理确定贷款期限和还款计划。

（3）贷款利率的确定。贷款人应当按照中国人民银行关于利率管理的有关规定，根据风险收益匹配原则，综合考虑项目风险、风险缓释措施等因素，合理确定贷款利率。贷款人可以根据项目融资在不同阶段的风险特征和水平，采用不同的贷款利率。

4. 发放与支付

根据融资协议、年度投资计划和年度贷款计划，按照采购合同、施工合同和建设进度，及时供应资金，并监督资金合理使用，以保证项目顺利完成，及时发挥投资效益。《项目融资业务指引》规定，贷款人应当按照《固定资产贷款管理暂行办法》的有关规定，恰当设计账户管理、贷款资金支付、借款人承诺、财务指标控制、重大违约事项等项目融资合同条款，促进项目正常建设和运营，有效控制项目融资风险。

贷款人应当根据项目的实际进度和资金需求，按照合同约定的条件发放贷款资金。贷款发放前，贷款人应当确认与拟发放贷款同比例的项目资本金足额到位，并与贷款配套使用。

贷款人应当按照《固定资产贷款管理暂行办法》关于贷款发放与支付的有关规定，对贷款资金的支付实施管理和控制，必要时可以与借款人在借款合同中约定专门的贷款发放账户。

采用贷款人受托支付方式的，贷款人在必要时可以要求借款人、独立中介机构和承包商等共同检查设备建造或者工程建设进度，并根据出具的、符合合同约定条件的共同签证单进行贷款支付。

5. 回收

融资项目投产后，要按照年度还本付息计划，审查借款人财务报表，核实新增利润和折旧及外汇收入，督促借款人按期还本付息。《项目融资业务指引》规定，贷款人应当与借款人约定专门的项目收入账户，并要求所有项目收入进入约定账户，并按照事先约定的条件和方式对外支付。贷款人应当对项目收入账户进行动态监测，当账户资金流动出现异常时，应当及时查明原因并采取相应措施。

6. 考核

在融资项目建成投产后，还款期结束前后，贷款人要对融资项目进行全面总结，考核效益情况，检查工作质量，从中总结经验，吸取教训，改进今后工作。在这个环节尤应防范风险。《项目融资业务指引》规定："在贷款存续期间，贷款人应当持续监测项目的建设和经营情况，根据贷款担保、市场环境、宏观经济变动等因素，定期对项目风险进行评价，并建立贷款质量监控制度和风险预警体系。出现可能影响贷款安全情形的，应当及时采取相应措施。"

五、项目可行性研究与工程规划

项目可行性研究是项目参与主体分析、计算和评价投资项目的技术方案、开发方案和经营方案的经济效果，研究项目开发的必要性和可能性，进行开发方案选择和投资方案决策的科学分析方法。

项目可行性研究目的就是确保投资决策的科学性、合理性和可行性，使贷款人同意为项目提供资金，达到投资收益最大化。

《项目融资业务指引》规定，贷款人从事项目融资业务，应当以偿债能力分析为核心，重点从项目技术可行性、财务可行性和还款来源可靠性等方面评估项目风险，充分考虑政策变化、市场波动等不确定因素对项目的影响，审慎预测项目的未来收益和现金流。

工程项目的上马应建立在周密、审慎、健全的可行性研究与规划的基础上。它是提出兴建工程项目的先决条件。承办单位要聘请各方面的专家进行高质量的可行性研究，制定确保工程完工并对其存在的问题提出解决办法的全面规划，按规划进行施工、管理组织、融资、营运。贷款人在决定对项目提供贷款前必须审慎地研究该项目的可行性与规划，以确保贷款的安全。

（一）项目可行性研究的内容

一般来讲，项目可行性研究要回答3个问题，即投资开发该项目的原因，实施该项目的最佳方案和具体办法，该投资项目的预期现金流及预期收益额。具体而言，项目可行性研究的内容包括以下方面。

1. 市场需求和发展趋势

可行性报告应对市场的需求特点、供求状况及正在发生和可能出现的变化等因素进行深入探索和研究。

2. 项目建设地点和周边环境

项目可行性报告必须分析该项目所处地块的交通情况、公共设施、生态环境等因素，对于借款人来说，很多项目的收益和核心竞争力取决于建设地点的选择。

3. 建筑材料供应情况

在项目开发中，工程质量优劣很大程度上取决于建筑材料、设备的质量，同时，建筑材料的成本也直接影响着项目的未来收益。因此，进行项目融资前开发商应该对建材市场的供求状况、产品质量、销售渠道等做全面细致的调查，保证项目质量。

4. 选择合适建筑方案

例如，房地产项目融资中，房型、面积、容积率、绿化率、室内装修水平等因素都是建筑方案的组成部分。

5. 选择工程承包商

借款人要明确筹建项目要求的施工技术水平，并且熟悉工程承包市场的供求状况、质量信誉等情况，结合自身资金实力和项目特点，选择经验丰富、技术优良、在业内口碑不错的公司。

6. 预测现金流量和未来收益，并分析其可靠性，选择融资方案

借款人的项目可行性报告中，财务经济效益是核心和关键，只有在取得合意的经济效益情况下，项目融资才有现实可能性和必要性。通过对于现金流、收益、负债的定性和定量分析，借款人即可对项目潜在风险做出估计和判断，避免融资、建设、运营等环节中的决策失误。

（二）项目可行性研究的程序

通常来说，项目可行性研究可分成3个阶段，即投资前、投资、生产时期。可行性研究分析主要集中在投资前时期，大致分析进度划分如下。

1. 机会可行性研究

机会可行性研究即以资源条件和原始数据为基础，建议投资方向，选择投资项目，寻找有利的投资机会。这个阶段的工作主要是对项目进行粗略估计，允许有较大误差。

2. 初步可行性研究

初步可行性研究属于过渡性研究，只不过在研究结果精度和分析深度上有所提高。

可行性研究，在收集、占有和分析大量原始数据和资料的基础上对待投资的项目进行全面技术经济论证，研究问题涉及市场调研、环境分析、规划选择、进度安排、项目成本估算、财务分析、经济收益估算评价和社会环境效益评价等。由此可见，项目可行性研究是项目融资活动前期工作的重点，在分析市场需求的过程中对待融资项目建设的必要性和经济社会效益的合理性做出预测来判断,为贷款人决策依据的准确性提供了保证,也为从借款人获得融资支持,取得政府相关部门的理解和鼓励发挥重要的指导作用。科学合理的可行性报告为项目保质保量,按时完工提供了必要的指导依据。

(三)经济技术可行性

(1)要根据大量数据,衡量该工程项目总的效益与全面合理性。

(2)根据经济发展战略要求,衡量该项目与国家的各项计划相衔接的程度。

(3)对该项目的潜在市场进行充分详尽的分析。根据市场信息与条件,核算项目的成本与费用,并对市场的价格趋势做出科学的预测与分析。

分析说明,该工程所生产的产品(或设施提供的劳务)在国内外市场与其他供应者相比,具有不可抗拒的竞争性。只有销售市场得以保证,才能确保项目的收入和贷款的偿还。这是经济可行性研究中最主要的。

(四)财务效益的可行性

1. 短期偿债能力比率

短期偿债能力一般也称支付能力,是指企业支付1年内随时可能到期债务的能力。借款人短期偿债能力的强弱,意味着贷款人短期贷款的本金与利息能否按时收回,也是衡量即将到期的长期债务能否收回的指标。借款人的短期偿债能力大小,要看其流动资产和流动负债的数量多少和流动资产的质量优劣。判断借款人短期偿债能力强弱的指标有以下几项。

(1)营运资本。营运资本指流动资产减流动负债后的剩余部分,也称净营运资本。其计算公式为

$$营运资本 = 流动资产 - 流动负债$$

(2)流动比率。流动比率是流动资产与流动负债之比,表示每1元的流动负债究竟有多少流动资产可用于清偿。它是考察企业短期偿债能力的一个最基本、最通用的指标。其计算公式为

$$流动比率 = 流动资产 \div 流动负债$$

(3)速动比率。速动比率是速动资产与流动负债之比,表示每1元流动负债有多少元速动资产作保障。其计算公式为

$$速动比率 = 速动资产 \div 流动负债$$

式中,速动资产 = 流动资产 - 存货 - 预付账款 - 待摊费用 - 待处理流动资产损失。

(4)现金比率。现金比率是现金类资产与流动负债的比值。现金类资产是指货币资金和短期投资净额。现金比率的计算公式为

$$现金比率 = (货币资金 + 短期投资净额) \div 流动负债$$

2. 长期偿债能力比率

长期偿债能力是指企业偿还长期债务的能力,它表明企业对债务的承受能力和偿还债务的保障程度。长期偿债能力的强弱是反映借款人财务状况稳定与否与安全程度的重要标志。

分析借款人的长期偿债能力,主要是为了确定该借款人偿还债务本金和支付债务利息的能力。偿还债务的资金来源,应是借款人的经营利润,可通过资产负债表和利润表提供的数据进行分析。

衡量企业长期偿债能力的比率称为杠杆性比率,又称偿付能力比率,具体包括以下5个指标。

(1)资产负债率。资产负债率又称负债比率,是负债总额与资产总额之比。其计算公式为

$$资产负债率 = (负债总额 \div 资产总额) \times 100\%$$

(2)债务股权比率。债务股权比率是负债总额与股东权益总额之间的比率,也称产权

比率或负债权益比率，用来表示股东权益对债权人利益的保障程度。其计算公式为

$$债务股权比率 = （负债总额 \div 股东权益总额） \times 100\%$$

（3）有形净值债务率。有形净值债务率是企业负债总额与有形净值的百分比。有形净值是股东权益减去无形资产净值后的净值，即股东具有所有权的有形资产的净值。其计算公式为

$$有形净值债务率 = 负债总额 \div （股东权益 - 无形资产净值） \times 100\%$$

（4）股东权益比率与权益乘数。股东权益比率是企业的股东权益总额与资产总额对比所确定的比率。其计算公式为

$$股东权益比率 = （股东权益总额 \div 资产总额） \times 100\%$$

权益乘数是资产总额与股东权益总额之比，其计算公式为

$$权益乘数 = 资产总额 \div 股东权益总额$$

（5）已获利息倍数。已获利息倍数又称利息保障倍数，是指息税前利润（企业经营业务收益）与利息费用的比率，用以衡量企业偿付债务利息的能力。其计算公式为

$$已获利息倍数 = 息税前利润 \div 利息费用$$

式中，息税前利润为利润表中未扣除利息费用和所得税之前的利润，它可以用利润总额加利息费用来测算；利息费用为本期发生的全部应付利息，不仅包括财务费用中的利息费用，还应包括计入固定资产成本中的资本化利息。

3. 项目财务效益分析预测

在财务效益分析中，首先应对投资成本、项目建设期内投资支出及其来源、销售收入、税金和产品成本（包括固定成本和可变成本）、利润、贷款的还本付息（即按规定利润和折旧费等资金归还项目贷款本息）等方面进行预测，再以预测出的数据为依据，以静态法和现值法分析项目的财务效益，从而判断项目的盈利能力，说明项目的财务效益是可行的。反映项目财务效益的主要指标有正常年度利润、贷款偿还期、整个项目寿命期的收益额和收益率及影响收益额和收益率的有关因素等。

（五）销售安排

销售安排中要确定推销该工程产品的方法，如产品向为数不多的顾客出售，则应随着工程的完工和投产而安排好预销合同。产品销售具有合同保证，减缓了贷款到期不能归还的风险。这对贷款人的资金安全、便于承办单位对外融资都有重要作用。

（六）原材料和基础设备的安排

原材料供应要可靠，要有计划，并且制定长期供应合同，合同条件要与该工程的经济要求相适应。如果项目属于能源开发，就必须使贷款人确信项目资源储藏量是足够整个贷款期内开发的。对于运输、水电、排水等基础辅助设施必须做好安排，其建设进度与所需资金应与工程本身的规划协调一致。基础工程的材料供应条件也要做好安排。

（七）费用估计

对于工程项目费用的正确估计是十分重要的。它对工程项目经济效益的发挥、产品销售的竞争力，以及工程本身的财务状况与还债能力都具有重大的影响。对工程费用的估计要实事求是，尽可能精确，要考虑到建设期间的利息和投资后的流动资金需求、偶然事件和超支问题，并应充分考虑通货膨胀的发展趋势对费用的影响。

估算费用开支时，贷款人应安排一定数额的不可预见费用和应急资金，用以弥补由于意外原因造成的延期竣工、超预计的通货膨胀率及受其他突发事件影响而增加的费用开支。

（八）环境规划

选定项目建设的地域，要适应项目本身的发展，项目对周围环境的影响要为该地区所

容许。如考虑不周，或违反环境保护法，常常导致工程建设时间的推迟，甚至废弃。

（九）货币规划

工程项目在建造与营运阶段的各个环节均发生货币收支，规划中要安排好不同货币之间的衔接，最大限度地防止汇率风险。如以硬币融资，而产品销售均为软币，在偿还贷款时就要蒙受汇率损失，收支脱节的不衔接情况更应极力避免。

（十）财务规划

根据工程的设计要求和规模，确定总的融资总额；根据工程项目的结构特点与性质，确定筹措资金的来源与渠道；根据工程建设时间的长短，确定建设阶段与营运阶段分别融资的安排；根据主办单位与合伙人的资财情况，确定以产权和借款方式筹措资金的总额；对各具体融资渠道、借款期限与条件等提出建议。

六、项目投融资决策评价指标

在投资决策的分析评价中，应根据具体情况，采用适当的方法，来确定投资方案的各项指标，以供决策参考。

（一）项目投融资决策评价指标的类型

项目投资评价指标，是指用于衡量和比较投资项目可行性，以便据以进行方案决策的定量化标准与尺度，是由一系列综合反映投资效益、投入产出关系的量化指标构成的。

项目投融资决策评价指标的分类如下。

（1）按是否考虑货币时间价值分类。项目投融资决策评价指标，按其是否考虑"货币时间价值"可以分为两类：一是贴现的指标，即考虑了时间价值因素，称为动态指标，主要包括净现值法、现值指数法、内含报酬率法等；二是非贴现的指标，即没有考虑时间价值因素，也称为静态指标，主要包括投资回收期、投资利润率等。

（2）按指标性质分类。项目投融资决策评价指标按性质不同，可以分为一定范围内越大越好的正指标和越小越好的反指标。投资利润率、净现值、净现值率、获利指数和内部收益率属于正指标；静态投资回收期属于反指标。

（3）按指标数量特征分类。项目投融资决策评价指标按其数量特征的不同，可分为绝对量指标和相对量指标。前者包括以时间为计量单位的静态投资回收期指标和以价值量为计量单位的净现值指标；后者除获利指数用指数形式表现外，大多为百分比指标。

（4）按指标重要性分类。项目投融资决策评价指标按其在决策中所处的地位，可分为主要指标、次要指标和辅助指标。净现值、内部收益率等为主要指标；静态投资回收期为次要指标；投资利润率为辅助指标。

（二）项目投融资决策评价指标及其运用

1. 非贴现评价指标的特点和计算方法

（1）投资利润率。投资利润率又称投资报酬率（记作 ROI），是指生产经营期正常年度利润，或年均利润占投资总额的百分比，其公式为

$$ROI = 年平均利润额 / 投资总额$$

该指标的缺点如下。

1）没有考虑资金时间价值，没有反映建设期长短及投资时间不同对项目的不同影响。

2）该指标的分子是时期指标，分母是时点指标，因而可比性较差。

3）该指标的计算使用会计利润指标，无法直接利用净现金流量信息。

（2）静态投资回收期。回收期是指收回原始投资所需要的时间，也就是用每年现金净流量抵偿原始投资所需要的全部时间。静态投资回收期就是不考虑货币时间价值的回收期。静态投资回收期包括两种形式：一种是包括建设期的投资回收期；另一种是不包括建设期的投资回收期。一般来说，回收期越短越好。

1）每年净现金流量相等时的回收期计算方法。当投资方案的生产经营期中，每年的现金净流量相等时：

$$回收期 = 原始投资额 / 年净现金流量 \quad (10-1)$$

需要注意的是，当生产经营期各年净现金流量除了最后几年外均相等时，可把此种情况看成各年净现金流量相等，因为补偿原始投资是从前到后依次进行的，最后几年因有残值，所以与前几年不等，但对计算回收期没有影响。

按式（10-1）计算的投资回收期是不包括建设期的投资回收期。如果要计算包括建设期的投资回收期，则应在式（10-1）计算结果的基础上再加上建设期。

【例10-1】某投资方案建设期为1年，生产经营期为10年，该方案各年现金净流量如表10-1所示。试计算静态投资回收期。

表10-1 投资方案净现金流量　　　　　　　　　　　　　　单位：万元

年份	原始投资	年利润	年折旧	回收残值	年现金净流量
0	-400				-400
1		62	38		100
2		62	38		100
3		62	38		100
4		62	38		100
5		62	38		100
6		62	38		100
7		62	38		100
8		62	38		100
9		62	38		100
10		62	38		100
11		62	38	20	120

该投资方案的生产经营期内只有最后1年有残值，其年净现金流量为120万元，其余各年净现金流量均为100万元，因此，可按每年净现金流量相等的方法计算回收期。

回收期 = 400/100 = 4（年），含建设期的回收期 = 4 + 1 = 5（年）。

2）每年净现金流量不相等时的回收期计算方法。当生产经营期内各年现金净流量不相等时，就不能采用式（10-1）计算回收期。此种情况下，先计算累计净现金流量，当累计净现金流量为0时，此年限即为投资回收期；当累计净现金流量没有出现0时，可利用相邻的正值和负值用插值法计算回收期（此种方法计算的回收期包括建设期）。

【例10-2】智董公司有甲、乙两个投资方案，两个投资方案的净现金流量如表10-2所示。试计算静态投资回收期。

表10-2 两个投资方案的净现金流量　　　　　　　　　　　单位：万元

年份	甲方案各年净现金流量	乙方案各年净现金流量
0	-500	-500
1	0	0
2	120	160
3	180	190
4	200	200
5	200	180
6	190	160

续表

年份	甲方案各年净现金流量	乙方案各年净现金流量
7	180	160
8	170	150
9	160	150
10	200	200

首先计算甲、乙两个方案累计的净现金流量，具体计算如表10-3所示。

表10-3 投资方案累计净现金流量　　　　　　　单位：万元

年份	甲方案		乙方案	
	各年净现金流量	累计净现金流量	各年净现金流量	累计净现金流量
0	-500	-500	-500	-500
1	0	-500	0	-500
2	120	-380	160	-340
3	180	-200	190	-150
4	200	0	200	50
5	200	200	180	230
6	190	390	160	390
7	180	570	160	550
8	170	740	150	700
9	160	900	150	850
10	200	1100	200	1050

从表10-3可知，甲方案在第4年年末的累计净现金流量为0，也就是甲方案的投资回收期为4年。而乙方案的累计净现金流量没有出现0，但可知回收期在第3年至第4年之间，运用插值法计算，得乙方案回收期 = 3 + 150/200 = 3.75（年）。

静态投资回收期方法的优点：方法简单，易于广泛采用；可在一定程度上反映方案的风险程度。一般投资回收期越短，说明投资方案的风险越小，反之，风险越大。

静态投资回收期方法的缺点：没有考虑货币时间价值因素；没有考虑回收期满后继续发生的净现金流量的变化情况，忽视了投资方案的获利能力。

2. 贴现评价指标的特点及计算方法

（1）净现值。净现值是指特定投融资项目现金流入的现值与现金流出的现值之间的差额。按照这种方法，所有未来现金流入和流出都要按预定贴现率折算为它们的现值，再计算出它们之间的差额。

一般来说，一个确定性"离散型"投融资项目，其现金流的发生次数可以记为 $n+1$，现金流产生的时间可以依次记为第 $t_0, t_1, \cdots, t_n$ 年，产生的现金流数量可以依次记为 $y_0, y_1, \cdots, y_n$ [y_i 为正值时，表示第 t_i 年该投资项目有 y_i 的现金收入；y_i 为负值时，表示第 t_i 年该投资项目有（$-y_i$）的投资额]。

净现值法的决策规则：在只有一个备选方案的采纳与否决策中，净现值为正者则采纳；在多个备选方案的互斥选择决策中，应选用净现值是正值且是最大者。

【例10-3】 智童公司拟建一项固定资产，需投资100万元，按直线法计提折旧，使用寿命为10年，期末无残值。该项工程于当年投产，预计投产后每年可获利10万元。假定该项目的行业基准折现率为10%。试求其净现值。

原始投资额 $NCF_0 = 100$（万元），投产后每年相等的净现金流量：

$$NCF_{1\sim 10} = 10 + 100/10 = 20 \text{（万元）}$$

所以，运用普通年金的现值公式，净现值：

$$NPV = -100 + 20\ [1 - (1 + 0.1)^{-10}]/0.1 \approx 22.891\text{（万元）}$$

【例 10-4】 设贴现率为 10%，有 3 项投资方案，各项投资终结时均无残值且采用直线法计提年折旧费。有关数据如表 10-4 所示。

表 10-4　3 项投资方案的数据　　　　　　　　　　单位：元

年份	A 方案 净收益	A 方案 现金净流量	B 方案 净收益	B 方案 现金净流量	C 方案 净收益	C 方案 现金净流量
0		-20000		-9000		-12000
1	1800	11800	-1800	1200	600	4600
2	3240	13240	3000	6000	600	4600
3			3000	6000	600	4600
合计	5040	5040	4200	4200	1800	1800

$$NPV_A = -20000 + 11800/1.1 + 13240/1.1^2 \approx 1669\text{（元）}$$
$$NPV_B = -9000 + 1200/1.1 + 6000/1.1^2 + 6000/1.1^3 \approx 1557\text{（元）}$$
$$NPV_C = -12000 + 4600/1.1 + 4600/1.1^2 + 4600/1.1^3 \approx -560\text{（元）}$$

A 方案和 B 方案的净现值为正数，说明方案的报酬率超过 10%。如果企业的资金成本率或要求的投资报酬率是 10%，理论上这两个方案是有利的，因而是可以接受的。但若 A 方案、B 方案为互斥方案，由于 $NPV_A > NPV_B$，则应选择 A 方案；而 C 方案净现值为负数，说明该方案的报酬率达不到 10%，因而应予放弃。

净现值法有如下特点。

1）它充分考虑了货币时间价值，不仅估算现金流量的数额，还考虑了现金流量的时间。

2）它能反映投资项目在整个经济年限内，经过折现以后的总的净收益。

3）它可以根据需要来改变贴现率。因为项目的经济年限越长，贴现率变动的可能性越大，在计算净现值时，只需改变公式中的分母就行了。

4）该种方法的主要缺点是，其中的贴现率难以准确确定，因而就影响了它的效果。

(2) 现值指数。现值指数发行人，也称为盈利能力指数（profitability index，PI），又称为效益成本比率发行人，还称为获利指数，定义为投资收益现值与初始投资额之比。

$$PI = \text{投资收益现值}/\text{初始投资额} = 1 + \text{净现值}/\text{初始投资额}$$

在只有一个备选方案采纳与否的决策中，现值指数大于 1，则采纳，否则就拒绝。在当前资金很有限的条件下，该指标比净现值指标更有用。但是，它们都依赖于贴现率，带有主观性。

【例 10-5】 例 10-4 中 3 个方案的现值指数依次为

$PI_A \approx 1 + 1669/20000 \approx 1.08$，$PI_B = 1 + 1557/9000 \approx 1.17$，$PI_C = 1 - 560/12000 \approx 0.95$

A 方案、B 方案的现值指数均大于 1，说明其收益超过成本，即投资报酬率超过预定的贴现率。C 方案的现值指数小于 1，说明其报酬率没有达到预定的贴现率。

在资金很有限的条件下，因 $PI_B > PI_A$，所以 B 方案应是首选方案。

现值指数法有如下特点：现值指数法考虑了时间价值，能够真实地反映投资项目的盈亏程度。由于现值指数可以看成 1 元初始投资可望获得的现值净收益，是个相对数，因此它反映了单位资金可获得的净现值。

(3) 内含报酬率法。内含报酬率发行人，也称为内部收益率 (internal rate of reture, IRR)，是指能够使现金流入量现值等于现金流出量现值的贴现率，或者说是使投资方案净现值为零的贴现率。

净现值法和现值指数法虽然考虑了时间价值，可以说明投资方案高于或低于某一特定的投资报酬率，但没有揭示方案本身可以达到的报酬率是多少。

内含报酬率是根据方案的现金流量计算的，是方案本身的投资报酬率。内含报酬率充分考虑了资本的时间价值，能够反映投资项目的真实报酬率。内含报酬率的概念易于理解，容易被人接受。

对于现金流量先负后正的单个投资方案，可以直接根据其 IRR 的大小来判定其取舍，只要其 IRR 高于基准收益率，该投资方案就可取，而且 IRR 越大越好；对于现金流量先正后负的单个投资方案，也可以直接根据其 IRR 的大小来判定其取舍，只要其 IRR 低于基准收益率，该投资方案就可取，而且 IRR 越小越好。

七、资产证券化项目融资模式

资产证券化作为近年来一项重大的创新活动越来越为金融市场的各方所关注。

（一）资产证券化项目融资模式概述

1. 资产证券化的含义

从形式上分，证券化可以分为融资证券化和资产证券化。

融资证券化是指资金短缺者采取发行证券（债券、股票等）的方式在资本市场向资金提供者直接融通资金，而不采取向银行等金融机构借款的方式筹措资金，也称信用融资。它属于增量的证券化，又称为"初级证券化"。这种融资方式是以发行企业的总资产作为基础的，是一种传统的直接融资方式。

资产证券化是一个含义甚广的概念，有许多不同的形式和类型。

罗森塔尔（Rosenthal）和奥坎波（Ocampo）在 1988 年出版的《信贷证券化》一书中把资产证券化定义为："它是一个精心构造的过程，经过这一过程贷款和应收账款被包装并以证券（即广为所知的资产支撑证券）的形式出售。它是多年来资本市场上广泛的证券化——越来越多的融资通过证券机构实现——发展趋势的一个组成部分。"

帕维尔（Pavel）在 1989 年出版的《证券化》一书中把资产证券化理解为："整笔贷款出售和部分参与可以追溯至 1880 年以前。但证券化却是资产出售中新近出现的一种创新形式。它指的是贷款经组合后被重新打包成证券并出售给投资者。与整笔贷款出售和部分参与相似的是，证券化提供了一种新的融资来源并可能将资产从贷款发起人的资产负债表中剔除。与整笔贷款出售和部分参与不同的是，证券化经常用于很难直接出售的小型贷款的出售。"

资产证券化有广义和狭义之分，狭义的资产证券化是指这项重要的金融创新的最初定义，其主要内容是信贷资产证券化；广义的资产证券化，也是目前广泛接受的资产证券化定义，是指所有以资产或资产组合的未来现金流为基础发行证券的行为，而所有这些产生未来现金流的资产就构成资产证券化的基础资产。根据基础资产的不同，资产证券化可以分为不同种类，如信贷资产证券化就是以信贷资产为基础资产的证券化，而不动产证券化就是以不动产为基础资产的证券化。

归纳以上各类定义，资产证券化就是以项目（包括未建项目）所属的全部或部分资产（资产地）为基础，以该项目资产所能带来的稳定的预期收益为保证，经过信用评级和增级，在资本市场上发行证券（主要是债券）来募集资金的一种项目融资方式。当然，资产证券化主要是通过发行债券融资，其性质属于直接融资方式，只是其融资基础不同于传统的普通证券融资。因此，从融资的基础而言，资产证券化是项目融资方式；从融资形式而言，资产证券化可以说是一种新型的直接融资方式。

2. 资产证券化项目融资模式的特征

资产证券化项目融资模式主要具有如下特征。

（1）资产证券的购买者或持有人在证券到期时获得的本息来自项目资产带来的现金流。资产证券化项目融资，即以项目所拥有的资产为基础，以项目资产可以带来的预期收益为保证，通过在资本市场发行债券来募集资金的一种证券化融资模式。具体来讲，资产证券化是项目发起人将项目资产出售给特设机构（special purpose vehicle，SPV），SPV凭借项目未来可预见的稳定的现金流，并通过寻求担保等信用提高手段，将不可流动的项目收益资产转变为流动性较高、具有投资价值的高等级债券，通过在国际资本市场上发行，一次性地为项目建设融得资金，其还本付息主要依靠项目未来收益。

（2）资产证券的信誉来自证券化资产本身，而与发起人及SPV本身的资信没有关系。如果保证资产即项目资产违约拒付，资产证券的清偿也仅限被证券化的资产的数额，资产的发起人或购买人无超过此限的清偿义务。

（3）资产证券化项目融资模式是利用资本市场对项目相关资产的收益与风险进行分离与重组的过程。

3. 资产证券化项目融资模式的适用范围

根据国内外证券化交易的实践，一种可证券化的理想资产应该具有以下特征。

（1）能在未来产生可预测的稳定的现金流。

（2）持续一定时期的低违约率、低损失率的历史记录。

（3）本息的偿还分摊于整个资产的存活期间。

（4）金融资产的债务人有广泛的地域和人口统计分布。

（5）原所有者已持有该资产一段时间，并有良好的信用记录。

（6）金融资产的抵押物有较高的变现价值；

（7）金融资产具有标准化、高质量的合同条款。

尽管目前被证券化的项目资产已有很多种，但运用得最多的还是以抵押贷款、应收账款等金融资产为对象的信贷资产证券化。不过，近年来资产证券化已经开始应用于基础设施项目等大型工程项目融资中，并且取得了一些成功经验。我国的基础设施项目，如水电、住房、道路、桥梁、铁路等项目的共同特点是收入安全、持续、稳定，符合资产证券化的基本要求，可以采取资产证券化项目融资模式进行融资。而且，一些出于某些考虑不宜采用BOT模式的重要的铁路干线、大规模的电厂等重大的基础设施项目，也可以考虑采用资产证券化项目模式进行融资。

（二）资产证券化项目融资模式的主要参与方

资产证券化需要构造一个严谨而有效的交易结构来保证融资的成功，该交易结构一般涉及许多当事人，主要包括发起人或原始权益人、SPV、发行主体、投资者、信用增级机构、信用评级主体、管理机构、受托人、原始债务主体等。各主体在资产证券化过程中各司其职并相互联系，共同为融资取得成功服务。在以上当事人中，对项目融资过程来说主要也是一般不可缺少的有以下几个。

1. 发起人或原始权益人

发起人或原始权益人是被证券化的项目相关资产的原始所有者，也是资金的最终使用者。对于项目收益资产证券化来说，发起人是指项目公司，它负责项目收益资产的出售、项目的开发建设和管理，或运用融得的资金进行新项目的建设等。而对于项目贷款资产证券化来说，发起人就是指贷款银行，它的任务包括：收取项目贷款申请；评审申请人资格；组织贷款；收回贷款本息；把回收的资金流划转给受托机构进行债券本息的偿付。发起人一般通过"真实销售"或所有权转让的形式把其资产转让到资产组合中。

2. SPV

资产组合通常不是由发起人直接转给第三方投资者，而是首先转让给一家独立中介机构，这个机构具有法律上的独立地位，可由新设公司或者投资银行来充当。有时，受托人也承担这一责任，即在证券化资产没有卖给上述的公司或投资银行时，它常常被直接卖给受托人。该受托人是一个信托实体，其创立的唯一目的就是购买拟证券化的资产和发行资产支持证券。该信托实体控制着作为担保品的资产并负责管理现金流的收集和支付。信托实体经常就是发起人的一家子公司，或承销本次证券发行的投资银行的一家子公司。

3. 发行主体

资产证券化的发行主体在国外一般指投资银行，在我国主要指证券商。发行主体为债券的公募发行和私募发行进行有效促销，确保债券的发行成功。在公募发行方式下，作为包销人，投资银行从SPV那里买断证券，然后进行再销售，从中获利。如果采用私募方式，投资银行只是作为SPV的销售代理人，为其成功发行提供服务。SPV和证券商必须共同合作，确保发行结构符合法律、规章、财务、税务等方面的要求。

4. 信用增级机构

在资产证券化的过程中，有一个环节显得尤为关键，这就是信用增级环节。从某种意义上说，投资者的投资利益得到有效的保护和实现主要取决于证券化产生的信用保证。信用增级即信用等级的提高，经信用保证而得以提高等级的证券将不再按照原发行人的等级或原贷款抵押资产的等级来进行交易，而是按照提供担保的机构的信用等级来进行交易。

5. 信用评级机构

资产证券化的信用评级体系与一般公司债券评级差别不大，但在实际操作中，资产证券化的特殊性，使信用评级机构只需对与资产证券化相联系的标的资产未来的现金流量进行评估，以判断可能给投资者带来的违约风险。而且，信用评级机构在完成评级之后，往往还需要对该证券在整个存续期内的业绩进行"追踪"监督，及时发现风险因素，并做出是否需要升级或降级的决定，以维护投资者的利益。国际上主要的评级机构有穆迪公司、标准普尔公司等，这些评级机构从整体上来看，其历史记录和表现一直很好，特别是在发行资产支持证券领域口碑更佳。

6. 受托人

在证券化的操作中，受托人充当着服务人与投资者的中介。尤其是在项目收益资产证券化时，由于缺乏时间配比性，受托人在其中要发挥更大的作用。受托人的职责包括如下几个方面：负责归集贷款的本息或是项目资产的收益流，对投资者进行债券本息的偿还；在款项没有立即转给投资者时有责任对款项进行再投资；对服务人提供的报告进行确认并转给投资者。受托人一方面受SPV委托，另一方面又代表广大投资者的利益，当服务人不能履行其职责时，受托人应该并且能够起到取代服务人角色的作用。有时为了简化程序也可以不单独设立受托人，即由SPV兼任受托人。不过，这对保障投资者利益会有所影响。

项目公司在证券化运作过程中还可以委托一个服务人专门来归集项目建成后的各年收费及其他收入，再交由受托人管理，这样可使受托人把全部精力集中到资金的再投资及安排还本付息上来。

（三）ABS融资的运作过程和投融资优势

1. 资产证券化融资的运作过程

资产证券化融资在实际操作中要涉及很多技术性问题，但是证券化的基本过程还是比较简单的，即发起人将要证券化的资产出售给一个SPV，由其向投资者发行债券进行融资，然后将该项资产产生的资金流用于偿付债券本息。具体来看，一般要经过如下几个阶段。

（1）组建SPV。成功组建SPV是资产证券化融资的基本条件和关键因素。SPV一般是由在国际上获得权威信用评级机构给予较高资信评定等级（AAA或AA级）的投资银行、信托投资公司、信用担保公司等与证券投资相关的金融机构组成的。有时，SPV也由原始权益人设立，不过也是以资产证券化为唯一目的的、独立的信托实体，对其经营有严格的法律限制。为降低融资成本，SPV一般设立在免税国家或地区，如开曼群岛等地。

（2）证券化资产的"真实销售"。SPV成立后，发起人根据买卖合同将证券化资产通过一定方式让渡给SPV以发行证券。根据国际惯例，资产让渡的具体方式有资产出售型、信托型和担保融资型3种，其中最常用的也是最规范的是资产出售型。

资产出售型即发起人将资产彻底出售给SPV，双方签订资产出售书面担保协议，将资产的权利售予买方，出售后发起人可将原资产从资产负债表中剔除，转让到资产负债表外。SPV发行的是负债型证券，对证券持有人有承兑之责，但SPV仍然委托发起人充当SPV的代理人，负责收回资产带来的资金流，交由SPV偿付资产证券本息。

（3）信用增级。为吸引更多的投资者，改善发行条件，降低融资成本，特殊信托机构必须提高支持证券的信用等级，即必须进行"信用增级"。信用增级是指运用各种有效手段和金融工具确保发行人按时支付投资本息，以提高资产证券化交易的质量和安全性，从而获得更高的信用评级。信用增级的技术多种多样，信用增级的方式包括内部信用增级和外部信用增级。

1）内部信用增级。内部信用增级主要可采用以下4种方式。

① 直接追索是指由SPV保有对已购买金融资产的违约拒付进行直接索赔的权利。

② 资产储备，也叫超额抵押，是由发起人保有证券化资产数额之外的一份足以偿付SPV购买金额的资产储备，此部分抵押给SPV，当投资者不能得到偿付时，用此款来偿付。

③ 建立优先/次级结构，是指将证券划分为优秀级、次级，在优先级证券的本息偿付之前，对次级证券只偿付利息，待优先级证券的全部本息偿付完毕才开始支付次级证券本金。这样的结构使优先级证券的风险被次级证券吸收，从而达到信用增级的作用。

④ 超额利差，是指基础资产的加权平均利率与资产服务人（通常为发起人）的报酬率的差额部分。

2）外部信用增级。外部信用增级也称第三方信用增级，是指由第三方签发信用证，承诺在债务人违约时向买方购买金融资产或者向保险公司购买保险，在债务人违约时，由保险公司负责代为偿付。这里的第三方通常是专门信用担保公司。

① 资产支持证券的信用评级。信用增级后，SPV要委托信用评级机构对即将发行的债券进行正式的信用评级。专业评级机构根据发起人、SPV提供的有关信息，通过对资产未来收益状况及证券的信用增级情况的考核，对拟发行的资产支持证券偿付能力进行评判，然后公布给投资者。各国法律都规定证券发行须取得一定的信用等级，以帮助投资者进行投资决策。与一般企业债券的评级不同的是，资产支持证券的评级只是对拟证券化资产的收益进行评级，而一般企业债券的评级是对发行人综合资信的评级。

② 承销证券。经过权威机构评级后的证券，具备了可信度高的较好的信用等级，一般能以较好的发行条件售出，一些大的证券承销商通常也愿意代理发行此类证券。承销商可以根据具体情况采用代销、包销或余额包销等方式把资产支持债券出售给国际市场上的投资者，然后按照委托合同的规定，将这部分销售款转给SPV，并从中获得服务费用。在采用包销方式时，承销商获得的是买卖债券的差价收益。

③ 本息划转。资产债务人向SPV（通过代理人）支付原资产的利息和本金，SPV再转给投资者，如果收回的资产金额少于投资者应得额，投资者将根据资产信用增级的具体方式在额度内得到补足。此外，SPV还要向聘用的各类服务机构支付专业服务费。由资产带

来的收入流在还本付息、支付各项服务费后，若有剩余，则全部退还给原始权益人，或根据预先规定在 SPV 和受托人之间进行分配。

资产证券化融资模式的基本结构如图 10-3 所示（如果是项目收益资产证券化，则该图中处于原始权益人地位的参与主体应为项目资产的使用者）。

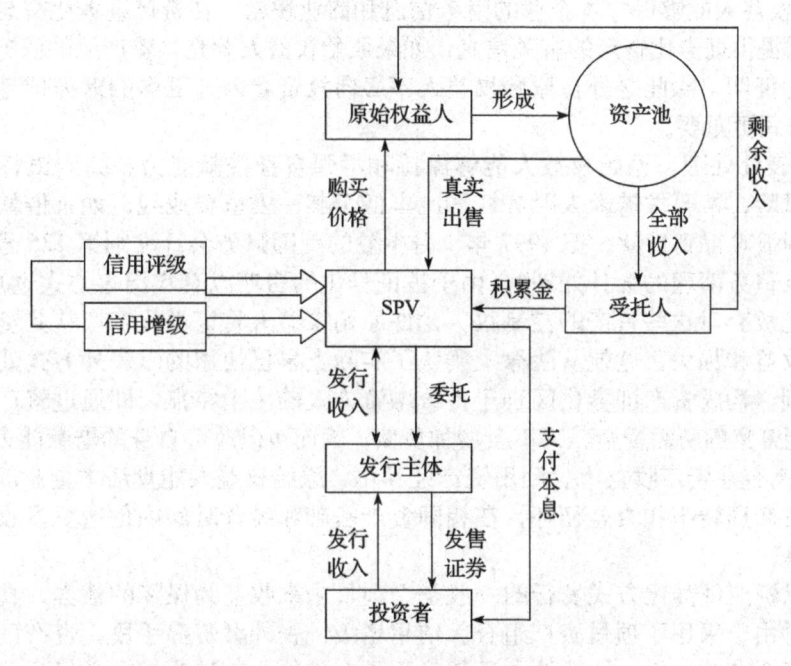

图 10-3 资产证券化融资模式的基本结构

2. 资产证券化融资模式的优势

资产证券化模式为原始权益人即融资方提供了一种高档次的融资工具，同时也为投资者提供了一种投资渠道。

（1）资产证券化对于融资方的作用。

1) 资产证券化融资属于项目融资，为企业提供了新型融资方式。资产证券化属于项目融资的一种较新的方式，虽然是通过发行证券来融资，但与股票、债券等传统融资方式有以下几种不同。一是发行基础不同。传统融资方式的发行基础是企业自身产权，企业对债券本息及股票权益的偿付以公司全部法定财产为界。资产证券化虽然也采取证券形式，但证券的发行依据不是公司全部法人财产而是公司资产负债表中的某一部分资产，证券权益的偿还仅以被证券化的资产为限。二是资信判断标准不同。在传统融资方式下，外部资金投入者对融资者资信判断的主要依据是资金需求者作为一个整体的资产、负债、利润及现金流量情况，对于该公司拥有的某些特定资产的质量关注较少；资产证券化则不然，投资者在决定是否购买时，主要依据的是这些特定资产的质量、未来现金收入流的可靠性和稳定性，原始权益人本身的资信能力则被放在相对次要的地位。三是传统债券融资是一种增量融资，即在扩大负债的同时扩大了企业的资产规模，而资产证券化融资是一种存量形式的转换。

2) 资产证券化是一种低成本融资方式。资产证券化运用成熟的交易结构和信用增级手段，使资产有较高的信用等级，一般能以高于或等于面值的价格发行，并且支付利息率比原始权益人发行的普通证券低，从而降低了原始权益人的融资成本。另外，资产证券化支出费用项目虽然很多，但各项费用与交易总额的比率很低。因此，据专家估计，相对于传统融资方式，资产证券化每年能为原始权益人节约至少相当于融资额 0.5% 的融资成本。

3）原始权益人能够保留完整的决策权和大部分资产收益能力。利用资产证券化融资，原始权益人出售的只是资产未来一定时期内的现金收入流，不会改变自身的所有权结构，也不会失去本企业的经营决策权；待资产支持证券到期后，资产池中剩余资产及其收益仍完全归属原始权益人。

4）原始权益人能够保守本企业的财务信息和商业秘密。在资产证券化交易中，原始权益人一般只需提供证券化资产的有关信息；如果原始权益人要充当资产池的服务者，只需再提供服务能力证明，除此之外，原始权益人不必向投资者公开更多的财务信息，这对于那些私人持股公司更重要。

5）通过表外处理，原始权益人能够保持和增强自身借款能力。商业银行在发放贷款时，为控制风险，常要求借款人财务杠杆比率低于某一安全警戒线，如果借款人财务杠杆比率过高，则很难得到贷款。据1997年1月生效的美国财务会计准则第125号《转让和经营金融资产及债务清理的会计处理》，由于被证券化的资产以真实出售方式过户给了SPV，原始权益人已放弃对这些资产的控制权，允许原始权益人将证券化资产从其资产负债表上剔除并确认收益和损失，这就从法律上确认了实际上早已使用的以表外方式处理资产证券化的交易原则，构成资产证券化区别于传统融资方式的一个特点，即通过资产证券化，原始权益人既能筹集到所需资金，又不会增加负债，因而可以改善自身的借款能力。

6）能提高企业资产收益率。利用资产证券化，原始权益人能盘活本企业部分非流动性资产，加速资产周转率和资金循环，在相同资产基础和经营时间内创造更多收益，从而提高资产收益率。

因此，以资产证券化方式发行的一般是以项目未来收益为保障的债券，具有普通债券的优点，同时由于采用了项目资产组合、信用增级、表外融资等手段，资产证券化的债券等级可以高于企业的评级，比企业普通债券更具有优势。这就为拥有良好项目的企业拓宽了低成本的融资渠道。

（2）资产证券化为投资者提供了一种新型的投资工具。投资者投资于以资产证券化方式发行的证券，可以获得如下好处。

1）获得一种新的投资渠道，取得高于国债收益的投资回报。

2）获得较大的流动性。资产支持证券具有较高的信用评级，会成为商业银行等机构投资者的主要投资对象，投资者可以获得较大的流动性。

3）降低投资的风险。投资者有了"破产隔离"的资产池作保障，极大地减少了因原始权益人发生接管、重组等事件而带来的风险；同时，有利于实现投资多样化，也能分散投资风险。

4）提高自身的资产质量。由于资产支持证券具有较高的信用等级，投资购买支持证券，能提高投资者资产的总体质量，降低自身的经营风险。这对于金融机构来说，尤其重要。

5）突破投资限制。有些投资者受监管法规、行业条例和企业规章的限制，只能投资购买"投资级"（穆迪评级Baa3，标准普尔评级BBB以上信用级别）的债券，在传统融资方式下这意味着它们只能投资购买信用级别较高的大企业和政府部门发行的债券。资产证券化则使投资者也可以购买信用级别较低的中小企业发行的债券，大大拓宽了投资者的投资范围。

八、BOT及其衍生融资方式

（一）BOT融资的含义及种类

1. BOT融资的含义

BOT融资是指由项目所在国政府或所属机构对项目的建设和经营提供一种特许经营权协议作为项目融资的基础，由本国公司或外国公司作为项目的投资者和经营者安排融资、承担风险、开发建设项目，并在有限的时间内经营项目获取商业利润，最后，根据协议将该项目转让给有关政府机构的一种融资模式。

2. BOT 的具体方式

BOT 模式在推广中还衍生出了许多种具体方式，根据世界银行《1994 年世界发展报告》的定义，通常说的 BOT 实际上至少包括以下 3 种具体的建设方式。

（1）标准 BOT，即建设－经营－移交。政府给予某些公司新项目建设的特许经营权时，通常采取这种方式。私人合伙人或某国际财团愿意自己融资建设某项基础设施项目，并在一段时间内经营该设施，然后将此设施移交给政府部门或其他公共机构。

（2）BOOT（build-own-operate-transfer），即建设－拥有－经营－移交。私人合伙人或国际财团融资建设基础设施项目，项目建成后，在规定的期限内拥有所有权，并进行经营，期满后将该设施移交给政府。

（3）BOO（build-own-operate），即建设－拥有－经营。这种方式是承包商根据政府赋予的特许经营权，建设并经营某项基础设施，但是并不将此设施移交给公共部门。

此外，在操作中常见的还有 BOOST（build-own-operate-subsidize-transfer），即建设－拥有－经营－补助－移交；DBOT（design-build-operate-transfer），即设计－建设－运营－移交，这种方式是从项目设计开始就特许给某一私人部门，直到从项目经营中收回投资、取得收益后再移交给政府部门；DBFO（design-build-finance-operate），即设计－建设－融资－经营，ROT（recreate-operate-transfer），即改造－运营－移交等。由于项目的地点、时间、外部条件、政府的要求及有关规定的不同，BOT 模式在具体项目中可能有更多不同的名称，从经济意义上说，各种方式区别不大。

（二）BOT 项目的融资模式和运作过程

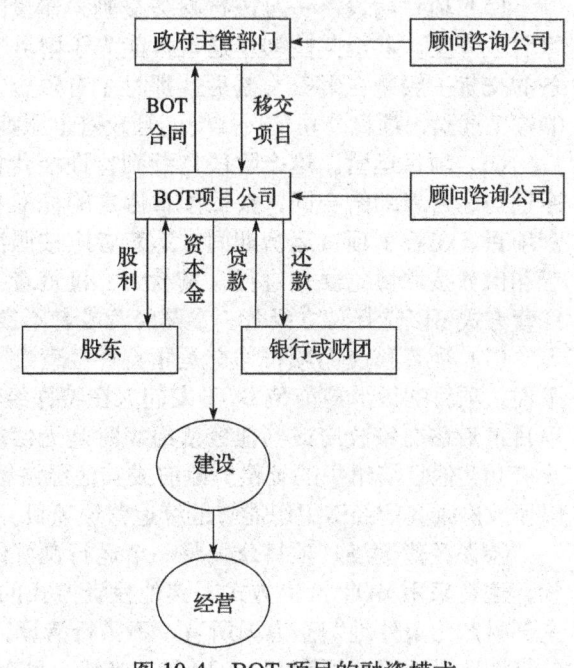

1. BOT 项目的融资模式

BOT 项目的当事人主要包括以下三方。

（1）项目的发包人，即项目发起人，是项目的授权单位、最终所有者。BOT 项目的发包人是政府，通常由政府专业投资公司担任，其职责是负责整个项目的提出和总体实施工作，包括谈判、签订协议、监督项目营运、收回项目经营权等。

（2）承包人，即 BOT 项目公司。一般由民营企业或私营企业组成。项目公司负责整个项目的融资、建设、营运，包括多方面融资、设计施工、供应设备、偿债及规定期间内的经营管理，最后转让项目。项目公司将与多方投资者或者债权人进行多种融资行为。通常，项目公司由建设公司、财务公司、设备及材料供应公司、国际银团等共同形成一个综合性财团充当。

（3）顾问咨询公司。顾问咨询公司是一个对国际工程项目提供各种咨询服务的民营性组织。在 BOT 项目中，承包人和发包人均雇有自己的顾问公司，其职责十分广泛，主要包括决策咨询、工程监理、纠纷仲裁。

BOT 项目的融资模式一般如图 10-4 所示。

图 10-4　BOT 项目的融资模式

2. BOT 项目的运作过程

标准 BOT 项目的运作有 7 个阶段，即项目确定、招投标、选标、项目开发、项目建设、项目运营和项目移交。

（1）项目确定。必须首先分析和确定一个具体项目是否必要，确认该项目采用 BOT 融资方式的可能性和好处。这项工作通常是通过政府规划来完成的。政府继续研究采用 BOT 融资方式满足该项目需要的可能性。有时，也会由项目单位确定一个项目，然后向政府提出项目设想。

（2）招投标。邀请建议书应提供关于项目的详细规定，列出必须达到的具体标准，包括规模、时间、履约标准及项目收入的性质和范围。在招标邀请书中最好还包括项目协定草案。投标者至少应提供以下文件：投标函、项目可行性研究报告、项目融资方案、项目建设工期与进度安排、投标保证金及招标文件中要求的其他文件。

（3）选标。招标者对响应邀请建议书而提交的标书进行挑选，选出暂定中标人。要求评估标书的成员应该包括政府官员和技术、财务及法律顾问等。挑选 BOT 项目的标书，一般来说不应仅以价格为依据，还应考虑投资者的可靠性、经验等因素及所设想的拟建项目能在多大程度上给招标者带来其他利益。

在初步选定标书后，招标者请中标人制定并签署最后的合同文件。双方签字后，意向书将使当事方承诺真诚合作，通过谈判达成并签署一份最后项目协定，然后实施该项目。

（4）项目开发。投标的联营集团中标后就可以做出更确定的承诺，组成项目公司并确定项目公司结构。在招标者接受的基础上，发起人可以开始或再次与承包商和供应商联系，争取对有关条件和价格做出更明确的承诺，这些承诺将进一步确定项目建设的成本。得到这些承诺后，项目公司就可以同政府就最后的特许经营权协议或项目协定进行谈判，并就最后的贷款协定、建筑合同、供应合同及实施项目所必需的其他附属合同进行谈判。在谈判这些相互关联的合同过程中，必然对项目进行进一步的研究。经过谈判达成并签署所有上述协定后，项目将开始进行财务交割。财务交割即贷款人和股本投资者预交或开始预交用于详细设计、建设、采购设备及其顺利完成项目所必需的其他资金。

（5）项目建设。一旦进行财务交割，建设阶段即正式开始。在有些情况下，一些现场组装或开发，甚至某些初步建设可能先于财务交割。但是，项目的主要建筑工程和主要设备的交货一般是在财务交割后，那时才有资金支付这些费用。工程竣工后，项目通过规定的竣工试验，项目公司最后接受而且政府也原则上接受竣工的项目，建设阶段即结束。

（6）项目运营。这个阶段持续到特许经营权协议期满。在这个阶段项目公司直接或者通过与运营者缔结合同，按照项目协定的标准和各项贷款协议及与投资者协定的条件来运营项目。在整个项目运营期间，运营者应按照协定要求对项目设施进行保养。为了确保运营和保养按照协定要求进行，贷款人、投资者、政府都拥有对项目进行检查的权利。项目经营方式可以选择独立经营、参与经营或者不参与经营。

（7）项目移交。项目移交是指特许经营期满后向政府或其他经济组织移交项目。一般来说，项目的设计应能使 BOT 发起人在特许经营期间还清项目债务并有一定的利润。这样项目最后移交给政府或其他经济组织时是无偿的移交，或者项目发起人象征性地得到一些政府和其他经济组织的补偿。政府或其他经济组织在移交日应注意项目是否处于良好状态，以便政府或其他经济组织能够继续运营该项目。

特许经营期满，项目公司将一个运行良好的项目移交给项目所在国政府或其他所属机构。这是采用 BOT 投资方式与其他投资方式的一个关键区别。大部分契约规定合营期满，全部财产无条件地归东道国所有，不另行清算，即这里的转移是无条件的。国际 BOT 项目的特许运营期限一般为 15～20 年，当然，也有更长期限的。

BOT 项目的运作流程如图 10-5 所示。

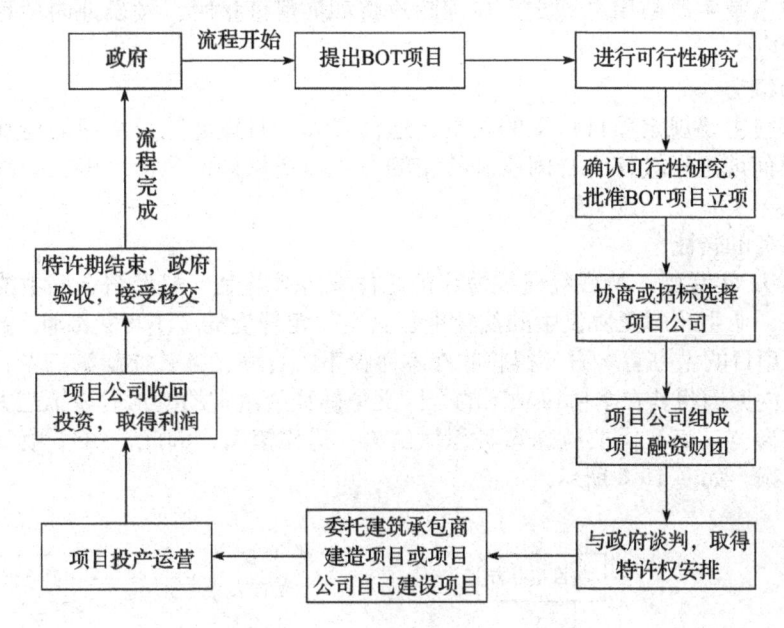

图 10-5　BOT 项目的运作流程图

（三）BOT 融资中特许经营权协议的主要内容

BOT 融资的关键文件是特许经营权协议。特许经营权协议说明了特许经营权的授予者与被授予者双方的权责，是整个 BOT 融资的基础。特许经营权的原意是作为一方主体的政府机构授予作为另一方主体的私营部门从事某种事务的权力。在国际 BOT 实践中，特许经营权是指东道国政府授予国内外的项目主办者在其境内从事某 BOT 项目的建设、经营、维护和转让的权力。特许经营权协议作为所有 BOT 融资协议的核心和依据，其主要内容如下。

1. 特许经营权的范围

特许经营权的范围主要包括 3 方面的内容：一是权力的授予，即规定由哪一方来授予项目主办者某些特权；二是授权范围，包括项目的建设权、运营权、维护权和转让权等，有时还授予主办者一些从事其他事务的权力；三是特许期限，即东道国政府许可主办者在项目建成后运营合同实施的期限，该条款与东道国政府及其用户的利益密切相关，所以也是特许经营权协议的核心条款。

2. 项目建设方面的规定

项目建设方面的规定主要是规定项目的主办者或其承包商如何从事项目的建设，包括项目的用地、项目的设计要求、承包商的具体业务、工程如何施工、采用什么样的施工技术、工程的建设质量如何保证、工程的进度及工程的延误等方面的一系列具体规定。

3. 项目的融资及其方式

项目的融资及其方式主要是规定项目将如何进行融资、融资的利率水平、资金来源等。

4. 项目的经营和维护

项目的经营和维护主要规定主办者运营和维护设施的方式和措施等。

5. 项目的收费水平及计算方法

在实践中，该条款是非常难以谈判和确定的，因为该条款内容的合适与否与正确与否将直接关系到整个 BOT 项目的成功与否。

6. 能源供应条款

能源供应条款主要是用以规定东道国政府将如何保证按时、按质地向项目发起人保证项目的能源供应。

7. 项目的移交

项目的移交主要规定项目移交的范围、运营者如何对设施进行最后的检修、合同设施的风险在何时何地进行转移、合同设施移交的方式及费用如何负担、移交的程序如何协商确定等。

8. 合同义务的转让

在国际 BOT 实践中，特许经营权协议的主体双方并非是一般经济合同中的普通民事主体之间的关系，业主政府在协议中的法律地位具有一定程度的"不可挑战性"。因此，实践中通常规定：项目的主办者一方不得将其在本协议下的合同义务转让给第三者，而东道国政府则可因其国内原因将其在本协议项下的合同义务转让给法定的继承者或第三方。

由于多方参与，而且需要构建多种担保结构，运作繁杂，因此，BOT 项目的融资结构往往是比较复杂，如图 10-6 所示。

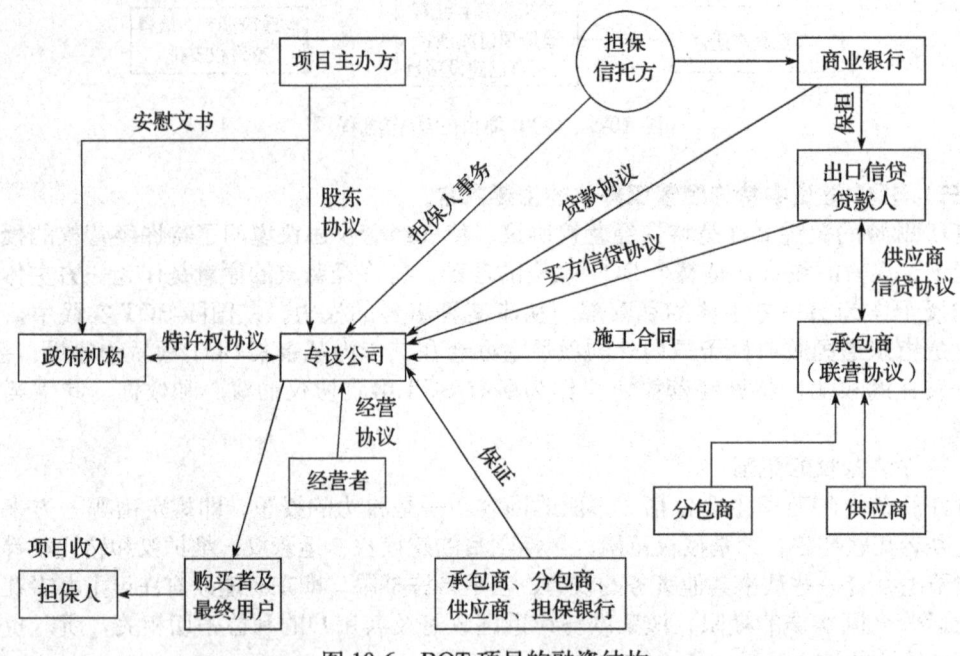

图 10-6 BOT 项目的融资结构

利用 BOT 模式虽然能够进行巨额融资，减轻政府的财政压力，但是由于其建设期长、风险较大，私人投资者往往会要求发起人或者东道国政府提供较多的担保和较高的回报率。因此，在实践中一些新的衍生方式如 TOT（transfer-operate-transfer，移交－经营－移交）、POT（purchase-operate-transfer，购买－经营－转让）等不断涌现。

（四）BOT 项目融资模式在我国的应用

从 20 世纪 80 年代第一个 BOT 项目——深圳沙角 B 电厂开始，中国的基础设施逐步开始市场化改革，基础设施投融资改革政策和开放力度随各行业而异。建设部在 2002 年年底启动了中国市政公用事业的市场化改革，公司合营机制由此被引入中国公用事业。2006 年，中国超过 70%的新建污水处理厂和 35%的存量污水处理厂运用了 BOT 模式。

BOT 方式在我国也称为特许经营权融资方式，在早期主要以外资为融资对象，其含义是指国家或者地方政府部门通过特许经营权协议，授予签约方的外商投资企业（包括中外合资、中外合作、外商独资）承担公共性基础设施（基础产业）项目的融资、建造、经营和维护；在协议规定的特许期限内，项目公司拥有投资建造设施的所有权，允许向设施使用者收取适当的费用，由此回收项目投资、经营和维护成本并获得合理的回报；特许期满后，项目公司将设施无偿地移交给签约方的政府部门。

1. BOT 项目融资模式的应用

我国第一个基础设施 BOT 项目是深圳的沙角 B 电厂，1984 年由香港合和实业公司投资建设，已于项目特许经营期结束后由投资人移交给当地公司，在国际 BOT 领域是一个较典型的案例。由于该项目是在改革开放初期运作的，所以项目结构比较简单，加上国内缺乏 BOT 项目的运作经验，造成了一些遗留问题。继深圳沙角 B 电厂后，我国广东、福建、四川、湖北、上海等地出现了一批 BOT 项目，如广深珠高速公路、重庆地铁、成渝高速公路、上海延安东路隧道复线等。

2. 积极应用内资 BOT 融资

（1）外资 BOT 的优点。发达国家因其国内已有许多成熟的民营者，且实力雄厚，BOT 融资主要由国内私人投资者进行。在发展中国家，由于民营经济尚未成熟、财力有限，BOT 融资通常以吸引国外资本为主。我国国内大多数民营单位一般难以承担大型基础设施项目的建造和融资，因此，我国已有 BOT 项目的招标对象多数是境外投资者，即外资 BOT。外资 BOT 具有如下优点。

1）国际上许多民营企业实力雄厚，其融资经验丰富，资金来源有保障，建设和经营全过程顺利进行的可靠程度也较高。

2）可结合项目引进先进的技术。即使是基础设施，也有很多技术问题。一般而言，公路、桥梁使用较多的是国内资源，而高速铁路的机车车辆、通信设施、电力设备等需要国外的先进技术，要用更先进的技术提高利用效率。

3）可以学习和借鉴国外的先进管理经验。在我国，基础设施长期以来是由政府建设和管理的，效率低下、缺乏竞争、管理落后、长期亏本。利用外资 BOT 模式，可以学习外国民营企业的先进管理手段和运营模式，可以促进我国基础设施的经营管理水平的提高，促进竞争，加快基础设施产业中现代企业制度的形成。

（2）外资 BOT 的缺点。从宏观角度来分析，基础设施建设采用外资 BOT 也存在以下缺点。

1）外方在特许期内将占有我国基础设施项目产权，限制了 BOT 的应用范围。根据国际惯例，BOT 项目的特许期一般在 20 年及以上，这意味着我国政府在这段时间内失去了项目的控制权和经营权，因此，国家对一些重要的机场、铁路、港口等关系国家重要命脉的项目，必然要对外资 BOT 加以限制，从而缩小了外资 BOT 的应用范围。

2）基础设施企业往往不能创汇，外商投入的是外币，收入的却是本币，外资 BOT 项目面临外汇平衡问题。外商投资者往往要求我国政府承担汇率风险，因而造成提出谈判的项目很多，但谈判成功的项目很少的不利局面。

（3）内资 BOT 的意义。目前，我国的国内居民储蓄率持续增长，而且在未来较长时期内仍可能维持。可见，我国并不是缺乏资金，这几年银行系统存在着存款大大超过贷款的存差现象，说明我国资金是相对充裕的。而且，随着我国民营企业的壮大，实施内资 BOT 及其衍生项目，不仅可以丰富 BOT 及衍生形式的投资领域，也将进一步加速我国基础设施的建设。我国积极应用内资 BOT 有如下意义。

1）对外资 BOT 的比较优势。与外资 BOT 相比较，本国民间资本的投入不存在外汇支付问题，也不涉及对国家主权的影响，因此，内资 BOT 的范围相对较为宽泛。更重要的是，本国投资者熟悉国情，更容易与政府沟通，能够以国家利益为重，就项目的确定、经营期限、产品和服务价格等具体问题，可以较快地与政府达成共识，缩短谈判时间，使项目及早开工。而且本国投资者在项目实施过程中，能够把遵循国际通则与我国实际情况结合起来，实事求是地解决建设和运营期内可能出现的各种问题，与政府建立良好的合作关系。这样，从谈判的难易程度来看，可以较顺利地进行，从国民经济角度来看，也不会导致利益的流失。因此，与外资相比，国内民间资本投资 BOT 项目可按中国特色运作，其适应性更强，运作更通畅，采用范围更广。

2）促进政府投资的职能转换。我国经济面临着地区间发展不平衡及基础设施和基础工业投资不足形成的"瓶颈"制约，政府投资的范围远超过西方发达国家，造成了投资供给与需求的巨大差额。因此，有必要对政府投资领域进一步细分，收缩政府投资战线，这样才能更有效地发挥政府投资的作用。基础设施中相当一部分行业或企业具有一定的收益性和竞争性，为此，政府可给予明确的产业扶植导向，提供良好的政策环境，吸引本国民间资本以 BOT 方式直接投入项目的建设和运营，运用竞争机制、价格机制、风险机制和利益机制来调节经营性基础设施产品的供应，从而促进了政府投资职能的转换，使竞争性项目的投资主体，由政府转为企业和个人，加快市场经济体系的建立。

3）引导民间资本的合理流向。我国民间拥有巨额资金，居民储蓄增长迅速，要保持我国经济持续增长，离不开社会需求的同步增长。从汽车、住房入手启动消费需求，能够吸收部分民间资本，但其数量毕竟有限，刺激民间直接投资即刺激投资需求，才是扩大需求的切实可行的办法。因此，合理引导民间资本参与 BOT 项目，既十分必要，也完全可行。

3. BOT 融资的难点

（1）对采用 BOT 方式在认识上还存疑虑。BOT 在我国还属于新生事物，组织 BOT 的运作更是一项全新的工作。许多人对 BOT 方式还缺乏全面的了解，甚至有些人对基础设施是否具有"商品性"存在疑虑，同时担心采用 BOT 方式会导致国家主权的丧失。其实，我国采用 BOT 方式投资的项目，主要是那些目前经济发展中急需而国家眼前又无力投资或者一时拿不出大量资金来投资的项目。采用 BOT 方式，可以在较短的时间内利用外资把这些项目建设起来，从而大大增强我国经济生活的有效供给能力，带动和促进经济的快速发展，并取得广泛的经济和社会效益。

（2）由市场决定的价格体制尚未形成。按照 BOT 的运营原则，外商投资于基础设施项目是要获得一定利润的，因此，要向项目的用户收取费用。但是，在 BOT 方式下，外商对项目的产品价格和服务定价是经过严格核算的，一般要比原计划经济模式下的价格高，这一方面使老百姓较难承受，另一方面又会使 BOT 谈判难以成功。

（3）缺乏统一管理和政策指导。BOT 方式是利用外资的新举措，采用该种方式涉及国家的产业政策、外资政策和投资政策等。对这些问题我国还没有一个机构来统一归口管理，也没有制定出相应的政策法规，用于规范和指导 BOT 项目的实施。

（4）缺少从事 BOT 项目的专门业务人员。BOT 方式作为一种新型的项目组织管理办法，在项目建设的各个方面都有一套独特的运行规则和办法，并需要有专门的人员来实施，这是保证 BOT 项目得以顺利执行的基本条件。我国目前还缺少这方面的专门人员，急需加以培训。

（5）外汇收支平衡比较难。我国目前的外汇管理体制实现了人民币经常项目的可兑换，而实现资本项目的可兑换时机尚未成熟。这样，外商投资基础设施用的是现汇，所得利润分成和投资回报却是人民币，而我国人民币资本项目目前必须通过外汇调剂市场，在外汇市场出现供求不畅的情况下，将会给 BOT 项目外汇收支的平衡带来困难。

(6) 投资经营时间长，风险较大。BOT 方式本身具有投资金额大、经营周期长、投资难度大、风险高的特点，同时，由于有东道国政府的参与，从而使得 BOT 项目投资的风险是多种多样、相当复杂的，如经营风险、建设风险、市场风险、收入风险、财务风险等。

正是由于 BOT 模式时间长、因素多、参与方众多难以协调，所以在实践中 BOT 模式衍生出了其他项目融资方式一，常见的是 TOT、BT 等。

(五) BOT 衍生融资模式

1. TOT 融资模式概述

TOT 是指用私人资本或资金购买某项项目资产（一般是公益性资产）的产权和经营权，购买者在一个约定的时间内通过经营收回全部投资和得到合理的回报后，再将项目产权和经营权无偿移交给原产权所有人。这种模式已逐渐应用到我国的项目融资领域中。

我国利用 TOT 模式是特指中方把已经投产的项目移交给资金实力雄厚的外国投资者经营，凭借项目在未来若干年内的现金流量，一次性地从国外（外商）融得一部分资金，用于建设国内的新项目。在约定的时间，外国投资者拥有该项资产的经营权，经营期满，外方再把项目经营权无偿移交给中方。它是我国政府或公共部门的一种融资模式。

TOT 模式是 BOT 模式在发展过程中的一种创新，它与国际上较广泛采用的 BOT 模式的主要区别如下。

(1) 从项目融资的角度来看，TOT 模式是通过转让已经建成的项目资产的产权和经营权来融得资金，而 BOT 模式是政府给予项目投资者特许经营权的许诺后，由投资者融资新建项目。也就是说，TOT 模式是通过合同项目为其他新项目融资，BOT 模式则是为筹建中的合同项目融资。

(2) 从具体运作过程来看，TOT 模式由于避开了"B"建设中所包含的大量风险和矛盾，并且只涉及经营转让权，不存在产权、股权等问题，在项目融资谈判过程中比较容易使双方意愿达成一致。

(3) 从东道国政府的角度来看，通过 TOT 模式吸引国外的投资者购买现有的资产，与 BOT 模式相比，将从两个方面进一步缓解中央和地方政府财政支出的压力：一是通过资产产权和经营权的转让，得到一部分外资，或者用于偿还因为基础设施建设而承担的债务，或者作为当前迫切需要建设而又难以吸引私人资本的基础设施项目的资金来源；二是转让产权和经营权以后，每年可以减少大量的对现有基础设施运营的财政补贴支出。

(4) 从投资者的角度来看，与 BOT 模式比较，TOT 模式既可回避建设过程中的超支、工程停建风险或者项目建成后不能正常运营、现金流量不足以偿还债务等风险，又能尽快取得收益。采用 BOT 模式，外商投资者首先要投入一笔资金进行建设，并且要设计合理的信用保证结构，特别是完工担保，投资者不但要花费较长的时间，而且要承担相当大的风险。利用 TOT 模式，投资者购买的是正在运营的资产和对资产的经营权，资产收益具有确定性，也不需要太复杂的信用保证结构。

从上述分析中可以看出，TOT 模式在某些方面具有 BOT 模式所不具备的优势。特别对于基础设施落后、建设资金短缺、既有项目运营效率不高的发展中国家来说，在广泛采用 BOT 模式为新建大型项目融资时，应该把 TOT 模式作为 BOT 模式的一种补充或辅助手段，在融资建设新项目的同时回收部分已投入资金并提高既有项目的运营效率。

2. BT 融资模式概述

(1) BT 融资模式的概念。BT 是政府或政府委托的投资商利用非政府资金来承建某些基础设施项目的一种投资方式，BT 是 build（建设）和 transfer（转让）两个英文单词的缩写，其含义是，政府通过合同约定，将拟建设的某个基础设施项目授予建筑商，建筑商负责组建项目公司，在规定的时间内，由项目公司负责该项目的投融资和建设，合同期满，项目公司将该项目有偿转让给政府或投资商，即由政府或投资商以股权回收的形式接收项目公司，并向建筑商支付合同价款。

（2）BT融资模式的优势。相比于BOT模式，BT模式用于基础设施建设具有以下优势。

1）有利于盈利能力不强的基础设施建设项目招商引资。当前我国基础设施建设项目实行BOT模式运作的最主要矛盾就在于基础设施建设项目公益性强、运营成本高、风险大。而BT模式恰恰省去了运营的环节，使特许权公司的项目成本和收益不依赖于基础设施建设项目运营的经济效益，而是直接来源于项目转让时政府支付的购买金，这就使特许权公司有效地避免了运营风险，增强了融资的吸引力，有利于招标谈判的进行和项目的顺利启动。

2）有利于项目转让后的正常使用。项目公司在BOT特许期经营中，为早日收回投资并获得利润，就必须在项目的建设和经营中采取先进技术和管理方法，提高生产效率和经营业绩，增强项目的竞争力，使投资方获益。正因为投资者想尽早收回投资并获得收益，他们可能会采取一种掠夺式的经营方式，不对投入运行的设备和设施进行充分的维护和必要的更新，待几十年以后移交到融资方手中时，电器及信号设备有可能已经落后甚至接近报废，使得项目在转让后无法正常运转。虽然通过在BOT合同中对设备和设施的维修及更新问题予以明确规定，并在运营和转让阶段中对此加以严格监督和验收，可以在一定程度上解决这个问题，但投资方为了自身的利益，对此责任会采取各种变通的方式予以逃避，使监督的成本很高，而且效果不佳，这也是近年来BOT模式发展缓慢的一个原因。而采取BT模式，没有投资方运营的环节，融资方则不用承担此项风险，有利于项目的交接和顺利使用。

3）有利于多种市场化融资方式的联合运用，加快投融资改革的步伐。在BT模式的回购协议中一般规定在项目建设结束并转让后，当地政府分若干年付清回购款，这就给了政府若干年的融资准备期，减轻了当前的融资压力。同时这也是政府探索运用多种市场化融资方式的大好契机。在回购的融资准备期中，政府可以通过资本市场、土地储备及TOT等多种方式筹措资金。在资本市场方面，随着投融资体制改革的深化，各地政府相继成立了市属的基础设施投资公司，代表政府作为基础设施项目的出资人，担负基础设施投融资和资本运营职能，政府可以通过这些市属的投资公司发行债券、股票作为回购金的一部分。土地储备方面，政府主要是通过土地转让金来筹措回购资金。

（3）BT融资模式的难点。BT融资模式与BOT相比，问题主要体现在项目建成后的质量不易得到保证。在BT项目中，政府虽督促和协助投资方建立质量保证体系，健全各项管理制度，抓好安全生产，保证质量，但投资方没有建成后的运营环节，出于其利益考虑，投资方不会在建设质量上尽全力，使在BT项目的建设标准、建设内容、施工进度等方面存在隐患，建设质量得不到应有的保证。因此，我国政府一定要完善BT融资模式的运行机制，强化对BT项目的监督，以确保建设项目的质量。

在完善BT融资模式运行机制方面，应主要从规则约束入手，增加投资方因建设质量不合格而承担的违约成本，使投资方与政府博弈的最佳策略是在建设中保证施工质量。为此，应在BT项目合同中明确规定质量的验收标准及投资方因质量不合格所要承担的相关责任。由于基础设施建设项目极其复杂，验收难度较大，为确保质量，政府在合同谈判中应努力适当地提高投资方的履约保证金并延长质量保证期。

在强化政府对BT项目的监督方面，政府可实施以下方法。

1）明确规定每一指标的上、下限，确定BT项目的建设规模、建设内容、建设标准、投资额、工程时间节点及完工日期，并确认投资方投资额。

2）对BT项目的设计、项目招投标、施工进度、建设质量等进行全过程监督与管理，向投资方提出管理上、组织上、技术上的整改措施。

3）实行建设市场准入制度，严格控制分包商的资质，在施工过程中，监理工程师如发现承包人有非法分包嫌疑有权进行调查核实，承包人应提供有关资料并配合调查，如非法分包成立则按违约处理。

3. BOT 的其他衍生模式

POT 模式是指东道国与私营机构签订特许权协议，把已经投产运营的基础设施项目部分股权暂时让渡给私营机构经营，以该设施项目未来若干年收益现值为依据，一次性地从私营机构中融得一笔资金，用于建设新的基础设施项目，特许期满后私营机构再把所购买设施的部分股权和经营权无偿移交给东道国政府。与 BOT 模式相比，POT 模式中民营投资者不需承担建设风险，投资减少，模式操作简单易行，而且可以避免国外资本控制铁路网。

TBT（transfer-build-transfer，转让-建设-转让）就是将 TOT 模式与 BOT 模式融资方式组合起来，以 BOT 模式为主的一种融资模式。TBT 的实施过程为，政府通过招标将已经运营一段时间的项目和未来若干年的经营权无偿转让给投资人，要求投资人负责组建项目公司去建设和经营一个新的待建项目，双方谈判特许期内政府应获得的收益，期满后投资人将两个项目的经营权归还给政府。实质上，政府将一个已建项目和一个待建项目打包处理，获得一个协议收入，而企业获得剩余经营收入，最终实现双赢。

4. PFI 模式

（1）概念与应用。PFI（private finance initiative，私人融资启动或民间主动融资），是英国政府于 1992 年提出的，在一些西方发达国家逐步兴起的一种新的基础设施投资、建设和运营管理模式。具体来讲，PFI 模式是指政府部门根据社会对基础设施的需求，提出需要建设的项目，通过招投标，由获得特许经营权的私营部门进行公共基础设施项目的建设与运营，并在特许期（通常为 30 年左右）结束时将所经营的项目完好地、无债务地归还政府，而私营部门从政府部门或接受服务方收取费用以回收成本的项目融资方式。

根据资金回收方式的不同，PFI 模式通常可以划分为以下 3 类。

1）向公共部门提供服务型（services sold to the public sector）。私营部门结成企业联合体，进行项目的设计、建设、资金筹措和运营，而政府部门则在私营部门对基础设施的运营期间，根据基础设施的使用情况或影子价格向私营部门支付费用。

2）收取费用的自立型（financially free-standing projects）。私营企业进行设施的设计、建设、资金筹措和运营，向设施使用者收取费用，以回收成本，在合同期满后，将设施完好地、无债务地转交给公共部门。这种方式与 BOT 的运作模式基本相同。

3）合营企业型（joint ventures）。对于特殊项目的开发，由政府进行部分投资，而项目的建设仍由私营部门进行，资金回收方式及其他有关事项由双方在合同中规定。这类项目在日本也被称为"官民协同项目"。

在实践中，应针对不同类型的项目，采用不同类型的 PFI 模式。公共工程项目按建设的目的可以分为 3 类：一是为解决拥挤问题而建设；二是为解决发展问题而建设；三是为解决社会公益问题而建设。对于第一类公共工程项目，费用应全部向使用者收取，采用收取费用自立型的 PFI 模式；对于第二类交通基础设施项目，既具有一定的公共产品性质，又具有一定的开发性，所以，应采用合营企业型的 PFI 模式；而对于第三类公益性基础设施项目，由于其具有公益性，是一种比较典型的公共产品，所以，应采用向公共部门提供服务型的 PFI 模式。

（2）PFI 模式与 BOT 模式的比较。实际上，PFI 模式是对 BOT 模式项目融资的优化，即 PFI 模式来源于 BOT 模式，也涉及项目的"建设-经营-转让"问题。但是，作为一种独立的融资方式，PFI 模式与 BOT 模式在以下方面存在差异。

1）适用项目。PFI 模式适用于没有经营性收入或不具备收费条件的公益性基础设施项目，而 BOT 模式只适用于经营性或具备收费条件的基础设施项目，如发电厂、城市污水处理项目、收费公路、桥梁等。

2）项目主体。PFI 模式的项目主体通常为本国民营企业的组合，体现出民营资金的力量。BOT 模式的项目主体则为非政府机构，既可以是本国私营企业，也可以是外国公司，所以，PFI 模式与 BOT 模式相比，其项目主体较单一。

3）项目管理方式。PFI 模式对项目实施开放式管理。首先，对于项目建设方案，政府部门根据社会需求提出若干备选方案，最终方案则在谈判过程中通过与私人企业协定；BOT 模式则事先由政府确定方案，再进行招标谈判。其次，对于项目所在地的土地提供方式及以后的运营收益分配或政府补贴额度等，都要综合当时政府和私人企业的财力、预计的项目效益及合同期限等多种因素而定。不同的模式对这些问题事先有框架性的文件规定。例如，土地在 BOT 模式中是由政府无偿提供的，无须谈判，而在 BOT 模式中，一般需要政府对最低收益提供实质性的担保。所以，PFI 模式比 BOT 模式有更大的灵活性。

4）项目代理关系。PFI 模式实行全面的代理制，这也是与 BOT 模式的不同之处。作为项目开发主体，BOT 模式的项目公司通常自身就具有开发能力，仅把调查和设计等前期工作和建设、运营中的部分工作委托给有关的专业机构。而 PFI 模式的公司通常自身并不具有开发能力，在项目开发过程中，不仅需要广泛运用各种代理关系，而且这些代理关系通常需要在投标书和合同中即加以明确，以确保项目开发的安全、可靠。

5）合同期满后项目运营权的处理方式。PFI 模式在合同期满后，如果私人企业通过正常经营未达到合同规定的收益，则可以继续拥有或通过续租的方式获得运营权，这是在前期合同谈判中需要明确的；而 BOT 模式则明确规定，在特许权期满后，所建项目资产将无偿地交给政府，由政府拥有和管理。

（3）PFI 模式的优缺点。PFI 模式的优点是显而易见的，主要表现在以下几方面。

1）可以弥补财政预算的不足。PFI 模式可以在不增加政府财政支出的情况下，增加交通基础设施项目的建设和维护资金，因此，政府只需在授权期限内相对比较均衡地支付报酬或租赁费，使政府易于平衡财政预算。同时，由于政府不参与项目的建设和运营管理，PFI 方式还可以减少政府机构的人数，节省政府支出。

2）可以有效转移政府财政风险。由于 PFI 模式下的项目的建设费用完全由投资方负责，政府无须为支付项目投资费用负债或为项目提供担保，所以运用 PFI 模式可以将项目的超支风险转移到民营领域，政府不必直接承担项目建设期的各种风险。

3）可以提高公共项目的投资效率。PFI 模式下的项目投资方的收益是根据该项目的使用情况来确定的，所以，项目建设的工期和质量与私营部门的收益有直接的关系。项目完工越早，其获得收益越早；工程质量越高，其运营期所需要的维护成本越低，收益越高。因此，私营部门承担着设施使用率的风险，这就迫使他们必须准时完工，并按一定标准来经营和维护所承建的设施，可以有效避免由政府部门直接进行项目建设时常出现的工期拖延、工程质量低下等问题。

4）可以增加私营部门的投资机会。对私营部门的投资主体而言，PFI 模式下的项目的"收入"直接来自政府，比较有保障。在当前缺乏良好投资机会的情形下，这种投融资方式对稳健型非政府投资主体具有较大吸引力。

当然，PFI 模式的缺点是，在 PFI 投融资方式中，政府除需要支付公益性项目正常的运行、维护费用外，还需每年向非政府投资主体支付必要的投资回报（在国内外实践中，该投资回报率一般较低，大约与贷款利率相当），故相比政府直接投资该公益性项目而言，政府在授权期限内对项目的财政总支出将会增加不少，这是民间主动投资的不足之处。

第十一章
并购融资

第一节 并购融资综述

企业并购是企业寻求外部发展的一种经营方式,包括兼并和收购两种。兼并是指两个或两个以上的公司合并,并且法律上仅有一个公司作为法律主体;通常由一家占优势的公司吸收另一家或更多的公司。作为吸收合并的兼并体现为一家公司吸收另一家公司继续成为存续企业。收购是指对企业控制权的购买,一般通过向目标股票发出收购要约来完成。尽管"兼并"与"收购"具有不同的表现形式(如法律形式的不同),但它们却存在两个突出的共同点:一是两者均强调事实上的控制权;无论是购买资产式兼并、吸收股份式兼并还是股权控制式收购,其目的均在于获得被吸收企业或被控制企业的事实控制权。二是两者都是通过产权交易方式来实现的;兼并往往表现为产权置换,收购往往表现为产权购买。鉴于兼并和收购在实质上的相似性,在研究和实务中往往将两者相提并论,合称为"并购"或"购并"。

一、并购标的的选择
1. 以目标企业资产为对象的并购

在购买资产的形式下,并购企业将购买目标企业的全部或部分资产(通常是购买全部资产)。在该类交易形式中,并购企业只获取目标企业资产而不承担目标企业原有所有者

（股东和债权人）的任何义务；目标企业原有的要求权结构不对并购企业产生任何影响。在出售全部资产后，目标企业已没有任何有形资产，只有大量现金；该目标企业可以向债权人偿还债务、向股东发放清偿性股利以结束企业生命；或者变成投资公司，用这些现金进行投资，并以投资收益回馈公司所有者。

2. 以目标企业股票为对象的并购

在购买股票的形式下，并购企业通过各种支付方式获得目标企业的全部或部分股份，同时承担目标企业原有要求权（权益和债务）的义务。此时，目标企业的原有要求权结构会转嫁到收购方的资本结构中。

二、并购资金需要量

并购资金需要量是确定融资金额、融资方式、融资时间安排的主要依据。

一般来说，并购资金需要量由以下几个部分构成。

1. 并购支付的对价

并购支付的对价是指并购企业为完成收购目标企业所付出的代价，即支付的现金或现金等价物的金额或者并购日并购企业为取得对其他企业净资产的控制权而放弃的其他有关资产项目或有价证券的公允价值。

2. 承担目标企业表外负债和或有负债的支出

表外负债是指目标企业的资产负债表上没有体现但实际上要明确承担的义务，包括职工的退休费、离职费、安置费等。或有负债是指由过去的交易或事项形成的支付义务，其存在需要通过未来不确定事项的发生或不发生予以证实。或有负债是并购企业潜在的并购支付成本。所以，并购方应详尽了解目标企业的未决诉讼和争议、债务担保、纳税责任及产品责任等项目，对或有负债做出判断。

3. 并购交易费用

并购交易费用包括并购直接费用和并购管理费用。并购直接费用主要是指为并购融资注册和发行权益证券的费用和支付给会计师、律师的咨询费用及其他各项评估费用。并购管理费用主要包括并购管理部门的费用及不能直接计入并购事项的费用。

4. 整合与运营成本

为了保证并购后企业的健康持续发展，需要支付长期的整合与运营成本，这一般来说包括以下内容。

（1）整合改制成本。这是指在对人事机构、经营方式、经营战略、产业结构等进行调整时发生的管理、培训等费用。

（2）注入资金的成本。并购时必须深入分析并购双方企业管理资源的互补性，合理估计并购方在现有基础上对目标公司的管理投入和资金投入成本。

整合与运营成本具有长期性、动态性和难以预见性，在并购决策中应力求使其保持最低。

三、并购支付方式

当并购企业决定在市场上发动对目标企业（客体企业）的兼并战或收购战时，它首先要面对两个基本问题：一是财务支付问题；二是融资问题。财务支付问题是指并购企业应以何种资源、利用何种工具和采取何种手段获取目标企业的资产或控制权抑或吸收目标企业的股份，这实际上是一个支付方式的选择问题。融资问题是指并购企业应该利用何种工具和采取何种手段筹集用以实施并购所需的资源，这实际上是一个融资手段的选择问题。无论是支付方式的选择还是融资手段的选择都涉及对相关金融工具的财务比较、衡量和评价。

并购支付方式分为股票支付、现金支付和混合证券支付等多种方式。

（一）股票支付

股票支付是指并购企业通过增加发行本企业的股票，以新发行的股票替换目标企业的股票，从而达到并购目的的一种支付方式。

与现金支付方式相比，股票支付方式不需要并购企业支付大量现金，对并购企业来说，现金压力小，不会影响原有的现金状况。同时，对目标企业的股东来说，只是改变了持股对象，不会失去既有的所有权。然而，不利的是，对于并购企业来说，股票支付会稀释原有股东的权力，极端的一种情况是目标企业的股东通过并购企业增发的股票取得了对并购后企业的主导控制权。此外，股票支付所需手续较多，耗时耗力，不如现金支付方便快捷。

股票支付常见于善意并购。当并购双方的规模、实力相当时，股票支付的可能性较大。

采用股票支付方式时，需综合考虑以下因素（表11-1）。

表 11-1 采用股票支付方式需考虑的因素

因素	内容
并购企业当前的股价水平	当前股价水平是并购企业决定采用现金支付还是股票支付的一个主要影响因素。一般来说，在股票市场处于上升过程中时，股票的相对价格较高，这时以股票作为支付方式可能更有利于并购企业，增发的新股对目标企业也会有较强的吸引力。否则，目标企业可能不愿持有股票，即刻抛空套现，导致股价进一步下跌。因此，并购企业应实际考虑本企业股价所处的水平，同时还应预测增发新股会对股价带来多大影响
当前股息收益率	新股发行往往与并购企业原有的股息政策有一定的联系。一般而言，股东都希望得到较高的股息收益率。在股息收益率较高的情况下，发行固定利率较低的债权证券可能更为有利；反之，如果股息收益率较低，增发新股就比各种形式的借贷更为有利。因此，并购企业在决定采用股票支付还是通过借贷筹集现金来支付时，先要比较股息收益率和借贷利率的高低
并购企业的股权结构	由于股票支付方式的一个突出特点是对并购企业的原有股权结构会有重大影响，因而并购企业必须事先确定主要大股东对股权稀释的接受程度
每股收益率的变化	增发新股会对每股收益产生不利的影响，如果目标企业的盈利状况较差，或者是支付的价格较高，则会导致每股收益的减少。虽然在许多情况下，每股收益的减少只是短期的，但每股收益的减少仍会给股价带来不利的影响，导致股价下跌。所以，并购企业在采用股票支付方式前，要确定是否会产生这种不利情况，如果发生这种情况，那么在多大程度上是可以被接受的
每股净资产的变动	每股净资产是衡量股东权益的一项重要标准。在某种情况下，新股的发行可能会减少每股所拥有的净资产，这也会对股价造成不利影响。如果采用股票支付方式会导致每股净资产的下降，并购企业需要确定这种下降是否被企业原有的股东所接受
财务杠杆比率	发行新股可能会影响企业的财务杠杆比率。所以，并购企业应考虑是否会出现财务杠杆比率升高的情况，并要考虑资产负债率的合理水平

（二）现金支付

现金支付方式是指并购企业通过支付现金向目标企业购买资产或股票。现金支付方式需要并购企业筹集大量现金用以支付收购行为，这会给并购企业带来巨大的财务压力。现金支付方式在某种程度上反映了企业充裕的现金持有量，并体现了企业强大的财务能力；因此该支付方式向外界传递了企业财务能力较强的信号。

对目标企业的股东而言，现金支付的优点在于可以使他们即时得到确定的收益，不必承担证券风险，日后也不会受到兼并公司发展前景、利率及通货膨胀率变化的影响。而其他非现金支付方式能给股东带来的收益受到市场状况、市场深度、并购企业的业绩及交易成本等因素的影响，不确定性较大。现金支付方式的不足之处在于，现金支付无法推迟资本利得的确认，却即时形成纳税义务，失去了享受税收优惠的机会。世界上大多数国家（不包括我国）规定，公司股票的出售变化是一项潜在的应税事件，在已实现资本收益的情况下，需缴纳资本利得税。目标企业股东在得到现金支付的同时，也意味着纳税义务的实现，没有其他递延或滞后纳税的可能。

对并购企业来说，现金支付方式的最大的好处是现有的股权结构不会受到影响，现有股东控制权不会被稀释。同时,现金支付方式可以使并购企业迅速完成并购。而若使用股票支付方式,并购企业必须到证券管理部门进行登记,经过审批,需花较长的时间。时间越长,目标企业的管理人员就越有可能建立起反并购防御措施,而且可能会促使更多的企业参与并购竞价,从而促使并购成本上升,延长并购时间,使并购难度加大。现金支付方式的不足之处在于,现金支付会给并购方造成一项沉重的现金负担。并购公司必须决定是动用公司现有的现金,还是专门筹集额外的资金来支付收购费用。

现金支付方式因其速度快的特点而多被用于敌意收购。以现金支付方式进行收购,既可以以现金购买资产,也可以以现金购买股票。

采用现金支付方式时,需要综合考虑4个因素(表11-2)。

表11-2 采用现金支付方式时需考虑的因素

因素	内容
并购企业的流动性	一方面是短期流动性,现金支付要求并购企业在确定的日期支付一定数量的货币,立即付现可能会出现现金紧张,因此,有无足够的即时付现能力是并购企业首先要考虑的问题 另一方面是中、长期流动性,有些企业可能在很长时间内难以从大量的现金流出中恢复过来,因此,并购企业必须认真考虑现金回收率及回收年限
货币的流动性	在跨国并购中,并购企业还须考虑自己拥有的现金是否为可以直接支付的货币或可自由兑换的货币,以及从目标企业收回的是否可自由兑换的货币等问题
目标企业所在地管辖股票的销售收益的所得税法	不同地方对资本收益的税赋水平的规定是不一样的。目标企业所在地的资本收益税的水平将影响并购企业现金支付的出价
目标企业的平均股本成本	因为只有超出的部分才应支付资本收益税,如果目标企业股东得到的价格并不高于平均股本成本(每股净资产值),则即使是现金支付,也不会产生任何税收负担。如果并购企业确认现金支付会导致目标企业承担资本收益税,则必须考虑可能减轻这种税收负担的特殊安排。否则,目标企业只能以自己实际得到的净收益为标准,做出是否接受出价的决定,而不是以并购企业所支付的现金数额为依据。通常情况下,一个不会引起税收负担的中等水平的出价,要比一个可能导致较高税收负担的高出价更具吸引力

(三)混合证券支付

混合证券支付是指并购企业的支付方式为现金、股票、认股权证、可转换债券等多种形式证券的组合。

采用混合证券支付方式,可以综合多种证券工具的优势,避免单一支付方式的缺陷。对于并购企业来说,混合证券支付可以分散并购支付风险。

认股权证是一种由上市公司发行的证明文件,赋予持有人一定的权利,即持有人有权在指定的时间内,用指定的价格认购由该公司发行的一定数量(按换股比率)的新股。对并购企业而言,发行认股权证的优点在于可以延期支付股利,从而为公司提供额外的股本基础。由于认股权证的认股权的行使也会涉及并购企业控股权的改变,因此,并购企业在发行认股权证时同样要考虑认股权的行使对企业股权结构的影响。目标企业的股东获得认股权证后,可以行使优先低价认购公司新股的权利,也可以在市场上将认股权证出售。

可转换债券是发行公司向其持有者提供的一种选择权,在某一给定时间内可以以某一特定价格将债券换为股票。从并购企业的角度看,采用可转换债券这种支付方式的好处包括以下几点。

(1)通过发行可转换债券,企业能以比普通债券更低的利率和较宽松的契约条件出售债券。

(2)提供了一种能以比现行价格更高的价格出售股票的方式。

(3)当企业正在开发一种新产品或一种新的业务时,可转换债券也是特别有用的,因为预期从这种新产品或新业务所获得额外利润的时间可能正好与转换期一致。

对目标企业股东而言,采用可转换债券的好处包括以下几点。

(1) 具有将债券的安全性和作为股票可使本金增值的有利性相结合的双重性质。

(2) 在股票价格较低时,可以将它的转换期延迟到预期股票价格上升的时期。

第二节 并购融资细述

一、并购融资渠道

并购融资渠道有权益融资、债权融资等。

(一) 权益融资

权益融资渠道具体分为以下几种。

1. 发行普通股融资

通过发行普通股进行并购有以下两种方式。

(1) 并购企业可以在资本市场上通过增发普通股融资,用以收购目标企业的资产或股票。

(2) 并购企业向目标企业的股东定向增发普通股以收购目标企业的资产或换取目标企业的股权。

2. 发行优先股融资

发行优先股筹集并购资金是西方企业并购时常用的融资方式。我国由于缺乏专门规范发行优先股的法律法规,所以目前进行并购融资时还没有涉及这一融资方式。

3. 发行可转换优先股融资

可转换优先股能在一定期限内按一定的换股价格或换股率转换为普通股,因此,发行可转换优先股进行融资的方式近年来被一些西方企业在并购融资中采用。这一融资方式的优势在于,并购企业可以在不变更自身股利政策的前提下保持被并购方现有的股利支付水平。

4. 发行认股权证融资

认股权证是以特定价格购买规定数量普通股的一种买入期权。在西方的并购融资实务中,认股权证的形式多种多样。从期限来看,有长期与短期的认股权证;从发行方式来看,有单独发行与附带发行的认股权证。认股权证通常和企业的长期债券一起发行,以吸引投资者来购买利率低于正常水平的长期债券。

5. 机构投资者融资

对于机构投资者目前还没有统一明确的定义,但在世界范围内已被广泛使用。机构投资者的产生主要源于投资行为机构化和职业化,是资本市场发展成熟的重要特征之一。我国目前的机构投资者主要包括保险公司、养老基金、投资基金,这些投资者属于战略性的并购融资提供者。

(二) 债权融资

债权融资渠道具体分为以下几种。

1. 金融机构贷款融资

金融机构贷款是并购融资的主要渠道之一。银行在对并购项目发放贷款时主要考虑的是贷款偿还的安全性和可靠性。在一般情况下，至少有一部分贷款的偿还是来源于目标企业未来的现金流入，这种现金流入由以下部分构成。

（1）目标企业被并购后生产经营带来的收益。

（2）并购完成后变卖目标企业一部分资产所获得的现金。

2. 发行公司债券融资

发行公司债券融资是指并购企业通过向其他机构或第三方发行债券筹集并购所需资金。按照《公司法》的规定，股份有限公司、国有独资公司和2个以上的国有企业或者其他2个以上的国有投资主体设立的有限责任公司，为筹集生产经营资金，可以发行公司债券；同时，还规定上市公司经股东大会决议可以发行可转换债券等。这些规定为并购企业通过发行债券来进行并购融资提供了可能，同时也进行了限制。

3. 发行可转换债券融资

可转换债券是指普通债券附加一个相关的选择权，即债券持有人在一定条件下可将其转换为公司的股票。对于并购企业来说，当公司目前股价被低估时，直接发行股票融资对企业不利，采用可转换债券相当于以高于当期的股价发行普通股融资。此外，可转换债券的票面利率较低，其融资成本也较低。经营风险较高、债券级别较低或者债务的利息抵税作用不显著的企业，在进行并购融资时比较适合采用发行可转换债券融资的方式。

按照并购支付方式匹配融资渠道，常见的组合策略如表11-3所示。

表 11-3　支付方式与融资渠道

融资渠道	支付方式		
	现金支付	股票支付	混合证券支付
发行普通股		√	√
发行优先股	√	√	√
发行认股权证		√	
发行可转换债券		√	√
金融机构贷款	√		
发行公司债券	√	√	√

一般来说，权益融资成本较高，但可以构成资金的持续永久性的占用，为企业发展积累资本、赢得时机，融资风险较小，其缺点是不能对资金余缺进行调整，而且当并购后的实际效果达不到预期时，会使股东利益受损，从而为敌意收购者提供机会。债权融资成本相对较低，但财务风险较大。当资产报酬率高于利率时，适当负债可以取得财务杠杆的作用，但企业面临还债的压力和风险，特别是对高负债率企业而言，更容易导致该类企业财务风险增加。当并购后的实际效果达不到预期时，将可能产生利息支付风险和按期还本风险。

（三）混合型融资工具

除了这些常见的权益、债务融资方式以外，西方企业在并购融资中还大量使用一些混合型融资工具。这种既带有权益特征又带有债务特征的特殊融资工具，在西方企业并购融资中扮演着重要的角色。这里主要介绍可转换证券和认股权证。

1. 可转换证券

可转换证券分为可转换债券和可转换优先股。可转换证券是一种极好的筹集长期资本的工具，常应用于与预期的未来价格相比较，在企业普通股的市价偏低的情况下，也可用于收购股息制度不同的其他企业。同时，由于可转换证券发行之初可为投资者提供固定报酬，这等于投资于单纯企业债或优先股；当企业资本报酬率上升、企业普通股价值上升时，投资者又获得了自由交换普通股的权利。它实际上是一种负债与权益相结合的混合型融资工具，这种债券的持有人可以在一定的时间内按照一定的价格将购买的债券转换为普通股，为投资人提供了一种有利于控制风险的投资选择。

2. 认股权证

认股权证是由企业发行的长期选择权证。它允许持有人按某一特定价格买进既定数量的股票。通常是随企业的长期债券一起发行。就其实质而言，认股权证和可转换债券有某些相似之处，但仍有其不同的地方。在进行转换时，虽然同是一种形式（企业债务）转换为另一种形式（股票），但对企业财务乃至营运的影响却各异：可转换债券是由债务资本转换为股权资本，而认股权证则是新资金的流入，可以用以增资偿债。由于认股权证代表了长期选择，所以附有认股权证的债券或股票，往往对投资者有很大的吸引力。

（四）特殊融资方式

1. 杠杆收购融资

杠杆收购是指少数投资者通过负债收购目标企业的资产或股份。杠杆收购与前面所提及的债券支付方式相比，有两个显著的区别：一是杠杆收购以高负债率著称，它是一种"以小博大"的收购行为；二是债券支付方式的债券发行是以收购企业的资产或信誉为抵押的，而杠杆收购是以目标企业的资产（或净资产）为抵押的。

杠杆收购的操作程序如下：收购者先组建一个空壳公司作为收购的法律主体，再由该空壳公司以目标企业资产为抵押发行债券；然后以募集的资金收购目标企业的资产或股票。由于债券发行金额占收购金额的比例较大，因此收购后的主体具有很高的杠杆率（负债率）。这种高杠杆率的债券往往伴随着较高的信用风险或违约风险，故而这类债券多为信用等级很低的垃圾债券。杠杆收购的一个特例是管理层收购：企业管理当局利用杠杆收购本公司股票。

2. 卖方融资

企业并购中一般是买方融资，但当买方没有条件从贷款机构获得抵押贷款时，或是市场利率太高，买方不愿意按市场利率获得贷款时，而卖方为了出售资产也可能愿意低于市场利率为买方提供所需资金。买方在完全付清贷款以后才得到该资产的全部产权，如果买方无力偿还贷款，则卖方可以收回该资产。这种方式在美国被称为"卖方融资"。

比较常见的卖方融资即通过分期付款条件下以或有支付方式购买目标企业。它是指双方企业完成并购交易后，并购企业并不全额支付并购的价款，而只是支付其中的一部分，在并购后的若干年内，再分期支付余下的款项。但分期支付的款项是根据被并购企业未来若干年内的实际经营业绩而定，业绩越好，所支付的款项也越高。

二、并购融资方式

（一）融资方式的特征

各种主要融资方式的详细特点如图11-1所示。

（二）融资方式的类型

并购融资方式是多种多样的，目前我国采用较多的融资方式和途径有内部留存、增资扩股、金融机构信贷、企业发行债券、卖方融资、杠杆收购等方式。

企业在进行融资规划的时候首先要对可以利用的方式进行全面研究分析，作为融资决策的基础。在具体的运作中，有些可单独运用，有些则可组合运用，并购双方应视具体情况而定。

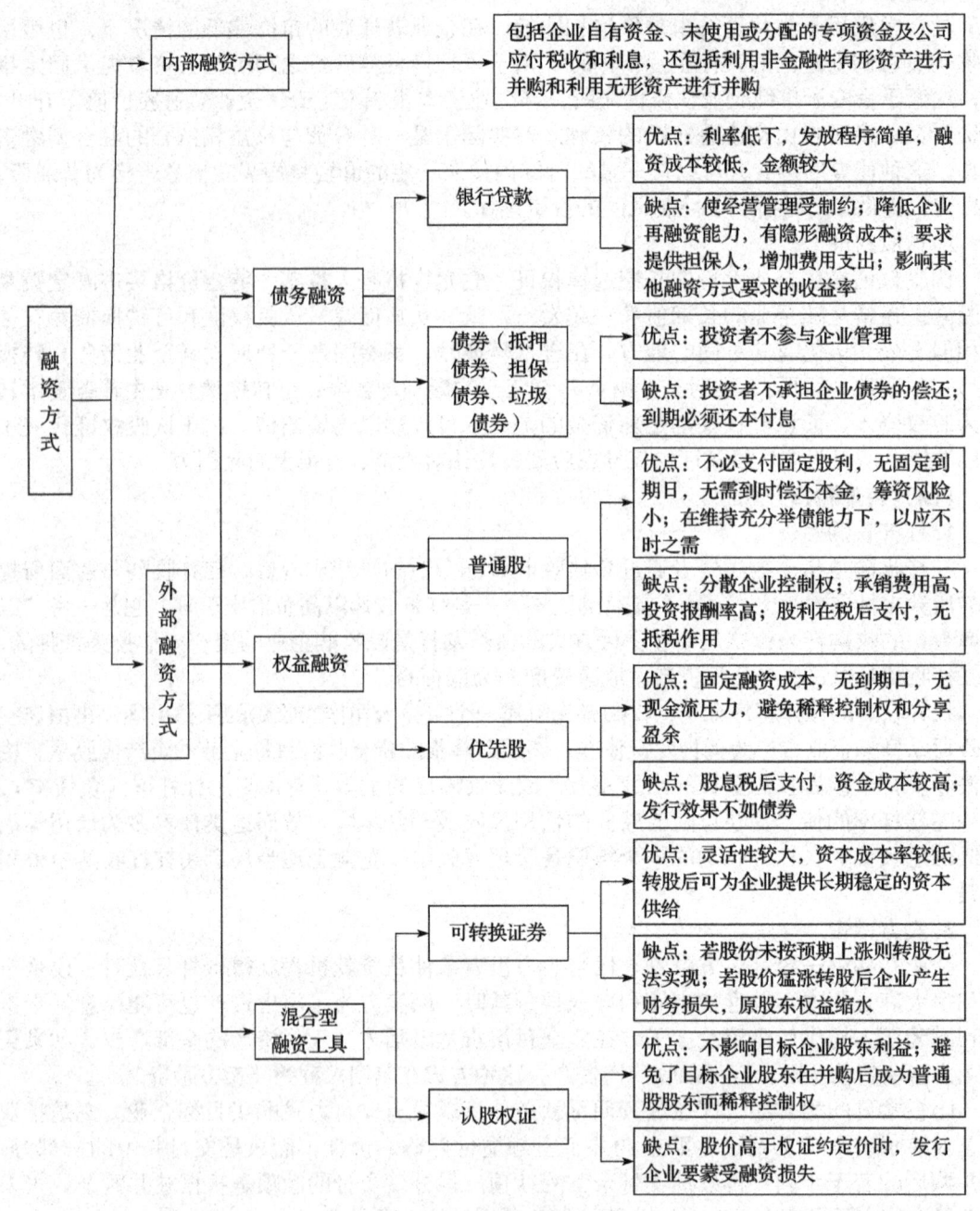

图 11-1 融资方式图解

融资方式：
- 内部融资方式：包括企业自有资金、未使用或分配的专项资金及公司应付税收和利息，还包括利用非金融性有形资产进行并购和利用无形资产进行并购
- 外部融资方式：
  - 债务融资：
    - 银行贷款
      - 优点：利率低下，发放程序简单，融资成本较低，金额较大
      - 缺点：使经营管理受制约；降低企业再融资能力，有隐形融资成本；要求提供担保人，增加费用支出；影响其他融资方式要求的收益率
    - 债券（抵押债券、担保债券、垃圾债券）
      - 优点：投资者不参与企业管理
      - 缺点：投资者不承担企业债券的偿还；到期必须还本付息
  - 权益融资：
    - 普通股
      - 优点：不必支付固定股利，无固定到期日，无需到时偿还本金，筹资风险小；在维持充分举债能力下，以应不时之需
      - 缺点：分散企业控制权；承销费用高、投资报酬率高；股利在税后支付，无抵税作用
    - 优先股
      - 优点：固定融资成本，无到期日，无现金流压力，避免稀释控制权和分享盈余
      - 缺点：股息税后支付，资金成本较高；发行效果不如债券
  - 混合型融资工具：
    - 可转换证券
      - 优点：灵活性较大，资本成本率较低，转股后可为企业提供长期稳定的资本供给
      - 缺点：若股份未按预期上涨则转股无法实现；若股价猛涨转股后企业产生财务损失，原股东权益缩水
    - 认股权证
      - 优点：不影响目标企业股东利益；避免了目标企业股东在并购后成为普通股股东而稀释控制权
      - 缺点：股价高于权证约定价时，发行企业要蒙受融资损失

融资方式根据资金来源可分为内部融资和外部融资。此外，自 20 世纪 70 年代以来，西方金融市场上出现了不少创新融资方式和派生工具，为并购融资提供了新的渠道。

1. 内部融资

内部融资是指从企业内部开辟资金来源，筹措所需资金。如果在收购之前收购方公司有充足的，甚至过剩的闲置资金，则可以考虑在收购时使用内部资金。但是由于并购活动所需的资金数额往往是非常巨大的，而企业内部资金毕竟是有限的，利用并购企业的营运现金流进行融资对于并购企业而言有很大的局限性，因而一般不作为企业并购融资的主要方式。

企业并购常用的内部融资主要方式为公司内部资金，包括企业自有资金、未使用或未分配的专项资金及公司应付税收和利息，还包括利用非金融性有形资产进行并购和利用无形资产进行并购。

2. 外部融资

并购中应用较多的融资方式是外部融资，指企业从外部开辟资金来源，向企业以外的经济主体筹措资金。如果进行的是一项大型并购项目，涉及的融资结构则会非常复杂，并购企业需要审慎考虑多层次的并购融资来源。

外部融资主要包括债务融资、权益融资和混合型融资工具。其中，债务融资主要是银行贷款和发行债券（包括抵押债券、担保债券和垃圾债券等），而前者通常是企业获取并购融资的主要渠道；权益融资主要涉及普通股融资和优先股融资；混合型融资工具主要是可转换证券和认股权证。

（三）融资方式的选择

企业并购作为一项长期投资行为，并购企业要支付某种资源来实现产权交易，而这些资源必须从某种渠道取得，这就涉及并购交易中的融资问题。融资方式和支付方式的选择对企业并购的成功和财富效应有着深刻的影响，而支付方式的选择其实在一定程度上也受企业融资方式的影响。企业并购所借入的大量债务和新发行的债券、股票往往造成企业资本结构失衡，给企业带来巨大的财务风险。因此，并购企业在融资时，应根据自身资本结构和公司治理结构，结合不同融资方式的特点，权衡不同融资方式的成本与风险，统筹考虑，选择最优的融资方式，力将债务规模和结构确定在一个比较安全的范围内，以有效避免日后财务状况的恶化。

以下是几条选择融资方式时的参考原则。

（1）充分考虑国家和地区的政治制度、经济体制和法律法规等方面因素的影响，尤其是相关法律法规对融资方式、规模、期限的限制规定，综合制订融资方案。

（2）如果并购企业自有资金充裕，根据"啄食顺序理论"，以自有资金作为并购资金是最佳选择。如果企业负债率已经较高，财务风险较大，此时则应尽量采取权益融资方式，避免进一步增加企业负债。

（3）并购企业需对自身的资本结构有清醒的认识，并在此基础上并判断是否具备承担债务的能力，从而决定是否有能力进行债务融资。

（4）充分利用投资银行的中介作用，对并购融资渠道、融资金额做出规划，以降低并购风险。

第三节 上市公司收购

一、上市公司收购概述

上市公司收购是指收购人通过在证券交易所的股份转让活动持有一个上市公司的股份达到一定比例，通过证券交易所股份转让活动以外的其他合法方式控制一个上市公司的股份达到一定程度，导致其获得或者可能获得对该公司的实际控制权的行为。

上市公司收购活动应当遵循公开、公平、公正的原则，相关当事人应当诚实守信，自觉维护证券市场秩序。上市公司的控股股东和其他实际控制人对其所控制的上市公司及该公司其他股东负有诚信义务。收购人对其所收购的上市公司及其股东负有诚信义务，并应当就其承诺的具体事项提供充分有效的履行保证。收购人不得利用上市公司收购损害被收购公司及其股东的合法权益。上市公司的董事、监事和高级管理人员对其所任职的上市公司及其股东负有诚信义务。

收购上市公司中由国家授权投资的机构持有的股份，应当按照国务院的规定，经有关主管部门批准。

（1）投资者可以采取要约收购、协议收购、间接收购及其他合法方式收购上市公司。收购意味实际控制，这里所指的实际控制是指以下情形。

1）投资者为上市公司持股50%以上的控股股东。

2）投资者可以实际支配上市公司股份表决权超过30%。

3）投资者通过实际支配上市公司股份表决权能够决定公司董事会半数以上成员选任。

4）投资者依其可实际支配的上市公司股份表决权足以对公司股东大会的决议产生重大影响。

5）证监会认定的其他情形。

收购人可以通过取得股份的方式成为一个上市公司的控股股东，可以通过投资关系、协议、其他安排的途径成为一个上市公司的实际控制人，也可以同时采取上述方式和途径取得上市公司控制权。

（2）任何人不得利用上市公司的收购损害被收购公司及其股东的合法权益。有下列情形之一的，不得收购上市公司。

1）收购人负有数额较大债务，到期未清偿，且处于持续状态。

2）收购人最近3年有重大违法行为或者涉嫌有重大违法行为。

3）收购人最近3年有严重的证券市场失信行为。

4）收购人为自然人的，存在《公司法》第一百四十七条规定情形。

5）法律、行政法规规定及证监会认定的不得收购上市公司的其他情形。

被收购公司的控股股东或者实际控制人不得滥用股东权利损害被收购公司或者其他股东的合法权益。被收购公司的控股股东、实际控制人及其关联方有损害被收购公司及其他股东合法权益的，上述控股股东、实际控制人在转让被收购公司控制权之前，应当主动消除损害，未能消除损害的，应当就其出让相关股份所得收入用于消除全部损害做出安排，对不足以消除损害的部分应当提供充分有效的履约担保或安排，并依照公司章程取得被收购公司股东大会的批准。被收购公司的董事、监事、高级管理人员对公司负有忠实义务和勤勉义务，应当公平对待收购本公司的所有收购人。被收购公司董事会针对收购所做出的决策及采取的措施，应当有利于维护公司及其股东的利益，不得滥用职权对收购设置不适当的障碍，不得利用公司资源向收购人提供任何形式的财务资助，不得损害公司及其股东的合法权益。

上市公司收购可以采用现金、依法可以转让的证券及法律、行政法规规定的其他支付方式进行。被收购公司不得向收购人提供任何形式的财务资助。

证监会于2014年10月23日修订并发布了新的《上市公司收购管理办法》（以下简称《收购管理办法》），对上市公司收购的方式、权益披露、要约收购、协议收购、间接收购、豁免申请、财务顾问、监管措施与法律责任等做出新的规定。

二、要约收购

要约收购是指投资者向目标公司的所有股东发出要约，表明愿意以要约中的条件购买目标公司的股票，以期达到对目标公司控制权的获得或巩固。

投资者自愿选择以要约方式收购上市公司股份的，可以向被收购公司所有股东发出收购其所持有的全部股份的要约（以下简称全面要约），也可以向被收购公司所有股东发出收购其所持有的部分股份的要约（以下简称部分要约）。通过证券交易所的证券交易，收购人持有一个上市公司的股份达到该公司已发行股份的30%时，继续增持股份的，应当采取要约方式进行，发出全面要约或者部分要约。

要约收购应当遵守下述规定。

（1）以要约方式收购一个上市公司股份的，其预定收购的股份比例均不得低于该上市公司已发行股份的5%。以要约方式进行上市公司收购的，收购人应当公平对待被收购公司的所有股东。持有同一种类股份的股东应当得到同等对待。

收购人为终止上市公司的上市地位而发出全面要约的，或者向证监会提出申请但未取得豁免而发出全面要约的，应当以现金支付收购价款；以依法可以转让的证券支付收购价款的，应当同时提供现金方式供被收购公司股东选择。

以要约方式收购上市公司股份的，收购人应当编制要约收购报告书，并应当聘请财务顾问向证监会、证券交易所提交书面报告，抄报派出机构，通知被收购公司，同时对要约收购报告书摘要做出提示性公告。并于15日后，公告其要约收购报告书、财务顾问专业意见和律师出具的法律意见书。在15日内，证监会对要约收购报告书披露的内容表示无异议的，收购人可以进行公告；证监会发现要约收购报告书不符合法律、行政法规及相关规定的，及时告知收购人，收购人不得公告其收购要约。

收购人发出全面要约的，应当在要约收购报告书中充分披露终止上市的风险、终止上市后收购行为完成的时间及仍持有上市公司股份的剩余股东出售其股票的其他后续安排。

收购人拟收购上市公司股份超过30%，须改以要约方式进行收购的，收购人应当在达成收购协议或者做出类似安排后的3日内对要约收购报告书摘要做出提示性公告，并按照《收购管理办法》有关规定履行报告和公告义务，同时免于编制、报告和公告上市公司收购报告书。依法应当取得批准的，应当在公告中特别提示本次要约须取得相关批准方可进行。未取得批准的，收购人应当在收到通知之日起2个工作日内，向证监会提交取消收购计划的报告，抄送证券交易所，通知被收购公司，并予公告。

收购人向证监会报送要约收购报告书后，在公告要约收购报告书之前，拟自行取消收购计划的，应当向证监会提出取消收购计划的申请及原因说明，并予公告；自公告之日起12个月内，该收购人不得再次对同一上市公司进行收购。

（2）被收购公司董事会应当对收购人的主体资格、资信情况及收购意图进行调查，对要约条件进行分析，对股东是否接受要约提出建议，并聘请独立财务顾问提出专业意见。

在收购人公告要约收购报告书后20日内，被收购公司董事会应当将被收购公司董事会报告书与独立财务顾问的专业意见报送证监会，抄送证券交易所，并予公告。

收购人对收购要约条件做出重大变更的，被收购公司董事会应当在3个工作日内提交董事会及独立财务顾问就要约条件的变更情况所出具的补充意见，并予以报告、公告。

收购人做出提示性公告后至要约收购完成前，被收购公司除继续从事正常的经营活动或者执行股东大会已经做出的决议外，未经股东大会批准，被收购公司董事会不得通过处置公司资产、对外投资、调整公司主要业务、担保、贷款等方式，对公司的资产、负债、权益或者经营成果造成重大影响。

在要约收购期间，被收购公司董事不得辞职。

（3）收购人按照本办法规定进行要约收购的，对同一种类股票的要约价格，不得低于要约收购提示性公告日前6个月内收购人取得该种股票所支付的最高价格。

要约价格低于提示性公告日前 30 个交易日该种股票的每日加权平均价格的算术平均值的，收购人聘请的财务顾问应当就该种股票前 6 个月的交易情况进行分析，说明是否存在股价被操纵、收购人是否有未披露的一致行动人、收购人前 6 个月取得公司股份是否存在其他支付安排、要约价格的合理性等。

收购人可以采用现金、证券、现金与证券相结合等合法方式支付收购上市公司的价款。收购人聘请的财务顾问应当说明收购人具备要约收购的能力。以现金支付收购价款的，应当在做出要约收购提示性公告的同时，将不少于收购价款总额的 20% 作为履约保证金存入证券登记结算机构指定的银行。收购人以证券支付收购价款的，应当提供该证券的发行人最近 3 年经审计的财务会计报告、证券估值报告，并配合被收购公司聘请的独立财务顾问的尽职调查工作。收购人以在证券交易所上市交易的证券支付收购价款的，应当在做出要约收购提示性公告的同时，将用于支付的全部证券交由证券登记结算机构保管，但上市公司发行新股的除外；收购人以在证券交易所上市的债券支付收购价款的，该债券的可上市交易时间应当不少于 1 个月；收购人以未在证券交易所上市交易的证券支付收购价款的，必须同时提供现金方式供被收购公司的股东选择，并详细披露相关证券的保管、送达被收购公司股东的方式和程序安排。

（4）收购要约约定的收购期限不得少于 30 日，并不得超过 60 日；但是出现竞争要约的除外。

在收购要约约定的承诺期限内，收购人不得撤销其收购要约。采取要约收购方式的，收购人做出公告后至收购期限届满前，不得卖出被收购公司的股票，也不得采取要约规定以外的形式和超出要约的条件买入被收购公司的股票。

收购要约期限届满前 15 日内，收购人不得变更收购要约，但是出现竞争要约的除外。

出现竞争要约时，发出初始要约的收购人变更收购要约距初始要约收购期限届满不足 15 日的，应当延长收购期限，延长后的要约期应当不少于 15 日，不得超过最后 1 个竞争要约的期满日，并按规定比例追加履约保证金；以证券支付收购价款的，应当追加相应数量的证券，交由证券登记结算机构保管。发出竞争要约的收购人最迟不得晚于初始要约收购期限届满前 15 日发出要约收购的提示性公告，并应当根据《收购管理办法》的有关规定履行报告、公告义务。要约收购报告书所披露的基本事实发生重大变化的，收购人应当在该重大变化发生之日起 2 个工作日内，向证监会做出书面报告，抄送证券交易所，通知被收购公司，并予公告。

收购人需要变更收购要约的，必须事先向证监会提出书面报告，同时抄报派出机构，抄送证券交易所和证券登记结算机构，通知被收购公司；经证监会批准后，予以公告。

（5）同意接受收购要约的股东（以下简称预受股东），应当委托证券公司办理预受要约的相关手续。

收购人应当委托证券公司向证券登记结算机构申请办理预受要约股票的临时保管。证券登记结算机构临时保管的预受要约的股票，在要约收购期间不得转让。这里所说的预受，是指被收购公司股东同意接受要约的初步意思表示，在要约收购期限内不可撤回之前不构成承诺。在要约收购期限届满 3 个交易日前，预受股东可以委托证券公司办理撤回预受要约的手续，证券登记结算机构根据预受要约股东的撤回申请解除对预受要约股票的临时保管。在要约收购期限届满前 3 个交易日内，预受股东不得撤回其对要约的接受。在要约收购期限内，收购人应当每日在证券交易所网站上公告已预受收购要约的股份数量。出现竞争要约时，接受初始要约的预受股东撤回全部或者部分预受的股份，并将撤回的股份售予竞争要约人的，应当委托证券公司办理撤回预受初始要约的手续和预受竞争要约的相关手续。

(6) 收购期限届满，发出部分要约的收购人应当按照收购要约约定的条件购买被收购公司股东预受的股份，预受要约股份的数量超过预定收购数量时，收购人应当按照同等比例收购预受要约的股份；以终止被收购公司上市地位为目的的，收购人应当按照收购要约约定的条件购买被收购公司股东预受的全部股份；未取得证监会豁免而发出全面要约的收购人应当购买被收购公司股东预受的全部股份。

收购期限届满后3个交易日内，接受委托的证券公司应当向证券登记结算机构申请办理股份转让结算、过户登记手续，解除对超过预定收购比例的股票的临时保管；收购人应当公告本次要约收购的结果。

收购期限届满，被收购公司股权分布不符合上市条件，该上市公司的股票由证券交易所依法终止上市交易。在收购行为完成前，其余仍持有被收购公司股票的股东，有权在收购报告书规定的合理期限内向收购人以收购要约的同等条件出售其股票，收购人应当收购。

收购期限届满后15日内，收购人应当向证监会报送关于收购情况的书面报告，抄送证券交易所，通知被收购公司。

除要约方式外，投资者不得在证券交易外公开求购上市公司的股份。

三、协议收购

协议收购是指投资者在证券交易所外与目标公司的股东，主要是持股比例较高的大股东就股票的价格、数量等方面进行私下协商，购买目标公司的股票，以期达到对目标公司控制权的获得或巩固。

采取协议方式收购上市公司的，收购人可以依照法律、行政法规的规定同被收购公司的股东协议转让股份。收购协议达成后，收购人必须在3日内将该收购协议向国务院证券监督管理机构及证券交易所做出书面报告，并予公告。在公告前不得履行收购协议。

协议收购的双方可以临时委托证券登记结算机构保管协议转让的股票，并将资金存放于指定的银行。

采取协议收购方式的，收购人收购或者通过协议、其他安排与他人共同收购一个上市公司已发行的股份达到30%时，继续进行收购的，应当向该上市公司所有股东发出收购上市公司全部或者部分股份的要约。但是，经国务院证券监督管理机构免除发出要约的除外。

收购人依照上述规定以要约方式收购上市公司股份，应当遵守《证券法》有关要约收购的规定。

四、豁免申请

收购人收购上市公司一定股份时，并不必然履行收购要约的义务，证监会可以针对实际情况行使豁免权，免除收购人发出收购要约的义务。当出现规定的特殊情形时，投资者及其一致行动人可以向证监会申请豁免。未取得豁免的，投资者及其一致行动人应当在收到证监会通知之日起30日内将其或者其控制的股东所持有的被收购公司股份减持到30%或者30%以下，拟以要约以外的方式继续增持股份的，应当发出全面要约。根据《收购管理办法》的有关规定，可申请的豁免事项如下。

(一) 免于以要约收购方式增持股份的事项

(1) 收购人与出让人能够证明本次转让未导致上市公司的实际控制人发生变化。

(2) 上市公司面临严重财务困难，收购人提出的挽救公司的重组方案取得该公司股东大会批准，且收购人承诺3年内不转让其在该公司中所拥有的权益。

(3) 经上市公司股东大会非关联股东批准，收购人取得上市公司向其发行的新股，导致其在该公司拥有权益的股份超过该公司已发行股份的30%，收购人承诺3年内不转让其拥有权益的股份，且公司股东大会同意收购人免于发出要约。

(4) 证监会为适应证券市场发展变化和保护投资者合法权益的需要而认定的其他情形。

证监会在受理豁免申请后 20 个工作日内，就收购人所申请的具体事项做出是否予以豁免的决定；取得豁免的，收购人可以继续增持股份。

（二）存在主体资格、股份种类限制或者法律、行政法规、证监会规定的特殊情形的事项

（1）经政府或者国有资产管理部门批准进行国有资产无偿划转、变更、合并，导致投资者在一个上市公司中拥有权益的股份占该公司已发行股份的比例超过 30%。

（2）在一个上市公司中拥有权益的股份达到或者超过该公司已发行股份的 30% 的，自上述事实发生之日起 1 年后，每 12 个月内增加其在该公司中拥有权益的股份不超过该公司已发行股份的 2%。

（3）在一个上市公司中拥有权益的股份达到或者超过该公司已发行股份的 50% 的，继续增加其在该公司拥有的权益不影响该公司的上市地位。

（4）因上市公司按照股东大会批准的确定价格向特定股东回购股份而减少股本，导致当事人在该公司中拥有权益的股份超过该公司已发行股份的 30%。

（5）证券公司、银行等金融机构在其经营范围内依法从事承销、贷款等业务导致其持有一个上市公司已发行股份超过 30%，没有实际控制该公司的行为或者意图，并且提出在合理期限内向非关联方转让相关股份的解决方案。

（6）因继承导致在一个上市公司中拥有权益的股份超过该公司已发行股份的 30%。

（7）证监会为适应证券市场发展变化和保护投资者合法权益的需要而认定的其他情形。

出现上述事项时，当事人可以向证监会申请以简易程序免除发出要约。证监会自收到符合规定的申请文件之日起 5 个工作日内未提出异议的，相关投资者可以向证券交易所和证券登记结算机构申请办理股份转让和过户登记手续。证监会不同意其以简易程序申请的，相关投资者应当按照前述规定申请。

五、财务顾问

根据有关规定，收购人进行上市公司的收购，应当聘请在中国注册的具有从事财务顾问业务资格的专业机构担任财务顾问。收购人未按照规定聘请财务顾问的，不得收购上市公司。财务顾问应当勤勉尽责，遵守行业规范和职业道德，保持独立性，保证其所制作、出具文件的真实性、准确性和完整性。财务顾问认为收购人利用上市公司的收购损害被收购公司及其股东合法权益的，应当拒绝为收购人提供顾问服务。财务顾问为履行职责，可以聘请其他专业机构协助其对收购人进行核查，但应当对收购人提供的资料和披露的信息进行独立判断。

（一）财务顾问的职责

财务顾问应当履行下列职责。

（1）对收购人的相关情况进行尽职调查。

（2）应收购人的要求向收购人提供专业化服务，全面评估被收购公司的财务和经营状况，帮助收购人分析收购所涉及的法律、财务、经营风险，就收购方案所涉及的收购价格、收购方式、支付安排等事项提出对策建议，并指导收购人按照规定的内容与格式制作申报文件。

（3）对收购人进行证券市场规范化运作的辅导，使收购人的董事、监事和高级管理人员熟悉有关法律、行政法规和证监会的规定，充分了解其应当承担的义务和责任，督促其依法履行报告、公告和其他法定义务。

（4）对收购人是否符合本办法的规定及申报文件内容的真实性、准确性、完整性进行充分核查和验证，对收购事项客观、公正地发表专业意见。

（5）接受收购人委托，向证监会报送申报材料，根据证监会的审核意见，组织、协调收购人及其他专业机构予以答复。

(6) 与收购人签订协议，在收购完成后 12 个月内，持续督导收购人遵守法律、行政法规、证监会的规定、证券交易所规则、上市公司章程，依法行使股东权力，切实履行承诺或者相关约定。

(二) 财务顾问报告

财务顾问应当出具财务顾问报告，并对以下事项进行说明和分析，并逐项发表明确意见。

(1) 收购人编制的上市公司收购报告书或者要约收购报告书所披露的内容是否真实、准确、完整。

(2) 本次收购的目的。

(3) 收购人是否提供所有必备证明文件，根据对收购人及其控股股东、实际控制人的实力、从事的主要业务、持续经营状况、财务状况和诚信情况的核查，说明收购人是否具备主体资格，是否具备收购的经济实力，是否具备规范运作上市公司的管理能力，是否需要承担其他附加义务及是否具备履行相关义务的能力，是否存在不良诚信记录。

(4) 对收购人进行证券市场规范化运作辅导的情况，其董事、监事和高级管理人员是否已经熟悉有关法律、行政法规和证监会的规定，充分了解应承担的义务和责任，督促其依法履行报告、公告和其他法定义务的情况。

(5) 收购人的股权控制结构及其控股股东、实际控制人支配收购人的方式。

(6) 收购人的收购资金来源及其合法性，是否存在利用本次收购的股份向银行等金融机构质押取得融资的情形。

(7) 涉及收购人以证券支付收购价款的，应当说明有关该证券发行人的信息披露是否真实、准确、完整及该证券交易的便捷性等情况。

(8) 收购人是否已经履行了必要的授权和批准程序。

(9) 是否已对收购过渡期间保持上市公司稳定经营做出安排，该安排是否符合有关规定。

(10) 对收购人提出的后续计划进行分析，收购人所从事的业务与上市公司从事的业务存在同业竞争、关联交易的，对收购人解决与上市公司同业竞争等利益冲突及保持上市公司经营独立性的方案进行分析，说明本次收购对上市公司经营独立性和持续发展可能产生的影响。

(11) 在收购标的上是否设定其他权利，是否在收购价款之外还做出其他补偿安排。

(12) 收购人及其关联方与被收购公司之间是否存在业务往来，收购人与被收购公司的董事、监事、高级管理人员是否就其未来任职安排达成某种协议或者默契。

(13) 上市公司原控股股东、实际控制人及其关联方是否存在未清偿对公司的负债、未解除公司为其负债提供的担保或者损害公司利益的其他情形，存在该等情形的，是否已提出切实可行的解决方案。

(14) 涉及收购人拟提出豁免申请的，应当说明本次收购是否属于可以得到豁免的情形，收购人是否做出承诺及是否具备履行相关承诺的实力。

(三) 独立财务顾问报告

上市公司董事会或者独立董事聘请的独立财务顾问，不得同时担任收购人的财务顾问或者与收购人的财务顾问存在关联关系。独立财务顾问应当根据委托进行尽职调查，对本次收购的公正性和合法性发表专业意见。独立财务顾问报告应当对以下问题进行说明和分析，发表明确意见。

(1) 收购人是否具备主体资格。

(2) 收购人的实力及本次收购对被收购公司经营独立性和持续发展可能产生的影响分析。

（3）收购人是否存在利用被收购公司的资产或者由被收购公司为本次收购提供财务资助的情形。

（4）涉及要约收购的，分析被收购公司的财务状况，说明收购价格是否充分反映被收购公司价值，收购要约是否公平、合理，对被收购公司社会公众股股东接受要约提出的建议。

（5）涉及收购人以证券支付收购价款的，还应当根据该证券发行人的资产、业务和盈利预测，对相关证券进行估值分析，就收购条件对被收购公司的社会公众股股东是否公平合理、是否接受收购人提出的收购条件提出专业意见。

（6）涉及管理层收购的，应当对上市公司进行估值分析，就本次收购的定价依据、支付方式、收购资金来源、融资安排、还款计划及其可行性、上市公司内部控制制度的执行情况及其有效性、上述人员及其直系亲属在最近 24 个月内与上市公司业务往来情况，以及收购报告书披露的其他内容等进行全面核查，发表明确意见。

（四）财务顾问的督导职责

财务顾问在收购过程中和持续督导期间，应当关注被收购公司是否存在为收购人及其关联方提供担保或者借款等损害上市公司利益的情形，发现有违法或者不当行为的，应当及时向证监会、派出机构和证券交易所报告。

自收购人公告上市公司收购报告书至收购完成后 12 个月内，财务顾问应当通过日常沟通、定期回访等方式，关注上市公司的经营情况，结合被收购公司定期报告和临时公告的披露事宜，对收购人及被收购公司履行下列持续督导职责。

（1）督促收购人及时办理股权过户手续，并依法履行报告和公告义务。

（2）督促和检查收购人及被收购公司依法规范运作。

（3）督促和检查收购人履行公开承诺的情况。

（4）结合被收购公司的定期报告，核查收购人落实后续计划的情况，是否达到预期目标，实施效果是否与此前的披露的内容存在较大差异，是否实现相关盈利预测或者管理层预计达到的目标。

（5）涉及管理层收购的，核查被收购公司定期报告中披露的相关还款计划的落实情况与事实是否一致。

（6）督促和检查履行收购中约定的其他义务的情况。

在持续督导期间，财务顾问应当集合上市公司披露的季度报告、半年度报告和年度报告出具持续督导意见，并在前述定期报告披露后的 15 日内向派出机构报告。在此期间，财务顾问发现收购人在上市公司收购报告书中披露的信息与事实不符的，应当督促收购人如实披露相关信息，并及时向证监会派出机构、证券交易所报告。财务顾问解除委托合同的，应当及时向证监会、派出机构做出书面报告，说明无法继续履行持续督导职责的理由，并予公告。

六、上市公司收购后事项的处理

收购期限届满，被收购公司股权分布不符合上市条件的，该上市公司的股票应当由证券交易所依法终止上市交易；其余仍持有被收购公司股票的股东，有权向收购人以收购要约的同等条件出售其股票，收购人应当收购。收购行为完成后，被收购公司不再具备股份有限公司条件的，应当依法变更企业形式。

在上市公司收购中，收购人持有的被收购的上市公司的股票，在收购行为完成后的 12 个月内不得转让。

收购行为完成后，收购人与被收购公司合并，并将该公司解散的，被解散公司的原有股票由收购人依法更换。

收购行为完成后，收购人应当在 15 日内将收购情况报告国务院证券监督管理机构和证券交易所,并予公告。

收购上市公司中由国家授权投资的机构持有的股份,应当按照国务院的规定,经有关主管部门批准。

七、上市公司收购的权益披露

投资者收购上市公司,要依法披露其在上市公司中拥有的权益,包括登记在其名下的股份和虽未登记在其名下但该投资者可以实际支配表决权的股份。投资者及其一致行动人在一个上市公司中拥有的权益应当合并计算。

(一)一致行动和一致行动人的概念

(1)一致行动是指投资者通过协议或者其他安排,与其他投资者共同扩大其所能够支配的一个上市公司股份表决权数量的行为或者事实。

(2)一致行动人是指在上市公司的收购及相关股份权益变动活动中有一致行动情形的投资者,这些投资者之间互为一致行动人。

如果没有相反的证据,投资者有下列情形之一的,为一致行动人。

1)投资者之间有股权控制关系。

2)投资者受同一主体控制。

3)投资者的董事、监事或者高级管理人员中的主要成员,同时在另一个投资者担任董事、监事或者高级管理人员。

4)投资者参股另一投资者,可以对参股公司的重大决策产生重大影响。

5)银行以外的其他法人、其他组织和自然人为投资者取得相关股份提供融资安排。

6)投资者之间存在合伙、合作、联营等其他经济利益关系。

7)持有投资者30%以上股份的自然人,与投资者持有同一上市公司股份。

8)在投资者任职的董事、监事及高级管理人员,与投资者持有同一上市公司股份。

9)持有投资者30%以上股份的自然人和在投资者任职的董事、监事及高级管理人员,其父母、配偶、子女及其配偶、配偶的父母、兄弟姐妹及其配偶、配偶的兄弟姐妹及其配偶等亲属,与投资者持有同一上市公司股份。

10)在上市公司任职的董事、监事、高级管理人员及其前项所述亲属同时持有本公司股份的,或者与其自己或者其前项所述亲属直接或者间接控制的企业同时持有本公司股份。

11)上市公司董事、监事、高级管理人员和员工与其所控制或者委托的法人或者其他组织持有本公司股份。

12)投资者之间具有其他关联关系。

一致行动人应当合并计算其所持有的股份。投资者计算其所持有的股份,应当包括登记在其名下的股份,也包括登记在其一致行动人名下的股份。

(二)进行权益披露的情形

(1)通过证券交易所的证券交易,投资者及其一致行动人拥有权益的股份达到一个上市公司已发行股份的5%时,应当在该事实发生之日起3日内编制权益变动报告书,向证监会、证券交易所提交书面报告,抄报该上市公司所在地的证监会派出机构,通知该上市公司,并予公告;在上述期限内,不得再行买卖该上市公司的股票。

前述投资者及其一致行动人拥有权益的股份达到一个上市公司已发行股份的5%后,通过证券交易所的证券交易,其拥有权益的股份占该上市公司已发行股份的比例每增加或者减少5%,应当依照前述规定进行报告和公告。在报告期限内和做出报告、公告后2日内,不得再行买卖该上市公司的股票。

(2)通过协议转让方式,投资者及其一致行动人在一个上市公司中拥有权益的股份拟达到或者超过一个上市公司已发行股份的5%时,应当在该事实发生之日起3日内编制权益变动报告书，向证监会、证券交易所提交书面报告，抄报证监会派出机构，通知该上市公司，并予公告。

投资者及其一致行动人拥有权益的股份达到一个上市公司已发行股份的5%后，其拥有权益的股份占该上市公司已发行股份的比例每增加或者减少达到或者超过5%的，应当依照第一种情形的相应规定履行报告、公告义务。

（3）投资者及其一致行动人通过行政划转或者变更、执行法院裁定、继承、赠予等方式拥有权益的股份变动达到一个上市公司已发行股份的5%时，同样应当按照第一种情形的相应规定履行报告、公告义务。

（三）权益变动报告书的编制

（1）投资者及其一致行动人不是上市公司的第一大股东或者实际控制人，其拥有权益的股份达到或者超过该公司已发行股份的5%，但未达到20%的，应当编制包括下列内容的简式权益变动报告书。

1）投资者及其一致行动人的姓名、住所；投资者及其一致行动人为法人的，其名称、注册地及法定代表人。

2）持股目的，是否有意在未来12个月内继续增加其在上市公司中拥有的权益。

3）上市公司的名称，股票的种类、数量、比例。

4）在上市公司中拥有权益的股份达到或者超过上市公司已发行股份的5%或者拥有权益的股份增减变化达到5%的时间及方式。

5）权益变动事实发生之日前6个月内通过证券交易所的证券交易买卖该公司股票的简要情况。

6）证监会、证券交易所要求披露的其他内容。

前述投资者及其一致行动人为上市公司第一大股东或者实际控制人，其拥有权益的股份达到或者超过一个上市公司已发行股份的5%，但未达到20%的，还应当披露投资者及其一致行动人的控股股东、实际控制人及其股权控制关系结构图。

（2）投资者及其一致行动人拥有权益的股份达到或者超过一个上市公司已发行股份的20%但未超过30%的，应当编制详式权益变动报告书，除须披露简式权益变动报告书规定的信息外，还应当披露以下内容。

1）投资者及其一致行动人的控股股东、实际控制人及其股权控制关系结构图。

2）取得相关股份的价格、所需资金额、资金来源，或者其他支付安排。

3）投资者、一致行动人及其控股股东、实际控制人所从事的业务与上市公司的业务是否存在同业竞争或者潜在的同业竞争，是否存在持续关联交易；存在同业竞争或者持续关联交易的，是否已做出相应的安排，确保投资者、一致行动人及其关联方与上市公司之间避免同业竞争及保持上市公司的独立性。

4）未来12个月内对上市公司资产、业务、人员、组织结构、公司章程等进行调整的后续计划。

5）前24个月内投资者及其一致行动人与上市公司之间的重大交易。

6）不存在收购人不得收购上市公司的各种情形。

7）能够按照《收购管理办法》规定向证监会提供相关文件。

前述投资者及其一致行动人为上市公司第一大股东或者实际控制人的，还应当聘请财务顾问对上述权益变动报告书所披露的内容出具核查意见，但国有股行政划转或者变更、股份转让在同一实际控制人控制的不同主体之间进行、因继承取得股份的除外。投资者及其一致行动人承诺至少3年放弃行使相关股份表决权的，可免于聘请财务顾问和提供《收购管理办法》规定的相关文件。

第十二章
企业集团融资

第一节 企业集团融资概述

企业集团融资有其特殊性,从企业集团总部的角度考虑,融资应包括融资政策确定、合理安排资本结构、选择融资渠道和方式、落实融资主体和使用主体、融资监控。这就要求企业集团必须加强融资权的管理,合理分配融资权限和资金使用权限,做好资金预算工作。

一、企业集团融资特点和任务

由于企业集团是多个法人之间的经济联合体,站在企业集团总部的角度来考虑融资问题,就不得不考虑整个企业集团的全局利益。这其中包括如何发挥集团的财务优势、如何制定融资规划以满足集团战略发展的资金需求、如何保持合理的资本结构和尽量降低企业集团的财务风险等问题。

与单一企业相比,企业集团融资的范围也有所扩大。单一企业融资除留用利润外,其他的来源于企业外部,因此,企业融资主要以融通外部资金为主。企业集团资金来源分为内部资金和外部资金两大部分。其中,内部资金来源是指在企业集团范围内能够筹措到的各成员企业的闲置资金,内部资金融通属于集团内部交易的范畴。外部资金来源是指从企业集团外部筹措到的资金,属于企业集团实质上的对外融资。对于企业集团而言,内部资金和外部资金处于同等重要的地位，但在节约资金成本、提高资金使用效率方面，内部资金来源尤为重要。企业集团内部资金的融通实质上就是把单个企业之间的市场融资行为转化为集团内部的资金协调关系，由内部交易代替市场交易，这不仅解决了成员企业之间资金的供需矛盾，而且能够节约融资费用，减少资金融通的时滞，提高集团资金利用效率。

由多个成员企业联合组成的企业集团，在总部的统一运筹和成员企业的协同配合下，彼此间通过取长补短或优势互补，企业集团的资金运动在整体上的可调剂弹性显然会大大增加，在融资形式或手段方面也就有了更大的创新空间。可见，企业集团融资的着眼点在于为集团提供与创造更多的可以运用的"活性"资金，而不仅是资金来源外延规模的扩大。

（一）最有效地集中使用内部资源

在集团内存在众多分部，这些分部在自身的资金运转过程中，总会导致一些分部资金不足，而另一些分部资金又有余的现象产生。通过集中使用资金，可以在集团内部调剂余缺，最大限度地发挥资金的使用效益。另外，集中使用资金也有利于保证集团行为的一致性。集团内各分部资金运转的不一致性是集团总部可以从集中使用资金中获利的客观基础。集中使用资金的基本目的如下：一是加速资金周转，提高资金的使用效率，降低成本，增加收益。二是确保集团战略目标的实施。集团总部可通过设立内部结算中心达到集中使用资金的目的。当一家集团公司内各子公司之间，以及母公司与子公司之间存在着频繁的收付款往来时，资金必然存在着大量的相向流动。如果设立了结算中心，就可对这些收付款项进行综合结算，把相向流动的那部分资金予以抵销，只按净流动的资金额进行结算，这样做不仅可以加速资金周转，提高资金的使用效率，而且可以降低资金转移成本，增加收益。此外，内部结算中心还可以起到集团内部各企业间调剂余缺的作用，即将一些分部暂时闲置的资金调剂给另一些资金不足的分部，使集团资金发挥更大的效益。三是确保集团整体利益最大化的实现。集团整体既要追求利润最大化，又要均衡经营风险。要做到这一点，就必须与投资相配合，充分考虑到每一个投资项目对集团整体的收益性和风险性，并以此作为投资项目排队和投资项目取舍的依据。如果集团总部不采用集中使用资金的方法，就很难控制各分部仅从其局部利益出发选择对局部最优而对整体非优的投资项目。一项重大投资项目由于投资额大，回收期长，往往会改变集团的经营重心，因此会对集团整体产生极为深远的影响。对这些重大投资项目，必须由集团总部来决策，而对一些投资少、对集团经营影响小的投资项目，总部可以适当放权，由分部负责。但投资项目决策权的分散，并不一定就要分散资金的使用权。集团总部通过集中使用资金，一方面可控制各分部对集团整体不利的投资项目，另一方面又可以充足的资金保证有利投资项目的顺利实施。集中使用资金有助于确保企业集团整体利益最大化目标的实现。

（二）最有效地从外部融资

这里所指的最有效是从集团总部角度看的最有效，而不是局限于某一分部。企业集团为了集团整体利益的最大化，应该用最有效的方法从外部融资，即取得资金成本最低的资金来源。当然最便宜的资金来源，未必是最经济的资金来源。例如，负债融资，由于债权人风险小，所要求的收益率低，且利息可以抵税，因此，负债的资金成本较低；但负债是企业的一项固定财务支出，企业必须按规定还本付息，这就会增大企业风险，降低股权资金价值，从而导致股权资金成本上升，一部分资金成本的下降导致了另一部分资金成本的上升，自然会引起企业加权平均资金成本的变化。企业集团总部融资的目标之一就是要将企业风险控制在一个适当的范围，使企业整体加权平均资金成本达到最低。在企业集团内部，各分部本身的风险水平不一致，这种风险不一致既包括经营风险的不一致，又包括财务风险的不一致。各分部风险水平的不一致，势必引起集团总部总体风险水平与各分部的风险水平不一致。从经营风险看，一些分部从事常规性老业务，经营风险较低，另一些分部则从事非常规性的新业务，经营风险就较高。从财务风险看，一些分部股权资金比重大，财务风险较低；另一些分部则股权资金比重小，财务风险较高。由于各分部面对不同的风险，因而分散融资中，各分部会按各自最优的方式筹措资金，经营风险大的分部往往会通过减少财务风险来控制总风险，而经营风险小的分部则往往会通过扩大财务风险来获取财务杠杆利益，但从总部的观点出发，各分部的最优未必就是总部的最优。集团整体有其综合的经营风险和财务风险，总部必须从综合的角度来分析集团风险，从集团整体利益出发考虑融资方式，使集团整体资金来源结构最优化，这就要求集团总部控制各分部只从局部利益出发，考虑最优化的融资行为，用集中融资的方式取而代之。另外，总部经营项目比较分散，经营风险较分部低，加之总部资本较分部雄厚，偿债能力强，承担风险的能力大于分部。因此，由总部集中融资可降低投资人的投资风险，使投资者愿意降低投资收益率，使集团整体更容易获取低资金成本的利益。

（三）合理调整各分部的现金流量，争取集团整体的净现金流入量的最大化

集团整体的现金流入量并不等于各分部现金流入量的简单之和，由于外部环境和各分部的内部条件不同，在总现金流入量相等的情况下，调整各分部的现金流入量，可以使集团整体的净现金流入量产生相当大的差异。集团总部为了整体利益必须人为地控制各分部的现金流入和流出量。这种控制除前述资金的集中筹集和集中使用外，更常用和有效的方法是制定对总部最佳的转移价格。总部为分部之间的劳务和产品交易制定内部转移价格，可以使各分部现金净流量发生很大变化。实施跨国经营的企业集团通过转移价格的制定，可将高税区的收入向低税区转移，从而达到回避高额税负的目的；也可通过转移价格，把高风险地区的收入移往低风险地区，以回避风险，或把外汇管制紧的地区的收入转向外汇管制松的地区，以达到回避管制的目的。当然就国内经营的企业集团而言，通过转移价格来回避国家税收和相关管制是不可取的。但集团总部可通过转移价格调节各分部的收益，缩小集团内的不平衡，确保各分部的生产经营活动能正常进行，消除集团内的各种矛盾，这样可以有效地刺激低收益分部的积极性，从而保证集团整体利益的顺利实现。

小知识

企业集团的融资优势

与单一企业相比，企业集团的融资优势如下。

（1）优化企业集团内部资金配置，提高资金使用效率。混合兼并使企业集团经营所涉及的行业不断增加，多样化经营为企业提供了丰富的投资机会。由于资本的逐利性，通过市场配置，资金会自动流向盈利高的企业和最为有利的项目，其直接结果就是提高了企业集团投资报酬率和资金的利用效率。另外，根据投资组合理论，只要投资项目的风险分布不是完全正相关的，则多样化投资组合便能够降低风险。

（2）企业集团内部现金流入更为充足，在时间分布上更为合理，企业集团规模能够得以扩大。

其一，将企业集团内部的闲置资金，投放到具有良好回报的项目上，能够为企业集团带来更多的资金收益。

其二，由于多元化经营使成员企业涉足多种行业，而不同行业投资回报的速度、周期存在差异，从而使内部资金收回的时间分布相对均衡。企业集团可以通过财务预算始终保持一定数量的可调用的自由现金流，优化内部资金的时间分布，增强企业集团抗风险的能力，避免资金链断裂的危险。

（3）企业集团资本规模较大，破产风险相对较低，偿债能力和外部融资能力较强。与单一企业相比，企业集团自有资本的数量成倍增长，抵御风险的能力也较强。企业自有资

本越多，因破产给债权人带来损失的风险就越小。由于资本聚合效应和企业集团信用的可分享性，能够使成员企业因加入企业集团而获得融资能力增强、信用等级提高的好处，为外部融资减少障碍。无论是偿债能力的相对提高、破产风险的降低，还是信用等级的整体提高，都能优化企业的外部形象，使企业更易于从资本市场融资。

（4）降低企业集团融资成本。企业集团可以根据集团需要统一融通资金，避免了成员企业各自为政、单独融资的风险，减少了融资次数。而且，由于目前证券发行的市场准入门槛较高，单个企业很难达到证券发行的条件，相对来讲，企业集团就能够克服规模、体制等方面的不足，取得证券市场的融资资格。从证券发行频率考虑，集团整体融资还能够取得规模效益，降低融资成本。企业集团生产经营所需要的资金，除少部分经营资金由各子公司筹集外，一般由企业集团结算中心（或财务公司）统一安排，统一对外借贷，因此能充分利用集团内的闲置资金，减少对外融资额，节约利息费用。另外，通过合理安排负债期限结构，能减少资金占用，降低资金成本。

二、我国企业集团融资现状
（一）融资环境有较大的变化

融资环境有较大的变化主要表现在国家相关政策的变化和资本市场的不断完善上。一方面，融资环境的变化给我国企业集团发展多渠道融资提供了可能；另一方面，融资环境的变化对企业集团也是一个较大的挑战，因为企业集团多渠道融资也会加大其融资风险。

1. 国家相关政策的变化

国家相关政策的变化主要是指我国的财政投融资体制和对基础产业的政策发生了变化。2004年7月，国家新的投资体制出台。在新的体制中，按照"谁投资、谁决策、谁收益、谁承担风险"的原则，国家落实了企业的投资决策权，同时要合理界定政府投资职能，提高投资决策的科学化、民主化水平，建立投资决策责任追究制度，规范政府投资行为。在国家产业政策方面，国家在《中华人民共和国国民经济和社会发展第十个五年计划纲要》（以下简称"十五计划纲要"）中提出要加快基础设施的建设，对水利、交通、能源等方面的基础设施都有了一个系统的规划，这些计划的实现需要巨大的资金投入。对于从事基础产业的企业集团，这些政策的变化意味着未来的发展将会出现巨大的资金缺口。因为，在过去的发展过程中，政府的财政支持和商业银行贷款一直是我国企业集团的主要融资渠道，根据目前的政策形势，这种局面将不复存在。

2. 金融体制的改革

加入世贸组织后，我国的金融市场逐步开放，各种外资将进入中国市场。随着政策的松动，企业集团为满足自身发展的资金需求，也开始积极拓展国外融资渠道。同时，国内资本市场也日趋成熟起来。例如，国家把股票发行由原来的审批制改为审核制，股票市场愈来愈规范；债券市场规模呈扩大趋势。根据"十五计划纲要"，政府已经意识到资本市场的发展失衡问题，并明确提出："加快发展企业债券市场，发展产业投资基金。积极培育证券投资基金、养老基金和保险基金等机构投资者。发展票据市场，完善外汇市场，建立黄金交易市场。"这些改革为企业集团拓宽融资渠道提供了良好的机遇。但是机遇与挑战并存，利益与风险同在，这就要求企业集团必须注意防范融资风险，保持合理的资本结构。

（二）融资渠道多元化趋势明显

伴随着市场经济体制改革的深入，我国企业集团也在逐步摆脱依靠政府的局面，积极开拓多种融资渠道，逐步呈现出融资渠道多元化的趋势，主要表现在国内资本市场上的股票融资、债券融资、投资基金，以及国外股票融资、BOT项目融资等多种融资渠道均已开始应用。其中，债券融资在企业集团融资结构中占的比重越来越大，这是企业集团所特有的。主要是因为，一方面，企业集团资金需求额大，且回收期长，通过发行债券可以较低的资金成本筹集大量所需资金；另一方面，国家在政策上也对大型企业集团给予很大的支持，使企业集团发行企业债券具有明显的优势。

> **小知识**
>
> **我国企业集团融资存在的问题**
>
> **1. 缺乏科学的融资规划，难以满足企业发展的资金需求**
>
> 融资规划是企业集团融资管理中的一个重要组成部分，是指在集团战略发展结构的总体框架下，通过计划或预算的形式，对集团整体及子公司等的融资规模、配置结构、融资方式及时间进度等做出统筹规划与协调安排，从而在政策上保障融资与投资的协调匹配。由于长期以来我国投融资体制存在的缺陷、资本市场的不完善及企业集团自身治理机制存在的问题，大部分企业集团没有形成适合企业自身战略发展的融资规划，主要表现在融资规模不能满足企业集团战略发展的资金需求、融资主体不明确、融资方式单一等方面。这一问题所造成的直接后果就是不能满足集团投资的资金需求，导致较大的资金缺口。
>
> **2. 融资渠道单一，资本结构不合理**
>
> 从我国企业集团目前的融资状况来看，尽管融资渠道出现了多元化的发展趋势，但是由于多种原因，融资渠道仍显单一，具体表现为间接融资所占融资比重较大。企业集团融资渠道单一的直接后果是资本结构不合理。
>
> 企业集团作为多个法人的经济联合体，其总部应考虑企业集团的整体利益，以促进企业集团的战略发展为原则。站在企业集团总部的角度考虑，必须规划好企业集团的资本结构。企业集团的资本结构与单个企业不同的是，它的目标应该是企业集团的价值最大化。其优化的标准难以用定量指标来确定，但应当坚持一列原则。
>
> （1）保持合理的财务风险水平。应当保持企业集团财务风险与企业集团投资收益之间的均衡。
>
> （2）满足企业战略发展的资金需求。资本结构不合理，尤其是负债比重过高不仅会加大企业集团的财务风险，也不能满足企业集团战略发展的资金需求。

三、影响我国企业集团融资的主要因素

（一）资本市场

资本市场是企业融资环境中的重要因素之一，我国建立资本市场的最初目的是解决国有企业的融资问题。资本市场一般分为股票市场和债券市场，长久以来，我国资本市场面临的一个问题就是结构单一，即股票市场与债券市场发展失衡。政府也提出要深化金融体制改革，建立和完善金融组织体系、市场体系、监管体系和调控体系。我国的资本市场已经呈现出逐步完善的趋势，债券市场有了一定的发展，这为企业集团优化资本结构，选择多种融资渠道提供了有利条件。

（二）企业集团治理结构

企业集团治理结构对企业集团融资具有重要的意义。这主要体现在企业融资决策与融资计划的执行上。治理结构是指企业相关利益主体之间的相互制衡。在产权关系清晰的情况下，资本结构对企业集团的治理结构起决定作用。但是由于我国企业集团在组建初期产权关系不清晰，出现了企业所有者地位的缺失及"内部人"控制现象。在这种情况下，企业集团的治理结构决定了企业集团的资本结构。因此，要解决好企业集团的融资问题，必须从根本上解决企业集团的治理结构问题。而且首先要解决的必须是企业的产权关系问题，授权经营是一种行之有效的方法。我国企业集团治理目前存在的问题主要是所有者主体地

位缺失和企业集团治理机制的虚化。

（三）国家政策

这里所指的国家政策是指我国政府制定的行业发展政策，以及与投融资政策相关的政策。我国企业集团与政府有着深厚的历史渊源，随着改革的深入发展，国家相关政策的变化对企业集团的影响势必会比对一般企业的影响要大。例如，国家投融资体制改革后，政府减少了对企业的直接财政支持，改变了企业集团以财政支持和政策性贷款为主要融资渠道的局面，企业集团必须开拓多种融资渠道，以满足自身发展和国家经济建设的需要。

另外，我国企业集团的融资规模与我国产业政策变化休戚相关。由于我国企业集团所处的行业大部分是基础性行业，其融资规模与国家经济发展水平有很大关系。从理论上分析，基础行业的发展速度是与一国经济发展水平相适应的，而国家产业政策走向则是影响基础行业发展的直接决定因素。因此，国家产业政策的变化对我国企业集团的融资行为产生了较大影响。近年来，我国基础设施发展迅速，是与国家实行积极的财政政策、出台大力发展基础行业的政策密切相关的。

政府参与企业的程度越高，企业对政府的依赖就越大。在我国企业集团组建初期，其融资的主要渠道是国家的财政支持。在企业集团未来的发展过程中，对政府的依赖性可能会减少，但仍然会对国家产业政策有较大的依赖性。

四、我国企业集团融资方式比较及选择

我国企业集团可选择的融资方式如表 12-1 所示。

表 12-1 我国企业集团可选择的融资方式

融资类型	融资方式
权益融资	政策性融资
	产业投资基金融资
	股票融资（包括境内和境外股票融资）
	内部融资
债权融资	商业银行贷款
	债券融资
混合性融资	项目融资
	可转换债券融资

这些融资方式有的是我国企业集团传统融资手段，有的是在新环境下可选择的融资方式。站在企业集团总部的角度考虑，这些融资方式各有利弊，关键的问题是如何统筹规划，既能满足企业集团战略发展的资金需求，又能保持合理的资本结构，避免财务风险。

（一）内部融资方式

衡量一个企业融资能力并不是看其能选择多少种融资渠道，能形成多大融资规模，而是要看能使用多少"活性"资金。内部融资方式就是一种盘活企业资金的方式。内部融资是所有融资方式中融资成本最低的一种方式。它主要包括企业的留存收益、固定资产的折旧等，对企业集团来说，也包括集团内部企业之间的内部融资，即母公司与子公司、子公司与子公司之间相互提供资金的融通。集团内部企业之间相互提供资金融通的方式是多种多样的，可采取相互持股、发行债券、短期商业信用等形式。集团内部融资可以更好地发挥内部融资的优势，即融资成本相对较低，交易费用少，但在资金利用效果不佳及缺乏担保的情况下，也更易于形成不良的债权、债务关系，而且不利于企业约束机制的建立。因为在企业正常经营时，企业的剩余控制权掌握在股东手中，但当企业面临财务危机、不能到期还本付息时，企业的剩余控制权就转移到了债权人手中，这给企业经理人带来了较大的

压力,但当子公司的债权人是集团内成员时,企业经理人的这种压力便消失了,这就造成了企业集团对子公司的预算软约束。

(二) 商业银行贷款融资

在我国没有进行投融资体制改革前,商业银行贷款一直是企业集团的主要融资手段,而且带有很强的行政命令色彩,一般企业集团在向国有商业银行贷款时就已经由某个政府主管部门指定了发放贷款的银行和贷款利率。伴随着金融市场的不断完善,这种现象将会逐步消失。这种融资渠道的优点在于资金成本低,缺点在于如果不能保持合理的资本结构,将会产生很大的财务风险。企业集团作为多个法人主体的经济联合体,其财务杠杆这柄"双刃剑"所产生的负面效应会比单个企业的更大。因此,在选择商业银行贷款作为融资手段时必须考虑资本结构优化问题,尽量将财务风险降到最小。

(三) 股票融资

股票融资是指企业集团通过整体或整合下属公司优质资产在国内外股票市场上市的一种融资手段。这种融资方式的优点就在于能迅速募集企业发展所需的大量资金,避免财务风险。而且对于我国企业集团来讲,能通过上市的方式尤其是在国外股票市场上市健全企业集团的管理机制,改善其治理结构。从目前的融资状况看,我国企业集团已经开始将股票融资作为一种重要融资手段来运用,并有了明显成效。因此,股票融资方式是我国企业集团目前可以选择的融资手段。

(四) 债券融资

我国企业集团传统的融资方式主要是政策性融资和商业银行贷款融资,其中政策性融资主要是指国家财政支持和政策性贷款。根据企业集团的发展现状,再以上述两种融资方式作为主要融资手段是不现实的。发行企业债券的优点就在于资金成本低,能从债券市场上迅速募集所需的大量资本,利于调整资本结构。而且在国内的债券市场中,企业集团更能发挥其规模和行业优势。我国企业集团所处行业属于国家重点扶植的基础行业,而且所投资项目大部分收益稳定、风险低,加上我国企业集团信用度一般较高,发行债券的难度相对较低。在我国债券市场中,债券的发行仍然采用严格的审批制。权威资料调查表明,我国上市公司之所以较少选择债券融资方式的重要原因之一就是发行要求太高、难度大。另外,我国企业集团还可以考虑在国外发行企业债券,扩大海外融资的规模。中国企业到海外发行债券,要接受国际评级机构的严格评级,要通过重组企业架构、理顺企业产权、明确法律权责、审查财务报表、解释财务数据、调整会计准则、改善公司管治、增加决策透明度、健全企业制度等一系列方式达到评级标准,对于许多新发行债券的中国公司来说,这会是一个艰苦、漫长的过程。然而,这也是一个借助外力来使企业"强身健体"的极好机会。到海外去发行债券,将有助于我国企业集团健全法人治理结构、完善内部管理机制、建立科学决策体系及提高公司经营效益。所以,发行债券是目前比较可行的一种融资方式,它对优化企业集团资本结构能起到积极作用。

(五) 可转换债券融资

可转换债券是指债券持有人在一定期限内按约定的条件可将其转换为发行公司股票的债券,这种债券具有债务与权益融资的双重属性,是一种混合型融资方式。企业通过这种方式能够低成本地筹集更多的资本,并可以避免投资损失,是一种可行的融资方式。但是它也存在着一些缺陷,主要表现在:转股后的融资成本会上升,如果债券持有人不愿转股,发行公司将承受偿债压力。根据国家规定,只有上市公司和重点国有企业具有发行可转换债券的资格。我国大型基础产业企业集团凭借其雄厚实力和国家政策支持,具有发行可转换债券的资格,并能充分发挥可转换债券的优点。可转换债券进入转股期后,有可能面临大的偿债压力,企业应当充分考虑可转换债券进入转股期后有可能产生的相关财务风险。

（六）产业投资基金

投资基金是一种大众化的信托投资工具，它是由基金管理公司或其他发起人向投资者发行受益凭证，将大众手中的零散资金集中起来，委托具有专业知识和投资经验的专家进行管理和运作，并由信誉好的金融机构充当所募集资金的信托人或保管人。基金经理人把基金资产投向产业项目的投资基金就成为产业投资基金。产业投资基金借鉴了市场经济发达国家"创业投资基金"的运作经验，通过发行基金份额组建产业基金公司，由基金公司委托商业银行等金融机构作为托管人保管基金资产，委托专门的产业基金管理公司作为管理人管理和运用基金资产，投资收益由投资者按出资额分享，投资风险由投资者承担。采用基金投资方式，基金经理人以专家身份研究行情，管理投资，可做到分散投资风险、节约投资成本、提高投资收益，使中小投资者获得较好的投资收益。采用这种方式既可以满足企业集团的资金需求，也可以吸引民间资本的进入，满足民间资本投资基础产业的愿望。目前发行产业投资基金的条件已经成熟，而且我国的基金市场已经初具规模，对运行产业基金有了一定的经验。

（七）项目融资方式

项目融资方式主要有 BOT、TOT、ABS 等方式，其中 BOT 是目前国内应用相对多的一种方式。BOT 方式很适合企业集团所需资金量大且回收期长的特点，而且可以积极吸引外资进入我国，是一种很好的融资方式。但是采用这种方式涉及我国的产业政策、外汇政策和投资政策，需要注意国家相关政策的变化。ABS 是一种新型融资方式，其实质是资产证券化，应用于基础行业有一定现实意义，在我国房地产开发行业已经有所应用，我国企业集团在大型基础产业项目中可以考虑这种融资方式。

（八）政策性融资

这一融资渠道包括政府财政性支出和国家开发银行贷款。随着我国财政投融资体制的改革，政府直接投资在固定资产投资中所占的比重越来越少。但由于基础产业的特殊性，政府的财政支持仍将是基础产业发展的一个重要融资渠道，预算外专项建设基金也属于这类融资渠道。预算外专项建设基金是指国家为了加速基础设施建设和基础产业发展，在铁路、航空、电力、邮电、通信等部门，向使用相关服务的消费者或企业征收的专项基金，是我国固定资产投资的重要来源，我国电力行业原来的"二分钱集资"即属此列。政策性银行不以营利为目的，只是为了推进国家产业政策的贯彻执行，其资金具有财政性质，我国企业集团是这类融资渠道的主要受益者，其缺点就在于不能完全满足企业集团的巨大资金需求。国家政策性融资是资金成本最低的一种融资渠道，其缺点就在于所提供的资金数量有限，难以满足企业集团的巨额资金需求。

上述融资渠道都是企业集团可以考虑选择运用的。站在企业集团总部的角度考虑，在具体选择时应当充分利用国家的政策性融资，合理利用商业银行贷款融资，积极开拓其他多种融资渠道，但应当注意保持合理的资本结构，注意防范财务风险。

五、企业集团融资执行主体与融资使用主体的确定

融资执行主体与融资使用主体是两个不同的概念。前者指的是谁需要资金，即用资单位；后者则是指融资过程由谁来具体实施。

当总部对拟订的融资方案准备实施时，必须考虑具体交由谁来执行，是集权于管理总部还是授权给直接用资单位，或者统一经由集团的财务公司办理。对于规模较小及成员企业较少的企业集团，由于一般不设财务公司，基于融资能力的考虑，统一由总部作为融资的执行主体应当是可行的。但对于规模庞大或成员企业数量众多的企业集团，总部显然没有足够的能力与精力统辖具体的融资事宜。在这种情况下，对于分布区域较为集中的成员企业，统一由财务公司作为融资的具体执行者显然是最为有效的。对于个别的分散的成员

企业，特别是海外的成员企业，在总部或财务公司的统筹规划下，也可以考虑将具体的融资事宜直接交由这些成员企业来执行，这是符合成本与效率原则的。

在落实融资预算及具体的实施过程中，管理总部还需要明确融资使用主体。融资活动是集团整体战略发展结构框架体系的组成部分，管理总部必须明确融资的目的，即某项融资与战略发展结构及投资政策是否相符合；该融资项目是否是为了满足或强化融资使用单位的核心或主导产业的需要；从集团整体利益的角度，安排哪一使用单位进行该项融资最为有利；该项融资对企业集团产生的只是局部性的影响，还是事关全局；是否基于集团整体利益而准备将母公司或某一子公司进行包装上市融资，等等。

第二节 企业集团融资管理

一、企业集团融资管理的目标

企业集团的融资目标应是满足企业集团战略发展的资金需求，并注重发挥企业集团的规模效应。

首先，必须明确企业集团融资管理目标，总部才能在融资活动中明确管理的重点内容。若干原本单一的经济组织之所以能够组合为企业集团，主要是因为借助集团方式所形成的资源综合能力要大于单个经济组织资源的简单相加，即可以产生更大的聚合效应。站在融资的角度，企业集团融资管理的目标也应当立足于财务优势的创造。一个企业集团是否具有财务优势，最主要的不是已经拥有多大规模的财务资源，而在于是否拥有或创造出更多、更顺畅的融资渠道，以及有无足够的能力有效地利用这些渠道将资金筹措进来。在这一点上，企业集团的能力显然要远大于单一成员企业。因而，如何发挥集团的聚合能力，不断拓展或创造更多的融资渠道，并借助集团的复合优势，在有效地控制财务风险的同时，为母公司及成员企业的投资或生产运营提供强有力的融资支持，成为总部融资管理工作的基本目标。这一目标包含企业集团的资金需要量、资金成本和资本结构3个要素，正确的融资决策只能是这三者的最佳组合。也就是说，企业集团融资管理的目标应定位于以最低的融资成本筹集到企业集团所需要的资金并不断使企业集团的资本结构得以优化。

二、企业集团融资管理的内容

融资管理是对与融资相关的一切经济业务进行规划、管理和控制的过程。它具体包括融资预测（资金需要量的预测、资金预算或计划的编制等）、融资决策（融资渠道、融资方式的选择、资金成本的度量、资金数量、融资时机的决定等）和资金运营管理（资金日常管理、融资风险的控制、资金使用效果跟踪和评价、资金回收的管理等）等内容。其中，融资预测和决策属于一种事前管理行为，资金运营管理则包含了事中管理和事后管理，从而构成了对融资活动的事前—事中—事后的全程管理。这一过程既有决策层面的活动（如融资数量、融资时机、融资成本的选择），也有执行层面的活动（如资金日常管理、资金使用效果跟踪管理等）。

从企业集团层面来看，集团融资管理应主要从战略性、政策性的决策层面考虑，而不应过多考虑战术性、操作性的具体事宜。

> **小知识**
>
> **企业集团为实现融资管理目标，总部应重点做好的管理工作**
> 企业集团为实现其融资管理的目标，总部应重点做好以下几个方面的管理工作。
> （1）搞好融资规划，合理确定资金的需要量。
> （2）制定融资质量标准。
> （3）明确划分总部与成员企业融资决策权力。
> （4）合理安排资本结构，降低融资风险，力求降低资金成本。
> （5）落实融资主体。
> （6）选择融资渠道与融资方式。
> （7）监控融资过程并提供融资帮助。
> （8）合理安排还款计划。

三、企业集团融资管理的指导原则

企业集团融资管理的指导原则是满足投资需要，即以投资为导向进行融资，提高投资使用效果。

四、企业集团融资规划，合理确定资金需要量

总部在进行融资规划时，必须以推动投资政策的贯彻实施为着眼点，即应当在企业集团战略发展结构的总体框架下，根据与企业集团核心能力、主导产业或业务相关的投资领域、投资方式、质量标准与财务标准的基本规范，通过计划的形式，对企业集团整体及子公司等的融资规模、配置结构、融资方式及时间进度等事先做出统筹规划与协调安排，从而在政策上保障融资与投资的协调匹配。此外，融资作为一个相对独立的范畴，除了满足投资需要外，还可能基于资本结构调整的需要而进行各种必要的融资活动，其中也包括资本重组、债务重组及债务与资本的转换等。这些方面显然也应纳入集团整体的融资规划之中。现代财务的具体职能：一是衡量并确定企业集团的资金需要量；二是筹集企业集团所需要的资金；三是有效地使用企业集团的资金。在这3个具体职能中，衡量并确定企业集团的资金需要量和有效地使用企业集团的资金具有连续性和持续性，它们是几乎每天必须行使的职能，而筹措企业集团所需要的资金则具有阶段性的特征。

如果考虑资金成本，企业集团的融资数量显然并不是越大越好；如果考虑到企业集团正常生产经营和扩大规模的需要，这一数量也会有上限和下限的约束；如果考虑资本结构，这一数量还会有构成方面的限制。因此，融资数量绝不是一个随意确定的数量，对它必须加以定性和定量相结合的分析，然后确定一个较为合理的数额。

企业集团的资金需要量主要是由正常生产经营和扩大规模对资金的需要所决定的。在一般情况下，它与企业集团的融资数量不会相等，但它是构成融资数量的基础。企业集团只要对自己的正常生产经营和扩大规模有较为确定性的把握，预测资金需要量就不算复杂的问题。常用的资产负债表百分比法不论是利用资金与销售额之间的关系，还是利用资金与存货、应收账款、毛利之间的关系，在本质上都是静态的，是以基年水平为基础的，会含有基年中的偶然因素和异常因素，因而并不是一种很好的方法，只适用于一些较为粗略的资金预测。由于企业的资金需要量（y）与产量、作业量（x）之间存在着因果关系，而企业总是有一部分总量不随产量、作业量的变化而变化的相对固定的资金（a），总量与产量、作业量的变化呈正比变化的资金是其单位变动资金（b）与产量、作业量的乘积，因而可有以下参数方程成立：

$$y = a + bx$$

式中：

$$a = \frac{\sum y - b\sum x}{n}$$

$$b = \frac{n\sum xy - \sum x \sum y}{n\sum x^2 - (\sum x)^2}$$

采用这种方法，实际上是通过资金习性即资金与产量、作业量之间的关系所进行的因果预测，其结果应当好于基年水平法。企业只要有不少于 6 期的产量、作业量和资金数据资料（n ≥ 6），就可以利用上述模型方便地预测出当 x > 0 的条件下 x 为任何值的资金需要量。此外，较好的方法是实际核算法，也称项目预算法，它是在集团资金基本确定的情况下，根据实际需求确定应筹措的资金额的方法。这种方法比较简单、精确，但需要有详尽、可靠的基础资料。

如果企业集团将所筹集的资金用于项目投资，则融资规模确定的具体步骤如下。
（1）确定投资需要，即确定投资的规模与组合。
（2）核算需要筹措的资金总额。在一定时期，集团投资额一般不等于其融资额，因为可能存在本期投资但上期已经筹措到资金的项目和下期投资但需要本期融资的项目，故应通过分项汇总的方法核算本期融资总额。
（3）计算集团内部资金的融资额，即根据集团内部资金的来源，计算本期可提供的数额。
（4）融资总额减去集团内部资金的来源，即可确定集团融资规模。
（5）根据集团融资的评价标准进行修正。

五、企业集团融资管理体制

（一）企业集团融资管理体制的特征

企业集团融资管理体制是在企业集团融资过程中表现出来的各种职责、权能分解与规范的制度。由于企业集团与一般企业比，具有融资的规模优势和资源聚合效应，因此，企业集团融资管理的目标应当立足于创造和发挥财务优势。

企业集团融资管理是财务管理的重要组成部分，融资管理体制要与集团财务管理体制相配合，以保证集团内部制度的一致性和可操作性。同时，融资管理体制又有一定的灵活性，能够自成体系。

企业集团融资管理体制具有以下特征。

1. 计划配置和市场配置同时存在

企业集团外部资金的筹措，由市场机制发挥作用，由市场资金价格决定资源配置方式，而企业集团内部的资金调剂，主要由计划机制发挥作用，通过内部计划价格或模拟市场价格进行资源配置。

2. 内部资金市场和外部资金市场存在替代关系

从资源配置角度出发，资源在流动的过程中，会自动流向成本低、收益高的经济个体，在经济个体谋求自身利益最大化的同时，达到社会资源的最佳配置——将有限的资源投入效率最高的经济主体。因此，排除非市场因素或企业集团行政命令，在企业集团融资过程中，资金最终也会以最低的成本流向经营效益最好的企业。当外部资金市场融资成本高于内部资金市场成本时，成员企业自然选择便利的内部融资。但是，当内部资金市场融资成本高于外部资金市场成本时，成员企业基于利益最大化的决策目标，会转向外部资金市场融资。所以，企业集团融资活动存在市场交易内部化或内部交易市场化的选择。

3. 融资管理体制中存在一定的"搭便车"效应

由于融资管理体制是财务管理体制的一部分，因此，在制度制订及运行中，可能存在一定的"搭便车"效应，从而节约制度运行成本，包括制度制定成本，相关人员费用，制度运行的监督、激励及惩罚等费用。由于融资管理体制能够纳入集团财务体制的运行框架，除一些特殊需要外，不必耗费额外的人力、物力和财力，仅依赖现存的集团内部管理架构，就可以保证融资机制的正常运行。因此，在制定和实施融资管理体制时，既要考虑到它的特殊性，还要注意与企业集团其他制度的相容性，避免产生太高的摩擦成本。

（二）企业集团融资权限的划分

企业集团融资管理体制的核心是融资权限的划分。融资权限的划分主要是针对集团总部或母公司和其成员企业之间的权利分割。划分企业集团的融资权限，是明确各相关主体责权利的关键，也是强化集团总部或母公司对子公司及其他成员企业资金控制的必然选择。一般来说，企业集团融资决策权主要集中在集团总部或母公司。但是，由于企业集团发展阶段、发展规模、下属成员企业多少、集团管理层次、管理难易程度的差异，以及不同企业集团财务集权与分权程度的不同，相应形成了总部和成员企业权利划分的差异。总体而言，融资决策主体的确定要遵循成本效益原则。高度集权，有利于强化资金运作，控制集团风险，但会加大内部融资管理的成本和信息成本。如果事无巨细都要由总部决定或批准，将会使总部管理链条拉得过长，丧失集团效率。相反，分权程度高有利于调动成员企业投融资的积极性，缩短管理链条，提高融资效率，但很容易削弱集团总部的控制力，尤其在总部管理能力较弱时，会导致集团总部对成员企业失去控制力。另外，分散决策权也容易使融资者忽略对集团整体风险的控制，同时在自利的本能驱使下，容易损害集团的整体利益。因此，绝对集权或分权是很少见且不适宜的。对于规模很小的企业集团可以采取相对集权的融资管理体制，对于规模较大、成员企业数量多、管理相对复杂的企业集团，适当的分权融资是必要的。在决定集权与分权的过程中，应遵守以下原则。

（1）融资政策、战略目标规划层面的决策权应由企业集团总部掌握。

（2）企业集团总部拥有对关系企业集团整体生存和发展的重大融资决策权。

（3）企业集团总部拥有对非常规的、例外融资事项的决策权。

（4）在符合企业集团投融资政策和战略发展规划的前提下，对于只涉及成员企业自身利益的项目可以由成员企业享有有限的融资决策权。

（5）当成员企业或企业集团内部不同单位之间存在利益冲突或纠纷时，其有关融资事项的协调和仲裁权应由至少比当事者高出一个管理层次的部门或人员负责。

划分融资权限，首先就涉及融资主体的划分问题。不同主体拥有不同的权限，具体包括融资决策权、融资执行权和资金使用权。融资决策权是企业集团融资的战略起点，一般控制在母公司或总部，它不仅关系到融资效果和集团财务风险的控制，而且直接影响企业集团投资决策和收益分配格局，尤其是重大融资决策往往会影响到企业集团的生存和发展。融资执行权是对直接或名义的资金筹集者所承担责任的界定。从法律意义上说，融资执行者就是债务、还本付息义务的当然承担者，也是权益性资本投资与收益义务的直接承担者。融资使用权是指所筹集到的资金在集团内的最终投资去向。融资使用者投资机会的存在是资金融通的起点和原动力，同时，也是最终决定融资使用效果及未来资金偿还及收益分配状况的根本，因此，为保障资金的安全有效使用，必须对资金使用者进行追踪管理和监控。

（三）企业集团融资管理体制的影响因素

一般而言，企业集团制定融资管理体制时应主要考虑股权集中度、子公司性质、集团规模、母公司经营者风格等因素，除此以外还应注意以下几个方面。

1. 企业集团发展的战略定位

企业集团发展战略按其性质可划分为稳定型战略、扩张型战略、紧缩型战略和混合型战略。企业集团某一阶段采取的具体战略必然要求有不同的融资管理体制做支撑。例如，在实施扩张战略阶段过分强调集权是不明智的,这时分权程度就应该大一些,应该鼓励子公司积极开拓外部市场,形成多种融资渠道,减缓企业集团整体的融资压力。一般情况下,在稳定型战略下,母公司对投融资权要从严把关,而对资金运营可适当放松;在紧缩战略下,必须强调高度集权;在混合战略下,对不同的子公司应采用不同的管理模式。

2. 企业集团的产品(产业)定位

企业集团的产品(产业)定位对融资管理体制有很大影响。按照多元化程度的不同,企业集团产品(产业)定位有以下几种类型。

(1)单一产品(产业)定位,指的是企业集团以单一产品(产业)为投资经营对象。在这种产品(产业)定位下,应采取积极措施,开辟新的业务领域,增加新的花色品种,提高市场占有率,从而全面扩大生产和销售。

(2)一体化产品(产业)定位,指的是企业在某种产品的供、产、销三方面实现经营一体化,从而实现原料供应、加工制造、市场销售的联合,扩大生产和销售能力。

(3)相关多元化产品(产业)定位,指的是企业多元化发展,扩展到其他相关领域。

(4)无关多元化产品(产业)定位,指的是企业进入与原来业务无关的领域,如钢铁企业进入了餐饮服务业。产业定位不同,对集权和分权的要求也不同。

3. 企业集团总部领导的管理能力和素质

企业集团总部领导的管理能力和素质是融资管理体制的基础。首先是决策机制。对于一个规模较大的企业来说,一位全能型领导者的重要性正在下降,一个配合默契、互相制衡且由各种知识结构人士组成的领导班子的必要性正在增加。企业集团更是如此,规模的扩大,意味着信息量增加,知识面拓宽,这会使任何一个个人感到力所不能及,由此,极易导致决策失误。所以建立决策层、管理层和监督层的集体决策机制,互相独立、互相补充又相互制衡,用集体的智慧弥补个人素质的不足,是企业规模扩大后的正确选择。其次是管理能力问题。规模的扩大,意味着管理范围和层次的增加。企业集团总部领导的管理能力和素质直接决定着融资管理权限的划分及投融资控制效果。另外,母公司的市场融资能力也是影响融资管理体制的重要因素。

4. 企业集团所处的发展阶段

在不同的发展阶段,企业集团的管理体制存在很大的权变性。在初始阶段,企业集团总部考虑到自身能力、企业规模、市场进入及集团管理地位的奠定等因素,更倾向于集权管理。尤其是那些知名度不高、单一成员企业无力进入市场,只有通过聚合力才能求得生存与发展的企业集团,更容易认同集权管理。随着集团规模的不断扩大,管理渐趋成熟,管理总部的战略已得到各成员企业的认同,或者由于总部管理能力的限制而无法集权,分权管理便随之产生。因此,企业集团初创阶段倾向于集权管理,成熟阶段则表现出统一政策目标与控制下的不同程度的分权管理。

(四)企业集团融资管理体制的类型

1. 企业集团集权与分权的临界划分标准

结合企业集团的融资活动,我们认为,企业集团融资的集权与分权的划分存在一个临界点,即融资规模的边界问题,集权与分权的选择取决于企业集团融资过程中的外部成本和内部成本的比较。企业集团作为企业和市场之间的中介组织,具有对市场和组织的替代功能,因此,存在交易内部化或外部化的理性选择。当企业集团外部融资成本大于内部组织和管理协调成本时,由于追求利润最大化的财务目标,市场交易存在内部化的经济动因,资金的有效配置将最终通过内部协调管理解决;相反,当外部融资成本小于内部组织和管理协调成本时,内部交易存在市场化的经济动因,资金的有效配置将通过市场交易完成。

假定企业集团融资总成本为 TC,市场平均资金成本为 I,企业集团内部管理成本为

MC，当选择企业集团集中融资时，企业集团的规模优势和信用优势，能够带来市场融资成本的相对节约为DC。这样，企业集团融资总成本与各种成本之间的关系式如下：

$$TC = I + MC - DC$$

式中，MC为融资规模Q的函数，表示为

$$MC = f_1(Q)$$

DC也为融资规模Q的函数，表示为

$$DC = f_2(Q)$$

则

$$TC = I + f_1(Q) - f_2(Q)$$

当外生变量，由市场外在决定时，企业集团融资规模的边界就取决于MC（内部管理成本）与DC（外部交易成本节约）的比较（图12-1）。随着企业集团融资的一体化，集团融资的规模优势得以显现，因此外部交易成本的节约使集团融资收益上升。同时，内部管理成本也随着融资规模的扩大而增加，但是节约的外部交易成本大于增加的内部管理成本，企业集团倾向于选择集中式融资模式。由于存在收益递减和成本递增的规模效应变化规律，当企业集团融资达到某一点时，MC等于DC，节约的外部成本等于增加的内部成本，企业集团内部融资的优势被抵销，无论选择内部融资还是外部融资都不能使融资成本增加或减少，此时，达到了融资的均衡点，即企业集团融资的最大规模边界，选择内部融资或外部融资没有差别。超过这一点，企业集团增加的内部管理成本将超过节约的外部交易成本，集团内部融资出现了规模不经济，此时，内部交易外部化将是合理的选择。

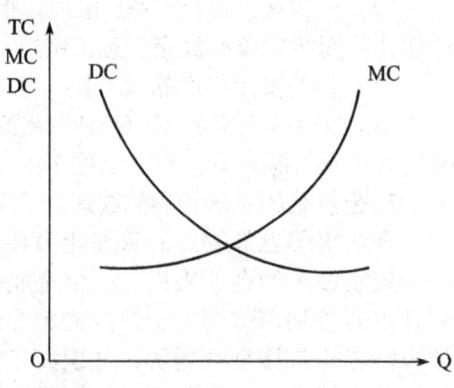

图12-1 企业集团融资规模与成本的关系

由此可见，内部管理成本增加和外部交易成本节约的权衡，决定了企业集团会如何选择融资管理体制及集团融资规模的边界。如果把外部节约的交易成本看作交易收益，那么，交易成本与交易收益的比较便是决策的标准。

2. 集权型融资管理体制模式

采用集权型融资管理体制模式的企业集团，财权绝大部分集中于企业集团总部或母公司，母公司对子公司实行严格控制和统一管理。

（1）集权型融资管理体制的特点：融资决策权高度集中于母公司，子公司只享有少部分的融资执行权，其人、财、物及供、产、销统一由母公司控制，子公司的资本筹集、投资、资产重组、贷款、利润分配、费用开支、工资及奖金分配、财务人员任免等重大财务事项都由母公司统一管理。母公司通常下达生产经营任务，并以直接管理的方式控制子公司的生产经营活动。在某种程度上，子公司只相当于母公司的一个直属分厂或分公司，投融资功能完全集中于母公司。

（2）集权型融资管理体制模式的优点主要表现在以下方面：便于制订统一的融资政策，节约制度运行成本；有利于母公司发挥财务调控功能，实现企业集团统一财务目标；有利于发挥母公司财务专家的作用，控制企业集团整体的财务风险和经营风险；有利于统一调剂企业集团资金，发挥企业集团融资规模优势，节约资金成本。

（3）集权型融资管理体制模式的缺点如下：管理权限高度集中于母公司，容易挫伤子公司经营者的积极性，抑制子公司的灵活性和创造性；高度集权虽能降低或规避子公司的某些风险，但决策压力集中于母公司，一旦决策失误，将造成巨大的损失；增加了内部管理成本。

该模式一般适用于组建初期、规模较小的企业集团，另外，当子公司管理效能较差，需要控股公司加大管理力度时，也可采用集权型融资管理体制。

3. 分权型融资管理体制模式

采用分权型融资管理体制模式的企业集团，子公司拥有充分的财务管理决策权，母公司对子公司的管理以间接管理为主。

(1) 分权型融资管理体制模式具有如下特点：子公司在资本融入及投资、财务费用收支、财务人员任免、职工工资福利及奖金等方面均有充分的决策权，并有权根据市场环境和公司自身情况做出更多的财务决策；母公司以间接管理和结果控制为主，一般不干预子公司生产经营活动。

(2) 分权型融资管理体制模式的优点如下：子公司有充分的积极性，决策快捷，易于捕捉商机，增加创利机会；可以减轻母公司的决策压力，减少母公司直接干预的负面效应，能够减少企业集团融资过程中的内部协调和组织成本。

(3) 分权型融资管理体制模式的缺点如下：难以统一指挥和协调，子公司为追求自身利益有可能忽视甚至损害企业集团整体利益；母公司财务调控功能弱化，不能及时发现子公司面临的风险和重大问题；难以有效约束经营者，从而造成子公司"内部人控制"，挫伤员工的积极性；不能有效发挥企业集团融资的规模优势。

该模式作为一种管理意识和体制，具有时代性，代表一种潮流，它主要适用于控股企业集团组织或资本经营型企业集团，另外，对于集团中某些无关大局的子公司，企业集团也可运用该模式来管理。

4. 混合型融资管理体制模式

绝对集权和绝对分权是很少见的，更常见的是介于两者之间的混合型融资管理体制模式。混合型融资管理体制模式是在集团总部指导下的分散管理模式，强调分权基础上的集权，是一种集资金筹集、运用、回收与分配于一体，参与市场竞争，自下而上的多层决策的集权模式。

(1) 混合型融资管理体制模式具有如下特点：既能发挥集团母公司的财务调控功能，有效控制经营者及子公司风险，又能激发子公司的积极性和创造性，克服过度集权或分权的缺陷，同时又能综合集权与分权的优势，是很多企业集团追求的理想模式。混合型融资管理体制模式既能够充分发挥企业集团的规模优势，降低外部融资成本，同时，适度分权又能相对节约企业集团内部的组织和协调成本，使企业集团融资的内部成本和外部成本之和最小。

(2) 在混合型融资管理体制模式下，企业集团总部财务控制的主要职责包括：战略预算的编制、实施与监控；确定最佳的集团资本结构，以保证为实施战略预算所需要的资本，并规划其资金来源；协调与外界的财务关系，包括股东、债权人、客户、政府监管部门及社会公众等；制订和实施统一的集团财务政策；促进经营性财务计划的落实，包括资本预算、现金预算等；风险管理，包括对债务总量、资本结构和财务杠杆的控制；建立业绩评价体系，并通过预算考评等方式落实。

混合型融资管理体制模式能够克服集权型融资管理体制模式和分权型融资管理体制模式的不足，较好地处理集权与分权的关系，但在实务中，很难把握集权、分权的程度及权力的界定和划分。企业集团的情况不同，适用的管理模式也千差万别，作为一种制度生成过程，需要既定的土壤，不能一概而论或直接套用某种模式。一般而言，该模式适用于较大规模和比较规范的企业集团，也是现代大型企业集团发展的主要趋势。

企业活动大体上由经营活动与财务活动组成。企业组织的设计和管理控制系统的构建，必须考虑经营和财务这两种不同的控制系统及其特性。相应的，企业内部权力可分为经营权与财权两个层面，财权的集中控制程度远远高于经营权。

（五）中国企业集团融资模式的选择

与英美模式和德日模式相比，中国企业集团融资模式的选择必须考虑企业集团自身发展条件及外部资本市场。从企业集团融资来源看，由于中国企业集团成立时间短、盈利水平低、积累不足，因此，内源融资能力十分有限。同时，企业集团中国有经济成分占到了将近70%的比重，国有资本产权主体缺位造成了国有经济中"内部人控制"现象严重，企业经营效益低下，所有者权益保护不力。而且，由于国有资本的流动性很差，外部资本市场接管对经营者的约束是非常有限的。

从债务角度看，长期存在的银行债务对国有企业的软约束，同样大大弱化了银行对企业的监督和外部治理作用。因此，中国企业集团融资模式的选择具有较高的复杂性，单纯依靠股权约束或债务约束的思路都是行不通的。

我们认为，多元化的融资模式是中国企业集团的合理选择。根据企业集团的不同情况，以法人控股与银行相机治理相结合，完善对企业集团经营者的激励和约束机制。理由如下：

（1）在产权制度改革短期内难以改变国有股一股独大的前提下，清晰界定法人产权的主体地位，能够改善国有产权主体缺位形成的治理真空的局面，强化对经营者的监督，提高经营效率。

（2）虽然存在银行债务约束软化和商业银行本身的内部治理问题，但与众多个人投资者相比，银行在投资项目评估、风险度量及企业管理等方面具备的专业能力，使它比一般投资者更适合承担外部监督的职责。因此，提倡企业集团内部法人持股和银行金融资本的更多投入，应该是中国企业集团融资模式的现实选择。

六、企业集团总部与成员企业融资决策权力的明确划分

总部和分部融资决策权力的划分是企业集团融资管理最为核心的内容，基本原则如下。

1. 总部的融资决策权

总部融资的决策权主要包括以下几个方面。

（1）融资政策的制定、解释与调整变更权。

（2）对集团整体战略发展结构及投资政策的贯彻实施产生直接或间接重大影响的融资事宜的审批与决策权。

（3）涉及股权控制结构及对企业集团财务安全产生较大甚至重大影响的融资事宜或资本与债务重组的审批与决策权。

（4）一些非常的、例外融资事项的决策与处置权。

2. 成员企业的融资决策权

对于重大的融资事项，各成员企业均不具有直接的决策权。但当某项重大融资事宜涉及成员企业的切身利益时，作为独立的法人主体，成员企业可以提出自己的设想，并对拟融资事项以书面的形式就其必要性与可行性提出论证说明，以此作为向总部的立项申请。总部必须对此做出审慎研究与考察，除非该融资立项不符合集团的整体战略发展结构、投资政策；或者成员企业融资的意图不是进一步强化其自身核心产业或主导业务，而主要是基于一种短期化目的。企业集团应当尊重成员企业的意愿，因为成员企业不同于分公司，它们与管理总部有着同等的法人地位与独立的利益所在。

对于那些既不影响集团整体的战略发展结构，也不违背投资政策，更不会导致总部对成员企业股权结构改变或增大集团整体财务风险的一般性融资事宜，依据融资项目年度内累计金额的大小，可以分别采用成员企业决策后报总部备案或完全自主决策并无须上报总部的处理方式。

七、企业集团融资风险控制

企业在经营中总会发生借入资金，即利用财务杠杆。财务杠杆，又可称融资杠杆，是指企业在制定资本结构决策时对债务融资的利用。运用财务杠杆，企业可以获得一定的财务杠杆利益，同时也承受相应的财务风险，对此可用财务杠杆系数来衡量。财务杠杆利益，是指利用债务融资这个杠杆而给企业所有者带来的额外收益。在企业资本结构一定的条件下，企业负债经营，不论利润多少，从息税前利润中支付的债务利息是相对固定的。于是，当息税前利润增多时，每一元息税前利润所负担的债务利息就会相对地减少，扣除所得税后可分配给投资者的利润就会增加，从而给企业所有者带来额外的收益。融资风险就是源于资本结构中负债因素的存在。融资风险即财务风险，是指与企业融资有关的风险，尤其是指财务杠杆导致企业所有者收益变动的风险，甚至可能导致企业破产的风险。由于财务杠杆的作用，当息税前利润下降时，税后利润下降得更快，从而给企业带来财务风险。负债融资可以充分利用负债带来的财务杠杆作用，将创造的超额盈余由股东所享有，不会导致公司控制权的分散；债务利益可以抵减所得额，能给企业带来纳税利益，从而降低公司加权资金成本；而且债务融资在期限安排上更为灵活，可以根据资本市场利率的变动趋势，自主地选择债务期限。但债务融资需要定期地支付固定的利息，在公司经营业绩不佳时，利息会形成较大的财务负担，同时对收益造成负的杠杆作用，减少股东收益。企业债务增加使企业陷入财务危机甚至破产的可能性也增加。随着企业债务增加而提高的风险和各种费用会增加企业的额外成本，从而降低其市场价值。因此，如何防范与规避可能的融资风险，也是企业集团融资管理的一项重要内容。企业集团规避融资风险的途径主要包括以下几个。

（1）企业集团管理总部或母公司必须确立一个良好的资本结构，在负债总额、期限结构、资金成本等方面必须依托有效的现金支付能力，或者必须通过预算的方式协调安排好现金流入与流出。

（2）子公司及其他重要成员企业也应当各自保持良好的资本结构。

（3）当母公司、子公司或其他重要成员企业面临财务危机时，管理总部或财务公司必须发挥内部资金融通调剂的功能，以保证集团整体财务的安全性。必要时，财务公司还应当利用对外融资的功能，弥补集团内部现金的短缺。

企业集团负债经营，有其积极的作用，但同时也增加了企业集团的财务风险。因此在决定使用负债融资方式时，必须在风险和报酬之间进行慎重的选择。负债比率是可以控制的。企业集团可以通过合理安排资本结构，适度负债，在控制融资风险的同时，发挥负债的财务杠杆效应。当市场前景乐观，集团经营业绩良好时，企业集团可以考虑扩大投资规模，提高资产负债率，利用较高成本的长期债务资金支持企业集团的发展，增大财务风险，扩大财务杠杆系数的途径；反之，若预计未来市场前景不乐观，经营业绩不稳定甚至有所下降时，为了降低财务风险，企业集团应当考虑收缩投资规模，降低资产负债率，尽可能采用较为经济的短期负债资金，以调低财务杠杆系数，降低财务风险。

八、企业集团融资结构

（一）企业集团融资结构概述

融资结构也称为资本结构，资本结构是现在最常见的提法，以前它也常常被称为财务结构，大部分的研究中把它们作为可以互换的概念。一般通用的定义就是指公司的债务与权益的比例。

资本结构是融资决策的核心问题之一，反映企业集团的融资风险，因此只有对企业集团的资本结构进行统一规划和控制，才能达到优化资本结构、降低集团整体风险的目标。资本结构理论认为，最优资本结构就是能够使加权平均资本成本最低、企业价值最大的资本结构。不同的企业集团，由于其自身条件和外部环境的差异，对目标资本结构的选择也没有固定的模式。而且，资本结构的优化并不是一个固定不变的最优点，而是一个从次优到最优，再从最优到次优不断调整和变化的动态过程。调整的过程也就体现在连续不断的融资活动中，包括存量资本调整和增量资本的调整。企业集团目标资本结构属于集团战略层面的内容，需由集团总部或母公司制定统一的目标资本结构。无论是集团统一融资，还是成员企业自主融资，都要服从集团的目标资本结构安排，控制融资风险。

（二）企业集团资本结构规划

资本结构是指企业各种长期资金筹集的构成和比例关系。在通常情况下，企业的资本结构由长期债务资本和权益资本构成。资本结构理论研究的是一个企业如何通过改变其资本结构而对企业整体价值及资金成本产生有利影响。它为企业融资决策提供了参考，可以指导决策行为。判断资本结构合理与否，其一般方法是分析每股收益的变化。能提高每股收益的资本结构是合理的，反之则不够合理。但这种方法的缺陷在于没有考虑风险因素。从根本上讲，财务管理的目标在于追求企业价值的最大化或股价最大化。然而只有在风险不变的情况下，每股收益的增长才会导致股价的上升，实际上经常是随着每股收益的增长，风险也加大。如果每股收益的增长不足以补偿风险增加所需的报酬，尽管每股收益增加，股价仍然会下降。所以企业的最佳资本结构应当是可使企业的总价值最高，而不一定是每股收益最大的资本结构。同时，在企业总价值最大的资本结构下，企业的资本成本也是最低的。但这只是在理论上存在，在实际工作中，尽管可使用多种定量分析方法，但确定最佳资本结构却并非易事，所以一般在规划资本结构时只是选择合理的资本结构。对于企业集团而言，一个合理的资本结构，不仅可以明确企业集团融资来源必须遵循的配置秩序，而且可以降低融资风险与融资成本，所以企业集团资本结构规划成为企业集团融资管理的核心内容。

对于企业集团管理总部或母公司而言，在资本结构的安排上，首先需要从以下3个方面对自身资本结构的安全性、成本性及效率性进行考虑。

（1）就资本结构本身而言，应做到成本节约、风险得当、约束较小、弹性适度。

（2）必须联系资本结构与投资结构的协调匹配程度做出进一步的判断，即在数量及其结构、期限及其结构等方面彼此间是否协调对称，投资风险与融资风险是否具有互补关系等。

（3）必须联系未来环境的变动预期，考察资本结构与投资结构是否具有以变制变的能力等。

此外，还必须关注另外5个方面的问题。

（1）母公司现有的或目标资本结构是否足以保持对子公司及其他重要成员企业的控制能力，即是否具有相当的资本优势，以发挥强大的资本杠杆效应。

（2）子公司的资本结构是否具有良好的安全性、成本性及效率性特征，且不会对母公司的资本结构产生不良的连带影响。

（3）母公司在子公司，特别是非全资子公司中的股权份额与比例，是否足以抵御或防范潜在投资者的介入与收购威胁。

（4）母公司能否卓有成效地借助于在子公司的股权，并通过子公司对外控制权力的延伸，进一步扩展资本的杠杆效应。

（5）母公司为了从整体上谋求一个最佳的资本结构，并集中财务资源强化核心主业，需要考虑是否有必要将某一个或部分子公司剥离让售、分立或分拆上市，或者如何通过债务重组，实现资本结构的改善与优化。

解决上述问题后，总部接下来的工作便是对自身的目标资本结构、对子公司股权控制比例及子公司自身的目标资本结构做出合理的规划，并依据未来投资对资金来源总额及其期限结构的需要，确定出必要的股权资本总额及不同期限的长期债务总额。必要时，总部还可以对短期债务做出相应的安排。

九、企业集团融资成本

企业集团融资成本包括外部成本和内部成本。

外部成本是指发生在集团之外的成本，主要以市场资本成本为主，包括外部融资费用、负债利息、股票股息及利润分成等。

内部融资成本主要以内部管理成本为主，包括集团内部融资管理及协调的费用。

不同的融资管理体制对内部融资成本和外部融资成本，以及集团和成员企业风险承担能力的影响不同。

企业集团融资决策应使内部融资成本与外部融资成本之和最小。

十、企业集团融资监控

总部对于重大的融资事项的监控内容主要包括以下几项。

（1）审查子公司等成员企业的融资项目是否已纳入融资预算，融资的规模、结构、期限及具体的进度安排等是否符合预算规定。

（2）总部对融资遵循实时控制的原则，即不论是由谁具体执行融资事宜，总部都应当有专门的机构与人员共同介入，以随时掌握融资的进度、到位情况及可能发生的问题。

（3）在融资过程中，融资执行主体必须将融资的具体情况，会同总部专门机构与人员所掌握的情况，报告给管理总部。

（4）资金一旦到位，必须及时交由用资单位投入既定项目，并按照总部要求，定期或不定期地将所融资金的使用情况报告给管理总部，任何成员企业未经总部批准，不得擅自改变融资用途。

（5）对于未纳入预算的例外或追增融资项目，用资单位连同申请支持性理由与可行性报告以书面形式呈报总部审批。在未得到总部批复之前，任何子公司或其他重要成员企业不得自作主张。

十一、企业集团融资质量标准

不同的融资渠道及不同的融资方式的资金来源有不同的质量特征。融资的质量主要反映在以下几个方面：成本、风险、期限、取得的便利性、稳定性、转换弹性，以及各种附加的约束性条款等。对于这些因素，管理总部如果不能做出恰当规定，不仅会直接危及企业集团资本结构的安全，加大融资的成本与风险，而且必然对投资政策的贯彻及投资目标的实现产生极其不利的影响。因而也就要求企业集团管理总部必须对融资的质量标准加以合理限定，并作为指导具体融资活动的依据。

十二、企业集团融资绩效

提高企业集团融资绩效的对策和建议如下。

（一）提高企业集团内部管理和创新水平，增强核心竞争力

扩大企业经营规模，是企业求得生存和发展的一项重大措施，特别对适宜规模经营的行业和领域来说，没有一定的规模就没有竞争力。但是"大"不等于"强"，企业经营规模不是企业竞争力的全部，也不是企业盈利能力和可持续发展能力的全部，实现企业的可持续发展，既要在做大上下功夫，更要在做强上下功夫。当前，必须把企业集团发展的目标紧紧锁定在提高企业集团核心竞争力这一根本性的问题上，要围绕提高核心竞争力对企业集团进行管理和经营创新。目前，企业集团经营中普遍存在的问题包括：企业集团组织结构不合理，管理链条太长，母公司管理水平低，管理效率低下；资金集中管理程度低，资金利用效率低；研发和技术水平低，投入不足；多元化经营与管理能力不相符，经营效益差，

主业不突出，企业办社会负担重。因此，提高企业集团核心竞争力成为当务之急，要把提高核心竞争力作为企业集团管理、精干主业、分离辅业、管理创新、技术创新与技术改造的重要目标，立足于把企业集团做优、做强，避免盲目扩张和过度多元化。

1. 加强资金管理，提高资金使用效率

资金管理的优劣直接关系到企业集团经营效率的高低。企业集团应通过以下措施加强资金管理。

（1）企业集团公司通过法定程序加强对子公司资金的监督和控制，建立、健全资金管理体制，充分发挥企业集团内部结算中心的功能，对内部各单位实行资金集中管理。

（2）严格按照银行账户管理办法开立和使用银行账户，杜绝资金账外循环现象。

（3）建立完善的资金控制机制，必须按照经营效益原则进行资金审计，评价资金使用的绩效，提出合理的资金使用建议。

（4）采取有效措施盘活存量资金，加速资金周转，要由过去财务部门一家管理逐步向由各部门、各单位共同参与管理转变，并在建立健全资金使用责任制的基础上，把盘活用活资金、加速资金周转的管理工作落到实处。

2. 推进企业集团组织结构调整，提高企业集团管理能力

（1）突出主营业务，减少管理层次。企业之间的竞争是综合实力的竞争，首先是主营业务的竞争，企业只有不断提高主营业务的竞争力，才能在市场竞争中处于有利的地位。目前，不少中国大型企业集团存在着主营业务不突出的问题。主营业务太多，相互之间跨度大，产业关联度低，不利于企业集中资源做强、做大主业，也不利于企业提升整体盈利能力和可持续发展能力。管理层次太多也是大型企业集团普遍存在的问题。企业层级太多，管理链条长，容易造成管理失控，内部管理成本居高不下，影响企业的整体竞争力。

（2）消除企业办社会职能和辅业负担。剥离社会职能和分离辅业是精干企业主体，建立现代企业制度的前提。在市场经济体制下，尤其是在社会分工不断细化而市场竞争日益激烈，国有大中型企业的竞争力不断下降，生存面临严重危机的情况下，企业内部的社会职能机构和辅业已经成为企业生存和发展的沉重负担。因此，必须尽快实施剥离和改制，让其面向社会，自求生存和发展，以精干主体，为主体企业建立现代企业制度和增强市场竞争力奠定基础。对此，要做好以下工作：转变观念，正确认识企业"小"与"大"的关系。要彻底改变一些企业领导贪大求全的认识误区。企业领导和员工要树立长远发展的思想，要从有利于提高企业的核心竞争力及促进企业长远发展出发，加快社会职能和辅业的剥离。政府及有关管理部门要调整过去的一些考核评价指标，制定有利于企业剥离社会职能机构和辅业的考核评价指标体系（如制定质量指标、核心竞争力指标、人均效益指标等），引导企业主动剥离社会职能和辅业。

3. 加快企业集团技术创新体系建设，提高企业集团技术创新能力

随着经济全球化、信息化及高新技术的不断发展，科学技术在经济领域发挥着越来越重要的作用，科技竞争力已经日益成为企业持续发展的推动力。中国重点企业在建立技术中心、增加科研经费投入、拓宽获取新产品和新技术的渠道、加大新产品的研发力度、加强科技人员队伍建设等方面取得了积极的进展。但是与跨国公司相比，中国的大公司、大企业集团在关键技术的开发应用方面还有相当大的差距。研发投入是企业提高核心竞争力的重要措施，是反映企业创新程度的重要指标。根据国际通行的标准，企业要发展，研发费用必须占企业销售收入的2%以上；要保持领先水平，研发费用要达到销售收入的5%以上。

建立技术创新体系，加强产学研结合，鼓励企业集团增大研发投入，建立技术中心，与高等院校、科研院所及境外跨国公司进行合作、交流等，从而形成立足全社会、面向全球的开放式科技成果转化机制。鼓励建立为企业提供技术创新服务的、社会化的科技中介服务机构,提高孵化科技型企业的能力。鼓励科技人员创新,完善知识产权保护制度。采取更加主动的开放战略,引入先进技术,消化、吸收并实现创新发展。

当前,还要特别重视通过深化改革,形成有利于技术创新和科技成果转化的管理体制和运行机制,从体制上把企业中的"第一生产力"激活,把科技人员的积极性和创造性充分调动起来。如果从整体上推动内部改革有困难,应该先从技术开发部门入手,先把科研开发人员的岗位分配制度搞活,充分引入竞争机制,打破"大锅饭"和平均主义的体制,加大对企业核心技术开发有突出贡献的人才的激励力度,从而能够吸引并留住人才。

(二)建立和完善市场退出机制,提高企业集团资源配置效率

1. 加快企业集团所有制结构改造

通过逐步收缩国有经济战线,调整国有经济布局,加强重点,提高国有资本利用效率;大力发展混合所有制经济和多种形式的集体经济,支持、鼓励、引导私营及个体企业健康发展,促进多种所有制经济公平竞争、共同发展。

(1)加快股份制改革步伐,为企业可持续发展提供体制保障。股份制是企业赢得市场竞争优势的一种有效的组织形式和运行方式,它有利于企业迅速扩大经营规模,形成比较合理的治理结构。除了军工生产等少数企业以外,其他的国有大型、特大型企业要以调整和优化产权结构为重点,通过规范股票发行上市、互相参股等多种途径实现投资主体多元化。具备条件的中央企业要加快重组上市的步伐,要按照现代企业制度的要求规范公司股东会、董事会、监事会和经营管理者的权责,形成权力机构、决策机构、监督机构和经营管理者之间的制衡机制,建立规范的公司治理结构。

(2)积极推进企业集团的并购、重组,优化企业集团的组织结构。并购、重组是企业发展壮大的必然选择。目前中国企业集团数量多、规模小,而且涉及的领域比较广,企业之间存在着过度竞争和重复建设的现象,中小企业集团科研开发投入少,可持续发展能力差。为了培育一批具有国际竞争力的大公司、大企业集团,应进一步推进企业集团的联合重组,实现优势互补和资源的优化配置,推动企业集团非主营业务的同业重组,提高企业集团竞争力。

(3)加快国有经济布局调整,支持非国有经济良性发展。根据"有进有退,有所为有所不为"的原则,逐步解决国有资本战线过长、运营效率不高的问题,实现国有资本的优化配置。在保持国有资本对重点企业实行控制的前提下,应吸收非国有资本进入,提高资本运营效率,转换企业经营机制,建立现代企业制度。坚持积极、合理、有效利用外资的原则,继续引导外商投资于国家鼓励发展的领域,优化外资结构,注重引进先进的技术、管理方式和优秀的人才。除关系国家安全和经济命脉的重要行业或企业必须由国家控股外,取消对其他企业的股比限制。鼓励和引导个体、私营等非公有制经济的发展,取消一切限制企业和社会投资的不合理规定,在市场准入、土地使用权、信贷、税收、发行股票和债券融资、进出口等方面,对不同所有制企业实行同等待遇,为各类企业的发展创造平等、良好的竞争环境。

2. 建立和规范市场退出机制

竞争是市场经济不断发展的推动力,有竞争就会有风险,优胜劣汰是市场竞争的基本法则,企业作为市场竞争的主体,必须树立正确的市场观念。因此,当我们承认市场配置资源的功能时,必须承认企业经营中"胜败乃兵家常事",即使世界知名品牌、百年老店也同样存在"不败神话破灭"的风险。多年的计划经济,造就了国有企业不能破产的观念,破产就意味着国有资产的流失。由于没有实质性的破产,债权人的相机治理无法实施,外部市场接管的威胁没有形成对经理人的压力。因此,应加快建立和完善独立于企、事业单

位之外而资金来源多元化、保障制度规范化、管理服务社会化的社会保障体系。逐步建立城乡自由流动、全国统一的劳动力市场，完善就业服务体系，形成由市场配置劳动力资源和调节劳动力供求关系的运行机制。保持现有兼并破产政策的连续性，加大依法破产力度，探索不良债务处置的新途径，逐步建立企业退出市场的通道。

（三）加快政府部门职能转变，营造良好的竞争环境

1. 以企业为发展的主体，尊重市场经济规律

中国经济体制改革的方向是建立社会主义市场经济体制。在市场经济条件下，企业是市场竞争的主体，也是发展的主体。在培育和发展具有国际竞争力的大公司和企业集团的工作中，我们首先要强调这个原则。要按照市场经济规律发展企业集团，充分发挥市场在资源配置中的基础性作用，坚持政企分开，避免行政干预，不搞"拉郎配"；政府要转换职能，为企业集团发展创造公平竞争的外部环境，要以全体企业为服务对象，不能过多倾向于国有企业；企业集团要健全和完善作为市场竞争主体的各项功能。中国经济体制中各种关系尚没有理顺，在这种情况下政府完全不介入是不现实的。但政府需要做的是为大企业的发展创造环境和条件，帮助企业克服一些依靠自身难以解决的体制障碍，而不是代替企业决策，强迫企业执行政府的指令。随着经济体制改革的深化，企业发展的外部环境会逐步改善，而随着国际竞争压力的加大，企业间联合重组的要求会越来越迫切。在这种形势下，强调以企业为发展的主体是非常重要的。

在市场经济中，政府对经济的干预基本限于稳定和刺激宏观经济，提供公共产品，消除外部性，对少数特定行业实行规制，制定市场规则，并监督市场主体对市场规则的遵守与执行等。因此，政府要明确其职能，企业利润、经营增长、风险防范等尽管至关重要，但本属于市场的，就应该还给市场决定。

其次，通过产权制度的重建以明确政府与企业的边界，调整政府与国有企业之间的关系，并通过制度创新以保障新产权制度。

2. 建立政府对大企业的"窗口指导"制度

对核心竞争力建设进行直接指导和推动的"窗口指导"是指政府与行业排头兵企业之间的一种定期对话、交流的制度性活动，它是连接大企业与政府的"直通车"。通过这一制度，政府可以向"窗口企业"传递相关的政策及动向，并提供对宏观经济走势的判断、不同行业发展前景的预测等内容，引导企业投资和经营活动的方向。同时，视企业情况给予更大的试验权，如给重点企业集团以较大的资产处置权，为大企业进行资本运作提供更宽松的政策环境，鼓励企业实施"走出去"的开放战略。

3. 淡化国有产权主体地位，推进政府职能转变

要淡化政府国有产权主体地位，推进政府职能转变，实现政企分开、政资分开，使行政管理部门不可能通过行政隶属关系干预企业的经营决策或阻碍企业集团跨行业、跨地区的发展。

各级职能部门，要提高认识，转变观念，在企业管理方式上要做到"三个转变"，即从直接管理转变为间接管理，从微观经济管理转变为宏观经济管理，从部门管理转变为对全社会的管理。同时，要树立管理重在服务的理念，切实转变政府职能，要把管制型管理变成服务型管理，把政府的工作重点放到定规章、奖优惩劣和为企业排忧解困上。特别是要改进对非公有制企业的管理，从着眼发现其存在的问题转向立足于帮助其解决问题；从热衷于立关设卡转向致力于创造发展的环境和条件；从注重于打击违法、违规行为转向同时注重维护非公有制企业的正当权益。落实在服务对象上，要做到"五个不分"，即不分所有制、不分中外资、不分大中小、不分隶属关系、不分本外地。

传统的工业化是在政府主导下进行的，改革开放以来，虽然逐步取消了指令性计划，

大部分产品和生产要素在一定程度上实现了市场配置，市场导向生产、企业决定产量的资源配置机制基本实现，但目前来看，政府职能转变与改革开放新阶段的要求不相适应，"越位"与"缺位"的问题并存，政府控制资源配置的迹象仍然十分明显，在一定程度上阻碍了市场化的进程。新型工业化，工业化的主体是多元化的，它要求资源要素在一个"打破行业垄断和地区封锁"的市场化条件下进行配置。因此，市场机制应是推动工业化进程的主导力量，政府不应再是资源配置的主体，其主要职能是对经济进行宏观调控，着力构建良好的区域经济发展环境，制定并监督执行区域发展政策，发展公益事业，规划、实施基础设施的建设，培育、发展商品和要素市场体系，创造公平竞争的市场环境，让经济活动成为市场调节下的自发运动，真正做到政府搭台、市场主体唱戏。

十三、企业集团融资帮助

企业集团的融资帮助是指管理总部利用集团的财务资源一体化整合优势与融通调剂便利，对母公司或成员企业的融资活动提供支持的财务安排。其中，最显著的融资帮助无疑是上市包装。除此之外，在日常的融资过程中，融资帮助同样也发挥着重要的作用，主要表现为，相互抵押担保融资、相互债务转移、债务重组及通过现金调剂或融通解决其中某一成员企业债务支付困难等。在此，着重讲述相互抵押担保融资、相互债务转移及债务重组。

1. 相互抵押担保融资

当母公司急需筹措债务资金而自身缺乏足够的授信资产时，可采用一种变通的方式，即通过内部调剂，将其他成员企业的资产转移到融资单位的账下，从而达到同样的融资目的。这样，通过相互的抵押担保或资产内部转移调剂，可以跳出某一融资单位自身能力的限制而筹措到更多的资金。这也是作为联合体的企业集团较之单一经济组织融资的特有的优势所在。

2. 相互债务转移

相互债务转移是指母公司或子公司等成员企业之间增量或流量的债务转移。当母公司或子公司等成员企业需要增加资金来源数量，但由于资本结构等因素的限制而不宜提高负债额度与负债比例时，便可以以其他成员企业的名义筹措债务资金，然后调剂转移给母公司或子公司等重要成员企业使用。在这种情况下，融资单位并非直接的用资单位，即等于用资单位将债务负担转移给了融资单位，从而既使用资单位保持了良好的资本结构，又满足了生产经营的资金需要。

当然，在运用上述各种方式进行融资帮助时，必须处理好融资单位与抵押担保单位、名义融资单位与实际用资单位相互间的利益补偿关系，以便减少阻力，有效地发挥集团的整体融资优势。

3. 债务重组

从某种意义上讲，债务转移也是债务重组的一个方面。不过在此所要讨论的债务重组仅限于存量债务范畴。就存量债务而言，企业集团可以通过债务重组的方式，达到整体资本结构优化，特别是母公司及其他重要成员企业资本结构优化的目的。

站在集团整体角度，存量债务重组包括以下两个层面。

（1）集团内部母公司及成员企业相互间进行的债务重组，其中主要形式是债权转股权，即彼此存在债权债务关系的成员企业，可以通过债权转股权的方式，实现局部资本结构的调整。

（2）对外负债的成员企业或母公司可以借助管理总部或集团整体的力量，将对银行或其他债权人的负债转换为银行或债权人在企业集团中的股本，从而在整体上实现资本结构的调整与优化。

第三节 企业集团财务公司

在我国,财务公司又称金融公司,它不是商业银行的附属机构,而是隶属于大型集团的非银行金融机构。中国的财务公司都是由企业集团内部集资组建的,其宗旨和任务是为本企业集团内部各企业融资和融通资金,促进其技术改造和技术进步。

> **小知识**
> **财务公司与内部银行的区别**
>
> 财务公司与内部银行的区别如下。
> (1) 财务公司具有独立的法人实体地位。在母公司控股的情况下,财务公司相当于一个子公司。因而,总部在处理彼此间的责权利关系时,需要遵循民法的基本通则;而内部银行不是独立法人,只是公司内部的一个管理机构。
> (2) 财务公司除了具有财务结算中心的基本职能外,还有对外投融资的职能(在法律没有特别限制的前提下)。
> (3) 在集权式财务体制下,财务公司在行政与业务上接受母公司财务部的领导,但二者不是一种隶属关系。在分权式财务体制下,母公司财务部对财务公司主要发挥制度规范与业务指导作用。

一、财务公司的设立与变更

设立财务公司,应当报经原银监会审查批准。财务公司名称应当经工商登记机关核准,并标明"财务有限公司"或"财务有限责任公司"字样,名称中应包含其所属企业集团的全称或者简称。未经原银监会批准,任何单位不得在其名称中使用"财务公司"字样。

1. 申请设立财务公司的企业集团的条件

申请设立财务公司的企业集团的条件如下:符合国家的产业政策;申请前1年,母公司的注册资本金不低于8亿元;申请前1年,按规定并表核算的成员单位资产总额不低于80亿元,净资产率不低于30%;申请前连续2年,按规定并表核算的成员单位营业收入总额每年不低于40亿元,税前利润总额每年不低于2亿元;现金流量稳定并具有较大规模;母公司成立2年以上并且具有企业集团内部财务管理和资金管理经验;母公司具有健全的公司法人治理结构,未发生违法违规行为,近3年无不良诚信记录;母公司拥有核心主业;母公司无不当关联交易。

2. 设立财务公司的条件

设立财务公司,应当具备下列条件:确属集中管理企业集团资金的需要,经合理预测能够达到一定的业务规模;有符合《公司法》和《企业集团财务公司管理办法》规定的章程;有符合《企业集团财务公司管理办法》规定的最低限额注册资本金;有符合原银监会规定的任职资格的董事、高级管理人员和规定比例的从业人员,在风险管理、资金集约管理等关键岗位上有合格的专门人才;在法人治理、内部控制、业务操作、风险防范等方面具有完善的制度;有符合要求的营业场所、安全防范措施和其他设施;原银监会规定的其他条件。

设立财务公司的注册资本金最低为1亿元。经营外汇业务的财务公司,其注册资本金中应当包括不低于500万美元或者等值的可自由兑换货币。财务公司的注册资本金应当主要从成员单位中募集,并可以吸收成员单位以外的合格的机构投资者的股份。财务公司在一定条件下可以设立分公司。

财务公司有下列变更事项之一的，应当报经原银监会批准：变更名称；调整业务范围；变更注册资本金；变更股东或者调整股权结构；修改章程；更换董事、高级管理人员；变更营业场所；原银监会规定的其他变更事项。

二、财务公司的分类和业务范围

1. 财务公司的分类

财务公司可分为公司（或集团）附属型财务公司和银行附属型财务公司，前者主要由大的制造业公司拥有，如美国通用电气公司、通用汽车公司，德国奔驰汽车公司、大众汽车公司等大公司设立的财务公司，后者多是商业银行的全资子公司，除提供消费信贷外，其目的更多的是逃避金融监管当局对银行的限制（如许多国家法律规定银行不能从事证券业务，但对财务公司没有此类限制）。

根据是否吸收存款，财务公司又可分为接受存款公司和非存款类公司，前者主要是欧亚模式，后者主要表现为北美模式。

由于各国金融制度的不同，财务公司的性质与功能也不尽相同。目前，我国的财务公司属于典型的公司附属型及吸收存款型。我国的财务公司（除中外合资的财务公司，如上海国际财务有限公司、香港农行财务有限公司以外）是依托大型企业集团成立的，因此被称为企业集团财务公司，简称财务公司。

就业务角度而言，财务公司不同于一般的成员企业，为母公司及其他成员企业提供金融服务是其最为核心的业务职责。从集团整体战略发展结构出发，要求财务公司的各项业务活动，必须严格遵循集团整体的融资政策，必须有助于集团整体的融资效率的不断提高。通过提供金融服务，推动投资政策及整体战略发展结构的贯彻与实施，这是财务公司业务运作过程中必须严格遵循的基本方针与行为规范。

2. 财务公司的业务范围

财务公司可以经营下列部分或者全部业务：对成员单位办理财务和融资顾问、信用鉴证及相关的咨询、代理业务；协助成员单位实现交易款项的收付；经批准的保险代理业务；对成员单位提供担保；办理成员单位之间的委托贷款及委托投资；对成员单位办理票据承兑与贴现；办理成员单位之间的内部转账结算及相应的结算、清算方案设计；吸收成员单位的存款；对成员单位办理贷款及融资租赁；从事同业拆借；原银监会批准的其他业务。

符合条件的财务公司，可以向原银监会申请从事下列业务：经批准发行财务公司债券；承销成员单位的企业债券；对金融机构的股权投资；有价证券投资；成员单位产品的消费信贷、买方信贷及融资租赁。

三、财务公司融资的风险管理与控制

财务公司应加强风险管理及控制，业务经营遵循以下资产负债比例。

（1）资本总额与风险资产的比例不低于10%。
（2）1年期以上的长期负债与总负债的比例不低于50%。
（3）拆入资金余额与注册资本的比例不高于100%。
（4）对集团外的全部负债余额不高于对集团成员单位的全部负债余额。
（5）长期投资与资本总额的比例不高于30%，且对单一企业的股权投资不得超过该企业注册资本的50%。
（6）消费信贷、买方信贷及产品融资租赁金额均不得超过相应产品售价的70%。
（7）自有固定资产与资本总额的比例不得高于20%。

四、财务公司的功能取向

财务公司作为企业集团的金融窗口与金融支柱，是企业集团内部金融资本与产业资本融合的突破口和主要生长点。发展我国的财务公司不可能照搬国外经验，但我们可以借鉴一些有益的经验和思路，更好地支持大企业集团的发展，进一步完善我国的金融体系。为此，应按以下方向对其进行功能定位。

（1）财务公司应是一类可接受某些特定存款的信贷机构，既不是内部银行，也不能办成信托投资公司。

（2）财务公司的资金运用应有别于银行，重点应放在中长期技术改造、新产品开发及母公司产品的促销。

（3）财务公司应结合企业集团的金融需求，逐渐成为其成员单位的理财专家及投资顾问。

具体到集团内部，财务公司发挥着如下的基本功能。

（一）融资中心

融通资金、提供金融服务是财务公司最为本质的功能。财务公司不仅有利于聚合起各成员企业分散、闲置及重复占用的资金，以最大限度地实现集团内资金的横向融通与头寸调剂，而且可以进一步发挥资金聚合的优势，保障集团整体战略发展结构及投资战略目标的贯彻与实现，不仅可以将市场经济的原则引入企业集团的融资管理过程，更重要的是可以借助财务公司的社会融资功能，大大拓展了企业集团整体的融资渠道与融资能力。不仅如此，在还款计划安排方面，财务公司的作用显得尤为重要。财务公司必须充分发挥资金调剂与融通的功能，依据战略发展结构及投资政策、融资政策的要求，做好现金流量的协调控制工作，在满足企业集团各方面投资需要的同时，协助总部及其他成员企业做好还款计划的安排，保障企业集团财务结构的安全与运转效率的不断提高。

（二）信贷中心

财务公司通过灵活多样的形式对集团内部开展存贷款业务，起到了专业银行无法替代的作用。随着财务公司实力的逐渐增强，财务公司的信贷功能也将得到更大的发挥，从而更加有效，企业集团经营管理与投资效率的提高，又进一步促进了财务公司实力的增强与功能的更大发挥，形成良性推进格局。

（三）结算中心

财务结算中心是根据集团财务管理和控制的需要在集团内部成立的，为集团成员企业办理资金融通和结算，以降低资金成本、提高资金使用效益的机构，其性质有些类似内部银行，主要着眼于为企业集团的整体和长远利益服务。这是财务公司作为企业集团内部金融机构必不可少的一项重要功能。其功能主要包括以下几点。

1. 强化集团资本经营意识，调剂资金的功能

财务结算中心以吸收存款的方式把集团内那些成员企业暂时闲置和分散的资金集中起来，再以发放贷款的形式分配给集团内需要资金的成员企业，从而实现集团内资金相互调剂余缺；而且实行结算中心贷款制度后，结算中心通过协助资金的回笼和资金的调度，使集团从更高层次参与下属企业的管理，强化了资本经营。各成员企业提高了对资金时间价值和成本的认识，促进了各单位注意经济核算、合理有效地运用资金，并加强了与集团其他成员企业的联系，发挥了整体优势。

2. 减少贷款规模，降低财务费用的功能

企业集团财务结算中心通过集团内部资金融通，盘活了闲置资金，提高了资金使用率，在同等投资和生产规模情况下，对银行的资金需求减少了，特别是可以减少长期信贷，从而降低了因对外借款而支付的利息。集团以短期的信贷可以满足下属企业的长期使用，减低了企业高负债经营的危险，增强了企业的活力，提高了经济效益。另外，企业集团财务结算中心经营集团内部存贷款业务会形成一个存贷款利差，这是企业集团财务结算中心的一笔可观的收入。

3. 提高企业集团信贷信用等级，扩大信用的功能

企业集团财务结算中心丰富了企业的融资渠道。能否从银行获得信贷，最根本的问题是企业的还本付息能力如何。一般来说，集团内各个企业的发展是不平衡的，有的企业经济实力雄厚，经济效益好，比较容易获得商业银行的贷款；有的企业经济实力弱，财务状况差，难以得到商业银行的支持，这种状况在很大程度上影响了集团内各企业的平衡发展和集团整体实力的提高。企业集团成立财务结算中心后，集团内各企业不再单独与银行发生信贷关系，而是财务结算中心以一个户头集中面对银行。作为企业集团，因其经济实力、社会影响及政府的支持，银行不用担心其偿还能力，从而扩大了集团企业的对外信用，集团可以较容易地从银行获得融资。

4. 内部监控的功能

企业集团一般成员企业众多，组织层次复杂，管理链条长，如何有效地监控集团内各级企业的经营运作，尤其是资金运作，确保其经营行为规范、安全和高效，是企业集团力图解决但又很难解决好的问题。建立企业集团财务结算中心，使集团内各企业的资金收付都通过该结算中心办理，该结算中心对各企业进出资金的合规性、安全性和效益性进行审查，对资金的流向、使用可以根据结算中心章程加以审查，核对相应的计划、合同，确保资金合理使用，从而使集团内各成员企业的资金运作完全置于集团的监控之下。

总之，结算中心的上述功能对任何一个企业集团来说都是意义重大的。企业集团结算中心的基本运作原则就应是"效率优先，兼顾公平"，首先应着眼于提高集团内效益好的企业的经营效率，同时适当扶助集团内效益较差的企业，才能提高集团整体经济效益和运作效率，集团财务结算中心的最大作用才有可能充分发挥出来。

五、财务公司的局限性

财务公司在企业集团发展中也存在许多约束条件，表现在以下几个方面。

1. 财务公司的能力十分有限

世界经济的一体化对财务公司提出了更高的要求——提供集融资、投资、资本运作、管理咨询于一体的服务。鉴于目前中国金融市场的分业经营状况，财务公司还达不到以上的要求。金融业不仅是高风险、高回报的行业，而且属于信息、资本、人才等资源高度密集的产业，专业化程度要求很高，财务公司目前还不具备这方面的资本积累。

2. 财务公司的资金来源非常有限

财务公司的融资范围仅限于企业集团内部成员企业的闲散资金，资金来源十分有限，而且主要以短期流动资金调剂为主，难以形成长期稳定的资本来源。这使财务公司发挥企业集团内部资金市场的功能大大降低，不能满足企业集团大额的长期资金需求。

3. 财务公司的委托代理问题

财务公司与企业集团总部之间存在委托代理关系，由于财务公司独立的法人地位，其追求自身利益最大化的目标与企业集团整体利益最大化之间会发生冲突，由此导致逆向选择问题。例如，由于财务公司的违规操作会使集团利益受损。

第十三章
融资结构

第一节 融资结构综述

融资结构（也叫资金结构），是指资金总额中各种资金来源的构成及其比例关系。它不仅包括长期资金，也包括短期资金。短期资金的需要量和筹集是经常变化的，且在整个资金总量中所占比重不稳定，因此一般不列入融资结构管理范围。在通常情况下，企业的融资结构由长期债务资本和权益资本构成，融资结构指的就是长期债务资本和权益资本各占多大比例。

狭义的融资结构则是指企业各种长期资金筹集来源的构成和比例关系，如图13-1所示。

一、融资结构理论

融资结构不仅与公司财务风险、资本成本和每股收益紧密相关，还与公司的普通股市价和公司总体价值紧密相关。融资结构理论是研究融资结构变动与股票市价及公司总体价值关系的理论。

公司总体价值（V）由公司股东和公司债权人共享，普通股总市价（S）和债券总市价（B）构成公司总体价值，即 $V = S + B$。由于债权人对公司价值的求偿额是固定的，故 S 随 V 的变动而变动，即每股市价最大化取决于公司价值最大化。所以，西方融资结构理论研究者往往将融资结构变动对普通股每股市价的影响归结到融资结构变动对公司总体价值的影响上。

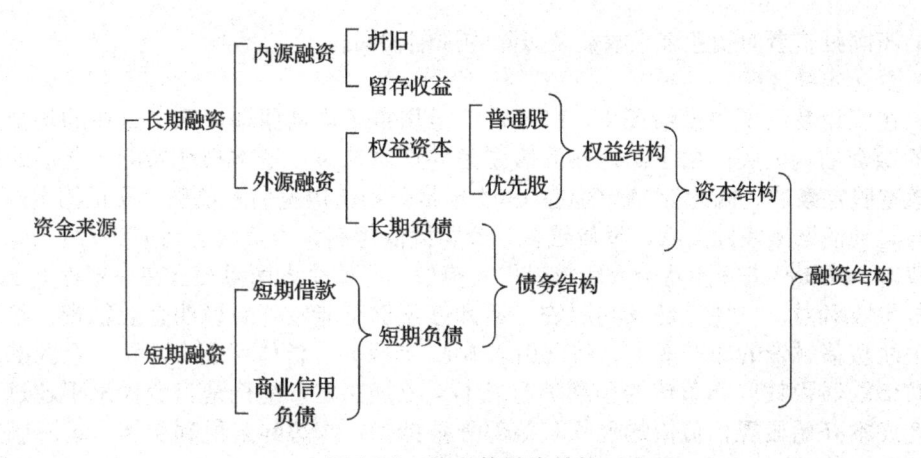

```
                          ┌ 内源融资 ┌ 折旧
                          │         └ 留存收益
              ┌ 长期融资 ┤         ┌ 普通股 ┐
              │          │ 权益资本 ┤        ├ 权益结构 ┐
              │          │         └ 优先股 ┘          │
              │          └ 外源融资                      ├ 资本结构 ┐
  资金来源 ┤                └ 长期负债 ┐                │          │
              │                         ├ 债务结构 ─────┘          ├ 融资结构
              │          ┌ 短期借款 ┐                              │
              └ 短期融资 ┤          ├ 短期负债 ──────────────────┘
                          └ 商业信用负债
```

图 13-1 狭义的融资结构

（一）融资结构的早期理论

1952 年，美国的戴维·杜兰德（David Durand）将当时融资结构研究的主要观点归纳为以下 3 种基本理论，称为早期的融资结构理论。

1. 净收益理论

净收益理论认为，负债可以降低企业的资本成本，负债程度越高，企业的价值越大。这是因为债务利息和权益资本成本均不受财务杠杆的影响，无论负债程度多高，企业的债务资本成本和权益资本成本都不会变化。因此，只要债务成本低于权益成本，那么负债越多，企业的加权平均资本成本就越低，企业的净收益或税后利润就越多，企业的价值就越大。当负债比率为 100% 时，企业加权平均资本成本最低，企业价值将达到最大值。

2. 营业收益理论

营业收益理论认为，不论财务杠杆如何变化，企业加权平均资本成本都是固定的，因而企业的总价值也是固定不变的。这是因为企业利用财务杠杆时，即使债务成本本身不变，但加大权益的风险，也会使权益成本上升，于是加权平均资本成本不会因为负债比率的提高而降低，而是维持不变。因此，融资结构与企业价值无关，决定企业价值的应是其营业收益。

3. 传统理论

传统理论认为，企业利用财务杠杆尽管会导致权益成本的上升，但在一定程度内却不会完全抵销利用成本率低的债务所获得的好处，因此会使加权平均资本成本下降，企业总价值上升。但是，过度利用财务杠杆，权益成本的上升就不再能被债务的低成本所抵销，加权平均资本成本便会上升。以后，债务成本也会上升，它和权益成本的上升共同作用，使加权平均资本成本上升加快。加权平均资本成本从下降变为上升的转折点，是加权平均资本成本的最低点，这时的负债比率就是企业的最佳融资结构。

（二）融资结构理论及其发展：MM 理论

1958 年 Modigliani（莫迪利安尼）和 Miller（米勒）提出了著名的 MM 定理，首次将新古典经济学的分析方法应用到企业金融研究领域，奠定了现代融资结构理论的基石。

MM 定理及其相关的补充与修正都是以新古典学派的理论成果为基础，在完善的资本市场前提下推导出来的。MM 定理有以下假设。

（1）资本市场高度完善，即完全竞争和有效。因此股票和债券在资本市场上交易意味着没有交易成本，投资者（个人和组织）可同公司一样以同等利率借款。

（2）企业和个人能以无风险利率获得借款。

（3）企业经营风险相同，且它们所属的风险等级一致。

(4) 不同投资者对企业未来收益及风险的预期相同。

(5) 企业永续经营。

在上述假设及无所得税情况下，MM 定理运用市场均衡原理证明了企业的均衡市场价值与它的融资结构无关。由于其严格的假定条件严重偏离了资本市场实际，之后的研究开始逐渐放宽假定条件，因此 MM 定理在 1963 年将公司所得税引入模型，修正的定理认为公司价值与其举债量呈线性关系，举债越多，公司价值越高，当负债达到 100% 时公司价值最大。1977 年，Miller 进一步将个人所得税引入模型，证明个人所得税会在一定程度上抵销公司负债的税收利益。MM 定理及其后的一系列修正仍不能较好地说明企业融资，经济学家们开始关注负债融资的破产成本，将之引入 MM 定理的分析体系之中，认为企业的最优负债应由负债的避税效应和负债的预期破产成本来权衡决定，结论是当负债水平超过一定量时，破产成本开始显现，负债的税收利益部分被抵销；当边际节税利益等于边际破产成本时，企业价值最大，此后负债增加将导致企业价值下降。

（三）权衡理论

在考虑税收因素后，MM 理论认为企业的负债比率越高，其总体价值越大。然而，在现实生活中，几乎没有任何一家企业使用 100% 的债务。因为市场并不像 MM 理论所假设的那么完美。因此，MM 理论及后来的研究者通过放松 MM 理论的假设对 MM 理论进行了修正，其中最重要的修正是财务拮据成本和代理成本。

权衡理论认为，MM 理论忽略了现代社会中的两个因素，即财务拮据成本和代理成本。而只要运用负债经营，就可能会发生财务拮据成本和代理成本。

1. 财务拮据成本

财务拮据是指公司清偿到期债务时的困境，其极端情形即为企业破产。企业财务拮据会给企业带来财务拮据成本，财务拮据成本是企业出现支付危机的成本，又称破产成本。它包括两个方面内容：直接成本和间接成本。

（1）财务拮据的直接成本。形成财务拮据的直接成本的主要原因如下：负债过度所导致的负债利率的升高；被迫出售固定资产以满足营运资本需要及生产规模的萎缩；企业破产时所承担的法律费用、会计费用、破产管理费用及清算财产变现损失等。

（2）财务拮据的间接成本。财务拮据的间接成本主要包括以下情形。

1）由于发生财务拮据，企业管理部门在处理各种债务纠纷上必然要花费更多的精力，从而放松正常的经营管理，这必然会对企业未来的现金流量产生不利的影响。

2）企业财务拮据会影响企业经营管理部门的决策行为，对企业整体利益产生不利的影响。例如，企业可能会采取一些短期行为来迅速获利，而损害企业的长远利益。

3）供销双方的客户会由于企业的财务状况而采取回避的态度，导致供销渠道的减少或中断，从而加速企业的破产。

4）关键管理人员的流失。

5）融资困难。

有关研究表明，财务拮据成本、破产概率与公司负债水平之间存在非线性关系，在负债比率较小时，财务拮据成本和破产概率增长极为缓慢；而当负债达到一定程度之后，财务拮据成本与破产概率加速上升。也就是说，财务拮据成本是企业无限制扩大负债的重要障碍。

2. 代理成本

詹森（Janssen）和麦克林（Macklin）最早利用代理理论来对企业融资结构问题做出解释。他们在 1976 年发表的经典论文《企业理论：管理行为、代理成本和所有权结构》中，将代理成本定义为"代理成本包括为设计、监督和约束利益冲突的代理人之间的一组契约所必须付出的成本，加上执行契约时成本超过利益所造成的剩余损失"。詹森和麦克林认为，代理成本几乎存在于所有的企业中。

（1）负债代理成本。由于债权人没有参与企业经营决策的权利，所以，当贷款或债权投入企业后，企业经营者或股东就有可能改变契约规定的贷款用途进行高风险投资，使债权人承担了契约之外的附加风险而没有得到相应的风险报酬补偿。因此，债权人需要利用各种保护性合同条款和监督贷款正确使用的措施来保护其利益免被企业股东的侵占。但是，增加条款和监督措施会发生相应的代理成本，这些成本随企业负债规模的扩大而增加。债权人一般以提高贷款利率等方式将代理成本转移给企业，所以企业在选择负债比率进行融资结构决策时要考虑这些负债的代理成本。

（2）股权代理成本。股权代理成本是指与企业外部股权相关联的代理成本。对于内外部股权并存的企业，其内部股东往往会利用各种信息上的便利谋取自身利益的最大化，从而挤占外部股东利益。若出现内外部股东的利益冲突，外部股东将被迫采取必要的措施，监督企业按照使全体股东利益最大化的目标行事。这方面支出的费用也是一种代理成本。它随外部股权比例的增大而增加。

总代理成本是这两类代理成本的叠加，因为这两类代理成本与融资结构的关系正好相反，所以在不考虑税收和财务拮据成本的情况下，对应于总代理成本最小的融资结构即为最优的融资结构，此时的负债规模较为适当。确定企业的最佳融资结构要在负债节税作用及其产生的财务拮据成本和代理成本之间进行权衡，故称为权衡理论或发展的 MM 理论。

权衡理论认为，在考虑以上两个影响因素后，运用负债融资的企业的价值应按式（13-1）确定：

$$VL = VU + DLT - （财务拮据成本预期现值 + 代理成本预期现值） \quad (13-1)$$

式（13-1）表明，负债可以给企业带来减税效应，使企业价值增加。但是，随着负债节税利益的增加，财务拮据成本和代理成本的预期现值也会增加，从而抵销负债节税利益。

权衡理论下负债比率与企业价值的关系如图 13-2 所示。

由图 13-2 可见，V 随着 D/V 的变动而变动，而实际上 V 的变动对企业价值的影响取决于负债节税利益边际值与财务拮据成本和代理成本现值之和的边际值。当负债节税利益边际值等于财务拮据成本和代理成本现值之和的边际值时，V 达到最大，所对应的 D/V 即为最佳负债比率，如图 13-2 中的 D/V*。从理论上说 D/V* 的存在是无疑的，但是在现实中要准确地计算出它的值颇为困难。

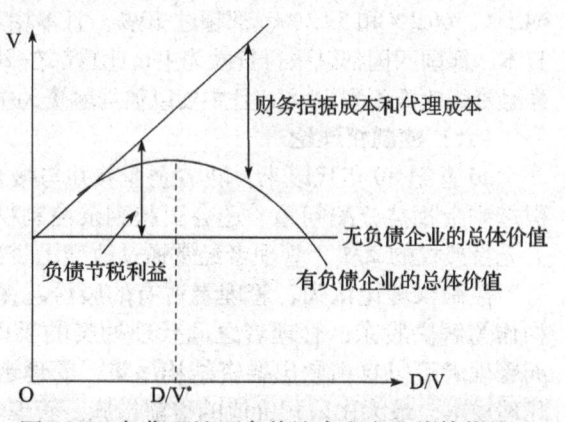

图 13-2 权衡理论下负债比率和企业价值的关系

（四）信号传递理论

信号传递理论建立在企业的内部人和外部投资者关于企业的真实信息不对称的基础上，利兰（Leland）和派尔（Pyle）建立了融资结构的信号传递模型，假定在非对称信息条件下，企业经营者对企业状况比外部投资者更了解，外部投资者往往根据企业的融资决策来判断企业的经营状况。因为经理掌握企业未来收益、投资风险等内部信息，投资者可以根据经理间接传递出来的信息来评价企业价值，如债务比例上升是一个积极的信号，表明经理对未来的收益有较高的期望，所以外部市场把较多的负债视为企业质量较高的一个信号。公司的融资结构可看成经理传达给外部投资者有关公司品质的一种信号。站在股东利益最大化的立场上，当公司未来的前景看好而目前股价被低估时，管理层会倾向于使用负债融资；当公司未来的前景看淡而目前股价相对较高时，采用权益融资对公司较为有利。另外一种信号传递方式是通过内部人持股来传递，如果拥有内部信息的企业家本人愿意于投资该项目，则可以通过这种意愿向市场传递有关项目真实质量的信号。与激励理论不同，这里信息不对称并不导致直接的激励问题，如偷懒、个人享受和尽可能少支付等，而是扭曲企业的市场价值，导致无效率投资。不同的融资结构会传递有关企业真实价值的不同信号，经理选择合适的融资结构以增强正面信号，避免负面信号。

（五）优序融资理论

优序融资理论放宽了 MM 理论信息完全的假设，把信息不对称引入融资结构理论的研究。其理论的基本观点如下。

（1）在信息不对称情况下，企业将以各种借口避免发行普通股或其他风险证券来取得对投资项目的融资。

（2）为使内部融资能满足正常权益投资的需要，企业必须确定一个目标股利比率。

（3）在确保安全的前提下，企业才会计划向外部融资以解决其部分的融资需要，而且会从发行风险较小的证券开始。

优序融资理论认为，企业所有权与经营权的分离会导致经营管理者和外部投资者之间的信息不对称。经营管理者比外部投资者拥有更多的关于企业未来收益和投资风险的信息，外部投资者只能根据企业经营者所传递的信息来进行投资决策。如果企业经营者代表现有股东利益，只有当股价被高估时，经营者为了新项目融资才会发行股票。这时就会出现逆向选择的问题，外部投资者会把企业发行新股当作一个坏消息，股权融资会使股价下跌。如果企业被迫发行新股对项目进行融资，股价过低可能严重影响新项目的融资效率。因此，优序融资理论的核心观点如下：企业偏好内部融资；如果需要外部融资，企业偏好债券融资，最后才不得不采用股权融资。

西方经济发达国家的融资结构与优序融资理论的融资模式基本一致。美国、英国和德国的企业都具有明显的内源融资的特征。在融资结构中，美国、英国和德国内源融资的比重分别为64.1%、66.2%和59.2%，都超过50%，日本相对较低，为35.3%；外源融资中，美国、英国、日本、德国四国都以银行贷款为主，比重都在20%以上，日本高达40.7%；通过发行股票和债券融资的比重不到10%，且主要以债券融资为主，美国为9.3%，股票融资仅占0.8%。

（六）控制权理论

20 世纪 80 年代以来，随着企业兼并与接管活动的深入进行，人们发现资本交易不仅会引起剩余收益分配问题，还会引起剩余控制权分配问题。基于普通股股东有投票权而债权人无投票权的事实，管理者经常通过改变融资结构来改变企业投票权的分布。

控制权理论认为，管理者占有的股份越多，其控制能力就越强。控制权理论把融资结构作为解决股东、管理者之间代理冲突的手段。如果用债务限制管理者对现金流的权力，而管理者可以自由做出融资结构决策，管理者就不会自愿分红。债务是减少自由现金流量代理成本、最大化公司价值的事前措施。管理者可以利用自愿举债，避免控制权的挑战。

控制权理论有很多具体的研究成果。Cubbin 和 Leech 提出了控制权的度量方法，他们认为对于较大的若干股东来说，该指标与这些股东的持股比例成正比，同时也与其他股东的分散度成正比。威廉森（Williamson）认为，股本和债务与其说是融资工具，不如说就是控制和治理结构的工具。股本和债务均对企业形成控制权，有着不同的控制权形式，共同构成公司治理结构的基本内容。股本和债务既然是一种控制权基础，那么，二者特定的比例就会构成特定的控制权结构。股本和债务比例的变化主要与融资方式的选择有关系，选择什么样的融资方式就会形成什么样的股本和债务比例，从而就会形成什么样的控制和治理结构。

Stulz 模型具有以下 3 个显著特点：它高度强调管理者对表决权的控制在决定企业价值中的作用；它突出了管理者对表决权的控制对收购方行为的影响；它表明当企业价值达到最

大化时存在一个最优比例的 α。

Israel 模型认为，融资结构应是通过对有表决权证券和没有表决权证券之间在现金流分布上的影响进而影响收购的结果。

Hart 模型在契约不完全的条件下，引入"公司持续经营与公司被清算"的矛盾，研究了最优融资契约和相应的最优控制权结构，并得出了 3 个重要结论：一是如果融资方式是发行带有投票权的普通股，则股东掌握控制权；二是如果融资方式是发行不带有投票权的优先股，则管理者掌握控制权；三是如果融资方式是发行债券和银行借款，则控制权仍由管理者掌握，但前提是按期偿还本息，否则，控制权就转移到债权人手中，即出现破产。此外，该模型还注意到了短期债务具有控制管理者道德风险的作用，而长期债务（或股权）具有支持公司扩张的作用，因此认为最优融资结构要在这两者之间加以权衡。哈特（Hart）具体探讨了公司融资结构的最优债务规模的确定。

Zwiebel 的研究结论表明，盈利能力强的项目需要较少的债务即可抵御接管，而盈利能力差的项目需要较高的债务以抵御接管风险，所以企业的债务水平、债务期限和债务频率与项目的盈利能力密切相关，并且随管理者的任期而改变。

Muller 和 Warneryd 运用寻租理论的分析方法证明，当企业内部的合约不完全时，管理者会耗费企业的资源用于掠夺企业所创造的剩余，由此导致管理者和控制性股东为获得有利的剩余分配而展开的寻租行为。

二、融资结构治理效应的作用机制

在现代公司制企业中，融资结构实质上体现了各种资金背后的产权主体相互依存、相互作用、共同生成的某种利益格局，这种利益配置格局对公司治理结构起着决定作用，进而对公司治理绩效产生深刻影响。

（一）融资结构的激励约束效应

现代公司的基本特征是两权分离。信息不对称、目标函数不一致产生了代理问题，融资结构的合理设计就是调节委托人与代理人之间的矛盾，降低代理成本。融资结构"激励效应"的具体作用机制为：不同的融资结构决定了不同形式的委托代理关系和控制权分配，不同控制权的分配影响到公司代理成本的大小，从而影响到公司治理结构的运转效率。给予经营者控制权或激励并不是特别重要，关键的问题是要设计出合理的融资结构，限制经营者以投资者的利益为代价去追求自己的目标。

从股权融资角度来看。如果企业进行股权融资，股票持有者就是企业的所有者，拥有企业的剩余索取权和剩余控制权，股权融资的治理效应通过股东对企业的控制来实现。股东对企业的控制有以下两种形式。

（1）内部监督。内部监督是股东以其所拥有的投票权和表决权，通过投票选择公司董事会，由董事会选择经营管理者，将企业的日常经营决策委托给经营管理者来实现。如果经营管理者未尽股东的法定义务，或者存在有损于企业价值的行为，股东可以通过董事会更换经营管理者，但这种监督方式的有效性取决于股权集中程度、股东性质及股东投票权限大小等因素。

（2）外部监督。当内部控制不能有效发挥作用的时候，股东通过"退出"机制，让资本市场上的接管来对经营者施加压力。这种监督方式的有效性取决于资本市场的发达程度、股权集中程度及流动性。

从债权融资角度来看。负债也能激励经营者从事有效率的经营活动。首先，在经营者对企业的绝对投资不变的情况下，增大投资中的负债融资比例将增大经营管理者的股权比例，激励经营者努力工作。其次，负债的利息需要固定支付，这就使企业的自由现金流量得到削减，降低经营者过度投资的可能性。最后，如果企业经营不善致使财务状况恶化，债权人有权对企业进行清算破产，企业破产时，经营者不仅会遭受金钱方面的损失，还将承担企业控制权的丧失、名誉地位的降低等非金钱方面的成本，这是经营者不愿意的，为了不破产，经营者会选择努力工作。当然债权融资虽有利于抑制经营者的道德风险，但负债融资又导致股东与债权人之间的委托代理关系，出现另一个代理成本和债务代理问题。

合理融资结构的选择能使委托人与代理人在相互博弈的过程中实现"双赢"，缓解由股权融资引起的企业经营者的道德风险和由负债融资引起的股东的道德风险，促进治理结构高效运转，实现公司市场价值最大化。

（二）融资结构的信号传递效应

在信息不对称的条件下，融资方式的选择具有传递信息和示意优劣的作用。从债务比例的信号传递作用来看，企业的债务数量可反映公司的经营状况，由于代理成本和破产风险的存在，企业经营者与外部投资者对融资方式的选择都十分慎重。在信息不对称的情况下，公司内部人比外部人拥有更多的信息，外部投资者往往通过公司采用的融资结构作为评价公司业绩好坏的指标，低的债务比例视为"坏"信号，高的债务比例视为"好"信号，如果企业进行债务融资就会向投资者发出企业前景看好的信息；而股票融资则会向投资者发出企业质量恶化的信息，使投资者对企业发展失去信心，从而低估企业的市场价值。

（三）融资结构的控制效应

融资方式的选择决定着企业控制权的归属、企业控制权的实现方式，并影响企业破产清算方式的选择。

从企业控制权归属来看。现代企业理论告诉我们：企业所有权是指企业剩余索取权和控制权，是一种状态依存所有权，状态依存是指企业剩余索取权和控制权的分配随企业财务及经营状况的变化而变化。股权融资契约和债权融资契约具有不同的企业所有权配置特征，当企业能正常支付债务时，股东作为企业的所有者，拥有企业的剩余索取权和控制权；当企业资不抵债无法偿还债务时，债权人可以通过《合同法》《中华人民共和国破产法》等对企业资产重组、重整，介入企业经营，取得企业的剩余索取权，并将企业的控制权和经营权转移到自己的手里；在企业完全靠内源融资的状态下，企业的控制权就可能被员工掌握。因此企业融资结构的选择决定了企业控制权的归属。

从利益主体对企业控制权实现方式来看。控制权在不同利益主体之间的转移，不仅导致了控制权的归属不同，还导致控制权的实现方式不同，进而对主导公司治理结构的权力构成产生重要影响。股东的控制方式有两种：一种是通过董事会选择、监督经营者的直接控制；另一种是通过股票市场上股票的买卖、企业兼并的间接控制。在企业面临破产时，债权人的控制方式也有两种：一种是清算，即把企业的资产拆开出售，收益按债权的偿还顺序分配；另一种是对企业进行重组。不同的控制权实现方式，将会导致公司治理结构按照有利于掌握控制权主体的利益目标方向运作。

（四）融资结构的税盾效应

融资结构作为反映公司经济实力、风险程度、经济效率的重要综合财务指标，其合理与否，不仅影响公司近期的经营活动，而且对其价值增长及长期发展均具有重要的影响。融资结构的税盾效应，也可称为税收效应或节税效应，是指公司通过调节融资结构中的负债比例而对公司价值产生影响。由于债务利息被看作与生产经营活动相关的费用，税法规定可在公司所得税前支付，即利息可以在税前扣除，这实际上相当于政府代替公司承担了一部分的利息负担，因此将给公司带来免税收益，即公司负债融资可以产生税收效应，进而增加公司的现金流量，降低税后资本成本，从而提高公司的市场价值。如果通过发行股票融资，股票有普通股和优先股之分，不管是普通股股东还是优先股股东都有获得股利的权利，税法规定，支付给股东的股利必须是税后利润，即股利支付是一种利润分配，不属于费用支出，股利分配只能在税后进行，所以发行股票的企业不能享受股息的所得税收益。由于负债融资可以带来税收收益，所以融资结构中应该要有一定数量的负债，但破产成本和代理成本的存在限制了负债的无节制使用，因为负债一旦超过某一临界点时，这些成本就会抵销负债的税收利益。

三、影响融资结构因素的定性分析

企业在决定融资结构时要考虑各种因素的影响，选取能使企业资本成本最低、收益率最高的最优融资结构。

影响融资结构的因素主要有以下几个方面。

1. 企业经营状况

企业提高负债比率以获得财务杠杆利益的前提是该企业息税前收益率高于其权益资金收益率。因此，企业的经营状况与最优融资结构的选择有密切的关系。企业经营状况良好，就可以增加债务资本的比例，以获得财务杠杆利益。因此，在确定最优融资结构时，企业必须将其获利能力与资本成本进行比较。

企业在确定最优融资结构时，不仅要考虑目前的获利能力，还要考虑未来获利能力的成长情况。一般情况下，处于成长阶段的企业获利能力强，对资金的需求大，权益资金不能满足其需要且成本较高，此时可以考虑使用较多的负债。

2. 企业的财务状况

企业的财务状况包括企业的资产结构、资产的周转速度、资产的变现能力等因素。财务状况好的企业能够承受较大的财务风险，因为债务到期时，必须用现金偿还本金，而现金支付能力不仅取决于企业的盈利能力，还取决于企业资产的变现能力和现金流状况。如果企业已经具有较高的负债水平，举债融资就不如发行股票等股权融资方式有利。因为，股票不需要定期支付利息，可以长期使用，也不需要偿还本金。

3. 企业信用等级和金融机构的态度

虽然企业对如何最优地使用财务杠杆、选择融资结构决策有自己的观点，但是涉及大规模的债务融资时，企业的信用等级和金融机构的态度会成为决定融资结构的关键因素。如果企业的信用等级不高或者金融机构认为企业的负债过高，债权人就会要求更高的利率甚至不愿提供资金，进而使企业无法达到期望的融资结构。

4. 企业管理人员的态度

企业管理人员的态度对融资结构有着重要的影响，因为融资结构的决策最终由他们决定。

管理人员的财务风险意识是影响融资结构的一个重要因素。在经营状况良好时，管理人员一般不愿意通过增发新股来融资，希望尽可能地用债务融资的方式来增加资本。他们这样做往往出于两个方面的考虑：一方面，由于普通股股东拥有表决权，管理人员不愿意使企业的控制权分散；另一方面，为了得到财务杠杆利益，提高每股收益和权益资本报酬率。

管理人员的态度也将影响融资决策。这种态度主要取决于其在企业的所有权。对企业的控制权甚微的管理人员往往不热心于财务的杠杆作用，因为如果销售额上升，得到剩余收益的是股东而不是他们。而假如出现财务杠杆的副作用，股东丧失的只是有限的股份，而管理人员可能要丢掉这份工作，那么他们为了自己的利益会把资产负债比率控制在一定的限度内（不一定是最优的融资结构）。而对于那些拥有公司50％以上的控制权的管理人员，为了避免权力被稀释，可能倾向于债务融资。另外，融资结构还受管理人员对风险态度的影响。风险偏好型的管理人员具有较强的冒险精神，进而追求较高的风险水平，而风险回避型的管理人员会采取保守的措施，较少采用债务融资。

5. 融资结构的行业差别分析

在融资结构决策中，所处行业的特点及该行业融资结构的一般水平对企业融资结构的确定有着重要的影响。不同行业及同一行业的不同企业运用债务融资的方式和策略不尽相同，也会产生不同的融资结构。因此，企业在进行融资结构的决策时，应以行业融资结构的一般水平为参照，具体分析，以确定合理的融资结构，并根据实际情况进行及时的调整。

6. 各种融资方式的资本成本

融资方式不同，其资本成本也不会一样。一般来说，债务的资本成本低于权益资金的资本成本。但是过度使用债务融资会增加企业的财务压力，增大不能还本付息的风险，对企业造成不利影响。因此，企业不能认为债务比例越高，资本成本就越低，而应该考虑综合资本成本，选择合适的融资方式。

7. 税收政策

税收是影响融资结构的重要因素。按照税法规定，债务的利息可以在所得税前扣除，而股票的股利不能。因此，所得税税率越高，利息的抵税效应越显著，企业债务融资的好处就越大。相反，对于一个低税负或者免税的企业，债务资本所带来的好处不太明显，企业就不会倾向于债务融资。因此，税收政策对债务资本的使用产生一种刺激作用。

第二节　融资结构优化

企业的融资结构可以用负债比率来反映。负债比率的高低将对企业的资本成本、股票市价和企业总价值产生不同的影响，故负债比率是确定最优融资结构的核心问题。

不同企业的最佳负债比率不同，但最优融资结构可以用统一的标准来衡量。一个企业的融资结构是否最优可通过以下标准来进行考察。

（1）综合资本成本是否最低。

（2）股票市价和企业总价值是否最大。

（3）普通股每股收益是否最高。

实际上，对于一个企业而言，最优融资结构是一个理论值，无法精确计算，但是，可以分析影响融资结构的因素、分析其融资原则，尽可能去获得一个优化的融资结构。

一、优化融资结构的融资原则

优化企业的融资结构，需要遵循以下基本融资原则。

（一）融资规模要量力而行

确定企业的融资规模，在企业融资过程中非常重要。融资过多，可能造成资金闲置浪费，增加融资成本；或者导致企业负债过多，使其偿还困难，增加经营风险。而企业融资不足，又会影响企业投融资计划及其他业务的正常开展。因此，企业在进行融资决策之初，要根据企业对资金的需要、企业自身的实际条件及融资的难易程度和成本情况，确定企业合理的融资规模。

融资规模的确定一般要考虑以下两个因素。

1. 资金形式

一般来讲，企业的资金形式主要包括固定资金、流动资金和发展资金。

（1）固定资金是企业用来购买办公设备、生产设备和交通工具等固定资产的资金。这些资产的购买是企业长期发展所必需的，但是这些生产必需设备和场所的购买一般会涉及较大资金需求，而且期限较长。企业由于财力薄弱应尽可能减少这方面的投资，通过一些成本较低、占用资金量小的方式来满足生产需要。例如，初创的企业可以通过租赁的方式来解决生产设备和办公场所的需求。

（2）流动资金是企业在短期内正常运营所需的资金，因此也称营运资金，如办公费、职员工资、差旅费等。结算方式和季节对流动资金的影响较大，为此企业管理人员一定要精打细算，尽可能地使流动资金的占用最少。

（3）发展资金是企业在发展过程中用来进行技术开发、产品研发、市场开拓的资金。这部分资金需求量很大，仅仅依靠企业自身的力量是不够的。因此，对于这部分资金可以采取增资扩股、银行贷款的方式解决。

2. 资金的需求期限

不同的企业、同一个企业不同的业务过程对资金需求期限的要求是不同的。例如，高科技企业由于新产品从推出到被社会所接受需要较长的过程，对资金的需求期限一般要求较长，规模也较大，而传统企业由于产品成熟，只要质量和市场开拓良好，一般情况下资金回收快，这样实际上对资金的需求量较小。

企业在确定融资规模时，一定要仔细分析本企业的资金需求形式和需求期限，做出合理的安排，尽可能压缩融资的规模。

在实际操作中，企业确定融资规模一般可使用经验法和财务分析法。经验法是指企业在确定融资规模时，首先要根据企业内部融资与外部融资的不同性质，优先考虑企业自有资金，再考虑外部融资。此外，企业通常要考虑企业自身规模的大小、实力强弱，以及企业处于哪一个发展阶段，再结合不同融资方式的特点，来选择适合本企业发展的融资方式。例如，对初创期的企业，可选择银行融资；如果是高科技的企业，可考虑风险投资基金融资；如果企业已发展到相当规模，可发行债券融资，也可考虑通过并购重组进行企业战略融资。财务分析法是指通过对企业财务报表的分析，判断企业的财务状况与经营管理状况，从而确定合理的融资规模。由于这种方法比较复杂，需要较高的分析技能，因而一般在融资决策过程中存在许多不确定因素的情况下运用。使用该种方法确定融资规模，一般要求企业公开财务报表，以便资金供应者能根据财务报表确定提供的资金额，而企业本身也必须通过财务报表分析确定可以筹集到多少自有资金。

（二）把握最佳融资机会

融资机会是指由有利于企业融资的一系列因素所构成的有力的融资环境和时机。企业选择融资机会的过程，就是企业寻求与企业内部条件相适应的外部环境的过程。从企业内部来讲，过早融资会造成资金闲置，而过晚融资又会造成投资机会的丧失。从企业外部来讲，由于经济形势瞬息万变，这些变化又将直接影响企业融资的难度和成本。因此，企业若能抓住内外部变化提供的有利时机进行融资，会使企业比较容易获得成本较低的资金。一般来说，企业必须充分发挥主动性，积极地寻求并及时把握住各种有利时机。由于外部融资环境复杂多变，企业融资决策要有超前性，企业要能够及时掌握国内和国外利率、汇率等金融市场的各种信息，了解国内外宏观经济形势、国家货币及财政政策及国内外政治环境等各种外部环境因素的变化，合理分析和预测能够影响企业融资的各种有利和不利条件，以及可能的各种变化趋势，以便寻求最佳融资时机。

（三）收益与风险相匹配

企业取得最佳融资结构的最终目的是提高资本运营效益，而衡量企业融资结构是否达到最佳的主要标准是企业资本的总成本是否最小、企业价值是否最大。加权平均资本成本最小时的融资结构与企业价值最大化时的融资结构应该是一致的。一般而言，收益与风险共存，收益越大往往意味着风险也越大。而风险的增加将会直接危及企业的生存。因此，企业必须在考虑收益的同时考虑风险。企业的价值只有在收益和风险达到均衡时才能达到最大。企业的资本总成本和企业价值的确定都直接与现金流量、风险等因素相关联，因而两者应同时成为衡量最佳融资结构的标准。

（四）降低融资成本

融资成本是指企业实际承担的融资代价（或费用），具体包括两部分：融资费用和使用费用。融资费用是企业在资金筹集过程中发生的各种费用，如向中介机构支付中介费；使用费用是指企业因使用资金而向其提供者支付的报酬，如向股东支付的股息、红利，向债权人支付的利息。企业资金的来源不同，则融资成本的构成不同。

（五）融资期限要适宜

企业融资按照期限来划分，可分为短期融资和长期融资。究竟是选择短期融资还是长期融资，主要取决于融资的用途等因素。

从资金用途来看，如果融资是用于企业流动资产，由于流动资产具有周期短、易于变现、经营中所需补充数额较小及占用时间短等特点，企业宜选择各种短期融资方式，如商业信用、短期贷款等。如果融资是用于长期投资或购置固定资产，这类用途要求资金数额较大、占用时间长，因而适宜选择各种长期融资方式，如长期贷款、企业内部积累、租赁融资、发行债券和股票等。

（六）保证企业拥有控制权

在现代市场经济条件下，企业融资行为所导致的企业不同的融资结构与控制权之前存在紧密联系。融资结构具有明显的企业治理功能，它不仅规定着企业收入的分配，而且规定着企业控制权的分配，直接影响着一个企业的控制权争夺。例如在债券、股权比例既定的企业里，一般情况下，股东或经理是企业控制权的拥有者；在企业面临清算、处于破产状态时，企业控制权就转移到债权人手中；在企业完全是靠内源融资维持生存的状态下，企业控制权就有可能被员工所掌握（实际中股东和经理有可能仍在控制企业）。由此可见上述控制权转移的有序进行，依赖于股权与债券之间一定的比例构成，而这种构成的变化恰恰是企业不同的融资行为所导致的。

企业融资行为造成的这种控制权或所有权的变化不仅直接影响企业生产经营的自主性、独立性，还引起企业利润分流，损害原有股东的利益，甚至可能影响到企业的近期效益与长远发展。

二、最优融资结构的确定

（一）综合资本成本比较分析法

这种方法是通过计算和比较不同融资结构下的综合资本成本，以综合资本成本最低为标准来确定最优融资结构。

1. 初始融资结构决策

初始融资结构决策是指初次利用债务资本融资时的融资结构决策，可先计算各方案的综合资本成本，然后选择综合资本成本最低的融资结构作为最佳的融资结构。

【例 13-1】假设智董公司初创时有 3 个融资方案可供选择，有关资料如表 13-1 所示。

表 13-1　3 个融资方案

融资方式	A方案 融资额/万元	A方案 个别资本成本	B方案 融资额/万元	B方案 个别资本成本	C方案 融资额/万元	C方案 个别资本成本
长期借款	500	6.50%	600	6%	700	7%
债券	1000	8%	1400	8%	1800	10%

续表

融资方式	A方案 融资额/万元	A方案 个别资本成本	B方案 融资额/万元	B方案 个别资本成本	C方案 融资额/万元	C方案 个别资本成本
优先股	500	12%	500	12%	500	12%
普通股	3000	15%	2500	15%	2500	15%
合计	5000		5000		5500	

分别计算3个方案的综合资本成本。

A方案：

$$K_w = \frac{500}{5000} \times 6.50\% + \frac{1000}{5000} \times 8\% + \frac{500}{5000} \times 12\% + \frac{3000}{5000} \times 15\% = 12.45\%$$

B方案：

$$K_w = \frac{600}{5000} \times 6\% + \frac{1400}{5000} \times 8\% + \frac{500}{5000} \times 12\% + \frac{2500}{5000} \times 15\% = 11.66\%$$

C方案：

$$K_w = \frac{700}{5500} \times 6.50\% + \frac{1800}{5500} \times 8\% + \frac{500}{5500} \times 12\% + \frac{2500}{5500} \times 15\% \approx 12.07\%$$

在这3个方案中，B方案的综合资本成本最低，应将该方案的融资结构作为最佳融资结构。

2. 追加融资结构决策

企业在持续的生产经营过程中经常会发生新的资金需求，原来所谓最优的融资结构也许就不再是最优的了。因此，最优融资结构是一个动态的概念。企业必须根据条件的变化对原有的融资结构进行调整，以保持最优的融资结构。

【例13-2】假设智童公司有2个备选追加融资方案，资料如表13-2所示。

表13-2　2个备选追加融资方案

融资方式	原融资结构 融资额/万元	原融资结构 个别资本成本	A方案 融资额/万元	A方案 个别资本成本	B方案 融资额/万元	B方案 个别资本成本
长期借款	500	6%	200	6%	200	7%
债券	1000	8%	200	8%	300	10%
优先股	500	12%	200	12%	300	12%
普通股	3000	15%	400	15%	200	15.5%
合计	5000		1000		1000	

直接比较备选追加融资方案的综合资本成本。

A方案：

$$K_w = \frac{200}{1000} \times 6\% + \frac{200}{1000} \times 8\% + \frac{200}{1000} \times 12\% + \frac{400}{1000} \times 15\% = 11.2\%$$

B方案：

$$K_w = \frac{200}{1000} \times 7\% + \frac{300}{1000} \times 10\% + \frac{300}{1000} \times 12\% + \frac{200}{1000} \times 15.5\% = 11.1\%$$

B方案追加融资后的综合资本成本较低，故应选择B方案。

还可以通过比较各追加条件下汇总融资结构的综合资本成本进行方案的选择。

(二) 每股收益分析法

每股收益分析法是财务管理中常用的分析融资结构和进行融资决策的方法，它通过研究分析息税前收益及每股收益的关系，为确定最优融资结构提供依据。一般而言，当企业实现的息税前利润足够大时，企业多负债会有助于提高每股收益；反之，则会导致每股收益下降。

那么息税前利润为多少时负债有利，息税前利润为多少时发行普通股有利呢？可以通过无差别点的息税前利润，即能使负债融资与股票融资产生同样大小每股收益的息税前利润求得。

$$EPS_1 = \frac{(EBIT - I_1)(1 - T) - D_{p_1}}{N_1}$$

$$EPS_2 = \frac{(EBIT - I_2)(1 - T) - D_{p_2}}{N_2}$$

令 $EPS_1 - EPS_2$，求出此时的 EBIT。

式中，EBIT 为息税前利润（无差别点）；I_1 和 I_2 为两种融资方式下的年利息；D_{p_1} 和 D_{p_2} 为两种融资方式下的年优先股股息；N_1 和 N_2 为两种融资方式下流通在外的普通股股数；T 为企业所得税税率。

【例 13-3】 智董公司原有资本为 700 万元，其中债务资本为 200 万元（每年负担的利息为 24 万元），普通股资本为 500 万元（发行普通股 10 万股，每股面值为 50 元）。由于扩大业务，需追加融资 200 万元，其融资方式如下。

一是全部发行普通股：增发 4 万股，每股面值为 50 元。
二是全部筹借长期债务：债务利率仍为 12%，利息为 24 万元。

公司的变动成本率为 60%，固定成本为 180 万元，企业所得税税率为 25%。将上述资料中的数据代入每股收益计算公式：

$$\frac{(S - 0.6S - 180 - 24) \times (1 - 25\%)}{10 + 4} = \frac{(S - 0.6S - 180 - 24 - 24) \times (1 - 25\%)}{10}$$

得

$$S = 720（万元）$$

因此：

$$ERS = \frac{(720 - 720 \times 0.6 - 180 - 24) \times (1 - 25\%)}{10 + 4} = 4.5（元）$$

根据图 13-3 中的每股收益无差别分析，当销售额 S 小于 720 万元时，运用权益融资可获得较高的每股收益；当 S 大于 720 万元时，运用负债融资可获得较高的每股收益。

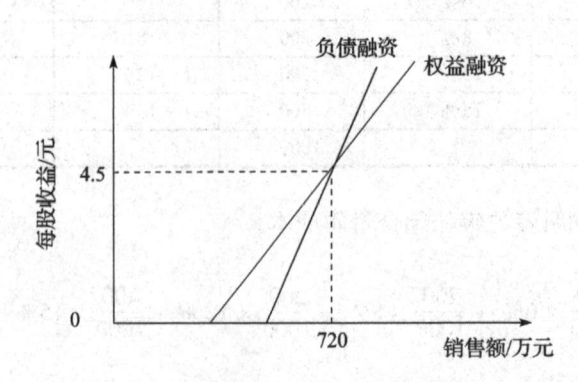

图 13-3 每股收益分析方法图示

（三）公司总价值比较分析法

财务管理的基本目标是企业价值最大化。每股收益分析的缺陷在于没有考虑风险因素，只有在风险不变的前提下，EPS 的增加才会导致股票市价上涨，企业价值增大。但实际上风险与收益是同向变动的。因此，最优融资结构应是使公司价值最大而不一定是使 EPS 最大的融资结构。由融资结构理论可知，使公司总价值最大的融资结构同时也是加权平均资本成本最小的融资结构。

公司的市场总价值 V 应该等于其股票的总价值 S 加上债券的价值 B

$$V = S + B$$

为简化起见,假设债券的市场价值等于它的面值。再假设净投资为零,净利润全部作为股利发放,则股票的市场价值可通过式(13-2)计算:

$$S = \frac{(EBIT - I)(1 - T)}{K_e} \tag{13-2}$$

式中,EBIT 为息税前利润;I 为年利息额;T 为企业所得税税率;K_e 为权益资本成本。采用资本资产定价模型计算股票的资本成本 K_e 如下:

$$K_e = R_e = R_F + \beta(R_M - R_F)$$

式中,R_e 为股本成本;R_F 为无风险报酬率;β 为股票的 β 系数;R_M 为平均期望报酬率。而公司的资本成本则用加权平均资本成本(K_W)来表示,其公式如下:

$$K_W = K_d\left(\frac{B}{V}\right)(1 - T) + K_e\left(\frac{S}{V}\right)$$

式中,K_d 为税前债务资本成本。

【例 13-4】 智董公司年息税前利润为 500 万元,资金全部由普通股资本组成,股票账面价值为 2000 万元,所得税税率为 40%。该公司认为目前的融资结构不够合理,准备以发行债券购回部分股票的办法予以调整。经咨询调查,目前的债务利率和权益资本的成本情况如表 13-3 所示。

表 13-3 不同债务水平对公司债务资本成本和权益资本成本的影响

债券的市场价值 B/100 万元	税前债务资本成本 K_d	股票 β 值	无风险报酬率 R_F	平均期望报酬率 R_M	权益资本成本 K_e
0		1.20	10%		14.8%
2	10%	1.25	10%	14%	15%
4	10%	1.30	10%	14%	15.2%
6	12%	1.40	10%	14%	15.6%
8	14%	1.55	10%	14%	16.2%
10	16%	2.10	10%	14%	18.4%

可以利用一系列公式计算出不同金额债务下公司的市场价值和资本成本(表 13-4)。

表 13-4 公司市场价值和资本成本

债券的市场价值 B/100 万元	股票的市场价值 S/100 万元	公司的市场价值 V/100 万元	税前债务资本成本 K_d	权益资本成本 K_e	综合资本成本 K_w
0	20.27	20.27		14.8%	14.80%
2	19.20	21.20	10%	15%	14.15%
4	18.16	22.16	10%	15.2%	13.54%
6	16.46	22.46	12%	15.6%	13.36%
8	14.37	22.37	14%	16.2%	13.41%
10	11.09	21.09	16%	18.4%	14.23%

从表 13-4 中可以看到,在没有债务的情况下,公司的市场价值就是股票的市场价值。在有债务的情况下,公司的市场价值上升,综合资本成本下降,在债务达到 600 万元时,公司价值达到最大;债务超过 600 万元时,公司的市场价值下降,综合资本成本上升。因此,债务为 600 万元时的融资结构为最优融资结构。

第十四章
融资成本

第一节 融资成本综述

融资成本，也称为资金成本、资本成本，是指企业筹集和使用资金而付出的代价。资本的高低对于融资效率、融资风险甚至投资效率与投资风险都有着重要的影响。因此，如何在目标资本结构的基础上，对融资成本加以有效的控制，成为融资管理的一项重要内容。

一、融资成本的构成

融资成本从构成内容上看，主要包括用资费用、融资费用和机会成本。

1. 用资费用

用资费用是指企业在生产经营和对外投资活动中由于使用资金而付出的代价。例如，企业向债权人支付的债券利息，向股东支付的股息等。用资费用是融资成本的主要内容，它具有经常性、定期支付的特征，并且随着资金使用数量的多少和使用期间的长短而变动，因而属于变动性融资成本。

2. 融资费用

融资费用是指企业在融资的过程中为获得资金而付出的代价。例如，发行债券的印刷费、发行手续费、律师费、评估费等。与用资费用不同，融资费用通常是在融资时一次性支付，因而属于固定性融资成本，可视为融资额的扣减。

3. 机会成本

机会成本是指企业为从事某项经营活动而放弃另一项经营活动的机会，或利用一定资源获得某种收入时所放弃的另一种收入。企业在利用商业信用时表面上似乎没有发生融资成本，但实质上企业在免费使用资金时放弃了供货方提供的现金折扣，这是企业在融资决策时不可忽略的重要因素。另外，由于企业的延期付款等行为，可能降低企业的信用额度，增加了企业再融资的成本，这同样是需要重视的影响因素。

二、融资成本的性质

融资成本由资金筹集成本和资金使用成本组成，具有以下特点。

资金筹集费用的特点是一次性支付，其实质是冲减集团公司所融资金的使用额；资金使用成本的特点是在整个资金使用期间要按一定的期限（通常为1年）不断支付。为了便于比较，融资成本通常以相对数表示，即支付的报酬与提供的资金之间的比率。

三、融资成本对融资决策的影响

融资成本对企业融资决策的影响主要表现在以下4个方面。

1. 融资成本是影响企业融资总额的重要因素

随着融资数额的增加，融资成本不断变化。当企业融资数额很大，资金的边际成本超过企业的承受能力时，企业不宜再增加融资数额。

2. 融资成本是确定最优资本结构的主要参数

不同的资本结构会给企业带来不同的风险和成本，从而引起股票价格的变动。在确定最优资本结构时，考虑的因素主要有融资成本和财务风险。融资成本并不是企业融资决策中所要考虑的唯一因素，企业还要考虑到财务风险、资金期限、偿还方式、限制条件等。但融资成本作为一项重要的因素，直接关系到企业的经济效益，是融资决策时需要考虑的首要问题。

3. 融资成本是企业选择资金来源的基本依据

企业的资金可以从许多方面来筹集，就长期借款来说，可以向商业银行借款，也可以向其他金融机构借款。企业究竟选用哪种资金来源，首先要考虑的因素就是融资成本。

4. 融资成本是企业选用融资方式的参考标准

企业可以利用的融资方式是多种多样的。它在选用融资方式时，需要考虑的因素有很多，但必须考虑融资成本这一经济标准。

第二节 个别融资成本

个别融资成本是指企业各种融资方式的成本。融资成本并不是选择融资方式的唯一依据，还需结合融资风险。

一、负债融资的成本

（一）借款融资成本

借款融资成本主要包括利息和融资费用等，借款利息可以在所得税税前列支，相对于债券而言融资费用较低。这里主要以银行借款为例进行说明，其他方式借款的融资成本可以比照结算。

企业从银行取得借款要支付借款利息和融资费用。借款利息计入税前成本费用，从而可以抵免企业所得税。因此银行借款融资成本应当考虑所得税因素。企业银行借款融资成本可按式（14-1）计算：

$$K_L = \frac{I_L(1-T)}{L(1-F_L)} \tag{14-1}$$

式中，K_L 为银行借款融资成本；I_L 为银行借款年利息额；T 为企业所得税税率；L 为银行借款融资额，即借款本金；F_L 为银行借款融资费率，即借款手续费率。

【例 14-1】智董公司取得 3 年期银行借款 200 万元，年利率为 11%，每年付息一次，到期一次还本，融资费率为 0.5%，企业所得税税率为 33%。该银行借款的融资成本为

$$K_L = \frac{200 \times 11\% \times (1-33\%)}{200 \times (1-0.5\%)} \approx 7.41\%$$

在借款合同附加补偿性余额条款的情况下，企业可动用的借款融资额应扣除补偿性余额，这时借款的实际利率和融资成本将会上升。

【例 14-2】若例 14-1 中的企业借款，银行要求补偿性余额 20%，则该项银行借款的融资成本为

$$K_L = \frac{200 \times 11\% \times (1-33\%)}{200 \times (1-20\%-0.5\%)} \approx 9.27\%$$

在借款年内结息次数超过 1 次时，借款实际利率也会高于名义利率，从而融资成本上升。此时的融资成本公式为

$$K_L = \frac{\left[\left(1+\frac{R_L}{M}\right)MN - 1\right](1-T)}{L(1-F_L)}$$

式中，R_L 为年利率；M 为 1 年内借款结息次数；N 为借款期限。

【例 14-3】若例 14-1 中的借款为每季付息一次到期一次还本，该借款的融资成本为

$$K_L = \frac{\left[\left(1+\frac{11\%}{4}\right) \times 12 - 1\right](1-33\%)}{200 \times (1-0.5\%)} \approx 14.81\%$$

（二）融资租赁成本

企业采用融资租赁方式融资要支付租金，在支付的租金中需要还本付息。租金中的利息即为融资租赁的资金用资费用，可按租期内支付的租金总额减去所租物品原价（成本）后，再除以租赁年限，计算出每年租金中的利息额。由于租金通常是在租期内分次支付的，所以融资租赁筹到的资金占用额在每一个支付租金期中是不相同的，逐期递减，因此在计算融资租赁成本时，资金占用额按平均数计算。资金占用额的平均数可按第 1 期占用额与最后 1 期占用额之和除以 2 计算。由于融资租赁固定资产的租金总额是通过计提折旧转移到生产经营费用中的，所以租金中的利息也部分地减少上交所得税额。其成本公式为

$$K_t = \frac{I_t}{R}(1-T)$$

式中，K_t 为融资租赁成本；I_t 为每年租金中的利息额；T 为企业所得税税率；R 为平均占用租赁资金额。

【例 14-4】智董公司租赁设备 1 套，市场价值 50 为万元，租期为 5 年，合同约定每季度末支付租金 3.4 万元，同时另付手续费 8000 元，企业所得税税率为 25%。

五年中支付租金总额：

$$34000 \times 4 \times 5 = 680000（元）$$

每年租金中的利息额：

$$\frac{680000 - 500000}{5} = 36000（元）$$

第 1 个支付租金期资金占用额：

$$500000 - 8000 = 492000（元）$$

最后 1 个支付租金期资金占用额：

$$\frac{492000}{5 \times 4} = 24600（元）$$

平均占用租赁资金额：

$$\frac{492000 + 24600}{2} = 258300（元）$$

融资租赁成本：

$$\frac{36000 \times (1 - 25\%)}{258300} \times 100\% \approx 10.45\%$$

（三）债券融资成本

债券融资成本的计算事实上与长期借款的融资成本计算基本相同。但发行债券的融资费用一般较高，应予以考虑。债券的融资费用即发行费用，包括申请费、注册费、印刷费和上市费及推销费等。这些费用的发生与债券发行量有一定的联系，但不是线性关系。

债券融资成本中的利息费用亦可在所得税税前列支。利息的支付方式一般有两种，即分次付息和到期一次还本付息，两种付息方式引起融资成本的计算完全不同，下面将分别加以讨论。

从债券的发行来看，其发行价格有平价发行、溢价发行及折价发行 3 种。这些价格的区别体现了债券的票面利率与市场利率之间的关系。但不管债券是以什么价格发行的，有两点必须明确：一是债券利息应按面值计算，二是债券的融资额应该按具体的发行价格计算。

从债券本金的偿还方式来看，债券融资偿还方式也有两种：一是分次偿还；二是一次性还本。

当债券是采用按年付息，一次还本方式发行时，可用式（14-2）计算债券的融资成本：

$$K_R = \frac{I(1 - r)}{k(1 - F_R)} \tag{14-2}$$

式中，K_R 为债券融资成本率；I 为债券的年利率；r 为所得税税率；k 为实际融资金额；F_R 为融资费用率。

【例 14-5】 智董公司委托某一金融机构代为发行面额为 200 万元的 3 年期长期债券。其发行价格为 250 万元（溢价发行）。票面利率为 10%，每年支付一次利息，发行费用占发行价格的 4%，若公司所得税税率为 33%，则其融资成本率为

$$\frac{200 万 \times 10\% \times (1 - 33\%)}{250 万 \times (1 - 4\%)} \approx 5.58\%$$

我国目前绝大部分的公司债券采用一次性还本付息方式。在这种方式下，每年利息的计算与上面分次付息的方式相同，唯一的区别在于各年全部利息均在债券到期时一次支付，因而其融资成本的计算也不一样。

【例 14-6】 沿用例 14-5，若条件改为一次性还本付息，可采用两个步骤来计算其融资成本。

第一步，先计算各年总的融资成本，其公式为

$$K_R = \frac{In(1-r)}{k(1-F_R)} \quad (14-3)$$

式中，n 为年限，其他符号含义同上。沿用例 14-5，可以计算出融资成本为

$$\frac{200\text{万} \times 10\% \times 3 \times (1-33\%)}{250\text{万} \times (1-4\%)} \approx 16.75\%$$

第二步，计算每年的融资成本率，（只需将以上总的融资成本率除以年限即可）：

$$融资成本率 = \frac{16.75\%}{3} \approx 5.58\%$$

事实上不管是分次付息还是一次付息都可采用相同的公式计算其融资成本率。但这一方式最大的缺陷是没考虑货币时间价值。特别是当各年利息不相等时，采用式（14-2）和式（14-3）就很难计算融资成本率。因此，现行实务中，也有企业采用现金流量计算融资成本率的，其方法简介如下。

从理论上讲，债券的税前成本率就是使企业因发行债券而发生的未来现金流出的现值之和等于企业发行债券的实际融资总额的贴现率，这一贴现率又称为内含报酬率。其计算公式如下：

$$(K-F) = \sum_{i=1}^{n} \frac{I}{(1+K_R)^t} + \frac{P}{(1+K_R)^n} \quad (14-4)$$

式中，等号左边为实际融资额（现金流入）；等号右边为未来现金流出的现值总额，其中：$\sum_{i=1}^{n} \frac{I}{(1+K_R)^t}$ 为各年利息支出的年金现值之和，$\frac{P}{(1+K_R)^n}$ 为到期还本的复利现值。

当左边等于右边时，K_R 就是我们要寻求的债券内含报酬率，或债券的税前融资成本率，然后将其调整为税后成本，即为债券的实际融资成本率。调整公式为

$$K_R(1-r) \quad (14-5)$$

由此可见，用现金流量计算融资成本要分两个步骤：第一步，先计算税前融资成本 K，从式（14-4）可以看到这是一个不等量的现金流出，因此只能采用逐步测试法。待计算出 K 以后，再用式（14-5）将其调整为税后的实际融资成本。

（四）商业信用成本

这里可以准确量化的商业信用成本主要是指，供贷方提供了现金折扣，而企业放弃现金折扣形成的潜在损失，即机会成本。

在计算该成本时，可以采用近似估计的方法和较为精确的方法。计算放弃取得折扣的年百分比成本的估计值公式为

$$百分比成本近似值 = \frac{折扣百分比}{1-折扣百分比} \times \frac{360}{信用天数-折扣期限} \quad (14-6)$$

式（14-6）是从单利的角度来考虑的。如果从复利的角度来考察，可以得到较为精确的成本，其计算公式为

$$百分比成本实际值 = \left(1 + \frac{折扣百分比}{1-折扣百分比}\right)^{[360/(信用天数-折扣期限)]} - 1 \quad (14-7)$$

式中，"折扣百分比"为每 1 元信用的成本，即卖方给予的现金折扣率。"1-折扣百分比"代表放弃折扣所能得到的资金。

"360/（信用天数-折扣期限）"表示每年须承担放弃取得折扣的成本的次数。例如，信用条件为 2/10，n/30，代入式（14-7），可计算得

$$商业信用百分比成本近似值 = \frac{2\%}{1-2\%} \times \frac{360}{30-10} \approx 36.7\%$$

$$商业信用百分比成本实际值 = \left(1 + \frac{2\%}{98\%}\right)^{18} - 1 \approx 43.9\%$$

由此可以看出，企业如果放弃取得现金折扣，则企业付出的信用成本是非常可观的。因为此种信用成本往往比短期银行借款的成本高出许多，所以应尽可能享受此种折扣优惠。

二、权益融资的成本

（一）留存收益成本

留存收益又称保留盈余或留存利润，是指留存于企业的税后利润。留存收益融资成本是指公司股东对内部留存收益要求的报酬率。留存收益为什么也有成本呢？这主要是机会成本原则决定的。因为，如果股东取得股息，就可以投资于其他有价证券或不动产，并获取一定的收益，而留存收益完全消除了股东取得这种收益的机会。股东在其他可供选择的投资机会中可能取得的收益就是留存收益的机会成本。

从企业融资的角度来看，留存收益资本化与发行普通股具有相互替代的作用，两种融资方式的区别只在于资金的来源渠道不同，而且留存收益无须筹措，没有筹措费用的负担。故留存收益融资成本可参照普通股融资成本进行计算。

（二）普通股融资成本

普通股是构成股份公司原始资本和权益的主要资金来源。普通股的特征与优先股相比，除了具有参与公司经营决策权外，主要表现为股利的支付是不确定的。

确定普通股成本通常比确定债务成本及优先股成本更困难，这是因为支付给普通股股东的现金流量难以确定，即普通股股东的收益是随着企业税后收益额的大小而变动的。普通股股利一般是一个变动的值，每年股利可能各不相同，这种变化深受企业融资意向与投资意向及股票市场股价变动因素的影响。

1. 确定普通股成本的基本方法

（1）股利折现模型法。理论上，普通股价值可定义为预期未来股利现金流按股东要求的收益率贴现的现值。由于普通股没有到期日，故未来股利现金流是无限的。股利估价模型为

$$P_0 = \sum_{t=1}^{n} \frac{D_t}{(1+K_e)^t}$$

式中，P_0 为当前普通股市场价格；D_t 为第 t 年的现金红利；K_e 为普通股股东要求的收益率。

如果现金红利以年增长率 g 递增，且增长率 g 小于投资者要求的收益率，则有

$$K_e = \frac{D_1}{P_0} + g$$

式中，D_1 为第1年的现金红利。若发行新的普通股，则应考虑融资费用，假定公司普通股股利逐年增长，则有

$$K_e = \frac{D_1}{P_0(1-f)} + g$$

式中，f 为普通股融资费用率。

（2）资本资产定价模型法。假定普通股股东的投资风险与市场风险相关，其投资风险取决于所投资股票在证券市场组合中的风险系数。这种根据无风险报酬率和某股票在证券市场的风险系数来计算普通股融资成本的方法，称为资本资产定价模型法，计算公式为

$$R_i = R_F + \beta (R_M - R_F)$$

式中，R_i 为第 i 种普通股股票或第 i 种证券组合的必要报酬率；R_F 为无风险报酬率；R_M 为证券市场的平均期望报酬率；β 为该种股票的风险系数，亦称为 β 系数。

股票的 β 系数表示该股票风险相对于证券市场风险的程度。

【例 14-7】 市场证券组合的平均期望报酬率为 15%，无风险报酬率为 10%，智董公司

普通股的 β 系数为 1.2，则：
$$R_i = 10\% + 1.2 \times (15\% - 10\%) = 16\%$$

（3）债券收益加风险报酬法（风险溢价法）。根据风险和收益相匹配的原理，普通股股东要求的收益率以债券投资者要求的收益率为基础，追加一定的风险溢价。

$$K_e = K_d + RP_e$$

式中，K_e 为普通股融资成本；K_d 为债务融资成本；RP_e 为股东对于其承担比债券持有人更大的风险而要求追加的收益率。

RP_e 并无直接的计算方法，只能根据经验获得信息。资本市场的经验表明，普通股的风险溢价对公司自己的债权而言，大部分在 3%～5%。

2. 计算普通股融资成本的简化公式

（1）年股利固定的情形。若每年股利固定不变，则有

$$P_0(1-f) = \frac{D}{K_e}$$

式中，D 为每年固定股利，则有

$$K_e = \frac{D}{P_0(1-f)}$$

【例 14-8】 智董公司普通股市价为 15 元/股，每年固定股利为 1.2 元/股，融资费用率为 3%，则

$$K_e = \frac{1.2}{15 \times (1-3\%)} \approx 8.25\%$$

（2）固定增长股利的情形。若年股利按固定的增长率逐年提高，则有

$$P_0(1-f) = \frac{D_1}{K_e - g}$$

即

$$K_e = \frac{D_1}{P_0(1-f)} + g$$

【例 14-9】 智董公司普通股市价为 12 元/股，融资费用率为 3%，预计第 1 年年末将发放股利 1.2 元/股，以后每年按 5% 增长，则

$$K_e = \frac{1.2}{12 \times (1-3\%)} + 5\% \approx 15.3\%$$

（三）优先股融资成本

构成权益融资成本另一要素是优先股融资成本。优先股是一种权益资本，发行给股东时设定了具体的利率。公司在规定的时间支付规定的股息即可，不必偿还本金。优先股可以是永久性的，除非公司赎回该优先股，也可以是可转换性的，即优先股股东可以在未来一定时期内，依据约定的条件将部分或全部优先股转换为普通股。如果公司不希望因为增发新的普通股而降低每股收益，也不想举借债务，具有可转换权的优先股是很不错的选择。在公司资金不足时，优先股股息可以延期支付，但并不意味着可以不支付。一旦公司有了足够的现金流，就必须按要求支付其股息。

优先股同时兼有普通股与债券的双重性质，其成本也包含两个部分，即融资费用和预定的股利，该股利不具有抵税作用，因此可以按式（14-8）计算优先股的融资成本：

$$K_P = \frac{D_P}{P_0(1-f)} \tag{14-8}$$

式中，K_P 为优先股融资成本；D_P 为优先股年股利；P_0 为优先股融资额；f 为优先股融资费用率。

【例14-10】智董公司发行200万优先股,发行费用为5%,每年支付股利率为14%。该公司优先股成本率为

$$K_P = \frac{200 \times 14\%}{200 \times (1-5\%)} = 14.74\%$$

第三节 综合融资成本

企业经常采用不同的方式融资,其资金的成本和融资风险各不相同。为了正确进行投资和融资决策,就必须计算企业的综合融资成本(也叫加权平均融资成本)。

企业的综合融资成本是各种融资方式的融资成本的加权平均数,其通常以各种资金占全部资金的比重为权数,对各资金的成本进行加权平均确定。

综合融资成本的计算公式如下:

$$K_W = \sum_{j=1}^{n} K_j W_j \qquad (14\text{-}9)$$

式中,K_W 为综合融资成本,可用 WACC 表示;K_j 为第 j 种融资方式的融资成本;W_j 为第 j 种融资方式来源占全部资金来源的比重(权重)。

从式(14-9)可以看出,综合融资成本受个别融资成本和权重的影响,因此,在实际计算时,可以分为3个步骤进行:计算个别融资成本;计算个别融资成本的权重;按照式(14-9)计算加权平均融资成本。

在综合融资成本计算中,个别融资成本相对容易确定,权重可分别选用账面价值权重、市场价值权重和目标价值权重。

账面价值权重是指以账面价值为依据确定各种长期资金的权重。使用账面价值可以从资产负债表中取得,数据真实可靠。使用账面价值主要是为了分析过去的融资成本。但是当债券、股票的市场价值与账面价值差别较大时,计算出的权重会偏离实际,不利于融资决策。

市场价值权重是指债券、股票及留存收益以市场价格确定的权重。使用市场价值权重计算的加权平均融资成本能够反映企业目前的实际情况,有利于企业在目前的情况下做出恰当的决策。但是,市场价值在不断波动,因此融资成本受市场价格的影响很大。企业可以选用平均的市场价格,也可以采用现行市场价格,但不一定能反映未来的市场价格情况。所以选用市场价格权重不利于企业在未来做出适当的融资决策。

目标价值权重是债券、股票以目标市场价格确定的权重,能体现目标资本结构,而不是像账面价值权重和市场价值权重只反映过去和现在的资本结构。因此,目标价值权重更适用于企业筹措新资金。但是企业很难客观、合理地确定债券、股票的目标价值。

综上所述,由于账面价值数据容易取得,且真实可靠,在实际工作中,企业一般使用账面价值权重。

【例14-11】智董公司账面数据如表14-1所示。

表 14-1　智董公司账面数据

融资方式	账面价值/元	权重	融资成本 K_j
公司债券	2500000	25%	11%
长期借款	2000000	20%	10%
优先股	1000000	10%	13%
普通股	2500000	25%	15%
留存收益	2000000	20%	14%
合计	10000000	100%	

将表 14-1 中数据带入式（14-9），得

$K_W = 11\% \times 25\% + 10\% \times 20\% + 13\% \times 10\% + 15\% \times 25\% + 14\% \times 20\% = 12.6\%$

第四节　边际融资成本

边际融资成本定义为筹措每 1 元新资金的成本。边际融资成本通常在某一筹资区间内保持固定，然后开始逐级上升。边际融资成本也是按加权平均成本计算的，是追加融资时所使用的综合融资成本，是筹措新的资金时的融资成本。

当企业对行某项目投资时，应以融资成本作为评价该投资项目可行性的经济标准，这里所说的融资成本应该是边际融资成本而不是企业全部的融资成本。只有用新融资金的成本即边际融资成本与投资项目的内含报酬率进行比较，才能对投资项目的可行做出准确的评价。一般来说，随着企业融资规模的扩大，企业融资成本也会增加，追加融资的加权平均融资成本也会增加。但是，在追加投资中，并非每增加 1 元的资金都会引起融资成本的变动，而是有一定的范围。在原有资金的基础上，追加融资在某一范围内，其融资成本仍保持原有资本结构的平均融资成本；当某种新增资金突破某一限度时，边际融资成本将会提高。

【例 14-12】智董公司目前拥有长期资本 10000 万元、长期借款 2500 万元、公司债券 2000 万元、普通股 5500 万元。为了适应扩大投资的需求，公司准备筹措新款。按目前资本结构计算追加融资的边际融资成本。

第一步，确定目标资本结构。

应根据原有的资本结构和目标资本结构的差距，确定追加融资的资本结构。假设公司目前的资本结构即为公司的目标资本结构，计算目标资本结构。

长期借款：

$$\frac{2500}{10000} \times 100\% = 25\%$$

公司债券：

$$\frac{2000}{10000} \times 100\% = 20\%$$

普通股：

$$\frac{5500}{10000} \times 100\% = 55\%$$

第二步，测算各种融资方式的融资成本及其分界点，假定该公司的具体数据如表 14-2 所示。

表 14-2　个别融资成本及其分界点

资本种类	个别融资成本	新融资额 / 万元
长期借款	6%	≤ 100
	7%	>100
公司债券	8%	≤ 200
	9%	>200
普通股	14%	≤ 330
	16%	>330

第三步，计算融资突破点。

融资突破点是指在保持其资本结构不变的条件下可以筹集到的资金总额，即在融资突破点以内，融资成本不会改变；一旦超过了融资突破点，即使保持原有的资本结构，融资成本也会增加。计算融资突破点的公式为

$$筹资突破点 = \frac{可用某一特定成本筹集到的资金额}{该种资金在资本结构中所占的比重}$$

该公司融资突破点的计算如表 14-3 所示。

表 14-3　融资突破点计算表

资本种类	目标资本结构	融资成本	新融资额 / 万元	融资突破点 / 万元	融资范围 / 万元
长期借款	25%	6%	≤ 100	100/25% = 400	≤ 400
		7%	>100		>400
公司债券	20%	8%	≤ 200	200/20% = 1000	≤ 1000
		9%	>200		>1000
普通股	55%	14%	≤ 330	330/55% = 600	≤ 600
		16%	>330		>600

第四步，计算边际融资成本。

根据表 14-3 的计算结果，可得到 4 组融资总额范围：400 万元以下；400 万 ~ 600 万元；600 万 ~ 1000 万元；1000 万元以上。分别计算各融资范围的边际融资成本。

融资总额在 400 万元以下的边际融资成本 = 6% × 25% + 8% × 20% + 14% × 55% = 10.8%

融资总额在 400 万 ~ 600 万元之间的边际融资成本 = 7% × 25% + 8% × 20% + 14% × 55%

$$= 11.05\%$$

融资总额在 600 万 ~ 1000 万元之间的边际融资成本 = 7% × 25% + 8% × 20% + 16% × 55%

$$= 12.15\%$$

融资总额在 1000 万元以上的边际融资成本 = 7% × 25% + 9% × 20% + 16% × 55%

$$= 12.35\%$$

该公司各融资范围的边际融资成本如表 14-4 所示。

表 14-4　边际融资成本计算表

融资范围/万元	融资方式	融资成本	目标资本结构	边际融资成本
0～400	长期借款	6%	25%	10.8%
	公司债券	8%	20%	
	普通股	14%	55%	
400～600	长期借款	7%	25%	11.05%
	公司债券	8%	20%	
	普通股	14%	55%	
600～1000	长期借款	7%	25%	12.15%
	公司债券	8%	20%	
	普通股	16%	55%	
1000以上	长期借款	7%	25%	12.35%
	公司债券	9%	20%	
	普通股	16%	55%	

第五步，根据上述各融资方案的融资总额、边际融资成本率及其边际投资报酬率的比较，判断及选择有利的投资及融资机会。

第十五章

融 资 风 险

第一节 风险与风险管理概述

一、风险概述

风险是指在一定条件下和一定时期内可能发生的各种结果变动程度的不确定性。这种不确定性又可分为客观的不确定性和主观的不确定性。客观的不确定性是指实际结果与预期结果的离差。主观的不确定性是指个人对客观风险的评估,它同个人的知识、经验、精神和心理状态有关。人类从事任何经济社会活动都有风险。在现实生活中,人们常常要认识、判断、比较和权衡客观风险的利益与代价。不同的人面临相同的客观风险时会有不同的主观不确定性。

融资风险是指在融资过程中存在的不确定性,而且这种不确定性主要指带来损失的不确定性。

(一) 风险的特征

风险的主要特征如下。

1. 风险与收益的对称性

在完全有效市场中,由于每个人对风险的识别结果都一样,每一程度上的风险均被赋予了同样的期望收益,因此,从总体上来说高风险对应着预期的高收益,低风险对应预期的低收益。

收益同风险是存在天然联系的，但是直至现代金融学的产生，风险和收益的关系才被明确提出。风险和收益是一对矛盾的统一体，亏损和收益的减少源于风险，同样超额收益也同样源于高风险的报酬。不同的投资者对风险和收益的选择是不同的。在一个完全竞争的市场，风险和收益往往是同方向变化的，风险高的投资收益率高，风险低的投资收益率低，即高风险高收益，低风险低收益。这是市场中常见的两种状态。当然，现实市场信息的不对称性和垄断的存在，会出现风险与收益方向的背离，也会存在着高风险低收益，如赌博；低风险高收益，如垄断企业。但这是属于非正常市场的反映，是少数情况。

2. 客观性

不确定性是客观事物和人类活动发展变化过程所固有的，因而它们决定了风险的产生具有客观性，风险无处不在、无时不有。

3. 潜在性

风险往往不显露在表面。正是由于这种潜在性，人们才不容易注意到它们的存在。对风险的认识只有通过无数次观察、比较、分析和积累总结，才能发现和揭示风险的内在运行规律。

4. 可测性

人们可以通过观察和监视，进而做出合理的判断，对可能发生的潜在风险进行预测、估量和评价，就有可能较为准确地把握风险。在此基础上，人们可以制订出相应的防范、管理和控制措施。

5. 相对性

人们面临的风险是与其从事的活动、在活动中的行为方式和决策密切相关的。同一风险事件对不同的活动主体会带来不同的后果；同一活动主体，如果行为方式、决策或措施不同，也会面临不同的风险后果；不同的活动主体对待同一风险的态度可能是不同的。因此，风险是相对的。

6. 随机性

即使客观条件相同，风险事件有可能发生，也有可能不发生。风险事件带来的后果也是多种多样的。每种后果出现的可能性大小（概率）都有其客观规律。这种规律称为概率分布。掌握了这种概率分布，就有可能对风险后果做出数量上的估计。

7. 可控性

风险在一定程度上是可以控制的，风险是在特定的条件下，不确定性的一种表现，当条件改变，引起风险事件的结果可能也会改变。

8. 风险的偏好不同

人类对风险的偏好不同。市场常见的两种状态为高风险高收益和低风险低收益，高风险的额外收益实际是投资者承担更多风险的报酬。保守的投资者青睐于低风险低收益的投资，激进的投资者会从事高风险高收益的投资。投资者对风险的接受程度是各自不同的，这就是投资者的风险偏好。

（二）风险的种类

风险可以从不同的角度、按照不同的标准进行多种分类。

1. 按企业管理的内容划分

按企业管理的内容划分，可将风险分为财务管理风险、营销管理风险、人事管理风险、物资管理风险等。财务管理风险又可以进一步划分为投资风险、融资风险、资产经营风险、股利分配风险等。投资和融资是紧密相关的经济行为，有投资方就有融资方，而且投资和融资是同一主体在不同阶段的行为，因此，投资风险和融资风险也是紧密相关的，有时合称为投融资风险。

2. 按风险发生的原因划分

按风险发生的原因划分,可将风险分为系统风险和非系统风险。

(1) 系统风险,也叫经营外部风险,是指风险事故发生的原因是企业外部事故,如雷电、地震等自然灾害事故,禁止某种产品生产、提高税率等政策变动,国内动乱等。这样一类自然风险、政策风险、政治风险等从企业外部,通过市场机制、流通过程而介入企业经营,导致企业财产损失。

(2) 非系统风险,也叫经营内部风险,是指风险事故发生的原因是企业内部经营不善、管理不善导致企业的财产损失。

3. 按风险所致的后果分类

按风险所致的后果分类,可将风险分为纯粹风险和投机风险。

(1) 纯粹风险是指只有损失机会而无获利机会的不确定性状态。纯粹风险只有两种可能的后果,即造成损失和不造成损失。它并无获利的可能性。纯粹风险造成的损失是绝对损失。活动主体蒙受了损失,全社会也随之蒙受损失。例如,火灾、水灾、旱灾、火山爆发、地震、交通事故等,属于纯粹风险,它们造成损失,而不能带来利益。这种风险可以通过参与保险来减少损失。

(2) 投机风险是指那些既存在损失可能性,也存在获利可能性的不确定性状态。投机风险有三种可能的结果:造成损失、不造成损失和获得利益。投机风险可能使活动主体蒙受了损失,但全社会不一定随之蒙受损失。例如,企业经营风险、财务风险等均属于投机风险,投机风险主要依靠人们的风险处理技巧加以防范,是一种复杂多变的风险。

纯粹风险和投机风险在一定条件下可以相互转化。活动主体必须避免投机风险转化为纯粹风险。

4. 按风险的损害对象分类

按风险的损害对象分类,可将风险分为人身风险、责任风险和财产风险。

(1) 人身风险是指人们因早逝、疾病、残疾、失业或年老无依无靠而遭受损失的不确定性状态。

(2) 责任风险是指人们因过失或侵权行为造成他人的财产损毁或人身伤亡,在法律上必须负有经济赔偿责任的不确定性状态。

(3) 财产风险是指财产发生毁损、灭失和贬值的风险。与财产风险相关的损失包括直接损失和间接损失。

二、风险管理概述

风险管理是有目的地通过计划、组织、协调和控制等管理活动来防止风险损失发生、减小损失发生的可能性及削弱损失的大小和影响程度,同时要创造条件,促使有利后果出现和扩大,以获取最大利益的过程。

风险管理的内容和基本环节包括风险识别、风险估量、应对措施和风险管理实施。

1. 风险识别

风险识别就是在各种风险发生之前,对风险的类型及风险的生成原因进行判断、分析,以便实现对风险的估量和处理。风险识别是融资风险管理的前提和基础,是正确进行风险管理决策的基本依据。风险识别分两步:第一步是收集资料;第二步是根据直接或间接症状,应用风险识别技术将潜在风险识别出来。

常见的风险识别技术有以下几种类型。

(1) 事故树分析法。事故树分析法是从分析特定事故或故障的开始(顶上事件),层层分析其发生原因,直到找出事故的基本原因,即故障树的底事件为止。这些底事件又称为基本事件，它们的数据是已知的或者已经有过统计或实验的结果。采用事故树分析法能对各种系统的危险性进行辨识和评价，不仅能分析出事故的直接原因，而且能深入地揭示出事故的潜在原因。用它描述事故的因果关系直观、明了，思路清晰，逻辑性强，既可定性分析，又可定量分析。

（2）幕景分析法。幕景分析法是一种能识别关键因素及其影响的方法。一个幕景就是一项事业或组织未来某种状态的描述，可以在计算机上计算和显示，也可用图表曲线等描述。它研究当某种因素变化时，整体情况怎样？有什么危险发生？像一幕幕场景一样，供人们比较研究。

幕景分析的结果大致分为两类：一类是描述未来某种状态，另一类是描述一个发展过程及未来若干年某种情况一系列的变化。它可以向决策者提供未来某种机会带来最好的、最可能发生的和最坏的前景，还可以详细给出三种不同情况下可能发生的事件和风险。

（3）筛选—监测—诊断技术。筛选是依据某种程序对具有潜在危险的影响因素分类和选择的风险识别过程；监测是对某种险情及其后果进行监测、记录和分析显示的过程；而诊断则是根据症状或其后果与可能的起因等关系进行评价和判断，找出起因并进行仔细检查。

具体循环顺序是：监测—仔细检查—筛选—症候鉴别—诊断—疑因估计—监测。

（4）核对表。将自己或其他组织做过的相关项目经历过的风险事件及其来源书面罗列出来，写成一张核对表，通过过去与现在项目的对照识别潜在风险。

（5）项目工作分解结构法。项目工作分解结构法就是将项目分成各个单元，明确各个单元的性质、它们之间的关系、项目同环境之间的关系等，然后识别风险。

（6）专家评估法。专家评估法也称专家调查法，是以专家为索取未来信息的对象，组织各领域的专家运用专业方面的知识和经验，通过直观的归纳，对预测对象过去和现在的状况、发展变化过程进行综合分析与研究，找出预测对象变化、发展规律，从而对预测对象未来的发展状况做出判断。

（7）个人判断法。个人判断法又称作专家个人判断法，是指依靠专家的微观智能结构对政策问题及其所处环境的现状和发展趋势、政策方案及其可能结果等做出自己判断的一种创造性政策研究方法。这种方法一般先征求专家个人的意见、看法和建议，然后对这些意见、看法和建议加以归纳、整理而得出一般结论。

（8）头脑风暴法。头脑风暴法出自"头脑风暴"一词，是无限制的自由联想和讨论的代名词，其目的在于产生新观念或激发创新设想。

（9）德尔菲法。德尔菲法是一种采用通信方式分别将所需解决的问题单独发送到各个专家手中，征询意见，然后回收汇总全部专家的意见，并整理出综合意见。随后将该综合意见和预测问题再分别反馈给专家，再次征询意见，各专家依据综合意见修改自己原有的意见，然后汇总。这样多次反复，逐步取得比较一致的预测结果的决策方法。

2. 风险估量

风险估量就是度量和评估有关风险对活动目标可能产生的有利和不利影响的程度。为此，需要知道风险后果发生的概率、严重程度。风险是可以度量的，其大小是活动的各种后果出现的概率与后果本身大小的乘积之和。

3. 应对措施

识别和估量风险之后，人们就应考虑对各种风险采取的对策，即针对各种类型的风险及其可能的影响程度，寻找和拟定相应的应对措施。

对付风险的方法分为两大类：一是制定改变风险的措施，如避免风险、损失管理、转移风险;二是风险补偿的融资措施,对已发生的损失提供资金补偿,如保险和包括自保方式在内的自担风险。对付风险的方法主要有以下几种:风险回避、风险减轻、风险自留、风险分散和风险转移等。

(1)风险回避。当风险估计的结果表明风险太大时,就应该主动地放弃项目,或设法消除造成损失的根源。

(2)风险减轻,即降低风险出现的可能性。例如,利用成熟技术将减少产品无法生产出来的可能性。

(3)风险自留,即主动承担风险事件的后果,如在风险事件发生时实施经济计划,或被动地接受。

(4)风险分散,即设法让项目各有关甚至无关的单位或个人共同承担风险。例如,要求承包单位提交履约保证书等。

(5)风险转移,即将风险转移到项目以外的某些实体身上。例如,向保险公司投保。

4. 风险管理实施

这是风险管理过程的最后阶段。比较各种应对措施并做出选择之后,活动主体的决策层应根据所选应对措施的要求,制订具体的风险管理计划并实施。

第二节 金融风险与金融危机

一、金融风险及其管理

金融风险一般是指经济行为主体在金融活动中所面临的不确定性或可能性。

(一)金融风险的要素

一般而言,金融风险具有如下要素。

1. 金融风险具有客观性

金融风险总是不以人的意志为转移而客观存在的,这是因为信息不对称性和市场经济主体的有限理性,客观上可能导致金融风险的产生。经济主体的机会主义倾向,可能导致道德风险贷款者利用自己的信息优势取得银行贷款后进行高风险投资,也可能导致金融风险。此外,金融信用的中介性和复杂性也使金融风险难以避免。

2. 金融风险具有不确定性

在市场经济中,人们所面对的市场变化是无限的,而人们的认识能力却是有限的(有限理性、不完全信息),由此产生的不确定性是市场风险的本质体现。由于资金融通具有偿还性的特点,融出方要在将来的某一时间收回资金,并获得报酬;融入方要同时偿还本金,并付出利息。但是,由于将来存在着许多不确定因素,因而融出方可能无法按时、按预期的报酬收回本金和利息;融入方也可能无法按时、按预定期限的成本偿付资金。这种可能性在资金融通过程中是普遍存在的。金融风险就是由不确定性引起的,产生经济损失的可能性。金融风险的不确定性要求我们,特别是金融机构必须树立风险的动态观,并时刻根据经济环境、经济主体行为变化的特点,把握风险的变化与发展,以采取相应措施予以防范。

3. 金融风险具有损失性

我们在研究金融风险时，更多地强调它损失的可能，当然在金融活动中，在风险存在的条件下，获取额外收益的机会也是客观在的。这种正效应是人们所渴求的，属于风险收益的范畴，它激励人们勇于承担风险，富于竞争和创新精神，以促进金融的深化。但金融风险主要强调的仍然是经济损失发生的可能性。

（二）金融风险的类型

根据诱发金融风险的具体原因，可以将金融风险主要分为信用风险、市场风险、操作风险、流动性风险、国家风险等。

1. 信用风险

信用风险是金融系统面临的主要风险之一，巴塞尔委员会《有效银行监管的核心原则》定义为，交易对象无力履约的风险，也即债务人未能如期偿还其债务造成违约，而给经济主体经营带来的风险。随着现代风险环境的变化和风险管理技术的发展，人们认识到传统的信用风险主要来自金融系统的贷款业务。从组合投资的角度出发，信用资产组合不仅会因交易对手的直接违约而发生损失，而且会因交易对手履约可能性的变动而给自身带来风险。因此，信用风险不仅包括违约风险，还应该包括由于交易对手信用状况和履约能力的变化导致债权人资产价值发生变动遭受损失的风险。

2. 市场风险

市场风险一般是指由于金融市场利率和汇率波动而引起的利差减少、证券跌价、外汇买卖亏损等风险。1996年，巴塞尔委员会颁布的《资本协议市场风险补充规定》将市场风险定义为：因市场价格波动而导致表内和表外头寸损失的风险，并根据导致市场风险因素的不同将市场风险划分为利率风险、股票风险、汇率风险和黄金等商品价格风险。我国基本上采用了巴塞尔委员会的观点，《商业银行市场风险管理指引》第三条规定："本指引所称市场风险是指因市场价格（利率、汇率、股票价格和商品价格）的不利变动而使银行表内和表外业务发生损失的风险。市场风险存在于银行的交易和非交易业务中。"

3. 操作风险

操作风险通常被定义为由于不充分或失败的内部过程、人和系统或外部事件所造成的直接或间接的经济损失。《巴塞尔新资本协议》将操作风险纳入风险资本的计算和监管框架中，将其定义为由不完善或有问题的内部程序、人员及系统或外部事件所造成损失的风险。

4. 流动性风险

流动性风险是指无法在不增加成本或资产价值不发生损失的条件下，及时满足客户流动性需求的可能性。资产方面的流动性要求金融机构能随时满足借款人融通资金和正当的贷款要求；负债方面的流动性要求银行能随时满足存款人提现或收回投资的需求。如果不能满足这两方面的需求，就会发生流动性风险。因此，保持良好的流动性是金融系统经营管理的一项基本原则。

5. 国家风险

国家风险又称主权风险，是指因国家强调的因素使交易对方违约，给金融系统的资产和负债带来损失的可能性。国家风险通常是由债务人所在国家的行为引起的，它超出了债权人的控制范围。例如，有些国家实行外汇管制，交易方如没有获得批准进行外汇交易，则合同到期就不能按时支付；有些国家因政府或首脑的变更，新政府拒绝履行前政府所签的债务契约，使金融系统发放的贷款收不回来；某一国家以政治为由对另一国家予以经济制裁或经济封锁，或做出不偿付任何债务的决定，都会使金融系统遭受损失。

6. 法律风险与合规风险

商业银行的日常经营活动或各类交易应当遵守相关的商业准则和法律原则。在这个过程中，因为无法满足或违反法律要求，导致商业银行不能履行合同发生争议/诉讼或其他法律纠纷，而可能给商业银行造成经济损失的风险，即为法律风险。按照《巴塞尔新资本协议》的规定，法律风险是一种特殊类型的操作风险，它包括但不限于因监管措施和解决民商事争议而支付的罚款、罚金或者惩罚性赔偿所致的风险敞口。

合规风险指的是，银行因未能遵循法律法规、监管要求、规则、自律性组织制定的有关准则、已经适用于银行自身业务活动的行为准则，而可能遭受法律制裁或监管处罚、重大财务损失或声誉损失的风险。从内涵上看，合规风险主要是强调银行因为各种自身原因主导性地违反法律法规和监管规则等而遭受的经济或声誉的损失。这种风险性质更严重、造成的损失也更大。

7. 声誉风险

声誉风险被认为是由于社会评价降低而对行为主体造成危险和损失的可能性。良好的声誉是一家银行多年发展积累的重要资源，是银行的生存之本，是维护良好的投资者关系、客户关系及信贷关系等诸多重要关系的保证。良好的声誉风险管理对增强竞争优势、提升商业银行的盈利能力和实现长期战略目标起着不可忽视的作用。

8. 系统风险

系统风险也称不可分散风险，是影响所有资产的、不能通过资产组合而消除的风险，这部分风险由那些影响整个市场的风险因素引起。对于金融机构而言，当某些因素触动系统风险爆发时，几乎所有金融企业要受到不利影响。这些因素包括宏观经济形势的变动、国家经济政策的变动、税制改革等。

（三）金融风险管理概述

1. 内部控制

金融机构需要按照监管要求建立起 COSO（committee of sponsoring organizations of the treadway commission，反虚假财务报告委员会下属的发起人委员会）框架下的企业风险管理（enterprise risk management，ERM）体系，每年在充分评估该体系有效性的基础上，出具内部控制自我评估报告，与财务报告、社会责任报告一并向资本市场披露。

COSO 在《企业风险管理：整合框架》中指出，企业的内部控制应当考虑全面风险管理的需求。全面风险管理是受企业董事会、管理层和其他员工影响并共同参与的，应用于从企业战略制定到各项活动、企业内部各个层次和部门，用于识别可能对其造成潜在影响的事件，并在企业风险偏好范围内管理各类风险，为企业目标的实现提供合理保证的过程。ERM 体系设计了企业不同层级（企业整体层、职能部门层、经营单元层、附属公司层）都适用的反映内部控制的八个相互关联的构成要素（即内部环境、目标设定、事项识别、风险评估、风险应对、控制活动、信息与沟通和监控），明确了内部控制旨在合理保证实现的四个不同层次的目标（战略目标、经营目标、报告目标和合规目标）。

ERM 对内部控制框架的改进和发展主要体现在：

（1）控制目标方面。ERM 保留了原有内部控制框架中的经营目标、报告目标和合规目标，只是适当拓宽了报告目标的范畴，所谓"报告"，不再特指"财务报告"，而是包括对企业内外部发布的所有其他报告。除此之外，ERM 增加了与企业愿景或使命相关的高层次目标，即战略目标。这意味着企业的风险管理开始关注企业战略（包括经营目标）的制定过程，从源头上把控整体风险水平，进而有针对性、有效地保障其他目标的合理实现。

（2）控制要素方面。ERM 将 COSO 五要素扩展为八要素，包括保留内部环境、风险评估、控制活动、信息与沟通、监控五要素，增加了目标设定、事项识别和风险应对三个要素，清晰地勾画出风险管理的完整循环流程，从目标设定到事项识别、风险应对、控制活动，最后是对整个过程的监督控制和检讨纠正。

（3）控制理念方面。ERM强调了全程的风险管理过程、全员的风险管理文化和全员参与的风险管理机制。通过对内部控制要素的扩充以反映风险管理全流程的概念，体现了ERM对全程风险管理过程的关注。另外，ERM认为组织中的每一个人都对企业风险管理负有责任，并进一步划分了责任主体等级：企业风险管理的成功与否主要依赖于董事会，因为董事会负责审批风险管理总体政策和具体措施；首席执行官及管理层其他成员对公司治理、风险管理、内部控制体系的建立健全负有首要责任；企业各职能部门、各部门人员负有根据所处地位、职责划分的不同按部门规章和岗位职责执行风险管理具体措施的责任。

（4）风险管控幅度方面。ERM借鉴现代金融理论中的资产组合理论，提出了风险组合与整体管理的观念，要求从企业层面上总体把握分散于各层级机构、各职能部门的风险，以统筹考虑风险应对对策，提高风险控制的效率和效果。增加风险控制的管控幅度可以避免以下两种情况：一是部门（或者某机构）的风险处于可容忍限度之内，但从企业整体角度看，累积起来的风险可能超出了企业的风险容忍度，因为个别风险的累积并不一定是简单的相加关系，有可能存在放大效应；二是个别部门（或者机构）的风险超过其容忍度，但从企业整体角度看，存在抵销其风险影响程度的机制或者措施，因而就其本身而言没有必要采取风险应对和控制措施。

2. 全面风险管理及其架构

对银行业而言，COSO的ERM体系的监管要求更为原则导向，容易增加实际应用的难度、引起使用者的疑惑，产生推行阻力，一定程度上影响商业银行全面落实ERM的积极性。同时，我们也应该注意到，商业银行在摸索前行的过程中提出了一系列特色鲜明的内控管理举措，为全面推行ERM奠定了坚实的基础，营造了良好的氛围。商业银行内控三道防线建设便是其中的一个典型实例。

商业银行内部控制的三道防线是指由内控体系的设计监督、操作执行和防范评价三类保证活动、三类保证人员组成的全行内控体系，是全面覆盖集团经营管理的各环节、各条线、各职能、各机构，实现信息共享、联动互动、适当交叉、合理覆盖的内控保证活动机制。

虽然国内外银行同业对全面风险管理框架下的内控三道防线的划分不尽相同，但基本特点是，一道防线强调过程实时控制和自我评估程序，二道防线强调各职能部门对一线部门（过程）进行设计、管理、指导、检查和监督，三道防线强调内部稽核部门对业务操作职能（一线）及业务管理职能（二线）进行再监督和评价，发现问题并督促其及时采取相应措施。

从银行整体层面而言，构建内部控制三道防线是完善银行内控管理架构的重大变革，是内控关口前移、全面加强风险管理的重要举措，是牢固树立全员风险意识和合规文化的重要制度保障，是全面满足COSO《企业风险管理：整体框架》的重要奠基石，将内控和操作风险管理基础建设纳入了统一规范的轨道。

（四）金融风险管理流程

金融风险管理流程如下。

1. 风险识别

风险识别是风险管理的第一步，也是风险管理的基础。只有在正确识别出自身所面临的风险的基础上，人们才能够主动选择适当有效的方法进行处理。风险识别是指在风险事故发生之前，人们运用各种方法系统、连续地认识所面临的各种风险，以及分析风险事故发生的潜在原因。

2. 风险评估

我国商业银行应借鉴发达国家商业银行在长期的风险内部评级过程中积累的丰富经验，

积极探索适合我国国情的风险内部评级体系。我国商业银行应尽快建立一套完整的评估标准，该标准应考虑不同环境、不同行业对受评对象的影响，应涵盖企业获利能力分析指标、现金流量指标及其他所有与风险分析相关的因素。由于目前国内各商业银行计量模型开发技术存在局限性，故可借助国内外专业评级公司技术力量开发风险评估计量模型。

3. 风险分类

商业银行必须在确保客户信息的完整性和准确性的前提下，加快对风险内部评级所需数据的收集，并完善对不良客户信息的收集工作，将其分别归入不同的风险级别。同时，商业银行应根据客户的资产负债状况、市场环境等情况及时更新客户的信息，以便做出准确的风险分析。在具体开展数据收集工作时，商业银行为了节约费用，提高效率，可采取由中国人民银行联合各商业银行的方式，集中信息资源，建立共享数据库。

4. 风险控制

风险控制是通过采取各种措施减小风险事件发生的可能性，或者把可能的损失控制在一定的范围内，以避免在风险事件发生时带来的难以承担的损失。风险控制的四种基本方法是风险回避、损失控制、风险转移和风险保留。

5. 风险监控

风险监控是指在决策主体的运行过程中，对风险的发展与变化情况进行全程监督，并根据需要进行应对策略的调整。因为风险是随着内部外部环境的变化而变化的，它们在决策主体经营活动的推进过程中可能会增大或者衰退乃至消失，也可能由于环境的变化又生成新的风险。

6. 风险报告

风险报告是将金融机构内部的风险及其管理情况详细、准确和及时地传达给公司董事会、管理层。

（五）市场风险管理

1. 利率风险管理

利率风险管理是指商业银行为了控制利率风险并维持其净利息收入的稳定增长而对资产负债采取的积极管理方式。利率风险常产生于资产和负债之间的成熟期差异，也产生于资产和负债之间的利率调整幅度差异。

利率风险管理是西方商业银行资产负债管理的一项重要内容，是增加银行经营收益，稳定银行市场价值的主要工具。利率风险管理是商业银行实现风险管理的重要组成部分。在利率预测和利率风险衡量的基础上，进行利率风险管理的方法主要有两大类：一类是传统的表内管理方法，通过增加（或减少）资产或负债的头寸，或者改变资产或负债的内部结构（如构造免疫资产组合），达到控制利率风险的目的；另一类则是表外管理方法，主要是为现有资产负债头寸的暂时保值，以及针对个别风险较大，或难以纳入商业银行利率风险衡量体系的某一项（类）资产或负债业务，通过金融衍生工具等表外科目的安排来进行"套期保值"。

2. 汇率风险管理

汇率风险管理是指外汇资产持有者通过风险识别、风险衡量、风险控制等方法，预防、规避、转移或消除外汇业务经营中的风险，从而减少或避免可能的经济损失，实现在风险一定条件下的收益最大化或收益一定条件下的风险最小化。

（1）完全抵补策略，即采取各种措施消除外汇敞口额、固定预期收益或固定成本，以达到避险的目的。对银行或企业来说，完全抵补策略就是对于持有的外汇头寸，进行全部抛补。一般情况下，采用这种策略比较稳妥，尤其是对于实力单薄、涉外经验不足、市场信息不灵敏、汇率波动幅度大等情况。

（2）部分抵补策略，即采取措施清除部分敞口金额，保留部分受险金额，试图留下部分赚钱的机会，当然也留下部分赔钱的可能。

（3）完全不抵补策略，即任由外汇敞口金额暴露在外汇风险之中，这种情况适合汇率波幅不大、外汇业务量小的情况。在低风险、高收益、外汇汇率看涨时，企业也容易选择这种策略。

3. 投资风险管理

投资者需要根据自己的投资目标与风险偏好选择金融工具。例如，分散投资是有效的科学控制风险的方法，也是最普遍的投资方式，将投资在债券、股票、现金等各类投资工具之间进行适当的比例分配，一方面可以降低风险，另一方面可以提高回报。

（六）信用风险管理

信用风险管理是指通过制定信息政策，指导和协调各机构业务活动，对从客户资信调查、付款方式的选择、信用限额的确定到款项回收等环节实行的全面监督和控制，以保障应收款项的安全、及时回收。

信用风险作为一种古老的风险形式，在长期以来，人们采取了许多方法来规避，以期减少损失。传统的信用风险管理方法和模型主要有专家制度法、贷款内部评级分级模型，以及 Z 评分模型等。随着现代科学技术的发展，以及对于市场风险等其他风险的管理水平的提高，现代信用风险的管理水平也得到了提升，出现了 Creditmetrics、KMV、Creditrisk+ 等信用风险量化管理模型，使信用风险管理更加精确、更加科学。信用风险管理由静态向动态发展。传统的信用风险管理长期以来都表现为一种静态管理。这主要是因为信用风险的计量技术在相当长的时间里都没有得到发展，银行对信贷资产的估值通常采用历史成本法，信贷资产只有到违约实际发生时才记为损失，而在违约发生前借款人的还款能力的变化而造成信用风险程度的变化难以得到反映，银行因而难以根据实际信用风险的程度变化而进行动态的管理。在现代信用风险管理中，这一状况得到了很大的改进。首先，信用风险计量模型的发展使组合管理者可以每天根据市场和交易对手的信用状况动态地衡量信用风险的水平，盯市也已经被引入信用产品的估价和信用风险的衡量。其次，信用衍生产品市场的发展使组合管理者拥有了更加灵活、有效地管理信用风险的工具，其信用风险承担水平可以根据其风险偏好，通过信用衍生产品的交易进行动态的调整。

（七）操作风险管理

（1）建立完善的公司法人治理结构。我国商业银行要建立规范的股东大会、董事会、监事会制度，设立独立董事，构建以股东大会—董事会—监事会—行长经营层之间的权力划分和权力制衡有效结构，通过高级管理层权力制衡，抑制内部人控制、道德风险的发生。

（2）按照"机构扁平化、业务垂直化"的要求，推进管理架构和业务流程再造，从根本上解决操作风险的控制问题。

（3）改革考核考评办法。正确引导分支机构在调整结构和防范风险的基础上提高经营效益，防止重规模轻效益的现象发生。要合理确定任务指标，把风险及内控管理纳入考核体系，切实加强和改善银行审慎经营和管理，严防操作风险。不能制定容易引发偏离既定经营目标或违规经营的激励机制。

（4）不断完善内部控制制度。商业银行在坚持过去行之有效的内部控制制度的同时，要把握形势，紧贴业务，不断研究新的操作风险控制点，完善内部控制制度，及时有效地评估并控制可能出现的操作风险，把各种安全隐患消除在萌芽状态。

（5）全面落实操作风险管理责任制。首先，要通过层层签订防范操作风险责任合同，使风险防范责任目标与员工个人利益直接挂钩，形成各级行一把手负总责，分管领导直接负责，相关部门各司其职、各负其责，一线员工积极参与的大防范工作格局。其次，要真正落实问责制。要明确各级管理者及每位操作人员在防范操作风险中的权力与责任，并进行责任公示。

（八）其他风险管理

1. 流动性风险管理

原银监会发布的《商业银行流动性风险管理办法（试行）》明确了对于银行流动性监管的四个主要指标：流动性覆盖率、净稳定融资比例、贷存比和流动性比例。该《商业银行流动性风险管理办法（试行）》是中国银行业实施新监管标准的重要组成部分，拟自2012年1月1日起实施。

流动性覆盖率和净稳定融资比例的引入，是《商业银行流动性风险管理办法（试行）》的最大亮点。这两个指标是国际监管层面针对危机中银行流动性问题反思的最新成果，被原银监会引入中国的流动性监管指标体系之中。

2. 法律风险与合规风险管理

法律风险一旦发生，往往会带来相当严重的后果，有时甚至是颠覆性的灾难，因此，建立健全法律风险防范机制，是加强企业风险管理最基本的要求。法律风险管理是减少公司经营成本，控制潜在风险的首要方法。法律风险管理是对公司经营过程中可能出现的法律风险点进行系统性归纳和层次性分析，并根据公司各方面法律风险的不同程度进行深入分析。在全面测评公司法律风险的基础上，对症下药，设计出一整套适合公司特征的公司内部控制管理流程。

3. 国家风险管理

国家风险管理包括银行内部评估风险和确定防范风险的措施两部分，银行内部在进行风险评估时，首先应建立一个风险评估系统，使信息统计和决策程序化、规范化。

评估国家风险的常用方法有以下几种。

（1）核对清单式。这种方式是将有关的各方面指标系统地排列成清单，各项目还可以根据其重要性冠以权数，然后进行比较、分析、评定分数。这种方法简单易行，并可以长期按一定标准和系统积累资料，但这种方式须与其他形式结合使用。

（2）德尔菲法。德尔菲法是召集各方面专家、由各专家分别独立地对一国风险做出评估，银行将评估汇总后，发回各专家，由其修正原来的评估。经过这样的程序（也可以多次进行），各专家的评估的差距不断缩小，最后达成比较一致的评价。

（3）结构化的定性分析系统。这种系统综合了政治、社会的定性分析和结构化的指标定量分析，能比较全面地分析国家风险，所得出的结论一般也比较合理。但这种系统十分复杂，只有实力十分雄厚的大银行才有可能采用。

（4）政治经济风险指数。指数一般由银行以外的咨询机构提供，这种咨询机构通常雇用一批专家以核对清单为依据，制定出每个国家的加权风险指数，每过一段时期修正一次。如果一国的政治经济风险指数大幅度下降，则说明该国风险增大。这种方法很难起到事前警告的作用。

（九）我国的金融风险管理

2007年2月28日，原银监会发布了《中国银行业实施新资本协议指导意见》，该指导意见标志着我国正式启动了实施《巴塞尔新资本协议》的工程。按照我国商业银行的发展水平和外部环境，短期内我国银行业尚不具备全面实施《巴塞尔新资本协议》的条件。因此，原银监会确立了分类实施、分层推进、分步达标的基本原则。

1. 分类实施的原则

我国的商业银行在资产规模、业务复杂性、风险管理水平、国际化程度等方面差异很大，因此，对不同银行应区别对待，不要求所有银行都实施《巴塞尔新资本协议》。原银监会规定，在其他国家或地区（含中国香港、澳门地区等）设有业务活跃的经营性机构、国际业务占相当比重的大型商业银行，自 2010 年年底起开始实施《巴塞尔新资本协议》。这些银行因此也称为新资本协议银行。而其他商业银行自 2011 年起自愿申请实施《巴塞尔新资本协议》。

2. 分层推进的原则

我国大型商业银行在内部评级体系、风险计量模型、风险管理的组织框架流程开发建设等方面进展不一。因此，原银监会允许各家商业银行实施《巴塞尔新资本协议》的时间先后有别，以便商业银行在满足各项要求后实施《巴塞尔新资本协议》。

3. 分步达标的原则

《巴塞尔新资本协议》对商业银行使用敏感性高的资本计量方法规定了许多条件，涉及资产分类、风险计量、风险管理、组织框架和政策流程等许多方面，全面达标是一个渐进和长期的过程。商业银行必须结合本行实际，全面规划，分阶段、有重点、有序推进、逐步达标。在信用风险、市场风险、操作风险三类风险中，国内大型银行应先开发信用风险、市场风险的计量模型；就信用风险而言，现阶段应以信贷业务（包括公司风险暴露、零售风险暴露）为重点推进内部评级体系建设。

二、金融危机及其管理

（一）金融危机的成因

金融危机的成因主要有外部性因素、内在基础性因素。

1. 外部性因素

（1）经济全球化带来的负面影响。经济全球化使世界各地的经济联系越来越密切，但由此而来的负面影响也不可忽视，如民族国家间利益冲撞加剧，资本流动能力增强，防范危机的难度加大等。

（2）不合理的国际分工、贸易和货币体制。不合理的国际分工、贸易和货币体制对第三世界国家不利。在生产领域，仍然是发达国家生产高技术产品和高新技术本身，产品的技术含量逐级向欠发达、不发达国家下降，最不发达国家只能做装配工作和生产初级产品。在交换领域，发达国家能用低价购买初级产品和垄断高价推销自己的产品。在国际金融和货币领域，整个全球金融体系和制度也有利于金融大国。

2. 内在基础性因素

（1）透支性经济高增长和不良资产的膨胀。保持较高的经济增长速度，是发展中国家的共同愿望。当高速增长的条件变得不够充足时，为了继续保持速度，这些国家可能转向靠借外债来维护经济增长。但由于经济发展的不顺利，到 20 世纪 90 年代中期，亚洲有些国家已不具备还债能力。

（2）市场体制发育不成熟。一是政府在资源配置上干预过度，特别是干预金融系统的贷款投向和项目；另一个是金融体制特别是监管体制不完善。"出口替代"型模式是亚洲不少国家经济成功的重要原因。

但这种模式也存在着三个方面的不足：当经济发展到一定的阶段，生产成本会提高，出口会受到抑制，引起这些国家国际收支的不平衡；当这一出口导向战略成为众多国家的发展战略时，会形成它们之间的相互挤压；产品的阶梯性进步是继续实行出口替代的必备条件，仅靠资源的廉价优势是无法保持竞争力的。亚洲这些国家在实现了高速增长之后，没有解决上述问题。

（二）金融危机的类型

金融危机爆发的多样性、复杂性大大拓展了金融危机定义的外延。金融危机按照性质和内容划分，有货币市场危机、金融机构危机、资本市场危机、债务危机，以及系统性金融危机等。

（1）货币市场危机简称为货币危机，是指实行固定汇率机制或带有固定汇率机制色彩的钉住汇率安排的经济体，外在因素对一国货币汇率价值的投机性攻击所导致的该国货币的贬值或急剧下跌，迫使当局要么动用大量的国际储备，要么急剧提高利率来保卫本国货币。

（2）金融机构危机主要针对银行业危机，是指商业银行或非银行金融机构由于内外部原因导致破产倒闭或巨额亏损，致使银行纷纷中止国内债务的清偿，迫使政府通过大规模提供援助以阻止这种事态的发展。金融机构危机很容易通过社会公众信心的传递，引发全社会对各类金融机构的挤提风潮，从而危及整个金融体系。

（3）资本市场危机主要是代表一国财富水平的各种有价证券的严重缩水以及该国对世界财富要求权的相对比例的降低。资本市场危机和货币市场危机都是通过一国的资产价格进行传递的，从而具有联动效应，往往二者的共同作用将给一国的金融体系造成毁灭性打击。

（4）债务危机是指一国不能支付其对外私人或政府间外债的情形。债务危机通常在中心—边缘框架内进行分析研究，国际借贷资金多由经济发达的中心国家流向落后国家，债务危机主要表现为落后国家无法偿还发达国家的债务。

（5）系统性金融危机是指金融市场出现严重的混乱，表现为以上几种危机的混合。系统性金融危机往往表现为，金融体系出现严重困难，绝大部分金融指标急剧恶化，各类金融资产价格暴跌，人们对宏观经济和金融体系未来走势预期悲观，对货币或资产价格丧失信心而竞相采取减损措施所造成的金融系统严重混乱。系统性金融危机可以包括货币危机，但货币危机不一定导致国内支付体系的严重混乱，并且不一定表现为系统性金融危机。

（三）金融危机的管理

1. 宏观审慎监管体系的构建

审慎监管是指监管部门以防范和化解银行业风险为目的，通过制定一系列金融机构必须遵守的周密而谨慎的经营规则，客观评价金融机构的风险状况，并及时进行风险监测、预警和控制的监管模式。

审慎监管理念源于巴塞尔委员会1997年的《有效银行监管核心原则》。在该文件中，审慎监管原则被作为其中一项最重要的核心原则确立下来。在审慎监管法规和要求部分，《有效银行监管核心原则》共提出了十余条原则，要求监管当局制定和实施资本充足率、风险管理程序、内部控制和审计等方面的审慎监管法规。这些审慎监管法规可以分为两大类：一类涉及资本充足率监管；另一类涉及风险管理和内部控制。

《中华人民共和国银行业监督管理法》《商业银行法》等有关金融法律法规借鉴国际银行业监管惯例和《有效银行监管核心原则》的基本精神，确立了银行业审慎监管的理念和原则，并将其作为银行业监管的最重要的制度予以贯彻落实。

2. 金融安全网的构建

为了保持整个金融体系的稳定，防患于未然，当某个或某些金融机构发生一些问题时，国家动员各种力量，采取各种措施，防止其危机向其他金融机构和整个金融体系扩散和蔓延，这样的保护体系可以形象地比喻为"金融安全网"。金融安全网在一国的经济金融体系中对于稳定金融秩序、维护公众信心，进而保护实体经济不遭受损害，起到非常重要的作用。

对于金融安全网的构成有很多种不同见解，一般来说，狭义的金融安全网只包括存款保险制度，或包括存款保险制度及央行最后贷款人。广义的金融安全网除上两项外还包括监管机构的审慎监管和破产处置程序。现在比较受认同的金融安全网的构成一般包括央行最后贷款人、监管机构的审慎监管和存款保险制度。

3. 金融危机管理的国际协调与合作

经济全球化客观上要求加强在全球范围内的经济协调，从而推动其进程更加公正合理、有序有效。然而，现实的矛盾是经济全球化的强势与全球经济调节的弱势并存。这一矛盾集中体现在两个方面：一是全球范围的贸易投资自由化遭遇各国的保护主义措施，而全球协调机制缺乏强有力的遏制，尤其在贸易投资领域；二是全球范围的市场自由化伴随着巨大的风险、无序和过度发展，而全球协调机制缺乏有效调节和合理监管，尤其在货币金融领域。而且，摆脱经济全球化条件下的全球性金融危机，解决的出路显然不能是"反全球化""非全球化""去全球化"，而只能加强国际经济合作与协调。当前和今后相当一个时期，加强国际经济合作与协调的措施主要包括以下几个方面。

（1）建立、健全国际经济-金融体系。随着经济全球化的深化，建立健全能够驾驭全球经济发展、协调世界各国经济关系的国际经济-金融体系迫在眉睫。这一体系改革完善的原则是坚持全面性、均衡性、渐进性和实效性，目标方向是推动国际经济、金融秩序不断朝着公平、公正、包容、有序的方向发展，基础仍是世贸组织、国际货币基金组织（IMF）和世界银行等现有框架。改革完善的主要内容包括：改革国际经济组织决策层产生机制，提高发展中国家在国际经济组织中的代表性和发言权，改善国际经济组织内部治理结构，提高国际经济组织履行职责的能力，完善和强化国际经贸规则、维护开放自由的贸易投资环境，建立覆盖全球特别是主要国际金融中心的早期预警系统，建立及时高效的危机应对救助机制，等等。

（2）遏制贸易投资保护主义。一方面，保护主义绝非摆脱当前危机的良方，而是加剧经济危机的一副毒剂；另一方面，各国在推行本国拯救经济计划时，不由得采取一些贸易投资保护主义措施。世贸组织尤其要发挥有效的协调和强有力的干预作用，包括继续推进多哈回合全球多边贸易谈判、促进贸易投资自由化，以及针对当前出现的保护主义措施，严把国际经贸规则关；世界各国也要努力抑制各种形式的保护主义，把二十国集团华盛顿峰会和伦敦峰会上达成的反对保护主义、避免政策内顾的共识和承诺进一步落到实处。强化国际金融监管。目前，面对全球化的金融市场，金融监管体系却依然停留在国家和地区层面上，各国的金融监管也相对薄弱。因此，建立一个有效的国际金融监管体系，对于防止国际金融危机的深化，是治本之道。该监管体系的机构主体，应是经过改革的国际货币基金组织，由它承担起监管全球金融市场、稳定全球金融市场的职责；其规则标准，不是采用、照搬某一国的规则标准，而是经过各国公平协商、既照顾到各国的差异又适用于各国的规则标准；其内容范围，包括对各类金融机构主体、金融市场、金融产品运营的监管，对信用评级机构行为和企业高管薪酬的监管，对全球资本流动的监测，对主要货币发行经济体货币政策的监督，等等。

（3）加强区域经济合作与协调。在经济的各个领域要加强区域合作与协调，以此作为全球性国际经济协调的先行、补充和重要组成部分。当前，区域经济合作与协调主要包括三个方面。一是推进区域内贸易投资自由化、抑制区域内保护主义。从长期看，继续推进区域一体化、为区域内经济发展创造良好条件，克服危机带来的困难。从近期看，抑制区域内保护主义的冲动，为克服危机、恢复经济创造良好环境。二是加强区域内的货币金融合作。这一合作既有必要，也有可能。三是促进面向区域外的开放与协调。处理好区域一体化与经济全球化的关系，区域经济合作协调与全球经济合作协调的关系。

第三节 融资风险管理综述

企业融资风险是指企业因融入资金而产生的丧失偿债能力的可能性和企业利润（股东收益）的可变性。企业融资风险既包括债务融资风险，又包括权益融资风险。

企业融资风险直接与融资方式相联系。从活动本身分析，融资风险还指融资者在利用融资方式融资时，因某些条件的不成熟或其相关因素发生改变而导致融资失败的可能性。

一、融资风险的成因

企业融资风险的形成既有举债本身因素的作用，也有举债之外因素的作用。前一类因素称为融资风险的内因，后一类因素称为融资风险的外因。

（一）融资风险的内因分析

1. 资本结构不当

这是指企业资本总额中自有资本和借入资本比例不恰当对收益产生负面影响而形成的财务风险。企业借入资本比例越大，资产负债率越高，财务杠杆利益越大，伴随其产生的财务风险也就越大。合理地利用债务融资，控制好债务资本与权益资本之间的比例关系，对于企业降低综合资本成本、获取财务杠杆利益和降低财务风险是非常关键的。

2. 负债规模过大

负债规模是指企业负债总额的大小或负债在资金总额中所占的比例的高低。企业负债规模大，利息费用支出增加，由于收益降低而导致丧失偿付能力或破产的可能性也增大。同时，负债比重越高，企业的财务杠杆系数越大，股东收益变化的幅度也随之增加，所以负债规模越大，财务风险越大。

3. 融资方式选择不当

目前在我国，可供企业选择的融资方式主要有银行贷款、发行股票、发行债券、融资租赁和商业信用。不同的举债融资方式，取得资金的难易程度不同，资本成本水平不一，对企业的约束程度也不同，从而对企业收益的影响不同。如果选择不恰当，就会增加企业的额外费用，减少企业的应得利益，影响企业的资金周转而形成财务风险。

4. 融资顺序安排不当

这种风险主要针对股份有限公司。在融资顺序上，要求债务融资必须置于流通股融资之后，并注意保持间隔期。如果发行时间、融资顺序不当，则必然会加大融资风险，对企业造成不利影响。

5. 负债的利率

在同样负债规模的条件下，负债的利率越高，企业所负担的利息费用支出就越多，企业发生的偿付风险就越大，企业的破产风险也就越大。同时，负债的利率对股东收益的变动幅度也有较大影响。因为在息税前利润一定的情况下，负债的利率越高，财务杠杆作用越大，股东收益受影响的程度也越大。

6. 负债期限结构不当

这一方面是指短期负债和长期负债的安排，另一方面是指取得资金和偿还负债的时间安排。如果负债期限结构安排不合理，如应筹集长期资金却采用了短期借款，或者应筹集短期资金却采用了长期借款，则会增大企业的融资风险。

7. 信用交易策略不当

在现代社会中，企业间广泛存在着商业信用。如果对往来企业资信评估不够全面而采取了信用期限较长的收款政策，就会使大批应收账款长期挂账。若没有切实、有效的催收措施，企业就会缺乏足够的流动资金来进行再投资或偿还到期债务，从而增大企业的财务风险。

8. 币种结构不当

由于各国的经济、政治等情况影响其货币的保值问题，因此企业的币种结构也会影响企业债务风险的程度。如果币种结构选择不当，则要承担汇率波动的风险，从而影响企业偿还债务的能力。

（二）融资风险的外因分析

1. 金融市场

金融市场是资金融通的场所。企业负债经营要受金融市场的影响，如负债的利率就取决于取得借款时金融市场的资金供求情况。金融市场的波动，如利率、汇率的变动，会导致企业的融资风险。除此之外，金融政策的调整也是影响企业融资风险的重要因素。当企业主要采取短期贷款方式融资时，如遇到金融紧缩、银根抽紧、短期借款利率大幅度上升，就会引起利息费用剧增、利润下降，更有甚者，一些企业由于无法支付高涨的利息费用而破产清算。

2. 经营风险

经营风险是企业生产经营活动本身所固有的风险，其直接表现为企业息税前利润的不确定性。经营风险不同于融资风险，但又影响融资风险。当企业完全采用股权融资时，经营风险即为企业的总风险，完全由股东均摊。当企业采用股权融资和债务融资时，由于财务杠杆对股东收益的扩张性作用，股东收益的波动性会更大，所承担的风险将大于经营风险，其差额即为融资风险。如果企业经营不善，营业利润不足以支付利息费用，则不仅股东收益化为泡影，而且要用股本支付利息，严重时企业将丧失偿债能力，被迫宣告破产。

3. 预期现金流入量和资产的流动性

负债的本息一般要求以现金偿还，因此，即使企业的盈利状况良好，但其能否按合同规定偿还本息，还要看企业预期的现金流入量是否足额、及时和资产流动性的强弱。现金流入量反映的是现实的偿债能力，资产的流动性反映的是潜在的偿债能力。如果企业投资决策失误或信用政策过宽，不能足额、及时地实现预期的现金流入量以支付到期的借款本息，就会面临财务危机。此时，企业为了防止破产可以变现其资产。各种资产的流动性（变现能力）是不一样的，其中库存现金的流动性最强，固定资产的变现能力最弱。企业资产的整体流动性，即各类资产在资产总额中所占比重，对企业的财务风险影响甚大，很多企业破产不是没有资产，而是因为其资产不能在较短时间内变现，结果不能按时偿还债务而宣告破产。

融资风险的内因和外因相互联系、相互作用，共同诱发融资风险。一方面经营风险、预期现金流入量和资产的流动性及金融市场等因素的影响，只有在企业负债经营的条件下，才有可能导致企业的融资风险，而且负债比率越大，负债利息越高，负债的期限结构越不合理，企业的融资风险越大。另一方面，虽然企业的负债比率较高，但如果企业已进入平稳发展阶段，经营风险较小，且金融市场的波动不大，那么企业的融资风险就较小。

二、融资风险的分类

（一）按照风险的来源不同

按照风险的来源不同，企业融资风险可以分为以下几类。

1. 信用风险

造成信用风险的因素很多，有的来自主观原因，由债务人的道德品质决定，如部分企业信用观念淡薄，虽然有能力偿还债务，但故意拖欠债务不还；有的来源于客观原因，由债务人所处的环境决定，如经济情况恶化、市场萧条、公司产品销售不出去，导致企业破产倒闭，难以偿还应付的贷款等。

2. 流动性风险

企业在融资活动中之所以会产生流动性风险，主要是因为企业的资产负债结构配置不当。企业在融资过程中负债结构配置不当是形成企业流动性风险的一个主要原因。在实际的投融资活动中，一方面，很多企业主要依靠各类期限的负债来弥补资金不足；另一方面，企业的投资对象多种多样，既有现金、银行存款、短期证券等流动性较强的金融资产，也有投资期限长、回收慢的房地产、基础设施等流动性较差的固定资产类的实物资产。如果企业将资金用于大量的流动性较强的投资项目中，虽然能保证较好的流动性，满足企业偿债能力的需求，但会影响企业的盈利水平，这种盈利水平的降低又会反过来影响企业的偿债能力，产生财务风险。反之，如果企业将大量的资金用于流动性较差的长期投资项目中，又会因各种不确定因素导致企业资金周转困难，并由此产生流动性风险。避免流动性风险最好的办法就是资产与负债的完全匹配，但实际上企业要在投融资活动中真正做到这一点往往是非常困难的。

3. 利率风险

利率风险与因利率变动而使企业融资成本发生的变化有关，所以利率风险的产生有以下两个条件。

（1）企业的债务融资业务。如果企业没有采取债务融资方式来融资，则利率变动不会对企业债务利息产生任何影响，企业也就不会因债务负担过重而形成融资风险。

（2）市场利率发生始料未及的变动。企业在融资活动中产生利率风险主要是由企业对利率走势的预期与实际并不相符造成的。如果企业对市场利率走势的预期能够与实际情况完全相符，那么企业就完全可以避免利率变化给自身带来的影响。但事实上企业是做不到这一点的。因为引起市场利率变动的因素很多。总的来说，利率水平由市场上资金的供求关系决定。而资金的供给与需求又相应地受一国的货币与财政政策，以及借贷双方对未来经济活动的预期等因素的影响。因此，借贷的期限、风险、流动性、物价水平、宏观政策等的变化都有可能引起市场利率波动。

由此可见，在现代社会中任何企业都会面临利率风险。企业以货币资金方式融资交易的规模越大，利率市场化程度越高，企业面临的利率风险就越大。

4. 外汇风险

从表面上看，外汇风险起源于汇率的变动，但汇率变动又受到外汇供求关系的影响。所以，凡是影响外汇供求关系变化的因素都是外汇风险产生的原因。这些因素包括以下几个方面。

（1）经济发展状况。在现代货币制度下，货币价值稳定与否取决于一国的经济发展状况。当一国经济发展稳定、货币供应适当时，其对内价值稳定，对外价值也会稳定。反之，汇率的对内价值和对外价值都难以保持稳定。

（2）国际收支变化。国际收支是一国一定时期内对外交易的系统记录，它的变化直接影响着汇率变动。一般来说，当一国出现国际收支逆差时意味着外汇需求增加。外汇供给减少，将导致外汇汇率上升。反之，会导致外汇汇率下跌。

（3）物价水平变化。物价表现为一国货币的对内价值。在市场经济条件下，一国物价大幅度上涨，也就代表了货币的对内贬值，而货币的对内贬值也必然影响一国货币的对外价值，并最终导致本币对外贬值，即本国货币汇率下跌。

（4）利率变化。利率作为一种重要的经济杠杆，会作用到社会经济生活的各个领域，包括汇率。实际上利率与汇率是相互影响、相互作用的。利率对汇率的影响主要表现在因各国利率水平存在不一致而导致外汇资金供求状况的改变，影响汇率变动。

（5）各国中央银行对汇率的干预。各国中央银行为了维持汇率稳定或想通过汇率变化来实现自身的某种经济目标，往往会干预外汇市场。这会影响外汇的市场供求，并最终使汇率向有利于自身的方向变化。

5. 市场风险

市场风险是企业投资的对象由于市场价格变动而给企业带来损失的风险。由于所投资的产品在市场上的价格受到诸多因素的影响，变数极多，因此，当市场价格突变时会导致企业市场份额急剧下降，利润减少甚至亏损，形成市场风险。

6. 购买力风险

企业在融资活动中之所以会产生购买力风险，主要是因为经济生活中出现通货膨胀。投资者的投资收益尽管表面上并未减少，但因为货币的贬值，导致其实际收益大幅度下降，由此形成实质上的投资损失，从而影响到企业的偿债能力。

7. 政策风险

企业在融资活动过程中会遇到政策风险，主要是因为政府各项政策、法律法规出现变动和调整，企业触及法律、政策或政策在传递、执行过程中存在偏差，给企业投资收益带来不确定性而形成的。

8. 内部管理风险

企业在融资过程中之所以会遭受风险损失，可能是因为企业决策失误或内部管理秩序混乱等内部因素引起的，这类风险统一称为内部管理风险。它主要包括因公司组织结构不健全、决策机制不合理、内部管理存在漏洞与失误导致的决策风险与操作风险。这种风险的形成是由企业的经营机制、管理水平及投资者的决策能力等因素决定的。当经营环境出现对企业的不利变化时就会成倍地放大这种风险，导致企业投资遭受更加严重的损失。

9. 国家风险

一般认为，企业在从事国际投融资活动中会面临国家风险，这主要是以下因素造成的。

（1）经济因素。经济因素主要是指一国国民经济的发展状况会极大地影响该国市场或对外履行债务的能力，如果国际投资中东道国存在外债偿还能力不足的情况，就会给在该国从事投资的跨国投资者带来投资收益的不确定性，形成国家风险。

（2）政治因素。政治因素是指各种政治力量使一国的经营环境发生超常变化的可能性。它作为非市场性的不确定因素，直接影响海外企业的投资目标、实施情况及最终投资收益。

（3）社会因素。

（二）按企业融资方式的不同

按企业融资方式的不同，融资风险主要可分为以下几类。

1. 银行贷款融资风险

银行贷款融资风险是指经营者利用银行借款方式融资时，由于利率、汇率及有关融资条件发生变化而使企业盈利遭受损失的可能性。主要包括利率变动风险、汇率变动风险、资金来源不当风险和信用风险等，这些风险具有一定的客观性，如利率的调整非企业自身所能决定，同时也具有可估计性，可以根据宏观经济形势、货币政策走向等估计利率、汇率等的变动趋势。

2. 项目融资风险

项目融资风险是指企业利用项目融资方式融资时，由于单独成立项目法人，而且项目融资参与者众多，给企业带来一定损失的可能性。所涉及的风险要在发起人、项目法人、债权人、供应商、采购商、用户、政府相关部门及其他利益相关者等之间进行分配和严格管理。项目风险可分为系统风险和非系统风险两大类，每一类中又包含多种风险，因此，如何在利益相关者之间进行风险分配和相应的管理是项目融资能否成功的一个重要因素。

3. 租赁融资风险

租赁融资风险是指企业利用租赁方式融资时，由于租期过长、租金过高、租期内市场利率变化等给企业带来一定损失的可能性。它主要包括技术落后风险、利率变化风险、租金过高风险等。其中有些风险具有必然性，如技术落后风险，由于科学技术的飞速发展，这种风险是必然会发生的。承租人承担风险有一定的被动性，因为租期、租金、偿付租金的方法等主要是由出租人来定的。

4. 债券融资风险

债券融资风险是指企业在利用债券方式融资时，对债券发行时机、发行价格、票面利率、还款方式等因素考虑欠佳，使企业经营成果遭受损失的可能性。它主要包括发行风险、通货膨胀、可转换债券的转换风险等。债券具有偿付本息的义务性，决定了债券融资必须充分依托企业的偿债能力和获利能力。因此，相对于股本的无偿还性，股息支付的非义务性、非固定性，债券融资的风险要大得多。这种风险同样具有一定的客观性。

5. 股票融资风险

股票融资风险是指股份制企业在利用股票融资的过程中，股票发行数量不当、融资成本过高、时机选择欠佳等给企业造成经营成果损失，并且因经营成果无法满足投资者的投资报酬期望，引起企业股票价格下跌，使再融资难度加大的可能性。这种风险与债务融资风险相比，风险较小。股票融资风险可由更多的股东承担，我国许多股份制企业以配股方式支付股利而无须支付现金，从而避免了负债偿息带来的财务风险。

三、融资风险管理的原则

融资风险管理的基本原则如下。

（1）时机得当原则。企业在融资过程中，必须按照融资机会和投资机会来把握融资时机，确定合理的融资计划与融资时机，以避免因取得资金过早而造成投资前的闲置，或者取得资金相对滞后而影响投资时机。融资时机是否恰当直接影响融资成本的高低。

（2）规模适度原则。企业的融资活动首先应根据企业或项目对资金的需求，预先确定资金的需要量。在确定资金的需要量时，企业要坚持规模适度原则，使融资量与需要量相互平衡，防止融资不足而影响生产经营活动的正常开展，同时也要避免融资过剩而降低资金的使用效率。

（3）结构合理原则。企业在融资时，应尽量使企业的权益资本与负债资本保持合理的结构关系。一方面，要防止负债过多而增大财务风险，增加偿债压力；另一方面，要利用负债经营，充分地发挥权益资本的使用效率。

（4）成本节约原则。企业在融资行为中，要认真地选择融资来源和方式，根据不同融资渠道与融资方式的难易程度、资本成本等，综合考虑，使企业的融资成本降低，直接提高融资效益。

四、融资风险的识别

产生融资风险的因素有很多，大致上可分为宏观方面的因素和微观方面的因素。

宏观方面的因素主要有财政政策、货币政策、产业政策、利率变动、汇率波动、市场竞争环境，这些会影响融资风险。

微观方面的因素主要有负债规模、长短期负债的结构、经营方面的因素、管理方面的因素和企业发展战略方面的因素。

从本质上来说，融资风险来源于企业投资效益和经营效益的不确定性。防范和控制融资风险的前提是识别融资风险，并在此基础上对其进行计量。一般而言，企业可以综合运用宏观方面的定性分析指标、内部管理环境方面的定性指标和企业微观方面的财务定量指标来识别和测量融资风险。

五、融资风险的防范

（一）防范现金性融资风险

防范现金性融资风险需要从其产生的根源着手，侧重点在于资金运用与负债的合理期限搭配，科学安排企业的现金流量。如果企业的负债期限与负债周期能够与生产经营周期相匹配，则企业就能利用借款来满足其资金需要。现金性融资风险防范的策略、作用及要求如表15-1所示。

表15-1 现金性融资风险防范的策略、作用及要求

说明	释义
策略	按资金运用期限的长短来安排和筹集相应期限的负债资金
作用	产生适量的现金流量，以适度地规避风险
	提高企业利润
要求	采用适当的融资策略
	尽量用所有者权益和长期负债来满足企业永久性流动资产及固定资产的需要
	临时性流动资产的需要通过短期负债实现
	避免冒险型政策下的高风险压力
	避免稳健型政策下的资金闲置和浪费

此外，在实际操作过程中，由于企业不同，或者在同一企业的不同时期，具体情况可能会有所差别。因此，企业财务决策人员应在遵守总原则的前提下，针对当时的具体情况来制定对策，以达到防范风险的目的。

（二）防范收支性融资风险

防范收支性融资风险也需要从其产生的根源着手，确定相应的防范对策。通常来说，主要从两个方面来看，即资本结构状况和债务重组。

从财务角度来看，资本结构状况是收支性融资风险产生的前提，这说明从总体上规避和防范融资风险首先应从优化资本结构入手。因为资本结构安排不当是形成收支性风险的主要原因之一。

在实际情况下，企业一旦面临风险，其所有者和债权人的利益势必也将面临风险，如果处理不妥当，双方都会遭受损失，这种情况下，企业就需要进行债务重组。企业要采取积极措施做好债权人的工作，避免债权人采取不当措施，使其明确企业持续经营是保护其权益的最佳选择，从而动员债权人将企业部分债务转作投资或降低利率。债务重组的适时进行有利于降低企业的负债融资风险，是避免债权人因企业破产而遭受损失的较好对策。

此外，企业重组计划的实施关键在于对重组和破产的理解，及对企业重组后持续经营的信心。

（三）通过日常财务分析防范融资风险

为防范融资风险，企业财务工作人员、资金运作人员应加强日常财务分析。

1. 资金周转表分析法

为了提高企业的资金清偿能力，就要保证企业有足够的现金流。资金周转表分析法就是通过制定"资金周转表"使企业关注资金周转计划，经常检查结转下月额与总收入的比率、销售额与付款票据兑现额的比率，短期内应负担的融资成本及考虑资金周转等问题，促进企业预算管理，保证企业的资金清偿能力，降低融资风险。

2. 定期财务分析法

与企业融资风险有关的定期财务分析法主要是指杜邦财务分析法，这是一种经典且实用性很强的财务分析法。杜邦财务分析法是逐层进行分析的，适合由"症状"探寻"病根"的过程。一般而言，警情预报都是较综合的指标，杜邦财务分析法就是把这样一项综合指标发生升降的原因具体化，为采取措施指明方向。一般杜邦财务分析法是以净资产收益率为综合指标进行层层分解的，鉴于现金流量分析的重要性，还可以使用现金流量分析的"杜邦"系统。

六、融资风险的衡量与分析

融资风险评价是对融资风险的不同影响因素进行单项和综合的评价，以衡量融资风险的大小。

由于融资风险分析指标既有定性指标，又有定量指标。因此，需要采用不同的方法来进行衡量，对定性分析指标可以采用德尔菲法、模糊层次分析法等；对定量分析指标可采用判别分析法、综合评分法、数据包络分析法、功效系数法、层次分析法、神经网络分析法、概率分析法等。因此，在进行融资风险评价时，首先，企业需要制订科学合理的评价标准和财务风险预警级别，可以选择行业指标的平均值、行业指标理想值、标杆企业指标值、本企业历史平时值、本企业历史最高值（或最低值）为评价标准。其次，将单个分析指标的实际值与相应评价指标标准值相比较并确定单项财务风险预警级别。最后，选择一种综合评价方法对融资财务风险进行专项综合评价并确定融资财务风险的大小及预警级别。

对融资风险的评价结果进行分析是财务风险控制的一个重要环节，企业通过融资风险影响因素的单项和综合敏感性分析，找出融资风险影响的主要因素，并确定企业财务风险控制的重点，在全面监控的基础上对重点控制环节加以重点控制。

七、融资风险的预警

融资风险的预警就是根据融资风险的评价结果，对融资活动中存在的潜在或现实财务风险发出预警信号，并进行有效的防范和控制的风险管理过程。

预警信号一般分为 5 级，即无警、轻警、中警、重警和巨警。融资风险分析指标的预警信号标准区间值对应于不同的预警信号，如表 15-2 所示。标准区间值并不是绝对的，它有一个允许变动的特定范围，这个特定范围就是预警指标的标准值允许变化的区间，称为标准值活动区间。在实际的融资风险预警中，企业根据行业情况及本身的历史、现状和未来科学、合理地设置预警指标的不同预警信号标准区间，否则达不到科学、有效的风险预警效果。因此，风险预警的关键是设定不同分析指标的预警信号标准区间值。在融资风险预警中，对于定性指标，采取由专家评分来确定预警信号标准区间值；对于定量指标，根据行业指标的平均值、行业指标理想值、标杆企业指标值、本企业历史平时值、本企业历史最高值（或最低值）为基础来确定各分析指标的预警信号标准区间值，不同行业、不同地区、不同企业的预警信号标准区间值应有所不同。

表 15-2 融资风险预警分析表

融资风险分析指标	预警信号标准区间值					实际值	敏感度	预警信号
	无警	轻警	中警	重警	巨警			
定性指标								
定量指标								
综合指标								

将融资风险评价的结果与预警信号标准区间值相比较，根据分析指标实际值所处的范围，确定其预警信号。

根据融资风险预警单项指标、定性指标和综合指标所发出的预警信号，分析确定具体的警源，并采取相应的措施加以控制，以降低企业的融资风险，为实现企业的战略目标和财务管理目标奠定基础。

八、融资风险的控制

融资风险的控制是通过组织和制度的有效安排，对融资活动可能产生的无法到期偿还债务或无法实现预期报酬的风险进行控制，防患于未然的风险控制机制，包括融资风险的事前、事中和事后控制。

虽然融资风险是客观存在的，但企业可以采取相应的控制措施对其实施有效的控制。

1. 合理统筹安排融资总额

无论是权益资金还是债务资金，都有资金使用成本。如果筹集的资金不能有效配置和使用，不但不能提高企业的经营业绩，反而会给企业带来财务风险。因此，在融资时，企业应遵循项目资金管理原则，控制融资总额，避免过度融资而为企业日后的投资活动和经营活动带来不利影响。个别上市公司盲目从证券市场"圈钱"而不重视企业管理水平和核心能力的提升，不按融资计划书使用资金，随意变更融资的用途，同时公司治理结构不完善和对上市公司监管不力，导致不少"问题高管"不断出现，严重损害了广大投资者的利益，不利于我国证券市场的健康发展。

2. 优化资本结构，控制负债规模

由于每一种融资方式的资金成本不同，权益资本成本相对较高，而债务资本成本相对较低。不同国家、不同行业、不同地区、不同类型和不同发展阶段企业的资本结构各有差异。企业应根据自身情况合理优化资本结构，使企业的综合加权资金成本达到最低。

3. 合理配置资金，提高企业资金使用效率和效益，降低投资风险

企业资金配置和使用效率及效益的高低及其变动程度，是导致融资风险的直接原因，控制融资风险的根本途径在于提高资金的使用效率和效益，增强企业的盈利能力和偿债能力。投资风险的有效控制能够降低企业的融资风险，否则会加大融资风险。

4. 优化负债资金期限结构，权衡风险与收益

短期借款成本低，弹性大，风险高，而长期借款则相反。企业在安排这两种融资方式的比例时，必须在风险与收益之间进行权衡。一般来说，企业对融资期限结构的安排主要有三种方式，即中庸融资法、保守融资法和风险融资法。企业应根据自身的情况，选择合适的融资结构安排方式。

5. 预测利率和汇率变化动向，采取积极的措施应对利率风险和汇率风险

利率和汇率的变动会给企业融资带来很大的风险。因此，企业在融资时，需要根据利率与汇率的走势，预测其变化趋势，采取积极的措施安排融资金额和融资方式，如利率期权互换、汇率期权互换。

6. 从组织上和制度上控制融资风险

完善公司治理结构和管理制度，构建有效的治理结构，形成各自独立、权责分明、相互制衡的运作基本框架结构，保证企业日常经营管理活动的正常、科学、高效率运行，可以从组织上和制度上为融资风险控制提供保障，有效防范融资风险。

第四节 债务融资风险

一、债务融资风险综述

债务融资风险是指企业的债务融资行为给企业带来的风险。具体地说，它是指因为企业举债经营而导致流动性不足进而丧失偿债能力的风险，或者由于企业举债后资金使用不当导致企业遭受损失的可能性。

（一）负债融资风险成因分析

债务融资风险受到很多因素的影响。简单来讲，可以将这些因素归结为内因和外因。内因是指与债务融资本身有关的因素，包括负债的规模及资本结构、负债的利率及利率结构、负债的期限结构、负债的类型结构等；而外因是指债务融资以外的因素，如经营风险、预期现金流状况和资产流动性状况以及金融市场等。

1. 内因分析

（1）负债的规模及资本结构。负债的规模是指企业负债总额的大小或负债在资金总额中所占比重的高低。其中，负债在资金总额中所占的比重是企业资本结构决策的核心问题。从绝对量上看，企业负债的规模越大，利息费用支出越高，企业因此丧失偿债能力或破产的可能性也越高；从相对量上看，企业的负债比率越高，企业面临的偿债压力就会越大，相应地，企业债务融资风险也会越高。

（2）负债的利率及利率结构。在负债规模一定的情况下，利率越高，利息费用支出越高，企业因此陷入支付危机的可能性就越大，企业负债融资风险也就越大。

负债的利率结构是指企业以不同的利率借入的资金之间的比例关系。对于融资人来说，利率的高低体现了融资成本的高低。不同的融资方式通常会有不同的利率水平要求。例如，筹集长期资金的利率通常会高于筹集短期资金的利率。另外，企业进行负债融资时，所采用的利率有固定利率也有浮动利率，而两者使企业面临的利率风险不同。企业在进行负债融资时，应合理地考虑上述因素，有效地降低企业负债融资的利率风险。

（3）负债的期限结构。负债的期限结构是指企业所使用的长短期负债的相对比重。如果负债的期限结构安排不合理，如应筹集长期资金却采用了短期资金，或者相反，都会增加企业的融资风险。具体来讲，如果企业利用长期资金筹集方式融资用于短期目的，首先，其利息费用在相当长的时期内将固定不变，因此可能无法与短期利率的波动相匹配；其次，长期融资方式的融资成本通常要高于短期融资方式的融资成本，在这种情况下，企业将会承担较高的融资成本；最后，对长期资金的使用通常会有一些限制性条款，企业使用长期资金时通常会丧失一定的财务灵活性。相反，如果企业利用短期资金筹集方式来融资用于长期目的，则当短期资金到期时，可能会出现难以筹措到足够的现金进行清偿的风险。此时，若债权人由于企业财务状况差而不愿意将短期债务延期，则企业有可能被迫宣告破产。因此，企业在安排融资时，应充分考虑当前的负债期限结构状况，科学安排资金来源的期限，以使企业的负债期限结构更加合理。

（4）负债的类型结构。负债的类型结构是企业采取不同融资方式筹集的资金的相对比重。企业常用的债务融资方式有银行借款、债券融资、商业信用融资、租赁融资等。不同的债务融资方式具有不同的成本和风险，企业在利用负债融资时，应尽可能地利用多渠道融资，避免负债资金来源集中于少数融资方式而带来的风险。例如，企业如果过于依赖银行借款，则企业的负债资金筹集可能会受银行信贷政策的影响较大，当银行收缩信贷时，企业将会面临较大的融资困难。

另外，企业涉及外币融资的，还会涉及本币融资与外币融资之间的关系。本币融资和外币融资面临着不同的汇率风险。

2. 外因分析

（1）经营风险。经营风险泛指企业由于经营上的原因而导致收益变动的不确定性，尤其是指企业利用营业杠杆而导致息税前利润变动的风险。经营风险不同于融资风险，但又影响融资风险。企业的融资风险通常需要与经营风险相匹配。如果企业的经营风险很大，此时企业应避免采用高风险的融资方式，否则将很容易使企业陷入支付危机。也就是说，企业经营风险的存在将增加企业的债务融资风险。

(2)预期现金流状况与资产流动性状况。债务的本息通常要求以货币资金偿付。即使企业的盈利状况良好，但其能否按照合同规定按期偿还本息，不仅要看企业预期的现金流是否足额并且及时，还要看企业资产的整体流动性如何。因此，预期现金流状况及资产流动性状况将直接决定企业能否按时偿还到期债务，从而对企业债务融资风险产生重大影响。

(3)金融市场。金融市场是金融性商品交易的市场，包括外汇市场、资金市场和黄金市场。资金市场又分为短期资金市场，即货币市场和长期资金市场，即资本市场。金融市场中利率、汇率的变动，都会对企业的债务融资风险带来影响。

(二)债务融资风险的种类

债务融资风险主要有两种类型：支付性债务风险和经营性债务风险。

1. 支付性债务风险

它是指在某一特定时期内，负债经营的企业现金流出量超过现金流入量，从而造成企业没有现金或没有足够的现金偿还到期债务的可能性。由此可见，支付性债务风险是由于一时的现金短缺，或债务的期限结构与现金的流入期限结构不匹配。这是一种个别风险、现金风险、企业理财不当的风险，主要是企业财务管理上的责任。

2. 经营性债务风险

它是指企业在收不抵支的情况下，出现的不能偿还到期债务的风险。一般来说，意味着企业经营出现了亏损，如不能及时扭转亏损状况，势必会产生终极经营性债务风险，从而陷入财务困境，最终导致企业破产。经营性债务风险的具体表现为企业破产清算时的剩余财产不足以支付债务。经营性债务风险的产生原因主要有两个方面：一是企业的经营获利能力低下；二是企业的财务管理不当。

债务风险同其他财务风险一样具有客观性、普遍性、不确定性、可控性、双重性。

小知识

负债融资风险

按照形成原因不同，负债融资风险可分为现金性融资风险和收支性融资风险。两种不同负债融资风险的比较如表 15-3 所示。

表 15-3 两种不同负债融资风险的比较

风险类别	现金性融资风险	收支性融资风险
定义	企业在特定时间内，由于现金流量出现负数而造成的不能按期支付债务本息的风险	企业在收不抵支的情况下出现的到期无力偿还债务本息的风险
产生原因	企业理财不当造成的	企业理财不当；企业经营不当而引起企业净资产总量减少所致
表现	执行不力或现金预算的安排出现问题，造成财务方面的危机	企业债权人权益受到一定程度的威胁
	企业债务期限结构不合理，引发企业某段时间出现偿债高峰等情况	企业面临更多的风险和压力
影响	对企业未来的融资影响并不大	其风险的进一步延伸将导致企业的破产，假如不及时控制这种风险，将对企业的未来融资和经营产生重大的影响
	受会计权责发生制的影响，即使企业当期投入大于支出，也并不等于企业就有现金流入，即它与企业收支是否盈余无直接关系	企业经营中的收不抵支，意味着经营亏损和净资产总量的减少，从而对企业按期偿还债务造成影响
风险定位	暂时风险、局部风险	终极风险、总体风险

在企业高速发展的过程中，如果以资金的不良需求来应对业务增加，短期内可能会得到一些小利，但从长远来看，企业将会在资产负债方面出现重大问题，从而给企业带来很多的财务风险，导致企业资金周转困难。

（三）债务融资风险的影响因素

企业债务融资风险的形成既受企业举债融资的影响，也受举债之外因素的影响，有主观因素，也有客观因素；有企业内部影响因素，也有企业外部影响因素。

1. 内部影响因素

内部影响因素一般也是企业举债融资主体的主观因素，主要包括以下方面：负债规模；利率；期限结构；债种结构；利率结构；币种结构。

2. 外部影响因素

外部影响因素一般是企业只能适应而无法改变的客观因素。企业外部环境的不确定性对企业举债融资活动有重大影响。外部影响因素主要包括以下方面：经济环境；利率的变动；汇率的变动；法律环境；政治环境；社会环境；自然环境；其他关联方的重大变化，如合作方的破产及坑、蒙、拐、骗行为等。

由此可见，债务融资风险的发生是企业外部和内部因素、客观和主观因素共同作用的结果。企业所处的环境复杂多变是发生风险的外部原因、客观原因；企业举债融资主体的局限性所导致的决策失误、管理失当，以及防范、控制、规避风险的措施不力，是发生风险的内部原因、主观原因。

（四）债务融资风险的防范

企业要真正达到防范债务融资风险的目的，首先，切实从自身情况出发建立相应的企业债务融资风险管理责任制度，进行债务融资风险管理计划。在可能的情况下，企业要在财务部门下设立债务融资风险管理小组。该小组的主要职责是分析企业债务的结构，编制债务现金流量表，分析债务融资风险的来源，拟定风险的管理策略，建立债务融资风险管理体系，收集资本市场的资料，分析市场走势。该小组的设立是建立和完善债务融资风险管理责任体制的第一步。其次，企业必须立足于市场，建立一套完善的风险预警机制和财务信息网络，及时地对财务风险进行预测和防范，制订适合企业实际情况的风险规避方案。

（五）债务融资风险决策

在债务融资风险决策中，通常应遵循以下几项原则。

1. 债务融资与权益融资相结合

实务中，最佳资本结构的确定并没有一定之规。很多情况下，债务融资与权益融资之间的比例关系选择行业平均水平或企业历史经验数据作为参照。

2. 长期债务与短期债务相结合

长期债务与短期债务对企业来说意味着不同的风险和收益。一方面，长期债务的利率通常较高，更多地使用长期债务意味着企业需要承担更高的融资成本；另一方面，更多地使用短期债务意味着企业会更频繁地面临偿债压力，更容易陷入偿付危机，也就是说，短期债务的风险比长期债务的风险要大。因此，在进行债务融资风险计划时，企业需要对二者之间的比例进行权衡。

按照企业如何安排不同期限的资金来源与资金运用之间的关系，可以将企业的债务融资策略简单地归结为稳健型债务融资策略、激进型债务融资策略和保守型债务融资策略。

（1）稳健型债务融资策略。稳健型债务融资策略是指企业以短期债务融资的方式为短期资金运用融资，用长期债务融资和权益资本融资的方式为长期资金运用融资，如图15-1所示。

在稳健型债务融资策略下，资产和负债的到期期间能够相互匹配，从而降低了企业无法偿还到期负债的风险。与后两种融资组合相比，这种融资组合所对应的成本也是较为均衡的。

从理论上讲，企业可以对资产和负债的到期期间做出完美的配合。但实际中，很多因素具有不确定性，如资产的实际使用寿命很难与预期完全一致。因此，这种融资组合是理想化的，在实际中很难实现。

在正常风险的融资组合中，就其长期融资来说，可以有以下几种。

1）权益资本融资组合。其主张以发行股票来代替长期债务，具有成本高、风险低、收益低的特点。但由于过于保守，这种组合在实际中很少应用。

2）债务资本融资组合。其主张以长期债务来替代权益资本，具有成本低、风险高、收益大的特点。

3）长期债务与股权融资组合。其主张以长期债务和股票来满足企业长期资产所需资金，具有成本相对较低，风险相对较高，收益相对较大的特点。

4）长期债务与吸收直接投资融资组合。这种组合的特点与长期债务与股权融资组合基本相同。

5）可转换债券融资组合。其主张发行可转换债券筹集长期资金。由于可转换债券融资成本相对较低，此种组合具有成本较低、风险较高、收益较大的特点。

6）融资租赁融资组合。其主张用长期债券、权益资本和融资租赁来筹集长期资金。这种方式的限制条件少，可以较快形成生产能力。但融资成本较高，风险也较大。

（2）激进型债务融资策略。激进型债务融资策略是指企业除了以长期债务融资的方式为长期资金的运用融资以外，还利用短期债务融资方式为长期资金的运用融资，如图15-2所示。

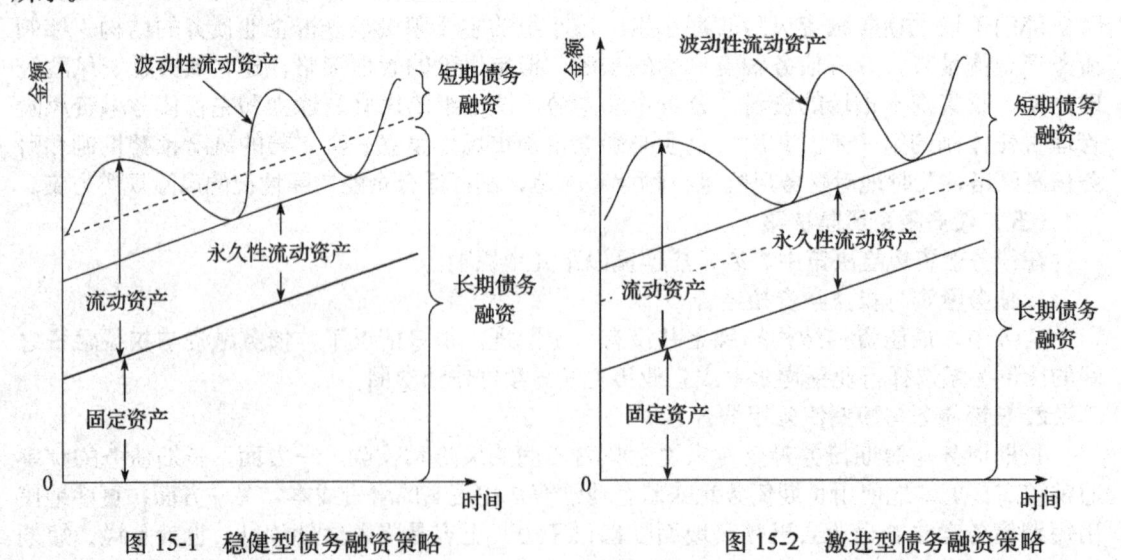

图15-1 稳健型债务融资策略

图15-2 激进型债务融资策略

这样，短期负债融资比例就相对较高，使企业在增加收益（因为短期负债的融资成本较低）的同时增加了风险。

在激进型债务融资策略中，短期债务融资所占比例较大，长期资金所占比例较大，因此企业的资本成本相对较高，收益会相对较低。从风险角度来看，一方面，由于长期资金所占比例较大，所以企业在短期内无法偿还到期债务的风险较小；另一方面，企业也可较少地受到因短期利率变动而增加企业资本成本的风险的影响。在激进型债务融资策略中，公司以长期负债和权益来融通长期资金的一部分，而余下的长期资金和短期资金用短期债务来融通。由于短期负债的资本成本一般低于长期负债和权益资本的资本成本，而在激进型债务融资组合下，短期负债所占比重较大，所以该策略下企业的资本成本较低。但是，为了满足长期资金需要，企业必然要在短期债务到期后重新举债或申请债务展期，这样企业就会更为经常地举债和还债，从而加大了融资的困难和风险，还可能面对由于短期负债利率的变动而增加企业资本成本的风险。所以，这是一种收益性和风险性均较高的营运资金筹集策略。

可供选择的债务融资组合主要有以下几种。

1）债务资本融资组合。其主张以短期债务来替代权益资本，具有成本低、风险高、收益大的特点。

2）短期债务与股权融资组合。其主张以短期债务和股票来满足企业短期资产所需资金，具有成本相对较低，风险相对较高，收益相对较大的特点。

3）短期债务与吸收直接投资融资组合。

4）短期债券与可转换公司债券融资组合。由于可转换债券融资成本相对较低，而且短期债券融资成本也相对较低，此种组合具有成本较低、风险较高、收益较大的特点。

5）不同到期日的短期债券融资组合。主张发行不同到期日的短期债券来满足资金需求，具有成本较低、风险较大、收益较高的特点。

6）短期借款与短期债券的融资组合。

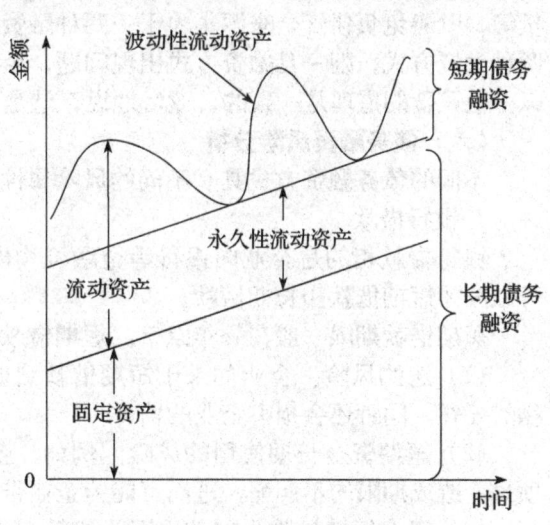

（3）保守型债务融资策略。保守型债务融资策略是指企业除了以短期债务融资的方式为短期资金的运用融资以外，还将利用长期债务融资方式为短期资金的运用融资；长期资金运用主要以长期债务和权益资本来融资，如图15-3所示。

在保守型债务融资策略中，短期债务融资所占比例较小，长期资金所占比例较大，因此企业的资本成本相对较高，收益会相对较低。从风险角度来看，一方面，由于长期资金所占比例较大，所以短期来看，企业无法偿还到期债务的风险较小；另一方面，企业也可较少地受到因短期利率变动而增加企业资本成本的风险的影响。与前两种融资组合相比，这一种融资组合的收益和风险都较低。

图 15-3　保守型债务融资策略

可供选择的债务融资组合主要有以下几种。

1）权益资本融资组合。其主张用权益资本代替长期借款进行融资，并最大限度地减少短期债务融资的数额。这种融资策略具有融资成本高、风险低、收益低的特点。

2）长期债务与股权融资组合。

3）长期债务与吸收直接投资融资组合。

4）长期债券与可转换公司债券融资组合。发行可转换公司债券是在发行普通股和公司债券预期结果不理想的情况下，采用的一种资金筹集方式。一旦债券转换为股票，不仅可以增加权益资本、减轻还债压力，还可以用不固定的股利支付来替代固定的利息支付。符合低风险融资组合的要求。这种融资策略具有成本高、风险较低、收益较小的特点。

5）不同到期日的长期债券融资组合。其主张发行不同到期日的长期债券来满足资金需求，即通过发新债还旧债的方式延续使用借债资金。这种融资策略具有成本较低、风险较大、收益较高的特点。

6）长期借款与长期债券的融资组合。企业在进行债务融资风险计划时，应该充分考虑企业资产的期限结构，合理安排长期债务与短期债务的比例，使其与企业资产的期限结构相匹配，避免过于保守或过于激进的债务融资安排。

3. 债务融资成本与投资回报率相结合

企业债务本息的支付是建立在投资的未来收益基础之上的。因此，在进行债务融资风险计划时，企业应该考虑债务融资成本与投资回报率之间的关系。如果债务融资成本高于投资回报率，意味着企业进行投资所获取的回报尚不足以支付债务利息，这时，企业就可能会面临较大的还本付息压力。在我国，很多企业存在着严重的"资金饥渴症"，表现为企业为了筹集到资金会不惜一切代价，这是非常危险的，因为这种做法忽视了融资后资金的投资回报率。一旦投资项目无法获得预期的高回报，在沉重的债务利息负担下，企业很容易陷入支付危机。

4. 财务杠杆与经营杠杆相结合

在进行债务融资风险计划时，应充分考虑财务杠杆与经营杠杆的结合。对于经营杠杆较大从而经营风险较大的企业，通常不宜大量举债，即企业通常应该采取较小的财务杠杆，否则会极大地增加企业的整体风险水平；反之亦然。

5. 综合应用多种债务融资方式

企业应该尝试采用更多的债务融资渠道，包括银行借款、发行债券、商业信用、融资租赁等，以避免负债资金来源集中于一两种融资方式而带来风险。如果资金筹集过于集中于一两种融资方式，则一旦融资方式出现问题，企业很容易陷入融资困境。这与进行多元化投资以分散风险的道理是一致的，通俗地说，就是"不能把所有的鸡蛋都放在一个篮子里"。

（六）债务融资风险分析

不同的债务融资方式具有不同的风险属性。

1. 银行借款

银行借款指的是企业向银行等金融机构借入的各种款项。根据偿还的期限，银行借款可以分为短期借款和长期借款。

短期借款期限一般在一年以下。短期借款融资面临的风险主要有以下几种。

（1）违约风险。企业如果于短期借款到期时无法及时归还借款，将面临银行处置抵押物的处罚，同时还会损害企业的信誉。

（2）短期资金长期使用的风险。例如，企业将短期银行借款用于基建项目或其他长期项目，造成期限的不匹配，进而可能为企业带来损失。

（3）资金短缺风险。例如，因为贷款人贷款政策发生变化，或者因为企业本身出现计划外的资金需求，都会导致资金短缺风险。

（4）利率风险。如果利率短期内快速提高，则会使依赖于短期借款融资的企业的融资成本急剧上升。

长期借款期限一般在一年以上。与短期借款类似，长期借款融资面临的风险也包括利率风险、违约风险、长期资金短期使用风险和资金短缺风险等。

2. 债券融资

债券是一种合同，它规定了发行方必须在特定的日期向债券持有者支付利息和本金。对于融资人而言，债券融资也会面临利率风险和违约风险。

3. 商业信用融资

商业信用融资包括短期应付账款、其他应付款、应付票据等。商业信用融资通常是企业日常经营必不可少的部分,这种融资方式也会面临违约风险。

(七)债务融资风险的识别

债务融资风险的识别方法有很多,在这里主要介绍资产负债表结构识别法。

企业资产负债表的结构主要有四种类型:稳健型资产负债表结构、保守型资产负债表结构、风险型资产负债表结构和非正常型资产负债表结构。企业的管理者可根据不同的结构类型来识别债务融资风险程度的大小。

1. 稳健型资产负债表结构

拥有这种类型的资产负债表的企业比较多见,企业用短期负债和部分的长期负债投资于流动资产,而用其余的长期负债和股权资本投资于长期资产。一般采用该种资金使用方式的企业会保持一个良好的财务信用,而且其资本成本具有可调性,其中包括对企业债务融资风险的调整,并且相对于保守型资产负债表来说,因为有了流动负债,其资本结构就具有了一定的弹性。稳健型资产负债表结构如图 15-4 所示。

2. 保守型资产负债表结构

这种类型的资产负债表在企业的实际业务中并不多见。企业用长期负债来满足短期资金的需要,投资者投入资金来满足长期资金的需要。在这种情况下,企业的整体风险较小,但资本成本最高,相对而言使企业的收益达到最低,而且企业的资本结构的弹性非常弱,具有很强的刚性,很难调整。保守型资产负债表结构如图 15-5 所示。

3. 风险型资产负债表结构

拥有该种类型的资产负债表的企业的债务融资风险比较明显。它用部分流动负债满足了所有短期资金的需要,用其余部分流动负债和所有长期负债及所有者权益来满足长期资金的需要。流动资产变现后并不能全部清偿流动负债,那么企业便会被要求用长期资产变现来满足短期债务偿还的需要,但长期资产并不是为了变现而存在的,所以企业的债务融资风险极大,可能会导致企业黑字破产(一般是指资金周转困难而发生的破产,如企业负债结构安排不当造成债务集中到期而发生偿付困难)。风险型资产负债表结构如图 15-6 所示。

流动资产	流动负债
	长期负债
长期资产	所有者权益

图 15-4 稳健型资产负债表结构

流动资产	长期负债
长期资产	所有者权益

图 15-5 保守型资产负债表结构

流动资产	流动负债
长期资产	长期负债
	所有者权益

图 15-6 风险型资产负债表结构

4. 非正常型(处于财务危机)资产负债表结构

图 15-7(a)描述的是企业经营亏损,未分配利润为负数;图 15-7(b)描述的是企业股权资本全部被经营亏损所侵蚀。如果没有外来资金支持,则企业将破产无疑。由于经营亏损发生的破产,一般称作红字破产。

流动资产	流动负债
	长期负债
长期资产	所有者权益
	(未分配利润)

(a)第一种非正常型资产负债表结构

流动资产	负债
长期资产	亏损

(b)第二种非正常型资产负债表结构

图 15-7 非正常型资产负债表结构

（八）债务融资风险的评估

融资风险的估计主要包括两个方面：一是估计风险事件发生的概率；二是估计风险可能造成的损失。

融资风险估计的方法有很多，归纳起来主要有以下几种。

1. 概率分析法

衡量企业融资风险的大小，除了可以用杠杆原理外，还可以通过计算企业自有资金利润率的期望值及其标准差来衡量。标准差是自有资金收益率偏离其期望值（均值）的程度大小，标准差越大，表明自有资金收益率偏离其期望值（均值）的程度越大，说明融资风险越大；标准差越小，说明融资风险越小。具体步骤如下：

（1）根据企业对经营业务进行预测的数据来分析各种情况可能出现的概率和可能获得的利润额及利润率。

（2）计算出企业自有资金利润率的期望值，其公式如下：

期望自有资金收益率 =［期望的资金利润率(期望的息税前利润率) + 借入资金自有资金
－期望的资金利润率(期望的息税前利润率) －借入资金利率］
－(1 －所得税税率)

期望的资金利润率 = $\sum$（各种可能情况的概率 × 各种情况下息税前利润率）

（3）计算平方差和标准差（或变异系数），判断企业的债务融资风险程度。

平方差：

$$\sigma^2 = \sum\{[\text{各种情况下的资金利润率(自有)} - \text{期望的自有资金利润率}]^2 \times \text{各种情况可能出现的概率}\}$$

标准差：

$$\sigma = \sqrt{\sigma^2}$$

根据统计学原理，在期望值相同的情况下，标准差越小，表明偏离期望值的幅度越小，即风险越小；反之，标准差越大，表明偏离期望值的幅度越大，即风险越大。但这只是表示风险的一个绝对数。如果依此来进行融资方案的选择，尚不准确。因为标准差较小时，尽管风险也较小，但不一定是所要选择的方案，大的标准差可能被较高的期望值所抵销。为此，引出变差系数的概念，即用各种可能方案下自有资金利润率偏离其期望值的相对程度来反映其融资风险的相对大小。变差系数的计算公式为

变差系数 = 标准差 / 期望值

因此，应该通过期望利润率、标准差、变差系数的计算来判断融资风险的大小，从而根据企业的实际情况，做出合理的融资决策。

2. 指标分析法

指标分析法通常有单一指标分析和综合指标分析两种。单一指标分析或称单变量分析，如采用流动比率、速动比率、现金支付比率、资产负债率、利息保障倍数、应收账款周转率、投资收益率等财务指标进行比较分析。在分析时应注意与同行业平均水平进行比较，如果偏离同业平均水平较大，如流动比率、速动比率过低，资产负债率过高，一般意味着企业存在偿付风险。

反映企业当期财务实力的财务指标主要有流动比率和速动比率。前者是企业流动资产和流动负债的比值，后者是速动资产和流动负债的比值。一般来说，流动比率越大，说明资产的流动性越强，短期偿债能力越强；流动比率越小，说明资产的流动性越差，短期偿债能力越弱。由于各企业的经营性质不同，对资产的流动性的要求也不同。例如，商业零售企业所需的流动资产往往要高于制造企业。一般认为，生产企业合理的流动比率为2。流动比率作为衡量偿债能力的指标还存在一些不足。过高的流动比率，也许是存货超储积压、

存在大量应收账款的结果。此外，较高的流动比率可能反映企业拥有过多的现金，不能将这部分多余的现金充分利用，有可能降低企业的获利能力。考虑到企业存货变现速度较慢，企业部分存货或许已经损失但未来得及处理，或是企业已将存货抵押给债权人，同时存货存在市价与成本相差悬殊的问题，作为流动比率的补充，企业可使用速动比率指标。速动资产是指容易转变为现金的资产，即从流动资产中扣除了流动性较弱的存货。一般认为，企业的速动比率至少要维持在1，才算具有良好的财务状况。

从长远来看，如果一个企业连债务利息尚难以偿付，那么其债务偿还能力一定不高。因此，首先可用利息保障倍数予以评判。利息保障倍数是企业息税前利润与利息费用的比值，既可以反映企业获利能力对到期债务偿还的保证程度，也可以衡量企业举债经营、长期偿债能力。从较长时间着眼，利息保障倍数必须大于1。同样，资产负债率揭示资产与负债的依存关系，是人们用以衡量债权人贷款安全程度的另一重要指标。企业资产负债率越高，说明企业利用债权人提供资金进行经营活动的能力越强，而债权人发放贷款的安全程度越低，企业偿还债务的能力越弱；负债率越低，说明企业利用债权人提供资金进行经营活动的能力越弱，而债权人发放贷款的安全程度越高，企业偿还债务的能力越强。

综合指标分析又称为多变量分析，就是利用多重财务指标分析企业的偿债能力。它从宏观角度检查企业财务状况有无呈现不稳定的现象。多变量分析方法具有多种判别模型，如 Altman 建立的 Z 记分模型、Logits 模型、人工神经网络模型、随机型神经网络模型。根据企业的实际情况确定财务风险预警指标的临界值，并将各预警指标的实际值与临界值进行比较，以判断企业的财务状况是否正常，是否已经存在或有潜在的财务危机。

3. 财务杠杆系数法

财务杠杆利益是指在企业的资金结构中，运用优先股和长期负债这两类债务融资在股息和利息方面的稳定性这个财务杠杆支点，对企业普通股或者投资者收益的影响。之所以在研究融资风险时要考虑财务杠杆利益，是因为普通股每股收益能力的提高，是以相应提高融资风险为代价的。在总的长期资金额不变的条件下，企业需要从经营收益中支付的债务资金成本（优先股股息、银行贷款利息和租赁中的租金）是固定的，当经营收益增大时，每一元经营收益所负担的负债成本就会相对减少，这将给每一股普通股或者说每一个投资者带来更多的收益。反之，则会形成更大的损失。因此在实际中，人们往往以企业财务杠杆利益的大小来评价融资风险的高低。

财务杠杆主要反映息税前利润与普通股每股收益之间的关系，用于衡量息税前利润变动对于普通股每股收益变动的影响程度。两者之间的关系如下：

$$\text{EPS} = \frac{(\text{EBIT} - I)(1 - T) - D}{N} \tag{15-1}$$

式中，EBIT 为息前税前盈余；I 为债务利息；T 为所得税率；D 为股息；N 为流通在外的普通股股数。

经营杠杆是由于企业固定经营成本的存在产生的，而财务杠杆则来自固定的融资成本。两步利润放大过程：第一步是经营杠杆放大了销售变动对息税前利润的影响；第二步是利用财务杠杆将前一步导致的息税前利润变动对每股收益变动的影响进一步放大。

财务杠杆作用的大小可通过财务杠杆系数来衡量。财务杠杆系数（DFL）是指普通股每股收益变动率相当于息税前利润变动率的倍数。其计算公式为

$$\text{DFL} = \frac{\Delta \text{EPS}/\text{EPS}}{\Delta \text{EBIT}/\text{EBIT}} \tag{15-2}$$

根据式（15-2）可推导出财务杠杆系数的简化计算公式：

$$\text{DFL} = \frac{\text{EBIT}}{\text{EBIT} - I - D/(1 - T)}$$

从式（15-2）中可以看出，财务杠杆系数的大小，取决于债务利息和优先股股息等固定资金成本的大小，当企业没有借入资金和优先股时，其财务杠杆系数为 1；企业的负债比例越大，财务杠杆系数越大，对财务杠杆利益的影响也越大，融资风险也就越大。

【例 15-1】 智董公司的融资总额为 1000 万元，有 3 种融资方案：方案 1 为全部为自有资金；方案 2 为自有资金与借入资金各占一半，均为 500 万元；方案 3 为自有资金为 300 万元，借入资金为 700 万元。假定该企业预计息税前利润为 200 万元，借入资金利率为 10%，所得税税率为 25%，则 3 个方案的财务杠杆和自有资金收益率如表 15-4 所示。

表 15-4 不同融资方案财务杠杆分析表　　　　　单位：万元

项目	方案 1	方案 2	方案 3
资金总额	1000	1000	1000
其中：自有资金	1000	500	300
借入资金	0	500	700
EBIT	200	200	200
利息（利率为 10%）	0	50	70
税前利润	200	150	130
所得税	50	37.5	32.5
税后利润	150	112.5	97.5
自有资金收益率	15%	22.5%	32.5%
财务杠杆系数	1	1.33	1.54

从例 15-1 中可以看出，由于该企业的投资报酬率（20%）要大于借入资金的利息率（10%），因此随着借入资金比重的增加，财务杠杆系数越来越大，自有资本收益率也越来越大，即在此情况下，企业可利用财务杠杆获得正向利益。但要注意，当企业借入资金的利率超过企业的税前收益率时，企业就会因财务杠杆得到负向利益。

例如，当企业的息税前利润由 200 万元下降到 80 万元时，3 种融资方案的自有资金收益率分别为：

方案 1：

$$\frac{80 \times (1 - 25\%)}{1000} \times 100\% = 6.0\%$$

方案 2：

$$\frac{(80 - 50) \times (1 - 25\%)}{500} \times 100\% = 4.5\%$$

方案 3：

$$\frac{(80 - 70) \times (1 - 25\%)}{300} \times 100\% = 2.5\%$$

3 种方案的自有资金收益率下降的幅度：方案 1 下降 60%；方案 2 下降 80%；方案 3 下降 92%。可见，当企业息税前利润下降至低于借入资金成本时，企业会因借入资金而造成自有资本收益率的下降，且财务杠杆系数越大的方案，自有资本收益率下降幅度越大。

由以上的分析可以看出，在企业资金总额一定的情况下，借入资金的比例越大，财务杠杆系数越大，由于企业投资报酬率的不确定性，相应的融资风险越大；反之，借入资金比例越小，财务杠杆系数越小，相应的融资风险越小。

（九）债务融资风险的控制

债务融资风险的控制措施如下。

1. 融资风险控制的根本途径：提高资金使用效益

控制融资风险的根本途径，在于提高资金的使用效益。因为企业资金使用效益的提高，意味着企业盈利能力和偿债能力的增强。有了它作保障，无论企业选择何种融资结构，都可及时地支付借入资金的本息和投资者的投资报酬。在此前提下，企业考虑融资资本结构的优化问题，就可以更有效地控制融资风险，提高经济效益。

2. 融资结构风险的事前控制：最优资本结构决策

最优资本结构是指企业在一定时期内，使加权平均资本成本最低，企业价值最大时的资本结构。对于股份公司而言，企业价值也可以表述为股东财富最大化，即股票价格最高，而股票价格的高低在正常情况下主要取决于每股收益的大小。

3. 融资风险的事中控制：融资结构的及时调整

无论企业按照什么标准和原则进行决策，最终总会选择一定利润水平下的融资方案，这就决定了企业总是存在一定的风险，因此企业需要进行融资风险的事中控制。融资达不到既定目标就应及时调整融资结构，以使资本成本尽可能小，股本收益率尽可能大，但这一措施往往受到许多客观条件的限制。在我国，目前企业借款尚有许多先决条件，发行债券也必须经过有关部门的审批。对于发行的股票，如果是内部发行，收回在法律上可能并无问题，但若是公开发行上市的股票，需要收回还需要经过证监会的批准。如果撇开这些限制条件不谈，企业若可收回股票，而改为借入资金，就可以提高股本收益率。

4. 负债性融资风险的控制

负债性融资风险的控制措施包括适度的负债规模、控制融资期限结构、维护资产流动性、合理调度货币资金及建立偿债基金。

（十）债务融资风险处理

企业应当根据债务融资风险防范决策的制定原则，制定相应的风险防范决策和计划，然后实施计划，同时对计划的实施过程进行监督，及时地调整，从而更好地控制风险。

当由于融资安排不够周密或者由于有关条件发生变化，而导致融资不成功的风险时，企业应及时寻求其他融资渠道。应该特别注意的是，在进行债务融资风险计划时，应考虑综合采取多种融资方式。在融资过程中，一旦出现融资不成功，则企业应积极寻找外界支持。

当实际资金筹集偏离了计划，如支付了更高的融资成本时，企业应该全面评估这种偏离所产生的影响，并衡量企业的承受能力，在此基础上，采取进一步措施。例如，终止该项融资，寻求其他类型的融资方式。

当企业出现债务支付危机时，通常会采取以下措施：积极争取外界支持、资产重组和债务重组。

1. 积极争取外界支持

企业出现债务支付危机时，寻求外界支持、及时获取其他资金来源是最有效的解决方式。寻求支持的外部力量可以是股东、关联方、合作伙伴或者当地政府，还可以是内部职工。企业应采取一切办法争取所有可能的资金来源，以解决企业的燃眉之急。

实务中，每个企业都是独立经营的实体，有着自身的利益，在其他企业陷入支付危机时，愿意提供帮助的并不多。相反，债权人一般会在企业陷入支付危机时加紧催收债务，以减少自身的损失。一般来说，外界的支持可能主要来自股东或者关联方。

2. 资产重组

资产重组指的是对陷入财务困境的企业进行改组调整。通常采取的资产重组方式包括兼并、收购、解散、分拆、放弃等方式。通过资产重组可以对原有资产进行整合，提高原有资产的使用效率，使其产生新的效益，最终达到扩大生产规模、提高企业盈利能力、增强企业竞争力的目的。

3. 债务重组

根据我国企业会计准则的定义，债务重组指的是债权人按照其与债务人达成的协议或法院的裁决，同意债务人修改债务条件的事项。债务重组主要有以下几种方式：以低于债务账面价值的货币资金清偿债务，以非现金资产清偿债务（非现金资产可以是存货、短期投资、固定资产、长期投资、无形资产等），债务转为资本，（债务人将债务转为资本，同时债权人将债权转为股权），修改其他债务条件（指除以现金、非现金资产、债务转为资本以外的其他方式进行的债务重组，如延长债务期限等），混合重组（指采取上述多种方式进行债务重组）。

债务重组是企业在发生债务支付危机时，直接通过与债权人进行协商，共同寻求解决办法的一种途径。一般来说，债权人通常会采取合作的态度，尽量通过合作的方式解决问题，避免出现两败俱伤的结果。这一点对于有抵押权的债权人来说也不例外。因为，一旦该债权人不采取债务重组的方式而进入司法程序，将面临漫长的诉讼和执行过程，债权人将因此耗费大量的精力，同时面临抵押物处置不足值的风险，这是债权人所不愿看到的。在实际操作中，债务人也应充分意识到这一点，争取与债权人更好地合作。

二、贷款风险管理专题

（一）贷款风险

贷款风险是银行在贷款管理活动中因受各种不确定因素影响而使信贷资产蒙受损失的可能性。

1. 贷款风险的成因

形成贷款风险的原因是多方面的，但就总体而言可分为：来自借款人的风险和贷款人审查能力及管理水平的差异。

（1）来自借款人的风险。

1）借款人经营风险。尽管银行在决定某项贷款贷与不贷时，对借款人经营状况、财务状况做过详尽的调查，对贷款投向进行过详细审查，但是贷款发放后，借款人的经营由于受种种原因制约而可能发生很大变化，以至直接影响银行贷款的安全。

在我国社会主义市场经济的发展过程中，企业所处的社会地位和参与竞争的基础起点往往是不同的，政府对企业行政干预程度、竞争者技术装备和劳动者素质、政府对处于不同所有制形式下企业的扶持和控制、某些优惠政策和限制政策的界定等的不同，企业蒙受的风险大小也就不同。由于企业自身素质的不同，面临市场激烈竞争，企业经营决策也就至关重要，由于决策失误导致风险就成为必然。企业生产经营中形成的风险，随着市场经济改革分量和难度加大，就会成为发展市场经济的障碍，在未来市场竞争中，就有可能出现有关企业风险向重点企业转嫁，也就形成企业风险向银行转嫁。

此外，企业在生产经营管理、销售方面同样存在风险。例如，缺乏高素质的管理人才、高质量的劳动力，不能及时掌握市场动态、捕捉市场信息、有效地组织生产和销售，就必然会导致经营失败的风险。

2）项目建设的时效风险。项目贷款在实施过程中存在着投资总额、项目投产工期、投产后能否达到设计能力和效益的风险。

① 投资成本超支。受通货膨胀和环境、技术等因素影响，工程项目实际费用超预算，如果超支部分投资不能如数筹措，整个工程项目就可能被迫停建，或者迫使银行追加贷款，这样，往往会使银行原有贷款不能发挥预期效益，造成贷款损失。

② 项目工期延长。工程项目虽然达到设计质量要求，但由于技术力量不足或在时间上推移，不能按期有效地投入生产、发挥效益，就会对银行贷款的还本付息产生不利影响。

③ 中途停建。工程项目由于技术或政治等原因，被迫停工下马，这就切断了银行赖以收回贷款的来源，因此，银行一般要求得到某种保证，即使工程停建，银行为该项目所提供的贷款也可得到偿还，如要求借款人在项目新增效益不足以偿还贷款本息时，保证将借款人的全部效益用于补偿。

（2）贷款人审查能力及管理水平差异。贷款人的审查能力和管理水平如何，直接影响到贷款人风险的大小，因此，不断提高银行的审贷能力和管理水平，是减少贷款风险、保证资产安全的主要措施。

2. 贷款风险的种类

贷款风险的种类可按不同的标志进行划分：按贷款风险形成的原因可分为客户风险（间接风险）和贷款决策风险（直接风险）。按贷款风险度的大小可划分为高风险、中风险、低风险。客户风险形成的主要原因：一是来源于自然因素的不确定性（自然风险）；二是社会变动的不确定性（政治风险）；三是客户自身经营的不确定性（经营风险）。贷款决策风险形成的原因：一是贷款对象选择不当；二是缺乏科学的可行性分析和项目评估，三是决策者没有按贷款发放的原则办事，缺乏责任心（道德风险）；四是信息不对称；五是现行的体制因素。

在银行贷款管理活动中，企业所面临的贷款风险还可分为信用风险、市场风险、操作风险、流动性风险等。

3. 信用风险

信用风险是商业银行在业务经营中面临的一类基本风险。信用风险是指债务人或交易对手未能履行合同所规定的义务或信用质量发生变化，影响金融产品价值，从而给债权人或金融产品持有人造成经济损失的风险，因此，信用风险又被称为违约风险。对贷款业务来说，信用风险是指由于债务人违约而导致丧失偿付能力所引起的风险。不同的贷款资产具有不同的违约风险，其中，贷款信用风险为最大，影响信用风险的关键因素包括债务人的还款意愿和能力、资本实力、借款人的经营状况、贷款类型（担保、抵押贷款或信用贷款）等。随着银行业务的多元化，不仅传统贷款业务具有信用风险，而且其他业务活动如同业拆放业务同样具有信用风险。

（1）信用风险表现形式。借款人的还款能力与还款意愿对银行个人住房贷款的安全有着至关重要的影响，借款人的信用风险主要表现为还款能力风险和还款意愿风险两个方面。

1）还款能力风险。从信用风险的角度来看，还款能力体现的是借款人客观的财务状况，即在客观情况下借款人能够按时足额还款的能力。贷款的顺利回收与借款人经营状况、收入状况等因素的变化息息相关，借款人经济状况严重恶化导致不能按期偿还银行贷款，或者因个人借款人死亡、丧失行为能力，企业借款人破产清算，从而给银行利益带来损失。对于银行而言，把握借款人的还款能力，就基本把握了第一还款来源，就能够保证贷款的安全。

2）还款意愿风险。还款意愿是指借款人对偿还银行贷款的态度。在还款能力确定的情况下，借款人还可能故意欺诈，通过伪造的信用资料骗取银行的贷款，从而产生还款意愿风险。在实践中，有很多借款人根本不具备按期还款的能力，给银行带来风险。

（2）国家风险。根据《巴塞尔新资本协议》的规定，国家风险（也称政治风险、主权风险）包含在信用风险中。国家风险是指经济主体在与非本国居民进行国际经贸与金融往来时，借款国经济、政治和社会环境等方面的变化而使该国不能按照合同偿还债务本息的风险。国家风险通常是由债务人所在国家的行为引起的，它超出了债权人的控制范围，具体来说，国家风险存在于国际经济贸易与金融交易活动中。在国际性贷款项目中，项目所在国出于政治原因或根据形势变化情况，往往会出台新的政策和措施，这样就可能对项目工程建设、营运和收益产生不利影响。产生国家风险的因素中既有结构性因素、货币性因素，又有政治因素、外部经济因素和流动性因素等，各种因素相互影响，错综复杂。另外，政治风险还包括战争、内乱、国有化、政权和金融政策等带来的风险。

4. 市场风险

市场风险是指因市场价格（利率、汇率、股票价格和商品价格）的不利变动而使商业银行表内业务和表外业务发生损失的风险。市场风险广泛存在于商业银行的交易和非交易业务中。市场风险可以分为利率风险、汇率风险（包括黄金），股票价格风险和商品价格风险，分别是指由于利率、汇率、股票价格和商品价格的变动所带来的风险。由于目前我国商业银行从事股票和商品业务有限，因此市场风险主要表现为利率风险和汇率风险。利率风险是指在市场经济条件下，由于市场利率水平变化而引起银行损益的可能性。利率风险与银行资产负债结构密切相关，其根源是资产与负债期限搭配不当和市场利率的潜在变化。利率风险是现代商业银行面临的基本风险。汇率风险是指各国货币之间的波动使银行的资产在持有或运用过程中蒙受意外损失或收益的可能性。其风险结果可能是以货币数量表示的实际损失或收益，也可能仅是会计记账过程中一种货币资产折算成另一种货币资产时账面价值的增减，前者称实际风险，后者称评价风险。按风险产生的交易背景，实际风险可分为国际贸易风险、国际债权债务清偿风险和外汇买卖风险等。

现代金融市场交易日益复杂，不确定性急剧增加，市场突发性因素增多，都将使金融资产价格的波动性加剧和难以掌握。随着我国银行业改革的不断深化，以及利率市场化、汇率改革推进，金融创新和综合经营不断发展，商业银行将越来越多地涉足有价证券、外汇、黄金及其衍生产品交易，金融产品价格变动所导致的市场风险也将不断显现和增大。

5. 操作风险

操作风险是指商业银行在贷款业务操作过程中，由于违反操作规程或操作中存在疏漏等情况而产生的风险，是一种发生在实务操作中的、内部形成的非系统性风险。它包括内部欺诈，外部欺诈，就业政策和工作场所安全性，客户、产品及业务操作，实体资产损坏，业务中断或系统失灵，交割及流程管理等损失事件导致的风险。

从操作风险的角度看，由于缺乏必要的相关法律约束，加上各大商业银行之间激烈的竞争，银行的业务部门有时为了扩大业务范围，竞相降低贷款条件审批，或者放松对借款人的管理。在操作过程中，没有严格的抵押登记制度，贷款的前台、中台与后台没有进行责任上的严格区分，对借款人的资信情况没有进行严格把关。

（1）贷款流程中的风险。

1）贷款受理和调查中的风险如下。

① 贷款受理中的风险。贷款的受理环节是经办人员与借款人接触的重要环节，对于贷款质量有着至关重要的作用。这一环节的风险点主要有以下几个方面：借款申请人的主体资格是否符合所申请贷款管理办法的规定；借款申请人提交的资料是否齐全，格式是否符合贷款人的要求，所有原件和复印件之间是否一致。

② 贷前调查中的风险。贷款调查中的风险来自对项目的调查和对借款人的调查两个方面。

2）贷款审查和审批中的风险。贷款审批环节主要业务风险控制点有以下几个方面：未按独立公正原则审批；不按权限审批贷款，使贷款超授权发放；审批人员对应审查的内容审查不严，导致向不符合条件的借款人发放贷款。

3）贷款签约和发放中的风险。

① 合同签订的风险。合同签订是贷款风险控制的一个主要环节，但通常由于贷款合同

往往是由总行层面统一制定的，业务一线的经办人员会忽视合同签订中存在的风险，从而造成法律、经济上的损失。这一环节主要有以下风险点。

- 未签订合同或是签订无效合同。例如，出现"先放款、后签约"或是银行单方面先签署合同后由借款人签约的情况，以及由非银行人员代为签约等。
- 合同文本中的不规范行为。例如，数字的书写不规范，签字（签章）不齐全，签字（签章）使用不规范简体字等。
- 未对合同签署人及签字（签章）进行核实。例如，个人贷款的借款相关人员（借款人、共同还款人）及其配偶必须到场而未到场，或是伪造授权书等。

② 贷款发放的风险。贷款发放是资金划拨的过程，主要从贷款发放的条件审查与贷款资金的支付两个方面加以考虑，主要风险点如下。

- 贷款信息录入不准确，贷款发放程序不合规。
- 贷款担保手续不齐备、无效，抵（质）押物未办理抵（质）押登记手续。
- 在发放条件不齐全的情况下放款。例如，贷款未经审批或是审批手续不全，各级签字（签章）不全，借款人未在借款凭证上签字（签章），未按规定办妥相关评估、公证等事宜，担保未落实等。
- 在贷款支付中的风险点有会计凭证填制不合要求，未对会计凭证进行审查，贷款以现金发放的，没有"先记账、后放款"等。
- 未按规定的贷款金额、贷款期限、贷款的担保方式、贴息等发放贷款，导致贷款错误核算；发放金额、期限与审批表不一致，造成错误发放贷款。

4）贷后与档案管理中的风险。

① 贷后管理的风险主要包括：未建立贷后监控检查制度，未对重点贷款使用情况进行跟踪检查；房屋他项权证办理不及时，逾期贷款催收不及时，不良贷款处置不力，造成贷款损失；未按规定保管借款合同、担保合同等重要贷款档案资料，造成合同损毁，他项权利证书未按规定进行保管，造成他项权证遗失，他项权利灭失；只关注借款人按月还款情况，在还款正常的情况下，未对其经营情况及抵押物价值、用途等变动情况进行持续跟踪监测。

② 档案管理中的风险主要包括：未按照要求收集整理贷款档案资料，未按要求立卷归档；未对每笔贷款设立专卷，未按贷款种类、业务发生时间编序，未核对"贷款档案清单"；重要单证保管未及时移交会计部门专管，档案资料使用未实施借阅审批登记制度。

（2）法律风险。《巴塞尔新资本协议》将法律风险也归为操作风险类别。法律风险主要指的是商业银行的交易合约有可能不符合有关法律、法规，或商业银行正常业务与法律、法规变化不相适应，从而导致损失的可能性。在商业银行不断扩展业务范围、进入新的业务领域的背景下，法律风险将日益突出。

对于贷款业务，各种法律法规等强制性规范很复杂。从实践中涉诉的贷款纠纷来看，贷款的法律风险点很多，主要集中在以下几个方面。

1）借款人主体资格。

2）合同有效性风险。在法律上，只有有效的合同才会受到法律保护，才能对订立合同各方产生法律上的约束力。无效合同自始至终无效，不产生当事人所预期和追求的法律效果，不受法律保护。目前，贷款业务中所采用的借款合同基本是统一的格式文本，但实际业务中还会根据不同情况与客户签订补充协议及特别条款，这就要求银行必须注意合同及协议的有效性，防止相关条款或具体内容等出现问题，以规避可能的法律风险。

① 格式条款无效。依据《合同法》第四十条的规定："提供格式条款一方免除其责任、加重对方责任、排除对方主要权利的，该条款无效。"因此，在法律部门的配合下，贷款经办人员需要拟定格式条款（合同）时，应注意遵循公平原则，确定当事人之间的权利义务，

既要维护银行的合法权益，又要保障客户的利益，避免造成合同条款无效的法律风险。

② 未履行法定提示义务的风险。依据《合同法》第三十九条第一款的规定，商业银行作为格式条款的提供方，应当采取合理的方式提请借款人注意免除或限制其责任的条款，并按照对方提出的要求，对该条款予以说明。提请借款人注意必须在借款合同签订前做出，若贷款银行没有履行这一法定义务，这些条款对当事人不产生约束力。法律对"合理的提示方式"并没有明确要求，商业银行可以依据不同的格式条款（合同）确定，或是在合同书中使用区别于其他条款内容的字体，如大字、斜体字等使之明显地标示出来，或是在合同书正式条款的前面设置"敬请注意"内容，或是在合同签订前办理公证，安排律师对合同进行讲解等。无论采用何种提示方式，均需易于借款人（担保人）充分理解上述格式条款。

③ 格式条款解释风险。《合同法》第四十一条规定，"对格式条款的理解发生争议的，应当按照通常理解予以解释。对格式条款有两种以上解释的，应当做出不利于提供格式条款一方的解释"，因此，银行在拟定合同书及相关资料时，应尽可能做到内容具体明确，文字用语规范，避免出现矛盾或产生歧义，对客户有争议的条款，尽可能按照条款最直接表述的意思进行解释。

④ 格式条款与非格式条款不一致的风险。非格式条款是在格式条款外另行商定的条款，或对原来的格式条款重新协商的条款，是借款合同当事人的特别约定。当非格式条款与格式条款的意思表达不一致或矛盾时，依据《合同法》第四十一条规定办理，即"格式条款与非格式条款不一致的，应当采用非格式条款"。可见，补充条款、特别约定条款等非格式条款的效力优于格式条款，因此，贷款经办人在填写或录入非格式条款信息，或对格式条款进行修改时，应当更加慎重。

3) 担保风险。银行贷款业务的担保方式主要有抵押、质押、保证三种方式。我国《担保法》《物权法》司法解释对担保方式作了较为详尽的规定。

（3）政策风险。政策风险是指政府的金融政策或相关法律法规发生重大变化或是有重要的举措出台，引起市场波动，从而给商业银行带来的风险。政策风险属于贷款的系统性风险之一，由于这些风险来自外部，因此是单一行业、单一银行无法避免的。

（4）不可抗力风险。不可抗力风险是指地震、台风、洪水等重大自然灾害的发生对银行贷款构成的风险。尽管在有的贷款项目中，银行要求借款人向保险公司投保，但就总体而言，不可抗力风险的出现将会对银行的贷款安全造成相当大的威胁。

6. 流动性风险

流动性风险是指商业银行无力为负债的减少或资产的增加提供融资而造成破产或损失的可能性，即当商业银行流动性不足时，它无法以合理的成本迅速增加负债或变现资产获得足够的资金，从而引发流动性支付危机情况发生。流动性风险一般分为资产流动性风险和负债流动性风险。资产流动性风险是指资产到期不能如期足额收回，进而无法满足到期负债的偿还和新的合理贷款及其他融资需要，从而给商业银行带来损失的风险。负债流动性风险是指商业银行过去筹集到的资金特别是存款资金，由于内外因素的变化而发生不规则波动，对其产生冲击并引发相关损失的风险。当客户提取存款或申请正常合理贷款时，银行如果不能满足这些流动性需求，就会造成流动性需求波动，为满足这些潜在性流动需要，银行必须保持一定的流动资产，否则，如果银行大批债权人同时主张债权，银行就可能面临流动性风险，如出现严重挤兑风潮，也可能使银行倒闭，从而造成严重的贷款资产风险和损失。

流动性风险与信用风险、市场风险和操作风险相比，形成的原因更加复杂和广泛，通常被视为一种综合性风险。流动性风险的产生除了因为商业银行的流动性计划可能不完善之外，信用、市场、操作等风险领域的管理缺陷同样会导致商业银行的流动性不足，甚至引发风险扩散，造成整个金融系统出现流动性困难。流动性风险管理除了应当做好流动性安排之外，还应当有效地管理其他各类主要风险，换句话说，流动性风险水平体现了商业银行的整体经营状况。

7. 组合信用风险

贷款风险管理不应当仅停留在单笔贷款的层面上，还应当从贷款组合的层面进行识别、计量、监测和控制。贷款组合内的单笔贷款之间通常存在一定程度的相关性。例如，如果两笔贷款的信用风险随着风险因素的变化同时上升或下降，则两笔贷款是正相关的，即同时发生风险损失的可能性比较大；如果一笔贷款的信用风险下降而另一笔贷款的信用风险上升，则两笔贷款就是负相关的，即同时发生风险损失的可能性比较小。正是由于这种相关性，贷款组合的总体风险通常小于单笔贷款信用风险的简单加总。有鉴于此，风险分散化，即将信贷资产分散于相关性较小或负相关的不同行业、地区、信用等级、业务领域的借款人，有助于降低商业银行资产组合的总体风险。

与单笔贷款业务的信用风险识别有所不同，商业银行在识别和分析贷款组合信用风险时，应当更多地关注系统性风险因素可能造成的影响。

（1）宏观经济因素。系统性风险因素对贷款组合信用风险的影响，主要由宏观经济因素的变动反映：当宏观经济因素发生不利变动时，有可能导致组合层面的履约能力下降并造成信用风险。因此，对交易对方所在国的宏观经济因素进行连续监测、分析及评估，已成为组合信用风险识别和分析的一项重要内容。

（2）行业风险和区域风险。行业风险和区域风险同属于系统性风险的表现形式。

1）行业风险。组合层面的行业风险是指，如果商业银行的信贷投放集中于某一个或几个行业，当这些行业出现产业结构调整、原材料价格上升、竞争加剧等不利变化时，这些行业客户的履约能力可能同时下降，并给商业银行造成系统性的信用风险损失。近年来，行业风险越来越受到商业银行的关注与重视。国际先进银行在行业风险分析方面投入了大量的资源，其总部或区域总部通常设有专门机构负责所属地区的行业风险识别和分析，其水平逐步接近甚至超过穆迪公司、标准普尔公司等国际知名的外部评级机构。

2）区域风险。区域风险是指特定区域内所有企业类客户履约情况和信用水平的综合体现。从理论上讲，通过适当的方式将特定区域内所有客户的偿债能力和履约情况进行叠加，就可以得到整个区域的风险状况。区域风险作为一种系统性风险难以通过贷款组合完全消除，因此已成为影响资产组合信用风险水平的一种重要风险因素。从实践来看，国外商业银行的内部评级体系一般没有区域风险变量，究其原因主要是西方发达国家的市场化程度较高，经济区域的趋同性较强，因此，区域风险在客户信用风险的识别和分析过程中并不显著。然而，我国正处于经济转轨时期，国内统一的市场经济体系尚未完全形成，地区间的经济差异也十分显著，因此，在贷款组合信用风险识别和分析过程中引入区域风险变量是非常必要的。

8. 贷款风险管理

风险管理是指经济单位对风险进行识别、衡量、分析，并在此基础上有效地处置，以最低成本实现最大安全保障的科学管理办法。贷款风险管理是指银行运用系统的、规范的、科学的方法对信贷管理活动中的各种贷款风险进行识别、计量和处理的过程。

贷款风险管理是贷款管理的基础。这是因为，贷款管理的目标在于追求最佳经济效益（包括银行自身经济效益和社会经济效益两个方面），而要取得贷款最佳经济效益，最基本的一点就是要确保信贷资金的正常周转，这就要求必须对贷款的配置环节和使用环节进行科学管理，必须重视对贷款管理活动中有可能引起信贷资金周转失灵的各种因素的综合分析、研究和处理。这就是贷款风险管理的基本内容。

贷款风险管理是贷款管理的基础，还因为贷款风险管理侧重于贷款的安全性，而贷款管理不仅追求安全性，还追求盈利性。在现实信贷资金管理过程中，安全性和盈利性往往是一对矛盾，因为风险与利益共存，即贷款的安全性越大，贷款的盈利性就越小，贷款的盈利性越大，贷款的安全性就越小。要协调好这一矛盾，使贷款既能取得较好的收益，又具有较高的安全性，就必须在加强贷款风险管理的基础上开展各项贷款管理活动。

（1）强化贷款人风险管理意识。贷款风险管理是银行企业风险管理的重要组成部分，但要真正使贷款风险管理系统化、科学化，必须与整个银行风险管理有效结合起来。

商业银行风险主要包括贷款风险、票据承兑和贴现风险、结算业务风险、投资风险、租赁风险、负债风险及外汇业务风险等，银行风险管理是指银行通过风险识别、风险衡量、风险控制等方法，预防、规避、排除或转移经营中的风险，从而减少或避免经济损失，保证资产安全。银行企业风险管理有两层含义：一是风险在一定的条件下收益最大化，二是收益在一定的条件下风险最小化。

（2）贷款风险的预防。贷款风险的大小与贷款收益存在一种正比例关系，没有任何风险的贷款是不存在的，尽管贷款风险不可避免，但贷款风险是可以预防和控制的。贷款风险的预防是指银行事先采取措施，阻止贷款风险的发生。它适用于任何一笔贷款的任何一个阶段，在贷款发放前的贷前调查阶段，通过对贷款项目可行性论证，决定贷与不贷、贷多贷少，以寻求贷后风险防范措施，在贷款发放和贷款的使用过程中，继续跟踪检查贷款使用情况，一经发现贷款使用不当，银行可以依法收回贷款，以减少风险。采用各种预防措施，加强贷款管理，可减少贷款风险发生的可能性，防患于未然。

（3）贷款风险的转移。贷款风险的转移是指银行以某种方式将贷款风险转嫁给他人承担。风险转移是银行控制贷款风险的一种重要方法，银行为了减少贷款风险带来的损失，往往可以把贷款风险转移到客户或者担保人，以及保险公司等组织机构。另外，商业银行可以通过资产证券化转移贷款风险。

（4）贷款风险的分散。通过分散风险，银行可以达到降低风险，确保贷款资产安全、流动和盈利的目的。根据资产分散化原理，银行资产应分别投放在不同的资产上，资产的种类和对象要尽可能分散。我国《商业银行法》规定：对同一借款人的借款余额与商业银行资本余额比例不得超过百分之十。对一些高风险、投资大的项目，一家银行如果独自进行贷款，其承受的风险太大，一旦遭受损失，会直接影响银行货币信用活动的正常进行，因此，银行往往通过与外部合作，采用银团贷款的形式，将贷款风险分散开来，从而减少其风险损失的数额。

信贷风险分散策略包括以下几个方面。

1）贷款客户分散，在贷款规模一定的情况下，分散客户数量，并给予不同的授信。

2）贷款产品多样化，尽可能提供既满足不同客户需求，又利于自身风险管理的多种类金融产品。

3）贷款行业分散，尽可能使贷款分散在不同的行业，以规避行业风险。

4）贷款区域分散，建立多层次的信贷区域结构。

（5）贷款风险的补偿。这是银行自身承担贷款风险损失的方法，包括自保险贷款风险、通过建立一套正式的实施计划和提取一笔特别的风险准备基金。例如，我国现行银行提取的呆账准备金，当损失发生时，直接将损失摊入经营成本，承担贷款风险，特别是小额贷款损失，对银行的货币信用活动没有多大影响，因而银行可以采取直接承担风险的办法予以处理。贷款风险补偿由于风险发生的不确定性，以及损失程度的不可预计性，所以这种方法应经过科学风险测试，并留有可靠的风险补偿基金。

贷款新办法在信贷风险补偿方面的策略，主要是商业银行在经营过程中，通过买某种金融产品或采取其他合法的经济措施将风险转移给其他经济主体的风险管理策略。其内容包括：保险转移，如出口信贷保险；非保险转移，如担保、备用信用证。在贷款新办法中，为降低项目融资业务的建设期风险，规定可用签订总承包合同、投保商业保险、建立完工保证金、提供完工担保和履约函等方法来转移风险。

另外，还有事前（损失发生以前）的价格补偿。风险管理的一个主要方面就是对风险合理定价，对于那些无法通过分散或转嫁等方法进行管理，又无法规避、不得不承担的风险，贷款人可以采取在交易价格上加进风险因素，即风险回报的方式，获得承担风险的价格补偿。

(6) 贷款风险的控制。

1) 操作风险控制。随着信用风险和市场风险管理技术的不断提高，操作风险对商业银行的影响越来越突出，因此，贷款经办人员应该提高操作风险的认识水平，增强对操作风险的应对能力。

①提高贷款经办人员职业操守和敬业精神。人员因素引起的操作风险包括操作失误、违法行为（员工内部欺诈或内外勾结）等情况。在贷款经办人员的业务素质有待加强、业务流程有待完善、内控制度有待健全的情况下，人员因素引起的操作风险，就成为银行面临的首要的操作风险，因此，防范人员因素导致的操作风险，首先需要贷款经办人员努力培养自身的职业道德，其次要加强法制教育，加重违规违纪行为的处罚力度，最后要加强并完善银行内控制度。

②掌握并严格遵守贷款规章制度和法律法规。任何一笔贷款业务都涉及较复杂的法律关系或政策要求，为应对贷款的法律和政策风险，贷款经办人员需要学习相关的法律知识，具体包括信贷、签订合同、担保、抵押登记、商品房销售、诉讼和执行等方面的法律常识。更重要的是，在实践工作中，贷款经办人员应尽职尽责，避免违法违规操作。

③严格落实贷前调查和贷后管理。贷款经办人员应该认真负责地进行实地调查和资料收集，获取真实、全面的信息资料，独立地对借款人信用、经营状况和经济收入做出评价和判断。调查和检查的工作重点如下：确保客户信息真实性；贷款发放前，落实贷款有效担保；贷款发放后要对借款人还款情况、担保人或抵（质）物的变动情况进行有效的监控；加强贷后检查，按规定撰写贷后检查报告。

2) 信用风险控制。首先，防范贷款违约风险，要特别重视借款人的还款能力，改变以往"重抵（质）押物、轻还款能力"的贷款审批思路。其次，深入了解客户还款意愿。在当前的业务环境下，真实借款人信息获取的成本和难度都比较大，往往造成工作中的信息不对称。事前的信息不对称使一些优质客户被拒之门外，即经济学中的逆向选择；而事后的信息不对称使银行的贷款资金遭受风险，即道德风险。为了防范这种信息不对称造成的风险，银行应该对借款人的还款意愿有良好的把握。

（二）贷款担保

贷款担保的方式主要有抵押担保、质押担保和保证担保三种担保方式。根据"非互利的约束原则"，商业银行为了降低贷款风险，一般要求借款人或第三人提供的抵押物、质押物或质押权利的价值，必须大于贷款本息和处置抵押物、质押物或质押权利所可能发生的费用，要求保证人承诺的保证金额必须大于贷款本息和商业银行行使追索权时所可能发生的费用。这样，当借款人不履行或不能履行还款义务时，银行可能不会蒙受损失，但借款人或保证人所遭受的损失将会更大。在实践中，当借款人采用一种担保方式不能足额对贷款进行担保时，从控制风险的角度，贷款银行往往要求借款人组合使用不同的担保方式对贷款进行担保。

1. 抵押

抵押是指债务人或者第三人不转移对财产的占有，将该财产作为债权的担保。债务人不履行债务时，债权人有权依照《担保法》的规定以该财产折价或者以拍卖、变卖该财产的价款优先受偿。抵押贷款是要求借款人提供一定的抵押品作为物资保证而发放的贷款。它适用于借、贷双方认为有必要采取抵押贷款方式，或对信用比较差的单位或个人发放的贷款。如借款人不能按期偿还贷款本息时，贷款人有权处理该抵押物并优先受偿。经商业银行同意，抵押人可以全部转让并以不低于商业银行认可的最低转让价款转让抵押物的，抵押人转让抵押物所得的价款应当优先用于向商业银行提前清偿所担保的债权或存入商业银行账户；经商业银行同意，抵押人可以部分转让抵押物的，所得的收入应存入商业银行的专户或偿还商业银行债权，并保持剩余贷款抵押物价值不低于规定的抵押率。抵押期间，抵押物因出险所得赔偿金（包括保险金和损害赔偿金）应存入商业银行指定的账户，并按抵押合同中约定的处理方法进行相应处理；对于抵押物出险后所得赔偿数额不足清偿部分，商业银行可以要求借款人提供新的担保。这种贷款方式大大降低了贷款风险，为贷款人收回贷款提供了最有效的保障。抵押贷款的关键在于抵押物是否具有合法性、实效性，它关系到抵押担保能否真正起到防范风险、减少贷款资产损失的作用。

（1）抵押品的选择。抵押品的选择、鉴定与估价是指对贷款申请人的抵押品进行鉴定，确定其是否适宜充当抵押品并估计其价值，这项工作非常重要。当借款人的偿付能力发生问题，以至于贷款人不得不出售抵押品来抵偿贷款时，抵押品选择、估价的准确性就直接影响着贷款的安全。贷款人确认抵押品时应考虑的因素有很多，但一般可归结为以下几个方面。

1）合法性，即抵押物必须是国家规定可以抵押的财产，同时是抵押人有权处分的财产。

2）易售性，即抵押品需求相对稳定，并且存在该抵押物的交易市场。一旦处理该抵押物品时，能迅速售出，且一般没有很大的处理费用。

3）稳定性，即抵押物品价格和性能基本上保持相对稳定，抵押物能使用或保存，其价值不会急剧降低，市场风险小。

4）易测性，即对抵押物品的品质等进行鉴定所需技术不很复杂。

抵押品的选择在具体操作时还要结合抵押品的具体特性区别对待。例如，对存货要着重考虑其市场稳定性与存货易损性，选择易出售、易保管、不易变质、易定价的；对有价证券，要考虑其市场流动性、行市波动性、发行单位的经济实力和经营状况等；对于不动产，如果是用作工农业生产的，要考虑其通用性，如果是作商业用途的，还要考虑其地理位置、周围环境、配套设施、交通电信状况等。

5）《担保法》规定，下列财产可以抵押。

① 抵押人所有的房屋和其他地上定着物。

② 抵押人所有的机器、交通运输工具和其他财产。

③ 抵押人依法有权处分的国有的土地使用权、房屋和其他地上定着物。

④ 抵押人依法有权处分的国有的机器、交通运输工具和其他财产。

⑤ 抵押人依法承包并经发包方同意抵押的荒山、荒沟、荒丘、荒滩等荒地的土地使用权。

⑥ 依法可以抵押的其他财产。

抵押人可以将前面所列财产一并抵押。

《担保法》规定：以依法取得的国有土地上的房屋抵押的，该房屋占用范围的国有土地使用权同时抵押。以出让方式取得的国有土地使用权抵押的，应当将抵押时该国有土地上的房屋同时抵押。乡（镇）村企业的土地使用权不得单独抵押，以乡（镇）村企业的厂房等建筑物抵押的，其占用范围内的土地使用权同时抵押。

6)《担保法》规定，下列财产不得抵押。
① 土地所有权。
② 耕地、宅基地、自留地、自留山等集体所有的土地使用权，但《担保法》第三十四条第五项、第三十六条第三款规定的除外。
③ 学校、幼儿园、医院等以公益为目的的事业单位、社会团体的教育设施、医疗卫生设施和其他社会公益设施。
④ 所有权、使用权不明或者有争议的财产。
⑤ 依法被查封、扣押、监管的财产。
⑥ 依法不得抵押的其他财产。

（2）产权设定与登记。产权设定是指贷款人要证实并取得处理抵押品以作抵偿债务的权利。借款人要将财产契约（如房屋契约、土地使用证、仓库栈单、有价证券等）交指定机构登记过户，明确贷款人为产权所有者和保险受益人。其中，登记是十分重要的一个环节，因为未经登记的权利，法律不予确认和保护，只有登记后的贷款人抵押权才产生法律效力，借款人如违约，贷款人才可使用抵押权，处理该抵押物，优先得到清偿。另外，只有经过登记后，贷款人才能对抗第三人，即其他债权人无权先于银行处理该抵押物。

1）办理抵押登记的部门。各国对办理抵押登记的部门都有明确的法律规定。我国《担保法》规定办理抵押登记的部门如下。
① 以无地上定着物的土地使用权抵押的，为核发土地使用权证书的土地管理部门。
② 以城市房地产或乡（镇）村企业的厂房等建筑物抵押的，为县级以上地方人民政府规定的部门。
③ 以林木抵押的，为县级以上林木主管部门。
④ 以航空器、船舶、车辆抵押的，为运输工具的登记部门。
⑤ 以企业的设备和其他动产抵押的，为财产所在地的工商行政管理部门。

当事人以其他财产抵押的，可以自愿办理抵押物登记，抵押合同自签约之日起生效，登记部门为抵押人所在地的公证部门。办理抵押物登记，应当向登记部门提供下列文件或者复印件：主合同和抵押合同；抵押物的所有权或者使用权证书。《担保法》第四十一条规定：当事人以《担保法》第四十二条规定的财产抵押的，应当办理抵押物登记，抵押合同自登记之日起生效。

2）抵押物登记的内容。抵押物品的登记必须载明以下内容。
① 抵押人姓名或企业名称、地址。
② 抵押权人名称、地址。
③ 抵押物品名称、数量、规格、价值。
④ 贷款金额、币种。
⑤ 抵押和贷款期限。
⑥ 抵押物品保管方式。
⑦ 抵押合同签订的日期、地点。

2. 质押

质押可分为动产质押和权利质押。动产质押是指债务人或者第三人将其动产移交债权人占有，将该动产作为债权的担保。债务人不履行债务时，债权人有权以该动产折价或者以拍卖、变卖该动产的价款优先受偿。

（1）质押与抵押的不同点。质押与抵押相比存在以下不同：以是否转移对担保物占有权为标准，动产质押中的质物为债权人所占有，抵押中的抵押物则不为债权人所占有。

（2）质押合同的内容。债务人（借款人）或者第三人为出质人，债权人（贷款人）为质权人，移交的动产为质物。质押贷款应由出质人与质权人签订质押合同。质押合同应当包括以下内容。

1）被担保的主债权种类、数额。
2）债务人履行债务的期限。
3）质物的名称、数量、质量、状况。
4）质押担保的范围（包括主债权及利息、违约金、损害赔偿金、质物保管费用和实现质权的费用）。
5）质物移交的时间。
6）当事人认为需约定的其他事项。

(3) 权利质押的范围如下。
1）汇票、支票、本票、债券、存款单、仓单、提单。
2）依法可以转让的股份、股票。
3）依法可以转让的商标专用权、专利权、著作权中的财产权。
4）依法可质押的其他权利。

3. 保证

保证是指保证人和贷款人约定，当债务人不履行债务时，保证人按照约定履行债务或者承担责任的行为。保证方式主要包括两种，即一般保证和连带责任保证。

(1) 一般保证。当事人在保证合同中约定，债务人不能履行债务时，由保证人承担保证责任的，为一般保证。一般保证的保证人在主合同纠纷未经审判或者仲裁，并就债务人财产依法强制执行仍不能履行债务前，对债权人可以拒绝承担保证责任。有以下情形之一的，保证人应该承担保证责任。

1）债务人住所变更，致使债权人要求其履行债务发生重大困难的。
2）人民法院受理债务人破产案件，中止执行程序的。
3）保证人以书面形式放弃其《担保法》第十七条第二款规定的权利的。

(2) 连带责任保证。当事人在保证合同中约定保证人与债务人对债务承担连带责任的，为连带责任保证。当事人对保证方式没有约定或者约定不明确的，按照连带责任保证承担保证责任。连带保证责任的债务人在主合同规定的债务履行期届满却没有履行债务的，债权人可以要求债务人履行债务，也可以要求保证人在其保证责任范围内承担保证责任。保证担保的范围包括主债权及利息、违约金、损害赔偿金和实现债权的费用。保证合同另有约定的，按照约定。当事人对保证担保的范围没有约定或约定不明确的，保证人应当对全部债务承担保证责任。

连带责任保证的债务人在主合同规定的债务履行期届满却没有履行债务的，债权人可以要求债务人履行债务，也可以要求任何一个保证人承担全部保证责任。连带责任保证的保证人承担保证责任后，对债务人不能追偿的部分，由各连带保证人按其内部约定的比例分担；没有约定的，平均分担。

4. 担保的补充机制

(1) 追加担保品，确保抵押权益。银行如果在贷后检查中发现借款人提供的抵押品或质押物的抵押权益尚未落实，或担保品的价值由于市场价格的波动或市场滞销而降低，由此造成超额押值不充分，或保证人保证资格或能力发生不利变化，可以要求借款人落实抵押权益或追加担保品。根据我国《担保法》第五十一条的规定，如果抵押人的行为足以使抵押物价值减少的，抵押权人有权要求抵押人停止其行为。抵押物价值减少时，抵押权人有权要求抵押人恢复抵押物的价值，或者提供与减少的价值相当的担保。另外，如果由于借款人财务状况恶化，或由于贷款展期使贷款风险增大，或追加新贷款，银行也会要求借款人追加担保品，以保障贷款资金的安全。对于追加的担保品，银行也应根据抵押贷款的有关规定，办妥鉴定、公证和登记等手续，落实抵押权益。

（2）追加保证人。对由第三方提供担保的保证贷款，如果借款人未按时还本付息，就应由保证人为其承担还本付息的责任。倘若保证人的担保资格或担保能力发生不利变化，其自身的财务状况恶化，或由于借款人要求贷款展期造成贷款风险增大，或由于贷款逾期，银行加收罚息而导致借款人债务负担加重，而原保证人又不同意增加保证额度，或抵（质）押物出现不利变化，银行应要求借款人追加新的保证人。

第五节　股权融资风险防范

一、股权融资风险识别

企业的股权融资风险主要有发行风险、代理成本风险、恶意收购风险和退市风险。

（一）发行风险

股权融资的成本通常较高。这主要是因为股利（无论是普通股股利还是优先股股利）的支付略后于债务利息，且企业进行清算时，股东对公司财产的请求权排在债权人之后，这意味着股东比债权人承担了更大的风险，因此会要求更高的回报；对于上市公司而言，在发售新的股票进行融资时，通常会引起股票价格的下跌；利用普通股融资会增加股票的数量，引入新的股东，从而会稀释原有股东的控制权。

（二）代理成本风险

股权融资会产生股东与管理者之间的代理成本。由于股东与管理者之间存在着信息不对称，管理者可能存在道德风险，当企业发行更多的权益（股票）时，管理者很可能会增加闲暇时间、与工作无关的在职消费及无关的投资，这些是权益（股票）代理成本的表现。当企业因投资失误或经营失败而给所有者造成经济损失时，也并未追究管理者相应的经济与法律责任，从而掩盖了股权融资的实质性风险。

（三）恶意收购风险

企业通过发行股票进行融资，同时就会面临在股票市场上被恶意收购的风险。恶意收购是指在目标公司不愿意的情况下，收购方采用各种攻防策略完成收购的行为。强烈的对抗性为其基本特征。处于以下情况的企业容易被恶意收购：收购方希望形成寡头垄断；收购方希望占领区域市场；收购方希望短时间内新建业务板块；被收购方的股价被严重低估。

（四）退市风险

发行股票的公司还可能面临退市风险。上市公司由于未满足交易所有关财务等其他上市标准而会出现主动或被动终止上市的情形，即由一家上市公司变为非上市公司。退市可分为主动性退市和被动性退市。主动性退市是指公司根据股东会和董事会决议主动向监管部门申请注销许可证，一般有如下原因：营业期限届满，股东会决定不再延续；股东会决定解散；因合并或分立需要解散、破产；根据市场需要调整结构、布局。被动性退市是指期货机构被监管部门强行吊销许可证，一般是因为有重大违法违规行为或因经营管理不善造成重大风险等。

退市的另一种情况发生在公司实施私有化时，在大股东或战略投资者回购全部流通股后即可宣布公司由公众上市公司重新变为私有公司。

二、股权融资风险控制

（一）股权融资风险决策

制订详细可行的股权融资计划，在整个融资过程中是至关重要的。在股权融资过程中，企业为使其制订的融资计划更加科学，通常应该聘请专业的投资银行作为融资顾问。在制订股权融资计划时，应特别关注以下几个方面的内容。

1. 股票发行规模确定

确定股票发行规模就是确定通过发行股票筹集多少资金。在确定股票发行规模时，企业应重点考虑以下因素。

（1）企业的资金需要量。资金需要量是企业确定发行规模的基础，企业应根据投资需求准确地估计所需资金的数量。

（2）企业的目标资本结构。一般来说，债务融资具有较低的资金成本，但这会给企业带来较大的风险。而权益融资相对而言风险比较低，但是具有较高的资金成本。另外，债务资本与权益资本会产生不同的代理问题。企业在进行融资时，应该在债务融资与权益融资之间进行认真的权衡，并据此确定合适的资本结构，这也称为目标资本结构。股票是权益资本的重要组成部分。企业在确定资金需要总量之后，应根据目标资本结构在债务融资与权益融资之间进行合理的分配，以此确定需要通过发行股票进行融资的数量。

（3）法定最低融资限额。通常监管当局会对单次股权融资金额规定下限，因此，企业在确定股票发行规模时应至少达到这一下限要求。

2. 股票发行方式选择

股票发行方式首先可以分为有偿增资和无偿配股两种。有偿增资指的是，投资人需要按照股票的面值或者市价，以现金资产或者其他资产（可以是有形资产也可以是无形资产）购买股票；无偿配股指的是，将股票给予股东，而股东并不需要为此支付对价。无偿配股的情形又分为送股、股票股利和股票分割。因为这里主要考虑的是，通过股票发行融资，因此重点讨论有偿增资的情形。

有偿增资时，企业通常可以选择两种推销方式。一种是自销，指企业直接将股票出售给投资者；另一种是承销，指由证券承销机构来代理企业的股票发行工作。承销方式又可以分为包销和代销两种。包销是指企业与证券承销机构签订承销协议，全权委托证券承销机构代理股票的发行业务。实际操作中，通常由证券承销机构买进企业发行的全部股票，再由证券承销机构将这些股票转销给社会投资者。包销意味着证券承销机构将承担全部的发行风险。代销是指由证券承销机构代理股票发行业务，如果实际募集股份数量未达到发行数量，证券承销机构没有购买剩余股票的义务，而是将其归还给发行企业。在代销模式下，发行风险仍由企业自身承担。由于证券承销机构包销模式下承担的风险远大于代销模式，因此，采用包销模式时，证券承销机构通常会收取较高的费用。

企业在选择股票发行方式时应重点考虑以下因素。

（1）企业自身的地位和影响力。企业自身的地位和影响力决定着市场对企业发行股票的认同程度。如果企业规模较小，声誉不高，影响力有限，则最好采用包销的方式。

（2）发行成本预算。由于包销模式所需要的发行费用会高于代销模式，因此，企业在选择发行方式时，也应考虑其成本预算的约束。

（3）企业对资金需求的迫切程度。企业采用包销的方式发行股票通常能够迅速地筹集到所需资金。

3. 股票发行价格制定

在企业初创时，发起人以实收资本的方式注入资金，此时，股票价值等于其面值。当企业在二级市场上公开募集资金时，发行价格的制定在整个股权融资过程中就起着至关重要的作用。定价过低，不仅难以筹集到足够的资金，还会损害原有股东的利益；定价过高，则可能会无法吸引到足够的投资者，导致发行失败。企业在确定股票发行价格时，应主要考虑以下因素。

（1）监管机构的规定。例如，我国股票发行价格不能低于净资产等。

（2）发行时的市场行情。如果整个市场处于低谷，则企业很难以高价卖出股票；相反，如果市场行情较好，则企业以较高价格售出股票的可能性会大大增加。

（3）经济周期与行业周期。如果经济处于繁荣阶段，可以考虑将价格定得略高一些；如果经济处于萧条阶段，则价格应略低一些。另外，如果企业所处的行业比较景气，则可以考虑将股票价格定得略高一些；反之，则应定得略低一些。

（4）企业的经营业绩与发展前景。企业的价值从根本上决定于其未来预期现金流量的贴现值。因此，股票价格的高低从根本上取决于企业的经营业绩和发展前景。如果企业的经营业绩和发展前景较好，则其股票往往可以以较高的价格出售；反之，往往只能以较低的价格出售。

4. 股票发行时机选择

股票发行时机选择对股票发行也有着重要影响。企业在确定股票发行的时机时，需要考虑的因素主要有以下两个。

（1）市场行情。企业通常应该选择在股票市场行情较好的情况下发行股票。

（2）经济周期与行业周期。企业通常应该选择在经济繁荣和行业景气的情况下发行股票。

以往的研究表明，管理者通常能够选择股票增发的时机。也就是说，管理者通常比普通投资者对企业的经营情况掌握得更充分，因而能够更加准确地判断股票的真实价值，从而选择增发的时机。企业往往会在股票市场价格高于其真实价值时增发股票。

5. 中介机构选择

企业进行股权融资是一项复杂的系统工程，需要借助外部专业化的力量。选择合适的中介机构是降低股权融资风险的有效手段之一。股票发行涉及的中介机构有证券承销机构、投资银行、会计师事务所、律师事务所等。

在选择中介机构时，应该充分考虑其资本实力、人员素质、历史经营业绩、行业声誉等因素。在确定中介机构时，通常要选择那些资本实力雄厚、人员整体素质高、历史经营业绩优良、行业声誉良好的公司作为中介机构。在选择证券承销机构时，还要特别考虑其销售网络。

（二）代理成本风险防范

为避免代理人的通往风险和逆向选择，降低代理成本的途径可以从两个方面来考虑：一是通过内部制度安排，建立内部监督机制；二是完善市场体系，形成外部环境约束。

1. 内部制度安排

（1）建立完善的法人治理机构。通过建立完善的法人治理机构，实现所有者和劳动者对经营者的监督。在完善的法人治理机构中，所有者通过行使选择经营者的权利挑选董事、经理和财务负责人；如果经营者为追求个人利益而损害所有者权益、偷懒或不负责任，股东大会有权处分和撤换他们，甚至重组董事会和经理班子；通过行使重大决策权来控制经营者的行为，如制定公司章程，对兼并、投资和增资等重大事项进行审批或否决；通过由所有者和职工代表组成的监督机构，以法律和公司章程为依据，对经营者的经营管理活动实施监督，维护公司的利益。

（2）依法制定公司章程和内部管理条例。依法制定公司章程和内部管理条例，可以明确股东与公司经营者之间的权利和义务，规范经营者行为。公司章程是公司内部的法律性文件，它对公司的组织原则、投资者权益、业务范围和方法、公司发展方向都做了明确规定。公司一经注册登记取得法人资格，公司章程就受政府法律保护。为了更具体地规定和调整公司本身的业务活动，以及公司各执行机构和人员的权利与义务关系，公司还应在公司章程的约束下制定公司条例。公司条例是公司的内部规章制度，它对公司的经营管理方式、资本的增减、董事的资格和报酬、职员的选聘和职权、会计与审计制度等做出更加具体的规定。股东对董事会和对公司条例有完全的控制权。公司全体成员必须严格遵守公司章程和条例，投资者利用章程和条例对公司的经营管理和经营者行为实施控制，以降低代理成本。

（3）设计合理的经营者报酬制度。报酬是一种激励手段。合理的经营者报酬制度必须把经营者个人利益与企业利益联系在一起，使他们的个人收入与经营业绩挂钩。经营者的报酬一般有三种形式：工资、奖金、股息。这三种报酬形式各有优点，也各有缺点，会产生不同的激励作用。工资是一种固定收入，起保险作用，但激励功能较弱；奖金与当年业绩挂钩，激励作用较大，但容易引起短期行为；股息最能反映经营者的真实业绩，具有较好的激励作用，但风险太大。合理的报酬结构应是三种报酬形式的优化组合。

2. 外部环境约束

外部环境约束主要是指通过资本市场、商品市场和经理市场的市场机制，使经营者如果不从公司利益出发而不负责任地经营或偷懒，将会受到市场竞争的惩罚，从而达到控制代理成本的目的。

（1）资本市场对经营者的约束。企业生产经营所需的资金必须从资本市场取得，包括采取发行股票、债券和短期融资等方式。在资本市场上，企业能否获得自己需要的资金，主要决定于企业的财务状况和经营成果。财务状况和经营成果好的企业，投资者就愿意向其投资，债权人也愿意以贷款、赊销等方式向其提供资金，否则投资者、债权人就不会做出上述决策。显然，由于经营管理不善或采取机会主义行为而使企业财务状况和经营成果不佳的企业，难以从资本市场上得到它所需要的资金，这对经营者是一种惩罚。对上市公司来说，公司的财务状况和经营成果将会由于资本市场的特殊性而以股票价格的形式表现出来，股价看好的公司，说明其财务状况和经营成果好，因此，股票价格能为股东监督和揭示事先未能知道的经理人员的机会主义行为提供信息。资本市场的激烈竞争，促使企业并购活跃，有实力的企业可用低价收购因经营管理不善而效益低下的企业，从而接管其业务并撤换其在任的经营者。剩余求偿权的自由转让和"恶意性"并购会产生对低效经营者的惩罚，使经营者不敢偷懒和采取机会主义行为，且必须为增加经营效果而努力，即经营者的行为实际上与所有者的利益一致化，也就降低了代理成本。

（2）商品市场对代理者的约束。在商品市场上，企业的产品和服务将受到消费者的评判，质量好的产品和服务因深受用户欢迎而会有较高的市场占有率，质量差的产品和服务就会被市场竞争淘汰。市场占有率下降，严重时就会危及企业的生存和发展。企业的产品和服务在市场上畅销与否，从根本上既决定了企业的成败，也反映了企业经营者的经营管理水平的高低。企业的所有者会根据市场提供的信息来决定对经营者进行任免和奖惩。同时这也说明，商品市场的竞争结果将约束经营者的机会主义行为，有利于降低代理成本。

（3）经理市场使经营者优胜劣汰，促使代理成本降低。在有效的经理市场上，有能力的经理不仅有更多的企业聘用，而且可以得到高职位、高工资和更快的晋升；低能力的经营者不会有太大的市场，而且获得的也只是低职位和低工资。受聘于大公司的经营者不仅地位高，而且职位消费也高。对于那些不负责任或采取机会主义行为而使企业亏损的经营者，公司所有者只能将其解雇。由于经营管理不善或机会主义行为而造成企业破产或被兼并的经营者，根据法律他们不仅要受到被撤职的惩罚，而且在较长的一段时间内，不能再被聘为经理或董事。因此，经理市场使经营者优胜劣汰。这一机制使经营者的机会主义行为收敛，从而使代理成本降低。

（三）恶意收购风险防范

当由于管理不善或者其他原因而股价下跌时，企业很容易成为被收购的对象。在收购中，如果收购方通过与被收购方进行协商并就有关情况达成一致，则这种收购被认为是善意的，否则被认为是恶意的。下面简要介绍几种防范恶意收购的方法。

1. 剥离

企业可以采取收缩经营战线，剥离附属业务，集中于公司主营业务的策略，来提高股价。这时，收购企业进行收购，就需要付出高昂的代价。

2. 在公司章程中加入特殊条款

企业在面临恶意收购威胁时，可以通过修改公司章程某些条款的方式，增加收购企业的收购难度。例如，一般情况下，如果赞成进行兼并的股东达到 2/3，就会允许进行兼并，企业可以通过修改章程提高这一比例，如提至 90%，这样就会大大增加收购企业的收购难度。

3. "绿色邮件"

企业可以从潜在的收购企业溢价回购本企业的股份，企业为此支付的溢价可以被视为阻止恶意收购付出的代价，也被称为"绿色邮件"。

4. 排他式自我收购

这种策略是指企业向其他股东要约收购企业本身一定数量的股份。企业为此往往需要支付较高的溢价。

5. 转为非上市

这种策略是针对上市公司而言的。企业在面临恶意收购时，可以由某一投资者购买，从而由公众持股的上市公司转变为非上市公司，以此来避免被恶意收购。通常，这种收购主要由管理层进行。

6. "皇冠宝石"策略

这种策略是指企业在面临恶意收购威胁时，出售其主要资产（这些资产通常被称为"皇冠宝石"），以此降低企业对收购方的吸引力。这种策略也被称为焦土战略。

7. "毒丸"计划

"毒丸"计划是美国著名的并购律师马丁·利普顿（Martin Lipton）于 1982 年发明的，正式名称为股权摊薄反收购措施，其最初的形式很简单，就是目标公司向普通股股东发行优先股，一旦公司被收购，股东持有的优先股就可以转换为一定数额的收购方股票。在最常见的形式中，一旦未经认可的一方收购了目标公司一大笔股份（一般是 10%～20% 的股份）时，毒丸计划就会启动，导致新股充斥市场。一旦毒丸计划被触发，其他股东就有机会以低价买进新股。这样就大大地稀释了收购方的股权，继而使收购变得代价高昂，从而达到抵制收购的目的。

8. "金降落伞"计划

这一反收购措施涉及公司高级管理者的薪酬制度，是指在公司章程中规定重组管理层时，收购者需向公司原来的高级管理者支付巨额的补偿金。

9. "白衣骑士"

"白衣骑士"是指企业为免遭恶意收购而自己寻找的善意收购者。公司在遭到收购威胁时,为不使本企业落入恶意收购者手中,可选择与其关系密切的有实力的公司,以更优惠的条件达成善意收购。

(四)退市风险防范

证监会于 2001 年 11 月发布《亏损上市公司暂停上市和终止上市实施办法(修订)》,对上市公司股票暂停上市和终止上市的情形进行了规定。如果公司出现最近 3 年连续亏损的情形,那么证券交易所应自公司公布年度报告之日起 10 个工作日内做出暂停其股票上市的决定。国家有关会计政策调整,导致公司追溯调整后出现 3 年连续亏损的情形,不适用此规定。股票暂停上市后,符合下列以下条件的,可以在第 1 个半年度报告披露后的 5 个工作日内向证券交易所提出恢复上市的申请。

(1)在法定期限内披露暂停上市后的第 1 个半年度报告。

(2)半年度财务报告显示公司已经盈利。公司在法定期限结束后,仍未披露暂停上市后第 1 个半年度报告的,证券交易所应当在法定披露期限结束后 10 个工作日内做出公司股票终止上市的决定。因此,企业退市风险的管理,从根本上讲是要提高企业的经营业绩,避免出现连年亏损的情况。同时,还要按照有关监管要求及时履行信息披露义务。

第十六章
融资方面内部控制

第一节 融资内控综述

一、融资管理的控制目标

为控制融资风险,降低融资成本,防止融资过程中的差错与舞弊,企业应制定融资业务流程,明确融资决策、执行、偿付等环节的内部控制要求,并设置相应的记录或凭证,如实记载各环节业务的开展情况,确保融资全过程得到有效控制。

融资管理的主要控制目标包括以下4点。

(1) 保证融资方案符合企业整体发展战略,项目可行。财务部门与其他生产经营相关业务部门沟通协调,根据企业经营战略、预算情况与资金现状等因素,提出融资方案。融资方案应包括融资金额、融资形式、利率、融资期限、资金用途等内容。

企业组织相关专家对融资项目进行可行性论证,评估融资方案是否符合企业整体发展战略,分析融资方案是否还有降低融资成本的空间及更好的融资方式,对融资方案面临的风险做出全面评估。

(2) 制订切实可行的具体融资计划,科学规划融资活动,保证融资活动正确、合法、有效进行。通过银行借款方式融资的,应当与有关金融机构进行洽谈,明确借款规模、利率、期限、担保、还款安排、相关的权利义务和违约责任等内容。通过发行债券方式融资的，应当合理选择债券种类，如是普通债券还是可转换债券等，并对还本付息方案做出系统安排，确保按期、足额偿还到期本金和利息。通过发行股票方式融资的，应当依照《证券法》等有关法律法规和证券监管部门的规定，优化企业组织架构，进行业务整合，并选择具备相应资质的中介机构，如证券公司、会计师事务所、律师事务所等协助企业做好相关工作，确保符合股票发行条件和要求。

（3）在企业内部按照分级授权审批的原则进行审批，审批人员与融资方案编制人员应适当分离。在审批中，应贯彻集体决策的原则，实行集体决策审批或者联签制度。融资方案需经有关管理部门批准的，应当履行相应的报批程序，重大融资方案，应当提交股东（大）会审议，选择批准最优融资方案。

（4）按规定进行融资后评价，评估执行及效果与方案的一致性，对存在违规现象的，严格追究其责任。加强融资活动的检查监督，严格按照融资方案确定的用途使用资金，确保款项的收支、股息和利息的支付、股票和债券的保管等符合有关规定，维护融资信用。

二、融资管理的主要风险点

融资管理的主要风险点包括以下几点。

（1）融资方案的选择没有考虑企业的经营需要，融资结构安排就会不合理，融资收益会少于融资成本，可能造成企业到期无法偿还本息。

（2）融资没有考虑融资成本和风险评估等因素，可能产生重大差错、舞弊或欺诈行为，从而使企业遭受损失。

（3）债务过高、资金安排不当、不能按期偿债、资金管理不当等，会造成资金流失或因融资记录不真实，而使账实不符、融资成本信息不真实。

（4）融资分析报告未经适当审批或超越授权审批，可能产生重大差错或舞弊、欺诈行为而使企业遭受损失。

（5）融资授权未以授权书为准，而是逐级授权、口头通知，可能产生重大差错或舞弊、欺诈行为，从而使企业遭受损失。

（6）融资计划没有依据上期预算的完成情况编制，可能导致融资决策失误，进而造成企业负债过多，增加财务风险。

（7）融资活动违反国家法律、法规，可能遭受外部处罚、经济损失和信誉损失或资金冗余及债务结构不合理，可能造成融资成本过高。

（8）融资活动的效益未与融资人员的绩效挂钩，则会导致融资决策责任追究时无法落实到具体的部门及人员。

> **小知识**
>
> **融资交易活动中常见的弊端**
>
> 融资活动的常见弊端主要表现如下。
>
> （1）融资无预算，盲目操作。在融资环节，盲目融资的现象比较严重，有的企业无合理的借款计划，有的企业所编制的计划不合理，甚至是根本不可行的计划，因而，财务人员始终陷入"拆东墙、补西墙"的融资困境。
>
> （2）资金使用不合理，资金成本高、资金收益率低。有的企业借款使用不当，不按规定用途使用借款，长期占用或挪用借款的情况比较严重。
>
> （3）高额负债，经济效益下降。有的企业长期负债经营，且资产负债率居高不下，财

务风险逐渐加大；有的企业息税前资产利润率高于负债利率，经济效益每况愈下，财务状况不断恶化。

（4）融资活动不规范。企业内部集资未经批准，不符合法定手续；集团内部借贷资金、隐匿资金、转移资金。

（5）利息计算与账务处理不合理。有的企业利息计算不正确，账务处理不规范，利用利息调节利润。

（6）不按期还本付息。有的企业不能按照借款合同上的规定还本付息，有的企业甚至利用利息支付或本金的归还"制约"债权人。

（7）凭证管理不规范。未发行的融资凭证保管不善，遗失或被盗；已回收的融资凭证不及时注销，造成被多次使用的风险。

三、融资管理的关键控制点

融资管理的关键控制点主要包括融资方案提出、融资方案审批、融资计划制订、融资活动实施和融资活动评价与责任追究。

1. 融资方案提出

（1）进行融资方案的战略性评估，包括是否与企业发展战略相符合，融资规模是否适当。

（2）进行融资方案的经济性评估，如融资成本是否最低，资本结构是否恰当，融资成本与资金收益是否匹配。

（3）进行融资方案的风险性评估，如融资方案面临哪些风险，风险大小是否适当、可控，是否与收益匹配。

2. 融资方案审批

（1）根据分级授权审批制度，按照规定程序严格审批、经过可行性论证。

（2）审批中应实行集体审议或联签制度，保证决策的科学性。

3. 融资计划制订

（1）根据融资方案，结合当时经济金融形势和企业能力，分析不同融资方式的资金成本，正确选择融资方式和不同方式的融资数量，财务部门或资金管理部门制订具体融资计划。

（2）根据授权审批制度报有关部门批准。

4. 融资活动实施

（1）是否按融资计划进行融资。

（2）签订融资协议，明确权利义务。

（3）按照岗位分离与授权审批制度，各环节和各责任人正确履行审批监督责任，实施严密的融资程序控制和岗位分离控制。

（4）做好严密的融资记录，发挥会计控制的作用。

5. 融资活动评价与责任追究

（1）促成各部门严格按照确定的用途使用资金。

（2）监督检查，督促各环节严密保管未发行的股票、债券。

（3）监督检查，督促正确计提、支付利息。

（4）加强债务偿还和股利支付环节的监督管理。

（5）评价融资活动过程，评估融资活动效果，反思成效与不足，追究违规人员的责任。

第二节 融资内控细述

融资活动控制内容及基本控制制度如下。

一、岗位分工控制

1. 不相容岗位分离

企业应建立融资业务的岗位责任制，明确有关部门和岗位的职责、权限，确保办理融资业务的不相容岗位相互分离、制约和监督。同一部门或个人不得办理融资业务的全过程。融资业务的不相容岗位分离至少包括以下方面。

（1）融资方案的拟订与决策分离。

（2）融资合同或协议的审批与订立分离。

（3）与融资有关的各种款项偿付的审批与执行分离。

（4）融资业务的执行与相关会计记录分离。

2. 部门职责

（1）证券部或投资部。其职责如下：与财务部共同办理资本市场的融资事项；参与融资风险评估；资本市场债务融资偿还管理。

（2）财务部。其职责如下：编制融资预算；拟订融资方案；组织融资风险评估；与证券部共同编制发行新股招股说明书、可转换公司债券募集说明书、公司债券募集说明书等相关文件；归口办理除发行债券外的债务融资事项；融资会计核算和偿付管理。

（3）审计部。其职责如下：对融资协议或合同进行审查；对公司融资政策和融资业务过程进行审计。

3. 业务人员的素质要求

企业应配备合格的人员办理融资业务。办理融资业务的人员应具备必要的融资业务专业知识和良好的职业道德，熟悉国家有关法律法规、相关国际惯例及金融业务，符合公司规定的岗位规范要求。

二、授权批准控制

企业应对融资业务建立严格的授权批准制度，明确授权批准方式、程序和相关控制措施，规定审批人的权限、责任及经办人的职责范围和工作要求。企业还应建立融资决策、审批过程的书面记录制度，以及有关合同或协议、收款凭证、支付凭证等资料的存档、保管和调用制度，加强对与融资业务有关的各种文件和凭据的管理，明确相关人员的职责权限。

1. 授权方式

（1）公司对董事会的授权由公司章程规定和股东大会决议。

（2）公司对董事长、总经理的授权，由公司董事会决议。

（3）公司对总经理对其他人员的授权，年初以授权文件的方式明确，对融资审批，一般只对财务总监给予授权。

（4）公司对经办部门的授权，在部门职能描述中规定。

2. 审批权限

融资活动的审批权限和要求如表 16-1 所示。

表 16-1 融资活动的审批权限和要求

项目	审批人	审批权限和要求
权益资本融资	股东大会	对发行新股（包括配股、增发）等做出决议 批准前，董事会必须决议通过
	董事会	对融资方案进行审批
债务资本融资	股东大会	对发行公司债券做出决议 决议前，董事会必须通过
	董事会	制订发行债券方案并批准 授权董事长、总经理对除债券发行外的债务融资审批
	董事长、总经理、财务总监	按授权审批融资方案 按授权签订融资合同

3. 审批方式

（1）股东大会批准以股东大会决议的形式批准，董事长根据决议签批。
（2）董事会批准以董事会决议的形式批准，董事长根据决议签批。
（3）董事长在董事会闭会期间，根据董事会授权直接签批。
（4）总经理根据总经理会议规则，由总经理办公会议批准或根据授权直接签批。
（5）财务总监根据授权签批。

4. 批准和越权批准处理

审批人根据融资业务批准制度的规定，在授权范围内进行审批，不得超越审批权限；经办人在职责范围内，按照审批意见办理融资业务；对于审批人超越授权范围审批的融资业务，经办人有权拒绝办理，并及时向审批人的上一级授权部门报告。

三、融资决策控制

企业应建立融资业务决策环节的控制制度，对融资方案的拟订设计、融资决策程序等做出明确规定，确保融资方式符合成本效益原则，融资决策科学、合理（图 16-1）。

1. 融资预算

公司每年度根据公司的发展战略、投资计划、生产经营需要，并以现金流为中心编制融资预算，融资预算与资金需求的时间、结构、规模相匹配；融资预算应符合公司的发展战略要求、融资计划和资金需要；融资预算一经批准，必须严格执行；公司融资预算的编制和调整，按相关法律法规及单位的《预算管理实施办法》执行。

2. 融资方案拟订与决策

企业拟订的融资方案应符合国家有关法律法规、政策和企业融资预算的要求，明确融资规模、融资用途、融资结构、融资方式和融资对象，并对融资时机选择、预计融资成本、潜在融资风险和具体应对措施及偿债计划等做出安排和说明。

（1）企业拟订融资方案，应考虑企业经营范围、投资项目的未来效益、目标资本结构、可接受的资金成本水平和偿付能力。在海外融资的，还应考虑融资所在国的政治、法律、汇率、利率、环保、信息安全等方面的风险及财务风险等因素。

（2）对重大融资方案应进行风险评估，形成评估报告，报董事会或股东大会审批。评估报告应全面反映评估人员的意见，并由所有评估人员签章。未经风险评估的方案不能进行融资。企业拟订融资方案，应准备多个方案，企业需要综合融资成本和风险评估等因素对方案进行比较分析，最终选定。

（3）对于重大融资方案，企业应实行集体决策审批或者联签制度。决策过程应有完整的书面记录，并由决策人员核对签字；融资方案需经国家有关管理部门或上级主管单位批准的，应及时报请批准。

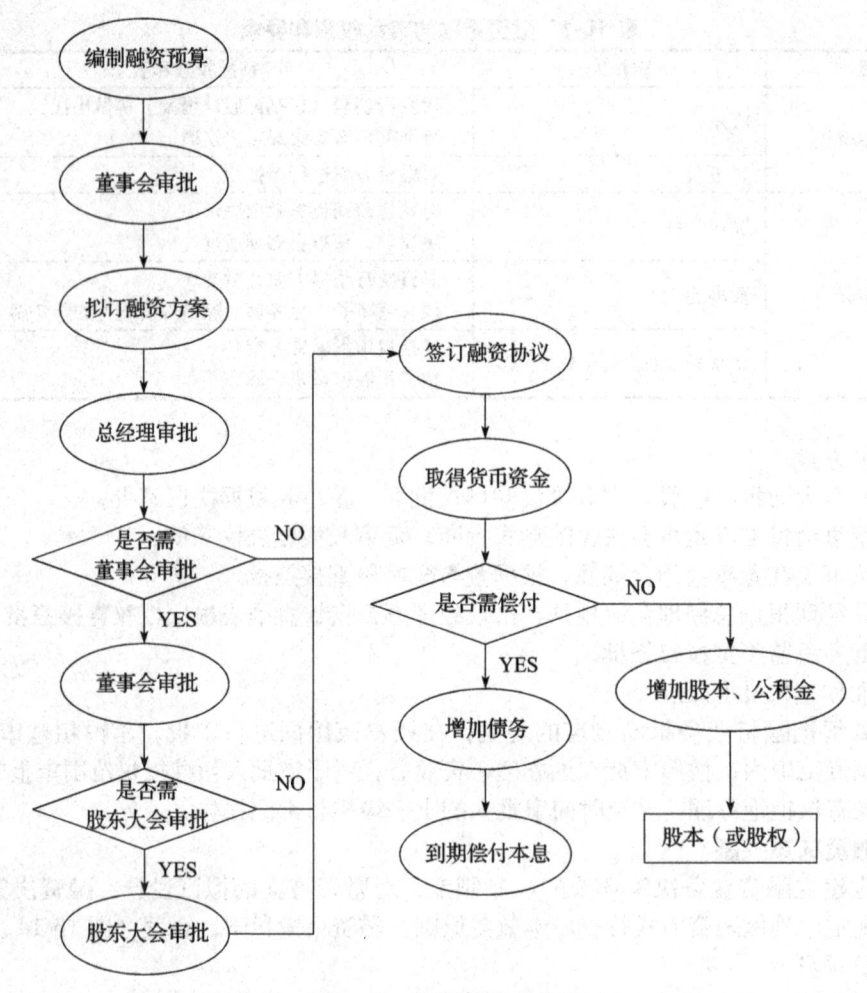

图 16-1 融资业务程序

（4）决策责任追究。根据公司章程及公司其他相关规定，企业应建立融资决策责任追究制度。企业对重大融资项目应进行后评估，明确相关部门及人员的责任，定期或不定期地进行检查。

3. 融资对象选择

（1）公司按照公开、公平、公正的原则慎重选择融资对象。

（2）在融资中涉及中介机构，公司指定相关部门或人员对其资信状况和资质条件进行充分调查和了解。

四、融资执行控制

企业应建立融资决策执行环节的控制制度，对融资合同或协议的订立与变更、融资合同或协议的审批、融资合同或协议的履行、待发行有价证券的保管、融资费用的支付、融资资金的使用等做出明确规定。

1. 融资合同或协议的订立与变更

（1）企业应根据经批准的融资方案，按照规定程序与融资对象，与中介机构订立融资合同或协议。融资合同由公司授权财务部会同有关部门办理。

（2）公司应组织审计部等相关部门或人员对融资合同或协议的合法性、合理性、完整性进行审核，审核情况和意见应有完整的书面记录。

（3）融资合同或协议的订立应符合《合同法》及其他相关法律法规的规定，并经企业有关授权人员批准。重大融资合同或协议的订立，应征询法律顾问或专家的意见。

（4）企业融资通过证券经营机构承销或包销企业债券或股票的，应选择具备规定资质和资信良好的证券经营机构，并与该机构签订正式的承销或包销合同或协议。变更融资合同或协议的，应按照原审批程序进行。

2. 融资合同或协议的审批

融资合同或协议经审核程序通过后，由公司有关授权人员批准。

3. 融资合同或协议的履行

企业应按照融资合同或协议的约定及时足额取得相关资产。

（1）取得货币性资产，应按实有数额及时入账。

（2）取得非货币性资产，应根据合理确定的价值及时进行会计记录，并办理有关财产转移、工商变更手续。对需要进行评估的资产，应聘请有资质的中介机构及时进行评估。

4. 待发行有价证券的保管

公司对已核准但尚未对外发行的有价证券，由公司财务部会同保安部门妥善保管或委托专门机构代为保管，建立相应的保管制度，明确保管责任，定期和不定期进行盘存或检查。

5. 融资费用的支付

企业应加强对融资费用的计算、核对工作，确保融资费用符合融资合同或协议的规定，并结合偿债能力、资金结构等，保持足够的现金流量，确保及时、足额偿还到期本金、利息或已宣告发放的现金股利等。

6. 融资资金的使用

（1）应按照融资方案所规定的用途使用对外筹集的资金。市场环境变化等特殊情况导致确需改变资金用途的，应履行审批手续，并对审批过程进行完整的书面记录。严禁擅自改变资金用途。

（2）应建立持续符合融资合同条款的内部控制制度，其中应包括预算不符合条款要求的预警和调整制度。国家法律、行政法规或者监管协议规定应披露的融资业务，企业应及时予以公告和披露。

五、融资偿付控制

企业应建立融资业务偿付环节的控制制度，对偿还本金、支付利息、租金、股利（利润）等步骤、偿付形式等做出计划和预算制度安排，并正确计算、核对，确保各款项偿付符合融资合同或协议的规定；以非货币资产偿付本金、利息、租金或支付股利（利润）时，应由相关机构或人员合理确定其价值，并报授权批准部门批准，必要时可委托具有相应资质的机构进行评估。

1. 债务资金支付

（1）公司财务部应指定专人对债务资金进行管理，定期列单向公司总经理、财务总监、财务部经理提示债务资金到期情况。

（2）公司严格按合同或协议规定支付本息。

（3）公司支付的债务资金，经授权批准后支付。

（4）到期债务如需续借，经授权人员批准后，财务部在到期前一个月向债权人申请办理，到期前完成续借手续。

2. 利息租金偿付

企业应指定财务部门严格按照融资合同或协议规定的本金、利率、期限及币种计算利息和租金，经有关人员审核确认后，与债权人进行核对。本金与应付利息必须和债权人定期对账。如有不符，应查明原因，按权限及时处理。

（1）企业支付融资利息、股息、租金等，应履行审批手续，经授权人员批准后方可支付。通过向银行等金融机构举借债务融资，其利息的支付方式也可按照双方在合同、协议中约定的方式办理。

（2）企业委托代理机构对外支付债券利息，应清点、核对代理机构的利息支付清单，并及时取得有关凭据。

3. 股利支付

（1）企业应按照股利（利润）分配方案发放股利（利润），股利（利润）分配方案应按照企业章程或有关规定，按权限审批。

（2）企业委托代理机构支付股利（利润），应清点、核对代理机构的股利（利润）支付清单，并及时取得有关凭据。

4. 拟偿付款项与合同或协议不符情形的处理

企业财务部门在办理融资业务款项偿付过程中，发现已审批拟偿付的各种款项的支付方式、金额或币种等与有关合同或协议不符的，应拒绝支付并及时向有关部门报告。有关部门应当查明原因，做出处理。

5. 融资风险管理

（1）公司应定期召开财务工作会议，并由财务部对公司的融资风险进行评价。

（2）公司融资风险的评价要素：以公司固定资产投资和流动资金的需要，决定融资的规模和组合；融资时应充分考虑公司的偿还能力，全面衡量收益情况和偿还能力，做到量力而行；对筹集来的资金、资产、技术具有吸收和消化能力；融资的期限要适当；负债率和还债率要控制在一定范围内；融资要考虑税款减免及社会条件的制约。

（3）公司财务部采用加权平均资本成本最小的融资组合评价公司资金成本，以确定合理的资本结构。

（4）公司采用财务杠杆系数法和结合其他方法评价融资风险，财务杠杆系数越大，公司融资风险也越大。

（5）公司财务部应依据公司经营状况、现金流量等因素合理安排借款的偿还期，以及归还借款的资金来源。

表16-2、表16-3分别是融资成本分析表和融资风险变动分析表的格式。

表16-2 融资成本分析表

项目	对比分析期 年	年	差量
所有者权益融资			
负债融资			
融资总额			
税前利润（未扣除融资成本）			
减：利息等负债融资成本			
减：所得税			
税后利润			
本年实现的可分配利润			
本年资本（股本）利润率			
本年负债融资成本率			

表 16-3 融资风险变动分析表

项目	年				年				差异（比重）	
	年初数	期末数	平均数	比重	年初数	期末数	平均数	比重	比重差	升降幅度
流动负债										
非流动负债										
负债合计										
所有者权益										
融资总额										

六、融资记录控制

1. 档案管理

公司对融资过程记录、有关的合同或协议、收款凭证、验收证明、入库凭证、支付凭证定期整理存档；档案的保管、调阅按国家及公司档案管理办法执行。

2. 过程记录

公司建立融资决策、审批过程的书面记录制度。

3. 会计记录

（1）公司按会计准则或会计制度对融资业务进行会计核算和记录。

（2）公司应建立股东名册，记录股东姓名或名称、住所及股东所持股份、股票编号及股东取得股票的日期。

（3）公司应建立债券存根簿，记录持有人、债券编号、债券总额、票面金额、利率、还本付息期限和方式、债券发行时间等。

（4）公司应建立借款台账，登记债权人、本金、利率、还本付息期限和方式等。

（5）公司财务部应定期对会计记录和有关凭证与记录进行核对和检查。

（6）企业以抵押、质押方式融资，应对抵（质）押物资进行登记。业务终结后，应对抵押或质押资产进行清理、结算、收缴，及时注销有关担保内容。

七、具体融资业务操作控制

（一）债务资本融资

1. 公司短期借款融资

（1）短期借款融资程序。根据财务预算，公司财务部确定公司短期内所需资金，编制融资计划表；按照融资规模大小，分别由财务总监和总经理审批融资计划。财务部负责拟订或审核借款合同，并监督资金的到位和使用情况。借款合同内容包括借款人、借款金额、利息率、借款期限、利息、本金的偿还方式及违约责任等。双方法人代表或授权签字。

（2）在短期借款到位当日，公司财务部应按照借款类别在短期融资登记簿中登记。

（3）公司财务部建立借款台账，以详细记录各项资金的筹集、运用和本息归还情况。财务部对于未支付的利息单独列示。

2. 长期借款

公司长期借款必须编制长期借款计划使用书，包括项目可行性研究报告、项目批复、公司批准文件、借款金额、用款时间与计划，以及还款期限与计划等；长期借款计划应由公司财务总监、总经理、董事会依其职权范围进行审批；公司财务部负责拟订长期借款合同，其主要内容包括贷款种类、用途、贷款金额、利率、贷款期限、利息及本金的偿还方式和资金来源、违约责任等。

3. 发行债券

（1）公司发行债券融资程序。发行债券融资应先由股东大会做出决议；向证监会提出申请并提交公司登记证明、公司章程、公司债券募集办法及资产评估报告和验资报告等；制定公司债券募集办法，其主要内容包括公司名称、债券总额和票面金额、债券利率、还本付息的期限和方式、债券发行的起止日期、公司净资产、已发行尚未到期的债券总额及公司债券的承销机构等；同债券承销机构签订债券承销协议或包销合同。

（2）公司发行的债券应载明公司名称、债券票面金额、利率及偿还期限等事项，并由董事长签名、公司盖章。

（3）公司债券发行价格可以采用溢价、平价、折价三种方式，公司财务部保证债券溢价和折价合理分摊。

（4）公司对发行的债券应置备公司债券存根簿予以登记。发行记名债券的，公司债券存根簿应记明债券持有人的姓名、名称及住所、债券持有人取得债券的日期及债券编号、债券总额、票面金额、利率、还本付息的期限和方式及债券的发行日期；发行无记名债券的，应在公司债券存根簿上登记债券的总额、利率、偿还期限和方式，以及发行日期和债券的编号等。

（5）公司财务部在取得债券发行收入的当日将款项存入银行。

（6）公司财务部指派专人负责保管债券持有人明细账，并组织定期核对。

（7）公司按照债券契约的规定及时支付债券本息。

（二）权益资本融资

（1）公司吸收直接投资程序包括：吸收直接投资须经公司股东大会或董事会批准；与投资者签订投资协议，约定投资金额、所占股份、投资日期及投资收益与风险的分担等，财务部负责监督所融资的到位情况和实物资产的评估工作，并请会计师事务所办理验资手续，公司据此向投资者签发出资报告；财务部在收到投资款后应及时建立股东名册；办理工商变更登记和公司章程修改手续。

（2）发行股票融资程序包括：发行股票融资必须经过股东大会批准并拟订发行新股申请报告；董事会向有关授权部门申请并经批准；公布公告招股说明书和财务会计报表及附属明细表，与证券经营机构签订承销协议；招认股份，缴纳股款；办理变更登记并向社会公告；建立股东名册。

（3）吸收投资不得吸收投资者已设有担保物权及租赁资产的出资。

（4）筹集的资本金，在生产经营期间内，除投资者依法转让外，不得以任何方式抽走。

（5）投资者实际缴付的出资额超出其资本金的差额（包括公司发行股票的溢价净收入），以及资本汇率折算差额等计入资本公积金。

八、融资内控的监督检查

1. 监督检查主体

（1）监事会。其依据公司章程和股东大会决议对融资管理进行检查监督。

（2）审计部门。其依据公司授权和部门职能描述，对公司融资业务进行审计监督。

（3）财务部门。其依据公司授权，对公司融资过程进行财务监督。

（4）上级。上级对下级融资的日常工作进行监督检查。

2. 监督检查内容

监督检查内容如下。

（1）融资业务相关岗位及人员的设置情况。重点检查是否存在不相容职务混岗的现象。

（2）融资业务授权批准制度的执行情况。重点检查融资业务的授权批准手续是否健全，是否存在越权审批的行为。

（3）融资决策制度的执行情况。重点检查融资决策是否按照规定程序进行，决策责任制度是否落实到位。

（4）决策执行及资产的收取情况。重点检查是否严格按照经批准的融资方案、有关合同或协议办理融资业务，以及是否及时、足额收取资产。

（5）各款项的支付情况。重点检查融资费用、本金、利息、租金、股利（利润）等的支付是否符合合同或协议的规定，是否履行审批手续。

（6）会计处理和信息披露情况。重点检查会计处理是否真实、正确，信息披露是否及时、完整。

3. 监督检查结果处理

对监督检查过程中发现的融资内部控制中的薄弱环节，负责监督检查的部门应告知有关部门，有关部门应当及时查明原因，采取措施加以纠正和完善；公司监督检查部门应按照单位内部管理权限向上级有关部门报告融资内部控制监督检查情况和有关部门的整改情况。